西欧古代神話図像大鑑

カルターリ

VINCENZO CARTARI

西欧古代神話図像大鑑

全訳『古人たちの神々の姿について』

LE IMAGINI DE I DEI DE GLI ANTICHI

大橋喜之訳

八坂書房

Vincenzo Cartari

LE IMAGINI DE I DEI DE GLI ANTICHI

1556-1647

［目次］

Indice

［序］……13

信心─人々の主なる美点／数多の神々／十二主神／協働する神々／神には姿がない／ユダヤ人は神像をもたなかった／神像としての頭蓋／崇められる樫《クエルチャ》の木／神々の出自／ギリシャ人たちのもとからローマへ彫像群をもたらしたマルケルス／神像群の由来／すばらしい彫像／神々はなぜ人の姿なのか／崇められるプロメテウス／大いに尊重された彫像群／彫像はなぜ裸なのか／蔑された彫像／天蓋の下へと移された彫像／神像群はどうして多様に造りなされるのか／神像群の素材／木彫りの神像／永遠性／永続（不滅）性／年の像

［Ⅰ］サトゥルヌス……45

時としてのサトゥルヌス／サトゥルヌスの姿／サトゥルヌスの解釈／歴史のはじまり／サトゥルヌスの寓話／サトゥルヌスに貪り喰われた石／サトゥルヌスの姿／解釈／サトゥルヌスの姿／足を結わえられたサトゥルヌス／あらゆる供儀に召喚されるヤヌス／祈りというもの／天の扉／ヤヌスの姿／カルディネア女神／フォルクルス神、リメンティウス神／ヤヌスの双面の意味／ヤヌスの双面／神々の生き生きした姿／アンテヴォルタ、ポストヴォルタ／魂の内なるヤヌスの双面／パトゥルキオ、クルシオ／戦の門扉／平和と戦争の主ヤヌス

［Ⅱ］アポロン、ポイボス、太陽……73

古人たちの神々はどのように導入されたか／永遠に若いアポロン／ヘベ／若さの女神／アポロンが手にする琴《リラ》／ムーサたちの主たるアポロン／ムーサたちは幾人いるのか／ムーサたちの像／ムーサたちの冠／アポロンはなぜ中央にいるのか／アポロンに殺されるピュトン／なぜ狼はアポロンに捧げられたか／太陽と諸星辰が滋養とするもの／狼としてのアポロン／カラスとしてのアポロン／白鳥としてのアポロン／アポロンと鶏／アポロンと大鷹《スパルヴィエラ》／赤い帽子の由来／太陽の船／たいへん尊重されたスカラベ／アポロンの月桂樹／医薬の父アポロン／ユピテルの眼／太陽はすべてを見晴るかす／四つの耳もつアポロン／耕作用の牡牛／崇高なる牡牛／カンビセス王のアピス殺害／太陽の食卓／アポロンの像／その解釈／ハダッド・アダルガティス／セラピス／ポイボスのうつわ／ヴルカヌスの頭／ユピテルの笑い／サトゥルヌスの死／ユーノーの乳房／ひとつ目巨人《キュクロプス》たちを殺すアポロン／エスクラピウスの父アポロン／エスクラピウス／エスクラピウスの雄鶏／エスクラピウスの蛇／ローマへもたらされたエスクラピウス／エスクラピウスのものがたり／エスクラピウスに親しい蛇たち／トロポニオスの洞窟／トロポニオスの神託／壮健のしるし／健康《サルーテ》の図像／健康のしるし／イゲイア《ヒュギエイア》／スミンテウスのアポロン／崇拝

を受けた鼠たち／アポロンに捧げられた牡山羊／アポロンに捧げられた驢馬／アポロンの肩に停まる鳩／ポイボスの車を曳く馬たち／ポイボスの車／ポイボスの冠／アウロラ／アウロラ／アウロラの馬

［Ⅲ］ディアーナ……131

ディアーナの姿／ディアーナの供連れたち／ディアーナの像／ディアーナの山車／月の馬たち／月の山車の驟馬／月の山車の子牛たち／出産を助ける月《ルナ》／ルキーナの像／ディアーナが手にする松明／三頭のディアーナ／ヘカテ／大供犠《ヘカトンベ》／生贄の偽装／手に接吻すること／三頭のヘカテ／イシス／ナトゥーラ／ナトゥーラのハゲタカ／エンデュミオン／シストラム

［Ⅳ］ユピテル……167

ユピテル／蓮の上に坐すユピテル／全なるユピテル／ユピテルはファト／プロヴィデンティア／ナトゥーラ／ムンドゥス／エコー／パンの下半身／太陽のパン／目撃されたサテュロス／秘密のままに保たれた諸玄義／たいへん敬われた山羊飼いたち／崇敬される牡山羊／バッカスの供連れとしてのサテュロス／好色／シレヌス／パンに与えられた松／描かれた万有宇宙／神の本性として敬われた蛇たち／ユピテルの像／耳のないユピテル／四つ耳のユピテル／三つ眼のユピテル／誓願の儀式／ユピテル・オルクス／豊穣の角／コルヌ・コピアイとその変容／バッカスの飾具を備えたユピテル／ユピテルの鷲／鳥たちの王女としての鷲／玉座のユピテル／守護者ユピテル／断固《スタトーレ》たるユピテル／保護者ユピテル／スムマヌスの雷光／様々な神に与えられた雷霆／雷霆をかかげるミネルヴァ／三色の雷光／三種の雷光／雷光の奇跡の数々／ユピテルがもたらしたアイギス／ユピテルの書物ディフテリア／ユピテル・ラブラデオ／戦闘具の発案者たち／妊産婦としてのユピテル／ユピテル・アムモーン／牡羊の姿をしたユピテル／崇められた牡羊／ユピテルの生贄／狂乱の儀式／裁きと呼ばれた斧

［Ⅴ］ユーノー……217

ユピテルの姉妹／ユピテルの妻／ユーノーにみまもられる睫毛／女神シュリア／富の女神／ユーノーに捧げられた孔雀／高貴さのしるし／イリス／ユーノーのニンフたち／ユーノーの姿／ユーノーの影像／カストルとポルックス／解放のしるし／船頭連のカストルたちと呼ばれた理由／花嫁たちのオレンジ（炎）色の薄紗／花嫁たちの行く手を灯す松明／偶数と奇数／花嫁に捧げられた火と水／花嫁ユーノー／たいへん有益な樫《クエルチャ》／ユーノーの薔薇／ジュガリオ小路／結わえられた新郎新婦／婚姻／ヒュメナイオス／投げ捨てられる胆汁／ヒュメナイオスのものがたり／結婚式で招請されるタラシオ／ヒュメナイオスの姿

[VI] 大地母神 …… 251

テッラはなぜ母と呼ばれたか／オプスの図像の解釈／獅子たちの自然本性／大地母神に授けられた鍵／プリュギアの女神／大地母神に与えられた松／アッティスのものがたり／去勢した祭司たち／アッティスの寓話／アグディスティス／アッティスの意味するところ／ヴェスタの巫女クラウディア／大地母神の生贄／ゲルマン人たちが崇めた大地《テッラ》／キュベレ／キューボ／女神の壁の冠／レア／ヴェスタ／ヴェスタ神殿の最初の処女アマータ／ヴェスタ神殿の巫女たち／ヴェスタ神殿／玄関の間《ヴェスティブロ》／家神《ラル》たち／炉神《フォコラーレ》／あらゆる供儀にあらわれるヴェスタ／ケレスの掟／なぜケレスに蛇が与えられたか／ケレスのシチリア／プルトーンに誘拐されたプロセルピーナ／エレウシスの秘儀／エレウシスの女神たち／ケレスの婚姻／逆性からする犠牲／ケレスに捧げられた豚／ヘーラー／ケレス・エリーニュス／牝馬になったケレス／牡馬になったネプトゥーヌス／黒いケレス／ケレスの彫像／ケレスによって配られた穀物／不純な穀物ソラマメ／牧人たちの女神パレース／パリーリア／フロラ／フロラのものがたり／女神ボーナ／ファウナ／女神ボーナの祭式／女神ボーナの姿／プロセルピーナ／燕麦としてのプロセルピーナ／鷲鳥を抱えるプロセルピーナ

[VII] ネプトゥーヌス …… 293

グラウコス／三叉の意味／トリトン／海人たち／ネーレイス／ガラティア／トリトンたち／セイレーンたち／スキュラ／ネプトゥーヌスという礎台／エノシクトン／オケアノス／プロテウス／プロテウスがさまざまなかたちを採る理由／海獣たちの牧者／枢要な風の数々／ボレアス／ノトス／フロラ／ゼフュロス／フィウミ／イナコス／テベレ／ポー川／アーキス川／アケローオス／豊穣の角／ナイル川／ヴェルトゥムヌス

[VIII] プルトーン …… 331

冥界の審判者たち／審く者たちはなぜ誤るのか／魂を審くための善き導き／ラダマンテュス、アイアコス、ミノス／ミノスの意味するところ／死者たちの王としてのプルトーン／プルトーンの色／プルトーンの冠／プルトーンの笏杖／太陽としてのプルトーン／プロセルピーナ／プルトーンが手にする鍵／プルトーンの山車／富の神としてのプルートト／天から降る黄金／水仙の花／フリアイたちはなぜ三人なのか／ストレーガたち（魔女たち）／ラミア／糸を紡ぐパルカたち／デチマ、ノーナ／モルタ／女神必然《ネチェッシタ》／パルカたちの衣装／パルカたちの冠／パルカたちとヴェヌス／神メラゲテス／神々の書記官たち／カロン／カロンの変転

［IX］メルクリウス …… 375

神々の遺い／メルクリウスとその務め／カドゥケウス／カドゥケウスに蛇が巻きついている理由／平和の使節たち／平和のしるしとしてのオリーヴ／ヴェルミナカ／草をさし出し捧げること／平和《パクス》の女神／平和《パクス》の姿／ケレスの友なる平和／融和《コンコルディア》／信義《フィデス》の女神／信義《フィデス》の色／信義《フィデス》に捧げられた手／手にする接吻／コンコルディアの聖鳥コウノトリ／コンコルディアの鳥カラス／コンコルディアのザクロ／なぜメルクリウスに羽根が与えられたのか／パレストラ《練成場》／あらゆる業《アルス》の発案者メルクリウス／トウト、テウト／角柱に象られたメルクリウス／最初に造られたヘルマス群／キュレニウス／語る力／メルクリウスに捧げられた舌／商人《メルカンティーレ》たちの神／メルクリウスと鶏鳴／ソムヌスとムーサたち／ノクスの像／翼あるソムヌス／ソムヌスの衣装／ソムヌスの角／夢たちの扉／虚しい夢／ソムヌスの枝杖／夢の司たち／メルクリウスにはなぜ髭がないのか／メルクリウス像に投じられた石／三頭のメルクリウス／太陽としてのメルクリウス／人の誕生とカドゥケウス／アヌビス／ヘラクレス／雄弁とその力／鍛錬の神々／ヘラクレスの神像／武装したヘラクレス／コティレオと渾名されたエスクラピウス／ヘラクレスの武具／ヘラクレスの杯《スキュフス》の船／大酒飲みのヘラクレス／ヘラクレスに殺されたキュアトス／大食漢のヘラクレス／ヘラクレスの鳥／ヘラクレスの勲功／心胆強きヘラクレス／ヘラクレスの変容／太陽としてのヘラクレス／時としてのヘラクレス／ヘラクレスの樹／ヘラクレスの儀式／蠅を追い払うユピテル／蠅の神／ベルゼブル／ヘラクレスの祭儀から追い払われた女たち／特典を受けた女たち／ヘラクレスとアポロンの奪い合い／三脚とは／レーベス／真実《ヴェリタス》／バッカスの三脚／メルクリウスの託宣

［X］ミネルヴァ …… 425

ヘルマアテナ／ミネルヴァの形姿／ミネルヴァの眼／武装したミネルヴァ／ミネルヴァの兜／ミネルヴァの誕生／婦女たちに向けられる敵意／婦女たちの擁護／スフィンクスとミネルヴァ／グリフィン／アリマスポイ人／パラス／パラディオン／トリトニア／ミネルヴァ／ベローナ／ベローナに振り撒かれる血／戦いの円柱／ミネルヴァに捧げられたオリーヴ／ミネルヴァの燈火／ミネルヴァの業の数々／糸巻き棒をもつミネルヴァ／ミネルヴァの梟／梟の意味するところ／真実《ヴェリタス》／美徳《ヴィルトゥス》／男の美徳《ヴィルトゥス》／快楽《ヴォルプタス》／栄誉《ホノール》／ヴォルピア／アンゲローナ／スティムラとホルタ／沈黙の必要性／タキタ／ハルポクラテス／沈黙と狼／ハルポクラテスの桃／ミネルヴァに追い払われたミヤマガラス／ミネルヴァの掌中のミヤマガラス／テロール／崇められたティモール／真の剛毅《フォルティトゥード》／ミネルヴァの盾／ミネルヴァの棹棒／黄金の翼のついたサンダル《タラーリ》／ミネルヴァの蛇／ミネルヴァの着衣／アイギス／ゴルゴーン／太陽の娘アイクス／ゴルゴーン／メドゥーサ／ゴルゴーン／メドゥーサ／ミネルヴァの甲冑／ミネルヴァが纏うペプロス／巨人族《ギガース》／残酷で無礼なコモドゥス帝／巨人族の転化／制動者ミネルヴァ／ヴルカヌス／ネプトゥーヌスとミネルヴァ／扉の上のミネルヴァ／ヴルカヌス／跛のヴルカヌス／鼠たちとヴルカヌス／王セトン／ヴルカヌスが遣わした鼠たち／憎まれた鼠たち／天から放逐されたヴルカヌス／縛られたユーノー／鍛冶場のヴルカヌス

[XI] バッカス …… 487

／王ヴルカヌス／最初の鉄器／ヴルカヌスの形姿／ヴルカヌスに捧げられた獅子たち／ヴルカヌスを護る犬たち／ヴルカヌスへの供儀／傲岸《プロテルヴィア》なる犠牲／ヴルカヌスとヴェヌス／ヴェヌスとマルス／マルス／マルスの誕生／マルスの形姿／マルスの馬たち／マルスの武装／ファーマ／二重のファーマ／イーラ／フロール／注目すべき供儀／マルスの犠牲／マルスの神像／マルスの家／ディスコルディア／マルスの館／縛められたマルスの彫像／縛められた神々／町の外から召喚された神々／秘された神性／縛められたアポロン／翼のないヴィクトリア／ヴィクトリア／ヴィクトリアのしるしとしての月桂樹／ヴィクトリアのしるしとしての鷲／ローマ人たちの旗印／休戦もしくは和平の儀式／ペルシャ人たちの旗印としての鷲／中立的な女神ヴィクトリア／生贄の馬／マルスの動物たち／マルスの聖なるハゲタカ／マルスのキツツキ／マルスに捧げられたハマムギ《グラミーニャ》／マルスの祝祭／おかしな儀式／ミネルヴァの祝祭／処女ミネルヴァ

さまざまな名をもつバッカス／さまざまな年齢のバッカス／バッカスと葡萄酒／老人バッカス／コーモス／古人たちによる花々の慣用／ムーサイたちの頭目としてのバッカス／葡萄酒に加えられた水／二様のバッカス／太陽としてのバッカス／バッカスの角／牡牛の姿のバッカス／角でできた酒器／アリアドネの取り巻き／バッカスの篩／泥酔というバッカスの秘儀／バッサレウス／冥界の樹ハクヨウ／バッカスによって発案された凱旋行列《トリオンフォ》／バッカスが発案した花冠／キヅタがバッカスに捧げられた訳／キッソス／ティルシ／愉快な話／桁外れの酔っ払いたち／帆船《ガレア》と呼ばれた館／バッカスとともに豹がいる訳／バッカスの船／バッカスの儀式で引き裂かれた牡牛／大鷹の姿のオシリス／殺害され八つ裂きにされたオシリス／オシリスの儀式／ホーロス／テュポン／八つ裂きにされたバッカス／バッカスとエレウシスの女神たち／バッカナーレの儀式／ファロフォリ／プリアポス／畑の神／プリアポスの牡山羊《ベッコ》／バッカスに捧げられた牡山羊／ラル／ラルたちに献じられた依り代《フィグーラ》／ラルたち／犬とラル／ペナーテス／ゲニウス／二様のゲニウス／場所に因んだゲニウス／ゲニウスに捧げられたプラタナス／悪しきゲニウス／放逐された不吉なゲニウス

[XII] フォルトゥナ …… 537

フォルトゥナが責められる訳／フォルトゥナなどいない／二様のフォルトゥナ／人にかかわることの司／善きフォルトゥナと悪しきフォルトゥナ／ネメシス／ラムヌシア／アドラステイア／翼のないネメシス／イウスティティア／すべてをみているイウスティティア／裁判官たちの務め／アペレスの絵／インヴィディア／ペニテンツァ／詐欺師たちの本性／詐欺師たちの松の木／善き運《フォルトゥナ》／オッカシオ／スキタイ人たちのフォルトゥナ／硝子のフォルトゥナ／フォルトゥナの神像と皇帝たち／アモルを歓ぶフォルトゥナ／ご婦人がたへ／忠言／貪欲な女たちを駁して／ルナとしてのフォルトゥナ／善きエヴェントゥス《できごと》／内気なファヴォール／マカリアー

謝辞 575

[XIII] クピド …… 577

アモルはひとりではない／天上のクピド／アモルの翼／アモルの矢／太陽にも似たアモル／メリトスとティマゴラスのものがたり／メルクリウスとヘラクレスとクピド／レーテのアモル／アモルたちは数多いる／アモルたち／アモルたちの絵画／ヴェヌスに似つかわしい兎／アモルたちの罠／神々の中でもっとも若いアモル／しなやかで柔らかなアモル／花々の中のアモル／逃亡するアモル／諸問題集／愛する者たちの紅潮／アモルの変容／アモルの力／フォルトゥナの供をするクピド／パンに勝利したクピド／煩悶するアモル

[XIV] ヴェヌス …… 613

情欲の女神／ヴェヌスの諸本性／ヴェヌスの誕生／アフロディテ／ヴェヌスに授けられた貝殻／神々たちの山車／ヴェヌスの鳥としての鳩／ヴェヌスに捧げられた白鳥／ヴェヌスが裸でいる訳／驚くべき彫像／ヴェヌスに捧げられたギンバイカ／ヴェヌスに捧げられた薔薇／色づく薔薇／愉しいものがたり／ヴェヌス・カリピーガ／亀の自然本性／ヴェヌスとメルクリウス／勝利者ヴェヌス／モルフォ、足を縛られたヴェヌス／髭あるヴェヌス／男でも女でもある神々／特記しておくべきその用例／男神としての月《ルノ》／アドニス祭／土の半分を司るヴェヌス／太陽としてのアドニス／猪に殺されたアドニス／ヴェヌスの変容

[XV] グラティアたち …… 643

グラティアたちは誰の娘か／女神ホーラーたち／ホーラーは何人いるのか／四人のグラティア／なぜグラティアたちはヴェヌスの供をするのか／ふたりのグラティア／三人のグラティア／グラティアたちの名、エウプロシュネー、アグライアー、タレイア、パシテア

解題 657

訳者あとがき 679

索引 i

凡例

○本書は *VINCENZO CARTARI, LE IMAGINI DE I DEI DE GLI ANTICHI* の全訳である。訳出にあたっては、一五七一年版を底本となしつつ、一五五六年刊の初版と校合、また一五八七年版など後年の版も折に触れて参看した。書誌を含めた詳細については巻末の「解題」を参照されたい。

○本文中、【　】で括った部分は、初版にない加筆部分である。またその異同の概要については適宜各章末の註に記した（＊印を付して他と区別した）。

○章立ては底本をそのまま踏襲したが、［I］から［XV］の数字は原本にはなく、本訳書において便宜的に付したものである。

○本文中、［　］を付しゴシック体で示した小見出しは、一五八七年版のそれに準拠したものである。重複や粗密のバランスなどに難のある個所が散見されるが、あえて原本のままとした。

○各章頭にまとめて掲げた図版は、一五七一年版銅版画である。Tav. で示された図版番号も原本のものをそのまま踏襲し、同書に載る図版をすべて掲げた。ただし原本では、このようにまとめてではなく、本文中に散らして挿入されている。また下に添えたキャプションは原本にはなく、本訳書において仮に添えたものである。

○本文中にあしらった挿図は、一六四七年版木版画で、下に添えたキャプションも同書のものをそのまま採用、訳出している。なお章頭図版と対応するものについては、キャプション末に［▼Tav. xx］のように略記した。

○本文中の挿図ではなく、あえて章頭の図版を参照する必要があると思われる場合には、本文欄外に［▼Tav. xx］のように略記した。

○各章末の註はすべて訳註である。訳者の関心の偏向のせいでかなり粗密のあるものとなっていることを了とされたい。古典原典の略記はラテン語中辞典程度のものを見れば列挙されているものゆえ、あえて略号一覧まで付さなかった。また、上で触れた通り、初版との異同に関する註については、＊印を付して他と区別した。

○巻末の索引は原本にはなく、本訳書において新たに付したものである。

［序］

Introduzione

信心—人々の主なる美点／数多の神々／十二主神／協働する神々／神には姿がない／ユダヤ人は神像をもたなかった／神像としての頭蓋／崇められる〝樫《クェルチャ》〟の木／神々の出自／ギリシャ人たちのもとからローマへ彫像群をもたらしたマルケルス／神像群の由来／すばらしい彫像／神々はなぜ人の姿なのか／崇められるプロメテウス／大いに尊重された彫像群／彫像はなぜ裸なのか／蔑された彫像／天蓋の下へと移された彫像／神像群はどうして多様に造りなされるのか／神像群の素材／木彫りの神像／永遠性／永続（不滅）性／年の像

Tav. 1
［エテルニタ（永遠性）の洞窟――扉口にはポイボスとナトゥーラ］
▶p.36

〔信心――人々の主なる美点〕人性に賦与された数々の美点のなかでも信仰ほど人にかなったものはなく、それゆえいずれこれにかかわりのない民というものはいまだかつてない[1]。野獣たちと人を分けるのはまず道理の観念である、と言われるにしても、道理づけの慣用に先立って信心というものが当然ながら人心に備わるものである【ことについては、プラトン主義の賢者イアンブリコスが語ったところである。彼が言うには、神的光輝がわれわれの心に深く刻まれ、ここに善に対する自然本性的な性向が目覚め、これを論じ合ううちに判断というものをすることとなる、と[2]。

ある者たちはこれをプロメテウスの寓話[3]のもとに語っている。彼が人祖に与えた神の火こそが、さまざまな隠秘な途によって絶えることなく人々の魂を自らに引き寄せるのであり、また数多の魂は自分たちがそこから来たものであり、そこに自分たちが由来するものであると観じて、当然ながらそれに向かうのだと。それどころか善きあるいは悪しき大事が起こると[4]】人というものは【なにか考えをめぐらす前に】たちまち視線を上にあげ【るばかりか、両手をあわせ、あたかもあらゆる善が上天から来たるかのように観じ、それを届けたまうものに感謝をささげるとともに賛美しようとする。またあらゆる悪に立ち向かうための援けを期待し慎ましく問いかけてみせる。これらみな信仰のかたちであり、信仰というものは神を愛させ畏れさせるものであるが、たしかにそれはなんら知覚なしになし得るものではない[5]。

人というものは道理づけの論議に先立ち、なんらかのかたちで神を知り敬うものである。これが人を獣たちから分かつところであり、この点についていろいろ道理あることを言おうとする者たちもあるが、信仰に明かりを灯したものが見つかったためしとてない。しかしこれはただ人だけのものであり、人々はこれに守られて上天へと視線をあげ、万有宇宙の驚異的な秩序を勘案しつつ、無限の愛と権能をもって至高なる神慮とともに万物を秩序づけ、統治し、配慮をつづけるものがある、と言ったのだった。[6]】これはあらゆる善、永遠、無限を与える不可視なるもの[7]であるからこそ、神と呼ばれた[8]。

［数多の神々］　しかしつねに皆がこの真実につき随ったという訳ではない。なぜといって人々は自らの乏しさに馴らされ、それに興じるあまり眼に見えるところのものを超えて見ようとはせず、【つまりは諸星辰、太陽、月を、そして天空そのものが神々であると信じるようになった。プラトンが記しているように、異邦の蛮族たち同様、最初にギリシャ人たちが崇拝したのもこうしたものたちであり、これらの已むことのない動きにギリシャのことばをもって名づけ、神々と称したのだった[9]。】こうした欺きはまた幾多の人々をも神々と判じるほどに瀰漫するとともに、[10]【神々はある種の獣たちとして崇拝されることとなり、そのすべてにさまざまな神像が建立された。それはまた美徳の数々ばかりか悪徳の数々にまで及び、前者がつねにかわることなくありつづけその加護を垂れたまうよう、後者が損いをもたらすことなく遠ざけられてあるようにと、そのそれぞれに神あるいは神性の名が付されたのだった[11]。】

　古人たちのもとでは神々が夥しくほとんど無限にあったというのは、その国々といわず一々の町、土地、家はたまた各個人にいたるまでがそれぞれに神々を思いなしたからで、[12]【人のどんな立居振舞いも神名をもって名づけられなかったようなものはほとんどなかった。古人たちのもとでのこうした多数性というのはなにも巷間にかぎったことではなく、知者として尊敬される人々の間でも同じことだった。たしかに彼らは、第一にして唯一の善があらゆるものの原因であると言いつつも、他の人々が崇拝するとともに恩頼する数知れぬ神々、精霊たち、英雄たちを措き、それらすべてにそれぞれふさわしい勤めを捧げ、また一々祀ったのだった。それればかりか供儀の様相もそれぞれ異なっていた。

［十二主神］　ヘロドトスが記すところによれば、エジプトにおいて名指される主神は十二神に限られていた[13]。どうやらピタゴラスの徒たちはこれを模したもののようにみえる。ギリシャ人たちはこうしたことに限らず、さまざまな知識をエジプトからとりいれた。その地ではメルクリウスの標柱群が祀られ、天界の諸事象にかかわる深甚なる教義が溢れ、動植物その他のさまざまな形象がしるされた。これらはエジプト人たちにとってすでに文字に先立つものとして、それらに通暁した祭司たちによって宣命されていた。それを卓越した所業と認めたピタゴラス、プラトン、デモクリトス、エウドクソスその他の者たちは、それを求めてエジプトへと赴いたのだった[14]。

［四大とアイテール界および七惑星、そして恒星天と獣帯十二宮］

こうしたピタゴラスの徒たちは、第一天球[15]に獣たちの十二の形象があり、これが獣帯の十二の星座《しるし》であるように、その一々に生命と運動を賦与する魂があり、これらが十二神であるとした。ユピテル、ユーノー、ネプトゥーヌス、ヴェスタ、ポイボス、ヴェヌス、マルス、パラス、メルクリウス、ディアーナ、ヴルカヌス、ケレス。これらからこの下界のものどもの管轄支配がなされるのだ、と[16]。

【協働する神々】これらの神々はローマ人たちからもまた六男神と六女神として祀られ、協働者《コンセンティ》たちと呼ばれた。なぜならそれらは天の議会の参事たちであり、それらなくしてはなにも決まらなかったから[17]。これについてはホメロス[18]その他の詩人たちが言うように、なにか心配事があるとユピテルはそれを評決するため会議を招集したのだった。もちろん、しばしば彼は自ら決定をくだした、とも詩人たちは書いているが。またセネカ[19]は雷の自然本性について論じつつ、ユピテルは他の神々の忠言を聴くこともなく自ら死すべき者たちに雷を投じる、と言う者もあると語っている。

古人たちのこれらの神々はまた、同じ一つ所に住んでいるのでもない。みなが天にいた訳でもなく、地上ばかりか川や海といった水の中にもいた。みな不死であったという訳でもない。半神たちは死んだものだった。その証拠に（とパウサニアスは言う[20]）アジアのペルガモにはシレノスたちの数多の墓がみられ、またニンフたちも死んだものだった[21]。

【神には姿がない】古人たちのもとにはあらゆる種類の神々がいたということについては、『神の国』でアウグスティヌスがヴァロに言及しつつ論じているところ[22]。】とはいえ、神についてたしかによい見解をもつ者たちもいた。神は唯一、永遠にして不可視であるに違いない、と。それゆえどんな形姿ももたず、それを探し求める者はその乏しさを認めざるを得ない（とプリニウスは言う）[23]。【そこでキュニコス派の領袖アンティステネスは、神は目に見えるものと似たところがまったくないので目で見ることはできない、それゆえそれについて造りなされる図像《イマジネ》あるいは立像《スタトア》をもってそれを知ろうとする必要はない、と言った、とはキュレネの司教テオドレトが伝えるところ[24]である。またソクラテスの模倣者クセノフォンは、神が偉大にして権能あるものであることをよく知っている、なぜといってすべてを動かすにもかかわらずそれはつねに不動であるから、とはいえそれがどんな顔をしているか知ることはできない、と言った[25]。

この件についてクセノファネスはフィディアスやポリクレートスその他の彫刻家たちが造った彫像群を礼讃する人々の虚しさを嘲笑しつつ、馬や牛や象に手がありその手を使うことができたなら、人が神を人のかたちに造りなしたようにそれらもまた、象や牛や馬の形をした神々を造ったことだろう、と言った。[26] キケロも神々の本性について論じつつ、エピクロス派の見解に反駁するコッタに同じことを道理をもって語らせている。[27]】

〔ユダヤ人は神像をもたなかった〕 古人たちのうちで真の信仰に就いたユダヤ人たちは唯一の神を崇めたが、それは彫像や図像を目で見ることによってではなく、人性に許される限りにおいて神性をこころのあかりとともに観たのだった。コルネリウス・タキトゥスが言うように、彼らは神の図像を描きまたさまざまな素材を用いてそれを人のからだに似たものとして造る者たちをみな冒瀆者と見做し、往時彼らは一切彫像や神像をもたなかった。[28]【エルサレム王ヘロデは神殿の大扉の上に黄金の大きな鷲を置いたが、民衆の怒りにのって若者たちがそれを取り外し、彼の死を願懸けてそれを割り裂くと地面にばら撒いた、とはヨセフスが伝えるところ。[29]それは彼が信仰および先祖たちの掟（律法の数々）に叛いたからであり、神の誉れをとり戻すための絶好の機会であったから。しかしこの哀れな者たちは予想を誤った。なぜといってヘロデは彼らを捕縛させ、生きながらに火刑に処すに十分なほど長生きしたのだから。スイダが言うところによれば、[30]すでにユデアの地にピラトがティベリウス帝の肖像つきの旗幟をもたらした折、これらの民はあたかも、町のなかに一切図像《イマジネ》を置いてはならない、という先祖たちの指示が損われたかのように困惑したのだった。】

他にもまた、【どんな神像《シミュラクロ》をも欲しなかった者がいる。たとえばトリスメギストス。彼は、眼前の神像群に神々を見ようと欲する者たちに神々が天にあるなどと信じてはならぬと諭し、そうした信心やら祈りが上天にまで届くようにと頼み、そのために神像群を造りそれらを神々と呼んでもならぬと説いた。[31]】リクルゴスは、どうしても人や他の動物たちが神々に似ることを欲せず、彫像やら神像やらを立てることを許さなかった、[32]と録されている。ラクタンティウスは、すでにエジプト人たちは当初からいかなる像を造ることもなく諸元素を崇めていた、と記している。[33]

【またローマ人たちの二代目王ヌマは、神の肖像を描くことができるなどと信じる者のあることを望まなかった、とプルタルコスは語っている。[34]それゆえ】ローマ人たちはそのはじめから一七〇年間、【神的なものと不滅のものたちを死すべき人に似たものとしてあらわすことを深刻な過誤とし、】彼らの神々の神像をいっさい造らなかった。

またペルシャ人たちもリビアの人々も、当初どんな彫像も祭壇も神殿ももたなかった。[35]【ヘロドトスが記すところによれば、[36]スキタイ人たちはヴェスタ、ユピテル、アポロン、マルスその他の多くの神々を彼らのことばで名づけて崇めつつも、後述するようにマルスより他には祭壇も彫像も設けなかった。すべての神々に同じように生贄を捧げていたにもかかわらず。

【神像としての頭蓋】これまたスキタイの民であるイクセドニオ人たちは死者の頭蓋骨だけを神像として崇めた。これもヘロドトスが言うように[37]、彼らは習慣として、父が亡くなると親族および友人一同が羊たちをもち寄り、これを殺してばらばらに切り裂いた。死者の亡骸もまた同様にばらばらにして、その肉を羊の肉と混ぜて大宴会をし、平然と皆で食べた。その後、死者の頭の皮を剝ぎ、その内外を洗い清めて頭蓋骨だけにし、金塗りして神像となし、毎年厳かに生贄を捧げたのだった。またポンポニウス・メーラとソリヌスが言うところによれば[38]、それは飲用杯となされ、それが死者に捧げられる最大の名誉であったという。これはスイダがユデアのある民について、彼らは黄金の驢馬の頭蓋を崇め、三年毎に異邦人をひとり細かく切り裂き、それに生贄として捧げた、と語るところ[39]と類同である。】

【崇められる樫《クエルチャ》の木】ガリア・ナルボンヌのマッシリアの民は、神性が宿ると彼らが信じる高い木々の幹より他には神像も一切ない聖森で礼拝をおこなった、とはルカヌスが記すところである[40]。【洪水の後、善にして義なる人々は、樫《クエルチャ》の木々のもとに住んでいた、とはプリニウスの録すところ[41]であり、彼らはそれらを神性や聖なる神殿の代わりとしていたのだった。樫は彼らに糧として団栗を与えたばかりか、雨その他の災いから守ってくれたから。

パウサニアスによれば[42]、アカイアのある土地では絵図を刻むこともなく三十本の四角い石が置かれたという。これらの石にはそれぞれに異なった神名があり、たいへんな尊崇をあつめたものだった。ギリシャ人たちにとっては、神々の神像に劣らず、こうした石を崇めることが古い慣わしだった。】

ゲルマニアのことを録したコルネリウス・タキトゥスは、ゲルマン人たちは彫像も神殿ももたなかったが、それは神々を小さな神殿の壁の内に閉じ込めるのは善くないことであり、人のからだのような小さな形姿となすには神々は大きすぎると彼らが考えたからだった、と言っている[43]。【彼らは目に見えるもの、そこからご利益を得ることができると感じるものより他、彼らの神々に加えることはなかった。それは太陽、火山、月。その他を彼らは知らず、また彼らが名指すのを耳にしたこともない、とはカエサルの記すところ[44]。

【神々の出自】ギリシャ人たちは当初から神々を崇め、生贄を捧げていたが、エジプトから神々の名というものを得るまではそれらを名指すこともなかった、とヘロドトスは記している[45]。だがこれらの神々がどこからやって来たのか、一神づつやって来たのかあるいはみな一緒にやって来たのか、それとも常にいたのか、往時なにも知られてはいなかったという。ヘシオドスとホメロスが彼より四百年も前にギリシャ人たちのもとに神々の裔たちを多くの名とともに採りいれ、それらにさまざまな職能や形姿を与えたのだったとはいえ。それゆえ、ギリシャ人たちは神々をいろいろな姿に象ることを彼らから学んだのだったかもしれない。とはいえヘシオドスが言うように、それはエジプト人たちから採用されたのだったかもしれない。なんといってもエジプト人たちこそ、神殿を建て、祭壇を祀り、彫像を置いた最初の者たちだったのだから。

［ギリシャ人たちのもとからローマへ彫像群をもたらしたマルケルス］ギリシャ人たちが彫像をエジプトからもち来ったように、ローマ人たちはそれをギリシャ人たちから拝借したのだった。それはマルケルスがシラクサを掌握した時のこと。その折、彼は当地にあった美しいものをローマへともたらした。それは凱旋勝利の見世物とするためでもあり、町を美しく飾ろうと思ってのことでもあった。ローマは当時まだ、絵画や彫刻を置くという趣味を知らなかった。それゆえ当時マルケルスは多くの者たちから咎められた。なによりそれは、彼の盛大なる凱旋にあたり、捕囚となった神々の神像群を見世物に曳き来たることがあまりに傲慢なことと思われたからだった。そしてまた、戦いの辛苦にのみ慣れていたローマの民に時を忘れて美しい彫像や絵画を眺めるという懈怠と無為の怠惰を与え、それらを造った者たちの業と巧みを称賛させることとなったから。プルタルコスはこう書いたあと、とはいえマルケルスはローマ人たちに最初にギリシャの美しいものを嘆賞させたのは自分だといって誇ってみせた、と付言している[46]。またリヴィウスは彼について同じことを録しつつ、それによってローマ人たちはギリシャの諸作品諸技芸を嘆賞することとなり、これ以降、聖俗のいずれかを問わずまことに放縦に戦利品を掻き集めることとなった、と記している[47]。ローマの宗教はヌマによって神像なしにわずかばかりの祭儀をもって執り行なわれた、なぜならローマ人たちはいまだギリシャにもトスカノにも赴いたことがなかったから、とテルトゥリアヌスは言う[48]。つまりどうやらタルクィニウス・プリスクスこそ、ギリシャ同様にエトルリア人たちの宗教的虚飾を十分に理解して、ローマ人たちに神々の像を造るべく示した者であった、と言いたかったもののようである。】

［神像群の由来］　つまりはこれら神像の慣用は、エジプト人たちのもとからギリシャ人を介してローマ人たちに伝えられることとなった。【とはいえエジプトでそれがどのようにはじまったかについてはさまざまな臆説があり、それを

尋ねるのはたいへん難儀である。】最初の彫像群は賢慮をもって義しくその民を治めた王たちまた有徳な人々のために造られたもので、彫像群に義なる王たちを記念するとともに、死後も彼らを親しく敬うためだったと多くの者たちは信じている、とはラクタンティウスの言うところ。(49) エウセビオスもまた、異教徒たちは彫像とともにもっとも称賛に値する人々を記念し、有徳な行いをした者はいかに愛されいかに尊敬されるかということを示したのだった、と記している。(50)【スイダによれば、ノアの息子ヤペテの一族の裔セルークこそが、神々あるいはこの世に善行を施すものとして自ら造りなした神像や偶像に対する礼拝を取り入れた最初の者であった、という。(51)

[すばらしい彫像] セミラミスがはじめてという訳ではないが、その存命中に彫像を造らせ、それらを崇めさせた王たちもあった。この王女は十七スタディオンつまり二イタリア・マイル以上もある巨大な石をもって彫らせ、それを神性として百人の祭司を礼拝に赴かせ、さまざまな供物を捧げて盛大な祭祀をおこなわせた。(52)

エウセビオスが語るところによれば、エジプトにたいへん富裕な者があったが、唯一の息子の死にあたりその悲しみを癒すため、息子に対するのと同じ愛情をかけて彫像を造らせた。家人たちは息子が侮辱されたと感じた折、その彫像になにか深刻な懲罰がくだるのではないかと懼れ、その前に跪き、崇め、許しを請い、許しを得たのだった。そしてそれに報いるため、彼らはこの彫像に花や供物を捧げたが、それがしばしば多くの者たちの救いとなった、と。(53)

それにもまして著作家たちの多くが一様に伝えるところによれば、アッシリアの最初の専制国家の王ニノこそが彫像群を最初に造った者であり、他の者たちにそれを作らせることとなった者であった。この王は父ベッロをたいへん愛し、父の記憶にその似像を立てさせたが、そのもとに逃れる者たちはひきもきらず、自らの犯した過ちについて許しを請う者たちが絶えなかった、という。(54)

[神々はなぜ人の姿なのか] エジプトについて先に語ったところはまた、彫像群を造るにあたり他の多くの者たちも追随したところであった。おそらくそれが最も誠実なことと思われたゆえ、それら彫像群にさまざまな神名が与えられるとともに、こうした神像群はおおむね人のからだに似せて造られた。それはなにも古人たちが神々は人と同じように頭や両手両足をもつと信じるような愚者たちであったからではなく、】ウァロが記しているように、人の魂の数々というものは神的な魂の数々に似たものであるにしても、どちらも目に見えず、彼らはこうした神像にからだという似姿をもたせようと欲したのだった。(55) エウセビオスによれば(56)

ポルフィリオスも、神々が人の似姿をもって造りなされたのは、神がまったく心的なものにして理拠であるように、人々もそれらを自らの諸部分としてもっているということを明らかにするためである、と言っている。

ラクタンティウス[57]は、プロメテウスが地上に人の似姿を造りなした最初の者であり、【彫像群を造る業は彼にはじまる、と言いたかったもののようにみえる。ミネルヴァはかくも美しい業に見惚れ、彼女が求め得るところを享受できるあらゆる完璧さに焦がれ、そのために彼を天へと導いた。あらゆるものはその魂を炎と火から得ているということに気づいた彼は、太陽の輪の一つを密かに小さな松明に灯して携え[58]、この灯を地上へもち来たった。かたどった形姿の胸にそれを近づけると、その形姿は魂を与えられ生きはじめた。この時以降、】神の業の模倣者たる人に神の業が与えられることとなり、プロメテウスこそ最初の人を造りなした者と言われることとなった、と。[59]

［崇められるプロメテウス］【これによって彼もまた神性として神殿や祭壇を得ることとなり、パウサニアスが録しているように[60]、そうした祭壇の一つがアテネ人たちのアカデメイアのなかにあった。人々はある時間になると燈火を点すためにそこに赴いた。そして燈明を手に二組が競争して駆け、先に置かれている燈明に後ろから来た者のそれを灯し替えつつ（燈明が消えないように）、街の囲みの中に最初にその燈明をもたらした者が勝利の棕櫚を受けた。あるいは、走りつつ、ただ一つの燈明を走者の先に立つ者に順繰りに手渡して。

この祭礼あるいは競技はなにもただプロメテウスのために催されたのではなく、彼によって命じられたものであったという記述もあるが、ヴルカヌスやミネルヴァに捧げられたものでもあった。それにまた、これは徒競走であったばかりか、馬駆けすることもあった。プラトンによれば[61]、ソクラテスを仲間たちのもとにとどまらせようとして、アディマントス[62]は彼に、夕べになれば女神つまりミネルヴァのために早駆けしつつ松明を手渡してみせる馬駆け競争が見られるだろう、と語っている。またヘロドトスは、ペルシャ人たちが音信をたちまち伝えるために用いていた手段についてものがたっている[63]。これは今日の郵便のようなもので、フランス流によれば小包を送るにあたって宿駅《ポスタ》から宿駅へと新たに別の者が駆けてそれを運ぶ訳だが、これはギリシャ人たちが松明の火をヴルカヌスのもとへと運ぶためにひとりまたひとりと駆けたのを模したものと伝えられる。この競技は、先述したようにプロメテウスが天の火を取り、それを地上にもたらしたときの行いをあらわしたものであって、彼によって命じられたものだった、と言う者もある[64]。

また人の生とは前を進む者が後ろから来る者に生命の光を譲り渡すことであり、プラトンが『法律』に記しているように[65]、他の者たちから得た燃え盛る小さな松明のような生命をまた別の者たちに渡すべく、人々は子孫をつくるために婚姻せねばならない、ということであると言うものもある。またルクレティウスは死すべき者としての人の継続について語りつつ、人は駆けつつ生命の灯りを伝えていく、と言ったのだった[66]。

フォーチェの人々[67]のもとにもプロメテウスに捧げられた小祠があった。そこには一体の彫像が安置されており、それがエスクラピウス《アスクレピオス》であったという者もあった。しかしそこには砂のような色の粗い石が幾つもあり、それらが人のからだの匂いにも似た匂いを発していたので、その像はプロメテウスであって、そこに残されていた石の数々は彼が造った最初の人、つまり後継世代がすべてそこに由来する人と同じ素材質料の残滓に違いない、と一般に信じられていた[68]。プロメテウスが最初の人を造りなしたと謂われるところから、】プラトンが意図したように、彼こそが人々をばかりかこの世のはじめに創造された他のすべてのものの至高なる摂《プロ》理《ヴィデンティア》（神慮）であると考えるなら、これは十分にあり得ることである[69]。それゆえに古人たちはこれを万有宇宙を司る一家の最良の母、女神として崇め、そのすがたとして堂々たる貴女の衣装をまとった老婦人を想いみたのだった[70]。

【古人たちがどれほど彫像を好んだかということについては、】ロードスには三千以上、それにとどまらずアテネ

古人たちが世界魂にしてすべての創造者とみなした女神
プロヴィデンティア（摂理）

にもデルポイにも他のギリシャの各地にもあった、とプリニウスが記している。[71] ローマ人たちとてギリシャ人たちに劣らず熱心だった。ローマにも数多の彫像があり、ローマ人もまた石の民だったと言われているからには。[72]

古人たちはなにも彫像だけを集めた訳ではなく、絵画をも蒐集していた。卓越した画家彫刻家たちが制作したものを可能な限り蒐め、それを街中の私邸にばかりか郊外の別邸にも飾ったのだった。[73] これはあまりに放埒で、ローマ人らしい厳格な生活にそぐわないと判じられ、マルクス・アグリッパはその美しい演説で、私邸を飾っていた彫刻や絵画をすべて公共の場に置くべく説得しようとしたのだった。プリニウスが言うように、それらを郊外の別邸の数々にも持ち出したほうがきっとよかっただろう。ルクルスの農園にあった美しい絵画と彫刻を見るためだけに多くの者たちがそこに赴いた、とウァロは記している。[74] ヴィトゥルヴィウスが書いているように、[75] そうした場所はたいへん広壮であったのでまさにそうしたことにうってつけだった。

また古人たちが、好みのままに彫像の頭部を取り去り、別の頭を据える、といったことも報じられている。スウェトニウスはカリグラの虚栄心について語りつつ、[76] 彼はどんな君主や王よりも偉大な者となったと奢り、神々の誉れを簒奪すべく、信仰においてまた巧みの業において尊ばれた神々、たとえばオリンポスのユピテルその他の神々の像の頭を取り除き、そこに自らの肖像を据えるように命じた、と伝えている。ランプリディウス[77]もまた同じように、コモドゥス帝はネロ像であった巨像《コロッソ》の頭部を取り去り、そこに自らの肖像を置いた、と記している。

［大いに尊重された彫像群］【とはいえ公共の場の彫像群は尊崇すべきものとしてそれを眺める誰からも敬われてきたものであり、決してそれらを取り去ったり侮辱を加えたりすべきではない、とキケロはヴェレスを駁して論じ、[78] ロードスの民の例を引いている。この民はミトリダテスとの戦いにおいてたいへん残虐で、彼を耐えがたき敵として憎んでいたにもかかわらず、街中の要所、彼らの傍らにあったその彫像を移すこともそれに触れることすらもなかった、と。】それに君主たちの彫像群には恩典があった。つまり、それらのもとに逃れた者は誰もそこから力づくで検束されることはなかった。しかしマルクス・アントニウスの息子にはそれもあてはまらなかった。なぜといってスウェトニウスが録しているように、[79] アウグストゥスは救いを求めてカエサルの彫像のもとに逃れた彼を検束させ殺害すべく命じたのだったから。

［彫像はなぜ裸なのか］ 彫像群は時に着衣、時に裸となされてきた。すべて金塗りとされることもあった。リヴィウスの

記すところによれば[80]、アキリウス・グラブリオネスが父グラブリオネスのために金塗り彫像を建立したのがイタリアでは最初であった。アフロディシアスのアレクサンデルが録すところによれば[81]、往古、神々や王の彫像群はその権力が誰にも公明正大に揮われるものであることを示すべく、また誠実にして二腹ない心をもつあるいはもたねばならず、悪徳にまみれず欺きに覆われてもいないことを明らかにすべく、裸に造りなされる慣いだったという。またプリニウスによれば[82]、彫像を裸に造りなすのはギリシャ人たちの習慣であり、なにもはじめから彫像がそのように造りなされた訳ではなく、記憶にとどめるにふさわしいなんらかの事跡を讃えて造ったものであったから、ローマ人たちはすくなくとも彫像に甲冑をつけさせたものだった[83]。

［蔑された彫像］【これまたつねに遵守された訳ではなく、彫像の真価を認めない者も多かった。カトーはそれに一顧も与えず、ある日、なぜ他の貴族たちのように彫像を造らないのか、と彼に問うた者に、善良な人々は彼がなぜそれをもたぬかではなく、彼がなぜそれをもっているとあえて言わぬかを疑問に思って欲しい、と答えたとマルケリヌスは詠嘆している[84]。クセノフォンの言によれば、アゲシラオスもまたギリシャ人たちのもとにあって、彫像というものは彫刻家たちに称賛をもたらすだけ、わたしは道徳に則ってはたらいただけ、と自ら彫像となされることを拒んだという[85]。

［天蓋の下へと移された彫像］ 古のローマ人たちにより厳粛盛大に公共の天蓋の下へと運ばれ、神々の像と一緒にされたものもあった。こうした君主や著名人たちの彫像群はそれらがあった広場から取りあげられたが、スキピオの彫像もカンピドリオへと取りあげられた。アッピアノスの記すところによれば[86]、彼は生前すでにその勲功が神の勧告によるものであることをこの世に知らしめたが、ユピテルはカンピドリオの神殿の中にひとり居ながらなすべきことのすべてを彼に示したという。それゆえ、彼の彫像もまたつねにここで眺められるべきものとみなされたのだった。こうした彫像や図像の数々はもっとも高貴な家系のよくなすところだった[87]。】サルスティウスによれば[88]、マリウスは下賤の生まれで、上流の者たちに見せるべき彫像も肖像画ももたなかったが、戦勝によってもたらされた名誉ある報償のおかげでそれを見せることができるようになったのだった。

［神像群はどうして多様に造りなされるのか］[89] 神々の像に話を戻して、神像というものは、多様な民の慣習によってさまざまに造りなされてきた。時としてそれはかなり偏向したものとなっている。【スイダが記すところによれば[90]、神々の手に財布をもたせるのがフェニキアの慣例であった。なぜ

といって彼らは、金をより多く持つものが他の誰よりも優っている、と判じたから。】ギリシャ人たちは武装させた。【なぜといって神々は武器によって民を従属させたと信じていたから。それにまた、古人たちはしばしば彼らが手に入れようと欲するもの、あるいはすでに手に入れたものを神像群に添えた。なぜといって彼らはしばしば神像群を祈願の供物として造ったものであったし、それはほとんどいつも彼らの姓（字《あざな》）に関わりのある神々であった。とはいえもっともそれにふさわしくもっとも多かったのは神々の本性の意味するところ、そして】到来すると信じられていたその報償の数々であった。

【しかしつねに誰もがそれを解するように造られた訳ではなかった。往時の信仰はいまだ虚飾と欺瞞に満ちており、その大部分が秘されたままだった。それは祭司たちだけが知っているもので、その他の者たちからは単に信じられるだけで誰も知ることが許されていることを超えて尋ねることはなかった。リヴィウスその他多くの者たちが録しているように、[91]ヌマの書の幾つかが発見された折、それらが明らかにされたならば往時の信仰に大きな損害を与えかねなかったので（おそらくその信仰の虚飾を明かすものであったから）、元老院の命により公衆の面前で焚書とされたのだった。慎重な配慮のもと祭司長や祭司たちが示すところより以上に、民が知ることのないようにと。ヴァレリウス・マクシムスが伝えるところによれば、タルクィニウス王もまた信仰の秘密の書の管理者であった某マルクス・トゥリウスを海で溺死させた。ペトロニウス・サビニウスがその書を筆写するのを彼が放任したから、というのがその理由だった。[92]

以下わたしが描いてみることとなる図像のいくつかの理由も、きっとここに隠されてあるに違いない。わたしがその描写を採用したヘロドトス、パウサニアス、プルタルコスその他の多くの者たちはしばしば、それはそうではないとか、信仰がそれを語ることを禁じていると語っているのだから。しかしそれもごく稀な場合であって、一所ですべて完全に言おうと欲せぬ者も、あちこちにさまざまな言辞を鏤めており、わたしはそれらを可能な限り蒐めてみた。

神々がさまざまな流儀で造りなされた理由に戻ると、】エウセビオスはポルフィリオスのことばを伝えて、[93]古人たちは神々の多様性を知らしめるために或るものを男と他のものを女となし、或るものを処女と他のものを既婚者となし、その上無秩序にそれらの彫像に着衣を纏わせた、と言っている。[94]【アリストテレスは、古人たちが神々の肖像を人に似せて造りなしたところからみて、彼らは神々の生を人々の生に似たものと考えたのであり、彼らは王に仕えて生きていたゆえ、神々のうちにも第一なるものがあると称したのだった、と語っている。[95]ラクタンティウスはさまざまな議論の末、古人たちの神々とはその死後に神と崇められた人々を記念したものであったと論じ、こうした神像群は彼らが亡くなったときの歳と衣装をもってあらわされ、小児であったり若者であったり老年であったり、それぞれ確かに個別の姿を与えられている、と付言している。[96]となると、古人たちの神々も本来は人であったと言われるように、他にもいろいろなことが擬《なずら》えられているのかもしれない。これについてはさまざまな図像の特徴を描写しながら話すこととしよう。その前に、彫像群がどんな素材で造られたかについて見ておこう。】

[神像群の素材] エウセビオスがポルフィリオスから引いて語るところによれば、[97]神はわれわれの諸感覚をしては了解されないような至純の光であるので、緻密な大理石や水晶また黄金といった滑らかで光輝く素材をもって造られたが、これはまた神が住む永遠で神的な火をあらわすためでもあった。またそれを黒石で造った者も数多あったが、つまりそれもその不可視性を示そうとしてのことであった、と。

[木彫りの神像]【しかし彼も自分の生きる時代のことを語っていたに違いない。より古の人々が神々を木彫したらしいことについては、テオフラストスが記しているとおりである。[98]樹木の性質からして杉《シードル》や糸杉《サイプレス》、ロートスや柘植で彫刻が造られたが、オリーヴの根で造る者もあった、と彼は書いている。プリニウスによれば、[99]杉《シードル》材はたいへん長く保存が利いたので、古人たちはこれで神々の像を造ったものだが、ローマにもセレウキア[100]からもたらされたアポロン像が一体あったという。】こうしたことについてプルタルコスは記している。神像群を造ることはたいへん古くに遡るものであり、古人たちはそれを木彫で造った。なぜかといえば、石というものは神々を造るには硬すぎるものと思われ、金や銀は不毛で不妊の土のようだと考えたから。つまりこれらの金属の鉱脈には稀に別の金属が生じるので。また古人たちはこれを病んだ不幸な土と呼んだものだった。そこには草も生えず、花も咲かず、実もならなかったから。なぜといってその懐には貪欲な力もなく、自ら養い育てるものより他に気にかけもしなかったから。[101]プラトンもまた次のように記しているところからして、[102]神々の像は木彫でのみ造られるよう望んでいたもののようにみえる。土は神々のために聖なるものとなされた住処であってみれば、それらの像を金や銀で造りなしてはならない。なぜといって所有する者が妬みを買うところとなるから。これについてラクタンティウスは、神々の高価な彫像群は信仰という覆いのもとに金、象牙、宝石その他の高貴なものを詰め込んでこうした聖なる像を造ることによって人々の物欲をあらわし

ており、これらの像はそれがあらわしているものよりもかえってその素材によって歓迎されることとなったものである、と記している。[103] プラトンに従うなら、[104] 象牙は本来魂をもっていたものが、脱ぎ捨てた残りであって、神々の彫像群を造るのにふさわしくない。鉄がよいものであるからといって、これまた他の硬い金属の数々同様ふさわしくない。なぜといってそれらは戦いに用いられ、人殺しの道具となるものだから。それゆえプラトンによれば、聖像群を造るには木材しかない、ということになる。【パウサニアスもまた、[105] 当初神々の像はギリシャ人たちのもとではみな木彫であり、エジプト人たちのもとで造られたもののほとんどそうであった、と言っている。往古、アルゴスの地にダナオスによって献じられたアポロン像も木製であった、と。どうやら最古の神像群には、黒檀、糸杉、杉《シードル》、樫《クエルチャ》、キヅタ、ロートスより他の素材で造られたものは見つからないようである。いくつかオリーヴで造られたものもあったが、これも神託にもとづいて造られたもので、往昔木彫された神々が他の素材によるものよりも愛好されたということが分かる。

ヘロドトスによれば、[106] エピダウロスの民が深刻な飢饉にどう対処すべきかデルポイの神託を聞きに人を遣わしたところ、ダミアとアウクセシア（つまりその土地の霊《ダイモーン》あるいは精霊《ゲニウス》）の神像を、金属でも石でもなくよく手入れしたオリーヴの木で造って祀れとの答えだったという。アルゴスの最初の神殿つまりユーノーに捧げられた神殿には梨の木で造った神像が一体祀られた。[107] またローマでは彼女が母后に挙げられるとともに、糸杉で造られたその二体の神像が供儀にあたり儀式行列で厳粛に担がれたという。その濫觴はハンニバルがイタリアを通った時に命じたものに遡る、とリヴィウスは録している。[108] またプリニウスによれば、[109] ポプロニアには葡萄樹だけで造られたたいへん古いユピテル像が一体あったという。それほど大きく太い葡萄樹があったからといってなにも驚くにはあたらない。メタポントスのユーノーの神殿の列柱もまた葡萄樹で造られていた、とはこれまたプリニウスの伝えるところ。葡萄蔓は俗に純潔《アーニョ》な子羊《カスト》[110] とも称され、パウサニアスによれば、[111] ラコニアの某所で造られたエスクラピウスの彫像の素材はアニーテと呼ばれるものだったという。】素朴な貧しさに馴染んでいたローマ人たちも神々を木彫で造ったものだった。ティブルスは、ラーリと呼ばれた家神たちについて語りつつ、次のように言っている。[112]

なにも恥じることはない、あなたがたが
枯れた木の幹で造られているからとて。

きっと吾々の高祖たちの幸福な時代にも
信心と、慈悲と、正義とは
そのようにあったのだから。
かえって今日そのようにないことを、
貧しさを喜び、侘住まいに木彫の神々を
崇めていた昔を想いみるべきであろう。

またプロペルティウスは、ヴェルトゥムヌスに自らの彫像について次のように語らせている。(113)

枯れた木の幹に匠もなしに造られた
木彫の貧しい神のように
善良なるヌマの時代の街中に
佇むことこそ吾が常に易らぬ喜び。

【輓近スペイン人たちによって発見された島々のことを、古人たちには知られていなかったものゆえ今では新世界と称するが、そこの民は粘土や木や石で造ったさまざまな偶像を崇めていたことが分かっている。(114)】

プリニウスが記すところによれば、(115)彫像を造る慣いはイタリアにも古くからあり、【エヴァンドロスがフォーロ・ボアリオにヘラクレス像を祀ったときに遡るという。それは勝利の神殿において戦利品を飾りとして纏わせたもので、】ローマ人たちがアジアを征服し、その地から貴重な彫像群がもたらされるまでは神殿の神々は木彫に限られていた。【ギリシャ人たちは彼らの神々を造るのにいつも木彫で満足していた訳ではなく、金その他の金属で造ることもあった。パウサニアスが伝えるところによれば、(116)こうした彫像群をよりすばらしく豪奢なものとするため、彼らはインドやエチオピアの象牙の薄片を用いたばかりか、フォーチェの人々のヒュドラと戦うヘラクレスのように鉄を用いて造られたものすらいくつかあった。しかしこの技法はたいへん難しく、鉄で造られた彫像はたいへん珍しいものだった。そこで、獅子と猪を頭に載せたバッカスの類稀な鉄製のふたつの頭像を見るために、多くの人がアジアの町ペルガモにまで赴いたという。(117)】

ヴィルギリウスには、コリドンがティルシとともにディアーナにその彫像を純白の大理石で造る約束をするところが謳われている。これについてセルヴィウスが註するところによれば、古人たちはしばしば彫像の頭部と胸部だけを大理石で造った。その他、屋外の覆いのないところに置かれたプリアポス等々、平俗なものたちの彫像はおおむね木彫、陶土といった貧しい素材で造られていた。ただ高貴な天の神々だけが、それにふさわしい高貴な素材で造られた、

と。(118)

また古人たちの神々はつねに人型に造られた訳ではなく、さまざまな動物の似像ともされ、時に人と獣が一体となったようなものもある。それゆえ、セネカが記し、それを聖アウグスティヌスも引いているように、それらがもしも神像として造られたような形のまま生きていたなら、きっと神性として崇められるよりも怪物たちをまのあたりにしたかのようにみな逃げ出したことだろう。(119)他のどの地によりもエジプトにはこうした恐ろしい神像群があったことについては、以下数多の図像にみることとなるだろう。

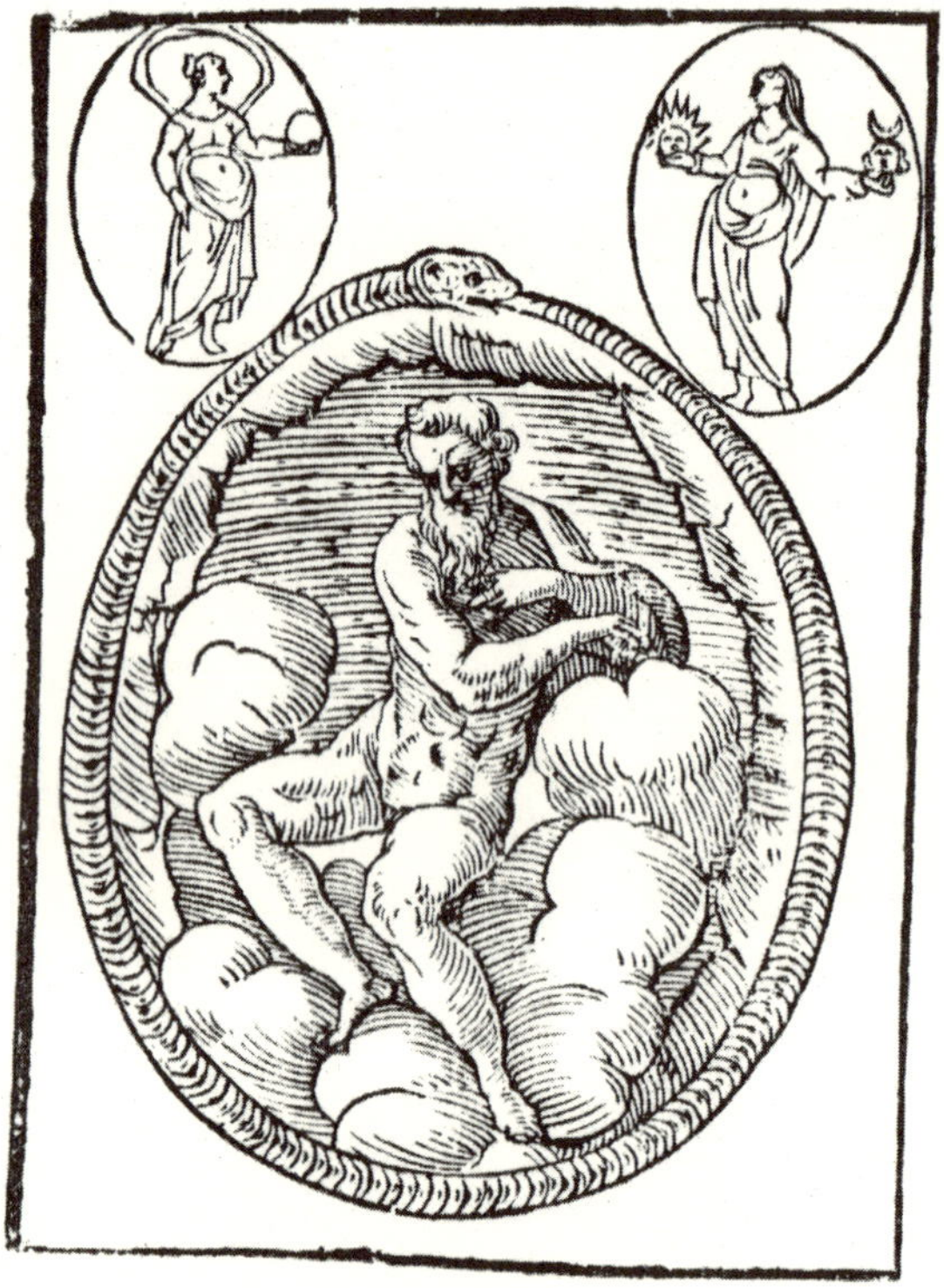

エテルニタ（永遠性）の姿と永遠性の供連れデモゴルゴンの姿。一年とその旋転を意味する尾を噛む蛇とともに。

【永遠性(120)**】** これをまずエテルニタ《永遠性》にみてみよう。古人たちの神々はかならずしも永遠不死のものたちばかりではなかったが、より高貴なものたちはそうしたものだとみなされていた。それゆえ、】永遠性はつねにそうしたものたちに寄り添っていた。(121)たとえボッカチオが神々の系譜についてものがたりつつ、古人たちは永遠性をただデモゴルゴン(122)にだけ同伴するものとした、と言っているにしても。ボッカチオはこれを神々のすべてのはじめに置き、それを全身蒼白で暗い霧に包まれて地の中に住み、湿気た場所にある濡れた羊毛のように湿ったものとしたのだった。(123)【(124)しかしわたしはいまだ古の著作家たちがこれについて語ったものをみたことがない。だが、エテルニタ《永遠性》が不死と考えられた神々とつねに一緒にいた、ということは確かである。】測りしれない時の隔たりを包摂しすべての歳月をあらわす唯一の名をもって呼ばれることで、それが誰であるのかたいへんうまく言いあらわされてきた。それは時と呼ばれることもあったが、終わりのない時であった[125]。それゆえトリスメギストス、ピタゴラス派の者たち、プラトンは、それが自ら廻りつづけて決して終りのないところから、永遠性の像《イメージ》としての時であると言ったのだった[126]。

[永続（不滅）性]【だがこれはかえって永続（不滅）性と言われるものだろう。なぜといって終りがないとはいえ、その終りない生命も完全にすべてを同じ一点にもつ訳ではないから。これこそボエティウスがまさしく永遠性と呼ぶところであり[127]、彼によれば、どうもプラトンはこの世には始めがなかったように終りもないだろうと考えていたようだが、この見解に追随する者たちがそれを神との永遠共存と称したのは過ちであった。なぜといってそこで、神はあり永遠にして、この世は永劫につづく、というプラトンの見解に拠りつつ、まさにこの名をかえって語られるべき諸事に与えることとなってしまっているから。

つまりボエティウスは、永遠性というものはすべての時の現在性における所有であり、これはまさに神である、と論じている訳である。なぜなら神においては、あらゆる被造物におけるように時が過ぎ去ることも将来することもないから。もっとも被造物のいずれかは終りをもたないのかもしれないが。しかしここでは緻密な議論に入ることはしないこととしよう。古人たちが彼らの神々を永遠なるものたちと称したのは、それらが不死で終りをもたないことを言おうとしたのであり、永遠性とはこうした時の限りなさの謂いであったのだから。】

[年の像] クラウディアヌスはスティリコンの讃歌に、口で尾を咥えて自らの棲家である洞窟を取り巻く蛇について長々と記している。これはつねに自らを巡る時というものの印象をあらわしたもので、エジプトの模範に倣ったものだった。彼らは年を尾を嚙む蛇であらわした。過ぎ去ったものの終りは来たるべきものの始めであり、時は繫ぐものであるから[128]。

ファウスティーナのメダルには、永遠性が次のようにあらわされている。立ち姿の上流婦人が右手に球を一つもち、両肩にかかるほど拡がった薄紗《ヴェール》を頭から被って[129]。いずれにしてもクラウディアヌスが描写するところ[130]を通覧してみよう。以下われわれのことばに訳すなら、

そこは吾々には遙かな秘密
死すべき者の跡をとどめず、
人心による詮索は禁じられ
神々とて到達し得ないところ、

長くそこには洞窟が口を開く、
それは限りない年歳を経た母、
彼女は尽き果てることのない時を
送り届け、またその寛い胸へと呼び戻す。

その曲線美も豊かなからだに
緑の鱗した蛇が巻きつき、
なんとか締めつけようとする様は
必死で貪ろうとしているかのよう、
その尾を口に咥えているところは
激しい飢えからそれを喰おうとしているかのよう。
がっしりと捕え、ぐるりと巡り
発するところへと常に戻り来る。

その扉口には、ナトゥーラ《自然》の霊が
まさに盛年の尊顔を覗かせ、
忠実な見張りのように、
来たり去りゆくものたちに配慮を凝らす。
その周りを魂たちが翔け、それぞれ
定めによって彼女から
与えられた四肢を纏い、そこに
彼女とともに自らの死まで留まる。

洞窟口には広い洞穴がつづき、
顎と髪に白雪を散らした老人が
宇宙に与えられる確たる律（法則）の数々を
録しつつ配当している。
思惟のすべてが整うと
意図とともに美しい指図（秩序）に収斂し
幾つかが諸星辰の方へと出発し
朧に美しくその姿をあらわす。

吾々の死と生の
それぞれの巡りまた停まりを
予め定めた不変の指図（秩序）により
生と死が与えられ、ふたたび眺めに戻る、
その運行の到るところをあらためて見るに
マルス《火星》は進むに慣れているとはいえ
いくらか行くとたしかに停まる、
これが神の律（法則）というもの。

確実にぐるりと廻ってみせる
ユピテル《木星》はこの世に喜びをもたらし、
またルナ《月》は昼間は身を隠しつつ

豊穣な美しい光に変じてみせ、
出発しつつなかなか戻ってこない
恐ろしくも陰気で不毛なサトゥルヌス《土星》、
美しきヴェヌス《金星》には、神々の
使者が彷徨いつつつき随い行く。

ポイボス《太陽》が洞窟に近づくと
たちまち権能優れたナトゥーラ《自然》は
彼に会うため遣ってきて、白い老人も
慎ましく恭しく高みからの光に跪く。
すると神の洞穴は自ずから開き、
金剛石《ダイヤモンド》の扉の数々が、
そして段々と秘密のすべてが
はっきりと見えてくる。

ここには長い年月、さまざまな
金属がその様相を異にして造られ、
【[131]その各々が伴連れに選ばれた者と
ともに座席に坐っている様子。
これは鉄。しばしば死すべき者たちを
お互いに傷つけさせ、蔑させるもの。
銅はといえば、少しばかり
混乱の少ない世界を司るもの。

銀はといえば、周囲より一段高い
美しい座席で輝きを放っている。
とはいえ吾々死すべき者の内にあって、
この美しい明かりが世を照らすのを見に降る者は稀。
他の誰よりも高みにあるものこそ
金であり、金の周りを取り巻くように
信仰、賢慮、善、正義、寛容に溢れた
ものすべてが集まっている。

これこそ死すべき者たちが測り知れない
幸福に浴す浄福なる歳月。
ポイボス《太陽》よ、吾々の罪悪に慈悲を垂れたまえ。
これらを一々赦したまえ。
そして天から美しきアストライア《正義の女神》の
翼を広げさせ、新たな愛を灯し
この世を見直すべく吾々とともにあるように
もうどこへも行かぬよう、ここへ来たまえ。】

つまりこの洞窟あるいは洞穴の記述とその企図は、ボッカチオが説くように[132]、永遠性《エテルニタ》があらゆる時を超えている、と

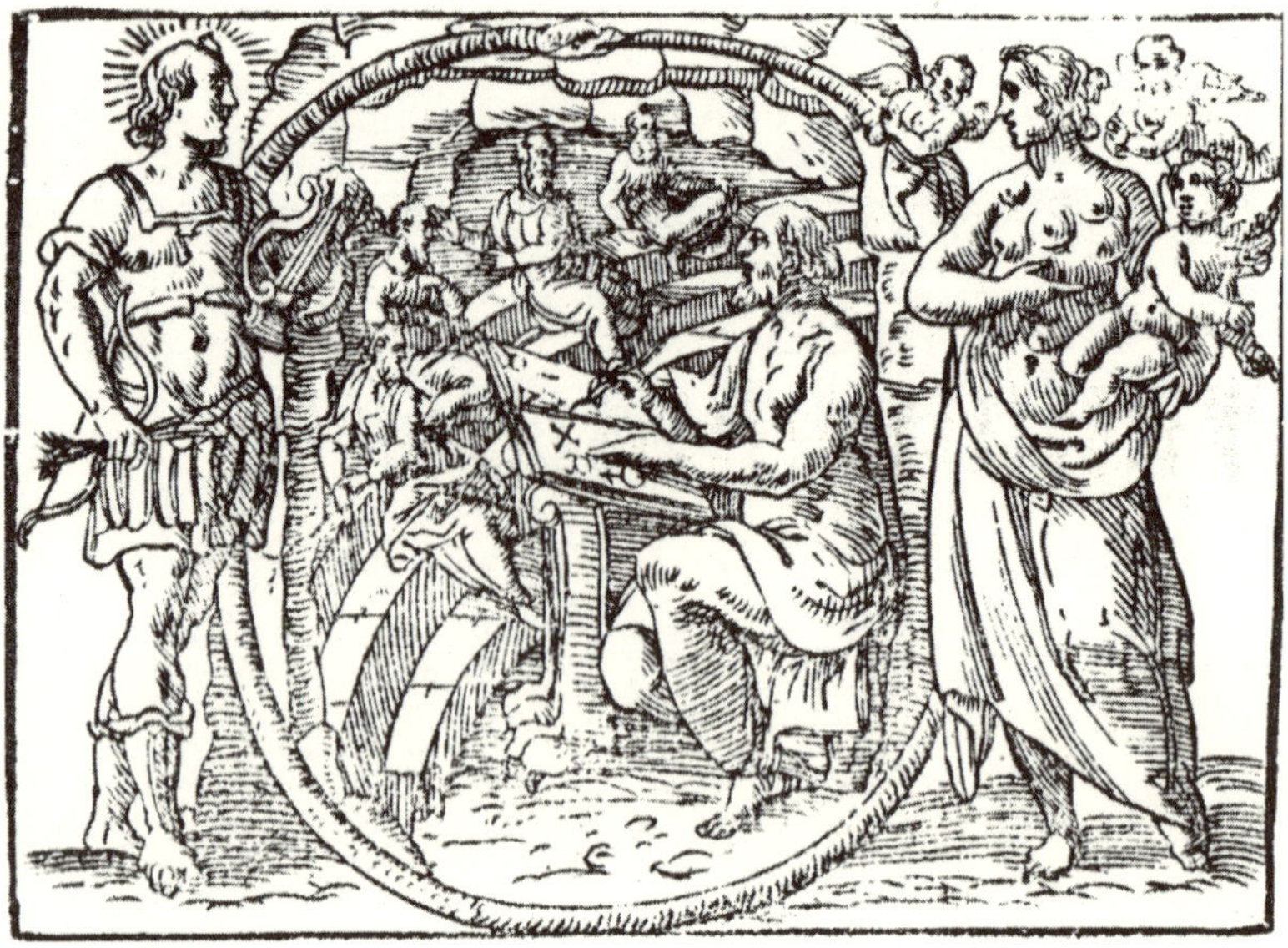

エテルニタ（永遠性）の洞窟。時の姿、あるいは運命、ポイボス、ナトゥーラおよび四時代。この神からすべては来たり、人のことどものすべてはそこに包摂され、旋転することを意味している。　[▶Tav.1]

いうことをあらわしている。それゆえ彼女は死すべき人々からのみならず、天の神々つまり諸天にある浄福な魂たちからすらも長く知られずにいる。そしてその寛い胸から洞窟に時を送り、時はまた自らを呼び寄せる。なぜといってそれらは永遠性のうちに端緒をもち、自らに向かうということは彼女から出てまた彼女に戻るということだから。(133)これは暗黙のうちにおこなわれる。なぜといって、秘されたまま時が経過し、われわれが察知しないなどということはあり得ないから。ナトゥーラ《自然》が立つ扉口の周囲を数多の魂たちが翔けている。それらはまず死すべき者たちのからだに降り、ひきつづきそこから出てエテルニタ《永遠性》の胎へと赴くが、これはすべてナトゥーラ《自然》の業でなされるゆえ、彼女が扉口に立っているのである。数において諸星辰を発する老人とはおそらく神のことで（彼が老人だからという訳ではない。なんといっても彼に歳の終りを言うことはできぬゆえ。それはかえって人々が死ぬことのないものたちをもひじょうに歳とったものとして語るからに過ぎない）、彼は時を区分しつつ諸星辰の運動に秩序を与える。(134)しかしおそらくきっと、この老人はファト《運命》と称されるべきだろう。なぜといって、洞窟にあらわれたポイボス《太陽》に向かって跪くものは、神を前に立ち退くものでもあろうから。この世の長い時間についてボッカチオはこれ以上多言を弄していない。それは誰にも容易に分かること。わたしもサトゥルヌス《土星》の図像について語るに先立ってなにも付言しない。なんといっても古人たちはそのようなことに時間を費やさなかったし、われわれの時間もエテルニタ《永遠性》を論じつつ、すでに始まっている。わたしは労して永遠性を欲することはしない。しかしそれに時を費やそうと思う人にはどうぞ、と衷心からお願いしておく。

註

(1)　*巻頭は初版とはずいぶん違い、完全に書き直されている。ちなみにその劈頭を引いておく。「開闢以来、信心というものをもたなかった民は僅か、否、そんな者は誰もいなかったことだろう。人のこころというものは、死すべきからだの中に隠れ棲みにやって来たとき、それをともに運んできたもののようにみえる。それゆえ人は獣とは違っているのであり、獣たちは一切神の摂理に関する知解をもたないゆえ、神に感嘆することも神を敬うこともないのである。」cfr. Cicerone, *De nat. deor.*, 1.43: «Quae est enim gens aut quod genus hominum, quod non habeat sine doctrina anticipationem quandam deorum?»

(2)　Giamblico, *De myst. Aegypt.*, 1.3.

(3)　ここではPlatone, *Phil.*, 16cや*Prot.*, 320d-321eを参照したというよりも、Cornuto, *Theol. Gr. comp.*, 18, p.32 LangあるいはFulgenzio, *Mythol.*, 2.6それにBoccacio. *Gen. deor.*, 4.45といった神話学的解釈を参観しているとみるべきか。

(4)　*【　】は初版にはみられない加筆部分。以下同様。

(5)　cfr. Apuleio, *De mundo*, 33 ; Lattanzio, *Diu. inst.*, 2.1.14.

(6)　*註1につづく：「つまり人だけが目を天にあげ、万有に思いをいたし、あらゆるものに限りない摂理を調え、それらを司る配慮をする永遠にして無限な誰かを考える。」

(7)　*初版では「不可視なるもの」が神であるように、前三者と区別されているが、改訂あるいは改竄により「諸善、永遠、無限、不可視の付与者」となってしまって意味不明と化しているので原義に戻した。

(8)　ストア派的議論。cfr. Cicerone, *De nat. deor.* 2.4: «Quid enim potest esse tam apertum tamque perspicuum cum caelum suspeximus caelestiaque contemplati sumus, quam esse aliquod numen praestantissimae mentis quo haec regantur?» cfr. Lilio Gregorio Giraldi, *De deis gentium libri seu sintagmata XVII*, Lione 1565.

(9)　Platone, *Crat.* 397c-d. ここでプラトンは「テオイ《神》」が「テイン《駆ける》」に由来する語であるとしている。この問題についてはEusebio, *Praep. Eu.*, 1.9.12 ; 3.2.5 また Teodoreto, *Therap.*, 3.761 参照。

(10)　*初版では本来後出するこれに先立つ一節がここに嵌入されて、「新たな業の発見あるいはこの世になんらか快適な手段をもたらした者たちとして、彼らのために彫像が建立され、われわれに生前の事跡を知らしめたものだった。」そして［神には姿がない］項へとつづいていた。

(11)　*初版：「俗人たちに神は木や土や石その他の素材の彫像群や神像群のうちに、また時には描かれた図像のうちにあるものと信じさせることとなった。」

(12)　*初版：「神の権能からなにごとかを得ようと、あるいはすでに得たところを見せようとしたのだった。」

(13)　Erodoto, *Hist.*, 2.4.

(14)　cfr. Giamblico, *De myst. Aegypt.*, 1.1-2 ; Diodoro, *Bibl. hist.*, 5.46.7.

(15)　恒星天

(16)　cfr. Manilio, *Astron.*, 2.433-447：「さてこうしたことを念頭に、次は何をしようか。星座《しるし》の数々に重ね合わされた神の加護と権能の数々について知らねばならない。一々の神々の星座《しるし》の数々のどれが万有の自然本性いずれに宛てられたかを。神の相貌が大いなる美徳のいずれに擬せられ、聖なる名の数々にどのような力が宿っているかを。こうした力こそ個別の人格に実体を付与するものであるから。羊はパラスを護り、牡牛はキュテレイア（アフロディテ）を、美しい双子はポイボスを、汝キュレネーは蟹を治めよ、汝ユピテルは神々の母とともに獅子を。処女はケレスのしるしの麦穂をもち、天秤はヴルカヌスの工房。マルスに戦闘的な蠍は従う。狩人は馬を連れ、それをディアーナが援けるように、ヴェスタもまた山羊座の高貴な星々を援ける。ユピテルはユーノーの宝瓶に対面し、ネプトゥーヌスは水の広がりの中に魚たちを認める」«His animaduersis rebus quae proxima cura? / Noscere tutelas adiectaque numina signis / et quae cuique deo rerum natura dicauit, / cum diuina dedit magnis uirtutibus ora, / condidit et uarias sacro sub nomine uires, / pondus uti rebus persona imponere posset. / Lanigerum Pallas, Taurum Cytherea tuetur, formosos Phoebus Geminos ; Cyllenie, Cancrum, / Iuppiter, et cum matre deum regis ipse Leonem; spicifera est Virgo Cereris fabricataque Libra / Vulcani ; pugnax Mauorti Scorpios haeret ; / uenantem Diana uirum, sed partis equinae, / atque Augusta fouet Capricorni sidera Vesta ;/ e Iouis aduerso Iunonis Aquarius astrum est / agnoscitque suos Neptunus in aequore Pisces». これは Giraldi, *De deis gent.* 1, pp.21.44-22.7 に引用あり。

（17） cfr. Seneca, *Nat. quaest.*, 2.41.1 ; Agostino, *De ciu. Dei*, 4.23 ; Apuleio, *De deo Socr.*, 2 ; Marziano, *De nuptiis*, 1.42 ; Giraldi, *De deis gent.*, 1, p.21, 29-40.

（18） Omero, *Il.*, 4.72.

（19） Seneca, *Nat. quaest.*, 2.41.1.

（20） Pausania, *Perieg.*, 6.24.8

（21） cfr. Servio, *Aen.*, 1.372 ; Lattanzio Placido, *Theb.*, 6.105.

（22） cfr. Agostino, *De ciu. Dei*, 4.11-24. 古代ローマの神々に関する議論は多く多神教の矛盾を突いたものといわれるウァロの失われた書 *Antiquitatum rerum humanarum et diuinarum libri* に拠っている。

（23） Plinio, *Nat. hist.*, 2.14-15.

（24） Teodoreto, *Therap.*, 1.713.

（25） Senofonte, *Mem.*, 4.3.13-14 ; in Teodoreto, *Therap.*, 1.713.

（26） cfr. Teodoreto, *Therap.*, 3.779-780.

（27） Cicerone, *De nat. deor.*, 1.71-89.

（28） Tacito, *Hist.*, 5.5 ; cfr. *Ex.*, 20.4 ; *Leu.*, 26.1.ecc.

（29） Giuseppe Flavio, *Bell. Iud.*, 1.33.2-4.

（30） Suida, *Lex.* II, 1595 Alder. スイダは原綴〈suidas〉からいまだ著者名として混用されているので、現行のスーダという表記に拘らず、カルターリの Suida という表記に準じた。以下同。

（31） cfr. *Asclepius* 37 (*Corpus Hermeticum*, 2, p.347 Nock).

（32） プルタルコスには、リクルゴスはリソに小像を置かせた、と記されている。Plutarco, *Lyc.*, 25.4.

（33） Lattanzio, *Diu. inst.*, 2.13.12.

（34） Plutarco, *Numa*, 8.8.

（35） Erodoto, *Hist.*, 1.131.

（36） Erodoto, *Hist.*, 4.59-60.

（37） Erodoto, *Hist.*, 4.26.

（38） Pomponio Mela, *Chrogr.*, 2.9 ; Solino, *Collect. rer. mem.*, 15.13.

（39） Suida, *Lex.* I, 429 Alder.

（40） Lucano, *Phars.*, 3.309-423. ここでルカヌスが記している聖なる森はかなり忌まわしく、そこでは残虐な儀礼が行なわれる。

＊初版には評釈でなく、ルカヌスの詩として以下の三行詩が添えられている。「彼らは寸断された幹を崇めただけで／一切形を刻まなかったが、これが／業を凝らすこともなく造られた彼らの神々であった。」

（41） Plinio, *Nat. hist.*, 12.3 : «numinium templa» ; 一方、*Nat. hist.*, 7.191 ; 16.1 では原初の人々が団栗を食べていた、と記されている。cfr. Servio, *Buc.*, 1.1 ; 17 ; *Georg.*, 1.8 ; 348 ; *Aen.*, 6.772.

（42） Pausania, *Perieg.*, 7.22.4.

（43） Tacito, *Germ.*, 9.3.

（44） Cesare, *De bell. Gall.*, 6.21.2.

(45) Erodoto, *Hist.*, 2.50; 52-53.
(46) Plutarco, *Marc.*, 21.
(47) Livio, *Ab U. cond.*, 25.40.1-2.
(48) Tertulliano, *Apol.*, 25.12. タルクィニウス・プリスクスがギリシャ人であったという説は Livio, *Ab U. cond.*, 1.34 にみられる。
(49) Lattanzio, *Div. inst.*, 1.8.8; 1.15.4 ecc.
(50) Eusebio, *Praep. Ev.*, 2.2.53. 註49および50については後註55以下参照。
(51) Suida, *Lex.* Σ, 254 Alder.
(52) cfr. Diodoro, *Bibl. hist.*, 2.13.2; Giraldi, *De deis gent.*, 17, p.402, 43-46.
(53) 偶像崇拝の起こりに関するこの説の由来は Fulgenzio, *Mythol.*, 1.1 にあり、カルターリがこの名を挙げていないのは不思議。
(54) Girolamo, *Comm. in Ezech.*, 7.23.264.
(55) cfr. Agostino, *De civ. Dei*, 7.5.
(56) Eusebio. *Praep. Ev.*, 3.7.3.
(57) Lattanzio, *Div. inst.*, 2.10.12.
(58) face 松明：facellina o sacellina [sacellum] o fasciola「密かにある小房に近づいた」「小束に点し」、「小袋に入れ」。
(59) ＊［神像群の由来］項以下ここまでの数節は、初版を大幅に改定したものになっている。ちなみに簡潔ながら要を得た初版の同所は次のとおり。「神々の彫像を人のからだに似せてかたち造ることはギリシャ人たちのなすところをうけてローマ人たちがなしたところ、おそらく彼ら以前にはエジプト人たちがなしていたところであった。とはいえこれら古人たちが人同様に天上の神々に頭、手、足があるなどと考えてそうなした訳ではなく、かえってウァロ（註55）が言うように、地上の四肢のうちにある死すべき者たちのこころが天にある神々のこころに似ていることをあらわすためである。ただこころというものは目に見えぬものゆえ、からだのうちに見えるものとして造りなしたのである。神々をあらわしたこれらの彫像群がわれわれ（のからだ）に似ていることによって、古人たちはわれわれのこころもまた神々のこころに似たものであることを含意したものであった。ポルフィリオス（註56）の言をエウセビオスが伝えるところによれば、神々の像が人に似たものとして造られたのは、神とはこころ（精神）と道理（理性）であり、人々もまたこれらに参与する（これらを分有している）からである。ラクタンティウス（註49）は彫像についてまた別の理由づけをしている。彫像というものは最初、なくなった王たちを記念してつくられた。存命中、その民をたいへんよく治めた王たちが、死の床でもはやまみえることのない民たちの記憶をあらたにするために、彫像を造るよう遺言していったのだと。なるほどエウセビオス（註50）は『教会史』に、尊い人物の名誉を彫像をもって長いあいだ彼らの記憶に保ちつつ讃えることは、徳高いおこないをした者たちがどれほど愛され敬われたものであるかを後代の者たちに知らしめるための異邦人たちの慣習であった、と書いている。またラクタンティウス（註57）によれば、プロメテウスこそ土で（地上で？）人の似像を造った者であり、これをはじめとして神殿が造られ新たな信心がもたらされると、ユピテル神殿の中に彫像を造る彼の業が広まった。ここから、人は神によって授けられた神の業を模倣する者、と言われるようになったのである。なぜといって、プロメテウスこそ最初の人を造った者と称されたものであったから。」
(60) Pausania, *Perieg.*, 1.30.2.
(61) Platone, *Resp.*, 328a.
(62) Adimanto
(63) Erodoto, *Hist.*, 8.98.
(64) cfr. Conti, *Mythol.*, 4.6.
(65) Platone, *Leg.*, 776b.
(66) Lucrezio, *De rer. nat.*, 2.79.
(67) Focesi

(68) Pausania, *Perieg.*, 10.4.4.

(69) ここでカルターリはプラトンというよりも、Giraldi, *De deis gent.*, 1, p.30, 11-13 に依拠している。これはまた Cornuto, *Theol. Gr. comp.*, 18, p.32 Lang に拠ったもの。

(70) cfr. Giraldi, *De deis gent.*, 1, p.30, 9-11. ここは〈プロノイア〉の意味を、キケロの「摂理」［*De nat. deor.*, 1.18］のようなストア派の観念としてみることを否認し、エピクロス派のヴェレイオスのように「予言者の老女 anum fatidicum」とみる嘲弄の調子をかえって肯定的に捉えているようにみえる。

(71) Plinio, *Nat. hist.*, 34.36.

(72) cfr. Cassiodoro, *Var.*, 7.13.

(73) Plinio, *Nat. hist.*, 35.26.

(74) Varrone, *De re rust.*, 1.2.10.

(75) Vitruvio, *De archit.*, 6.3.8.

(76) Suetonio, *Calig.*, 22.3.

(77) Lampridio, *Historia Augusta, Comm. Anton.*, 17.10.

(78) Cicerone, *Verr.*, 2.2.55.

(79) Suetonio, *Aug.*, 17.10.

(80) Livio, *Ab U. cond.*, 40.34.5.

(81) Alessandro di Afrodisia, *Probl.*, 88 (tr. lat. A. Poliziano, *Opera omnia*, Basilea 1553, p.423) ; cfr. id., p.441, 14-23. 本書ではアフロディシアスのという土地名を略してしばしばあらわれるので、アレクサンドロス大帝と差別化するため、この哲学者をアレクサンデルと表記した。以下同。

(82) Plinio, *Nat. hist.*, 34.18.

(83) Plinio, *Nat. hist.*, 34.16.

(84) Ammiano Marcellino, *Hist.*, 14.6.8.

(85) Senofonte, *Ages.*, 11.7.

(86) Appiano, *Hist. Rom.*, 6.23.89.

(87) ＊初版では簡潔な記述。「個別の像に移る前に、これに関して付言しておくなら、豪華厳粛な行列にあたり古人たちは神々の像を担ぎ運んだだけでなく、皇帝たち、勇敢な将軍たちまた高名な人々の像それに時には女性の像をも担いだ。」

(88) Sallustio, *Bell. Iug.*, 85.29-30.

(89) ＊本項は書き換えられている。初版の相当する部分は、「さて、神々の彫像群図像群をみてみることにしよう。それらは夥しくいったい幾つあったものか分からないし、さまざまな流儀で造られたものであったので、そのすべてを言うことは難しい。そこで著作家たちがよくとりあげているものだけ拾ってみることにしよう。エジプト人たちが造りなしたところに倣って他の者たちも造っていたとしたら、すべてを挙げることもさほど難儀ではなかっただろう。プラトンは、エジプトでは彫ったり描いたりできる姿のすべてが神聖なものとなされ、もはや新たなものを発案する余地も、他の地にみられる別方式を採る余地もないほどであった、と記しているのではあるけれども。いずれにせよプラトンの時代には、その地にあってはもはやすでに一万年前から彫られ描かれつづけている方式をもって彫り描きつづけられており、なんら新たに創案されることはなかった。一方、ギリシャにあっては民の慣習の相違にしたがって、それぞれの郷の好みのままに神々は異なった方式で造られた。ラケダイモン人たちは戦好きであったので、おおかたの神々の像を武装させた。フェニキア人たちは公益の利潤を求め、金銭を豊かに蓄える者こそ幸いと考えたものだったので、彼らのほとんどすべての神々は金子の袋を手にしている。このように古人たちはさまざまに神々を造りなしたばかりか、それら彫像によって神々のさまざまな本性、権能、またこうした神々に由来すると彼らが考えた利益をあらわしてみせたのだった。」

(90) Suida, *Lex.* E, 3037 Adler.

(91) Livio, *Ab U. cond.*, 40.29 ; cfr. Valerio Massimo, *Dict. et fact. mem.*, 1.1.12.

(92) Valerio Massimo, *Dict. et fact. mem.*, 1.1.13.

(93) Eusebio, *Praep. Eu.*, 3.7.3.

(94) ＊この一節は初版では簡要に、しかし「第一質料《マテリア・プリマ》」ということばが用いられていて面白い記述になっている。「まさに一々の姿に認められるように。まずこれからから始めることとしよう、なんといってもこれらこそ神々の像の最初の素材（第一質料）をなすものであるから。それについて〔エウセビオスが……〕」。

(95) Aristotele, *Polit.*, 1252b.

(96) Lattanzio, *Diu. inst.*, 1.17.6.

(97) Eusebio, *Praep. Eu.*, 3.7.2-3.

(98) Teofrasto, *Hist. plant.*, 5.3.7. ロートス loto は通常「蓮」とされるが、ラテン語にあってはその果実を食べるとすべてを忘却する不思議な植物。cfr. Properzio, *Elegiae*, 3.12.27 ; Ovidio, *Tristia*, 4.1.31. また Diospyros Lotus（マメガキ）と呼ばれる樹木もある。本文次頁の「キヅタ、ロートス」をみても、キヅタ edera は黒檀 ebano やシードル cedro のような語の誤読かもしれず、いずれカルターリはあまり拘ってはいない。

(99) Plinio, *Nat. hist.*, 13.53.

(100) Seleucia

(101) cfr. Eusebio, *Praep. Eu.*, 3.8.1.

(102) Platone, *Leg.*, 956a. 実のところプラトンは神々に捧げるにふさわしいものについて語っている。カルターリが参照しているのはおそらく Eusebio, *Praep. Eu.*, 3.8.2 および Teodoreto, *Therap.*, 3.781.

(103) Lattanzio, *Diu. inst.*, 2.6.2.

(104) Platone, *Leg.*, 956a.

(105) Pausania, *Perieg.*, 8.17.2.

(106) Erodoto, *Hist.*, 5.82.

(107) cfr. Pausania, *Perieg.*, 2.17.15.

(108) Livio, *Ab U. cond.*, 27.37.11-13.

(109) Plinio, *Nat. hist.*, 14.9.

(110) agno casto

(111) Pausania, *Perieg.*, 3.14.7.

(112) Tibullo, *Eleg.*, 1.10.17-20.

(113) Properzio, *Eleg.*, 4.2.59-60. 後出〔Ⅶ〕章でそのほぼ全文が訳出されている。

(114) cfr. F. Lopez de Gomara, *La historia generale delle Indie Occidentali*, Roma 1556, c.26r, c.116r.

(115) Plinio, *Nat. hist.*, 34.33-34.

(116) Pausania, *Perieg.*, 5.12.3.

(117) Pausania, *Perieg.*, 10.18.6.

(118) Virgilio, Buc., 7.31-32 ; Servio の v.31 への註釈

(119) Volpi 版はここからはじめている。つまり「序文」を「永遠性《アエテルニタ》」という神性の章としている訳。cfr. Caterina Volpi, *Le immagini degli dei di Vincenzo Cartari*, Roma 1996. これは一五七一年版に準拠した書。

(120) Eternita について Giraldi, *De deis gent.*, 1, p.57, 14-19 は僅かに記すのみだが、カルターリはなにより Boccacio, *Gen. deor.*, 1.1. に拠っている。

(121) ＊初版ではここに「エテルニタ」評釈がはじまるという意味で、「永遠なる神々にはつねにエテルニタ《永遠性》が付き添っているものと信じられていたので、わたしは他の神々よりもまず最初にこれについて描写してみようと思う。」と記されていた。

(122) Demogorgon. ボッカチオはその神々の系譜のはじめにデモゴルゴンを措いているが、これについて古代の証言はない（Giraldi も «Nusquam Demogorgon iste, nusquam inquam apparuit» と記している）。これは Stazio, *Theb.*, 4.316-317 にある不思議な名づけがたき権能を指しているのかもしれない。これはまたティレシアスによって残虐な降霊儀礼に関連して語られるところでもあり、Lattanzio Placido, *Theb.*, 4.516 の「デミウルゴン」と同一視できるものかもしれない。«deum [demiourgon], cuius scire nomen

non licet. Infiniti autem philosophorum, magorum, Persae etiam confirmant revera esse praeter hos deos cognitos, qui coluntur in templis, alium principem et maxime dominum, ceterorum numinum ordinatorem». とはいえこの一節の「デミウルゴン」は写本群においては demogorgon あるいは demogorgona 等々と憶測で書写されており、中世の神話学において恣意的に想像されたところを、ボッカチオが『神々の系譜』の巻頭に採りいれ彫琢したものだったかもしれない。いずれにせよ典拠は今も不明のまま。デモゴルゴン要説としては、C. Landi, *Demogorgone, con saggio di nuova edizione delle 'Genealogiae deorum gentilium' del Boccacio e silloge dei frammenti di Teodonzio,* Palermo 1930. を参照。

(123) Boccacio, *Genealogia,* tr. et adornati da ms. Giuseppe Betussi, Venetii 1547 (ボッカチオ『神々の系譜』G・ベトゥッシによるイタリア語訳評釈本), lib.1, cap.2, p.7r :「これにアエテルニタスがつづく。古人たちはそれをまさにデモゴルゴンの伴侶としたのだった。こちらはまるで永遠とは思われないものであったにかかわらず。一方、それはまさにその名が示すとおりそうであった。つまりそれはいかなる時の量をもってしても測られることなく、どんな時の幅をもってしても指し示すことができないものであり、自らのうちにすべての年歳を包み込み、何によっても包まれることがない。これについてクラウディアヌスは次のように記している。……」

(124) ＊初版では、「これ（デモゴルゴン）についてはこれ以上古人が記したところを知らぬので、絵やら彫像やらを挙げることはしない。」だが、そのエテルニタという本性において、以下にみられるように多く加筆されている。

(125) cfr. Boccacio, *Gen. deor.,* 1.1 : «Que quid sit suo se ipsa pandit nomine, nulla enim temporis quantitate mensurari potest, nullo temporis spatio designari, cum omne contineat evum et contineatur a nullo».

(126) cfr. Giraldi, *De deis gent.,* 1, p.57, 14-15.

(127) Boezio, *De cons. Phil.,* 5.6.

(128) cfr. Marziano Capella, *De nuptiis,* 1.70. ; Pierio Valeriano, *Hieroglyphica,* Lione 1602, 14.

(129) こちらは薄紗を頭から被っている訳ではないが、これに似たファウスティーナの記章が G. Du Choul, *Della religione antica de' Romani …,* Lione 1559, p.113 に載っている（左下図）。＊初版では以下、本書で詩文を俗語訳するカルターリ自身の弁明のような一節がつづいているが、本書では削除されている「熟考してみるなら、この図像は以下に引くクラウディアヌスが記したエテルニタの姿とさほど違っていないことが分かるだろう。この一節は彼女エテルニタをたいへんよく描出しているようにわたしには思われる。どうかうまくわたしがその肖像を描き出せるとよいのだが、原文ほど美しくないにせよ、すくなくともそれを引いたものとは分かるだろう。描き出される輪郭は同じでも、彼はラテン語で書き、それをわたしは俗語にしたのだから調子が違うのはいたしかたない。」

(130) Claudiano, *De consul. Stilic.,* 2.424-452, in *Laude Stiliconii,* II.425-450. ただし最後の八行詩の一節をカルターリの翻案は一般的な祈念に替えている。元詩はスティリコンのできごとをより直接祝賀したもの。

(131) ＊初版では以下の八行詩句三聯が次の八行一聯にまとめられている。「［ここには長い年月、さまざまな／金属が］それぞれの座に坐り居る。／こちらの銅とそちらの鉄は死すべき者たちに／しばしば血腥い破壊をもたらす。／またそのひとつに銀が輝き、そこに／二つの卑金属を侍らせるも／なんともすでに驚くべきはたらきをなした／精金の四分の一にも及ばない。」

(132) Boccacio, *Gen. deor.,* 1.1.

(133) ＊反復を嫌ったものか、ここにあった初版の次の一文が削除されている。「永劫に自ら旋転しつつ、先述した洞窟を取り巻く蛇のように。」

(134) cfr. Boccacio, Betussi, lib. 1, cap. 2, pp. 7r-v:「彼(クラウディアヌス)は時の過剰を論証するために、その胎の深さも底知れぬ洞穴について語っている。そこは死すべき者たちばかりか、神々すらもほとんど到達できないところ。ここでいう神々とは神の巡りにいる被造物たちのことである。そして洞穴を深みへ進むと、時はあらためられる。そこからどんな時を採りあげても端緒(はじめ)があり、またきっと最後には終りにいたることから、それは明らかである。そしてついに汝はたしかな秩序をまのあたりにするだろう。彼によれば、永遠に緑の蛇とは、決して老年に到達しないものをあらわし、またその口を尾に向けてそれを貪っている。この所作からこれが流れる時の円環であることをわれわれは知ることができる。一年の終りはつねに次の年の始めであり、時がつづく限りそうありつづけるであろうように。……また自然は多くの動物たちに魂を注ぎ込みつづけるので、旋転する魂たちで満ち溢れている。しかし永遠性の門扉の前に記されたところは、永遠性の胎の内に入る者はほんの僅かそこに留まるか、長く留まるか云々と読まれ……また洞窟で数々の星辰に数を発する老人はたしかに真の神であろう。それは老いているからという訳ではない。永遠においては決して歳を算えることはできず、それはただ死すべき者たちの慣習をもって語られるに過ぎない。われわれは不死の者たちを長寿の老人たちとすら称するのだから。この者は諸星辰に夥しい数を発する。つまりこれはわれわれにはたしかな彼の業と命令(秩序)により、時のうちに発した諸星辰の多くを秩序づけるという含意である。」

[I]

サトゥルヌス

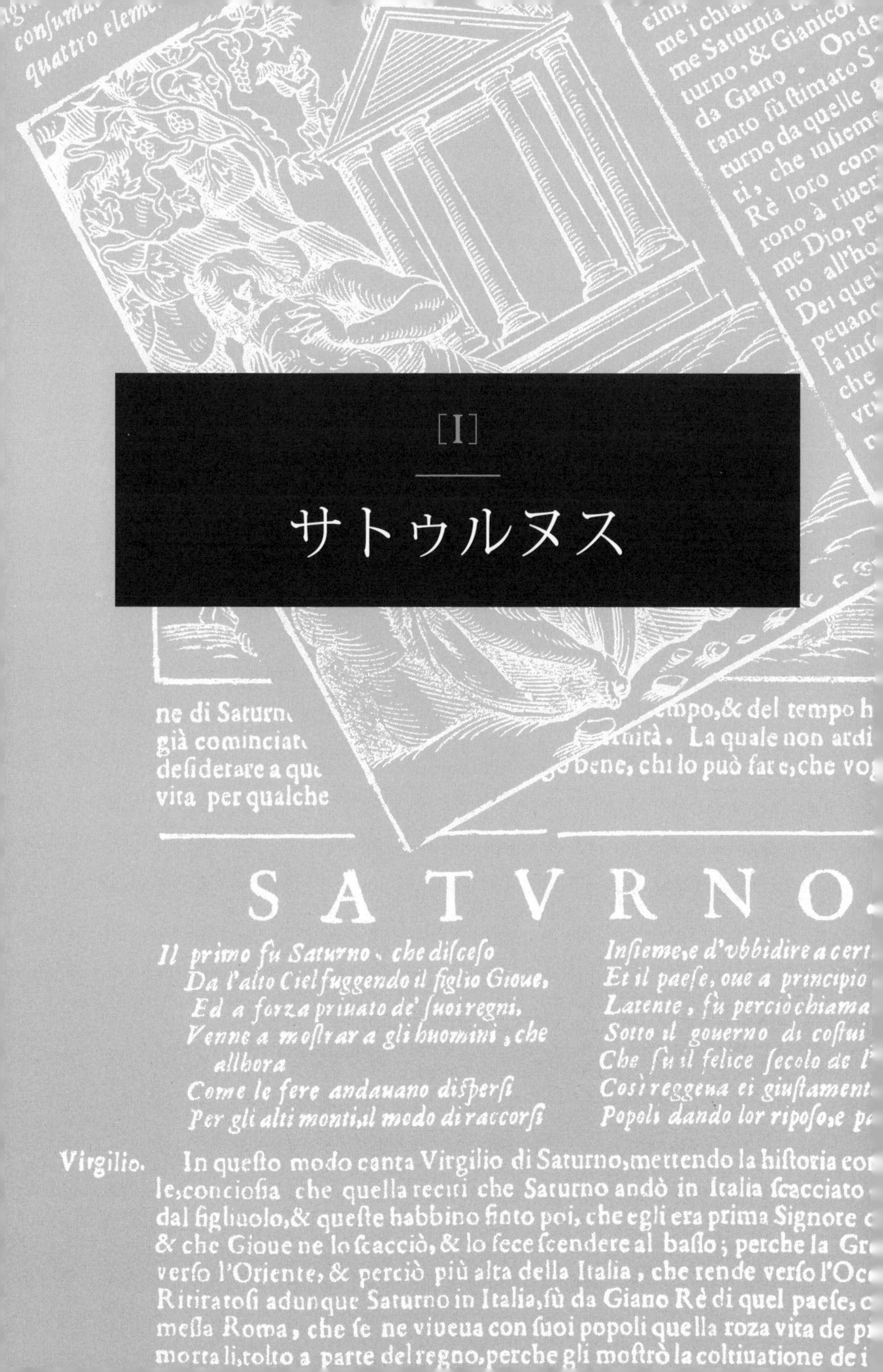
SATVRNO.
Il primo fu Saturno, che disceso
Da l'alto Ciel fuggendo il figlio Gioue,
Ed a forza priuato de' suoi regni,
Venne a mostrar a gli huomini, che allhora
Come le fere andauano dispersi
Per gli alti monti, il modo di raccorsi
Insieme, e d'vbbidire a cer
Et il paese, oue a principio
Latente, fu perciò chiama
Sotto il gouerno di costui
Che fu il felice secolo de
Così reggeua ei giustament
Popoli dando lor riposo, e p
Virgilio.
In questo modo canta Virgilio di Saturno, mettendo la historia co
le, conciosia che quella reciti che Saturno andò in Italia scacciato
dal figliuolo, & queste habbino finto poi, che egli era prima Signore
& che Gioue ne lo scacciò, & lo fece scendere al basso; perche la Gr
verso l'Oriente, & perciò più alta della Italia, che rende verso l'Oc
Ritiratosi adunque Saturno in Italia, fù da Giano Rè di quel paese,
messa Roma, che se ne viueua con suoi popoli quella roza vita de p
morta li, tolto a parte del regno, perche gli mostrò la coltiuatione de i

時としてのサトゥルヌス／サトゥルヌスの姿／サトゥルヌスの解釈／歴史のはじまり／サトゥルヌスの寓話／サトゥルヌスに貪り喰われた石／サトゥルヌスの姿／解釈／サトゥルヌスの姿／足を結わえられたサトゥルヌス／あらゆる供儀に召喚されるヤヌス／祈りというもの／天の扉／ヤヌスの姿／カルディネア女神／フォルクルス神、リメンティウス神／ヤヌスの双面の意味／ヤヌスの双面／神々の生き生きした姿／アンテヴォルタ、ポストヴォルタ／魂の内なるヤヌスの双面／パトゥルキオ、クルシオ／戦の門扉／平和と戦争の主ヤヌス

Tav. 2
［時の神／息子たちを貪るサトゥルヌス］
▶p.53/57

Tav. 3
［過去・現在・未来を意味するサトゥルヌス／時および年としてのサトゥルヌス］
▶p.55/56

Tav. 4

［太陽としてのヤヌス／年の神としてのヤヌス］

▶ p.59/61

Tav. 5

［平和と戦の神ヤヌスの神殿］

▶ p.64/65

はじめサトゥルヌスが天の高みから
息子のユピテルを逃れて降り来た
その領国を放逐されて。
往時、高い山々に
散らばり居た人々を
一緒に集め、法を守らせるべく
皆にそれを示した。
その郷は、当初彼が
隠れ潜ん《ラテンテ》だことからラティオと呼ばれた。
彼の支配のもとにあるうちは
幸福な黄金時代であったとやら言う。
彼はその民を義しく司り
安息と平和を与えた、と。(1)

ヴィルギリウスはこのように歴史に寓話をまじえ、サトゥルヌスを謳う。サトゥルヌスは息子によってギリシャから追放されてイタリアへ赴いたと語られているが、これは偽りであろう。なんといっても彼は天の第一の主であったが、それをユピテルが追い払い、下界へと降らせたとは、ギリシャはより東にあり、つまりそれより西にあるイタリアよりもより高い、ということに他ならない。(2)

イタリアへとひきさがったサトゥルヌスは、後にローマが設けられることになる土地で最古の粗野な生を営んでいた民の王ヤヌスから、その領地の一部を得た。それは王に耕作を教え、それまでの皮革のかわりに金属の貨幣の鋳造を教えたおかげだった。(3) それゆえ、後にその片側にはサトゥルヌスがイタリアへと航海した船が、別の側にはヤヌスの像として双面の頭が鋳られることとなったのだった。(4) これについては後述する。

【これら二人の王は一緒に土地を開墾し、城も近くに建てた。それぞれの土地は彼らの名をもって、サトゥルヌスからサトゥルニア、ヤヌス《ジャーノ》からジャニコロと呼ばれた。(5)】サトゥルヌスはこの民からたいへん尊重され、彼らの王とともに神として敬われるようになった。サトゥルヌスとヤヌスは探しものを見出し、また生活に有益なさまざまな業を教える者として尊敬されたのだった。土地の開墾そしてその自然本性ではないところをより肥沃とする業はたいへん有益で、サトゥルヌスの聖なる誉れは、獣糞《ステルコラーレ》からステルクリオと呼ばれることとなった。つまり堆肥を施すことによって土地はより肥沃となったから。[6]

ここから、彼の彫像に鎌をもたせる発想が起こった。つまり農耕はイタリアの興りより、すでに彼によって教えられたものであったことを意図して。よく耕された土地から産する小麦を刈るための鎌である。[7]また収穫祭《サトゥルナリア》の供儀には灯された蠟燭が用いられた。このことについてマクロビウスは、未開で闇に包まれた人の生が、サトゥルヌスの統治により、美しく光明に満ちたよき業の知識へともたらされたからであった、と言っている。[8]

【時としてのサトゥルヌス】そればかりか古人たちは、サトゥルヌスの名のもとに時間を意図したのだった。これについてラテン人たちは時に関連してさまざまな理拠を挙げているが、[9]ここではそれには触れない。

【サトゥルヌスの姿】ギリシャ人たちもまた彼をクロノスと呼んだが、これは時のことであり、この名が意味するところはこの神の姿にもあらわされた。なぜならほとんどいつも彼は襤褸を纏った老人で、頭になにも被らず、片手に鎌を握り、もう一方の手には布を縺れさせており、どうやらそれで小さな四人の赤子を捕らえて貪り食う算段をしているようにみえる。[10]

【サトゥルヌスの解釈】これは次のように解釈される。時は老人で襤褸を纏っている。なぜなら彼は常に存在したか、あるいはこの世とともに存在をはじめた、つまり混沌《カオス》の分離の時、諸元素は区別され、諸事物の生成に端緒が与えられた時、天は地の周りを旋回しはじめ、この運動によって人々は時を測ることをはじめたから。ギリシャ人たちの寓話によれば、サトゥルヌスはウラノスつまり天の息子であると言われていた。[11]

【サトゥルヌスはまたヴィティサトーレとも呼ばれた。[12]これは葡萄樹《ヴィティ》を育てるものと言うのにも等しい。先述のとおり、彼はイタリアを彷徨しつつラテン人たちに受け入れられ、エノトリアという名の彼らの娘の一人を娶り、幾人かの息子たちをもうけた。ヤヌスもそのうちの一人に算えられるのだが、サトゥルヌスは彼に葡萄樹を植え育て、葡萄酒を造る方法を教えたのだと言われている。それを造った彼らはその発明者とされたが、ある日おそらく幾人かがそれを鯨飲して眠りこけ、じつに長く眠りつづけ、やっと目覚めると、その原因が葡萄酒にあることに気づき、なにか毒を盛られたものと信じて、その発明者ヤヌスを石で打って殺した。四人の彼の息子が残されたが、悲しみから首に縄を結び、彼らは生命を断ってしまった。しかしサトゥルヌスは星辰の天に挙げられ、われわれに収穫の時期の僅か前にその時を知らせるのである。その後、ローマ人たちは深刻な疫病にあたりアポリーネの神託を恃んだところ、その答えに、まずその息子ヤヌスの死に由来するサトゥルヌスの怒りを鎮めねばならぬ、と言われた。そこでローマ人たちは彼のためにタルペイオの山上に神殿を建て、四面のヤヌスを安置した。それは息子たちの数であったか、一年の四つの季節の数であったか[13]。】

［歴史のはじまり］古人たちはよくサトゥルヌスの神殿の頂上に法螺貝を口にしたトリトンを置き、その尾を地下に埋めたが、これはマクロビウスが言うように[14]、サトゥルヌスが歴史をはじめそれを知らしめたということを示すためであったようである。時が明確に区分されぬ限り、尾を隠すことが意味するように、歴史は啞で見知らぬものである他ないから。

　サトゥルヌスが襤褸を纏っているのは、この世のはじめにあたり、彼が豪華な衣装を纏った人々を探すことをせず、身を包むことだけでよしとしたからである。あるいは擦りきれた衣装こそ彼の老年にふさわしいということを示すためであるかもしれない。頭になにも被っていないのは、彼がすべての支配者と信じられたこの最初の時期、黄金時代にあっては真実は誰にも公然と明かされており、その後のように嘘や偽りのもとに隠されてはいなかったからである。この故をもって古人たちは、頭になに

サトゥルヌスあるいは時の姿。自らの息子たちを貪る、つまり破壊されることのない四元素である火、気、水、土をあらわすユピテル、ユーノー、ネプトゥーヌス、プルトーンを別に、その他のすべてを消尽する者。
［▶Tav.2］

も被らないサトゥルヌスに生贄を捧げ、他の神々には生贄を捧げつつその頭を覆ったのだった。[15] サトゥルヌスの手の鎌は収穫の時をあらわし、あらゆるものを刈り取ることを示している。また貪り食うために彼が口にしているのは、時のもとに生まれたものはすべて時に貪られるものであることをあらわしている。[16] こうしたことを古人たちはこの寓話に擬して語ったのである。

【サトゥルヌスの寓話】 サトゥルヌスは運命《ファト》たちが彼に予言したように、自らの息子によって王国を追放されるのを恐れて、オペあるいはまたレアとも呼ばれる自らの妻に、出産の度、すぐさま産まれた者を彼に見せるように命じた。妻が男の子を扶養することを望まず、彼自身男児をすべて貪ることができるようにと。オペははじめユピテルとユーノーを一緒に出産したが、女児にはなにもせぬことを知りつつ、ユーノーだけを夫に示し、ユピテルを隠した。それを知ったサトゥルヌスはその男児を渡せと叫びはじめた。そこでオペは布に石を包んで、これこそ彼が問うた息子であると言って彼に渡した。彼はそれを見ることもなしに口に放り込み、貪った後、それを吐き出した。彼はその後にも貪った息子たちを吐き出すことになる。[17]

【サトゥルヌスに貪り喰われた石】 パウサニアスによれば、[18] デルポイのアポロン神殿にはたいへんな尊重をこめて眺められるさほど大きくない石があったという。その地の人々はそれをサトゥルヌスがユピテルの代わりに貪った石であると称し、毎日、祭日には特にその上に油を撒き散らした後、洗ってない羊毛で包んだという。またローマ人たちはそれがカンピドリオにあるものと信じ、それをユピテルに譲ることをよしとせず、テルミヌス神のために祀ったのだった。[19]

またネプトゥーヌスもこれに類した母の欺きによって救われた。母は子馬を出産したものと偽って夫にそれを貪らせた、とはアルカディアやパウサニアスの語るところ[20]である。プルトーンもまた妹のグラウカとともに産まれたおかげで救われたのだった。妹だけが父親に見せられたから。彼はそれ以外のすべての息子たちを貪り、先述したとおり後で吐き出したのだった。[21]

【だが他に、どうやら息子たちを貪り食う理由について、よりうまく説いている者があるようにみえる。彼らの言うところによると、サトゥルヌスの兄ティーターンは王国を統治しようと欲したが、サトゥルヌスは母と妹たちに説得されてそれに同意しなかったばかりか、自ら王となった。ここから兄弟の不和が生まれたが、結局次のような条件で和解することとなった。サトゥルヌスは統治をつづけるが、生まれてくる男児はみな殺害せねばならない。ティーターン自身あるいはその息子たちに王国統治が確かに戻されることとなるように。しばらくの間、サトゥルヌスはこの条件を守り、それにより彼は息子たちを貪り食うと言われたが、ユピテルとユーノーが一緒に産まれ、彼らとネプトゥーヌスにつづきまたプルトーンも生まれることとなった、とは先に述べたとおりである。これを知ったティータンは、突然弟サトゥルヌスを襲い、その妻とともに幽閉し、ユピテルによってティータンが倒され解放されるまで閉じ込めた[22]。】

　こうしたことがらによって古人たちが示そうとしたのは、先に触れたように、時とともに産生されたものはすべて時とともに衰滅するということ、そしてそれらは衰滅から他なる諸元素によって再生するということ。ここで他なる諸元素というのは四人の子供たち、ユピテル、ユーノー、プルトーン、ネプトゥーヌスつまり火、気、土、そして水であり、これらが貪る喉を通ることはない。なんといってもこれらは永遠につづくものであるから[23]。

［サトゥルヌスの姿］【サクソニアの者たちは、サトゥルヌスを描写しようとして、魚の上に立ちうつわと輪をもつ老人に擬した。しかしそれが何を意味するのかについては、ずっと秘密にされつづけてきたので、わたしもそれについてここに言明する訳にはいかない[24]。】マルティアヌス[25]は、サトゥルヌスをその右手に尾を嚙む蛇をもつものとして描写している。彼はこれによって時を意図しつつ、サトゥルヌスはゆっくりと遅い歩みを進め、緑の薄紗で頭を覆い、頭髪も髭もみな白く、まったく老人のように見えるにもかかわらず、幼児に戻ることすらできるのだ、と言う。

［解釈］これは年々、時が更新されるということでもあり、白髪の上の緑の薄紗は一年のはじまり、春にすべての地が

時および年としてのサトゥルヌスの姿。この惑星に由来する悲惨な諸効力および年の更新を、土星（サトゥルヌス）の寒冷と遅鈍によって意図している。
［▶Tav.3］

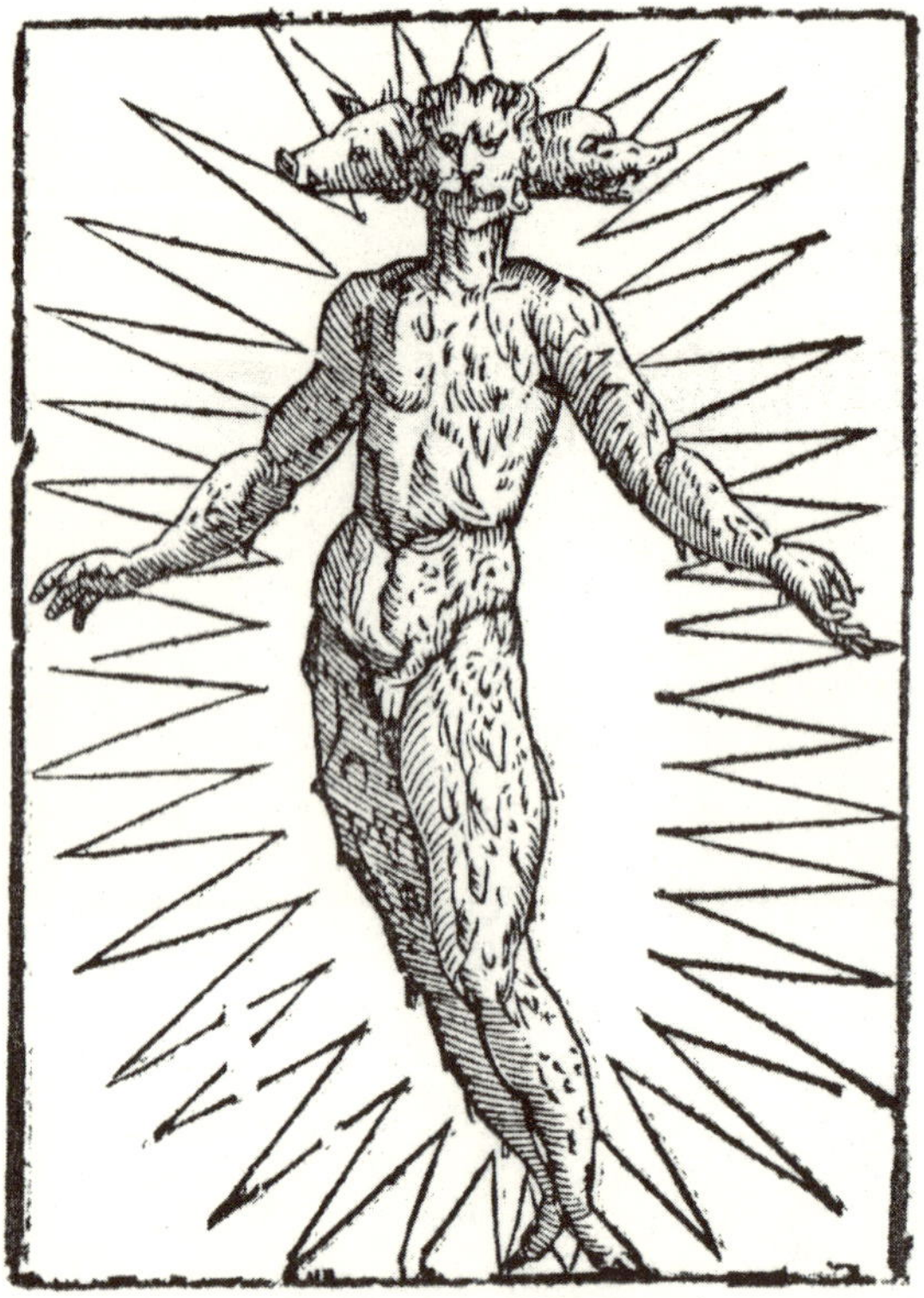

現在、過去、未来を意味するサトゥルヌスの姿。この惑星の悪しき自然本性である寒冷、すべてを消尽し破壊する時。［▶Tav.3］

緑に芽吹き、冬には白い雪に覆われるように、たちまち季節が連鎖して移り変わるということである。歩みの遅さは土星《サトゥルヌス》天の旋回の遅さを言ったものかもしれない。これは七つの惑星のうちで最大であり、他の惑星のどれにもまして一周するのに三十年を要する。

この惑星からは悲しみがやって来るばかりか、人に老い、陰鬱、吝嗇をもたらし、怠惰で遅鈍とする。その本性は冷、乾であり、こうしたことがらを記した者が言うように憂鬱性である。[26] マルティアヌス自身その『メルクリウスとフィロロギアの結婚』で、[27] フィロロギアが天から天へと昇り、サトゥルヌスの天に到達すると、寒冷の場所にいる彼を見つけた、と言っている。彼はまったく凍え、霜と雪に包まれ、頭の飾りに時として蛇を、また時として獅子あるいは恐ろしい牙をみせる猪を載せていた。これらの三つの頭はおそらく時の諸帰結をあらわしているのだろう。しかし信頼の置ける著者がこれについて記しているのが見当たらぬので、即断は避けたい。とはいえこれは過去、現在、未来という三つの時を意味するものとして、エジプトのセラピス神殿の主要神像の獅子、犬、狼の三つの頭のようにふさわしいものである、とは言っておくことにしよう。これについては後述する。[28]

［サトゥルヌスの姿］ ではここでエウセビオスが、サトゥルヌスの像によってあらわしてみせる時の諸帰結について見てみることにしよう。[29] 彼は、ケロスの娘にしてサトゥルヌスの妻にして妹であるアシュタルテについて様々に論じると

ともに、四つの眼がある豪奢な装飾を夫に与えたことを記している。その二つは前に、二つは後ろにあり、そのうちの二つが交替で閉じて眠り、二つは常に瞠かれているのだった。またその両肩にはこれまた四つの翼があり、二つはまさに翔けるように広げられ、二つは停まったように閉じ窄められていた。これはたとえ彼が眠っても見ており、同じように起きているときでも眠り、同時に停まりつつ翔け、翔けつつ停まっているということを意味したものだった。そしてまたアシュタルテはサトゥルヌスの頭に二つの翼を置き、その一方はこころの卓越を、他方は感覚の卓越をあらわそうとするものであった、と付け加えている。つまり、人の魂がサトゥルヌスの天球から死すべき身体に降るとき、意図する力と論じる力とを自ら携えていくのが自然本性であり、こころに理解される諸事物というのはただ諸感覚によって知られたものだけである、という訳である。

プラトン主義者たちとともに、サトゥルヌスとはほとんどつねに神的なことがらを意図知解する観照に向けられる純粋なこころのことである、とも言い得るだろう。そこからすると彼の時は、地上の諸親和、愛情の重さを下ろすことを求め、可能な限り天のことがらを考えるべく自らを上げる生を営む黄金時代であり、静穏に幸福に生きることができた、とも言うことができよう[30]。それどころかプラトンはそれを存在を、生を、あらゆる事物の秩序を予見する至上の知性と観ている[31]。

［足を結わえられたサトゥルヌス］ しかしそれもこの神の像にとってはなんの足しにもならない。そこでマクロビウス[32]が記

サトゥルヌスと時の姿。足首を羊毛の糸で縛られているのは、いつまでも償いを待ちつづける神罰を意味するとともに、出産に伴う諸般のものの道理をも暗示している。［▶Tav.2］

しているように、古人たちが語るところに耳傾けることにしよう。彼は両足を羊毛の糸で結び、十二月の彼に捧げられた日にそれを解くまで一年中それを結んでいた。これは母の胎内の赤子が柔らかい絆で結ばれていることを示そうとしたものである。それは十ヶ月目に到り出産の時となると解かれる。そこでマクロビウスは、ラテン人たちのもとに、神々は羊毛の脚をもっている、という諺が生まれたのだと言う[33]。とはいえ他にそれを、神の善性は急くこともなく、誤りを懲らすこともなく、罪を犯した者が自らその罪を自覚するまでゆっくり黙っているものである、と解釈する者もある[34]。またサトゥルヌスが足を結ばれているのは、この世に産されたもののすべてはお互い結ばれてあるから(こうして事物は継起する)、あるいは確かで秩序だった則とともにある自然はまた時とも結びつき、一つ一つの継起が絶えることは決してないから、とも言われる[35]。もしも時が迅速に駆け過ぎるとすると、おそらくサトゥルヌスの寓話は足の早い動物である馬に姿を変えたものに違いない。それは彼が美しいニンフ、フィリラと交わり、キロンが生まれたところ。キロンは教養高いケンタウロスで、妻が気づくこともないうちに不意にやってくると、たちまち馬のように駆け去っていくのだった[36]。それはヴィルギリウスがある美しい馬についてまさに次のように書いているところである。

その時サトゥルヌスは、
美しい駿馬に姿を変え、妻を逃れ、
たちまち高い山へと赴き
頭を高く振るうち
硬き鬣は音をたて
高き洞窟に荒々しく嘶いた[37]。

[あらゆる供儀に召喚されるヤヌス] とはいえこれはわたしのように神々の像を描出しようとする者によりも、神々の寓話を解釈しようとする者が論ずべきことだろう。サトゥルヌスを描写するにあたりこれ以上わたしには付言することもないので、ここで彼の伴たるヤヌスについて語ることにしよう。すでに述べたように、ものがたりはこれらふたりが一緒にイタリアを治めたとしている。マクロビウスは、ヤヌスこそ神々を讃えて聖なる時代をはじめた者であり、神々へ犠牲を捧げるよう命じた者であった、と記している[38]。そして彼もまた神として崇められることとなり、彼を神が喚ぶまで古代ローマ人たちが捧げることもなかった生贄の儀礼が、彼にも捧げられることとなった。

[祈りというもの] こうした儀礼がつづいたのは、ヤヌスが天

の扉を守り居る者と信じられたからであった。つまり神々への死すべき者たちの祈りは、彼がそこを通ることを許さぬ限り届かない、と。[39]そればかりかおそらく祈りの歩みには彼の援けが必要であった。なぜといってホメロスは祈りを足を引き摺る女性の姿によって記しているほどだから。[40]つまり祈ろうとする時には跪くもの。疑いのあるこころはいったいなぜ祈るのかも知らずに祈りに向かう。そして悲しげに焦点も定まらぬ瞳で祈りを捧げるのだが、それは祈りとともに赦しを願うことだけですでに冒瀆的であってみれば、直視することも歓びの表情を向けることも適わないからである。

太陽、時、年また平和の神でもあるヤヌスの姿。それにまたわれわれの魂の二つの明かり、神的な明かりと自然本性的な明かりをも意味している。
［▶Tav.4］

［天の扉］ 天の扉は二つある。一つは東に。そこから太陽がこの世に光を注ぐために入場する。もう一つは西に。夜に場所を譲るため、そこから太陽は退出する。つまりマクロビウスのように[41]ヤヌスを太陽と解する者は、彼にとっては天の扉の入出が自由であるところから、彼をその扉の看守であると言うのである。ここから彼は双面とされ、太陽はこの世の前後を観るために振り返る必要がないということをあらわしている。そしてその手には杖鞭と鍵が置かれる。つまり杖鞭によって太陽がこの世を統治し統御することを、鍵によって昼を照らすために扉を開き、夜の闇の垂れるままにそれを閉じるのだということを教えているのである。また彼の足元には十二の祭壇があった。それは彼が設けた十二の領地、あるいはこちらの方が真実のように思われるが、一年の十二の月を意味していた。

【ヤヌスの姿】 ここからヤヌスはまた、ポルトゥヌスという神性と同一視されていた。この神は扉の護り神として敬われていたもので、古人たちは彼の手にヤヌス同様、鍵を持たせたのだった。[42] ここからまた別の神性、扉の蝶番の神が習合することになった。オウィディウスがものがたるように、[43] ヤヌスはグラネという名のニンフに懸想し、愛の果実を沢山なしたその報いに彼女が扉の蝶番の開閉を思いのままになし、領地のすべてを掌中にすることができるようにと鍵を与えたのだった。その上、彼は彼女にヤヌスの杖と称される白荊の杖鞭をも与えた。彼女はこれで魔女たちを追い払い、揺籠のなかに憩う小さな赤子たちを守った。[44]

【カルディネア女神】 このニンフは後、女神カルナあるいはカルディネアとも呼ばれることとなった。その権能は蝶番を超えて、人の心臓、肝臓その他の内臓にまで及んだ。ローマ人たちのもとでは、六月一日この女神を讃えて豚脂《ラルド》を食べるのが慣習であった。彼らはこの女神の好意を得ることによって健康を保つことができると考えたのであり、またこのような簡素な食事で満足した善良なる古人たちの倹約を忘れないようにと記憶を新たにしたのであった、とはオウィディウスの語るところである。どうやら彼女のためにローマのチェリオの丘にブルートによって神殿が建立されたようである。ブルートは邪悪なタルクィヌス王を追放する機会の訪れるまで狂人を装い、この女神のおかげで幸いにも心中に秘める思いを隠し遂せたという。[45] とはいえ、この女神の神像が造られたかどうか、それがどのようなものであったかについてはいまだなにも見つかっていない。いずれにしても以上はすべて、この女神の像をなそうとする者が権威ある典拠を得ることができるようにとものがたってみたに過ぎない。

【フォルクルス神、リメンティウス神】 また蝶番を支えに開き閉じる扉、ラテン人たちがフォーレス《扉》と呼ぶところの守りと恃まれた神フォルクルス、それに限界あるいは閾を画定する神リメンティウス[46] がある。これらを嘲弄しつつ、聖アウグスティヌスはたった一人の守衛がすべてなしてみせることを、女神カルディネア、フォルクルス、リメンティウスの三神が一緒になってなすという訳である、と言っている。

では太陽たるヤヌスに戻ろう。太陽は一日の朝を開き夕べを閉じるばかりでなく、一年を開きまた閉じるものでもある。大地に草花が生えはじめ、すべてを歓びでみたす春を開き、そのすべての飾りを取り去り、雪と氷で覆う冬に閉ざすのだから。[47]

【ヤヌスの双面の意味】 またヤヌスの双面は避けがたく来たる時を、つまり一方は若くすでに過ぎ去った時を、他方は髭を蓄えた壮年をあらわしている。プリニウスは、[48] 両手で三六五を表わすヤヌスの像をローマ人たちの王ヌマが造らせた、と記している。それはヤヌスが年の神であることを教えるためであった。一年は彼が両手で示す日数からなっている、と。古人たちは様々に指を折ったり伸ばしたりすることによっていかなる数をもあらわしてみせた、とは尊者ベーダが一書をなして説くところ(49)である。またスイダも、ヤヌスが右手で三百を、左手で六五を示し、一年をあらわしたことに触れている。他に、彼の右手に鍵をもたせ、時のはじまりと一年の管轄のしるしとする者もある(50)。

キケロが録し、マクロビウスも言及しているように(51)、フェニキアではヤヌスは世界のことであるとみなされていた。そこで彼の像をなすにあたっては自らの尾を嚙み貪る蛇としてあらわしたのだった。なぜなら世界は自ら養い(52)、諸事物の誕生、死、そしてあらためて自らを更新するところに観られるように、結局のところ自ら自身(53)に向かうものであるから。

[ヤヌスの双面] ヤヌスの双面について、プルタルコス(54)は、彼あるいはその郷の才人それともいとも古き民の王が人の生活のかたちと秩序を一方から他方へ変じ、粗野にして獣のような生活を家族の文化的な生活へと転じたことをあらわしているのだと言う。

[神々の生き生きした姿] またヤヌスの双面は賢い王たちの賢慮と君主たちの鋭敏さをあらわしていると言う者もある(55)。彼らは現在について最良の勧告をなすことを知っているばかりでなく、前面の顔はまた遠くを凝視してそれが到来する前に既に知るとともに、後面の顔で過去に留意し、すべてを予知することを得るのである。君主たちがこのような姿であらわされたのは、彼らが死すべき者たちによってまさに神々のごとくに想像されたからである、とはプルタルコスが言うところ(56)。

[アンテヴォルタ、ポストヴォルタ] 古代ローマ人たちがアンテヴォルタ《将来》とポストヴォルタ《過去》を神性の伴連れとして尊んだのは、前者が未来を、後者は過去を知るというところに、神の叡智はすべてを知るということを看て取っていたということであり、それはヤヌスの双面の姿に、民に善政をほどこすために必要なすべてに通暁する王の賢慮をみるのと同じことであった(57)。

また、ヤヌスはこの世が創りなされる以前のあらゆるものの混乱を意味するカオスのこと、と古人たちは信じていたと言うものもある。それゆえ彼は髭に覆われた恐ろしげで暗い顔と、諸物の区別と宇宙に与えられたすばらしい秩序に由来する美をあらわす若くて美しく陽気な顔とをもっている、と。そこから彼は諸物の端緒となった諸原理の神として崇められたのだった。

〔魂の内なるヤヌスの双面〕しかし感覚の目を閉じ、知性の目を開いて、ヤヌスの像を人の魂の双面として考えてみよう。それは簡便に、次のように解することもできるだろう。プラトン派の見解によるなら、[58]われわれの魂は神の手を離れると同時に、あたかも愛しい娘が父にまみえようとするように、ある種の本性的な運動によって神に向かう。[59]彼女《魂》に固有にして本性的なこの欲求は、自らの本性によってそれが生まれたところ、その端緒原理へと曳かれて、炎がつねに上昇するようなものである。土中の火は上位なる諸コルプス《星辰》の力能によって点され、炎はつねにそれらに向かって曳かれるものであるように、魂もまた神に創造されたことを観じて彼に向かい、彼を欲するのである。しかしこの欲求、あるいは光と称してもよいが、これは魂の中でつねに同一の様相にある訳ではない。なぜなら魂は自ら自身との結びつきを強めるにしたがって、その輝きを弱め、自らそのものとなり、自ら自身と下界のものごとをだけしか観なくなり、もはや神や神的なことがらを臨むことはなくなるから。とはいえ魂は神的なことがらをまったく観ることができなくなるまでにそれらから遠ざかることはなく、はじめに彼女のうちにあらわれ、後に隠された欲求は、神的な光が僅かにでも射すならばたちまちふたたび見出され、それとともに天のことがらの想いへと還ることになる。

　つまり魂は二つの光をもっている。一つは彼女《魂》とともに生まれた魂に固有の本性であり、もう一つは神の善性から注がれた神的なものであり、これの護りによって彼女は天に昇り、そこで神的なことがらを観想することとなる。こ

一年の四つの季節の姿。その力能を示すとともに、その各々を喚起させるべく季節の自然本性をあらわすものとしてそれらに捧げられた獣を添える。

れら二つの光がヤヌスの双面に識別される。神的なものは若者のうちに、髭を蓄えた老人の内には自然本性的なものが。なぜなら、自然本性の光によって産生された諸物は変移し老化し、ただ自然本性の光によってのみなされた考察はくすんで暗いものであり、魂はそれらを髭のある顔として観るのである。一方、若くて清潔な方のわれわれの魂は、まったく透明に輝きわたる神の光に護られて、決して変わることなく永劫にその若さの美をたもつ浄福なる魂たちと諸天の旋転に神の永遠を凝視するのである。この双面の像に発して、魂については他にもさまざまに語ることができるが、ここでは少々曖昧なままにとどめ、別の個所でその道理を説くこととしよう。そのためにすでにわたしはいくつか魂の寓話を蒐集してある。

古人たちはまたヤヌスの像を四面の顔をもってあらわすこともした。トスカナの某所でこうした像が見つかっている。これはヤヌスを年に見立てたものであることを明かしている。この像が四面をもつのは、彼がその相貌を変じてみせる四つの季節、春、夏、秋、冬をあらわしている。[60] 古人たちはまた、四季を様々に異なった相貌と衣装によって描いた。それはオウィディウスがポイボスの玉座について次のように記しているところからも窺われる。

春は花の冠を戴き、
夏には裸で髪を束に結び、
秋には葡萄絞りに足を染め、
冬には凍てつき、恐ろしくもみすぼらしく。[61]

一年の季節の様々はまた次のようにもあらわされる。春にはヴェヌスを、夏にはケレスを、秋にはバッカスを、そして冬には時に灼熱の竈を前にしたヴルカヌスを、また時にアイオロスとともに風の吹くさまを。なぜなら冬には他の季節よりも頻繁に嵐が起こるから。

またヤヌスの足元には十二の祭壇が置かれた。これらは一年の十二の月、あるいは一年の間に太陽が経過する獣帯の十二の星宿を意図したものであった。[62] ローマには四つの門扉をもつ神殿があった。それは四本の円柱で穹窿を支えており、その各々には四季の各月をあらわす像を祀った壁龕が設けられていたという。[63]

［パトゥルキオ、クルシオ］ ヌマが最初にヤヌスに捧げられた神殿を造ったとき、門扉は二つだけだった。その扉の前にはすばらしい玉座が設えられ、神殿はそこからパトゥルキオとクルシオと呼ばれた。[64] この言葉は「開く」と「閉ざす」を意味するラテン語だった。すでに述べたように、開閉のどちらもヤヌスの手によるものと信じられていたからである。[65]

そしてまたこれらが戦の門扉とも呼ばれたことについて、
ヴィルギリウスはこう記している。

［戦の門扉］ 戦の門扉と古人たちが
称したところのものは二つある
すでにして信仰と崇敬から
残虐なるマルスは聖なるものと怖れられ、
それは堅く大きな鉄扉をもって
驚くべき力で閉じられた。
その前面には護衛として
双面で前後を監視するヤヌスがいた。
これについては後に元老院が
幾つもの戦を公宣するにあたり、
サビーニ族の慣習に従い
すばらしい王の緋色の外套が着せられ、
施政官が門扉を開くと
その蝶番は低い軋みをたてるのだった。[66]

［平和と戦争の主ヤヌス］ つまり元老院が宣戦布告すると、施政官のひとりが先に述べた門扉を開き、戦争のつづくうちはそれらは開かれつづけ、戦争が終わるとたちまちそれは閉ざされたのだった。これはヌマによって命じられたところであり、法によってずっと厳守されたものであった、とはプルタルコスの録するところである。[67] そこから平和も戦争も彼の掌中にある、と言われたのであり、オウィディウスが彼にその祭礼の道理を問うたとき、その神殿が開かれるのは戦争を、閉じられてあるのは平和をあらわしている、とヤヌスは答えている。[68] これについてはさまざまな道理があるが、ここではヤヌスは多くの者から、またキケロも言うように、天のことであると信じられていた、と言うだけにとどめよう。天は周回しつつ諸星辰の合、アスペクトその他の配置を引き起こし、われわれのおこないの多くはそれに影響を受ける。そこから人の閲する多くの推移は天に由来すると言われるのである。もちろんそこには平和や戦争も含まれている。[69] おそらくこれこそがローマ人たちのもとで、ヤヌスの神殿の開閉の玄義とされたものであった。
また高利貸しが常習化した町にはヤヌスの像が造立されたとも録されている。君主たちの神と信じられていたヤヌスはまた、各月の朔日の主ともみなされ、彼はまたジュノニオとも呼ばれた。[70] この神はユーノー《ジュノーネ》とともに祀られ、月初めとはまた高利貸したちが利息を取り立てる時期でもあった。[71]
その他、ヤヌスはジャーニとも呼ばれた。これは凱旋行列の際、町中に建てられた四面の拱門《アーチ》のことで、先に触れ

平和と戦の神ヤヌスの神殿。これは平時には鎖されており、戦時には開かれる。
つまり旋転しつつ平和と戦とを左右する天を意味している。　［▶Tav.5］

た四つの門扉のある神殿を模して造りなされたものであった。スウェトニウスはドミティアヌス帝の尊大と虚栄について語りつつ、彼が凱旋の飾りに町中に数々のジャーニを設けたと言っている。(72)

註

（1） Virgilio, *Aen.*, 8. 319-325.

（2） Boccacio, Betussi, 8, p.142v :「ラクタンティウスがスタティウスの『テバイデ』について述べた見解に従うなら、サトゥルヌスは息子によって冥府へ流刑となったという。だとすると、サトゥルヌスがユピテルによって追放され（伝えられるところによると）イタリアへ赴いた、というのはそれがギリシャよりも下、つまり西に隣しているところを謂ったもので、どうやら流刑にされ冥府へ降った、とは王国へ戻れなかったということでもあろう。」

（3） Boccacio, Betussi, 8, p.143r :「その後イタリアで（マクロビウスによれば）イアノ（ヤヌス）に迎え入れられた。彼らはなかなか手に負えない種族で、高い山々に散らばっていた。それを集め、法を授けた。彼らはイタリアをラティオと呼ぶのを好んだ。この地域に住んだ時代は黄金時代だった（と言う）。かくも寛大なるこの王のもと、これらの民は平和に過ごした。彼はイタリア人たちに受け入れられ、彼らがそれまで知らなかったことをいろいろと教えた。彼らはその頃まで貨幣として羊の皮革を火にかざして固めたものを用いていた。彼ははじめて金属の貨幣を鋳り、発案者の名を印刻するとともに一方の側に彼を迎え入れたヤヌスの双面の頭を、他方に逃亡のために用いた船を捺し、彼の到来を末代までも伝えようとしたのだった。」

この一節はMacrobio, *Saturn.* 1.7.21を採ったもの。ちなみにValeriano, *Hieroglyphica*, Basilea 1556/Venezia 1602. p.403:「サトゥルヌスの善行」にも載せられているという。

（4） Ovid., *Fast.*, 1. 229-240.

（5） cfr. Virgilio, *Aen.*, 8. 357-358 ; Macrobio, *Saturn.*, 1. 7. 23-24.

（6） Boccacio, Betussi, p. 143v :「つづいて彼はこれら蛮人たちに畑を耕し、種を播き、実を収穫することを、また同時に堆肥で土地を肥沃にすることを教えた。これらの仕事につけるべき名も知られなかったので、最後のものから彼はステルクリオと呼ばれた。これは実に尊く、このすばらしくも重大な神にふさわしい」。cfr. Marcobio, *Saturn.*, 1.7.25.

（7） 鎌から時へという文脈はピクトールの次の要約に示唆されたものか。Pictor, *Theo.*, pp.17-18 : «Dextra manu falcem habens messoriam et serpentis imaginem. Hac falce amputasse fertur patri Coelo virilia: cujus rei causam scribit Servius, dicens : –Nisi humor de coelo in terras descenderet nihil crearetur.– Sunt tamen qui falcem Saturno tributam putant, quod tempus, ut inquit Macrobius omnia metat, execet, et incidat. Saturnus enim a Graeci [kronos], quod tempus est, dicitur. Aliis quoque placet dari Saturno falcem veluti messis insigne, quod melioris vitae autor fuerit: Unde hanc in Sicilia per Saturnum ex incuria amissam, tradit Macrobius, quae oppido nomen quod Drepanum vocatur, intulit, quippe Graeci [drepanom], falcem nominant,»

（8） Macrobio, *Saturn.*, 1. 7. 31-32.

（9） cfr. Cicerone, *De nat. deor.*, 2. 64 : « ‹Kronos› enim dicitur, qui est idem ‹chronos›, id est spatium temporis» ; Macrobio, *Saturn.*, 1. 8. 6-7.

（10） cfr. Giraldi, *De deis gent.*, 4, p.119, 18-28 ; 頭を覆い隠した神については、cfr. Marziano, *De nuptiis*, 1. 70 ; Fulgenzio, *Mythol.*, 1. 2 ; Boccacio, *Gen. deor.*, 8. 1.

（11） cfr. Macrobio, *Saturn.*, 1. 8. 7 ; Alberico, *De deorum imag.*, I Saturno : «homo senex, canus, prolixa barba, curvus, tristis, et pallidus» では禿頭になっている。

（12） Virgilio, *Aen.*, 7. 178-180 : «paterque Sabinus / vitisator, curvam servans sub imagine falcem, / Saturnusque senex» ; Servio, *Aen.*, 7. 179. 註釈によれば、vitisator という添え名はサトゥルヌスにではなく、サビーニ人たちの父 «pater Sabinus» に宛てられたもの。しかし Giraldi, *De deis gent.*, 4, p. 121, 46-51 ではこの点は遺漏。

(13) cfr. Plutarco, *Quaest. Rom.*, 9 ; ここは Giraldi, *De deis gent.*, 4, p. 136, 32-45 に直接依拠したものだろう。

(14) Macrobio, *Saturn.*, 1. 8. 4. ただしマクロビウスは «Tritonas … superpositos» と複数形で語っている。cfr. Boccacio, Betussi, 8, p. 143v :「またローマ人たちは何に対しても意味なく名づけるようなことのない様たいそう注意を払った。この神に神殿を献じた彼らは、その頂にトリトンたちを彫刻してその尾を隠させたが、それによって吾々の時代までの歴史は明白であることを銘記せしめるとともに、彼以前のそれは黙し、暗く、不詳であることを含意させたのだった。尾を隠すとはこのことを意味している」。

(15) Macrobio, *Saturn.*, 1. 8. 2 ; cfr. Plutarco. *Quaest. Rom.*, 2, p. 266 ; Giraldi, *De deis gent.*, 4, p. 132 : «Huic deo ex instituto antiquo et peregrino sacrum aperto capite faciebant. Hoc ait Macrobius primo Sat. cap.X. Idem tamen cap.VIII. Illic, inquit, greco ritu capite operto res divina sit, quia primo a Pelasgis, post ab Hercule ita factum putant.»

(16) Macrobio, *Saturn.*, 1. 8. 10 ; cfr. Boccacio, Betussi, 8, p. 142r :「この本来（自然本性）的な理由についてキケロは次のように言っている。サトゥルヌスがこの名で呼ばれたのは長年月満腹《サトゥラ》であったからであり、息子たちを食べるとは息子を糧とするかのように歳月が時を消尽するからであり、ここから息子たちを貪り食うと言われたのである。また吐瀉（放出）とは、毎年大地から収穫される実のことである。往時、大地から産出される穀物が貪り食われても、翌年の同じ時期になれば（神の善性により）ふたたびそれらはとり戻された」。cfr. Cicerone, *De nat. deor.*, 2. 64.

(17) cfr. Ovidio, *Fast.*, 4. 197. この逸話はすでに Esiodo, *Theog.*, 452-506 に認められる。

(18) Pausania, *Perieg.*, 10. 24. 6.

(19) cfr. Lattanzio, *Div. inst.*, 1. 20.; Ovidio, *Fasti*, 2 vv. 666-684. ; Valeriano, *Hierog.*, lib. 49, p. 653 :「永続について。同じくローマ人たちはカンピドリオで石の隅（テルミヌス）を神の称をもって讃えたが、まさにこれこそサトゥルヌスがユピテルだと信じて嚥下しようとしつつも、あまりに大きすぎて貪り得なかったその石だという者も多い。人々の古来の迷信はまさに寓話戯作のうちに包み隠されたという訳である。」

(20) Pausania, *Perieg.*, 8. 8. 2. cfr. Cicerone, *De nat. deor.*, 2. 64. ここでカルターリはアルカディアをパウサニアスと並置し、著者名のように扱っているが、飯尾都人訳パウサニアス（龍溪書舎 1991）によれば伝承地の名ということになる。

(21) cfr. Lattanzio, *Div. inst.*, 1. 14.

(22) この説明はおそらく Boccacio, *Gen. deor.*, 8. 1. から採られたもの ; cfr. *Il Flavio*, pp. 274-276 ; Lattanzio, *Div. inst.*, 1. 14.

(23) Conti, *Mythologiae sive explicationum fabularum libri decem*, Venetii 1568, 2. 1. 34-37.

(24) cfr. Giraldi, *De deis gent.*, 4, p. 119, 18-20 : «Saturnum tamen sic Saxones effigebant, cui nomen ‹Krono›, senem in pisce stantem, qui rotam urnamque tenebat : quod symbolum erat apud ipsos arcanum, ut in eorum historiis legimus».

(25) Marziano, *De nuptiis*, 1-70 (1.5-11 [1532ed.]) :「実に彼らの父祖の歩みは遅々として、青い外套で頭を隠している。右手に炎を吐き自らの尾を貪る龍をもち、その名は年の数を示すものと信じられていた。その神の老年の白髪は凍った雪によって白く、また彼は幼児の姿であらわれるとも信じられていた」«…Verum sator eorum gressibus tardus, ac remorator incedit, glaucoque amictu tectus caput. Praetendebat dextra flammivomum quaedam draconem, caudae suae ultima devorantem, quem

credebat anni numerum nomine perdocere. Ipsius autem canities pruinosis nivibus candicabat, licet etiam ille puer posse fieri crederetur». ; Giraldi, *De deis gent.,* 4, p.133 : «Nihil omnius et quo modo a Martiano est descriptus, hic tibi etiam apponam. Verum, inquit, Sator (Satoris enim nomine Saturnus quoque est appellatus) gressibus tardus ac remorator incedit; glaucoque amictu tectus caput, praetendebat dextera flammivomum quendam draconem caudae suae ultima devorantem, quem credebant anni numerum nomine perdocere: ipsius autem canicies pruinosis nivibus candicabat, licet etiam ille puer posse fieri crederetur, haec ille, sui verbis».

（26） cfr. Boccacio, *Gen. deor.,* 8. 1.

（27） Marziano, *De nuptiis,* 2. 197 (2. 18-22)：「（彼女は）この円環をも通り過ぎ、同じような間隔を高みへともちあげられると、凍てつき霜白の酷寒なる神々の創造者にまみえた。彼女はこの軌道の周囲を巡らせられ、ドーリア旋律の音階を響かせた。この統率者は時として龍の、時として獅子の冷笑、時として猪の歯の冠輪の相貌をあらわし、あらゆる恐怖をもって残忍に損害を与える。それにまた、彼はその軌道の大きさに準じて、他のものたちに優る最大権能をもつものと見做されている」«hinc etiam praetergressa circum ac parili interiectione sublimis deorum rigidissimum creatorem in algido haerentem pruinisque nivalibus conspicata; verum idem, quem circumire nitebatur, orbis melo Dorio tinniebat. sed ipsi praesuli nunc draconis facies, nunc rictus leonis, nunc cristae cum aprinis dentibus videbantur, totoque exitialis saeviebat horrore, cui tamen potestas pro circi granditate maior ac praelata ceteris habebatur».

（28） ［II］章［セラピス］項参照。cfr. Macrobio, *Saturn.,* 1. 20. 13-18.

（29） Eusebio, *Praep. Eu.,* 1. 10. 36-37 ; cfr. Alessandro degli Alessandri, *Geniales dies,* lib. IV, cap. 12, ed. Colonia 1551. p.205 : «et apud Aegyptios et Phoenices, ut singulis dijs alas adderentur Saturno vero quatuor, duas protentas, duas vero remissas, et oculos quatuor, ut figurarent ipsum dormientem vigilare, et vigilantem dormire, consuesse».

（30） このプラトン主義的解釈とは、ジョヴァンニ・ピコ・デッラ・ミランドラの要約によるなら「サトゥルヌスは、ただ意図し観照する知性の本性を意味するものである」。Giovanni Pico, *Commento sopra una canzone de Amore composta da Girolamo Benivieni* (in *De hominis dignitate* ..., a cura di E. Garin, Firenze 1942, p.470). cfr. Macrobio, *In Somnium Scipionis,* 1. 12. 13-14.

（31） cfr. Platone, *Leg.,* 713c-d ; *Pol.,* 271c, 272a.

（32） Macrobio, *Saturn.,* 1. 8. 5 ; cfr. Pictor, *Theo.,* pp.18-19 : «Pingebatur cum pedibus ligatus, ideo quia certa naturae lege inter se connexa sunt tempora : Vel quia in cursu suo testudineo semper stare videtur ; seu quod omnes fruges quibusdam vinculis, nodisque alternantur. Macrobius tamen scribit Saturnum laneo vinculo per annum alligari solitum, et mense Decembri in die sibi sesto solvi, unde ortum esse proverbum : – Deus, laneos pedes habere –. Significari vero per hoc decimo mense semen in utero animatum, in vitam augeri, quod donec in lucem veniat, mollibus naturae vinculis detinetur».

Alessandro degli Alessandri, *Genialium,* IV, XII, p.204 : «Romani quoque Saturni effigiem toto anno vinctam laneo vinculo habuere festis solum diebus, Saturnaliorum, vinculis exolventes».

Valeriano, *Hierog.,* XLVIII, pp.645-46 :「胎内の種子について。アポロドーロスは言う。一年を通し、サトゥルヌスは羊毛の絆で結ばれ、十二月の彼の祭の日にのみそれを解かれる。ここに次の諺が由来している。神々は羊毛の脚をもつ、と。これの意味するところは、胎内で活動をはじめることになる種子は（種子を撒くを意味する satu にサトゥルヌス Saturno は由来するゆえ）光のもとにもたらされるべく生命を獲得する。これはヴィルギリウスその他が証言するところによれば、これらの動物は十ヶ月目に安んじて出産するが、それは［それぞれの時について］自然との柔軟な絆を勘案しようとしたものだった。とはいえ、他にこの期間についてそれは自然のたしかな則に結びついたものとも言われる。あるいは穀物〔燕麦、飼葉？〕にはある種の索縄〔絆〕があり、結び目によって繋がれているから、あるいは〔サトゥルヌスは〕冥府へ墜ちたが、その深さについて、彼が流刑となったその場処とある種の関係あるものとみなされたものだった。また他にそれはその〔サトゥルヌスの〕運動の遅さを擬したものと考える者もあった。これについてはまた別に論じることとする」。

（33） Macrobo, *Saturn.*, 1. 7. 5.

（34） cfr. Porfirione, *Hor. Carm.*, 3. 2. 32 ; この句を格言のように用いた例として、cfr. Petronio, *Satyr.*, 44. 18.

（35） cfr. Pictor, *Theologia mythologica* ..., Anversa 1532, c.8v : «Pingebatur compedibus ligatus, ideo quia certa naturae lege inter se connexa sunt tempora, vel quia in cursu suo testudineo semper stare videtur, seu quod omnes fruges quibusdam vinculis nodisque alternantur».

（36） cfr. Servio, *Georg.*, 3. 93.

（37） Virgilio, *Georg.*, 3. 92-94.

（38） Macrobio, *Saturn.*, 1.9.3 : cfr. Annio da Viterbo, *Antiquitatum*, lib.V, f.43 : « ... Ovidius quoque adijcut in primo de Dastis aliam rationem: quia est deus introituum et ianua. Et ideo non potest adiri ad aliorum deorum sacrificia: nisi per ipsum. Quod si queris cur ipse sit omnium ianua: Respondit omnes, quia est pater omnium deorum et hominum: ut ait Berosus ... ».

（39） cfr. Ovidio, *Fast.*, 1.125; 171-174; Macrobio, *Saturn.*, 1. 9. 9.

（40） Omero, *Il.*, 9. 502-503.

（41） Macrobio, *Saturn.*, 1. 9. 4-9 ; cfr. Ovidio, *Fast.*, 1. 95-120.

（42） cfr. Fest, *De sign. verb.*, p.48 Lindsay ; Giraldi, *De deis gent.*, 4, p.138, 41-42 は Fest の前掲箇所を Vertunno と読むべきだろうとしている。Portunno については［Ⅶ］章［スキュラ］項参照。cfr. Valeriano, *Hierog.*, lib.48, p.651 :「ポルトゥヌスについて。ヤヌスだけが手に鍵をもって描かれたのではなく、ポルトゥヌスもまたそうであった。それは彼が扉の神と考えられていたからである」«Ne solamente Giano era figurato con le chiavi in mano, ma Portuno ancora, perche si pensava che fusse Iddio delle porte».

（43） Ovidio, *Fast.*, 6. 101-182.

（44） オウィディウスはカルナ（ローマの健康の女神）とカルデア（ローマの蝶番の女神）を混同した、とされる。ヤヌスが与えたのは家の戸を守る魔力があるとされるさんざしの枝との説もある。カルナは夜赤子の血を吸いに来る魔鳥を払う力をもち、アルバ・ロンガ王プロカースの子を救ったという（高津春繁『ギリシア・ローマ神話辞典』による）。「蝶番」は髪留めとして［Ⅴ］章［結婚式で招請されるタラシオ］項、［Ⅹ］章註56、［Ⅻ］章［二様のフォルトゥナ］項に再度あらわれる。

（45） cfr. Ovidio, *Fast.*, 2. 685-852. 特に 717-720. 神殿については cfr. Macrobio, *Saturn.*, 1. 12. 31; 3. 20. 5.

（46） Limentino dio del limitare, 別版では Lunantino Dio del lunitare,（月に関連して？）と記されているものもある。cfr. Agostino, *De civ. Dei*, 4. 8. :「ひとはみな、自分の家に門番をおくが、門番は人間であるから、それでまったく十分である。ところが、ローマ人は、戸にはフォルクルスを、蝶番にはカルデアを、また閾にはリメンティウスというように、三神をおいた。そういうわけで、フォルクルスは、同時に、蝶番と閾とをまもることはできなかったのである。」（服部英次郎訳岩波文庫 1, p.283）

（47） cfr. Macrobio, *Saturn.*, 1. 9. 9-10 ; Arnobio, *Adv. nat.*, 3. 29.

（48） Plinio, *Nat. hist.*, 39. 7 : cfr. Pictor, *Theo.*, p.13 : «Hinc Plinius lib. 34. cap.7. scribit : Janum digitis ita figuratis comparuisse, ut trecentorum quinquaginta quinque dierum nota, per significationem anni, temporis et aevi se deum indicaret. Nec tamen nos moveat illa imago, neque Plinii verba, qui anno tribuit dies saltem 355. tot enim dierum annus aliquando fuit, ut scribit Solinus regnante Numa, à quo Janum sic formatum accepimus. Clavis huic tributa fertur, ut antiqui anni reclusorem monstrarent, unde Patultius nomen habet».

(49) これは下註に引くジラルディにもみられるところだが、ベーダの小著といわれるものは不詳。*De temporum ratione liber,* cap.1 もしくは *De flexibus digitorum* を指しているのかもしれない。

(50) Suida, *Lex.* 1, 39 Adler ; cfr. Giraldi, *De deis gent.,* 4, p.151 : «Plinio libro trigesimo quarto, Janum a Numa rege dicatum ait, digitis ita figuratis, ut CCCLXV nota per significationem anni, temporis et aevi, se deum indicaret. Plinii quaedam exemplatia CCCLV tantum lectionem habent. Sed cum Macrobius de hac eadem, ut opinor, statua agat in primo, et idem CCCLXV legat, plura hic non comminiscar, cum multa possem. Macrobii haec sunt verba: Inde, inquit, plerunque Iani simulachrum fingitur manu dextra trecentorum, et sinistra sexaginta et quinque numerum tenens, ad demonstrandum anni dimensionem, etc. Ex Plinii verbis, et Macrobii, plane percipimus, ita figuratum Ianum fuisse, ut manibus et digitis, hoc est, conumerandi ordine qui per articulos manus sit, ab unitate usque ad nonagesimumnonum, manu sinistra numeratur: a centenario vero numero dextra computatur, ut planius ex Beda et Isidoro, alijsque cognoscimus, (…) Ita ergo Suidas, meis verbis: Ianuarius simulachrum quadriforme, propter quatuor [trepas] id est anni conversiones, seu partes. Alij autem effingunt ipsum, in dextra manu tenentem clavem, ut temporis principium, ac anni reclusorem, ianitoremque: alij vero in dextra CCC, sinistra quinque et sexaginta continentem, ut annum significet, haec Suidas».

(51) Macrobio, *Saturn.,* 1. 9. 12 ; Cicerone, *De nat. deor.,* 2. 67.

(52) nodrisce, nutrire o nodare「絡まり」とも採れるが、本書では「養う」の綴りは一貫して nodrisce。

(53) Medesimo, この語はどこか idem et ejusdem を思い出させる。

(54) Plutarco, *Quaest. Rom.,* 22 ; *Numa* 19. 10-11.

(55) cfr. Cicerone, *De nat. deor.,* 2. 26-27 ; Annio da Viterbo, *Antiquitatum,* lib. II, f. 31 : « … Hoc loco natura Iani dicitur eius ingenium et prudentia qua enituit: et de qua Macrobius in primo Saturnalium dicit, Ianus gemina facie praefertur, quod profecto ad ipsius prudentiam refertur: qui et praeterita noverit: et futura prospexerit.» ; Alciati, *Emb.,* 18: Prudentes : «Iane bifrons, qui iam transacta futuraque calles, / Quique retro sannas sicut et ante vides, / Tot te cur oculis, tot fingunt vultibus? an quod / Circumspectum hominem forma fuisse docet?» ; Pictor, *Theo.,* p. 12 : « … factusque prudentior geminam faciem pertulisse fertur, ut quae ante quaeque post tergum essent intueretur. Alij dicunt quod postquam Romulus et Tacius in foedera convenerint, Jano simulachrum duplicis frontis effectum, quasi ad duorum imaginem populorum».

(56) Plutarco, *De Is. et Os.,* 25-26.

(57) cfr. Macrobio, *Saturn.,* 1. 7. 20 ; Ovid., *Fast.,* 1. 103-114.

(58) cfr. Ficino, *In Conv. Plat. De Amore Comm.,* 3 ; *Theologia Platonica, De immort. An.,* 1. 16 ; *Epist.,* 1. 1 [*Opera Basilea* 1576, II, p. 1332 ; I, pp. 375, 657-658]

(59) per certo suo naturale movimento a lui si rivolge, アウグスティヌスの quibus vult … を想起させる。

(60) cfr. Servio, *Aen.,* 7. 607.

(61) Ovid, *Met.,* 2. 25 ; Macrobio, *Saturn.,* 1. 9. 13. cfr. Annio da Viterbo, *Antiquitatum,* V, f. 43 : «Et ob id teste Macrobio in primo Saturnalium, et Servio super Aeneida : Ianus apud Thuscos erat quadrifrons ob quatuor partes caeli : causantes quatuor partes anni : hyemen, ver, aestatem, autumnum.»; Pictor, *Theo.,* p.12 : «Eum nonnulli quadrifrontem esse dixerunt, propter annum in quatuor tempora divisum, vel quasi universa clymata majestate complexum».

(62) cfr. Annio da Viterbo, *Antiquitatum,* II, f. 34 : « … [Giano] Duodecim vero aras tenet sub pedibus ob plures causas (…) Secunda causa est quam Macrobius in primo Saturnalium refert : et Varro in V li. Divinarum rerum scribit : Iano XII aras dicata pro totidem mensibus.» ; Giraldi, *De deis gent.,* IV, p.151 : «Observamus et apud F. Pictorem, Ianum etiam sic formatum, ut in manu

virgam et clavem, et sub pedibus bissenas aras haberet; id que ideo factum, quod primus valvas, feras et claves excogitarit: et ab eo propterea dictas ianuas».

(63) cfr. B. Marliano, *L'antichita' di Roma,* ed. Roma 1544, f. 48r :「……今日もボアリオ広場（サン・ジョルジョ教会近傍）に方形柱廊《ポルティコ》式の大きな大理石建造物があるが、これには四つの門と四つの正面がある。往昔、四面ヤヌスの神殿と呼ばれたもの。どうやらヤヌスは時をあらわすもののようで、この四門神殿は一年の四つの季節を、その各々の門に見える十二の壁龕はそれらから生まれる十二の月をあらわしている。」

(64) cfr. Valeriano, *Hiero.,* lib. 48, p. 651 :「安全について。どの家にも信心が、聖性が溢れていたと記されているのであってみれば、安全あるところはどこも彼が統べているというそのしるしである、という者もいる。また一年を啓き閉じる勤めはこの神の勤めと信じ、そのための鍵をもつと考えるところから、アポロンにする綽名のようにこれをクルシオまたパトゥルキオと呼んだのだ、という者もある。ギリシャ人たちのもとでは門衛は、一年の始めと終わりの司とみなされおおいに敬われたものであり、ヤヌスは太陽に同じであるとは多くの者の論じるところであったから。」

(65) cfr. B. Marliano, *L'antichita' di Roma,* Roma 1544, f. 46v :「ヤヌスの神殿もまたこの広場（マルケルス劇場近傍）にあったもので、王ヌマによって造りなされた双面のヤヌスの神殿には二つの門があった。これらは慣習により、戦時には開き、平時には閉ざされたままだった。（わたしの考えるところでは）この神殿は現今のサン・ニコラ・イン・カルチェレ教会のある場所にあったものである。」

(66) Virgilio, *Aen.,* 7. 608-615.

(67) Plutarco, *Numa,* 20. 1 ; cfr. *De Fort. Rom.* 9.

(68) Ovid., *Fasti,* 1. 121.; 1. 253-254

(69) cfr. Giraldi, *De deis gent.,* 4, p. 153 : «Sed et M. Ciceronem attende lib. de Nat. deor. 2. [69] Cumque, inquit, in omnibus rebus vim haberent maximam prima et extrema, principem in sacrificando Ianum esse voluerunt, quod ab erundo nomen est deductum: ex quo transitiones perviae Iani, foresque in liminibus profanarum aedium ianuae nominantur».

(70) cfr. Valeriano, *Hiero.,* lib. 49, pp. 759-760 : «I banchieri : Ma vi erano ancora altri tempij dedicati a Giano, ne i quali stavano le tavole de i banchieri, dove si ragunavano e si trattavano de i mercanti le facende di tutte le cose che si appartengono a i danari (...) In Roma erano molti edifizij di questa sorte, addesso ce n e un manco ruinato de gli altri; il quale e in un luogo della citta appresso il Tempio che hoggi e congregato a San Giorgio».

(71) cfr. Orazio, *Epod.,* 2.69 ; Porfirione, *Hor. Sat.,* 2.3.18 ; Macrobio, *Saturn.,* 1.9.16.

(72) Suetonio, *Domit.,* 13 ; cfr. Giraldi, *De deis gent.,* 4, p. 153 : «Verba haec Svetonii sunt in Domitiano: Ianos, inquit, arcus quid cum quadrigis et insignibus triumphorum, per regiones urbis extruxit. Haec Svet. T. Livius libro primo quintae Decad. Et forum, inquit, porticibus tabernisque claudendum, et Ianos tres faciendos. Quibus scriptorum verbis id significari videtur, quod et hoc tempore in celebritatibus et pompis a regibus et principibus, Rebusque publici fieri consipicimus, ut his ipsis, quibus haec scribimus, diebus Hercules ...»

[II]

アポロン、ポイボス、太陽

古人たちの神々はどのように導入されたか／永遠に若いアポロン／へベ／若さの女神／アポロンが手にする琴《リラ》／ムーサたちの主たるアポロン／ムーサたちは幾人いるのか／ムーサたちの像／ムーサたちの冠／アポロンはなぜ中央にいるのか／アポロンに殺されるピュトン／なぜ狼はアポロンに捧げられたか／太陽と諸星辰が滋養とするもの／狼としてのアポロン／カラスとしてのアポロン／白鳥としてのアポロン／アポロンと鶏／アポロンと大鷹《スパルヴィエラ》／赤い帽子の由来／太陽の船／たいへん尊重されたスカラベ／アポロンの月桂樹／医薬の父アポロン／ユピテルの眼／太陽はすべてを見晴るかす／四つの耳もつアポロン／耕作用の牡牛／崇高なる牡牛／カンビセス王のアピス殺害／太陽の食卓／アポロンの像／その解釈／ハダッド・アダルガティス／セラピス／ポイボスのうつわ／ヴルカヌスの頭／ユピテルの笑い／サトゥルヌスの死／ユーノーの乳房／ひとつ目巨人《キュクロプス》たちを殺すアポロン／エスクラピウスの父アポロン／エスクラピウス／エスクラピウスの雄鶏／エスクラピウスの蛇／ローマへもたらされたエスクラピウス／エスクラピウスのものがたり／エスクラピウスに親しい蛇たち／トロポニオスの洞窟／トロポニオスの神託／壮健のしるし／健康《サルーテ》の図像／健康のしるし／イゲイア《ヒュギエイア》／スミンテウスのアポロン／崇拝を受けた鼠たち／アポロンに捧げられた牡山羊／アポロンに捧げられた驢馬／アポロンの肩に停まる鳩／ポイボスの車を曳く馬たち／ポイボスの車／ポイボスの冠／アウロラ／アウロラの馬

Tav. 6
［若さの女神ヘベとその神殿］
▶p.86

Tav. 7

［アポロンと彼に捧げられた獣や鳥たち／太陽あるいはポイボス］

▶ p.90-93/85

Tav. 8
［鰐に運ばれる太陽の船］

▶p.93

Tav. 9

［牛の角を摑む獅子頭のアポロン・ミトラ］

▶ p.96-97

Tav. 10

［ハダッドとアダルガティス（左奥）／アッシリアのテッラとアポロン］

▶ p.102-103

Tav. 11

［エジプトの神セラピスと三頭の姿で示されたナイル］

▶ p.104-105

Tav. 12

［ポイボスのうつわ］

（ヴルカヌスの頭／ユピテルの笑い／サトゥルヌスの死／ユーノーの乳房）

▶ p.105-106

Tav. 13
［医薬の神エスクラピウス三態］
▶ p. 107-108

Tav. 14

［牡羊頭をもつエジプトの太陽神／光輝く冠と盾を具えたポイボス］

▶ p.115-116

「古人たちの神々はどのように導入されたか」[1]【諸物の端緒について、それがどのようになされたか、また誰がその創造をなしたかあるいは制作したのであったか、と古人たちはさまざまな説をたてた。】アリストテレスが言うように、[2]神々についてはじめて記したのは詩人たちだったが、彼らはさまざまな寓話《つくりばなし》をなして、[3]【神々を最初に諸物を造ったもの、また学派によって異なった見解が表明された質料の諸原理であると称し、】それらは数多いるのだと愚かな人々に信じさせることとなった。

こうして神々は諸元素、諸星辰、太陽と月とみなされることになった。それが後、あらゆる場所に神殿、祭壇、神像として祀られることとなった。もちろん、ルキアノスが記しているように、[4]アッシリア人の中には目に見えない神々の神像をこそ造らねばならないのであって、太陽や月のように目を天に上げるだけでそこにあることが認められるような、日々目に見えるものをあらためて造る必要などないという者たちもあった。

とはいえマクロビウスが言うように、[5]アッシリアの別の場所では太陽とユピテルは同一にして世界魂《アニマ・ムンディ》をあらわすものと信じられていた。それは金塗りされた髭のない神像で、鞭をもった右手は御者のように高くもち上げられ、左手には雷光と麦穂をもっていた。こうして太陽《ソル》とユピテルの権能が一緒にあらわされたのだった。[6]

天の諸星辰《コルプス》のうち、太陽は被造諸物に対して最も大きな力をもっているようにみえ、他にまして被造諸物のうちにその影響をあらわすところから、ある者は他の神々すべてに代えて、太陽のみにそのさまざまな徳能を帰そうとしたのだった。[7]そこで古人たちはその像をさまざまに造りなし、【さまざまな名で呼んだ。それはなにも言語の違いによるばかりでなく、以下さまざまにその像を描写するところで論じるように、同じ民のうちにあってもさまざまに呼ばれたのだった。

ギリシャ人たちは時にそれをアポロンと呼んだ。aは欠如をあらわす小詞で、「なしに」を、そしてpolloは「多く」

を意味する。つまり唯一単独《ソーロ》である。[8] また時としてそれはポイボス《フェーボ》と名指されるが、彼らのもとでこれは「光と生命」の意味である。ラテン人たちもまた、彼らの言語においてソルと別の名をつけたが、それは同じ意味であり、いまだわたしもそれをそう呼んでいる。】

彼を古人たちは髭なしの若者として造りなしたので、アルチャーティもその『エムブレマタ』[9]でアポロンとバッカスを若者として描いている。[10] これらふたりは他のものたちにまして永遠の若さの代示となっていることは、ティブルス《ティブッロ》が次のように言うところである。

【バッカスとポイボスだけが永遠の
若者としてあり、ふたりともその頭を
輝くような美しい髪で飾っている。[11]】

[永遠に若いアポロン] ここからシラクサの僭主ディオニシウスは冒瀆的で愉快な皮肉を言ってみせたのだった。つまり、エスクラピウスの黄金の彫像から髭を取り去り、彼は言ったのだった。父親に髭がないのに息子がこんな長い髭を生やしているのはどうみても不穏当である、と。[12] エスクラピウスはアポロンの子で、[13] アポロンは黄金でできたような美しい金髪を靡かせ、[14] 太陽の光の輝きをあらわしている、とは諸書に記されるところであったから。ここで若さを与える、とは被造諸物に生命を与えるその徳能と熱が恒常で、決して衰弱つまり老化することはない、[15] という意味である。

[ヘベ] 【これは他の神々についても当てはまることのようにみえる。彼らは決して老いることがない。ギリシャ人た

太陽あるいはポイボスの姿。またアッシリア人たちのもとでこれと同じものとみなされ、世界魂としてこれらすべてが合わさった力能と思いなされたユピテルの姿。 [▶Tav.7]

若さの女神ヘベの姿とその神殿。神々の酌係であるとともに、父なくして生まれたユーノーの娘。その森の木に足枷と鎖が懸っているのは、若さの活力というものが悪しきフォルトゥナとの出会いに常軌を逸することをあらわしている。 [▶Tav.6]

ちのもとでは「花開く歳」を謂い、若者のはじめての産毛のことを意味するヘベ《エベ》について、ホメロスは彼女が葡萄酒あるいは神酒《ネクタル》を司るものであり、ガニュメデスがユピテルだけにそれを注ぐように、彼女は他の神々すべてに飲物を与えるのだと言う(16)。

[若さの女神] それゆえ彼女は若さの女神として古人たちに崇められ、ローマ人たちも彼女に神殿を捧げたのだった。それはチルコ・マッシモにカイウス・リキニウスによって建てられたもので、マルクス・リヴィウスはアスドルバレの軍隊を壊滅させる日まで十六年にわたって女神を信心した、とはリヴィウスが記すところである(17)。この美しく若く、さまざまな色の衣装を纏い、頭に美しい花輪を被った女神は、ほとんど女神ポモナと変わらない。しかしギリシャ人たちが彼女をどのように造りなしたものであったかについては何とも言い難い。なぜといってパウサニアスは、コリントの地の糸杉の森の中、彼女に捧げられた神殿にはこの女神の像は一切なく、それが秘蔵されていた訳でもないと言っている(18)から。しかしその不可思議の理由について彼はなにも言おうとしておらず、他の者たちの著作にもわたしはなにも見出すことができない。にもかかわらずこの民は彼女を敬い、おおいに讃えた。最大の利益は、逃れる者が恭しくこの女神に嘆願すると、彼女のおかげでいかなる深

刻な罪に対する罰からも免れることを得、また悪しきことをなし鉄の足枷を嵌められた者もそれを解かれ、その足枷を彼女の神殿に携え行き、その傍らの樹木に懸けたものであったという。】

[アポロンが手にする琴《リラ》] またアポロンは琴《リラ》をその手にもっていた。そのいとも甘美なる調和の弦楽は諸天をそれぞれにふさわしい比率で動かす[19]。調和が太陽に由来するのは太陽が諸天の中央にあるからである、とはマクロビウスが語るプラトン主義者たちの見解で、諸天の遅速の則もおおむね厳密に太陽によって測られるものである[20]。

[ムーサたちの主たるアポロン] 【またこうしたプラトン主義者たちによるなら、一々の天はそのムーサをもっており、彼女らはじつに甘美に歌うので（これは諸天の軌道の優しい響きを言ったもので、諸天はまさにムーサたちと同じく九ある）時にセイレン《シレーナ》とも呼ばれる。アポロンは彼女たちの主にして導きであるとも言われ[21]、パウサニアスによるなら、通常神殿は双方に、つまりアポロンとムーサたちに捧げられた、という。

[ムーサたちは幾人いるのか] ムーサたちは当初、三人以上名指されることはなかった。そのギリシャ語の名が意味するところは瞑想、記憶、歌であった。しかしマケドニアの山の一つに自らの名を与えることになったピエロス《ピエリオ》は[22]ムーサ

天の諸軌道の調和を謳うところのムーサたちの九姿。修辞学、占星術、音楽
またさまざまに表現豊かなものがたりの案出者たち。

たちを九人と定め、その後ずっと用いられることとなる名を与えた、とはパウサニアスの記すところである。[23] またこの山の名から彼女らの呼称ピエリスが由来している。もちろん他にもさまざまな名をもって彼女らは呼ばれるのではあるけれども。】

［ムーサたちの像］ 彼女らはユピテルとメモリア《記憶》の娘たちと言われ、【まさに詩と音楽の神性である。】善き知性と大いなる記憶をもつものはそのこころに容易に学識を積み、【往々にして美しく高雅な文言をなすものであるが、それを指してムーサたちの好尚を得ると称する。[24] 彼女らは古人たちによってたいへん美しい相貌と優雅なニンフの装いであらわされた。】その手にはそれぞれ異なった発想の具が配されていた。[25]【たとえばヴィルギリウスがその詩句となしたところによれば、史譚はクリオに、メルポメーネーは悲劇、喜劇はタリア、エウテルペには管楽器が授けられ、テルプシコーレには弦琴《チェトラ》、エラートには竪琴《リラ》が、またカリオペには英雄譚が、占星術はウラニアに、ポリンニアには修辞が宛てられている。そして最後に、彼女らの徳能のすべてはアポロンに由来し、ポイボス《フェーボ》は彼女らの中央に位置し、みなを抱擁する、と謳われている。[26]

ムーサたちはこのように名づけられたが、それはその数と同じだけの、つまり各々一つづつで九つの特性、知識の完璧な知解をもたらす特性に符合している。まずクリオとは栄光を意味し、その栄光によって主として人に知識のはたらきをもたらす。ふたりめのエウテルペは神の恩寵を謂い、完全な学びを欲する者は彼女の好尚を必要とする。三番目のメルポメーネーは悦楽と解される。知識に悦びが伴なわなければ、それを獲得するためには労苦ばかりとなることであろうから。四番目はタリア。能力を意味する。学ぼうと欲する者は読むものを知解する能力がなければならないから。五番目のポリンニアは大いなる記憶のことである。なんといっても記憶は学ぶために最も必要とされるものゆえ。六番目はエラート。類同なることがらの発案を意味する。学ぶ者は新たに【九つの】類同なることがらを見出すために論じなければならないから。七番目のテルプシコーレは思慮分別を意味している。学識ある者は善きことがらを選び、悪しきことがらを捨てるため、善き判断をなさねばならないから。八番目のウラニアは天上のことがらを意味している。最良の部分を選ぶことによって【先述したように】天と神の名を獲得することができるから。九番目のカリオペは知識の成就に最も重要なものであり、他のすべてに卓越する。完璧な人にとって、すべてに卓越するものより他に援けは必要とはならないから。[27]】

［ムーサたちの冠］ 彼女らはさまざまな花や葉叢の冠を戴い

ムーサたちの中央にいるアポロン。これは太陽が拡散伝播力をもつこと、ムーサたちの詩句も熱狂（エントゥシアスモ）の援けがなければたいして役に立たぬことを意図している。

ている。また時に棕櫚の花輪、いろいろな色彩の羽を頭に結んでいる。[28] また寓話によれば、ピエリスたちは彼女らに歌試合を挑み、それに負けておしゃべりなカササギに変じ、今日でも人の声を真似てみせるのだとも言う。[29] あるいはセイレン《シレーネ》たちにも歌で負けたと言われる。今日でもローマにはい[30]とも古いムーサたちの神像が幾つもあり、その頭頂には一本の羽があり、その像はセイレン《シレーネ》と信じられている。[31]

［アポロンはなぜ中央にいるのか］ 古人たちは自由学芸[32]およびすべての知識が相互に連関しており、一緒に絡まっているものだということをあらわすために、ムーサたちをお互いに手を繋いで輪舞する様に描いたことについては先述した。そしてアポロンとは人の知性を照らす天上の光であるゆえに彼女らを導くため、彼女たちに囲まれるようにしてその中央にいた。[33]【アポロンはここで中央にいるというばかりでなく、それは宇宙の中央でもある。なぜといって彼こそその徳能のすべてを行き渡らせるものであるから。そこで彼の権能が天と地ばかりか冥府にまでいたることをあらわすために、彼は天の中心と呼ばれたのだった。[34]】

　古人たちは彼の手に竪琴《リラ》をもたせ、それによって天上の調和を意図した。その傍らの盾は、まさに盾のように丸いわれわれの半球をあらわしたものだった。また彼に矢束が与えられているのは、それらが弓によって射られるときの

アポロンの姿と彼に捧げられた獣や鳥たち。これらは太陽のさまざまな効力をあらわしている。またアポロンは予言する神であり、グラティアたちを手にしているのはわれわれが太陽から享受する歓びとそれに由来する有益性をあらわしている。　[▶Tav.7]

大いなる貫通力が、彼の光がその徳能とともに地の胎、つまり冥府と呼ばれるこの世の最も低い場所をも射抜くものであることをあらわしている。これらはみな、セルヴィウスが『太陽《ソル》』というポルフィリオスの書に拠って言及しているところである。(35)

また、アポロンは冥府の神であり、その手に矢をもっているのは太陽の炎暑がしばしば悪疫その他の疾患をもたらし、死すべき者たちをひどく傷つけるからである、と言う者もある。とはいえ、その温和な熱はわれわれにとって大切なものである。グラティアたちの図像に関連して語ることとなる(36)が、彼はその右手に彼女たちを守り、左手に弓と矢をもつ。これはたえまなく土から染み出す湿気を乾かしつつ、彼が気を健全に浄化するさまをあらわしたものでもあろう。(37)

[アポロンに殺されるピュトン]【ここから詩人たちは、大洪水の水が引くとたちまち地から生まれ出た大蛇ピュトンをアポロンがその矢で殺したものと憶説することとなった。なぜといってピュトンとは腐敗を言ったものに他ならず、おおむね腐敗は湿気の過剰によって土から生まれるものであり、太陽の熱い光つまりアポロンの鋭利な矢によってそれが消尽されることがなければ、ひどい悪をなすものであるから。(38)】

[なぜ狼はアポロンに捧げられたか] また最初、この神に狼を捧げた者たちも等しくこのことを明らかにしている。なぜなら、狼が羊たちを襲い貪るように、太陽はその光線によっ

て大地から発散する湿気を引き寄せ消尽するのだから。[39] **【太陽と諸星辰が滋養とするもの】**それゆえまた太陽、月その他の諸星辰は海や地が彼らに届ける湿気を食べ、それによって養われる、とも言われたのである。【これはキケロが神々の本性に関する賢者クレアンテスの見解として記すところ。[40]】またこれはホメロスが、ユピテルが他の神々つまり太陽《ソル》その他の諸星辰とともにオケアノスのもとへと饗宴に出かけたことをものがたるにあたり含意したところである。[41] **【狼としてのアポロン】**それにまた、狼が夜目の利くすばらしい眼をもっているのは、太陽がその姿をあらわすと夜の闇を破るのにも等しい、と言われる。[42] それゆえデルポイのアポロン神殿には金属で鋳られた狼の像があった。なぜなら、寓話に言われるようにラートナはユピテルによって孕まされた後、ユーノーがそれを知ってなんらかの悪念をなすことを惧れてこの獣に身を変じ、牝狼としてアポロンを生んだのだったから。[43] あるいは、この神殿から神聖なる器物が盗み出されたことを狼が【次のように】暴いたからである、とも称される。【その狼は眠りこけている盗人を見つけると殺害し、街へ赴き人々について来るようにと吼え叫び、盗まれた器物が隠されてあるところへと彼らを導いたのだった。このゆえに金属の狼が鋳られ、このアポロンの神殿に奉献された、と。[44]

またパウサニアスは、アルゴスでアポロンに捧げられた神殿がまたリケオン、つまりわれわれの言語における狼《ルピーノ》と名指されていることについて、その道理を明かしつつ次のようにものがたっている。アルゴスに赴いたダナオスは、この町の主権をめぐってゲラノールと諍い、司法官たちの判断を圧えて民の前で自らの道義を説いたのだった。ある朝、彼は市壁のあたりで草を食んでいた牡牛と牝牛の群れを一匹の狼が襲うのを見たが、それは群れを率いる牡牛に襲いかかり殺してしまった、と。これを聞いてアルゴス人たちは、ダナオスを狼に比すべきであろうと論じたのだった。なぜといってこの獣が飼い慣らされるものではないように、彼もまた一切アルゴス人たちと親しみのない外部から来た者であったから。そして牡牛をゲラノールに比したのは、彼がこの国にずっといた人であったからだった。そこで狼が牡牛を殺したところから、ダナオスこそより卓れた者とみなされ、町の主権は彼に委ねられたのだった。そこで彼は、アポロンこそこの狼を遣わしたまうたものと信じて、先述したところのリケオンつまり狼《ルピーノ》のと呼ばれる神殿を彼のために建てたのだった。神殿内にこの神の像を祀ったばかりか、その外には大きな台座があり、そこには闘う牡牛と狼が、またひとりの乙女がその牡牛に石礫を投げる姿が彫られていた。それはディアーナだと伝えられている。[45]

［カラスとしてのアポロン］アポロンは狼であるばかりかカラスでもあった。マルティアヌスは、それが占術の神と信じられていたのは、カラスがその本性から雨と晴天を占い、われわれにそれを時として明瞭な声で、時にしわがれた途切れ途切れの声で予言してみせるからであり、ヴィルギリウスがそれは天候変化を告げ知らせるものであると録している通りである、と言っている。(46) その他にもカラスはさまざまなことがらを占い、さまざまな声音でそれを予言するものと信じられていたのであり、古人たちはそこから大いに前兆を占ったのだった。(47) とはいえ、驚くべきはそれがアポロンに付会されたことであろう。寓話の数々にあっては、それはその使者でもあり下僕でもある。オウィディウスがものがたるところによれば、(48) アポロンもまた他の神々とともに、彼らを悩ませる巨人ティフォーネ《テュポン》の手を免れるためエジプトへ逃れ、そこでカラスに身を変じたという。

［白鳥としてのアポロン］それにまた古人たちはここに白鳥をも召還してみせた。ある者たちの言うところによれば、】太陽はわれわれのもとへと来たると、白昼を白鳥のような白さとなし、またわれわれのもとから去ると、夜をカラスのように黒くする。(49)【そのうえ、太陽の光をあらわすものとも言いうるその白さからして、白鳥ほどアポロンにふさわしい鳥はいないだろう、とする者たちもあった。それに白鳥はその死を悟るときもっとも甘美に歌うものであるし、ある種の自然本性からその死を悦ぶものだから、(50) と。あるいはその死にあたり、心臓におびただしい血をあつめ、それによって発熱し、至福のうちに滅びるのであり、それゆえこれほど甘美に歌うのだとも言う。また白鳥はその死にあたり、歌うのではなく泣くのである、と言う者たちもある。なぜといって白鳥はその頭に生える羽根が頭に食い込み、脳を貫くから死ぬのだ、(51) と。】

［アポロンと鶏］パウサニアス(52)は、ギリシャでは鶏がアポロンの鳥として敬われているが、これは鶏鳴が毎朝、太陽の帰還を告げるものだからである、と記している。【これはおそらく、鶏が正確に鳴くかどうかによってよく古人たちが物事の吉凶を占ったことにもよるのであろう。ボイオティア人たちが、ほとんど毎夜鳴く鶏の声からラケダイモン《スパルタ》人たちに対する尊い勝利を占ったように。この鳥は敗北を喫した時には黙し、姿を隠す一方、戦勝にあたっては公に凱歌をあげ、喜びをあらわしてみせるものであるから。】

［アポロンと大鷹《スパルヴィエラ》］またホメロス(53)は、大鷹《スパルヴィエラ》をも同様に崇め、イタカの家へ還ったテレマコスが空中で鳩を捕える大鷹を見て、母に言い寄る者たちを家から追い出すべき吉縁と観じる場面で、それを「アポロンの先駆けの使い」と呼んでいる。エジプトでも、大鷹はオシリス、つまり太陽を示唆

するものとしてよく採られた。それは空をじつにすばやく翔る[54]ので、なかなかこの鳥を目でとらえることが適わなかったせいでもある。

【赤い帽子の由来】エジプト人たちがこの鳥を崇めたことについては、ディオドロス[55]が神々のように崇められた獣たちについてものがたるところで、さまざまな理由にもまして次のように録している。往昔、どこから来たのかは分からないのだが大鷹がエジプトのテーバイの祭司たちに、神々をどのように敬い讃えるべきかについて赤い文字で録した一冊の書物をもたらした。そこから、聖なることがらについて書す者たちは、常に大鷹の翼を一本つけた赤い帽子を被るようになったのだという。

【太陽の船】ポルフィリオスは古人たちの禁欲節制について記しつつ[56]、古のエジプト人たちはさまざまな神々そのものとして配当し、太陽には大鷹、スカラベ《タマコロガシ》、牡羊、鰐を充てた、と語っている。そこから、エウセビオスが言うように[57]、エジプトの神官たちは太陽を鰐が曳く船に乗せて描き、船によって湿のうちなる諸物の生成の運動を、鰐によって淡水を、太陽はそこから邪悪な性質をとりあげ、その光の熱でそれを浄化する、ということを謂おうとしたのだった。【またイアンブリコス[58]はエジプトの諸玄義について語りつつ、船に乗りそれを操る神とは万有宇宙を統率する第一原因のことであり、それを超えてそれを動かすものはなにもないということを意図したのである、と言っている。そしてあた

鰐に運ばれる太陽の船。これは神につづき万有宇宙を統べる第一原因を意味している。太陽の力能は湿をもってすべての事物の生成につながるものであり、それは湿の惨めな性質を浄化するものゆえに。［▶Tav.8］

ダフネを抱くアポロン。この神が手にする月桂樹が常緑であり、また浄化力のあることとの同性を示すように。また皇帝たち詩人たちのアポロン的な雄勁なる美の守護をあらわして。

かも舵取りが軽く櫂に触れるだけで船を思いのままに動かすように、第二諸原因その他が徐々にすべてを動かすのだ、と。】マルティアヌスもまた、フィロロギアが太陽球圏に入る時、そこで彼女はさまざまな意志によって御される一艘の船が自然の航路にしたがって進みゆくのを見た、と語っている[59]。それは生気ある炎に巻かれ、いとも高貴な品々を積み、そこで七兄弟を司り、曙には獅子の姿で描かれ、外に向かっては鰐として描かれ、また内には隠秘な途を介して世界に振り撒かれる神的な光を額にもっている。

【たいへん尊重されたスカラベ】スカラベ《タマコロガシ》について、エウセビオスはエジプト人たちがそれを太陽の真なる姿と信じ、たいへん重視し尊重したものだと記している[60]。なぜといってエリアノスが録し【スイダも言及し】ているように、スカラベは雄ばかりで雌がいないから。そこで兵士たちには、常に雄々しくあり、女々しくなることのないよう、指輪にそれを彫り込んでいつも身に着けるよう命じられたものであった。スカラベは以下のようにして子孫を守った。その種を糞の中に播き、それを脚で丸めながら魂を引き寄せるに必要なだけ温めつつ、二十八日間転がす。それは地に種子的力能を撒き散らし、継続的にそれを包みつづける太陽にも似たものであり、天界を旋転しつつ毎月月を更新するようにスカラベもその子を新たに儲けるのである。

【アポロンの月桂樹】古人たちは動物たちをばかりか、樹木や草をも神々に捧げた。アポロンには月桂樹が捧げられ、彼のためにそれで花冠が編まれた。また彼が愛するダフネについてものがたった寓話では、彼女はこの樹木に変身した[61]。【それは月桂樹のうちにある神性がいったい何であるか知られることなく、それを燃やすと大きな音をたてて将来のできごとをあらわしてみせる、と信じられたからでもあった。そこから古人たちは月桂樹が大きな音をたてて燃えるのは幸運のしるしであり、音をたてずに燃えると逆運のしるしであると判じたものであった[62]。また古人の中には、知りたい真実を夢に見ることができるよう、床に就くにあたり頭に月桂樹の葉を結ぶ者もあった[63]。それにまたどうやら月桂樹はそれ自体火の隠秘な徳能をもつものであった。その木材とキヅタを擦って火を熾すと石を鋼に打ち当てるような音がするところは[64]、まさに太陽の火をあらわすもののごとくであった。

　このように月桂樹はまさしくアポロンにふさわしいものであったので、後に彼の恩顧を得るため詩人たちの冠とされることとなった。また皇帝たちもそれを被ったが、おそらくこの樹木が決して天の矢に触れることはないといわれたことに由来するものだろう。皇帝ティベリウスは雷鳴を聞くと、雷光から身を守るために月桂樹を頭に巻いた、と録されている[65]。

［医薬の父アポロン］ また一月朔日、ローマ人たちは新任行政官たちにその一年の健康を願って月桂樹の葉を授けた[66]。なぜといって月桂樹はたいへん健康によく、アポロンもこれで癒されたのだから。それどころか、医薬は彼によって生まれたのである。これについてはエスクラピウスの神像のところで観ることにしよう。人体を保護する気の配合は太陽に由来するものゆえ。

［ユピテルの眼］ このことについては】まず、エジプトでは文字が使われたことが知られている。彼らは王の笏杖の頭頂に眼を配し、時にそれをユピテルの眼と呼んだのだった。

［太陽はすべてを見晴るかす］ 彼が世界を見晴るかし、至高なる正義をもってそれを司ったところから[67]。もちろん笏杖は統治をあらわしている。またホメロスは[68]しばしば、太陽はすべてを見、聴くと語っている。

［四つの耳もつアポロン］ そこからして、ラケダイモン人たちのもとには四つの耳、四本の手をもつアポロン像があった。それはアポロンが彼らのためにこのような姿をとって戦ってくれたことがあったからだと言われていたが、おそらくこれによって、この神に由来する賢明さをあらわそうとしたものでもあったのだろう。この神はなかなか語らないが、常に聞き耳をたてているのだから。そこでギリシャ人たちの格言に、賢く慎重な人を指して「四つの耳もつものに聴け」とも言う[69]のである。アプレイウスによれば[70]、太陽はあ

らゆるものを見逃さない。テッサリアには魔術師や邪をなす女たちがいたが、彼らは魔術によって何かを盗んだり奪ったりするために、太陽の眼にも見咎められることなく密かに屍の中に忍び込んだとやらいうが、それはつまり太陽に見咎められることなしにそのようなことをなすことが不可能であるか、すくなくともたいへん困難であることを言ったものに他ならない。

フェニキアでは太陽神像は底広の丸く黒い石であった。ただしそれは頂に向かってだんだん細くなっており、ヘロドトス(71)の記すところによれば、それは天にも届くほど。それゆえそれは人の業によってではなく、神の業によって造られた真の太陽神像であると言われたものだった。【メガラ人たちのもとでアポロンの名をもって呼ばれた大きな角錐形《ピラミデ》の石もこれに類したものであったに違いない。ただし色についてはパウサニアス(72)もこれを記すにあたり何も述べていないので不詳である。】アレクサンデル・ナポリタヌス(73)が言うところによれば、また別の土地では丸く潰れた石の頂に長い枝を挿したものが太陽の像として崇められたという。

ラクタンティウス(74)はスタティウスに則って、太陽はペルシャで崇められる最大の神であったと記している。彼らはそれを洞窟内に祀ったが、その彫像の頭部は獅子、ペルシャ女たちの頭を飾るような被り物を纏い(75)、両手に力を込めて牡牛あるいは牝牛の角を摑んでいた。獅子頭は太陽が、獣帯の他のしるしにあるときより以上に獅子座にあるときに最大の力を発揮することを、あるいは星のうちにあって

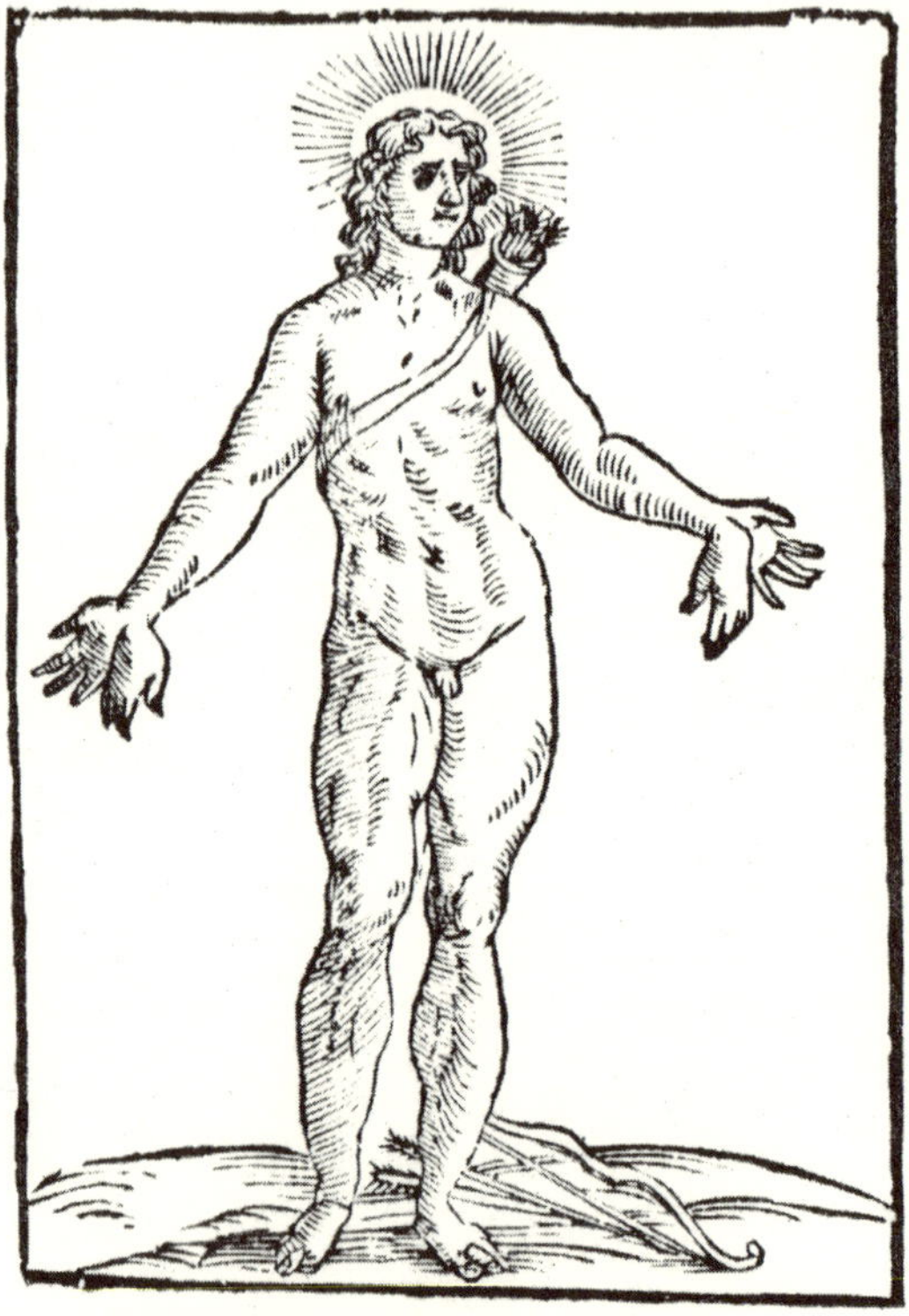

賢明さおよび権能の神であるアポロンあるいは太陽の姿。また賢人は語ること少なくして、耳傾けつつ多くをなさねばならぬものゆえ、太陽はすべてを聞きまた見る神をもあらわしている。

太陽は獣のうちでの獅子にも相当することをあらわしている。太陽は日蝕の時われわれに見えないように、月の前に置かれるとき洞窟の中にある。後々その像についてさまざまに言われる理由づけは、牝牛のかたちをした月の見かけから着想されたものである。その角を太陽が摑んでいるのは、太陽に従わせるべく自然の則をも強要して光と力を取り去るからである。これをかえってペルシャ人たちのある玄義をあらわしたものと考える者もある。この彼らの神はまず洞窟の中で、その剛毅と堅忍のしるしをあらわしてみせるという聖なることがらをそこに認めない訳にはいかなかったから[76]。

パウサニアス[77]が記すように、アカイアの町パトラ[78]にはアポロンの金属製裸像があった。履物を履いた片足で牡牛の頭蓋を踏んだその姿は、アポロンが牡牛を好んだからであったと言われている。それはアルカイオスのメルクリウス讃歌で、メルクリウスがアポロンからそれを奪ったと謳われているところでもある。それ以前にホメロス[79]は、ある種の報償としてアポロンがラオメドンの畜群を眺めたと語り、彼についてネプトゥーヌスにこう語らせている。

われは高く美しい壁を攻囲した
トロイの大きな町の。それは
人の力をもってしては難攻不落であったろう。
汝、ポイボスはその時、牧人のように

アポロン・ミトラの姿。太陽の月その他すべての事物に対する力能と諸効能をあらわして。太陽が諸星辰のうちで最大の力能をもつものであるのは、獅子が野獣のうちにあってそうあるのにも較べられることを示して。 [▶Tav.9]

その美しい畜群を眺めていた。

［耕作用の牡牛］【また牡牛はアポロンに捧げられる最大の生贄であった。[80] カリスト人たちまたギリシャの他の民は、アポロンに金属製の牡牛を捧げたものだった。しかしパウサニアスは、これらの民がすでにこの頃蛮族を追い払い、牡牛を用いて自由に耕作し、収穫することができたことをあ

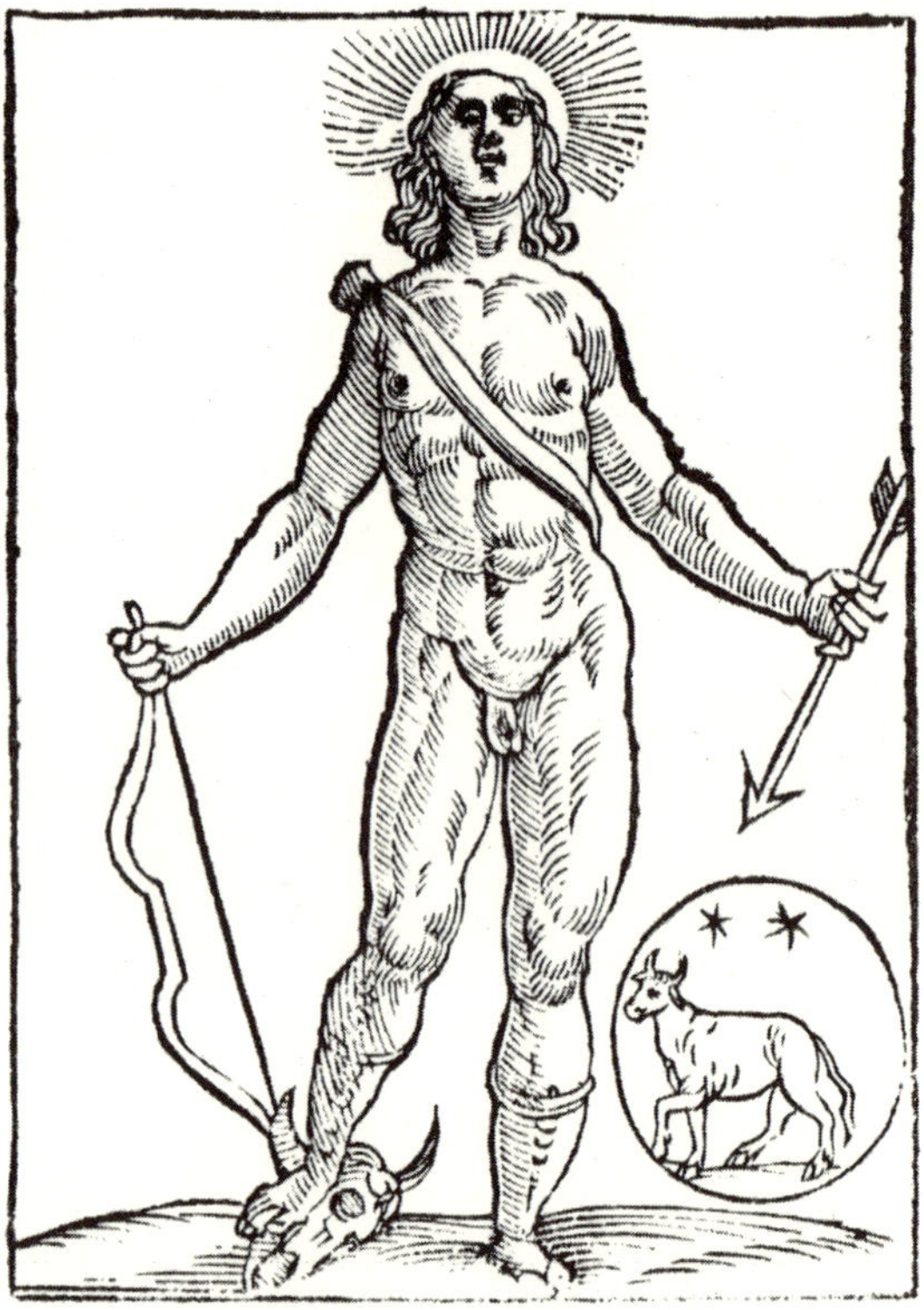

牡牛を好むアポロン裸像。太陽がさまざまな農作物にいのちを与えることを意味して。その温熱がそれぞれにふさわしい成熟と収穫をもたらすよう、あらゆる種子に草木に力を与えることを意図して。

らわしたものであると考えている。またプルタルコス[81]は、テセウスが当時の貨幣に牡牛を刻ませた理由についてさまざまに記すうちに、こうして民に土地を耕すよう促したのだと録している。

　エジプトではオシリスの代わりに牡牛を崇め[82]、それを太陽とみなした。つまりエジプト人たちはオシリスの美しさとその有益な業のため彼を神と敬ったが、その誉れを嫉んだ兄弟のティフォンに殺された後、そのような姿をとって彼らにあらわれたものと考え、それをまさに牡牛を謂う彼らのことばでアピス[83]と呼んだのだった。しかしエジプト人たちが牡牛を崇めたのは、死すべき人々が大地を耕すにあたりそれがたいへん役に立つ獣であったので、オシリスが妻のイシスとともにそれを敬うよう命じたのだった、と言う者もある。彼らはその像を造るだけでは満足せずその獣が生きてあることを望んだのだが、彼らはそれに僅か数年の生を与えることしかできなかったので、この年月が過ぎるとそれが死ぬべき場所に沈めた。

［崇高なる牡牛］ こうしてこの民は着衣を引き裂き髪を毟っ

て泣き喚きつつ、この世を大いに腐敗させた。またそれに代わるべき高邁なる判断を採ることもなかった(84)。牡牛もしくは子牛（ヘロドトスはそれを子牛と呼んでいる）はどれもアピス神たるに足りなかったから。それは造りなされるのではなく、上から来たる光輝に浸され（妊娠し）牝牛から生まれるものでなければならなかった。それは全身が黒く、額に白く四角い一つの斑、背に鷲のしるし、舌もしくは口蓋中にスカラベ《タマコロガシ》のような黒いしるし、尾の毛は二倍あるであろう(85)。この獣が見出されるとエジプト人たちはそれをたいへん喜び、大祭を催し、それは祭司たちの崇敬を受けるとともに、神性として讃えられた。民は先ずそれをナイル川の町に導き、そこで四十日養った後、それを金塗りの船に乗せてメンフィスへと運んだ。そこでそれは神のごとくヴルカヌスの神殿内に安置された。この時期それを見ることができたのは婦女たちだけであった。その一方で、他の諸神殿に婦女が入ることは禁じられていた(86)。そしてそれから巫言のようなある種の応答が看てとられたが、それは次のようなものだった。婦女たちが手にした干草あるいは飼葉をその獣が歓んで食べると幸先よきことが起り、それを食べようとしないと不幸なことが起らずにはおかない(87)、と。

エジプトの主要都市メンフィスでは、時にアピスがあらわれると囁かれており、それが姿をあらわすと数日にわたり厳粛に陽気に祝われた。カンビセス王がアンモン族との

エジプト人たちのもとでの神聖な牡牛たちの姿。これは太陽、オシリス、農耕を意味していた。

戦いに敗れてメンフィスに帰還した折、かつて見たこともないような荘重な祭りが祝われているのに憤ったことがあった。王は民に愛されていないことを知っていたので、民が彼の凶事を喜んでいるのだと考えて民の幾人かを殺させた。この祭りは彼らの神アピスのあらわれを祝うものとの弁明を信じることなく、王は自らの知らぬうちにエジプトにいかなる神もあらわれることなどないと言明した。この件で召喚された祭司たちもまた、他の者たちが弁明したとおりに請合ったので、王はその神を見せよと彼らに命じた。そこで彼らはたちまち、いとも厳粛な面持ちでこの尊崇される牡牛を王のもとへと導いた。

【カンビセス王のアピス殺害】 カンビセス王はそれを見て大笑した。そして新月刀をとりだすと、これらの祭司たちその他この獣を引いてきた者たちに次のように言いつつ、その首を刎ねたのだった。「おお、なんという役立たずどもだ。神々がこのように肉と血を纏い、撃たれ傷つくというのか。じつにこれこそ汝らのような者どもにふさわしい神だ。だが、汝らのような者どもに担がれるわたしではない」と。王はこのように言うと、祭司たちを厳しく鞭打つよう命じ、市中で祝い事をなすものは誰でも死刑に処すよう命じたのだった。こうして祭りはおわった、とはヘロドトスのものがたるところ(88)である。

アピスがアルゴス人たちの王であったとは、ウァロが録し聖アウグスティヌスが語るところ(89)である。彼はエジプトへ赴き、没後セラピスと呼ばれ、この民に親しく崇められるとともに彼らの主神となった。それは彼に献げられた神殿で、彼の亡骸が納められた櫃あるいは墓が礼拝されたところに由来する名であった。その櫃は彼らのことばでソロと称され、この櫃と死者の名のふたつが一緒にされてソラピスという名になり、ひきつづき最初の文字が変じてセラピスと称されることになったものである。アピスというのはたんに牡牛を謂ったものであり、それは櫃なしに墓の外で生きたまま崇められた。エジプト人たちはこの神をたいへん敬い、彼が人であったと知られることを望まず、それを口にするものは死罪とされた。そこから彼の神殿にはどこにもハルポクラテスの像が祀られることとなった。それはアピスあるいはセラピスが人であったと敢えて言うことのないよう、黙すべく人々に勧告するためだった。

牡牛ばかりでなく、エジプトでは牡山羊も崇められた。ヨセフスがアッピオンを駁して記すところ(90)によると、この獣はエジプトでは犬頭と呼ばれていた。これについてはメルクリウスの姿について語るところで論じることとしよう。また鰐も、アレクサンドロス大帝の重臣の一人であったクレオメネスによって、カンビセスが牡牛アピスになしたのにも似た戯れとともに取り扱われた。往時、鰐が神として崇められるエジプトの地を征くうち、彼の侍従の一人がこの獣の一匹に傷つけられたことを知り、その地の祭司たちをすべて召集すると、彼には彼らの神を損なうつもりなど一切なかったのに、彼を侮辱すべくやって来たと苦情を言った。そして彼は鰐たちに復讐をするべく決意するとともに、すでに鰐狩りをするための支度を調えよと命じたところだ、と言った。しかしこの狩りは果たされなかった。なぜなら、クレオメネスはこれらの祭司たちが彼らの神を嘲弄し、損なうことないようにと、彼に提供した大量の銀を手に入れることで満足したから。これについてアリストテレスは『政治学《ポリティカ》』で、(91) 彼らは軍資金を見出す新たな手段を知っていた、と記している。

さて、アポロンに戻ることにしよう。彼についてすでに語ったところまた彼について語るさまざまな寓話（ハメトゥスの畜群を眺めるはなし等々）によれば、】古人たちは他にもさまざまな名を彼に与えている。そのなかには牧者というものもある。それは彼が太陽の節度ある徳能によりあらゆるものに糧を与え養うからである。(92)

「太陽の食卓」【南海に面するアフリカの住民エチオピア人たちのばかげた迷信は、おそらくそこに由来するのだろう。彼らの元にはあらゆる種類の動物の焼肉がいつも見つかる平地があった。皆そこへそれを好みのままに食べるために出かけたものであった（ヘロドトスが記すところ(93)によれば、この地の役人たちは夜になると悦んで彼を密かにその地へ連れて行った、というのではあるが）。それはそこの赤熱の土とおそらく太陽の徳能から産するものと信じられ、この地こそ古人たちが讃えて已まなかった太陽の食卓であろうと思いなされたのだった。そこから格言が生まれた。貧しい者たちは富裕な権力者たちの館へたらふく食べようと赴くと、太陽の食卓はどこかと尋ねる、と。

「アポロンの像」そればかりか、アッシリア人たちは太陽がこの世においてもつ力能およびその諸効力をアポロンの像としてあらわしてみせた。】彼は長く鋭った髭をもち、頭に籠のようなものを載せていた。ルキアノス(94)は、アッシリア人たちのなかにはアポロンにだけ髭をつけ、他の神々は髭なしにする者があった、と記している。あまり若い姿をもってあらわすのはどこか不完全でもあり、神々の像がそのようなものであってはならなかった。それゆえ、それらの像は髭をもつ者のように、すでに成熟した人のかたちをしていなければならなかったのである。また胴には甲冑を着けていた。その右手には頂に小さなヴィクトリア像を載せた棹をもち、左手で花をさし出していた。両肩には蛇に取巻かれたメドゥーサの頭部をあしらった布を垂らし、その

アッシリア人たちのもとでのアポロンとテッラの姿。太陽が大地およびすべての事物にもたらす諸効能を意図して。ナトゥーラ（自然本性）や、これにかたちを与えられる質料といった諸事物の原因となるものどもの姿。そして太陽の曲脊した旋転を示す蛇。［▶Tav.10］

両側には飛び立ちそうな鷲が何羽か添えられ、両足の前にはひとりの女性像とその左右にこれまた女性の他の二人の姿が大蛇に巻きつかれているのだった。

［その解釈］マクロビウスはこの神像をこのように記すとともに、次のような解釈を添えている[95]。胸にまで垂れる髭は、天から地へと撒き散らされる太陽の光を意味している。高みにある金色の籠は、太陽を造りなしたものと信じられる天上の火をあらわしている。棹と甲冑はマルスのためのものである。マルスのために太陽は激しい灼熱をあらわす、と言われるゆえに。ヴィクトリアとは、太陽の徳能そのものである。花《フロラ》は諸事物の美しさを意味し、太陽の隠秘な徳能はその抑制された熱とともに、種を播き生成を促し、それを養い保つ。足元にいる女は大地《テッラ》であり、太陽は天から光をもってそれを照らすのである。

［ハダッド・アダルガティス］マクロビウスが言うところによると[96]、これについてはアッシリア人たち自身、彼らの最大神の像をもってあらわしたところであった。その神性はハダッドと呼ばれ、女神アダルガティスも彼に服従せしめられた。この民はすべての事物はこれらふたりに服すと言い、男神を太陽、女神を大地と称した。そこからして、ハダッドの像は下向きの光束をもっていた。太陽は大地に光を撒き散らすから。そしてアダルガティスの像は光を上へと送り、大地に生まれるものが上なる光の徳能によって生まれることをあらわしていた。

また女神大地をよりよく知らしめるため、彼女は獅子たちの下に置かれた。これはプリュギアの獅子を模したもので、彼らのもとで神々の母大地は獅子たちに曳かれるものと信じられていたからである。これについてはその像を見る折に。彼女を中央にその両側にいる他の二人の女は、諸事物がなるところの質料素材とそれらをなす自然本性である。これらはどうやら一緒に大地に仕え、その飾りをなすものである。彼女らに巻きつく蛇は、太陽がなす湾曲した道を意図したものである。鷲はたちまち高みへと翔けるものであるから、太陽の高さと速さとを意味している。また、メドゥーサの頭を描いた布が背に加えられることとなったが、これはまさにミネルヴァの紋章である。ポルフィリオスが言うように、ミネルヴァとは人々の知性を明らめ、死すべき者たちのこころに賢慮をもたらす太陽の徳能に他ならないから。

　古人たちは、マルスによって太陽の諸性質をも示唆してみせた。これについてすでに述べたところあるいはその像に関連して語ることになるであろうところに加え、たいへんな信心を集めた三十キュービット以上の巨大な像があった。パウサニアスの言うところによると[97]、これはラコニアのある土地でアポロンに捧げられたもの[98]であったが、いまだ人々が彫像というものを造る方法をよく知らぬほど古い頃のもののようであった。【彫像というものに開眼し、その両脚を離して造りなした最初の者はダイダロスであった、とはスイダの記すところ。[99]】この像は顔と両手

アッシリア人たちの神々ハダッドとアダルガティスの姿。大地に生まれるもののすべては太陽とその光線の力能に由来することを含意しつつ、彼らがあらわした太陽と大地。　[▶Tav.10]

両脚を別にすると残りは円柱のようで、頭には兜を被り、片手に弓をもち、もう一方の手に棹をもっていた。これらはまさにマルスの紋章であり、ミネルヴァも同じものを手にしているとはいえ、その理由が別であることはそれらの像を見るところで明らかにしよう。

　エジプト人たちは太陽の像をさまざまに造りなした。そうしたもののうちの一つでは、右側にだけ髪を残し、頭髪が半ば剃られていた。それは（マクロビウスの解釈に拠れば[100]）太陽が自然界から隠れることはない、ということを謂おうとしたものであった。自然界は常にその光を有益なものとして感得しつづけるのであり、切られた髪は往時いまだ目にすることのなかった徳力をもってあらたに帰還することを意味していた。髪が切られても毛根が残っているのでふたたび生えてくる、と。またこの像の意味するところを、光の僅かな時節をあらわしたものと考える者もあった。光の増幅がすべて切り取られることによって日は短くなり、それが生まれ変わりふたたび成長しはじめることによって髪も日も長くなる、と。

　そればかりかエジプトでは、太陽の神像には羽がつけられた。それは単一色ではなく、一本は暗く闇のようで、もう一本は明るく輝いていた。後者は天のと、前者は冥界のと呼ばれた。太陽は夏季をしめす上位と称される獣帯の六つのしるしを行く時には天にあると言われ、その他の下位と称される冬季の六つのしるしを進みはじめる時には冥界に下ると言われたものである。こうした神像群に付された羽は太陽の速さをあらわしている、とはマクロビウスの説くところ[101]。

【セラピス】また、エジプトではセラピスの名によって太陽が意図されることもあった。この名はしばしばユピテルを指すものでもあったのではあるが。そこでその彫像は頭に升を乗せた人のかたちに造りなされた。あたかもすべての事物は適切な尺度をもって測られねばならない、とでも言うかのように[102]。【これはナイル川のことであると言う者もあった、とスイダは注している[103]。ナイルが頭に升を乗せ、測尺となすための棒をもっているのは、その水がエジプトを肥沃となすためにはそのある分量が撒き散らされる必要があるという意味である。】

　マクロビウスが録すところに拠れば[104]、【この像の傍らには】唯一のからだに三つの頭をもつものの姿が配された。そして蛇がそれを完全に隠すように巻きつき、【頭を神像の右手の下にさし出していた。あたかも彼こそが、先述の三つの頭であらわされるすべての時の主である、ということをあらわすかのように。】それら三つの頭のうちの中央は獅子で、現在を意味していた。これは過去と来たるべき時との間にあって、他のいずれよりも力強いから。右側は愛らしい犬で、いつもわれわれを喜ばせる新たな希望とともに訪れる時をあらわしていた。左側の三つ目の頭は獰猛な狼で、過ぎ去った時はすべてを奪いその多くの記憶をすら後に残さぬようそれを貪る、ということを言おうとしたものである。

またエジプトの町アレクサンドリアのこの神に捧げられた神殿には、あらゆる金属と樹木から造られたこの神の像があったという。伸ばされたその両手は神殿の両側にも届くほど大きく、その神殿には小さな窓が一つ巧みに穿たれていた。つまりいつも太陽が昇るとその最初の光がこの窓を通して大きな神像の顔を照らすので、それを目にした民は毎朝太陽がセラピスに挨拶をしに来て接吻すると信じまた噂するようになったのだった。[105]【プリニウスが記すところに拠れば、[106]これまたエジプトの町テーバイにも往昔、堅く鉄のように暗い色の大理石でできた神像があり、メノンの像と信じられていた。毎朝、太陽が出るとその光がこの像に触れ、なにかを語るかのような軋音とかすかな呟きをなしたという。】

エジプト人たちが太陽と観じた神セラピスの姿と三頭の神像をもってあらわしたナイル。これは過去、現在、未来の三つの時をあらわす一方、太陽は決して逸脱することのない秩序と尺度をもって進むことを意味している。［▶Tav.11］

[ポイボスのうつわ] マルティアヌスは[107]誰より巧みに太陽を描き出しているように思われる。つまりメルクリウスが妻を娶ろうとしてヴィルトゥスとともに彼に相談に赴くところ、彼に捧げられたあらゆる神殿群を示しつつ、彼が高みにある大きな裁判所に坐し、蓋をされた四つのうつわを前にしている様子を描いている。そ

のなかは交替に一つづつしか覗くことができなかった。
［ヴルカヌスの頭］それらはそれぞれみなかたちを異とし、異なった金属で造られていた。一つは実に堅い鉄で、そこからは炎が立ち上り、それはヴルカヌスの頭と呼ばれていた。
［ユピテルの笑い］もう一つは滑らかに輝く銀で、節度ある晴朗の気に満ちており、ユピテルの笑いと呼ばれていた。
［サトゥルヌスの死］三つ目は青白い鉛で、サトゥルヌスの死という名、雨と寒さ、霜と雪でいっぱいであった。

あらゆる時と季節の変化、すべての事物の生から死までの変成を司る太陽の姿。善悪の多様を納めた四つのうつわはヴルカヌスの頭、ユピテルの笑い、サトゥルヌスの死、ユーノーの乳房と名づけられ、すべてはこれらに由来する。 ［▶Tav.12］

［ユーノーの乳房］ポイボスがもっとも近くにいた四つ目のうつわは滑らかな硝子でできており、気が大地に撒き散らすすべての種子が入っており、ユーノーの乳房と名づけられていた。これらのうつわのあれこれから必要に応じてすこしずつポイボスは摘み出し、死すべき者たちに生命を、また時には死を与えるのだった。この世に生 気《スピリト・ヴィターレ》の柔和な曙をもたらそうと欲する時には、彼は調えられた気を銀のうつわから取り出し、硝子のうつわに封じられていた種子と混じた。また悪疫や死が脅かす時には、そこに鉄のうつわの灼熱の炎を加えた。あるいは青白い鉛のうちに隠された恐ろしい寒さを。
［ひとつ目巨人《キュクロプス》たちを殺すアポロン］先述したとおり、ここに明らかなのは太陽に捧げられた神殿の多様性であり、気の性質も彼によって変ずるということである。そこからさまざまな偶性が生まれるのである。それらは死すべき者たちにとって善いものであったり邪なものであったりする。これ

を詩人たちはキュクロプスたちを殺害するアポロンに擬えたのであった。[108]

[エスクラピウスの父アポロン]【キュクロプスたちとは霧あるいはその他の気の邪悪な諸性質を謂ったものであり、アポロンはおそらくエスクラピウス《アスクレピオス》の父でもあった。彼からはイギエア《ヒュギエイア》つまり壮健が生まれることとなる。にもかかわらず、パウサニアスがあるフェニキア人から聞いた話として記しているように、[109]】エスクラピウスは気に他ならない。気は死すべき者たちを壮健となすべく太陽によって清められる。【からだを健常となし病から癒す】医師たちがなすように。

[エスクラピウス] それゆえ古人たちは、エスクラピウスは医薬の神であると言ったのであり、【彼はギリシャの町エピダウロスで】たいへん崇められた。【その地の彼の神殿はたいへんな尊敬を集めたとソリヌスは書いているが、[110] それはなんらかの病患に対する医薬を探す者がその神殿へ行って眠ると、夢に癒しに必要なものを感得したからであった。】パウサニアスによれば、[111] この地の神像は【黄金と象牙でできており、】美しい椅子に坐していた。その片手には棍棒をもち、もう一方の手を蛇の頭の上に置いていた。その足元には一匹の犬が横たわっていた。こうしたことはみな、フェストゥス・ポンペイウスが「彼らはエスクラピウスに蛇を添えるが、これは蛇が善き医師のようにたいへん用心深い動物であるからであり、また犬を添えるのは、彼が幼時に犬の乳で育てられたからであり、そして節だらけ

医薬の神エスクラピウスの姿。彼に捧げられた動物たちは医薬の難しさ、医師の勤めを、そして健康をもたらす清められた気をも意味している。

[▶Tav.13]

の棍棒は医術の難しさをあらわしている」と言うところを首肯させるものである。そしてこれはパウサニアスが謂う神像についてではないが、フェストゥスは[112]、古人たちがそれに月桂樹の花冠を乗せたのはこの樹木がさまざまな病患に効力あったからである、と付言している。

この像のはじめ、ディオニシウスについて語ったところで述べたように、エスクラピウスはおおむね長髭に造りなされたが、時に髭なしのものもあったことが【ペトルス・アピアヌス自ら蒐集した】骨董について著した書から分かる[113]。またその像は下着のような衣装に簡潔な外套を纏い、左手で幾つかの果物をその腹に抱いている[114]。また右手には二羽の雄鶏をもっているが、これは善き医師たる者の慎重さをあらわして彼に捧げられたものであり、古人たちはまた彼に雄鶏を生贄としたものだった[115]。

鶏を手にした医薬の神エスクラピウスの姿。彼に捧げられたこの鳥は医師たちに必要な慎重さを意味しており、蛇は医師たちの施療が約す健康と長寿の象徴である。［▶Tav.13］

【エスクラピウスの雄鶏】 プラトンによると[116]ソクラテスはまさにその死にあたり、エスクラピウスに雄鶏を遺贈した【が、こうすることによってこの賢哲は諸悪の癒し手たる神の善性（つまりエスクラピウス）に、すなわち神の摂理（アポロンによってあらわされる）の娘、白昼の光に報いようと欲したのである。雄鶏とはまさに朝日、つまりこの世の生の光を告げるものである。】

またコリントの邑プリウスの人々もこれを髭なしに造りなしたし[117]、シキオン人たちも黄金と象牙によって髭なしに造り、その右手には笏杖を、もう一方には松の実である松笠をもたせた[118]、とはパウサニアスの記すところである。

［エスクラピウスの蛇］これらの民はそれを以下のような方法[119]で手に入れたと言われる。それを彼らのもとへともたらしたのは、エピダウロスから二頭の驢馬に荷車を引かせたニカゴラという名の女であった。しかしその彫像をそのままにではなく、蛇に変えて運んだのだった。

［ローマへもたらされたエスクラピウス］[120]【それはローマ人たちが深刻な悪疫を癒そうと、シビュラの書の忠告に従ってエピダウロスからエスクラピウスを運び出すために人を派遣した時と同じであった。それはエスクラピウスの神性としてその地で崇められる大きく美しい蛇で、神殿を出ると人々の信心深い驚きを喚起しつつ三日の間街中を好みのままに行き来して、ローマ人たちの船に乗り込むともっとも栄誉ある場所にとぐろを巻き、静穏にローマへ運ばれるに任せた。そしてローマでエスクラピウスに捧げられた島の神殿に入ると、蛇とともにエピダウロスからもたらされた儀式に従ってローマ人たちに崇められた。これがエスクラピウスの神像にはいつも蛇が伴をしている理由であった。またしばしばそれは彼が手にする棒に巻きついている。】この道理についてはフィロストラトス、ヒュグニス、エウセビオス、プリニウス、マクロビウス等々から蒐めることもできよう。[121]【しかしここでは一つだけ[122]挙げておこう。なにもこれが寓話のうちでも他より真実であるからというのではなく、これはわたしにとって再読するのが愉快だからである。

［エスクラピウスのものがたり］エスクラピウスがたいへん尊敬されたのは、医薬において彼がなしたさまざまな奇跡的な業のおかげであった。彼はあらゆる病悪を癒すことを知っていたばかりでなく、死者を甦らせることすらできた。クレタの王ミノスは溺愛する息子グラウコスが死んだ時、エスクラピウスを呼びに遣らせて愛する息子に命を戻してくれるように頼んだ。しかしその願いも報償の約束をもってしても、それを果たすことは不可能とみてとったエスクラピウスはこれを拒んだ。すると王は豹変し、死んだ息子が生き返らぬ限り決して出ることはできないと脅しつつ、力づくで彼を厳重な監視のもとある場所に監禁させた。エスクラピウスはこれにはたいへん苦慮し、この苦衷を逃れるには死者を甦らせることを考えるよりも、自らそこをどのように脱出できるか思い巡らすべきであると悟った。あれこれ考えに耽るうち、彼の目の前を蛇が通るのを見て、そこに立てかけてあった棒で彼はそれを撃ち殺した。それからしばらくするとまた別の蛇が口になにやら草を咥えてやって来て、死んだ蛇の頭に触れるとたちまちそれは命を取り戻した。これをまのあたりにしたエスクラピウスはすぐさまこの草をとりあげ、死んだグラウコスのからだに擦りつけた。すると彼は命を取り戻し、甦った。これ以降、

彼に捧げられた彫像群の大部分に見られるように、彼が手にする棒には蛇が常に巻きつけられることとなった。

［エスクラピウスに親しい蛇たち］ これによるのか、それとも先に述べたような別の理由によるものか、蛇はたいへんエスクラピウスに親しいものであった。なにもそれは他のどの土地よりも彼が崇められた信心の聖地エピダウロスにおいてばかりでなく、往時コリントにおいても蛇は養い育てられていた[123]。蛇を信心するばかりか、それを神殿の扉に架けて放置する者すらあった。そこから程遠からぬ別の町のエスクラピウス神殿に安置されたさまざまな像のうちには、蛇の上に坐す女神像もあった。これはエスクラピウスの息子アラトゥスの母であると言い伝えられていた、とはパウサニアスの言うところ[124]。

［トロポニオスの洞窟］ 彼はまたエルシノオ川の水源であるボイオティアのある洞窟に、蛇が巻きついた笏杖を手にもつ神々の立像があった、と記している[125]。これらをエスクラピウスとその娘イゲイア《ヒュギエイア》であるという者もあれば、トロポニオスであると信じる者もあった。なぜならこの周辺の森は彼およびプロセルピーナの供連れであったエルシノアの名をもって呼ばれていたから。先述の川の名もこれに由来している。このように古人たちは、蛇をトロポニオスの洞窟と称される洞穴の中で唱えられた神託の伝え手であると信じ、エスクラピウスにばかりかトロポニオスにも蛇を捧げたのだった。トロポニオスもまた一時ここに閉じ籠り、来たるべきことがらについて予言した後に飢えて死んだので、その後いよいよ尊いものとして敬われた。それというのも神託は彼の死によっても焉まず、はたして彼の霊がそこにとどまったか、彼に親しい精霊《ダイモーン》がその跡を継いだものか、

女神サルーテ（健康）の姿と彼女に捧げられた蛇。これは浄化排便を促すとともに失われた健康を取り戻し長寿を保つ飲薬を意味しており、健康を蛇によってあらわしたものである。

この洞窟ではひきつづき神託が伝えられたからだった。

【トロポニオスの神託】この神託を聴きに行く者は誰でもまず、トロポニオスの暗がりである種の生贄を捧げて鎮めを行い、幾つかの儀式を経て、エルシノオ川で禊をしてから二つの泉の水を飲んだ。一つは忘却の泉で、まずこれを飲んで過去のすべてを忘れた。二つ目は記憶の泉で、神託によってもたらされるところをよりよく記憶するため、ひきつづきこれを飲んだ。そして履物もすべて下着の中に包み、起立して頭に帯を結び、それを洞窟の口の一つに結わえた。すると奔流なす水のごとくに内からある種の息吹に引きずり込まれ、蛇その他の霊たち亡霊たちに出会うことになる。それらのためにもってきた林檎を潰してつくった供菓を与えてから、膝の間に頭を埋めるようにしてわざわざそこに赴いた目的を見聞きするまで留まる。なぜといって、この神託は時に語り、時に来たるべきことがらをまのあたりに見せたから。すると内に引きずり込まれたのと同じように外へ押し出されることになるが、それは洞窟の別の出口で、茫然自失、自らのことも他のことも一切覚えていない。そこで祭司たちはこの者を椅子に坐らせ、記憶の座に問いかけると、彼は見聞きしたことのすべてを想起して祭司たちにものがたった。そして彼らは気を配ってそれを聴いた。徐々に自覚を取り戻すと、それは極限的な懊悩に遭ったものと信じられた。なぜといってトロポニオスの洞窟に入った者は、その後まったく笑うこともなくなったから。この神託を得に行った者たちについてパウサニアスはいろいろ語り、彼自身そこに赴いたとまで言っているが、わたしがここに簡潔に述べたのは、エスクラピウスと同様に蛇を捧げられたのが誰であったかを明らかにするために過ぎない。キケロは神々の本性について語りつつ[126]、数多のメルクリウスがいたが、そのうちのひとりは地下にあり、トロポニオスと同一であったと言っている。】

【壮健のしるし】古人たちのもとにあって、蛇は壮健のしるしであった。蛇が古い皮を脱ぎ捨て自らを新たにするように、人々も健康を取り戻すことによって自らを新たにするものであるから[127]。

【健康《サルーテ》の図像】そこから以下のように健康《サルーテ》の図像がつくられることとなった。杯を手に高御座に坐った女性像。その傍らに祭壇が置かれ、その上には頭をもちあげ、とぐろを巻いた一匹の蛇[128]。

【健康のしるし】また健康のしるしは、アンティオキアの古貨幣にみられるような五芒星のかたちにつくりなされた。彼らがガラテア人たちとの戦で形勢不利に陥った折、アレクサンドロス大帝は、このしるしを兵士たちに与え、身につけさせよ、そうすれば汝らは勝利者となろう、という声と

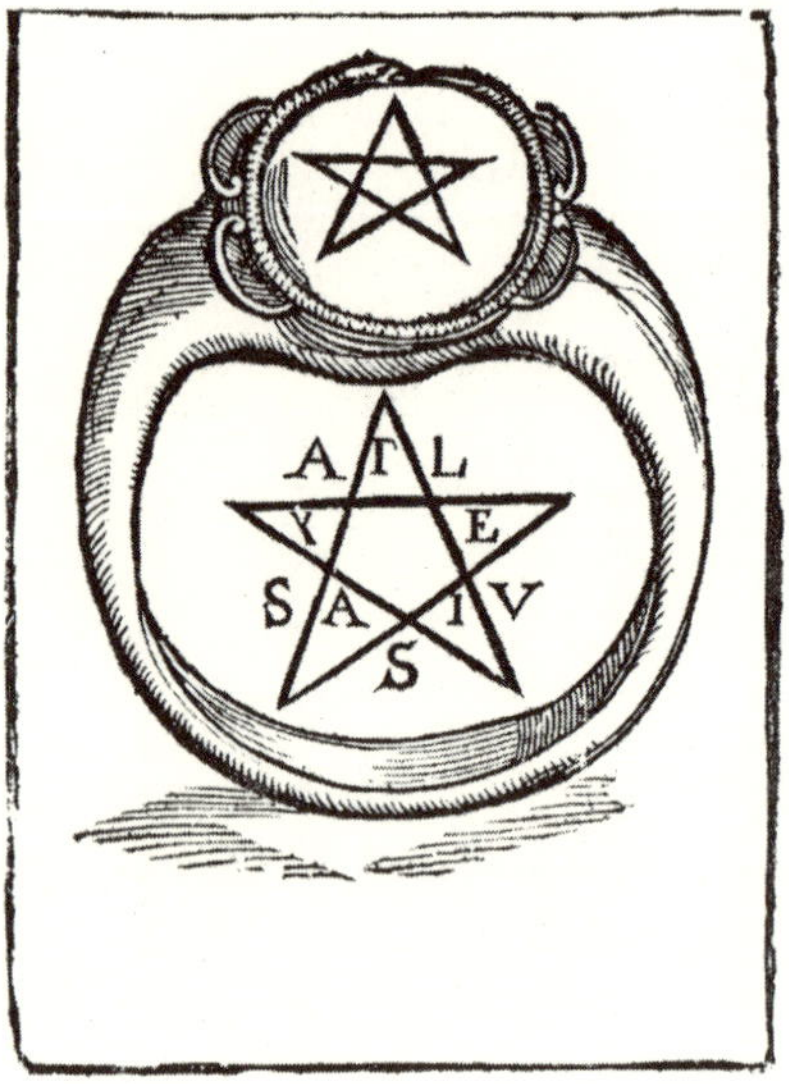

古の指輪。その宝石にサルーテ（健康）の象徴つまり五芒星が刻まれている。これはどの方向に対しても堅固なかたちである。

ともにこのしるしが示されるのをみた、あるいは兵士たちを勇気づけるためそれを見た振りをした。そしてこの戦いに勝った、という。

［イゲイア《ヒュギエイア》］このしるしを廻る文字はラテン語でSALUS（健康）、また同じ意味をギリシャ語でYΓEIAと記している[129]。この名がエスクラピウスの娘の名であることは先述した通りである。古人たちはこの娘を父とともに崇め、しばしばそれらの彫像を並べ拝した、とはパウサニアスが伝えるところ。コリントのある邑ではエスクラピウスの彫像は羊毛の長衣を纏い、その上に外套を羽織って、顔と両手両脚以外のすべてを覆っていた。またイゲイア《ヒュギエイア》もその頭髪を除いてすべて覆い隠していた。その髪は女たちが自らの髪を切ってこの女神に捧げたもので、その一部は実に薄い襞紗で包まれていたという[130]。

［スミンテウス《鼠》のアポロン］それはそうとして太陽に戻ることにしよう。【その光は気を清めつつ、大地がいまだ産みつづけることができるようにする。】トロイの邑でアポロン・スミンテウスの像が造られたのは、おそらくこのことをあらわそうとしてであった。この称はこの地で鼠を謂ったスミンテウスに由来するもので[131]、この像は鼠を一匹踏みつけていた。どうやらこれはアポロンの祭司のものがたりを証するものであるように思われる。つまり毎年の収穫を損ない聖なるものを蔑する鼠たちが、毎年信心を新たにするため帰還するこの神によって殺される、というものがたり[132]。大地から生じる鼠その他の小動物は悪しき気の配合から生まれるのであり、太陽の光によってその悪しき性質を取り除けられ、それによって鼠その他が殺され、大地が有益なものを産する力を授けられぬ限り、死すべき者たちに有益なものを産することはない。プリニウスが伝えるところによると[133]、プラクシテレスもアポロン像を造った。これもここで鼠について述べたところとさほど異なったことを意味するものではなかったのかもしれない。この像は弓に矢を番え、あまり離れてはいないところにいる蜥蜴を殺そうと待

ち伏せしているところをあらわしていたという。アポロンがスミンテウスと呼ばれ、その像が鼠とともにつくられたまた別の理由をみつけることもできる[134]【つまりクレタの人々は植民者の一群を追い払おうと欲した折に、大地の子供たちが町に満ち、敵に大いなる煩いをもたらすであろう、というアポロンの神託を得たのだった。彼らがトロイに野営する植民者たちのもとに派兵すると、一夜にして鼠たちは敵の盾の革紐を齧りつくした。翌朝クレタの人々は、大地から鼠たちが生じたのをみて、神託に従い、ここに進軍を控えた。そして町にアポロンのための神殿を造営し、これをスミンテウスと呼んだのだった。

[崇拝を受けた鼠たち] その後この民はスミンテウスつまり鼠たちをたいへん崇拝することとなり、主祭壇の傍らに設けられた小さな地下壕でそれを公式に飼うこととともなった[135]。そこからアポロン像にもその一匹が添えられることとなったのであろうことは先述した通りである。神々の像およびそれらに捧げられたものどもというのは、たいがい神々から得られたことがらあるいはその忠言およびそれにひきつづく幸事をあらわしたものである。それはまたパウサニアスがデルポイでのさまざまなことがらについて録したところでもあるが、ここではそこから二つだけを採りあげてみることにしよう。

[アポロンに捧げられた牡山羊] 一つめは、ギリシャの民クレオネ人たちによってアポロンに捧げられた金属製の牡山羊。あるとき彼らのもとにたいへんな悪疫が蔓延ったが、太陽があらわれるように牡山羊を一頭生贄に捧げよ、というこの神の神託を得て、そのようにないした。すると悪疫は已ん

エスクラピウスの娘イゲイア（ヒュギエイア）の姿。犬と蛇は彼女の父の象徴で、医師の注意深さとそこから結果する諸効能とを意味している。

だ。その後、彼らはこの神に金属製の牡山羊を捧げたという。[136]

【**アポロンに捧げられた驢馬**】二つめ[137]は驢馬で、その理由は次のようなものであった。ギリシャのすべての民を巻き込んだ戦いで、シキュオン人が出陣してくるアムブラキア人を待ち伏せしていた時のこと。ある夜、驢馬追いに追いたてられて荷物を背負った牡驢馬が町へと向かううち、たまたま先を行く牝驢馬に気づくと、世界をも鳴動させるほど激しく鳴きながらその後を追いはじめた。それが思った以上に早駆けしはじめたので、驢馬追いもまた叫んだ。彼の獣が言うことをきくようにと、彼は何度も驢馬のように愚かに叫んだので、それは喧しいものとなった。その騒動はシキュオン人たちを驚かせ、彼らは敵に見つかったのではないかと恐れつつ罠を解いて逃げ出した。これに気づいたアムブラキア人たちは彼らを背後から襲って打ち破った。その後、アムブラキア人は金属製の美しい驢馬を造り、この獣のおかげでかちえたと彼らが思いなしたご利益に対して、それをデルポイのアポロン神殿に献じたのだった。それはまたこの神による勝利を記念するためでもあった。】

【**アポロンの肩に停まる鳩**】またアレクサンデル・ナポリタヌスも言うように、往時すでにナポリではアポロンの彫像が造られていた[138]。通常この神に与えられるしるしや装飾に加

光の神太陽の山車と太陽の姿およびその装具。山車は四頭の馬に曳かれているが、これは日の、年の、その動きの速さの、そのからだの光輝の四つの効能をあらわしている。

え、この像は肩に鳩を乗せていた。そしてその前には鳩を崇めるように眺める婦人像があった。これはアポロンの肩に乗る鳩を崇めるパルテノペーだった。この善き鳥により彼女は善き鳥占いを得たものであり、ギリシャからナポリの野に赴くにあたり彼女に付き添ったのもこの鳥だった。かくのごとくにギリシャ人たちは、まず鳥占いをして神々に忠言を聴かぬ限り、ある土地から別の土地へ移ることはなかった。

[ポイボスの車を曳く馬たち]【また詩人たちは、アポロンと同一である】ポイボスに【先述したところに加えて】駿馬四頭立ての馬車を授けた。これはオウィディウスの言うところ[139]であり、マルティアレス[140]は二頭についてだけ語っている。[141]【これらのうちの一頭はピローと名づけられた。これは赤さを意味しているが、暁に昇る太陽は赤く見えるからである。二頭目はエオーといい、輝きを意味している。これは太陽がわれらの半球の上に昇ると、輝きわたるようにみえることに由来する。三頭目はエトンといい、灼熱を意味する。太陽の光は正午には至るところ刺し貫き燃やすから。四頭目はフレグトンで、これは黄と黒の中間色のことで大地の愛人を意味する。夕刻、黄昏れ沈みゆく太陽はこの色をしており、あたかも広大な大地の胎に憩いに駆ける愛人のようであるから。[142]

[ポイボスの車]つまりこれらの諸性質および】それが生気溢れる俊敏な動物であること[143]【からその車に着けられた馬は全身黄金であった、とはオウィディウスが言うところである。そしてその車輪の輻《や》は銀で、そこには美しい秩序を保ちつつかんらん石《クリュソライト》その他の煌く宝石が配され、ポイボスの輝きに触れて驚くべき輝きを発していた。[144]】

[ポイボスの冠]オウィディウスがポイボスの馬車につけてみせたこれらすべてに加え、マルティアヌスは彼のからだについて次のように描いてみせる。[145]ポイボスは頭に十二の光り輝く宝石のついた冠を被っていた。そのうちの三つはその額を飾り、彼に向けられた視線を眩ませるほどに光り輝いている。これらはリクニーテ、[146]アストリーテ、[147]ケラウノ[148]であった。両側のこめかみの上には片方に三つずつ六つあるが、それらはエメラルド、[149]スキタイ、[150]ジャスパー、[151]ヒヤシンス、[152]デンドライト、[153]ヘリオトープ。[154]これらはみな、往時その色で大地を緑に染めたもので、それが戻り来るようにと春と秋に付されたものだった。残りの三つは、冬の厳寒から生まれるイダティデ、[155]ダイヤモンド、[156]クリスタル[157]と呼ばれ、冠の後ろ側にあった。その頭髪は黄金のような金髪で、その容貌は一瞥すると柔和な幼児に、それが獰猛な若者に、そして冷淡な老人に変じるように見える。からだの他の部分はまったく炎に包まれており、両足には灼熱の

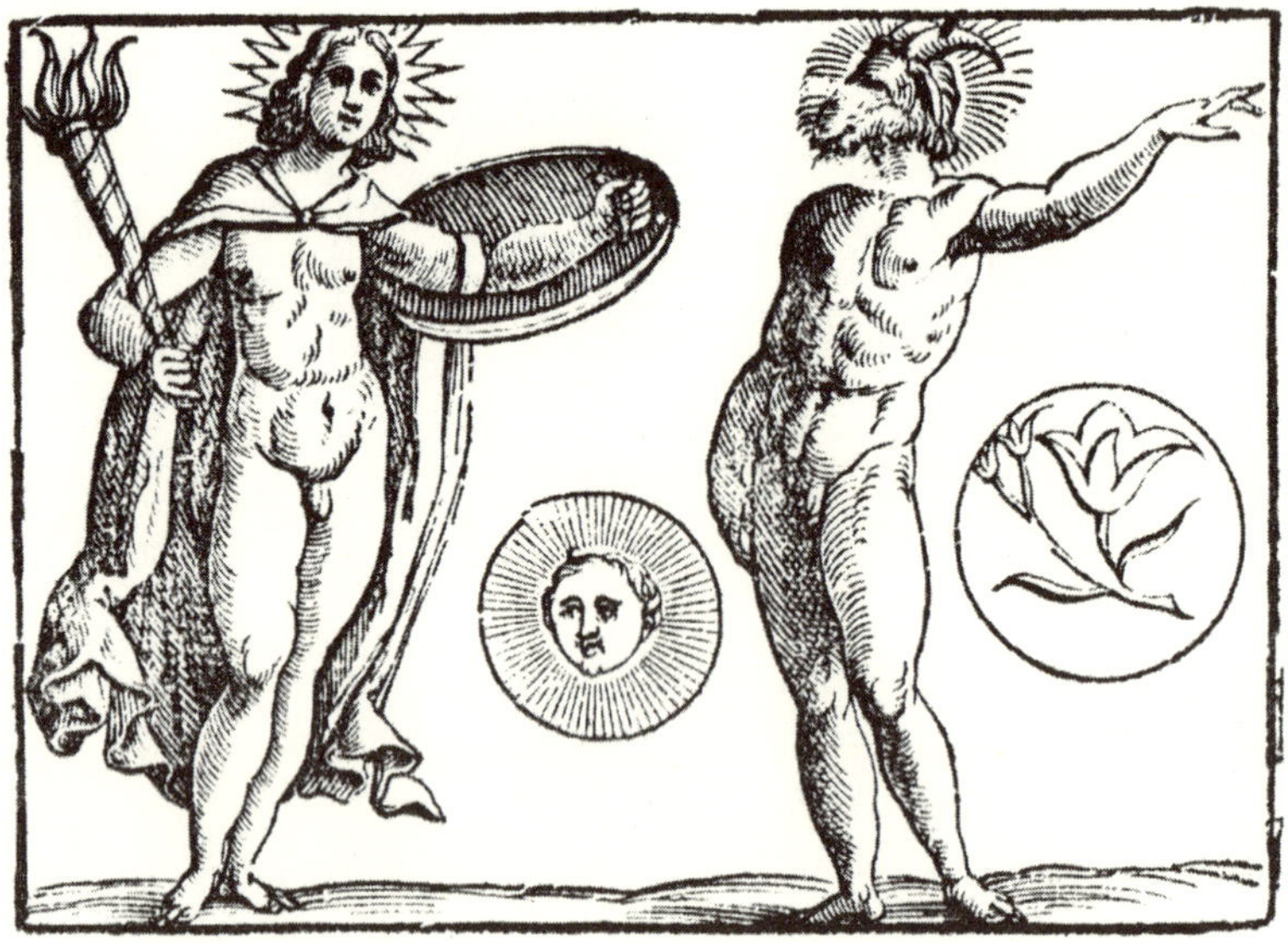

ポイボスそして日の神アポロンとも称される太陽の姿。これはさまざまな季節、天上のしるし（星座）、月にあらわす諸効能を意味している。月は牡羊座にある時、すべてを照らしすべてにいのちを与える太陽と結び合わさることによって夥しい湿となる。 ［▶Tav.14］

カルボンキオ《紅玉》の数々に飾られた羽がある。そして金と緋を織りなした外套を纏い、左手には輝く盾を、右手には灯された松明を捧げている。

これをもって各人はこの像を十分理解できるとは思うが、これにとどめずまた別の像について述べることにしたい。それはエウセビオスが記すところ[158]、エジプトの町エレファンティノポリには角のある牡羊の頭をした人の姿に造られた全身空色の像があったという。それは宇宙の湿気をあらわす海の色で、同じくエウセビオスが説くところによれば、牡羊座で太陽と交会する月は、他の時節よりもずっと湿っているということをあらわしている。しかしここでは占星術師たちの言うところに拘泥しようとは思わない。彼らが示してみせる像の数々については後述する。

さて、太陽についてわたしが述べようとするところを了るにあたり、もう一つクラウディアヌスがプロセルピーナについて描いてみせるところを取りあげない訳にはいかない。そこでは彼の妹たる月の姿についても、プロセルピーナにひきつづき記されている。クラウディアヌスの言うところ[159]を俗語にしてみよう。

　ここに太陽の出産はその妹
同様に擬されているが、まったく同一ではなく

すでにその相貌からしてたいそう違っている
その容色は昼および夜の天空の
色から導き出される。
テティスは揺り籠の赤子たちに
優しく歌いつつあやし、
静かに眠らせ、むずがるときは
その腹に抱きとり、
愛情深く乳をやり慈しむ。
タイタンはその右腕で彼女を抱き
その胸に凭れかからせる、それは
まだ柔弱で、その歩みも
ぎこちなくあてどない。
太陽もそのはじめの歳月はこのようであった。
炎の光もいまだ
頭を飾らず、冠も灼熱せず、
いまだ温和な熱を太陽は口から吐いた
そこから出る小さな叫びは
わずかに火花を散らすだけ。
その妹の柔らかな左の
乳房から出る乳を吸うも
この糧なる液に十分満ち足りず
慈しみ深いテティスの胸を乾かす。

彼女は膨らんで頭をもちあげる
その額からは銀の色
すでに若い角が突き出して。

イアヌス・パラシオスが言うところに拠れば[160]、ギリシャの著作家セヴェリアヌスは、テティスが右腕に太陽を左腕に月を抱いた理由を、宇宙を造りなした永遠の神はまず太陽をそして月をつくり、月を西の境に、太陽を東の境に置いたからであると説いた。またヒュグニスは[161]、東天を右と、西を左と称した理由を問いつつ、その一方でこれまたヒュグニスに拠ればトスカナの占術師たちは北を右とし、南を左として宇宙が発出したとみなしたと言っている[162]。

［アウロラ《曙》］ クラウディアヌスが、太陽をその右腕に月を左腕に抱かせたのは、右腕が左腕よりずっと力強いからであったかもしれない。これについてはアウロラに関連づけて述べることとしよう。天にあってアウロラは太陽の前にあらわれるにしても、ここで述べる像の数々にあってその後に置かれたとしてもなにも悪いところはないだろう。いずれにせよ、アウロラは太陽から生まれる。アウロラとは太陽が東からわれわれの半球に顔を出しはじめるにあたり、その光がまず空を赤く染めることに他ならない。そこで詩人たちはそれを数々の寓話にさまざまに記述してみせた。

アウロラとその山車を曳く馬ペガサスの姿。この時刻こそ学習するに適切最適であり、学者や有徳の人士に栄光を授ける時であることを含意している。

それは像を造る者のために記述するわたしのような者よりもずっと詳細にわたっているので、ここではそのすべてを語ることはせず、描画するにあたって便利と思われる幾つかの点についてのみ語ることとしよう。

　古人たちはアウロラを天の神々のうちに配したとはいえ、その彫像というものが造られたという記録をわたしはみつけることができない。ただパウサニアスが記すところ[163]によれば、アテネのある土地にはそれがケパロスを誘拐する像があったというが、それがどのような姿につくりなされたものであったかについてはなにも語られていない。それゆえ、これについて詩人たちが語るところを写してみよう。ホメロスはそれを金髪にし金色にして、これまた金色の椅子、金色の衣装を添えている[164]。ヴィルギリウスは彼女が血色のよい両手で星々を追い払うために来ると言う[165]。またオウィディウスは、ポイボスが東から出でようとするとき、彼女は美しい薔薇に埋もれた赤い扉を開く、という[166]。

[アウロラの馬] それにとどまらず、彼女の手に灯された松明をもたせ、翼をもつ馬ペガサスに曳かれた車に彼女を乗せる者もある。また彼女はベッレロフォンテに墜ちたこの馬のためユピテルに懇願した、とも言われる[167]。こうしたことはおそらく、朝のこの時間こそ詩作する者たちにとってはもっとも好都合な時間であったことを証するものである。こ

の馬は蹄で打つことで泉の水を湧き出させたものであった[168]が、その【一つ、カバッリーノ[169]と名づけられた】泉にはムーサたちが通ったものだった。そればかりかホメロスはこの馬でなく、また別の光り輝く二頭の馬[170]を挙げている。あるいはアウロラはその容色のすべてをあらわす前に、気中に花籠から黄と紅の薔薇を撒き散らす、と言う者もある。いずれにせよ、誰もが彼女を太陽の最初の光が気中に撒き散らす黄と赤の色とともに、好みのままに描き出している。

註

（1）＊この章も書き出しは原形をとどめぬほどに改稿されている。初版の書き出しは次のとおり。「数多くさまざまな神々がいるに違いないと古人たちが信じた過ちは、往時賢者とみなされた人々から生じたものであった、と言う者もいる。なぜといってこうした賢者たちは、最初に諸物は何から生まれたかを探求しつつも、真実を見出すことができなかったから。自然の光によって知られるところは皮相であり、かといって彼らは第一原因、永遠の神、無限にして不可視なる知解へと自らを高めることもできなかった。そして第一諸元素（要素）が産生されたものの最初の原因であると称したのだった。しかし皆が諸元素のすべてに第一原因の名を与えた訳ではなく、それは水だけだと言う者、いや火だと言う者、気である、いや土だと言う者もあった。アリストテレスが言うように、そこで詩人たちが最初に神々ということを言い出し、ひきつづき数々の寓話を語り、さまざまな学派の異なった見解を較べつつ道理づけして、往昔の愚かな民に神々は数多いるのだと信じさせたのだった。そしてそれを時に、すべての神々の父ネプトゥーヌスあるいはオケアノスと呼び、また時に、あらゆる神々の母をヴェスタあるいはサトゥルヌスの妻オプスと称した。これはまた時に、大母とも呼ばれ、彼女をすべてのものの端緒をもつものとしての大地と考えたのだった。アルカディアの人々の見解といえば、万物の生成の主要原因は水であるとしたミレトスのタレス、これを詩人たちはオケアノスとネプトゥーヌスの寓話に包んだのだった。こうして神々は……」

（2）cfr. Aristotele, *Metaph.*, 983b-984a：「ところで、あの最初に哲学した人々のうち、その大部分は、質料《ヒレー》の意味でのそれのみをすべての事物のもとのもの〔原理《アルケー》〕であると考えた。すなわち、すべての存在のそのように存在するのは、それからであり、それらすべてはそれから生成し来り、その終りにはまたそれにまで消滅し行くところのそれ〔そこではその実体《ウーシア》はそのままそれらすべての基に〔基体として〕止まり、ただそれの受動相〔属性・様態《パトス》〕にのみその転化すなわちその生滅変化が現われる〕こうしたそれを、かれらは、すべての存在の構成要素〔元素《ストイケイオン》〕でありもとのもの〔原理〕であると言っている」（出隆訳岩波文庫版上p.32）。

著者はBoccacio, *Gen. deor.*, I, Prohemiumを想起したものか。

（3）cfr. Boccacio, *Gen. deor.*, 15, 8：「（詩人たちが）最初に神々を道理づけたとアリストテレスは証している」«eosque [poetas] primos fuisse theologizantes testatur Aristoteles»；cfr. Agostino, *De civ. Dei*, 18.14：「同じ時期を通じて、「神学者」とも呼ばれた詩人たちが現れたのであった。かれらは神々にかんするうたをつくったからであった。けれども、そのような神々は、偉大な人間ではあったが、やはり人間にすぎなかった。それとも、真実の神がおつくりになったこの世界の諸元素であるか、あるいは、創造者の意志と自分たち自身の功績にしたがって権能と力とのうちに秩序づけられたものかであった。この詩人たちは、そのむなしいつくりごとのうたのなかで、もしかして唯一にして真なる神にかんして何ごとかをうたうことがあったとしても、かれらはいずれにしても、神々ではないところの他のものと共に神を崇めることにより、そして、一なる神にのみ帰せられるべきつとめをそのようなものたちにささげることによって、正しい仕方で神に仕えることをせず、自分たちの神々にふさわしくないところのつくりごとを差し控えることもできなかったのである。――オルペウス、ムサイオス、リノスなどの詩人のことである」（服部英次郎・藤本雄三訳岩波文庫版）; Petrarca, *Fam.*, 10, 4.

（4） Luciano, *De Dea Sy.*, 34.

（5） Macrobio, *Saturn.*, 1.23.10-12.

（6） Macrobio, *Saturn.*, 1.23.10 ; cfr. 1.17.3-4 ; cfr. Girardi, *De Deis Gentium*, Syn. VII, p.344 : «Sed age, Heliopolitani Apollinis simulachrum nostris his nugis eo Macrobio ascribamus : Aureum simulachrum, inquit, specie imberbi, instat dextra elevata cum flagro in aurigae modum, laeva tenet fulmen et spicas».

（7） 特にマクロビウスは『サトゥルナリア』で、異教の神々をさまざまな名によって呼ばれ崇められた唯一の太陽神に還元しようと試みている。

（8） cfr. Ciccrone, *De nat. deor.*, 2.68 : «quia solus».

（9） Alciati, *Emb.*, : «In iuventam : Natus uterque Iovis tener, atque imberbis uterque,/ Quem Latona tulit, quem tulit et Semele,/ Salvete, aeterna simul et florete iuventa,/ Numine sit vestro quae diuturna mihi./ Tu vino curas, tu victu dilue morbos,/ Ut lento accedat fera senecta pede», Andrea Alciati, Emblemata ..., Lione 1614, p.348.（左図）

（10） ＊初版には次の文言がつづいているが、後述されるところと重複と考えられたものか省かれている。「古人たちは彼をたいへん美しい若者の姿とし、さまざまな色の衣装を纏わせ、頭には女神フロラとさほど変わらぬ美しい花冠を載せた。」

（11） Tibullo, *Eleg.*, 4.37-38.

＊初版では二行詩に訳出されている。「ただバッカスとポイボスだけが永遠に／若く、両者とも長く金色の髪をしている。」（二行詩 distico がしばしば三行詩 terzina に訳し直されている。）

（12） cfr. Cicerone, *De nat. deor.*, 3.83.; Valerio Massimo, *Dict. et fact. mem.* 1, ext.1.3 ; Arnobio, *Adv. nat.*, 6.21 ; Lattanzio, *Div. inst.*, 2.4.18.

（13） cfr. Ovid., *Met.*, 2.542-648.

（14） 太陽を auricomus と称したのは Macrobio, *Saturn.*, 1.17.47.

（15） cfr. Lattanzio Placido, *Theb.*, 1.704.

（16） Omero, *Il.*, 4, 2-3. ホメロスはここではネクタルをのみ挙げている。cfr. Giraldi, *De deis gent.*, 10, p.287.20.; Eustazio, *Hom. Il.*, 5.550. ガニュメデスについては 5.231-235 参照。cfr. Conti, *Mythol.*, 9.13.

（17） Livio, *Ab U. cond.*, 36.36.

（18） Pausania, *Perieg.*, 2.13.3-4.

（19） cfr. Macrobio, *Saturn.*, 1.19.15. ＊初版にはこの琴は「七弦」で「惑星天は沢山あるから」とあったものが簡略化されている。

（20） Macrobio, *Somn. Scip.*, 1.19-20. ここで中央というのは、当然ながら七つの惑星軌道の四番目という意味である。Marziano Capella, *De nuptiis*, lib.I, p.19-20, vv.27-29 : «Nam Urania stellantis mundi sphaeram extimam concinit, quae acuto raptabatur sonora tinnitu. Polymnia Saturnium circulum tenuit, Euterpe Iovialem, Erato ingressa Martium modulatur, Melpomene medium, ubi Sol flammanti mundum lumine convenustat. Terpsichore Venereo sociatur auro. Calliope orbem complexa Cyllenium. Clio citimum circulum, hoc est in Luna collocavit hospitium. Quae quidem gravis pulsus modis raucioribus personabat. sola vero, quod vector eius cycnus impatiens oneris atque etiam subvolandi alumna stagna petierat, Thalia derelicta in ipso florentis campi ubere residebat. interea tractus aereos iam Phoebus exierat, cum subito ei vitta crinalis immutatur in radios, laurusque, quam dextera retinebat, in lampadem mundani splendoris accenditur».

ムーサたちを導くアポロンについては、Alberico, *De Deorum imaginibus libellus*, cap.IV を引きつつ次のように記すピクトールをも参照。G. Pictor, *Theo.* p.30 : «... depinxit Albricus : Nunc pueri elegantis instar, corona duodecim praetiosorum lapidum et alis insigniti : nunc juvenis ex ephoebis excedentis : nunc viri ad sordidan caniciem declinantis,in vertice tripodem aureum, in dextra Gratias tres, in sinistra arcum cum sagittis, ab humeris vero cytharam dependentem gestabat, pedibus calcans horribile monstrum tribus capitibus insigne, lupi, leonis, et canis, unico ventre, in unam quoque caudam serpentinam videlicet desinente. Huic praeterea ab uno latere stabat laurus viridis, novem Musarum umbraculum, quibus choream ducentibus Apollo choragus mensuratae saltationis edebat modos. Ab altero vero, corvus desuper volitans, et Python transfossus pingebatur. In curru quidam Phoebum dicunt vehi quatuor equis trahendum, sed Macrobius aliam prorsus effinxit effigiem, quae sequitur».

U. Aldrovandi, *Delle statue antiche che per Roma in diversi luoghi e case si veggono*, in Lucio Mauro, *Antichità della città di Roma*, Venezia 1556, p.119 :「古人たちはアポロンに弓矢を持たせた。なぜならそれは太陽に等しく、大地に矢を放つとはその光線のことであり、土の諸液質をうごかし悪疫を生じさせるので多くのものが死ぬから。また竪琴とともに描き、ムーサたちを側に添えたのは、彼こそが天上の諸他の火の君主(原理)であり調節者であるところの諸天の旋回から生じる諸調《ハルモニア》を含意したものである。」

(21) cfr. Macrobio, *Somn. Scip.*, 2.3.1-3.

(22) Pierio はピエリア地方を謂い、「詩の」、「ムーサたちの」を意味する。

(23) Pausania, *Perieg.*, 9.29.2-6.

(24) cfr. Esiod., *Theog.*, 53-54 ; Giraldi, *De deis gent.*, 7, p.225, 31-45.

(25) ＊初版ではこの具が「それらによってすべての自由学芸が識別されるように」と形容されていたが、七と九の齟齬のためか省略されている。

(26) 当時ヴィルギリウスに帰されていた暗唱用詩篇にもとづいたもの。cfr. *Anthologia Latina*, 1.2, n.664.

(27) cfr. Fulgenzio, *Mythol.* 1.14 ; Boccacio, *Gen. deor.*, 11.1. しかしカルターリにあって、エウテルペとメルポメーネーはかなり異なっている。

(28) cfr. Giraldi, *De deis gent.*, 7, p.225, 25-26 ; Cornuto, *Theol. Gr. comp.*, 14, p.18 Lang.

(29) cfr. Ovidio, *Met.*, 5.300-314 ; 662-678. ピエリスたちつまりピエロスの娘たちがムーサたちに負かされたことから、ムーサたちの呼称ともなったとする説は、Giraldi, *De deis gent.*, 7, p.228, 11-12 参照 (cfr. 前註20)。

(30) 前註20 U. Aldrovandi, o. c., pp.139-40 では二本の羽になっている。

(31) cfr. Giraldi, *De deis gent.*, 7, p.225, 28-29. 羽冠については Suida, *Lex.* M, 1293 Adler を援用したもの。また、ローマに残る二本の羽を頭につけたムーサ像についてはアルドロヴァンディの解説もある (cfr. 前註30)。セイレーンとの競合については Pausania, *Perieg.*, 9.34.3 参照。

(32) ＊前註25参照。そのせいで次行の「先述した」が無用となっているか。

(33) ＊初版ではより天文学的な記述を採っていた。「これについては諸天に関連づけて語ることができる。なぜといってプラトン派の見解によると、一々の天には各々ムーサがおり、時に彼らはそれをセイレン《シレーネ》とも呼んでいる。その甘美な歌は天軌の数々の優しい響きを謂ったものであるから。彼らによるとそれは九つで、それぞれ太陽から力と活力を得て動く。太陽はその力をその上なるものにばかりかその下なるものにも、つまり全世界に与えるから。それゆえ太陽は天の、地の、地下(冥界)の神と呼ばれたのであり、これによって太陽がこれら三界に力を及ぼすことを古人たちはしめしたのである。」

(34) cfr. Macrobio, *Somn. Scip.*, 1, 20, 6-7. ＊しかしこの改訂により、惑

星列の真ん中にあるという原意（前註20）はどうやら意を異とすることになっている。

（35） Servio, *Buc.*, 5, 66.: Girardi, *De deis gent.* 7, p.190, 25-28 は gryphon を clypeum「盾」と読んでいる。cfr. Boccacio, *Gen. deor.*, 5,3.

（36） ＊初版では「グラティアの姿に関してすでに語ったように」となっており、本書の執筆順を示唆していた。ここでは「グラティア」は本書の最後の章に収められており、それにあわせて改訂されている。

（37） cfr. Macrobio, *Saturn.*, 1.17.13-16.

（38） cfr. Ovidio, *Met.*, 1.430-444 ; Boccacio, *Gen. deor.*, 4.20 ; Macrobio, *Saturn.*, 1.17.50-57.

（39） cfr. Macrobio, *Saturn.*, 1.17.36 はこの説をストア派のクレアンテスに帰している。

（40） Cicerone, *De nat. deor.*, 3.37.

（41） Omero, *Il.*, 1.423-424. 含意した、とあるのはホメロスの一節では「ゼウスとその他の神々」と記されているだけだから。カルターリはかえって Macrobio, *Saturn.*, 1.23.1-3 を採っている。

（42） cfr. Macrobio, *Saturn.*, 1.17.40.

（43） cfr. Eliano, *De nat. anim.*, 10.36.

（44） Pausania, *Perieg.*, 10.15.7.

（45） Pausania, *Perieg.*, 2.19.3-4 ; 7.

（46） Marziano, *De nuptiis,* 9.894 ; cfr. Virgilio, *Georg.*, 1.410-423. しかしヴィルギリウスはカラスをアポロンと関連づけてはおらず、また予言能も認めていない。

（47） cfr. Fulgenzio, *Mythol.*, 1.13 ; Boccacio, *Gen. deor.*, 5.3.

（48） Ovidio, *Met.*, 2.534-632. オウィディウスのアポロンとコロニデスの愛のものがたりでは、カラスは愛する女の不実をあらわしており、最後にその饒舌を罰される。カルターリによって引かれているところは *Met.*, 5.329 参照。

（49） cfr. Marziano, *De nuptiis,* 9.894.

（50） cfr. Cicerone, *Tusc.*, 1.73.

（51） この奇妙な説は Ovidio, *Fast.*, 2.109-110 : «Flebilibus numeris veluti canentia dura / traiectus penna tempora cantat olor» の「硬い羽」つまり「狩人の矢」の誤解に由来するものか。この誤解はすでに人文主義者パオロ・マルソやアントニオ・コスタンツィの『祭暦《ファスティ》』註解にもみられる。cfr. Ovidio, *Fastorum libri ... commentatoribus A. Constantio ...* P. Marso, Toscolano Moderno 1527, c.56r.

（52） Pausania, *Perieg.*, 5.25.9.

（53） Omero, *Od.*, 15.525-527.

（54） cfr. Eusebio, *Praep. Ev.*, 3, 12, 2.

（55） Diodoro, *Bibl. hist.*, 1.89.

（56） Porfirio, *De abst.*, 4.9.

（57） Eusebio, *Praep. Ev.*, 3.12.2

（58） Giamblico, *De myst. Aegypt.*, 7, 2.

（59） Marziano, *De nuptiis,* 2.183-184.

（60） Eusebio, *Praep. Ev.*, 3.4.13 ; Eliano, *De nat. anim.* 10.15 ; Suida, *Lex.* K, 310 Adler.

（61） Ovidio, *Met.*, 1.453-567.

（62） cfr. Tibullo, *Eleg.*, 2.5.81-83.

（63） cfr. Fulgenzio, *Mythol.*, 1.14.

（64） cfr. Plinio, *Nat. hist.*, 16.208.

（65） cfr. Plinio, *Nat. hist.*, 15.135.

（66） Ovidio, *Fast.*, 3, 135-140 ではこれはローマ古暦の最初の月三月の朔日のこととされている。カルターリのこの節はかえって、Celio Rodigino, *Lectionum antiquarum libri XXX ...*, Basilea 1542, 5.7.7 に拠っているように見える。

（67） cfr. Plutarco, *De Is. et Os.*, 51 ; Macrobio, *Saturn.*, 1.21.12.

（68） Omero, *Il.*, 3.277 ; *Od.*, 11.109.

（69） Giraldi, *De deis gent.* 7, p.190, 52 : ‹tetraton akoue› ; これは Erasmo, *Adagiorum opus*, 1.3.8 から採られたもの。

（70） Apuleio, *Met.*, 2.22.

（71） これはヘロドトスではなく、Erodiano, *Ab exc. divi Marci*, 5, 3, 4-5 による。cfr. G. Du Choul, *Della religione antica de' Romani*, Lione 1559, p.166 ; Lione 1569, p.195.

（72） Pausania, *Perieg.*, 1.44.2.

（73） Alexander, *Genial. dier.*, 4.12. カルターリはこれを Alexandri ab Alexandro Iurisperiti Neapolitani *Genialium dierum libri sex*, Colonia 1551 から採ったのかもしれないが、これにはさまざまな刊本がある。

（74） Lattanzio, *Theb.*, 1.719-720. ミトラ神に関する部分。

（75） 同上参照。これは単なる冠《ティアラ》であるが、カルターリは女性の被り物と解している。

（76） cfr. Suida, *Lex.* M, 1045 Adler. : Giraldi, *De deis gent.*, 7, pp.201-202.

（77） Pausania, *Perieg.*, 7.20.3-5.

（78） ＊Pietra : 初版では Patra であったので、これに準じた。

（79） Omero, *Il.*, 21, 446-449.

（80） Pausania, *Perieg.*, 10.16.6.

（81） Plutarco, *Thes.*, 25.3.

（82） Plutarco, *De Is. et Os.*, 12-20. ; cfr. Firmico Materno, *De err. prof. relig.*, 2.2

（83） ＊『牝牛の書』の蜂《アペ》を牝牛の臓物からつくるはなしを思い出させる。

（84） Plinio, *Nat. hist.*, 8.184.

（85） Erodoto, *Hist.*, 3.28. そこで蜂はまさに「モスコス ‹moskos›（牡牛）」とされている。

（86） cfr. Diodoro, *Bibl. hist.*, 1.85.

（87） Plinio, *Nat. hist.*, 8.185.

（88） Erodoto, *Hist.*, 3.27-29.

（89） cfr. Agostino, *De civ. Dei*, 18.5. アウグスティヌスは名指すことなく沈黙の神の偶像について語っている。これにハルポクラテスの名を宛てているのは Giraldi, *De deis gent.*, 6, p.173, 6. ちなみにカルターリはアピスに関する知見をすべてジラルディから汲んでいるように見える（id., pp.172-173）。

（90） Giuseppe Flavio, *Contra Ap.*, 1.254. 後出の「犬頭のメルクリウス」、つまり神―ジャッカルとしてのアヌビス（[IX]章［アヌビス］項など）を参照。

（91） 出典は Aristotele, *Oecon.*, 1352 であって *Politica* ではない。

（92） cfr. Macrobio, *Saturn.*, 1.17.43 はアポロンの Nomio について語っている。

（93） Erodoto, *Hist.*, 3.17-18.

（94） Luciano, *De Dea Sy.*, 34.

（95） Macrobio, *Saturn.*, 1, 17, 66-70 : «66 Hieropolitani praeterea, qui sunt gentis Assyriorum, omnes solis effectus atque virtutes ad unius simulachri barbati speciem redigunt, eumque Apollinem appellant. 67 Huius facies prolixa in acutum barba figurata est, eminente super caput calatho: simulachrum thorace munitum est, dextera erectam tenet hastam superstante Victoriae parvulo signo, sinistra floris porrigit speciem, summisque ab humeris Gorgoneum velamentum redimitum anguibus tegit scapulas. Aquilae propter exprimunt instar volatus: ante pedes imago feminea est, cuius dextera laevaque sunt signa feminarum: ea cingit flexuoso volumine draco. 68 Radios in terram superne iaci barba demissa significat: calathus aureus surgens in altum monstrat aetheris summam, unde solis creditur esse substantia: hastae atque loricae argumento imago adiungitur Martis, quem eundem ac solem esse procedens sermo patefaciet: Victoria testatur cuncta submitti huius sideris potestati: floris species florem rerum protestatur quas hic deus inseminat progenerat fovet nutrit maturatque.

69 Species feminea terrae imago est, quam sol desuper inlustrat: signa duo aeque feminea quibus ambitur hylen naturanque significant confamulantes: et draconis effigies flexuosum iter sideris monstrat: aquilae propter altissiman velocitatem volatus altitudinem solis ostendunt. 70 Addita est Gorgonea vestis, quod Minerva, quam huius praesidem accepimus, solis virtus sit: sicut et Porphyrius testatur Minervam esse virtutem solis quae humanis mentibus prudentiam subministrat. Nam ideam haec dea Iovis capite prognata memoratur, id est de summa aetheris parte edita, unde origo solis est».

（96）Macrobio, *Saturn.*, 1.23.17-20.

（97）Pausania, *Perieg.*, 3.19.12.

（98）＊初版には「金属製の」像とあったが、ここでは素材が削除されている。

（99）Suida, *Lex.* Δ, 110 Adler.

（100）Macrobio, *Saturn.*, 1.21.14-15.

（101）Macrobio, *Saturn.*, 1.19.10.

（102）cfr. Rufino, *Hist. eccl.* 2.23：セラピスの頭に置かれたcalathusについてはマクロビウス『サトゥルナリア』1.20.13にも記述がある。

（103）Suida, *Lex.* Σ, 117 Adler.

（104）Macrobio, *Saturn.*, 1.20.13-15. ＊初版では［I］章にある。同章の［サトゥルヌスの姿］項参照。

（105）cfr. Rufino, *Hist. eccl.* 2.23.

（106）Plinio, *Nat. hist.*, 36.58. この彫像は玄武岩でできていた。

（107）Marziano, *De nuptiis*, 1.16-18

（108）アポロンはキュクロプスたちが、ゼウスが息子のアスクレピウスを殺すために用いた雷光をつくったことを罰するために皆殺しにした。cfr. Euripide, *Alc.* 3-6；Apollodoro, *Bibl.* 3.10.4：「そこでこれに怒ってアポローンはゼウスのために雷霆を造ったキュクロープスらを殺した」（高津春繁訳岩波文庫版）；Igino, *Fab.* 49；ただしカルターリの解釈はConti, *Mythol.* 9.8に則っている。

（109）Pausania, *Perieg.*, 7.24.7-8.

（110）Solino, *Collect. rer. mem.* 7.10.

（111）Pausania, *Perieg.*, 2.27.2.

（112）Festo, *De sign. verb.*, p.98 Lindsay.

（113）＊初版にはアピアヌスの書の代わりに次のような記述が嵌入されていた。「［骨董のうちに］現在マルカ・アンコニータと称されるピチェーニの町にエスクラピウスの大理石像があったと言う記録が残っている。これは……」cfr. Pietro Apiano, *Inscriptiones sacrosanctae vetustatis, non illae quidem Romanae, sed totius orbis…*, Ingolstadt 1534, tav. 156.（左図）

（114）＊in foggia di camiscia：版画家たちのようにこれを「布製の頭巾」と解すべきか。

（115）cfr. Festo, *De sign. verb.*, p.98 Lindsay では慎重さは〈龍〉によってあ

らわされている。

(116) Plato, *Phaedo*, 118a. ソクラテスが死にあたり語ったことばは、この世の生から出ることは哲学者にとっては病から癒されることである、と解釈されている。

(117) Pausania, *Perieg*., 2.13. 5.

(118) Pausania, *Perieg*., 2.10.3.

(119) Valerio Massimo, *Dict. et fact. mem*., 1.8.2.

(120) ＊以下の説話は初版にはなく、簡潔にその神像の記述がおかれている。「エスクラピウスの神像にいつも蛇が添えられているのはこれによるのであり、時としてその枝杖に巻きつけられてもいる」。

(121) ここに挙げられるさまざまなエスクラピウス像の描写をカルターリは Giraldi, *De deis gent*., 7, p.219, 37-50 から引いている。＊初版では以下の加筆部分の代わりに「すでに大部分『フラヴィオ』で述べたのでここでは省く」という記述があった。

(122) Igino, *Astronomica*, 2.14.4.

(123) Pausania, *Perieg*., 2.11.8. エスクラピウスに捧げられた蛇の温和さについては Eliano, *De nat. anim*., 8.12 参照。

(124) Pausania, *Perieg*., 2.10.3. パウサニアスはこの女神像を〈アリストダーマ〉と呼んでいる。

(125) Pausania, *Perieg*., 9.39.2-14.

(126) Cicero, *De nat. deor*., 3.56.

(127) Macrobio, *Saturn*., 1.20.2.

(128) cfr. Giraldi, *De deis gent*., 1, p.36, 51-52. ジラルディはこの典拠を示していない。

(129) 五芒星の図も Giraldi, *De deis gent*., 1, pp.36, 51-3713 : «Hygeiae vero simulacrum apud Sicyonios describit Pausan. vix videri potuisse, ad quod mulieres capillos dicabant, & in eius honore eos sibi resecabant: verum de Hygeria & sororibus in esclapio agam. Porro & Salutis augurium apud Romanos celebrabatur, quod intermissum, Augustum renouasse legimus. De hoc Salutis augurio M. Cicero, Suetonius, Cornerius Tacitus, Festus, & Dion lib. Histor. 38. & Liu. Porro & Antiochus, qui cognominatus est Soter, cum aduersus Galatas pugnaret, nec satis pro voto res succederet, esset que in discrimine, vel vidit, vel vidisse simulauit, per quietem, vt militum animos spe erigeret, Alexandrum Magnum illum, qui moneret vt Sanitatis symbolum proponeret, idque pro tessara tribunis daret, eorumque vestibus insueret: ea re fore, vt victoria potiretur. Vnde & huius rei signum in veteribus Antiochi nomismatibus adhuc cernitur. Est autem triangulus triplex, invicem insertus, ex lineis quinque constant, in quibus [hygieia] inscribitur. Huius figurae & Lucian. meminit in eo libello, vbi agit de eo qui lapsus erat in verbo inter salutandum. Haec autem talis est figura. Graece vero haec figura, seu schema, ‹pentagonou› dicitur, qua voce & nostri vtuntur. Sed & Auxilium deum etiam legimus, quin ipsum Plautus inducit in Cistell. prologo». に拠る。この五芒星の図をジラルディは Luciano, *De lapsu in salut*., 5-9 に遡るものとしている。ジラルディは SALVS の文字を図の内側に記しているが、カルターリはそれを外に記している。いずれにせよ YTEIA というギリシャ語表記は正確でない（ジラルディでは YTIEIA）。

cfr. Valeriano, *Hierog*., lib.47, cap.31 De pentalpha : 「ペンタルファつまり五つのアルファについて・救い《ソーテール》のと渾名されたアンティオコスから後、古のシリアの王たちはアンティオコスたちと呼ばれた。ガラテア人たちと戦いを交えねばならなくなった折、アレクサンドロス大帝は‹hygaieo› つまり健全にあるという意味のしるしを兵士たちに身につけさせるよう夢告を受けたもののようである。これがその時に得られた聖なる形象と称されるもので、三重に絡まった三角形のことである。等しい五本の線が交互に一点で接している。これを彼は躊躇なくつくり、ペンタクラムとして五つの文字を大文字で書き添えて、兵士たちの衣服に縫い付けてガラテア人たちに対し驚くべき勝利をおさめたのだった。この事跡を永遠に記念したアンティオコスの銀の貨幣があるが、そこにはこのしるしが刻まれ、図示したように角と角の空隙にΥΓΕΙΑの文字が配されている」«Antiochum ferunt cognomento Soterem, antiquum illum a quo reliqui Syriae Reges Antiochi mox dicti, cum aduersus Galatas acie decertaturus esset, per nocturnam imaginem videre visum adstitisse sibi Alexandrum, qui mandaret, vt militibus tesseram daret ‹hygiainein›, cuius dicti hieroglyphicum olim iam adinuentum erat triplex triangulus inter se complicitus, ex quinque paribus lineis sese inuicem in puncto contingentibus: quo non cunctanter a se facto, pentagrammoque huiusmodi tum in vexillis imposito, tum & singulis, &reliquis militaribus indumentis superaddito assutoque, admirabilem mox est a Galatis victoriam consecutus. Antiochi porro numus argenteus passim habetur, istius rei memoria sempiterna, in quo nota ea impressa est, additis singulis per angulorum interualla literis ΥΓΕΙΑ in eum quem hic fides modum».

(130) Pausania, *Perieg.*, 2.11.6.

(131) Strabone, *Geogr.*, 13.1.48.

(132) cfr. Giraldi, *De dies gent.*, 7, pp.202.54-203.4.

(133) Plinio, *Nat. hist.*, 34.70 : Apollo Sauroctono.

(134) Strabone, *Geogr.*, 13.1.48.

(135) Eliano, *De nat. anim.*, 12.5.

(136) Pausania, *Perieg.*, 10.11.5.

(137) Pausania, *Perieg.*, 10.8.4.

(138) Alessandri, *Genial. dier.*, 2.1.

(139) Ovid., *Met.*, 2.153-154.

(140) Marziale, *Epigr.* 8.21.7 : «Xanthus et Aethon», cfr. Giraldi, *De deis gent.*, 7, p.217, 4-5.

(141) ＊初版では駿馬たちのギリシャ名は次のような理由で省かれている。「しかしわたしたちのもとではギリシャ語の音は美しく響かぬばかりか、俗語に訳してみてもまったく優美さに欠けるので、ここでは触れない。それが太陽のさまざまな性質をあらわすものであること、それゆえ太陽の山車に繋がれたのであったことを知れば十分である。」

(142) カルターリは全面的にBoccacio, *Gen. deor.*, 4.3に拠っているようにみえる。Marziano, *De nuptiis*, 1.76-77下註145参照。

(143) ＊初版ではオウィディウスの原詩俗語訳が添えられている。「この山車をオウィディウスは次のように描写している。／車軸は金、舵棒も金／車輪の輪も金、そしてその／輻《や》は銀、その造作は驚くべく美しかった。／豪華な軛には／天の星のように／真珠を鏤め、そこに紅玉／かんらん石、ヒアキントが煌いていた。」

(144) Ovidio, *Met.*, 2.107-110.

(145) Marziano, *De nuptiis*, 1.73-77 : «post hos candida cum sorore Sol auratus expetitur. qui mox ut coepit ingressui propinquare, purpurae rutilantis puniceus quidam fulgor antevenit et rosulenti splendoris gratia totam aulae ipsius curiam obstupefactis ceteris ornatibus luminavit. ast ubi primos honorati capitis radios ingressurus immisit, ipse etiam Iuppiter paululum retrogressus sub immensi nitoris numine caligavit ; sphaerae vero orbesque, quos dextera substinebat, veluti speculo cognati luminis refulsere. Iuno autem diversi coloris illustris ornatibus ac varia (velut speculo cognato) gemmarum luce resplendens candentibus serenis enituit. erat illi in circulum ducta fulgens corona, quae duodecim flammis ignitorum lapidum fulgorabat. quippe tres fuerant a fronte gemmae Lychnis, Astrites et Ceraunos, quae eius effigiem reverendam a cognitione conspiecientium vibrantes radiorum fulgoribus occulebant ; quarum alia Cancri cerebro, Leonis oculis altera, Geminorum fronte assumpta tertia dicebatur. aliae sex ex utroque latere rutilabant, quarum Smaragdos una, Scythis altera, Iaspis tertia vocabatur, inter quarum virorem (feta mari lumina!) coruscatus fronti quaedam interior suavitas resplendebat. Hyacintho Dendrites

etiam Heliotropios utrimque compacti. qui lapides coloribus suis terras ratis temporum vicibus herbidabant, quos ei ad obsequium numinis recurrentes Ver dicebatur et Autumnus munere contulisse. posterior autem pars coronae Hydatide, Adamante et Crystallo lapidibus alligabatur ; hos enim Hiemps undosa genuerat. Ipsius vero divi auro tinctam caesariem comasque crederes bratteatas. facie autem mox ingressus est pueri renidentis, in incessu medio iuvenis anheli, in fine senis apparebat occidui, licet duodecim nonnullis formas convertere crederetur. corpus autem eius flammeum totum, pennata vestigia, pallium coccineum, sed auro plurimo rutilatum. sinistra autem manu clipeum coruscantem, dextera ardentem facem praeferebat, calcei autem similis ex pyropo».

(146) licnite：光の石。インド産の紫色の石。「光の輝き」はギリシャ語で‹lychnos›と言い、この石の名もこれに由来する。

(147) astrite：星の石。純白の中空の石で中に「星」と称される小石を包み込んでいるもの。

(148) cerauno：雷光の石。黄褐色(fulva)の石。雷がよく落ちる場所で見つかるもの。雷はギリシャ語で‹ceraunium›。[V]章註28参照。

(149) smeraldo：緑の宝石。緑葉は「苦い」ものであるところにこの名は由来するという。最良のものはインド産で、牡牛(座)のもとに産するもの。これは五月に大地に花々が咲き乱れるところから謂われたもの。

(150) sciti scizia も緑の石で、スキタイに産するところからこの名がある。牡羊(座)に配当されるのは、太陽が牡羊座にあるこの時期、草が緑に芽吹くから。[V]章註27参照。

(151) diaspro iaspis：これも緑の石だが、艶消しの緑であり輝かない。これにはさまざまな種類があるが、fulvo(雷石で黄褐色と訳したところを参照)もその一種。これは悪鬼《ダイモーン》や亡霊たちを追い払うとも言われた。イアスピスという名は「蛇コブラ」に由来するもので、この石はその頭の中から採れると称された。この石もまたその春の緑色から魚座に配当される。

(152) giacinto：これはすばらしい青石。さまざまな種類があるが、その名は「深み」を意味する。乳濁したものもアクア・マリンのような透明なものもあり、緋紫の光を返す。その靄のかかったようなところから蠍座に配当される。[V]章註29参照。

(153) dendrite：樹木から産する石あるいは琥珀。ギリシャ語で‹dendros›は樹木の意。また枝は‹rabdos›。この石は天秤座に配当されるが、これは太陽がこの星座に入ると植物が最大に果汁を滴らせるから。

(154) elitropia eliotropio：これは血色の石理をもつ緑色の石。銀盆に水を溜め、そこに置くと太陽光線は暗血色となる。また同名の草と混ぜ、呪文を唱えると、他人から見えなくなるという。最良種はインドあるいはリビア(つまりアフリカ)に産する。太陽の光度によって色を変えるすばらしい石で、太陽が乙女座を通る時の輝きに較べ、この星座に配当される。

(155) idatide yatides つまりアクア・マリンはギリシャ語の水に由来するenidros と同一とされる黄緑の丸みを帯びた石。その内側に別の石を包摂しており、乾いた音がするという。この音は内側に包み込まれた石のたてる音ではなく、霊の仕業だと言う者もある。これは雨の多い時期にあたる水瓶座に配当される。

(156) diamante：ハシバミの実に似た(古人たちはその堅さをこう擬えた)石。これは実に堅く、牡山羊の血をもってするのでなければそれが割れることはない、とされ厳冬にあたる山羊座に配当された。

(157) cristallo：クリスタルは水が固まってできた石の謂い。ギリシャ語では氷を‹cristallon›と称す。これが射手座に配されたのは、太陽がこの星座に入る時期、氷が張りはじめるからという。

(158) Eusebio, *Praep. Ev.*, 3.12.1.

(159) Claudiano, *De raptu Pros.*, 2.44-54.

(160) Giano Parrasio の註釈はたとえば Claudiano, *De raptu Prosperinae omni cura ac diligentia nuper impressus ... opus me Hercle aureum ac omnibus expertendum*, s.n.t., c.24r (*De raptu Pros.*, 2.53) に読むことができる。

(161) Igino, *Astron.*, 4.8.1 ; 1.5.

(162) ヒュグニスはこの点に関してはなにも明示していない。これに類したものを探るなら、Pierio Valeriano, *Hierogl.*, 3, Taurus はこれをエトルリア人にではなくエジプト人に帰しているのが見つかる。

(163) Pausania, *Perieg.*, 1.3.4. ここでパウサニアスは、これをアウロラでなくヘメラとしている。cfr. Esiod, *Theog.*, 121.10-122.6. ここではエオス。

(164) ホメロスによる添え名はそれぞれ ‹euplokamos› (*Od.*, 5.390 ; 10.144), ‹chryusothronos› (*Od.*, 10.541 ; 14.502 etc.), ‹krokopeplos› (*Il.*, 8.1 ; 19.1 etc.)。カルターリは頻出する特徴的な語 ‹rodaktyos› を用いていない。

(165) cfr. *Poetae Latini minores*, 4, p.135 Baehrens. ヴィルギリウスのこの詩編は Giraldi, *De deis gent.*, 7, p.224, 16 にも引かれている。

(166) Ovidio, *Met.*, 2.112-114.

(167) Giraldi, *De deis gent.*, 7, p.223, 29-33. これは Tzetze, *Lycophr. Alex.*, 16-17 を用いたものと思われる。

(168) cfr. Ovidio, *Met.*, 5.256-263.

(169) Caballino : ボイオティアのヘリコン山のヒッポクレネーの泉。cfr. Persio, *Chol.*, 1.

(170) Omero, *Od.*, 23.241-246. ラムポス ‹Lampos›（光）とパエトン ‹Phaethon›（輝かしきもの）。

Et in somma la descriue ogn'vno come più gli piace, mostrando pure
re quel colore tra giallo, & rosso, che spargono per l'aria i primi raggi
ole.

DIANA.

Omandarono gli Antichi Diana la Dea della caccia, e dissero che le erano
raccomandate le selue, & i boschi, perche ella quiui si essercitaua souente
caccie, fuggendo la conuersatione de gli huomini, per meglio guardare la
nità. Et perciò fù fatta in habito di Ninfa tutta succinta con l'arco in ma-   Imagine
& con la faretra piena di quadrella al fianco, come la descriue Claudiano,   di Diana.
le dissegnato che hà Pallade così dice di lei.   Claudia-

[III]

ディアーナ

le dauano in compagnia alcune poche vergiuelle, le quali sono par-   paghi
te descritte da Claudiano in questa guisa.   di Diana.

raccia han nude, e gli homeri, da i   Le faticose caccie, e di sudore
quali   Bagnan talhor le colorite guancie,
ndon faretre di saette piene: Da le quali a fatica si conosce.
man di lieui dardi sono armate,   S'elle sian Verginelle arduve, e vaghe,
non hanno ornamento alcuno in-   O pur feroci giouani le chiome
torno   Sono annodate senza ordine e sciolte,
tto con arte, nè però men belle   Rittengon di sottil vesti duo cinti,
ppa on, mentre che van seguitando   Sì, che van sol fin sotto le ginocchia.

t il medesimo Claudiano dice, che l'arco di Diana è di corno, contro quello
e scrisse Ouidio, ilquale lo fà dorato, & di corno quello delle Ninfe, dicendo
ringa, che tanto era bella che poteua essere creduta Diana, se stato non fos-
he questa ha l'arco d'oro, & ella l'haueua di corno. Così hanno finto le
le, perche come sotto il nome di Apollo fu adorato il Sole, così fù ado-
la Luna sotto il nome di costei chiamata Diana, quasi Deuiana; perche
una deuia nel Cielo dal dritto sentiero della Ecclitica, che tiene sempre il
, non altrimenti che vadano i cacciatori souente per deuie strade seguitan-
fere; delle quali altra non fù più grata a questa Dea de i Cerui; come si vi-
quando per hauere Agamennone ammazzato vn Ceruo, ella si sdegnò sì
mente contra i Greci, & fece loro tanto di male in Aulide; che fù delibe-
di placarla col sangue di colui, che l'haueua offesa, sacrificandole Ifigenia
figliuola; & era il sacrificio in punto quando Diana mossa a pietà della gio-
, la fece subito sparire rimettendo vna Cerua in suo luogo, con la quale fece-   Sacrificij
Greci l'ordinato sacrificio, & placarono la Dea. Et Ifigenia portata nella   di sangue
D 4   humano
         taurica

ディアーナの姿／ディアーナの供連れたち／ディアーナの像／ディアーナの山車／月の馬たち／月の山車の騾馬／月の山車の子牛たち／出産を助ける月《ルナ》／ルキーナの像／ディアーナが手にする松明／三頭のディアーナ／ヘカテ／大供犠《ヘカトンベ》／生贄の偽装／手に接吻すること／三頭のヘカテ／イシス／ナトゥーラ／ナトゥーラのハゲタカ／エンデュミオン／シストラム

Tav. 15
[豹と獅子をもつディアーナ／鹿を伴うディアーナ／出産の女神ルキーナ]
▶ p.144-145/139-141/142

Tav. 16

［三頭のヘカテ／エジプトの月神］

▶ p.146-147/149-150

Tav. 17

［イシス女神二態］

▶ p.150-151/154-155

［ディアーナの姿］【古人たちは、[1]狩りの女神ディアーナを想像して彼女に林や森を託した。いつも彼女はそこで狩りをなし、人々の噂から逃れるとともにそこで処女を守ったから。[2]】それゆえ彼女はニンフの簡素な衣装を纏い、手に弓をもち、矢をいっぱい納めた箙を脇に下げた様子で造りなされた。クラウディアヌスはパリスが語るところで、彼女を次のように描写している。[3]

残酷というよりも、ディアーナは
淑やかで美しかった。その目と頬には
ポイボスの輝きが映し出され、裸の姿を
見ることなくしてはその性別も知られない。
剥き出しの腕は天の輝きに
照り映え、その肩から胸へと散り
戯れごとを言いつつ髪を梳かす。
緩められた弓と矢を背に
垂らし、しっかり締めた二本の帯が
細かい襞のある薄い衣装の
裾をちょうど膝下に揺らしている。

［ディアーナの供連れたち］【彼女には幾人かの処女が供連れとされた。クラウディアヌスはこれらについても次のように記している。[4]】

腕は剥き出しで、その上腕部からは
矢をいっぱいに詰めた箙が垂れて。
手には軽い矢を番え、
身のまわりにはなんの飾りもなしに
巧みに、実に美しく造作されている。
骨の折れる狩りに従い行きつつ
血色のよい頬に汗を滴らせて、
そんなところからは彼女が大胆で可愛い
処女であることを見分けることは難しい。
おお　酷薄な乙女たち。その髪は

森と狩りの女神ディアーナの姿。これは女狩人たちを供連れにした月（ルナ）であるとともに、差恥と締結の女神にしてこれを犯す者たちの懲罰者ともみなされる。

　調えられることもなく縺れ、解けて。
　二本の帯をした薄い衣装は
　やっと膝の下にとどくほど。

またクラウディアヌスは、オウィディウスが記すところに反してディアーナの弓が角でできていると言う(5)。オウィディウスはそれが金塗りで、ニンフたちの弓のほうが角製であるとし、シュリンクスはあまりにも美しい乙女を見てそれが金の弓ならず角の弓をもっていたのでなかったら、まさにディアーナと信じ込むところだった、と語っている(6)。【寓話の数々においては、アポロンの名のもとに太陽が崇められたように、ディアーナという女神の名のもとに月《ルナ》が崇められることとなった。その名はあたかもデヴィアーナとでも言うかのようである。なぜといって月は太陽が常に保つ天空の黄道という経路を逸《デヴィア》れるが、それは狩人が獣を追いつつよく道を逸《デヴィア》れるのにも似ているから(7)。彼らにとってはこの鹿たちの女神ほどありがたいものはなかった。】アガメムノンが牡鹿を一頭殺した時、この女神はたいそうこれを憎み、【アウリスで】ギリシャ人たちを随分と困らせたことがあった。【それを宥めるためには、冒瀆した者の血をもって、つまり娘のイフィゲネイアをこの女神に生贄に捧げるより他なかった。ところがまさに娘が生贄に捧げられようとする時、ディアーナはこの若い乙女に慈悲をかけ、代わりに牝鹿を生贄として、娘を隠した。こうしてギリシャ人たちは命ぜられた生贄を果たし、女神は宥められた。[8] 一方、イフィゲネイアはタウロスの地に運ばれ、そこでディアーナの女祭司となり、その地で異邦人たちを生贄に捧げた。その多くはギリシャ人であった。彼女は祈りを唱えたあと、彼らの頭を斧で断ち、そのからだは往昔この女神の神殿があった高い絶壁から海へと投げ捨てられ、頭はその柱に括りつけられた。[9] イフィゲネイアがこの暗鬱な生贄を執り行っているうち、母殺しの罪を雪ぐためコルキスに行っていた弟のオレステスが、たまたまそこへやって来た。彼女はそれが弟であることを知ると他の者たちのように生贄に捧げることを欲しなかったが、どうしても土地の者たちがそんなことを許すはずもないと看て、女神の像を簾巻きにして抱えると弟とともに逃亡した。そこからこの女神像は後、巻かれたディアーナ《ディアーナ・ファッシェリーナ》と呼ばれることとなったのだが、それはアリキア《アリッチャ》にもたらされた。この地はローマから十マイルにあたり、ここでも同様に残忍な人身供犠が捧げられつづけた。下僕たちが生贄とされるだけであったとはいえ、ローマ人たちはこれがあまりにも残酷であるとして、この女神が供犠とともにラケダイモン人たちのもとへと移るのを見過ごしにした。そして彼らはこの供犠の次第を次のように改めることとなった。御籤によって幾人かの町の若者を選び、彼らの柔らかで繊細なからだを女神の祭壇上で酷く血が流れ出るまで撃つ。彼らはそれに恨み言をいうこともなく、かえってこの厳しい打擲に誰が一番男らしく耐えることができるかを競ってみせるのだった。[10] ここに女祭司は腕に女神の像を抱いて祭壇の周りを廻る。パウサニアスが記すところによれば、[11] どうやら若者たちを打擲する役を務めた者が、誰かが他の者より美しいとか高貴であるからといって手加減すると、女神の像はかなり小さく軽いものであったのに、女祭司が捧持できぬほどにまで重くなり、女祭司は、打擲者のせいでもはや神像の重さに耐えられぬ、と叫ぶのだった。いずれにせよ、この神像はそれがもち出された折に巻きつけられた簾で包まれておらねばならなかったという。

　このように残酷な犠牲は処女にして愛らしい女神ディアーナにふさわしいものには見えぬにしても、古人たちのうちにはこの女神がその祭壇上に人の血が流されるのをみるのを歓ぶと信じる者があったのであり、これまたパウサニアスの録すところによれば、[12] アカイアの町パトラでも、女祭司のひとりからあまりにも蔑されたことに対する女神の怒りを鎮めるため、町で最も美しい若者と乙女が毎年生贄にされたという。この女祭司は何度も愛する若者とともに女神の神殿のうちで交わり、その後両者とも悲惨な最期を遂げたが、町には飢饉と悪疫が襲いかかった。それを癒したのが、先述したところの残酷な生贄であったという訳である。

しかしかくも忌まわしい生贄が捧げられたのは、他の多くの神々にこれまた人身御供がなされたように、おそらく諸国でそうした残酷な実修が好まれたからだった。ディアーナがそれを歓ばなかったことは、この女神がイフィゲネイアの代わりに牝鹿を置いたところからも十分窺えるし、またある時期、牝鹿をディアーナに生贄として捧げようとする風習がローマ人たちのもとにも観られるが、やはり彼らもすべてのディアーナ神殿に鹿の角を吊したのだった。ただ一つの例外はアヴェンティーノの丘の神殿で、そこではこれに代えて牡牛の角が懸けられた。その理由は次のように伝えられている。サビーニ人たちのもと、高名なアントロニウスのもとに一頭のたいへん美しい牡牛あるいは牝牛が生まれた。占術師たちは、それをアヴェンティーノの丘のディアーナ神殿に生贄として捧げる者はイタリアの帝国を自らの郷土として得るであろう、と占った。これを歓んだアントロニウスはこの牡牛を大いなる生贄となすため、これをローマへと曳いていった。しかし彼の下僕から密かにこれを聞きだしたディアーナの祭司は、アントロニウスにテブロ《テヴェレ川》で禊するように命じた。さもなければ女神にふさわしい生贄を捧げることはできない、と言って。そこで彼は身を清め、牡牛を生贄に捧げ、その角をこの神殿の扉に懸けた。そして彼はローマ人であったので、ローマでイタリアの帝国支配を獲得することとなり、その後、ディアーナの神殿のうちただ一つ、アヴェンティーノの丘の神殿には牡牛の角を懸けるという風習ができたという。[13] これはディアーナを月神《ルナ》と看るなら、この動物がまったくこの女神にふさわしいものであったところからできた風習であったかもしれない。これについては後述するが、ここでは鹿に戻ることとしよう。鹿はディアーナを喜ばせるものと信じられ、古人たちはしばしばその神像に鹿革を纏わせた、とは】パウサニアスの記すところ[14]である。

[ディアーナの像]アルカディアには鹿革の衣を纏ったこの女神の像があった。その肩からは矢で一杯の箙を垂らし、一方の手に灯した松明、他方に二匹の蛇をもっていた。そしてその傍らには一匹の狩猟犬が配されていた。【またパウサニアスが言うところによると[15]、アカイアのある土地では黄金と象牙で狩人の姿に造りなしたディアーナの神像に厳粛に生贄が捧げられたが、それが捧げられる前日すばらしく豪壮な大行列が行われたという。行列の最後にはこの女神に仕える処女の女祭司が二頭の鹿に曳かれる美しい山車に

乗って従った。

[ディアーナの山車] 詩人たちもまた、】純白の鹿たちに曳かれる山車をディアーナに与えたが、それをクラウディアヌスは次のように謳っている。[16]

高き山々で狩りをなしてきた
女神が早駆けの山車で降る、
【白鹿たちに曳かれて、海へと。[17]

ディアーナが足の早い動物たちに曳かれた山車に乗せられたのは、月《ルナ》がわずかな時のうちに、おおよそ二十九日と十二時間のうちにその周回をなしてみせるからであると言う。その上にある諸天球の旋転のしるしとして、他の神々にもまたそれぞれ山車が与えられた。[18]】

[月の馬たち] そこからプロペルティウスは月《ルナ》の山車をも馬たちに曳かせて次のように言う。[19]

眠い目にも歩みをとめず
眠気にもかかわらず、馬たちとともに
月《ルナ》は天の半ばを赤く染めた。

そのうちの一頭は黒く、もう一頭は白かった、とボッカチオは言う。[20] なぜなら、月は夜にあらわれるばかりでなく、昼間に見られることもあるから、と。

[月の山車の騾馬] フェストゥス・ポンペイウスは、[21] 一頭の騾馬が月《ルナ》の山車を曳いていたと記し、それは月の冷なる本性からしてそれだけでは石胎であり、騾馬も産むことはないからである、とその理由を述べている。あるいは古人たちは、月がそれ自体光る訳ではなく太陽の力を借りてその光を反射するように、騾馬も自らその種族を産むことなく他の動物つまり驢馬と牝馬とから生まれる、ということを言おうとしたのでもあったろうか。【パウサニアスはギリシャのエレオン《ヘラス》人たちのもとにあったオリンポスのユピテル《ゼウス》神殿に存した壮大な像の数々について語るところで、[22] そこには一体のディアーナ像もあり、彼には女神が一頭の馬を駆っているように見えたと記している。もちろん付言して、それは馬たちにではなく騾馬たちに曳かれているのだという者たちがあったと録してはいるのであるが、それも虚しい寓話によったものであると記す以上のことはしていない。

[月の山車の子牛たち] プルデンティウスはシュンマコスを駁して、[23] 古代ローマ人たちは月《ルナ》に一頭の石胎の牝牛を生贄に捧げ、これまた石胎の二頭の牝牛がその山車を曳いていた、と記している。それればかりか】ケレスが見失った娘を探す

ためモンジベッロで刈った松に火をつけるところで次のように言うクラウディアヌス[24]のように、月の山車に子牛たちを配した者もあった。

自ら大いなる徳能を手に、
ポイボスが駿馬たちにかける液体を
二本角のルナはその子牛たちに
振りかけ濡らす。

またアウソニウス・ガッルス[25]もパオリヌスに同じように書き送っている。

月《ルナ》ははやその美しい子牛たちを見せて。

これらについても先に騾馬について述べたのと同じ道理が読み取れる。つまり不胎性ということ。クセノフォン[26]が記し、今日までずっと認められる風習に、牡牛たちをより従順にし、土を耕させるに都合よくするために去勢し、その生殖力を取り去る、というものもある。あるいはこの動物が月《ルナ》に与えられたのは、その角の類似性に依ったものであったろうか。【なるほど美しいニンフの姿をしたこの女神像の頭には小さな二本の角が置かれたものであったことについては先述した[27]。】またエジプトでは、月にその地でたいへん崇められた牝牛が捧げられたが、それは右脇に白い斑を、また月が満ちはじめる時のような小さな角をもつものでなければならなかった、とプリニウスは記している[28]。それはまだ生後六か月のうちに生贄に捧げられた。また彼らのもとでは[29]、生まれたばかりの息子に名を授ける

狩りと森の女神にして、彼女に捧げられた鹿たちを愛するディアーナの姿。鹿たちは二十九日のうちにたちまち周回するその迅速さをあらわしており、月は夜を照らすものであるとともに夜の旅人の守りでもある。 [▶Tav.15]

儀礼において、出産後七日あるいは十日の子牛を生贄に供したともいう。[30]

［出産を助ける月《ルナ》］　古人たちが往時このようになしたのは、おそらく月《ルナ》のおかげで出産が順調に済んだことに感謝をささげたものであろう。月《ルナ》は湿った遊星であり、【その影響によってしばしば出産の時を早め、時に七ヶ月で子供が生まれると言われる。この月時《ルナ》は彼女の影響下にあり、もっとも】安産に恵まれる、と。そこから往時、彼女がルキーナと名指されて召喚され祈念されることとなった。[31]なんの危険もなしにたちまち母親が出産できるようにと。【ところで寓話の数々では、婦女たちの出産時、ディアーナはルキーナという名で呼ばれた、と言われている。なぜなら彼女はその母ラートナの胎を出るとたちまち縦横に兄アポロンが生まれるのを助けたので、彼女の名を唱えることによって彼女がその母を手助けしたように出産に助けを求めたのだった。[32]

　ディアーナはルキーナという名で呼ばれたばかりでなく、ユーノーとも呼ばれたことがその図像から知られる。しかしディアーナはルキーナでもなくユーノーでもなく、ラートナの出産を助けるためにデロスのヒュペルボレイオス山から来た女性であり、後にあらゆる土地にその名が広がり崇められるとともに、他の神々のように数々の神殿、祭壇、神像が造られた、という者もある。[33]いずれにせよ、それも彼女が出産を助けたことに由来するものには違いない。リュキアの某詩人もまた同じことを言ったものとみえる。

出産の女神ルキーナの像。月（ルナ）は出産（パルト）を迅速に容易にするにふさわしい湿った星であるところから、これも月に由来し、産婦の羞恥の姿につくりなされた。　［▶Tav.15］

パウサニアスが記すところによると、[34]この詩人はこの女神に捧げた讃歌の数々で彼女をサトゥルヌスの前にたて、幾つもの名を献げている。それらの名からすると、彼女はパルカ《運命の女神》のひとりであったらしいことは容易に分かる。パルカたちもまた人の生誕におおいに関わるものであったことについては、彼女らについて論じるところで観ることにしよう。

［ルキーナの像］この女神ルキーナがいったい誰であり、どこから来たのかについてはこれ以上詮索せず、その神像の数々について観てみることにしよう。これらは常に全身を包まれていたが、ただアテネ人たちのもとにあってはそうではなかった。パウサニアスが記すところによれば、[35]彼らにとってはルキーナの彫像は、女性あるいはその他の姿をまったく刻んでない木片あるいは他の素材による塊であってもよかった。それは常に包まれ、けっして人目に晒されることがなかったのだから。

　アカイアのある土地にはこの女神に捧げられたたいそう古い神殿があった。[36]そこに納められた神像の顔以外はすべて木製で、【これがディアーナの像であったかもしれない。】両手両足は大理石でできており、大理石の部分だけを露わにして全身が薄い亜麻布の薄紗で覆われていた。[37]片方の掌はなにも握らずに開かれており、【そこにはちょうど鍵を置くこともできた。フェストゥスは、[38]古人たちは鍵（つまり開く道具）によって安楽な出産ができるように、赤子が生まれる時、母親に苦痛を与えることなく出られるように産道がうまく開きますようにと、よく婦女にそれを託したものだった、と記している。ルキーナが掌を開いているのも、これと同じ祈念の気持ちからであったのだろう。】

［ディアーナが手にする松明］もう一方の手には燃えさかる松明をもっていた。これは婦女が出産に際して締めつけるような激しい痛みを感じるのは、火が燃やすものすべてを締めつけること、あるいはこの女神が母胎から幼子が出るのを助け、その誕生に光をもたらすものであるということをあらわしたものであった。[39]ここからしてギリシャ人たちは、出産にあたり痛みを和らげるために横臥する婦女の下に敷いたディッタモ《ハナハッカ》の花冠をこの女神に被せたのだった。[40]

　また古人たちはほとんどいつもディアーナの手に弓をもたせ、出産にあたり婦女が感じる痛みの刺すような鋭さをあらわそうとした、と録されてもいる。[41]キケロはヴェレスを駁して、[42]彼がシチリアで奪ったディアーナの神像を次のように描写している。それは背が高く大きなものだった。衣装は神像を足元まで包み、相貌は若い処女のよう。その右手には燃え盛る松明を、左手には弓をもち、肩からは箙が垂れていた、と。

ディアーナが手にする燃え盛る松明は、先にわたしが述べたところに加え、おそらくその高さが六ピエデあった、とパウサニアスが言う(43)アルカディアの金属製の神像にあってもまた、夜を照らしつつ彼女が旅人たちに付き添うものであることを示している。そこから彼女は付き添い導くディアーナと呼ばれたのであり、【またローマのパラティーノの丘の彼女に捧げられた神殿はノッティルーカ《夜の光》と称されたのである。(44) その他の名もあるが、これについては後述する。(45)】

パウサニアスは、コリントのユーノー神殿に安置された僭主キュプセロスの櫃《アルカ》について記述するにあたり、(46)そこには黄金と象牙を彫り込んださまざまな像があったが、そのうちには肩から翼の生えたディアーナもあった、と言っている。そしてその像の右手で豹、左手で獅子をさし出していたが、その理由は分からない、と。これについてわたしもいろいろ尋ねてみたが、いまだなんら記録を見出すことができない。それゆえ、彼に同じく分からないと言うことを恥じない。

［三頭のディアーナ］(47)【さて、それぞれに手前勝手な解釈は措くとして、ヴィルギリウスがこの処女ディアーナに三つの顔を与えていること、(48)そこから彼女はトリフォルメ《三姿》、トリジェミナ《三つ子》、トリヴィア《三叉路》と呼ばれた、ということについて語っておかねばならない。こう呼ばれたのはなにもディアーナだけではなく、ヘカテもそう呼ばれたとは、】オウィディウスが次のように記すところ(49)からも知られる。

三つの顔のヘカテが眺める
三つの道も、すべて一つにされたのだった。

【それらはすべて同じことで、名だけが異なっていたのであったにしても、すでに繰り返してきたように、このことは古人たちがその神々にさまざまな力、さまざまな性質を観てとっていたということであり、こうした神々からさまざまな帰結が将来すると信じていたということであった。

［ヘカテ］ それゆえヘカテの寓話の数々は、(50)この女神がユピテルから生まれ、彼からすべての元素《エレメント》に対する権威と力を付与されたと語っているのである。そしてこの名をもって呼ばれたのは、ギリシャ人たちのもとではこのことばが中央を言うものであったからで、しばしば限りない数をあらわすものとして引かれたのだった。あたかも彼女の権能が無限ででもあるかのように。なぜといって先述したように、月によってすべての元素《エレメント》およびそれらから複合されるもののほとんどすべてが統率され、彼女が変じるにつれて変ずるとみなされたのであったから。

【大供犠《ヘカトンベ》】あるいはそう呼ばれたのは、彼女のため緑の小枝でつくった百の祭壇に豚や羊百頭の生贄を捧げたからである、とも言われる。しかしヘカトンベと称された供儀は皇帝の名のもとに執行されたものであり、その生贄は百頭の獅子あるいは百羽の鷲であった(51)。

【生贄の偽装】とはいえ、こうした儀式にあっていつも本物の動物たちが生贄にされたとは思われない。それはおおむね偽装された。古人たちは、供儀にあたっては練粉その他の素材を生贄に捧げられるべき動物に代えたものだった。さもなければ生贄に捧げるべき動物を調達するのにたいへん難渋したことに違いない。それにまた本物の動物を調える費用もなかった貧しい者たちは模像や代替物を供えた、とはスイダに記されるところ(52)であるし、ヘロドトスも(53)、エジプト人たちはルナ《月》とバッカス以外の神に豚を生贄として捧げることはなく、こうした祭儀は満月の折にのみなされた、と記している。他の者たちがこの獣に触れぬよう気をつけつつ、生贄に捧げるこの日にだけそれを食べ、一年を通じて他にそれを食べることはなかった。貧しくて生贄に本物の豚を捧げることのできない他の者たちは、それに擬したものを供儀に付したのだった。

狩りの女神ディアーナ・キュンティアあるいはルナの姿。コリントのユーノー神殿の僭主キュプセロスの櫃には、このように右手に豹（パルド）、左手に獅子を載せて彫られていた。［▶Tav.15］

　またアッピアノスが記すところ(54)、ギリシャの民シチケーニ人が言うことには、彼らの町はユピテルによってプロセルピーナに婚資として与えられた町で、それゆえ彼らは他のどんな神性にもましてこの女神を崇め、真っ黒な牝牛を生贄に捧げていた。しかしミトリダテスの軍隊に攻囲されて、女神に捧げる厳粛な供儀に必要な牝牛がみつからず、捧げものを練物でつくったのだった。儀式の支度をしていると、ミトリダテスの船隊を泳ぎ潜って海から真っ黒な牝牛が町にやってきて女神の祭壇の前に坐ったので、民はこれを包囲から開放される吉兆と観て生贄に捧げた。その後さまざまな難儀に遭ったミトリダテスは、さほどの時を経ずして退却を余儀なくされたという。

ヴィルギリウスでは、[55]ディドーはアエネアスの旅立ちにあたっての最後の供儀でアヴェルノの水を擬したものを撒くが、セルヴィウスが註するところによれば、供儀において古人たちはよく手に入らないもの、手に入れるにたいへん難儀なものを偽装したものだったという。別の箇所でも、イシスの神殿に撒く水は、本当にそうではなかったにしてもナイルの水と称されたものであった、と彼は註している。[56]

〔手に接吻すること〕本物を生贄に捧げられず偽の犠牲を献じたことを詫びただけでなく、生贄を捧げるかわりに供儀を捧げるべき神の手に慎ましく接吻しに行くということも、それより他になし得ない者たちにとってはよくあることだった。[57]また聖なる像の数々に信心から古人たちが接吻するということもよくあった、とはキケロがヴェレスを駁して語るところである。[58]彼が言うには、シチリアの町アグリジェントには金属製のたいへん美しいヘラクレスの神像があったが、礼拝に来る者たちに散々接吻されてその唇と顎はまるで磨り減っていた、と。プルデンティウスも、[59]アポロンと信じられた太陽が崇められるうち、その山車を曳く馬たちの脚にまで接吻される始末、と書いている。】

それはさて、ヘカテに戻ることとしよう。彼女は路の四辻で崇められ、[60]【そこで混乱した喚き声の祈りのことばとともに彼女に生贄として犬を捧げたものだが、[61]それはケレスが娘のプロセルピーナを探しに行った時のしぐさを模したものだった。[62]富裕な古人たちは毎月、ヘカテにも生きるに必要なパンや他の食べ物を路の四辻に献じ、それを貧しい者たちがもち去ったものだった。ヘカテの晩餐に関連して、それは蛇の頭をもつたいへんな大男で、時として恐ろしく身の毛もよだつような姿であらわれる、とスイダ[63]は付言している。】

〔三頭のヘカテ〕交差して四辻をなすところから彼女に捧げられた路々をよりよく監視するため、彼女は三頭の姿をとると言われ、[64]またそのように造りなされてきた。しかしおそらくこちらの方に理があるように思われるのだが、他の者たちは、彼女に三つの顔があるのはオルフェウスのつくりばなしのせいだろうという。[65]オルフェウスはこうすることによって、月《ルナ》が見せるさまざまな相を示そうとしたのだった。その権能はなにもルナと呼ばれて天に顕されるばかりでなく、大地にあってはディアーナと称され、また下なる冥界にあってはそれはヘカテではないかと疑われ、またプロセルピーナかとも勘案された。なぜといって彼女はわれわれの目から隠されている間、ずっと冥界に下っているものと信じられていたのだから。

　これについてエウセビオスはこう言っている。[66] ルナがヘカテ、三頭《トリフォルメ》と称されるのは彼女が見せるさまざまな姿のせいである。いずれ太陽から離れてある時にもまたそれは三つの権能をみせる。まず、死すべき者たちに明かりをあらわしはじめる時、諸物を成長増殖させる。この最初にして新たな相を、古人たちはその神像に白や金の衣装を纏わせ、その手に燃える松明をもたせてあらわした。つづいて輝きが半分に及ぶと、これを聖なるものを盛った籠であらわした。なぜといって月《ルナ》の輝きが増すに従って、日々果実は熟し、人々はそれを籠に摘んだから。三番目は完全な光輝。それは靄のかかった[67]衣装であらわされた。

　彼女にはまた月桂樹が与えられた。これはまさしくアポロンのものだが、彼女は太陽《ソル》の輝きを受け、時にその容色を赤く染めたから。同様に彼女には芥子も添えられた。その天に数多住むものと信じられていた夥しい魂をあらわして。それは数多の民で溢れる大都のよう。芥子は町を含意したものだった。芥子の頭頂の刻み目は城壁のようで、その内に数多くの細かい粒を包み込んでいるさまは町の中に数多の人々が一緒にいるかのようだから。[68]【哲学者たちのうちには、彼方の月天

三頭の女神ヘカテの姿。また冥界の女王でプルトーンの妻であるプロセルピーナとも称される。これは月（ルナ）の三相および諸元素に対する月の力能をあらわしている。　［▶Tav.16］

には此方の大地《テッラ》同様に住民たちが住んでいるものだ、と言う者もいた。そしてこの地に町や森や山があるように、かの地の相貌に斑が観られるのだ、と。(69) しかしプリニウスは、彼女が大地《テッラ》を引き寄せるのはその湿気によるのだとしている。(70)】

　パウサニアス(71)は、コリントの地のアイギナではヘカテは他のどんな神々よりも崇められていたが、その地にあってミロンによって木彫で造られた神像には顔が一つだけ、からだは切り株のようだった、と書いている。つまりいつも三つの顔をもって造られていた訳ではなく、アテネ人たちにとってのアルクメーネーのようなものであった、と。

　それはさて、ヘカテの神像の三つの頭の一つ、右側は馬頭、もう一つは犬頭、そして三つ目は粗野な男のようと言う者もあれば猪頭と言う者もあるが、(72) おそらく後者の方が月《ルナ》のと称されるにはふさわしいだろう。なぜならわれわれに光が注がれる時を指して女狩人ディアーナと称されたものだが、これを猪と解釈することもできるから。つまりこの獣はつねに森にいて馬頭のように俊敏、それは彼女がたちまち天を覆うさまにも擬されるから。また犬頭も同じ含意で、プロセルピーナと呼ばれる冥界の女神がそこには隠されていると信じられてきた。なぜといって寓話で有名なように、冥界の神にはケルベロスのように犬がつきものだから、これは確かである。

【プルデンティウスはシュンマコスが擁護する異教徒たちの虚栄を駁し、月《ルナ》について次のように言っている。(73)

二頭の牝牛が曳く美しい山車に乗り
カンディダ《純潔》は天を往き、冥界を
邪な姉妹カスティガ《懲罰》が蛇の鞭をもって
行き、死すべき者たちを追い出だす。
また森では俊敏な女たちが
鋭い矢で貫き傷つける。
そこから三つの異なった姿、
三つの異なった名で彼女はあらわれる。
ルナとは美しく輝く薄紗をまとって
われわれにあらわれる時の名、
寛い衣をゆったりと広げているのは
ラートナの娘の乙女。
高い寝椅子にあるのは
メガラのドーナ、そして彼らの王女のように
絶望した魂に叫び命じるのが
プルトーンの妻であるプロセルピーナ。

これにつづき、じつにこれは邪な精霊《ダイモーン》であって、天上、

地上、冥界の三界には数々の異なった神々がいると得心させようと、死すべき者たちを欺くのだという。[74] キュレネの司教テオドレトが伝えるところによれば、[75] ポルフィリオスは邪な精霊《ダイモーン》たちについて記すうちプルトーンの像に触れつつ、ヘカテはこうしたものたちを気、水、土の三元素のうちに保つ女主であると言っている。
そればかりでなく古人たちは、なんらかの大きな災いやら酷い悲惨に遭った者たちにヘカテが影または亡霊のように姿をあらわす、と言ったものだった。それはたちまち別の姿に変じ、時に牝牛、時に騾馬、また時にはたいへん美しい女やら犬やらの姿を纏う、とアリストファネスが語ったことをスイダは録している。[76] エンプーサとはこのようなものの称であった。なぜならそれは一本足のようにみえたから。彼女をヘカテそのものだと思い込み、こうした姿で白昼の儀式にあらわれて死者たちの影を宥めるのだ、と言う者もあった。こうしたさまざまに異なった相貌のうちには獣の相貌もあり、古人たちの格言ともなったのだった。あれやこれやの姿をあらわそうとする者も、いったいどれが自らの姿であるのか決して教えようとしない者も、エンプーサがしてみせるほどに姿を変えることなどできはしない、と。[77] またルキアノスは舞踏について語りつつ、[78] それによってエンプーサが数多の姿に変じてみせるように人格をさまざまに変えてみせることができる、と言っている。】
それにまたエウセビオスが記しているように、[79] エジプトの町アポリノポリスには月《ルナ》は自ら光を発するのではなく太陽《ソル》からそれを受けるのだということをあらわすために、頭

月の神像。月は太陽から光を受け自らはどんな光ももたないどころか、そのからだは黒く闇のようである。頭の大鷹は太陽によって輝かされることをあらわしている。［▶Tav.16］

が大鷹《スパルヴィエラ》で真っ白な衣装を纏った男のかたちに造られた彫像があった、という。つまりこの白さというのは、月《ルナ》は自ら光らず、他からつまり太陽《ソル》からその霊と力を受け取る、ということを意図している。それは大鷹の頭が意味するところ。この鳥が太陽《ソル》に捧げられたものであったことについては、その図像に関連してすでに述べた[80]。

［イシス］またエジプトではイシスを黒い装束で造りなしていたという。彼女は本来、暗く[81]黒いからだをしているから。これは頭に牡牛の二本の角がある女性像として知られた月《ルナ》にもあて嵌まることで[82]、【ヘロドトスが記すところによれば[83]、エジプト人たちはこの神性そのものともみられていた牝牛を供儀に捧げることができなかったので、牡牛や子牛を生贄にしたのだった。あるいは寓話の数々が語るところ、つまり彼女はユピテルによって弄ばれた後、ユーノーが察することのないようにとすでにこの獣に変身せしめられていたから、であったかもしれない。彼女はギリシャ人たちからはイオと名づけられ、これまた頭に角を添えて描かれていたが、】それがエジプトに伝わるとこの地ではイシスと呼ばれ[84]、その神像は右手にシンバルム《チェンバロ》をもち、左手にうつわをもつこととなった。セルヴィウスが言うところによれば[85]、彼女はエジプトでこの郷土の自然《ナトゥーラ》にも等しい精霊《ゲニオ》と信じられ、シンバルムの響きはナイルが増水して畑地をすべて飲み込む騒音を、うつわはこの地に散在していた湖の数々をあらわすものだった。

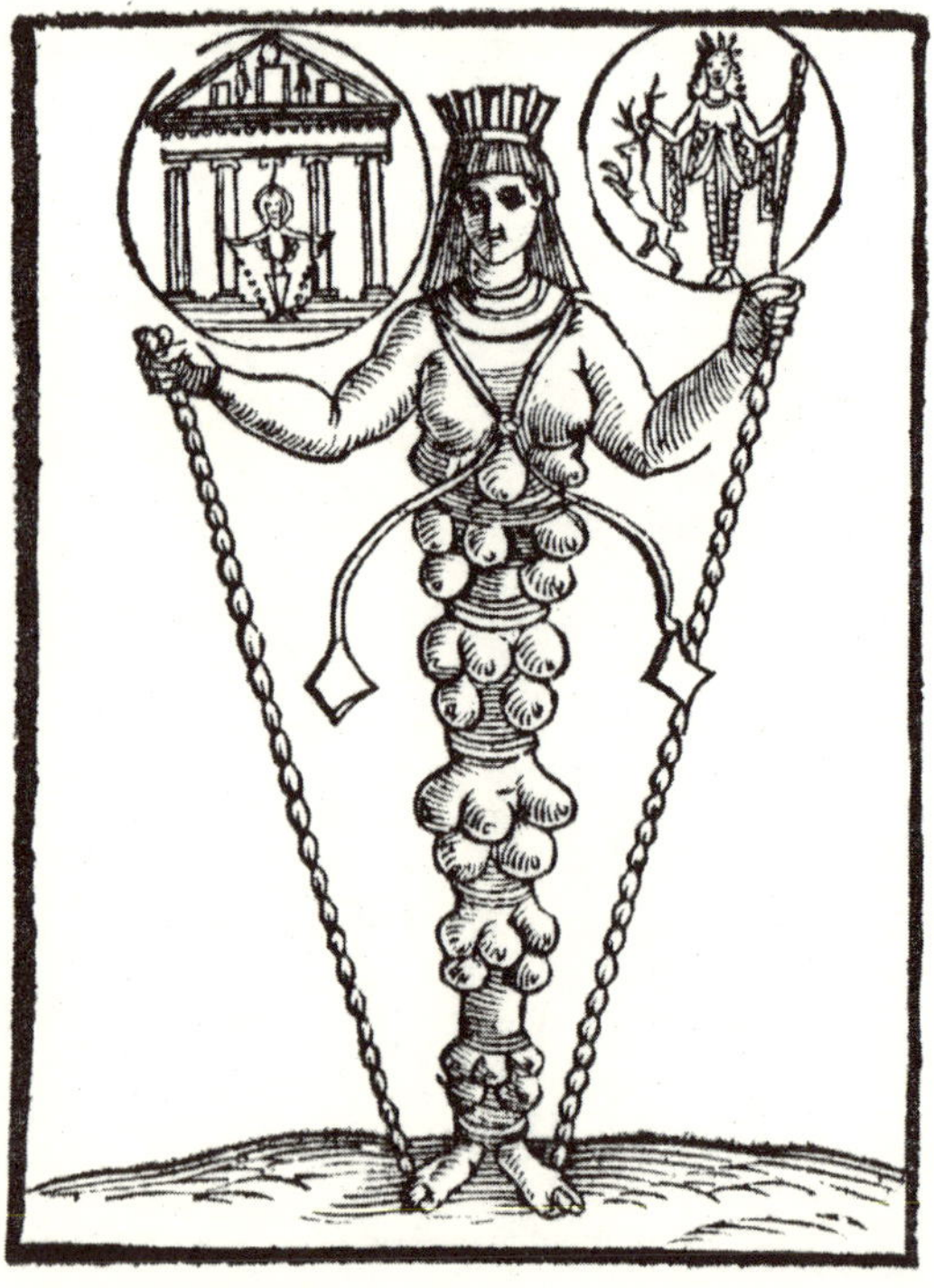

乳房でいっぱいの女神ナトゥーラ（自然本性）の姿。万有宇宙がその滋養を彼女の隠秘な力能から享けていることをあらわして。

［ナトゥーラ《自然》］また彼女は大地であると言う者たちもあった。同じくセルヴィウスが伝え[86]、マクロビウスも記していると

ころによれば、それは太陽に従属する諸事物の自然本性であり、それゆえこの女神のからだは乳房でいっぱいに造りなされたのだった。万物は大地あるいは自然の隠された徳能から滋養を摂るものだから。ナトゥーラ《自然》もまた、古人たちによってこうした姿としてあらわされたのだった。このようなかたちの神像は教皇レオ十世の時代にローマでも発見されており、またハドリアヌスの古いメダルのひとつにも乳房でいっぱいの姿を認めることができる。(88)

[ナトゥーラ《自然》のハゲタカ] エジプトではナトゥーラ《自然》の聖なる姿を描こうとする場合、ハゲタカ《アヴォルトリオ》の姿に造りなした。この理由についてマルケリヌスは、(89)ハゲタカには雄がみあたらず、雌ばかりであるから、と言っている。【またエリアノスは、(90)西風《ゼフュロス》が春の大地と木々を孕ませたように、この鳥たちにとって雄の役割を果たしたのは東風エウロスと信じられていた、と記している。】

またイシスの神像の頭にアブロータノ《カワラニンジン》(91)の冠を被らせたのも彼らだった。その左手にもこの草をもたせ、右手には小船をもたせた。(92)【これはおそらく彼女がエジプトに渡ってきたことをあらわそうとしてのことだろう。この地でイシスの船のための祭りが祝われたことについては、ラクタンティウスが書いている。(93)寓話の数々では牝牛に変えられた彼女が海を泳いできたとされているものの、史譚には彼女は海を船で渡ってきたと書かれている。ここからエジプト人たちはこの航海を信じ、この神性が船乗りたちの安全な航行を約してくれるものと崇めたのだろう。これについてルキアノスは、(94)海路イオをエジプトまで案内しに行くようにとユピテルがメルクリウスに命じ、こ

エジプトの女神イシスの姿。航海者たちの女神としての月(ルナ)であり、ギリシャ人たちのもとではイオであった。彼女はユピテルに犯され牝牛に変えられた後、もとの姿に戻り海路エジプトへと逃れた。この地にもたらされた御利益によって民から大層崇われた。 [▶Tav.17]

の地で彼女の名を問われてイシスとなし、ナイルを豊かに流れさせ、風を吹かせ、船乗りたちを守る神性として崇めさせたもの、としている。またアプレイウスはイシスの祭りについて彼女自身にこう語らせている[95]。わたしに対する信心は明朝はじまり永遠につづくだろう。すでに冬の嵐も鎮まり、荒れ狂う海をも穏やかに船出できるようにしたところ。わたしの祭司たちはわたしの来し方をあらわすため、わたしに小さな船を供物に捧げることだろう、と。

おそらく】このことはゲルマニアの幾つかの民の脳裏をもよぎったことだろう。アレクサンデル・ナポリタヌス[96]が伝えるところによれば、彼らは小さくて船足の速い帆走船《リブルナ》を崇めていた。【今日ならさしずめ快速帆船（ベルガンティーノあるいはフレガータ）とでも呼ぶところだろう。】彼らはこれこそイシスの真影であると信じていたのだ。エリアノスの言うところ[97]によれば、エジプトのイシスの神像は髪を結わえて蛇を冠にしていたという。またヴァレリウス・フラックス[98]も同様に記しており、【手にはシンバルムをもたせている。】

オウィディウス[99]はテレトゥーサの夢にこの女神を示現させ、彼女とともに他のエジプトの神々をも配しつつ次のように描写している。

真夜中、テレトゥーサにイナコスの
娘があらわれた。偽りの亡霊たちを
伴としてでなく、美しき玄義によって。

その額には二本の角をあらわし、
そこに白く熟した穂の数々が
たいへん美しく簪されていた。

アヌビスは親しげな声で
犬のように吠え、古の人々は
その手に笏杖をもたせた。

聖なるブーバスティスとアピス
そして人々に黙すよう促す者が供連れ、
彼女は手で口を塞いでしっかり黙している。

痛々しき供連れと進む者たちは
オシリスを探しつづける。妻に永遠の
神々のうちに挙げられた者を。

蛇たちと鳴鈴《シストラム》を傍らに。

アプレイウス[100]は自らが驢馬だった当時すでに夢に彼女を見たと語りつつ、彼女が月《ルナ》であったと看てとれるような風にたいへんうまく描写している。エジプトの民が彼女を晦冥な諸玄義とともに崇拝するさまを。またマルティアヌスは[101]、月天に入ったフィロロギアに、すでに何度も名指したシンバルムの数々、ケレスの松明、ディアーナの弓、キュベレのティンパヌム、そしてすでに述べたように頭には角もあるあの三頭の姿、牝鹿[102]をまのあたりに見させている。これらすべてを合わせ、またその各々が月《ルナ》を意味しているもののように。

　それはさてアプレイウスに戻ろう[103]。彼が寝ていると、この女神が姿をみせたように思われた。その尊い顔が海からあらわれる。なぜといって詩人たちは太陽、月その他すべての星辰は没するにあたり海に沈み、昇るにあたりそこを出るもののように擬したのだったから。そして徐々にその輝くからだのすべてをあらわすのだった。彼女は軽く縮れた濃く長い髪を首に散らし、さまざまな花でできた美しい冠を頭に結び、額の中央には鏡のように輝く丸くて平たくて滑らかなものを乗せていた。その両脇には蛇が何匹かおり、その上にわずかばかりの小麦の穂が載っていた。多色の衣装はたいへん薄い布地で、時に白く、時に黄色くまた金色に、また炎の赤のようにも見えた。もうひとつの衣装は真っ黒だったがたいへん滑らかで、輝く星々をすべて包んでいた。その中央に光り輝く月があり、裾のまわりにはさまざまな花々、あらゆる果実がたいへん美しく飾られていた。また女神は右手にシンバルムのように造りなした銅製の何かをもって、腕を振りつつかなり大きな響きをたてていた。また左手からは金塗りのうつわを吊るしていたが、その取っ手になっていたのは蛇で、どうやら毒でいっぱいに膨らんでいる様子。足元には棕櫚の葉でつくられた飾りのようなものがあった。

　アプレイウスはイシスの肖像をこのように描いてみせる。たしかに自然の道理から彼は月《ルナ》に白、黄、赤の衣装を纏わせた。月は頻繁に色を変えるから。そこから多くの者たちが天気を予測してみせたものだった。その赤味は風が吹くことを、くすんだ色は雨を、白い輝きは晴天を【意味した。ヴィルギリウスもこう謳っている[104]。

月《ルナ》が回復しはじめ、失った
光を取り戻しはじめると、暗い
角は黒い気をかき抱き
農夫も船頭も大雨に
遭うことだろう。だが正直な赤味が
その頬を染めると風が吹くだろう。

風はいつも月《ルナ》を赤く染めるから。
半月《クアルト》になれば（誰もこれを
過つ者はいない）天は輝く冠を戴き
静穏な晴天となるだろう。
この日以降つづくひと月
乾いた静穏な日々が来るだろう。】

もうひとつの真っ黒な衣装は、すでに何度も述べたように、月《ルナ》が自ら明かりをもつのではなく、それを他から受け取ることを示している。

またアプレイウスがこの女神の手にシンバルムをもたせたのは古人たちの慣習をあらわしていると言う者もある。[105] 彼らは野外に出ると銅や鉄のうつわを叩いて騒音を響かせたものだった。というのは月蝕の折に、大地が月と太陽の間に入りこんで光を失った彼女《ルナ》を、なんとか援けようと考えてのことだった。その原因を知らずして、彼らは月《ルナ》が魔力によって大地に引き寄せられたと称したのだった。[106]【なぜといって当時、妖術師たちはこの世でこんなことも、またそれ以上のことすら引き起こせると皆に信じ込ませたのだったから。[107] これをヴィルギリウスは、[108] ある魔女は呪言をもって月《ルナ》を天から引きずりおろす力をもっている、と言った訳である。またメデアはその傍らに月《ルナ》を降らせた、という記述もよく目にするところ。[109] ルカヌスは[110] テッサリアの妖術師たちについて語りつつ、彼らこそ星々に力を揮い、月《ルナ》がより明るく輝くべき時に彼女《ルナ》を黒く暗くし、自分たちの思い通りのことをなすため彼女が大地に降るまで暗くしつづけた最初の者たちであった、と言っている。

またアプレイウスによれば、[111] こうした妖術師たちのある者は神々にどんな大きな苦痛を与えることもできるし、思いのままに星々の光を消すこともできる、と豪語したという。なんといってもこうした悪魔的な妖術は月《ルナ》に対してだけでなく太陽や星々のすべてに、また天界や冥界のあらゆる神々にすらも力を及ぼすものだから。妖術師たちはさまざまな呪われた儀式をなしたばかりか、エジプトのある大祭司についてポルフィリオスが記したところをテオドレトが引いてみせるように、[112] すべてが下界へと崩落するように天界を倒壊粉砕してやろう、イシスの玄妙なる諸玄義を暴きその秘密のすべてを公にしてやろう、カロンの舟が魂を運べなくしてやろう、オシリスの四肢をそれを引き裂きばら撒いたテュポンにやってしまおう、と威嚇したものだった。その他にもこれに類した狂気の沙汰を、彼らの言うことを聞くようにと神がもっとも嫌がることを力づくで強要してみせたのだった。おそらくこれはオウィディウスが[113] ファウヌスについて語るところ、またピコが語るところに類

エジプト人たちの女神イシスの姿。ナイルとエジプトの自然を意味する具を手にしているところは、月蝕その他彼女による水への、また諸元素への諸効能をあらわしている。［▶Tav.17］

したことだったろう。アヴェンティーノ山に棲む神性たちあるいは悪鬼《ダイモーン》たちは、この世の誰も欲しなかったことつまりローマ人たちを呪い苦しめるために、魔術の業と妖術の力によって自らに答えさせるため天界からユピテルを呼び出した、とはアプレイウスが譴責した[114]ところであった。これはまたテッサリアの師たちが考えたところでもあった。スイダが言う[115]ように、メデアはその地の上天を過ぎりつつ、籠からその毒と呪いをふり注いだのだったから。

　つまり詩人たちがディアーナかヘカテかその他どんな名をもってしてであろうと、月《ルナ》になんらかの祈りを捧げる時というのは、彼女がその清透な輝きを取り戻してくれるようにという彼らの願いがもっと容易に聞き届けられるように、テッサリアの妖術師たちが彼女を天から引きずりおろさぬようにするためであり、これはセネカ[116]のヒッポリュトスの悲劇でパイドラ《フェードラ》の乳母が次のように言うところ。

ああ、森の王女よ、いと高き
山の住人よ、汝はそこに崇め祭られる。
ああ、偉大な森の女神よ、ああ、天の
清い明かり、暗く湿った夜の
本物の誉れ（飾り）よ、松明をかかげよう
この世の別の光を、ああ三頭の女神よ、
聖なるヘカテよ、汝の恩顧を垂れたまえ
ここに執行される業に対して。

そのすこし後。

かく明るく清く汝の尊顔をつねに

あらわしたまえ。どんな雲もその
美しい角をわれわれの誰にも隠さぬように、
テッサリアのどんな呪言にも
決して惑わされることなきように、
夜の明かりに手綱を握りつつ。
汝の愛を得て堂々と廻る
牧人にこれ以上の栄光なし。

【エンデュミオン】これは月《ルナ》が牧人エンデュミオンを愛し、ただ彼に思うがままに接吻したいがためにある山の上に彼を眠らせた、と寓話の数々がものがたってみせるところ[117]。とはいえパウサニアス[118]が言うように、彼らはお互い接吻をかわしたばかりではなかった。なんといっても彼らは五十人以上の子供をもうけたと言う者もあるのだから。それどころか、月《ルナ》がエンデュミオンあるいはヴィルギリウスが歌う[119]アルカディアの神パンと交わったのはなにも愛からだけではなかった。それは彼によって美しい白羊の群れを得るためであった、という。これらはみな寓話ではあるが、どこか真実を伝えるところがある。なぜといってプリニウス[120]は、エンデュミオンこそ月《ルナ》の自然本性を最初に理解した者であって、お互いに愛し合ったなどというのは嘘のつくりばなしである、と記しているのだから。またアフロディシアスのアレクサンデルはその『諸問題集』[121]で、エンデュミオンは天界のことがらについてたいへん造詣の深い人であり、月の運行軌道やそれが見せるさまざまな相の理由を理解しようとたいへん熱心に探求した人だった、と言っている。そして彼が昼間眠り、夜目覚めていたと言われるのは、月《ルナ》が彼の好尚を魅いたからであった、と。

テッサリアの者たちもまた、月の運行軌道とその自然本性を探求しようとしていたもの、と言えるのかもしれない。それが後、彼らはそれを天から地へと引きずりおろそうとしていた、と言われるに到ったと。往時、俗人たちは彼女《ルナ》がたいそうな労苦を耐えており、イシスの手に握られたシンバルムの響きは彼女に科された激しい懊悩を和らげるものと信じていた。詩人たちが謳い、プリニウスも記しているように[122]、この騒音は妖術師たちの呟き声を月《ルナ》に届かせることなく、その力を封じ込めるものだった。それをプロペルティウス[123]は、金属の響きが償いするのでなければ妖術師たちは月を山車からひきずり落とすことにもなりかねない、と言ったのだった。またユヴェナリウス[124]はあるお喋り女について語りつつ、もう銅やらその他の金属のうつわで騒音を起こす必要もないだろう、彼女のお喋りだけで妖術師たちから月《ルナ》を守るに十分な大騒ぎ、と言っている。

太陽と月を夫妻として崇める民たちについて、蝕の折には月《ルナ》は太陽《ソル》がなしたなんらかの不興によって彼に傷つけられたものと想いなしつつ、特に女たちが断食をなし、夫婦は放埒に引っ掻きあい、若い娘たちは魚の骨で瀉血し、血を抜いた、という記載もある[125]。

【シストラム】イシスが手にするシンバルムは古人たちがシストラムと呼んだものだが、この響きは月《ルナ》が天の軌道を周回するときの音をあらわしている、という者たちもある[126]。これは銅で造られたばかりでなく、銀や金も用いられた、とアプレイウス[127]はイシスの諸玄義を述べるにあたって語っている。またケリウス・カルカニヌス[128]が言うところによれば、上天の円周を動く四つの顔(相)があったという。それらは生成壊敗するこの世の部分が月《ルナ》の天球の下にあり、あらゆる事物はこれら四つの顔(相)によってあらわされた諸元素の運動によって変移する、ということを意味している。またその内部の上の部分には人の顔をした猫が刻まれていた。そこにはまた二つの別の頭部があり、先述した四元素の下を動いていた。その一方はイシスで、もう一方はネフティア。これらは諸元素の運動変移によってもたらされる事物の生成と死を意味していた。猫は月の謂い[129]であり、寓話の数々においてはオウィディウスがものがたるように、神々はテュポンの激怒を怖れてエジプトまで逃げたが、この地にあってすらさまざまな動物に変じることなくしては安心できなかった。ディアーナは猫に変じた、と伝えられる。なぜならこの獣は多様で、夜行性、その瞳は月の光が減じたり増えたりするその光によって増えたり減じたりしたから。またそれが人の顔になされたのは、月のさまざまなうごきもそれを超えた知性なしにはあり得ない、ということを示すためだった。こうしたことどもがイシスの祭儀において重要な役割を果たすとともに、よくその像が手にしているシストラムに込められた諸玄義であった。すでに述べたように、アプレイウスはそれを彼女の右手に置いている[130]。】

左手に吊るされているうつわについては、すでに述べたところに加えてまた、月の湿った自然本性により膨らんだ水の運動を意味するものでもある、と記されている。そこから月の満ち欠けが海水の満ち干の原因である、と言う者たちもあった[131]。

月《ルナ》のこうした像があらわしている自然本性的な諸物を超えて、人の生にもっと役立つ教えがまだ他にいろいろある。浄福なるアンブロシウス[132]が模範的に語るところをみてみよう。彼は、これの明かりを道理をもって曖昧(不確か)と呼ぶことができる、なぜならそれは変じつつ時に増えまた時に減ることによって、人に関することがらにはなんの堅固さ(確かさ)もなく、すべて時とともに壊れるものであることをわれわれに警告しているのだ、と言う。それゆえ、古のローマの貴族たちは両足に半月形甲宛《ルネッタ》てをしたのだ、と言う者もある。[133] これをすることによって人に関することの不安定さへの警告とし、思い上がることのないようにと。また、さらに多くの富を得るために。[134] なぜといって富その他死すべき者たちがたいへん重んじることがらというのはまさに月のようなもの、時に遍く光り輝き、また時に明かりがいよいよ少なくなっていくように痩せ細り、ついにはなにもないかのように暗くなってしまうから。

　彼女《ルナ》についてはこれ位にして、[135]【ローマ人たちが靴に半月形甲宛てをつけた習慣について瞥見してみることにしよう。それはアルカディア人たちから借用したものだ、と言うものもある。アルカディア人は自らギリシャの他のどの民よりも古く、それゆえもっとも高貴であるとみなしていた。なんといっても彼らは、月が生まれる前あるいは月が造られる前から存したもの、と思い込んでいたのだから。つまりアルカディアはペロポネソス半島の中央部、ギリシャの山岳部のどの里よりも高いところにあり、大洪水の時アルカディア人たちだけが、水位が下がるまで山頂に逃げて救われたのだ、とやら称されていた。そして洞窟から出て月《ルナ》を眺めつつ、洪水の前のそれ《ルナ》は他のものどもと一緒に滅び、ここに出るのは別のもの《ルナ》で、やっとその時になって造られたあるいは生まれたものと信じ込んだのだった。こうして彼らのほうがずっと前に生まれていたということになり、月より前から居たのであってみればギリシャのいずれの民よりも古くして、もっとも高貴な民であるというはなしとなった訳である。[136] ローマ人たちはここから靴に半月形甲宛てをつける習慣を学び、それを家系の古さと高貴さのしるしとしたのだった。あたかもアルカディア人たちが月より前に生まれたことを誇ってみせたように。[137]

　アテネ人たちもまた自分たちより前には他に人などいなかったということを証示しようとしたのだった。ただ彼らは大地から生まれたゆえに、さまざまに結いなした髪に黄金の蝉をいくつか飾った、とスイダ[138]は言っている。またアテネオス[139]はアテネ人たちの富裕な暮らしぶりを語りつつ、若者たちは色欲を催させるため、額のまわりに豪奢に黄金の小さな蝉をいくつも飾ってみせようとしたものだ、と記している。】

註

（1）　＊本章も章頭が書き直されているというより構成が変わっており、中盤に移されたルナ女神をめぐる［月の馬たち］の項から書き起こされ、ディアーナについての記述につづいていたものが、先後を改められている。削除された初版の書き出しは、「古人たちが月《ルナ》をさまざまな名で崇めていたように、その彫像群もさまざまな姿に造られたし、さまざまに描かれた。名と像をもってその自然的性質を、またそれに由来するいろいろな影響をあらわそうとして、それはディアーナ、プロセルピーナ、ヘカテ、ルキーナとも呼ばれ、エジプトではイシスと呼ばれた。いずれにしても月《ルナ》は頭に短い二本の角をもつ着衣の娘の姿に造りなされた。なぜならそれは天にいつも欠ける三日月として見えるからであり、山車に乗っているのはそのすばやさをあらわすものであるという。［プロペルティウスは……］」（［ディアナの山車］項末尾につづく）

（2）　cfr. Boccacio, *Gen. deor.*, 5.2.　＊初版では［ディアーナが手にする松明］項で語られていたもの。改稿前のかたちは、「また寓話の数々は彼女を狩りの女神に擬し、林や森を司るものとしている。これを太陽が曳くまっすぐな路から脱線する月《ルナ》のように、狩人たちは林や森を歩みつついつも道を外れるからであると説く者もある。それゆえ古人たちはディアーナの名のもとに狩人の女神と称されたものをも崇めたのである。」元の嵌入箇所は下註45参照。またこの「脱線《デヴィーア》」の典拠については註7参照。

（3）　Claudiano, *De raptu Pros.*, 2.27-34.

（4）　Claudiano, *De consul. Stil.*, 3.243-248.

（5）　Claudiano, *De raptu Pros.*, 1.230.

（6）　Ovidio, *Met.*, 1.697.

（7）　この語義解釈は Varrone, *De lingua Lat.*, 5.68 : «quod luna in altitudinem et latitudinem simul it, Diviana appellata» による。これにどうやら Probo, *Buc.*, 6.31, p.343 Thilo-Hagen : «antiquos agrestes venandi peritos ... quod veluti Diana duce ad investigandas feras solas et devias silvas peterent, Devianam appellasse deam» という解釈が付会されている。また、Giraldi, *De deis gent.*, 12, p.304, 35-36 参照。

（8）　Servio, *Aen.*, 2.116 の異文から採られている。

（9）　一方こちらは Erodoto, *Hist.*, 4.103 に拠っている。

（10）　cfr. Servio, *Aen.*, 2.116.

（11）　Pausania, *Perieg.*, 3.17.10-11.

（12）　Pausania, *Perieg.*, 7.19.2-4.

（13）　cfr. Plutarco, *Quaest. Rom.*, 4 ; Giraldi, *De deis gent.*, 12, p.319, 35-41.

（14）　Pausania, *Perieg.*, 8.37.4.

（15）　Pausania, *Perieg.*, 7.18.10-12.

（16）　Claudiano, *De consul. Stil.*, 3.285-289.　この一節はすでに Boccacio, *Gen. deor.*, 5.2 に引用されている。

（17）　＊この詩も初版では四行（二行詩二聯）であったものが、三行詩に訳しなおされている。残念ながら拙邦訳ではその俗語訳の彫琢の味が伝わらないけれども。初版の詩は「高き山々で狩りをなしてきた／女神が早駆けの山車で降る、／たちまち海を越え、二匹の白鹿が／金色の角でそれを曳いて」。

（18）　cfr. Boccacio, *Gen. deor.*, 5.2.

（19）　Properzio, *Eleg.*, 1.10.7-8. ; v.7 : «quamvis ... premeret mihi» とあるの

で、カルターリの「眠い目にも歩みをとめず non calcasse」は「わたしの両目は睡魔に襲われ mi calcasse」とあるべきところ。ただ、カルターリが原詩をどのような略写状態あるいは破損状態で読んだものか不詳。

(20) Boccacio, *Gen. deor.*, 4.16 ; cfr. Isidoro, *Etym.*, 18.36.2.

(21) Festo, *De sign. verb.*, p.135 Lindsay.

(22) Pausania, *Perieg.*, 5.11.8.

(23) Prudenzio, *Contra Symm.*, 1.359, 361.

(24) Claudiano, *De raptu Pros.*, 3.401-403.

(25) Ausonio, *Epist.*, 19.3.

(26) Senofonte, *Cyr.*, 7.5.62.

(27) cfr. Erodoto, *Hist.*, 2.41.

(28) Plinio, *Nat. hist.*, 8.184 :「月の角の斑が増えはじめ」«macula cornibus lunae crescere incipientis» ; エジプトのはなし cfr. Ammiano Marcellino, *Hist.*, 22.14.7.

(29) ＊初版にあった「われわれキリスト教徒が現在洗礼をもってなすように」が略されている。

(30) cfr. Giraldi, *De deis gent.*, 17, p.433, 40-42. しかしここではこの供儀はユピテルに捧げられている。

(31) 月がその湿性により出産を軽くするとの説は cfr. Macrobio, *Saturn.*, 7.16.27, ルナをルキーナと同一視する説については cfr. Cicerone, *De nat. deor.*, 2.68. 出産時、ギリシャではディアーナ・ルチフェラに祈願されたように、ローマ人たちはユーノー・ルキーナに祈願した、とされている。

(32) cfr. Servio, *Buc.*, 4.10 ; Boccacio, *Gen. deor.*, 4.20.

(33) cfr. Pausania, *Perieg.*, 1.18.5.

(34) Pausania, *Perieg.*, 8.21.3. ここでリュキアの某詩人とは、神話的詩人オレン Olene のこと。パウサニアスは折に触れ彼について語っている。

(35) Pausania, *Perieg.*, 1.18.5.

(36) ＊初版では「パウサニアスが記すところによれば、ギリシャの町アイギナにはこの女神に捧げられた古い神殿があり、ルキーナの像があった。」になっていた箇所。

(37) Pausania, *Perieg.*, 7.23.5-6.

(38) Festo, *De sign. verb.*, p.49 Lindsay.

(39) Pausania, *Perieg.*, 7.23.5-6.

(40) cfr. Giraldi, *De deis gent.*, 12, p.311, 1-3. ; Plinio, *Nat. hist.*, 26.153-154 ; 161.

(41) cfr. Eusebio, *Praep. Ev.*, 3.11.33.

(42) Cicerone, *Verr.*, 2.4.74.

(43) Pausania, *Perieg.*, 8.36.10.

(44) cfr. Varrone, *De lingua Lat.*, 5.68.

(45) ＊初版ではここで「狩りの女神」としてのディアーナが述べられるが、これは改稿され章頭に移された。前註1参照。

(46) Pausania, *Perieg.*, 5.19.5. キュプセロスは生まれたばかりの折、この子が権力の座に就くであろうという託宣を阻もうと企む者たちを逃れるため、長持ちあるいはキュペレー《カプセル》に隠された (cfr. Erodoto, *Hist.*, 5.92)。この子が成人してコリントの僭主となると、女神ヘーラーに神話的場景を浮彫りでほどこした長持ちを献上したという。

(47) ＊内容的にはさほど異ならないが、初版では後註60、64の一節をここに取り込んでいる。「ではヘカテについてその姿をみてみることにしよう。古人たちからたいそう崇められたこの女神は、さまざまな土地からやって来てひとつに合わさる路々が交差するところ

キュプセロスの櫃に描かれたディアーナ（アルテミス）
全景は p.162-163 を参照。

ろを守護するものでもあった。それゆえ寓話の数々は、そのために彼女は三つの顔をもっていたと言い、それは〔オウィディウスが……〕」。

(48) Virgilio, *Aen.*, 4.511. 三叉路についてはcfr. *Aen.*, 6.13; 6.35. 三姿についてはcfr. Orazio, *Carm.*, 3.22.5.

(49) Ovidio, *Fast.*, 1.141-142.

(50) cfr. Servio, *Aen.*, 4.511.; Boccacio, *Gen. deor.*, 4.16.; Giraldi, *De deis gent.*, 12, p.306, 47-49.

(51) cfr. Giulio Capitolino, *Historia Augusta*, Max. et Balb., 11.5-6.

(52) Suida, *Lex.* B 457 Adler.

(53) Erodoto, *Hist.*, 2.47.

(54) Appiano, *Hist. Rom.*, 12.75.323.

(55) Virgilio, *Aen.*, 4.512; Servio ad loc.

(56) Servio, *Aen.*, 2.116.

(57) cfr. Giraldi, *De deis gent.*, 17, p.441, 38-40.

(58) Cicerone, *Verr.*, 2.4.94.

(59) Prudenzio, *Contra Symm.*, 1.350-351.

(60) ＊前註47および後註64参照。

(61) cfr. Cornuto, *Theol. Gr. comp.*, 34, p.71 Lang.

(62) cfr. *Servio, Aen.*, 4.609. ちなみにヘカテとプロセルピーナの同一視はヘシオドスよりも後のこと。ヘシオドスはペルセフォン―プロセルピーナの神統譜とは別の神統譜について語っている（cfr. *Theog.*, 411; 912-913）。しかし後代の神話学者たちはこれを気にとめてはいないようだ（cfr. Boccacio, *Gen. deor.*, 4.16）。この問題はGiraldi, *De deis gent.*, 12, p.306, 44-45で論じられている。

(63) Suida, *Lex.* E, 364 Adler.

(64) ここでカルターリは三形姿（訳文中では三頭とした）Triformisと三叉路Triviaを区別してはいないようにみえる（cfr. Varrone, *De lingua Lat.*, 7.16）。＊前註47参照。

(65) cfr. Servio, *Aen.*, 4.511. オルフェウスへの言及（cfr. *Argon. Orph.*, 976）はGiraldi, *De deis gent.*, 12, p.307, 37-38に準拠している。

(66) Eusebio, *Praep. Ev.*, 3.11.32-33.

(67) fosco（暗い）：これはfuocoの誤記か。＊しかし初版もfosco。後出［イシス］の項も参照。

(68) この奇想はおそらくカルターリ自身のものだろうが、どうやらイエズス会の新大陸に由来する植物に寄せられた博物学的奇想を想わせもする（cfr. Giovanni Pozzi, *Passifiore*）。

(69) cfr. Plutarco, *De facie in o. Lun.*, 21; 25.

(70) Plinio, *Nat. hist.*, 2.46.

(71) Pausania, *Perieg.*, 2.30.2.

(72) cfr. Argon. *Orph.*, 976-979. この一節はGiraldi, *De deis gent.*, 12, p.307, 37-39に略述されているが、中央の頭については単に«hominis agrestis»とのみ言われている。猪頭について語っているのは、Conti, *Mythol.*, 3.15.

(73) Prudenzio, *Contra Symm.*, 1.363-368.

(74) Prudenzio, *Contra Symm.*, 1.369-378.

(75) Teodoreto, *Therap.* 3.777.

(76) Suida, *Lex.* E 1049 Adler,

(77) cfr. Erasmo, *Adagiorum opus*, 2.2.4. この俚諺はラテン語では«Empusa mutabilior»という。

(78) Luciano, *De saltat.*, 19.

(79) Eusebio, *Praep. Ev.*, 3.12.2.

(80) ［II］章［アポロンと大鷹］項参照。

(81) fosco：前註67参照。

(82) ここにみられる月とイシスの同一視は、Plutarco, *De Is. et Os.*, 52の示唆に負ったもの。

(83) Erodoto, *Hist.*, 2.41.

(84) cfr. Ovidio, *Met.*, 1.568-750; Servio, *Aen.*, 7, 790; Boccacio, *Gen. deor.*, 7.22.

第四段
ペルセウスとゴルゴン姉妹／テティスとペレウス／アフロディテとアレス／ヘラクレスとアトラス／アポロンとムーサたち／イアソンとメデイアの結婚／メネラオスとヘレナ／ゼウスとアルクメネ／イダスとマルペッサ／杵を搗く二女性／ディケ（正義）とアディキア（不正）／ヒュプノス（眠り）とタナトス（死）を抱くニュクス（夜）
第五段
ペロプスとオイノマオス／アムフィアラオスの出陣／ペリアスの葬礼競技／ヘラクレスとヒュドラ／フィネウス王をハルピュイアから解放するゼテスとカライス
（各場面の解釈は澤柳大五郎『ギリシア神話と壺繪』鹿島研究所出版会 1966 に従った）

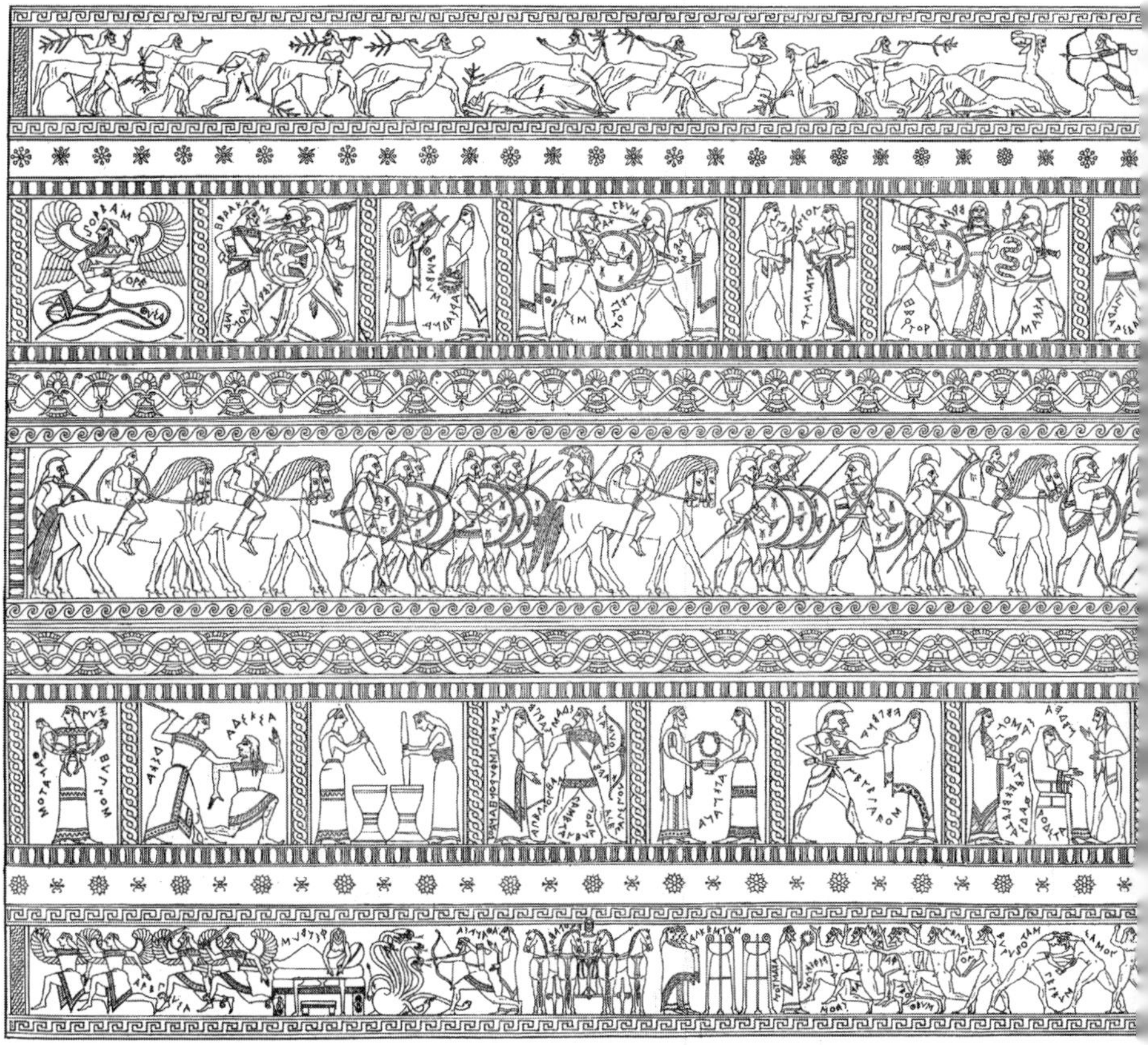

キュプセロスの櫃　全景
（W. v. Massowによる復元図）

第一段（右より左へ、以下同）
ペレウスとテティスの結婚／ペレウスに武具を運ぶケイロンおよびネレイスたち／騾馬の引く車上の二女性／ケンタウロスと戦うヘラクレス
第二段
洞のなかのディオニュソス／エテオクレスとポリュネイケスの相討ち／カッサンドラを犯そうとするアイアス／大アルテミス／パリスの審判／アガメムノンとコオン／ヘレナとディオスクロイとアイトラ／ヘクトルとアイアスの一騎討ち／アタランテとメラニオン／アキレウスとメムノンの一騎討ち／テセウスとアリアドネ／ヘラクレスとゲリュオネウス／オレイテュイアをさらうボレアス
第三段
騎馬と徒歩の戦士たち

(85) Servio, *Aen.*, 8.696.

(86) Servio, *Aen.*, 8.696.

(87) Macrobio, *Saturn.*, 1.20.18. これは Gualdi, *De deis gent.*, 12, p.326, 48-50にも引かれている。そこではイシスは大地あるいは自然本性として説かれている。

(88) cfr. Gualdi, *De deis gent.*, 12, p.326, 51-54.

(89) Ammiano Marcellino, *Hist.*, 17.4.11.

(90) Eliano, *De nat. anim.*, 2.46.

(91) abrotano サザンウッドとも。cfr. abrotonum.

(92) cfr. Giraldi, *De deis gent.*, 12, p.326, 54 – 327, 1.

(93) Lattanzio, *Div. inst.*, 1.11.2.

(94) Luciano, *Dial. mar.*, 11.7.

(95) Apuleio, *Met.*, 11.5.

(96) cfr. Alessandro Alessandri, *Geniales dies*, 4.12, Colonia 1551 ; Giraldi, *De deis gent.*, 12, p.328, 6-9. ジラルディはこれの出典が Tacito, *Germ.*, 9であると指摘している。

(97) Eliano, *De nat. anim.*, 10.31.

(98) Valerio Flacco, *Argon.*, 4.418 : «aspide cincta comas et ovanti persona sistro». ＊初版では俗語訳二行詩「頭には蛇を巻き、／響きのよいシンバルムを手にして」が添えられていたが、略された。

(99) Ovidio, *Met.*, 9.686-694. 原詩では引用五聯目でオシリスも顕現したかのように作詞されているが、どうやらカルターリ訳詩はあくまでイシスが供連れたちとともにオシリスを探し求める姿と解しているようにみえる。

(100) Apuleio, *Met.*, 11.3-4.

(101) Marziano, *De nuptiis*, 2.170.

(102) 上註参照。«et felem et cervam» とあるところ、カルターリは猫については略している。＊別文脈で語られる猫については、後註129参照。

(103) Apuleio, *Met.*, 11.3-4.

(104) Virgilio, *Georg.*, 1.427-435.

(105) cfr. F. Beroaldo, *Apuleius cum commento Beroaldi*, Venezia 1516, c.153v.

(106) ＊初版では簡潔に別の解説が入っていた。「これについては詩人たちのみならずリヴィウスもプリニウスも書き記している。これを月《ルナ》が天を旋転する時に発する響きと解する者もある。プラトン主義者たちの見解によれば、諸天軌の運動により天にはいとも甘美な調和《ハルモニア》の響きが聞こえるという。それにまた上述したところなので繰り返さないが、ヘロドトスに付言して、エジプトでは女たちがイシスの供儀にこのシンバルムを響かせて踊り、男たちはティビア（縦笛の一種）を吹いた、と記されてもいる。」後出［シストラム］項参照。

(107) 金属が月を引き寄せるという俗説については以下を参照。Seneca, *Medea*, 796 ; Livio, *Ab U. cond.*, 26.5.9 ; Tacito, *Ann.*, 1.28.

(108) Virgilio, *Buc.*, 8.69.

(109) cfr. Ovidio, *Met.*, 7.207-208.

(110) Lucano, *Phars.*, 6.499-506.

(111) Apuleio, *Met.*, 2.5.

(112) Teodoreto, *Therap.*, 3.778. ここではポルフィリオスのアネボ宛書簡が引かれている。

(113) Ovidio, *Fast.*, 3.291-328.

(114) Apuleio, *Apologia*.

(115) Suida, *Lex.* Θ, 289 Adler.

(116) Seneca, *Phaedr.*, 406-412 ; 418-422.

(117) cfr. Cicerone, *Tusc.*, 1.92 : «a qua [Luna] consopitus putatur, ut eum dormientem oscularetur».

(118) Pausania, *Perieg.*, 5.1.4.

(119) Virgilio, *Georg.*, 3.391-393 : «Munere sic niveo lanae, si credere dignum est, / Pan deus Arcadiae captam te, Luna, fefellit». この一節は Macrobio, *Saturn.*,

5.22.9で論じられる箇所。カルターリはこれをエンデュミオンの神話の異文として観ているが、マクロビウスによるとこれはニカンドロスによって語られたまったく別のものがたりということになる。

(120) Plinio, *Nat. hist.*, 2.43.

(121) Alessandro di Afrodisia, *Probl.*, 135. ポリツィアーノ羅訳から。cfr. Giraldi, *De deis gent.*, 12, p.305, 50-54.

(122) Plinio, *Nat. hist.*, 2.54. ここではStesicoroとPindaroについて述べられている。

(123) これはプロペルティウスでなく、かえってTibullo, *Eleg.*, 1.8.21-22: «cantus et e curru Lunam deducere temptat, / et faceret, si non aera repulsa sonent» による。

(124) Giovenale, *Sat.*, 6.440-443.

(125) これは古人たちの風習であったというよりは、F. Lopez de Gómara, *Hispania Victrix*, Zaragoza 1552 の伊語版（諸版あり）*La historia generale delle Indie Occidentali*, cap.73でヴェネズエラの俗習として記されているもの。

(126) cfr. Macrobio, *Saturn.*, 2.1.7. カルターリはおそらく*Apuleius cum commento Beroaldi*, c.153.v に拠っている。

(127) Apuleio, *Met.*, 11.10.

(128) Celio Calcagnini, *De rebus Aegyptiacis*, in *Opera aliquot*, Basilea 1544, p.246. これはPlutarco, *De Is. et Os.*, 63に依拠した記述。

(129) Ovidio, *Met.*, 5.330.

(130) 先の［イシス］項。そこではcembalo シンバルムが語られている。カルターリはこれをシストラムと同視している。

(131) cfr. *Apuleius cm commento Beroaldi*, c.153v.

(132) Ambrogio, *Hexaem.*, 4.8.

(133) cfr. Plutarco, *Quaest. Rom.*, 76.

(134) ＊初版ではここに短くフォルトゥナの名が出る。「あたかもフォルトゥナがおもいのままになすように」

(135) ＊初版の本章の記述はここで終わる。

(136) Ovidio, *Fastorum libri ... commentatoribus A. Constantio ...* P. Marso, 1508, c.54v のパオロ・マルソの註参照。

(137) アルカディア人は月より古い民プロセレーノイであるという説については cfr. Servio, *Aen.*, 8.352. またこれを映じた詩編に、Ovidio, *Fast.*, 2.289-290 ; Stazio, *Theb.*, 4.275-284 などがある。

(138) Suida, *Lex.* T 377 Adler.

(139) Ateneo, *Deipnos.*, 12.512c.

mo così diuenta oscura, che più non vi pare essere. Però non dichiamo più di lei mà sì di quella vsanza de i Romani di portare le Lunette nelle scarpe, perche alcuni altri la tirano da gli Arcadi, dicendo, che questi fra tutti i popoli della Grecia si tennero di essere i più antichi, & perciò più nobili, perche voleuano essere stati fino innanzi, che nascesse, ò fosse fatta la Luna. Et a credere questo erano indotti, perche l'Arcadia è nel mezzo per lo lungo del Peloponneso, alt[a] più di tutti gli altri paesi della Grecia, & montuosa, onde fù detto, che nel tempo del diluuio gli Arcadi soli si saluarono, ritiratisi alle sommità de i monti, fin che le acque furono abbassate. Onde all'hora vscendo delle cauerne, & vedendo la Luna, come che quella, che era innanzi al Diluuio, fosse perito insieme con l'altre cose, & fosse questa vn'altra, la credettero essere stata fatta, ò nata all'hora solamente, & così dopo loro, che erano nati gran tempo innanzi; & quindi pigliauano argomento di essere i più antichi, & più nobili di tutti gli altri Greci, poi […] vsanza di port[…] famiglia, co[…] Et gl[i] Atheni[…] ati altri huo[…] d'oro in capo […] Atheneo scr[…] per la sciuia i […] alcune cicalette d'oro intorno alla fronte.

[IV]

ユピテル

GIOVE.

TANTA riputatione acquistò Gioue appresso de gli antichi, cacciato ch'egli hebbe Saturno suo padre dal regno del Cielo, come raccontano le fauole, che da tutti fù in grandissima riuerenza hauuto, & creduto il maggiore di tutti gli altri Dei. Per la qual cosa gli poseto molti tempij, & ne fecero diuersi simulacri, chiamandolo Re, & Signore dell'vniuerso, come che tutto fosse in suo potere. Et lo dissero ancora Ottimo, e Massimo, con ciò fosse che à tutti per la sua bontà volesse giouare, & far bene, e lo potesse anco fare per la maggioranza sua, che andaua sopra tutti gli altri. Et dal giouare dicesi, che ei fu chiamato Gioue da' Latini, sì come appresso de' Greci hebbe vn nome qua[l] mostraua, che da lui venisse la vita a tutte le cose. Et perciò lo posero i Platonici per l'anima del Mondo, & lo credettero alcuni quella diuina mente, che ha prodotto, & gouerna l'vniuerso, & che communemente è chiamato Dio. Di questo, Iamblico parlando delli misterij dello Egitto, così dice: Perche Dio và sopra tutte le cose, risplende come separato da quelle, & solo tutto in sè stesso camina per di sù l'vniuerso. Quelli di Egitto lo posero à sedere sopra il Loto arbore acquatico, volendo perciò dare ad intendere, che la materia del mondo è soggetta à lui, il quale la regge, & gouerna senza toccarla, perche il gouerno suo è tutto intellettuale, come significa il Loto nel quale le foglie, & i frutti sono retondi, perche la mente diuina si riuolge in se stessa, & ad vn medesimo modo intendendo sempre gouerna. Donde viene quel sommo principato, che regge il tutto, & separato da tutte le cose del mondo fà, che si muouano tutte stando lui in se stesso quieto sempre, riposato, & immobile: Il che mostraua

ユピテル／蓮の上に坐すユピテル／全なるユピテル／ユピテルはファト／プロヴィデンティア／ナトゥーラ／ムンドゥス／エコー／パンの下半身／太陽のパン／目撃されたサテュロス／秘密のままに保たれた諸玄義／たいへん敬われた山羊飼いたち／崇敬される牡山羊／バッカスの供連れとしてのサテュロス／好色／シレヌス／パンに与えられた松／描かれた万有宇宙／神の本性として敬われた蛇たち／ユピテルの像／耳のないユピテル／四つ耳のユピテル／三つ眼のユピテル／誓願の儀式／ユピテル・オルクス／豊穣の角／コルヌ・コピアイとその変容／バッカスの飾具を備えたユピテル／ユピテルの鷲／鳥たちの王女としての鷲／玉座のユピテル／守護者ユピテル／断固たる《スタトーレ》ユピテル／保護者ユピテル／スムマヌスの雷光／様々な神に与えられた雷霆／雷霆をかかげるミネルヴァ／三色の雷光／三種の雷光／雷光の奇跡の数々／ユピテルがもたらしたアイギス／ユピテルの書物ディフテリア／ユピテル・ラブラデオ／戦闘具の発案者たち／妊産婦としてのユピテル／ユピテル・アムモーン／牡羊の姿をしたユピテル／崇められた牡羊／ユピテルの生贄／狂乱の儀式／裁きと呼ばれた斧

Tav. 18

［諸天界の神ユピテル／牧人たちの神パン］

▶ p.178-180

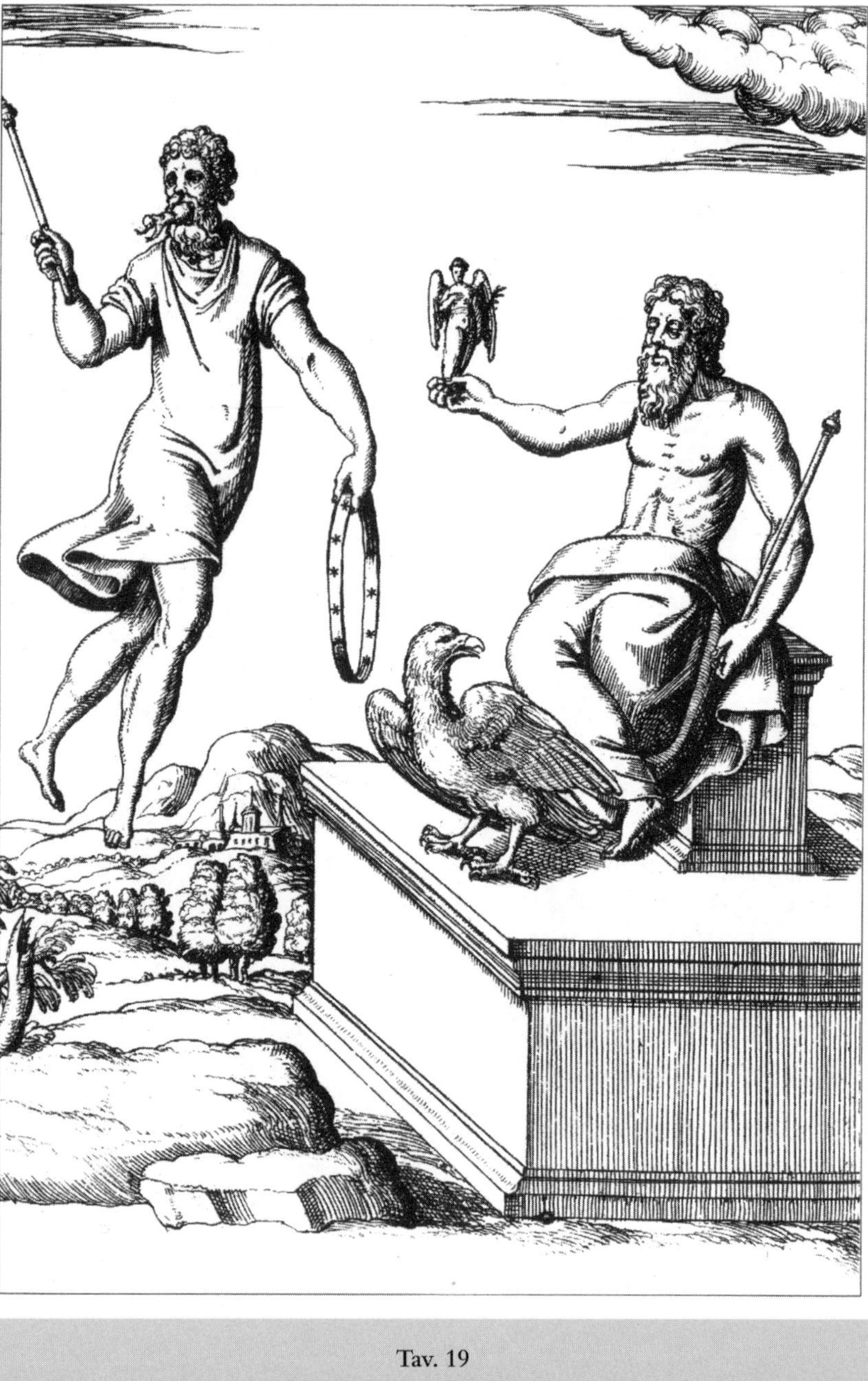

Tav. 19

［エジプトのユピテル／ピレエフスのユピテル］

▶p.190-191

Tav. 20
［ユピテル・オルクス／神々の中の神ユピテル］
▶ p.194-195/191-192

Tav. 21
［信頼の神フィディオス］

▶ p.196-197

Tav. 22

［黒雲をもたらすユピテル／ユピテル・ラブラデオ］

▶ p.202-203

Tav. 23
［ユピテル・アムモーンの託宣］
▶ p.205

Tav. 24

［ヘルマス（メルクリウスの角柱）／ユピテル・アムモーン］

▶ p.206-207

―古人たちのもとでユピテル《ジョーヴェ》はたいへん敬われたものだった。天界からその父サトゥルヌスを放逐したのは彼である、とはさまざまな寓話がものがたるところ[1]であり、他のどんな神々にもまして大いなるものと信じられたいへん尊崇された。こうしたことから、あたかもすべてがその権能のもとにあるかのように彼を万有宇宙の王にして主と呼び、数多の神殿を捧げるとともにさまざまな神像を造った[2]。またそれは最高《オプティムス》にして最大《マクシムス》とも称された。誰もがその善性を裨益《ジョヴァーレ》し、その恵みを受けたいと願ったから。またその大いさは他の何にもまして卓越しているにちがいない、と。

［ユピテル］ 裨益《ジョヴァーレ》するということばから、ラテン人たちは彼をジョーヴェと称したが、ギリシャ人たちのもとでも「あらゆるものに生命がもたらされるところのもの」を意味する名で呼ばれた[3]。

それゆえプラトン主義者たちはそれを世界魂《アニマ・ムンディ》とみなしたのであり、宇宙を産生し司る神的な知性《メンス》（こころ）と信じる者たちもあり、普通に神と呼ばれたのだった[4]。

［蓮の上に坐すユピテル］【イアンブリコスはエジプトの諸玄義について語りつつ、彼についてこう言っている[5]。神はあらゆるものを超えており、これらのものから離れて光り輝き、自ら全にして万有宇宙を超えて歩む。エジプト人たちは彼を蓮の上に坐らせた。これは水性樹であり、つまりこの世の質料は彼に服すものであるということを意図したものだった。彼はそれに触れることもなく支配し統率する。なぜといって彼の支配とはまったく知性的なものであるから。蓮の葉と実の丸さが意味するところは、神の知性（こころ）というものは自らに向うものであるということであり、これはまた永遠の支配を意味するものであった。それゆえこの至高なる君主はすべてを支え、この世のすべてのものから離れて、すべてを動かすのである。彼自身は永劫に静止し、不動のままに憩いつつ。先述したように、エジプト人たちは彼を坐らせることによってこれをあらわしたのだった。

［全なるユピテル］ 万有宇宙の至高なるところに住むこの偉大

なる天の王ユピテルを、古人たちはこのように想いなしたのだった。そして諸物は彼に発してより低きに降るものであってみれば、しばしば下位なるものの諸原因および諸物にも彼の名を借りることとなった。セネカがその『自然本性について』(6)に記しているように、古人たちはカンピドリオその他の神殿で雷光を手にしているユピテルよりも賢い者はないと信じたのだが、かえってそこに万有宇宙の守護者にして支持者たる心霊を観ていたのだった。世界という大いなる機構を造りなし、それを彼の流儀で支配し、それゆえそれに一々適切な名を授けた、と。

［ユピテルはファト《宿命》］ 彼はファト《宿命》と呼ばれることもあり得た。なんといってもすべては彼に拠っているのであり、彼こそがひとつまたひとつと連関した諸原因の秩序であり、すべて彼に由来するのだから。

［プロヴィデンツィア《摂理》］ また世界が彼の命じる軌道（秩序ある経緯）をひきつづき進むように調整するのであってみれば、プロヴィデンツィア《摂理》と称されることもあり得た。

［ナトゥーラ《自然本性》］ 彼から万物が生まれ、生命あるものは彼のために生きているのであってみれば、それをナトゥーラ《自然本性》と称することもできた。

［ムンドゥス《世界》］ 同様に彼をムンドゥス《世界》と呼ぶこともできた。なぜといって、目に見えるものはすべてまさに彼の力能によって支えられているのであり、**】** 彼こそあらゆる場所に在って一々のものを満たしているのだ、と信じられていたのだから。ヴィルギリウスはこう言っている。(7)

　至高なるユピテルにより万有宇宙は満たされ。

オルフェウス(8)もまた、ユピテルはあらゆる事物のはじめにしておわり、これまでに存在したすべての時に先立ち、これから将来するであろうすべての時の後にもあるであろう、そしてこの世の最も高きところを支えつつ、最も低いところにも触れ、あらゆる場所を占めている、と言ったのだった。またその姿を描くにあたっては、すでに彼のうちには土、水、気、火、昼と夜のすべての事物があると言われているところから、それは全世界をかたどるように描出された。頭の金色の髪は輝く星々に飾られた明るい天。そこからこれまた金色の二本の角が出ており、一方は東を他方は西を指している。目は太陽と月。気は大きな胸と広い肩、そこには二本の大きな羽があり、速い風をあらわしている。神はなにごとをもたちまちなし遂げるから。大きな腹は海の水にとりまかれた大地。両脚は世界の最も低い部分であり、これが大地の中心をなしている。(9)

　オルフェウスによって万有宇宙のかたちに造りなされた

このユピテルの像は、わたしにはパン《牧神》の像のようにみえる。両者の類似は古人たちがこの神に与えた万有宇宙のかたちにも認められるところ(10)である。彼らのもとにあっては、ユピテルばかりかリュカオンもその神像からするとパンと同一であった。その像は全裸で山羊の皮を纏っているだけ。ユスティヌスが記すところによれば、ローマのパラティーノの丘の麓にあった神殿(11)はどうやらこの神性に捧げられたものであったようである。彼は丘や森に棲む神々のひとりであったらしい。古人たちの神々はみな天にいるという訳にはいかず、地にも数多いた。これらを崇めたのはなにより牧人たちで、それは彼らにとって特別の神であるとともに、なにより羊の群れの守護者であった。【ヴィルギリウスは言う(12)、

　羊の群れと牧人たちに気を配るのはパン。

　森の中では時として羊の群れが理由も分からぬうちに不安に怯えることがあるが、古人たちはこれをパンが来たと称し、わけも分からぬうちに突然襲ってくる不安を恐怖のパニックと言った。これをもってか、あるいはパンこそトリトンたちがもち寄った大きな貝で騒音をたてようとした最初のものだったと信じられていたからだったか、つまりパウサニアスが録している(13)ように、巨人たちとの戦いの折、これでひどい騒音を立て、ひどく驚かせて右往左往させ逃げ去らせたからであったか。これはまたガリア人たちがブレンノスに率いられてギリシャ人たちと戦った折にも認められる。大きな合戦があった日の夜、彼らはこの恐怖のパニックに襲われたのだった。どうやらはじめはほんの僅かの者たちが馬の蹄の音を聞き、激しい勢いで敵軍が攻めてくるのを見ただけだったようだが、それが野営地全体に広がった。みな武器を手にとり、お互い見境もなく激しい恐怖に分別を失って、誰の着衣もことばもギリシャ人たちのものに見えはじめてお互いに諍い合い、あちこちに逃げはじめた。その報を受けたギリシャ人たちはさっそく彼らを襲撃し、ほしいままに彼らを虐殺したのだった。

　つまり理由もなしにやってくるこうした激しい恐怖はパンに由来するものと信じられたのだった。パンは主にアルカディアで崇められ、他の権能ある神々すべての父とみなされていた。これに捧げられた神殿には永遠の火が灯され、往昔そこには有名なニンフ、エラトーの口寄せをする巫言者がいたと伝えられる。

　アテネ人たちもまた大いにそれを尊重することとなる。というのもペルシャに敵対してラケダイモン人たちの協力を頼もうと遣わした彼らの使節にそれがあらわれて、マラ

トーンの野営地に彼らの援軍を得られるだろう、と告げたから。しかしこれは後代の記述にはみられず、この戦いで目にされたのは農夫のような容貌と衣装の男ということになる。この男は数々のペルシャ人たちを鍬で殺戮したあと姿を消し、もう誰もその姿を見た者はなかった、と。先述したように、パルテニオンの森ではじめてパンに会った者がそれのために神殿を建てた。この森には竪琴を造るにたいへんよい亀がたくさんいたが、里人たちはあえてそれを捕りもしなければ、異邦人に捕らせもしなかった。なぜといって彼らはそれらがパンに捧げられたものと思いなしていたから[14]。そこから、彼の図の足元に亀が置かれることとなり、恐怖のパニックのしるしとして貝も付されることとなった。

これは】シリウス・イタリクスによって、角と山羊の耳、それに尾をつけて、次のように描写されている[15]。

祭りの日パンは短い弦を
震わせて、尖った松で
こめかみを結び、真っ赤な
額から二本の短い角を出し、
両耳は山羊のように長くて剛毛に被われ、
濃い髭が硬そうな顎から
胸にまで垂れ、この神は手に
いつも牧人の杖をもち、
両脇を慎ましいご婦人のように結び
胸と背とを斑になった革で被っている。

そしてそれは険しい崖を登る。それがいかに崩れかかっ

万有宇宙を意味して、諸天界の神ユピテルと牧人たちの神パンの姿。前者が坐しているのはこの神とその摂理の不動性を、後者が立ち姿で歩むところはこの世の推移をあらわしている。 [▶Tav.18]

ていようとも、たいそうな速さで回転しているこの世界のように、その歩みが駆けるように速いことはまさにこの神の像にあらわされている通り。この神の名はギリシャ語であるが、われわれのことばにするなら万有宇宙を意味している。

セルヴィウスは[16]、古人たちがそれに角をつけたのは、それによって太陽の光と月の角（三日月）をあらわそうとしてのことであった、と言っている。またボッカチオは[17]、額から出て天に向かって伸びる角に、天の諸星辰を観ようとした。われわれが諸星辰を二様に知ることができるように。ひとつは業、つまり天文観測具によって諸星辰の運行およびお互いの距離を測る業《アルス》によって。もうひとつは、この下界の諸物のうちに産生されるものに認められるその諸効能（動因の数々）をもって。

彼らが描くパンのその赤く燃えるような紅の顔は、他の諸元素を超えて諸天球の果てにある純粋な火をあらわしている。胸にまで垂れる長髭は、上位なる二つの元素つまり気と火が男性的な自然本性と力能であることを、そしてそれらが他の二つの女性的な自然本性の元素にそれらの刻印を捺すことを。その胸と背を被う斑になった革は、燦然と輝く星々に飾られた第八天をあらわしており、また諸物の自然本性に属するもののすべてを覆っている。それが手にする牧人の杖は、ボッカチオによるなら、あらゆる事物の自然本性の統御を意味している。これはまた、理性的動物を別にして、他の諸物のはたらきについて予め定められたその目的成就へともたらすべく司るものでもある。セルヴィウスは[18]、この杖が捩れているのは歳月が撚り合わさっていることをあらわしている、と言っている。

またもう一方の手に七本の葦でできた笛をもっているのは、【ヴィルギリウスが言うように、最初に何本かの葦を組み合わせて蜜蠟で固め、それを吹いてみせたのがパンであったからである。これは】われわれに天界の調和《ハルモニア》を教えてくれる。これが七つの響きと七つの異なった音をもつように、天にはその諧調をなす七界があることを。

【エコー】 これをまたマクロビウスは[19]エコーに付会してみせる。古人たちは、彼女がたいへんパンの神に愛された、とものがたっている。【これについてアフロディシアスのアレクサンデルは[20]、エコーが女神でありパンに愛されたというのは巷説の過誤である、と言っている。なぜならそれは天井が高く窪んだ場所に広がった声の反響に過ぎないから。そして、声がなぜこのように響き返すのかと熱心に研究したこの学者は、時としてそれが聞こえない残念さを愛する女とまみえることができない者の心境に喩えてみせたのだった。

オウィディウスも言うように[21]寓話の数々では、エコーはナルキッソスに恋をしたニンフだった。このたいへん美しい若者の愛を得ることができず、恥ずかしさから洞窟や洞穴の中に逃げ込んで悲嘆に暮れるうち、そのからだは石と化し、声より他にはなにも残らなかったという。ルクレティウスは[22]、場所によってはそれが六度も七度も繰り返し聞こえることがある、と記している。またパウサニアスによれば[23]、ギリシャのエレオン人たちのもとには七回以上もエコーの声が繰り返し聞こえる柱廊があったという。

また彼女は気とことば（舌）の娘であったから、目に見えない女神であったと言う者たちもある。そこで】アウソニウス・ガッルスはその風刺詩で[24]、彼女を描こうとする者に彼女が揚げ足とりする（ことばを反復する）様子を次のように語らせている[25]。

愚かな画家よ、おまえは何を探しているの、
わたしを描くために。死すべき者の目には
決してわたしは見えないのに
かたちもからだも色もないのに。
気と舌から不断にわたしは
生まれる。わたしは母、なにの母と
言うわけではないけれど、なにもわたしの
叫び出だす声に優るものはない。

わたしが死ぬ時、最後の語勢が
生まれかわり、他人のことばにわたしの
ことばがつづく。気に風にのって。

わたしはあなたの耳の中。なそうと思う者が
いつもできるとは限らないのは世の常。
わたしを描こうと思う者はその響きを描きなさい。

【わたしはそんなことをする気はないが、アクィレジアの選帝侯バルバロ殿[26]が二連の八行詩《スタンツァ》となしたところのその像を拝見することにしよう。

エコーは森と谷の娘、
裸の霊とのびやかにさすらう声、
恋のあやまちの永遠の規範は
人が問う限り何度でも繰り返し言う。
アモルが楽しそうに踊りながらあなたに戻ってくるなら
そしてあなたの姿をこの谷の外に連れ出して

ひとり放り出してしまうとしたなら、
わたしの問いを一言で解いてごらん。

エコーよ、愛《アモール》の目的はなに？——愛すること《アモーレ》。
安全《シクーラ》でない道を行くのは誰？——気遣い《クーラ》。
彼女は永遠に生きるの、それとも死ぬの《モーレ》？——死ぬ《モーレ》。
厳しい運命からは逃げなきゃだめかな？——留まれ《ドゥーラ》。
ひどい悲しみ《ドローレ》に終止符を打つのは誰？——時《ローレ》。
どうすれば誓いに背く《スプレジューラ》人を打ち負かすことができる？
——誓え《ジューラ》。
では愛の偽りは好き《ピアーチェ》？——好き《ピアーチェ》。
それはどうなるの、戦争それとも平和《パーチェ》？——平和《パーチェ》

ここまで来ると脱線だとは思えないどころか、かえってたいへん愉快に読み進めたくなる。われらが時代の詩人がしなやかに書き綴ってみせるエコーとの問答。彼が彼女に尋ねるのをなんとか[27]切り抜け、問いに照応したその返答の声を。さて、つづけて。

谷、岩、山、洞窟、草に野原、
丘、森、泉、小鳥に獣、
サテュロス、フォーヌ、それにあなたがた淑やかなニンフたち、
どうかわたしの罰について聞いてやっておくれ。
どうやってアモルがわたしを死へとひきずるのか聞いておくれ。
固く解きがたい結び目《ノード》に繋がれて？——聞きましょう《オード》。
聞いてくれるって。ああ、答えるのは誰、
苦く悲しいわたしの涙《ミオ》に？——わたし《イオ》。
おまえはニンフか？　ニンフだと言って、
この声で響き《スオノ》をかたちづくるおまえ？——わたしです《ソーノ》。
つまりおまえはニンフなんだね？　じゃあ名前を教えて、
なんだかわたしと一緒《メコ》に泣いてくれているみたいだね。
——エコー。
エコーっていうのかい、耳を貸して、
聞いておくれ、聞くのが嫌《ディスピアーチェ》じゃなかったら。——いいわ《ピアーチェ》。
わたしが苦い気持ちで泣いているのが見えるかい、
ああどうかわたしの悲嘆《コルドッリオ》を哀れんでおくれ。——悲《ドッ》しい《リオ》。
わたしを悲しんでくれるなら、何か言ってくれるかい
わたしが巻き込まれている《インヴォッリオ》深刻な想いに？——はい《ヴォッリオ》。
ああなんという報い、わたしの懊悩が

ちょっとでもおまえのおかげで消《アンヌッラ》されるならば？――
どういたしまして《ヌッラ》。
ありがとう。では何か言っておくれ、
もうこれ以上なにも頼《リキエディ》みはしないから。――聞《キエディ》いて。
ニンフよ、どれほどアモルがわたしを苦しめることか
おまえには分かるかい、
わたしは死へとまっしぐら、もうそこに着《アヴェッジョ》くのかな？
――そうみたい《ヴェッジョ》。
何か言っておくれ？　どうしたらいい、なぜって
アモルがわたしを呼《キアーマ》ぶのをおまえは哀れんでくれるん
だろう？――愛《アーマ》せば。
このアモルってやつはいったい何なんだろう、
まるでわたしを熱く燃え上《インフィアンマ》がらせるこいつ。――炎《フィアンマ》。
これはどんな炎なんだ？　まるで消える気配もない、
すこしでもおさまら《ラッレンタ》ないものかな？――緩《レンタ》やかに。
どこに潜んでいるのだろう？　どこにいるのだろう？
わたしが蔑《ディスペット》するにもかかわらず燃え盛るのはどこ？
――胸《ペット》。
どうやって入り込むんだ、教えてくれ？　どこに通路
があるんだ
胸の中はもういっぱいに詰《トラボッキ》まっているじゃないか？
――目《オッキ》。

目から入るんだって？　声を聞くことで
恋に落ちる者《シンナモラーロ》が多いように思うのだけれど。――稀《ラー》だ
わ《ロ》。
教えておくれ、そいつの糧は何で、どこで食べている
のか
どうやらそいつはわたしを悲嘆に暮れさせ《アッコーレ》つづけてい
るかのよう。――こころ《コーレ》。
わたしがこころを燃やすなら、わたしがそこに
自由を失《ペルディ》った軛はまだまだつづくと？――神様《ディ》。
とするとわたしにまだずっと思いつづけようというのか
こんなに嘆き疲《スタンコ》れているのに？――まだまだ《アンコ》。
涙を流すばかりでなんの喜びもなしに。
これはまるで無益《インヴァーノ》な涙ではないのかい？――無駄《ヴァーノ》ね。
だとしたら、わたしを燃やすこの邪心ない勇敢さに
どんな公正な報《リセルヴィ》いを用意してくれているのか？――
屈従《セルヴィ》。
わたしの愛する者はそれを喜んでくれるかい
彼女はわたしが仕えることで満足《コンテンタ》してくれるのか？
――試《テンタ》して。
なんでも試してやろう。それになにか報いが
最後《ポイ》にはもたらされるというのなら。――そうなり《ポ》
ますように《イ》。

でもいったいどうすればいい。こんなにも
苦痛がわたしを病《インフェルモ》に震えさせるとしたら？――や《フェ》
　めれば《ルモ》。
でもするだろう。それがわたしをこんなに憔悴させ
涙にわたしのいのちが損われ溶かされても《ディステンプラ》？――しっ《テン》
　かり《プラ》。
どうしたらしっかりできるだろう。アモルは
第三天《スペーラ》からわたしを矢で射ることをやめないのに？
　――希望をもって《スペーラ》。
優しいニンフよ、では希望を喜ぶことで
この致命的な熱情は抑えられるの《ラッフレナ》？――収まるわ《フレナ》。
いったいわたしのいのちって何なんだ。希望もなしに
アモルの狡猾な《アッコルタ》手に捕えられ打ち負かされて？――
　儚いもの《コルタ》ね。
わたしのいのちが短い《コルティ》というのなら
ここでわたしを悲しませる《マットリスティ》ことはないだろう？――哀《トリ》
　れね《スティ》。
なにに希望を託そう？　きっといつかアモルは
わたしを幸せに《フェリーチェ》してくれるなんてことがある《リーチェ》だろう
　か？――そうなればいい《リーチェ》わね。
いったい誰がわたしに希望を与えるのだろう、
おまえはわたしに希望をもてと勧める《インヴィタ》けれど。――い《ヴィ》
　の《タ》ち。
いのち《ヴィタ》だって？　その他にはなにを
だってわたしは希望《スペーネ》を失ったことなどないのに？――
　苦痛《ペーネ》を。
苦痛《ペーネ》だって？　わたしを楽しませてくれるのだと思っ
　ていたのに？
わたしを恐れさせる《テーマ》苦痛《ペーネ》はどこからくるのだ？――恐《テー》
　れ《マ》。
恐れ《テーマ》が原因だって？　ああ、ほんとうのことを言って
　くれ、
恐れ《テーマ》がわたしを物乞い《メンディコ》に貶めたと？――そういうこと《ディーコ》。
ああ、なんと惨めな、なんと失礼な、無慈悲な恐れ、
わたしの喜びを惑乱させる《コントゥルバ》のはこいつかい？――狼狽《トゥ》
　した《ルバ》。
それだけかい。言っておくれ、
この苦痛に青ざめた《スモルテ》四肢にもっとひどいことがつづく
　というなら？――死《モルテ》。
死《モルテ》だって？　恐れ《ティモール》がしるしを残すというのは、
愛《アモーレ》の過剰によって時には死ぬ《モーレ》ということ？――死ぬ《モー》
　わ《レ》。
どうしたらそれを追い出せる？　それを望まず、
こころ乱れ、涙し絶望する《ディスペーラ》ばかり。――希望をもって《スペーラ》。

おまえは希望をもてと言うけれど、おまえは希望だけが
なにより慰めてくれる《コンソーラ》ものだと思うのかい？――それだけ《ソーラ》。
この苦悩の全部をそれとも一部でも取り除いてくれるのか、
ああ、わたしを消耗させ魂消させる《パルテ》こやつを？――すこしだけ《パルテ》。
では希望だけなんだね
もう《ジャマイ》わたしにはこころの平安は訪れないの？――決してない《マイ》わ。
それにしてもアモルは、屈従と希望ばかりか
いったいなにを望んでいるのか？　ひとつひとつ《パルテ・ア・パルテ》みんな教えておくれ。――巧みの業《アルテ》。
誰がその巧みの業をわたしに与えてくれるの？　アモルが？
アモルみずから《イステッソ》じゃないとしたら、いったい誰が？
――彼よ《エッソ》。
つまりアモルが、愛する者たちに
真愛のアモルが巧みの業を教えてくれる《ディモストラ》の？――はっきりと《モストラ》。
どうか教えて、炎が見えるように、

それともそれを見ない方が《ディスコプリ》いいと思うかい？――見なさい《スコプリ》。

それを見たほうがいいんだね？　ひとつひとつ？

それともどれか《アルクーノ》ひとつだけでいいの？――ひとつだけ《アルクーノ》。

ただひとりの友にだけ明らかにして、
他の者たちには隠すなんて致命的《モルターレ》じゃないか？――そう《ターレ》。

わたしの熱情を知ることとなるのは三人だけ《ソーリ》、
わたしを慰めるのがただおまえだけ《ソーロ》だとしても？――それだけ《ソーリ》。

とはいえ、教えておくれ、わたしの密やかな熱情を
託す《コンフィード》ことができるのはそのうちの誰だろう？――信頼《フィード》。

忠実な友たちに愛を求めたとして
その後、友のまま《グラード》でいられるのか？――滅多にない《ラード》わ。

だとしたら、いったいどうやって忠実な者をみつけるのか、どうしようか《リチェルカ》？――さがして《チェルカ》。

でも見つけたとして、それがわたしを喜ばせてくれるの？

情熱（苦悩）もひょっと癒される《リレーヴァ》ことになるだろうか？

――取り去られる《レーヴァ》わ。

言うね、だったらほんとう《ヴェーロ》のアモルってなんだ？

どうか教えておくれ、ほんとうのところ《ヴェーロ》を?——ほんとうよ《ヴェーロ》。
これがほんとうなら、わたしは嬉しい、
わたしをぞっとさせる《アッテッリ》悲痛ももう恐くない。——考え違い《エッリ》だわ。
なぜ違うんだ? まだ他になにか要るというの、
翼なしにはわたしの想いも羽ばたかない《ヴォーレ》のに?——欲しいの《ヴォーレ》。
まだなにか欲しいの? これで十分じゃないの?
ああ、ほんとうのところを言ってごらん。曖昧なまま《インチェルト》放っておかないで。——もちろん《チェルト》。
なにが要るの、お願いだ、
喜びは睦まじい《コンソルテ》気持ちにあるんじゃないかい?——運命《ソルテ》ね。
運命《ソルテ》だって? まだほかに要るの、
意志も希望も〈運命《ソルテ》を前にして役に立たない訳ではない〉?——運命《ソルテ》よ。
だからどうだって言うのさ。愉しもう。
無益な欲望も運命《ソルテ》もないならば?——運命《ソルテ》ね。
それともこころ静かに居たいかな、ニンフよ。ありがとう、
どうやらおまえのことばでわたしは元気づけられた《アヴィーヴィ》よ。
——良かった《ヴィーヴィ》。】

【パンの下半身】 さて、パンに戻ろう。その下半身はざらざらと毛深く、山羊の脚をしている。それは土をあらわしている。土は堅くてごつごつしており、まったく凸凹で、樹木やらさまざまな低木やら草に覆われているから。

【太陽のパン】 マクロビウス[28]もふくめ、この神を万物の父にして主なる太陽と解した者たちは、その角が新月の肖像であるという。またその赤い顔は太陽が昇る暁と沈む黄昏の気中にみられる赤味であり、大地まで下る光がその長い髭によってあらわされている。斑の革は太陽が遠ざかるとあらわれる星々、笏杖は彼が諸物に及ぼす権能、葦笛とは太陽の運行から知られる諸天の調和である、と。

パン神がこれ以外にもなにか意味しているのではないかとプラトンはそれの道理を求めつつ、その人と山羊の二つの姿を時に真にして時に偽であることと説いたのだった。つまり上半身は真、道理をともなうとともに神的なものはつねに高みへと向かうという軽微さであり、下半身は偽、この下界の死すべき者たちの間に住むより他ない堅く粗野な獣性である、と考えたのだった[29]。すでに述べたように、いずれ古人たちからは上半身は人で、頭には二本の角、歯をむき出した顔は真っ赤、豹の皮で胸と背を被い、片手に牧

人の杖を、もう一方の手に七本葦のザンポーニャ《バグパイプ》を持ち、下半身は腰も脚も足も山羊の姿で描かれてきたのだった。

ファウヌス、シルヴァヌス、サテュロスたちも同じように描かれてきたところからすると、これらも同じ自然本性をもったものとみなされる。みな小さくて短い尾をもっており、古人たちはこれらに百合と葦の冠を被せた。時にポプラやフェンネルの冠を戴くこともあった。【そこでヴィルギリウスは最後の牧歌で、[30]シルヴァヌスの頭をぎこちなくフェロラの花と大きな百合で飾ったのだった。また別の箇所では、[31]その手に糸杉《キュパリッソス》の若木をもたせたが、これはセルヴィウスが明かしてみせたように、彼にたいへん愛された美しい若者がこのキュパリッソスの木に変じたからだった。

シルヴァヌスは古人たちからたいへん崇められた神だったが、ただ森の神であっただけでなく、畑での耕作に気を配る耕地の神でもあった。また女たちが出産の床にあるときには、産婦が夜煩うことのないようにとある種の儀礼をもって勧請されもした。それゆえ、これはまたしばしば眠る者を襲うある種の深刻な重圧のこととも信じられたのだった。ウァロが記し聖アウグスティヌスも『神の国』で言及しているように、[32]シルヴァヌスが出産する女を苛むことがないようにと、古人たちはその家の周りに三人の若者を遣わし、戸口までやってくると一人が斧で地面を敲いた。これは木を切る神でインテルキドナと呼ばれた。もう一人はすりこぎで打った。これなくしては硬い小麦を脱穀することができなかったから。彼は打ち突くことに気を配る神でピルムヌスと呼ばれた。そして三人目があたりを掃いた。これは麦粒をあつめるために掃くところから、掃き清める神デヴェルラと呼ばれ、これら三神とともにシルヴァヌスが立ち去るよう、産婦がいる家に入らぬようにと修したのだった。】

サテュロスたちについてルキアノスは、[33]山羊のような尖った耳をして、頭髪はなく頭に二本の角を立てている、と記している。またフィロストラトスは、[34]それが人のようなかたちの真っ赤な顔に山羊の脚をしている、と付言している。これはプリニウスがだから足がたいへん速いと言い、[35]それらはインドの山々にいるが、あまりに俊敏なので老いたものか病んだものでなければ捕えることなどできない、とプルタルコスが語るところ。彼はミトリダテスとの戦いからの帰り、そのひとりをスラのもとへ連れ帰ったとも語っている。[36]【またパウサニアスは[37]オケアノスの海で風に流されサティリデスとやらいうなにもない島に漂着したという者から聞いたはなしを伝えている。その島には野生の者たちが住んでいた。みな顔が真っ赤で、馬の尾より僅かに短い尾があり、船が見えると岸辺を駆け寄ってきた。そこに女でも見つけようものなら狂喜乱舞し、あらゆる手段を講じて襲いかかった、と。こうした記述はサテュロスたちの自然本性について書きとめられてきたところとたいへんよく符合している。

［**目撃されたサテュロス**］浄福なるヒエロニムスはその聖アントニウス伝[38]に、エジプトの隠修所でこの聖なる人は小人を見た、と記している。その小人の額には二本の角があり鼻面に歯をむき出し、顎から下は腰も脚も山羊と同じ、十字架のしるしを切って誰かと問うてみたところ、森に棲む死すべきもの、異教の者たちがファウヌス、サテュロスと呼んで神々と讃えるべく欺かれたところのもののひとり、とそれは答えたと。これらの者たちが天に行ったことなどは決してなく、ニンフやら他の森の神々とともにずっと地上にいたのであって、オウィディウスが語るところによれば[39]、ユピテルが神々の集会でこの世を洪水で壊滅させたいと言ったのは、まさにこれらのものたちのせいだった。これらのものたちはまた半神とも呼ばれた。将来のことどもを知り、役立てたり損ったりすることができると信じられていたとはいえ、それらもやはり死を免れることはできなかったから。】

［**秘密のままに保たれた諸玄義**］パンに話を戻そう。ヘロドトス[40]はそれがエジプトの八大神のひとりだったと記している。【先述[41]したようにエジプト人たちは最初の神々は十二であったと信じていたが、これらの前に他の八神があり、パンはそのひとりであったともいう。ギリシャ人たちが造りなしたその神像については先に述べたが、エジプトでもこれによく似ていた。それはなにもこの神が他の神々に似ているとみなされなかったからではない。ヘロドトスはそのように造りなされた理由については緘黙したいと言う。彼らがそれをどのように眺めたかを見極めることができれば、彼らの信仰の諸玄義が明らかとなる、ということでもあろう。

［**たいへん敬われた山羊飼いたち**］またこれらの民は雌雄の山羊をたいへん崇め、山羊飼いたちはたいへん尊敬されたが、なによりも死に酷く蝕まれたある里で崇められ、それがパン神の崇拝となって広まった[42]。

［**崇敬される牡山羊**］しかしギリシャで牝山羊が尊ばれたのには、また別の理由があった。五月朔日に姿をあらわしはじめるとオウィディウスが言う[43]幾つかの星辰、つまり天の山羊があらわれると、大概葡萄の樹に害がもたらされたものだった。それゆえコリントの人々はこれに備えて金属製の美しい山羊を造り、広場に置いてこれを礼拝し、天のそれが葡萄樹に害をなさぬようにと時を定め皆が揃って崇めた、とはパウサニアス[44]が言うところである。】

【バッカスの供連れとしてのサテュロス】エウセビオスは[45]エジプトで崇められた動物たちについて記しつつ、人の世代継承を保つものゆえに生殖器もまた崇拝されたと語り、そこからパンたちサテュロスたちも人の増加を助けてくれるものとしてたいへん敬われ、数々の神殿に性器を勃起させた牡山羊の神像を安置したものだったと付言している。この動物はいつも交接できる状態にあるゆえ極端に淫蕩なものと信じられ、バッカスの供連れとなされたのだった。なぜなら、葡萄酒は自然本性的な力能を高揚させ、人を淫蕩にするから。

【好色】とはいえ、すでにエレトリアのフィロクセノスは好《ラッシ》色《ヴィア》を描くにあたり、三人のサテュロスの手に酒器をもたせ、お互いに飲むように勧め促すさまをあらわした、とプリニウスは記している。[46]

【シレノス】【これはわたしにはパウサニアスがシレノスについて書いたところと類同に思われる。[47] これもまた森の神々の一員で、ギリシャのエリスの人々が彼に献じた神殿には、この神に泥酔《ウブリアケッツァ》が葡萄酒のうつわを捧げる神像があった。】

ポルフィリオスは、[48] ギリシャ人たちは【エジプト人たち[49]を】真似つつ【も、彼らのように獣たちを崇めたのではなく、ただ神々の像を獣と人を混ぜて造ってみせたのだった、としている。そこから】しばしばユピテルは牡羊の角を、バッカスは牡牛の角をもち、人と山羊からパンが造られることになった、と。

【パンに与えられた松】これに古人たちは松を与えた。時にそれを手にもたせ、時にそれを冠となして。寓話の数々によれば、この木は彼がたいへん愛したピテュスという若い娘が変じてなったものだった。[50] 葦と化したシュリンクスもまたそうなる前に彼が愛したもので、彼女への愛のかたみにザンポーニャ《バグパイプ》を造り、肌身離さずもち歩いているのだと言われるように。[51]

ユピテルに戻ろう。先に述べたように、この神は古人たちによってあらゆる神々の中で最高に崇められ、万有宇宙を統べるものであった。[52] ポルフィリオス、エウセビオス、スイダその他の者たちが記すところによれば、[53] この世界を支え保つその力能が不動のものとして安定静止していることをあらわすため、その像は座した姿に造りなされた。この神が神的な知性をあらわすものであることをわれわれに示すため、その上半身は裸で、この下界に住むわれわれにはそれを望見することすらできないということを示すために、下半身は着衣で覆われていた。左手に笏杖をもっているのは、からだのこの部分こそ心臓のある主要な部位であり、ここから諸霊(精気)が発してからだ中に広がるからであるという。このように世界もこの神から生命を授かり、この神は王のようにそれを与えるとともに思いのままに司る。またその右手には時に鷲、時に勝利《ヴィットリア》の小像を載せ、鷲があらゆる鳥の中で卓越したものであるようにユピテルが天の住民の中でももっとも卓越したものであることを[54]、また彼が思いのままに勝利《ヴィットリア》を獲得【し司るべくあらゆるものを支配】するということをあらわしている。

【これはつまり死すべき者たちにあって、善くも悪しくも生じるところのさまざまな変移の原因を人々は知ることがない、というところに由来している。これをホメロスは[55]、ユピテルの前に置かれた二つの樽のように大きなうつわに擬してみせた。ひとつは善で溢れ、もうひとつは悪に溢れており、彼はそれらを好みのままに眺めつつ、この世にふさわしいと彼が思ういずれかを引き寄せ傾ける。また別の古の詩人[56]は、ユピテルは善かれと思うとおりに秤のどちらかを下げる、と言ったが、ホメロス[57]もこれに類することをものがたっている。ユピテルは黄金の秤を手に、ギリシャ人たちとトロイ人たちのどちらに勝利を授けるべきか、その事跡の重みを測った、と。[58]】

[▶Tav.19]

パウサニアスが記すところによれば、アテネ人たちの港ピレエフス《ペイライエウス》にも、笏杖と勝利《ヴィットリア》を手にしたユピテルの神像があったという。

またエジプト人たちは驚くべき諸玄義に満ちた聖なることどもを祭儀において可能な限り秘匿していたが、その彫像群の手に笏杖をもたせ、この神を創造神と呼んだ。わたしのみるところ、これはギリシャ人たちのユピテルとよく似ている。とするなら、これらの神像群をわたしが一緒に論じても差支えなかろう。名が違い、同じ姿に造りなされなかったとはいえ、わたしはそれらが同じものを、あるいはお互いさほど違わないことを意味していたものと信じる。

エジプト人たちの創造神は空色のひと形に造りなされ、その一方の手には輪を、他方の手には笏杖をもち、頭には一本の羽を載せていた。それは諸物の創造者というよりも、その笏杖からして王のいでたちだった。万有宇宙に生命を与えるその掌中の笏杖。彼によって造りなされた万有宇宙が彼のまわりを廻る、これが手にされた輪の意味である。またその口からは卵が吐き出され、これからヴルカヌス《火山》と呼ばれる神が生まれる。卵は世界をあらわし、ヴルカヌスは諸物に生命を与える自然本性的な熱を意味している。エジプトでは、世界は両脚を振り絡めた人の姿をした別の神像をもってあらわされたのではあったけれども。この像の多色の衣装はその足元をまで覆い、頭頂に大きな金色の球を載せていた。これらのものはこの世界がまるく場所を移ることはないが、その変転は数多の星の自然本性によるものであるということを意味していた。

〔描かれた万有宇宙〕こうしたことはみなポルフィリオスが語ったところ、とエウセビオスは[59]記している。彼によれば、エジプト人たちは万有宇宙を、重なった二つの円環を大鷹《スパルヴィエラ》の頭をもった一匹の蛇が貫くように描いたという。

〔神の本性として敬われた蛇たち〕これらの円環は世界の大きさとかたちをあらわしており、蛇はすべてを保つ善なる精霊《ダイモーン》、万有宇宙はその力能つまり生気を賦与し養う霊のうちにある。フェニキア人たちもエジプト人たちも蛇というものは神的な本性のものであると考えていた。蛇は他の動物のように外部器官の助けによるのではなく、ただその霊と生気によって驚くべき敏捷さをもってからだをいろいろ捻り捩りながら動くから。それに、老いを脱殻とともに脱ぎ去り、あらためて若くなって長寿を保つ。彼らはこれをみて、殺されることがなければ決して死なない、と思いなしたのだった。大鷹の頭をそこに加えたのもまた、その迅速俊敏さの故であった。

エジプト人たちの創造神の姿。これは古の民にとっての神々の中の神たるユピテルであり、神の本性と摂理、共通善、すべての事物の統率をあらわしている。［▶Tav.19］

〔ユピテルの像〕マルティアヌスは『メルクリウスとフィロロギアの結婚』で[60]、ユピテルが他の神々を会議に召集する場面、彼の様子を次のように描いている。彼の頭には光り輝き炎をあげる王冠があり、その項《うなじ》はパラスが手づから織った滑らかな薄紗で被われていた。全身真っ白な衣装を纏い、その上に星々の煌めきを描いた硝子のような外套を掛け、右手には二つの丸い玉を握って。ひとつは金、もうひとつは金と銀でできていた。またその左手には九弦の竪琴、履物はエメラルドグリーンで、孔雀の羽を織ってつくった生地の上に座し、足元に三叉を踏んで。

またユピテルの像はそれが誰でどのような力があるのかをあらわすためだけでなく、人々がお互いになさねばならぬことを知らしめるためにも造

古人たちの神々の中の神ユピテルの姿。神の権能と摂理、彼こそすべてを保つ製作者であり、諸天軌の諧調（ハルモニア）も彼に由来するものであることをあらわしている。[▶Tav.20]

りなされた。それも特に王たち君主たちが臣民領民たちになすべきことを。なぜといって、先にも述べたと思うが、彼らは地上にあってあたかも神の像のごとく、つまりは可能な限り神の賢慮、正義、善をあらわすものでなければならなかったから。

「耳のないユピテル」 ところでプルタルコスは[61]、クレタではユピテルの神像には耳がなかった、と書いている。これは他のものたちの上に立ちそれらを司るものはこれよりもあれ、あれよりもこれと言われるところを聞きいれてはならず、断固確固として正直にあり、他人のことばに惑わされてはならない、ということを示していた。

「四つ耳のユピテル」 これとは逆にラケダイモン人たちはそれに四つの耳をつけたものだった[62]。ユピテルはすべてを聞きすべてを知るから、あるいは二つの耳で言われることをよく吟味判断し、他の二つで民がなすことのすべてを聞き知る王や君主の賢慮をあらわしたものだった。

「三つ眼のユピテル」 おそらく同じ意図から、ユピテルを三つ眼に造りなした者たちもあった。彼はすべてを見、なにも彼に秘されることなどない、というかのように。これはまた町の管理行政を行う者にとってもあて嵌まることで、ここから古人たちは、正義《イウスティティア》はすべてを見ている、と言ったものだった。これはその像からも窺い知られるところである。

だがパウサニアスは[63]これに別の理由づけをしている。アルゴス人たちのミネルヴァ神殿には[64]ユピテルの神像があったが、それは人のように二つの眼があるばかりか額の真ん中にもう一つ眼があったという。これについて彼は、ユピテルが監督すべき三つの圏域をもっていたからだろう、とその意味を説いている。ひとつは天界。なぜといって天の王たちは誰もがそれを敬っていたから。もうひとつは冥界つまり地上。なぜなら大地というのは天に較べるなら下にあり、つまりは冥界である。それゆえホメロスはこれを冥界のユピテルと呼んでいる。第三は海のユピテル。【マルティアヌスは、[65]先述したようにそれの足元に三叉を置き、オルフェウスはある讃歌で[66]大地母と海のユピテルに養われるあらゆる生あるものに配慮を垂れたまえとイウスティティア《正義》に嘆願している。つまり】パウサニアスによれば、ユピテルの三つの眼は彼に従属する万有宇宙の三つの圏域をあらわしているのであり、寓話の数々によればそれらは彼とともに出発した二人の兄弟、海の方に向かったのはネプトゥーヌス、冥界の方はプルトーンと称されている。

古人たちは神々の彫像群の眼によって、神が見遣る務めをあらわしたのであり、エジプト人たちも聖なる画像の描写にあって王をあらわすには笏杖の頂に一つ眼を描いた、とプルタルコスが語っている[67]ことについてはすでに太陽《ソル》の描写に関連して述べた。ユピテルもこれと同じ姿に造りなされたということは、これが大いなる王であるという意味であったのだろう。笏杖は他のものたちに卓越する偉大さと権能のしるしであり、民の統率に注意を払うものとして自らのあらゆるおこないにつねに正義を顕示しているという訳である。

またユピテルの彫像の傍らにはよくイウスティティア《正義》の像が置かれた、とも記されている。[68]王は正義《イウスティツィア》を伴わずしてはなにもなさぬし、またなしてはならぬ、というかのように。【それゆえスイダに記されているように、[69]古人たちはよく笏杖の頂にコウノトリを載せ、その下にカバを置いた。こうすることによって、王は慈悲深く義しくあり、他人に暴力と不正をもって悪をなす者たちを制圧せねばならぬ、ということをあらわしたのだった。これはアリストテレスも明言しているところで、[70]コウノトリは父母が老いても自分が養い育てられたのと同じように養いつづけるものであり、これはたいへん慈悲深くも義しいことである。またカバが無慈悲で不正なものであることについてはプルタルコスが記している通りで、[71]カバは父を暴力によって殺して母と一緒になるものである。

それればかりか】同じくプルタルコスは、[72]テーバイには手のない彫像がいろいろあったが、これらは裁判官や法廷の司たちをあらわしていた、と記している。なぜといってそれらには手がなかったから。つまり報償や贈物を決して受け取ってはならない、それらによって過誤を犯すことのないように、と彼らに手のないことを理由づけている。こうしたもののうちには眼のないものもあった。これは裁判官たちよりも上に立つものをあらわしていた。なぜならこれはあらゆる情念や愛憎から解放されており、ただ自ら義しいことをだけ考慮し、正義を司るにあたりあれこれ配慮する必要がないから。【王たち君主たちばかりか役人たちも自然法に従ってだけでなく、まさに自らの誓約をもってそう

ユピテル・オルクスと名づけられる、偽宣者たちを雷光で撃つユピテルの姿。誓いの護りにして厳しい懲罰者、贋の誓いをする者たち、安易な誓いをする者たちを破滅させる者。[▶Tav.20]

臨んでほしいものである。

さもなければ】古人たちもその彫像にあらわしてみせたように、それらの者たちは偽宣の懲罰者ユピテルに罰されるのを待つ他はない。ギリシャのエリス人たちのもとにはたいへん恐ろしく、不実な偽宣者たちにたいへん怖れられた像があったという。それはまさに偽宣者を罰するばかりに、両手に雷霆を握りしめていた[73]。まさにアリストテレスがこの世の奇跡的なことがらについて記しつつ[74]、ものがたってみせた水のよう。それはティアーナの大都カッパドキアのこと。その泉はたいへん冷たかったが、真実を語った者が偽宣していると疑われてそこに連れられて行くと、それは沸騰するかのようだった。逆に静穏にゆっくり心地よく流れているところに嘘つきの宣誓者が行くと、その者に向って憤激し膨張して、足といわず手や顔をまで水浸しにし、まるで偽証者を罰するかのよう、その者が公に自らの罪を告白して涙ながらに許しを請うまで決して離さなかった。あるいはその者が強情を張るなら水腫病となり、その口から腐った大量の血を吐くこととなった。そこからギリシャ人たちは

この水を偽証に対するユピテルの水と呼んだのだった。【またパウサニアスが記すところ(75)によると、コリント人たちの地のネプトゥーヌスの神殿には地下へつづく入口のある秘密の小房があり、そこにはポルトゥヌスがいると伝えられていた。そこで偽りの証言をなすと、それが誰であってもたちまち罰され、逃れることができなかったという。

[誓願の儀式] またエリスの人々は彼らのたいへん崇敬する神ソシポリス(76)の祭壇に誓願に行ったものだった。ここでおこなわれた儀式についてパウサニアスは語っていない(77)が、別の箇所でたいへん有名なオリンピア競技でなされたところについて触れている。そこには徒競走選手、競馬騎手、格闘技選手その他さまざまな競技に参加する者が集まった。それに勝利した者はたいへん尊敬されたので、誰をも欺かないように配慮することがなによりも大切だった。それゆえ、一々の競技に参加する者だけでなく、彼らの父親、兄弟、彼らを訓練した師匠たち皆、選手と一緒に誓願に赴いた。彼らはその場で厳かに切り取った豚の睾丸の上で、どんな詐欺行為もしないことを厳粛なことばをもって宣誓した。また選手たちはその競技のために十ヶ月の修行を積んでやって来たものであることを、よりはっきりと宣誓した。そして勝利を判定する者たちもまた同様に、選手あるいはその一族の者から一切贈物を受け取らないこと、決してある者を他の者より贔屓しないこと、判定に私見をもちこまないことを宣誓した。これはほぼ供儀のかたちを採ったものであり、生贄を捧げることは犠牲にした肉を食べることではなかった。厳粛な誓いをその睾丸の上でなした豚をどうしたものかは分からないが、古の信仰にあってその上で厳粛な誓いがなされた生贄の肉を食べることは禁じられていたことはよく知られている、とパウサニアスは付言している(78)。ホメロスも(79)、アガメムノンがその睾丸の上でブリセイスに触れたことはないと誓った豚を祭司は海へ投げ入れた、と言っている。またこれはローマ人たちが休戦協定を結ぶにあたってなした儀式にもよく似ている。彼らもそのために指名された祭司たちの前で、豚の上で誓うとともにある種の呪言を唱えたものだというから。

[ユピテル・オルクス] 儀礼についてはこのくらいにして、】ギリシャ人たちに【ユピテル・オルクスと呼ばれ、両手に雷霆を握った彫像であらわされた誓いの護り神に話を戻そう(80)。この神はローマ人たちのもとでは別様にかたち造られ、神性としては同じであったにせよ、かえってずっと有名だった。それは】ユピテル・オルクスと呼ばれ、ローマ人たちからは神フィディオス《信頼》と称された。なぜならこの神は誓願が真で義であることを見守るとともに、なにより信頼（婚姻）を守るものでもあったから。それゆえにこそこの神は

往昔崇められた神フィディオスをあらわす信頼（婚姻）の像。ここで真実は母として、信義は父として、絆は愛神（アモル）によってあらわされている。［▶Tav.21］

崇められ、ローマの古物の中からは次のようなものが見つかっている。それは窓形に刳りぬかれた大理石片で、そこに上半身像が三つ刻まれている。その右側にいるのは平服の男性で、その傍らに「信義 HONOR」の文字がある。左側にいるのはこれまた平服の女性、頭に月桂樹の冠を載せ、「真実 VERITAS」の文字がある。お互いに右手で握手しているこの二人の姿の間に、可愛く慎ましい顔をした三人目の子供の像がある。その頭の上には二つのことば、「信頼の神 DIVS FIDIVS」[81]。

偽宣する者をユピテルは罰すると先に言ったが、どうやらこの神は益するゆえにばかり崇められたのではなかったのだろう、とわたしは思う。それは時として害し損わないようにと敬われ、そこからヴェイオーヴェ[82]とも呼ばれたのだろう。ただ損うものとして。これはその彫像からもみてとることができる。ゲリウスが記すところ[83]をアレクサンデル・ナポリタヌスは引きつつ[84]、これは頭に二本の角がある子供が矢を手に傷つけようとするかのように造りなされ、その脇には山羊が置かれたという。【寓話の数々が伝えるところによれば、この子を得た母はサトゥルヌスの貪欲な喉から逃れるために、クレタでアマルテイアとメリッサあるいはエガとエリチェという名の二人のニンフを見張りにつけた。このニンフたちはこの子を林檎と彼女らがたいへん愛した山羊の乳で育てた。という。

【豊穣の角】 残念なことにある日、樹にあたってこの山羊の角が一本折れてしまった。ニンフたちはこれをたいへん嘆き悲しみ、なすすべもなくそこにいろいろな花や果実を詰め、きれいな小枝で飾り、ユピテルに献上した。ユピテルはそれをたいへん大切にし、養母たちを讃えてそれがつねに豊穣のしるしであるようにと願った。そこからこれはいまだ豊穣の角と、また時にアマルテイアの角と呼ばれるのである。[85] アポロドロスがフェレキデスの言として伝えるところ[86]によれば、その徳能は人が欲する限りの食べ物と飲み物を溢れるばかりにあたえるものであるという。またこの角は山羊のものではなく牡牛のものであるという者もある。この牡牛というのは、デイアネイラの父親がアケローオスとヘラクレスの二人ともに婚姻の約束をしたその果し合いに、ヘラクレスと闘ったアケローオスが変じたものだ、と。寓話の数々によれば、ヘラクレスはそれを折り投げ捨てたが、川のニンフ、ナイアスがそれを拾い、花や果実で満たして緑の小枝で飾り、コピアアイに捧げたという。これは豊穣の女神のことで、そこからそれはコルヌ・コピアアイ、豊穣の角と呼ばれることとなった、と。[87]

［コルヌ・コピアアイとその変容］ この寓話のもととなった史譚については措くとして、これをフォルトゥナ《幸運》の力能をあらわすものだと言う者もある。なぜなら、多くの動物はその力を角のうちに秘めており、しばしばこれで傷つける。フォルトゥナもその廷臣にコピアをもっているが、彼女はたいへん富裕で、その手で現世の財や富を与えたり取り去ったりできる。夥しい《コピア》花や果実が山羊のであれ牡牛のであれ豊穣の角の中にあるのは、現世の富や財がフォルトゥナの力能のうちにあり、彼女の好みのままに去来する、ということを含意している。また、豊穣の角はユピテルに乳を与えた山羊に由来するものかもしれない。先に述べたよう

損ない罰するヴェイオーヴェと呼ばれるユピテルに対する、信頼と忠実の護りである神フィディオスの姿。この神性にもバッカスの持ちものが擬えられる。またアマルテイアはユピテルに乳を与えた牝山羊で、その角の一方から豊穣の角あるいはコルヌコピアイがつくられた。 ［▶Tav.21］

に、あらゆる財物はユピテルに由来するものと信じられていたのだから。】そこから彼にはまた、太陽《ソル》と同じ力能が与えられることとなり、[88]【つまり前述したように、その彫像の手には矢が握らされることとなったのである。

［バッカスの飾具を備えたユピテル］ またバッカスの飾具とともにユピテルの神像を造り、それにバッカスの神性を帰属する者もあった。】パウサニアスが言うように、[89] ポリクレートスはアルカディアでその彫像を造ったが、その像は半長靴を履き、その片手に酒器をもち、もう一方の手に松笠を頭につけたバッカスの杖《ティルソ》をもち、その上に鷲が停まっていたという。【それはまたバッカスのような若者像であったに違いない。テッラチーナで崇められたユピテルに「剃刀なし」という意味の渾名が授けられたように。つまり彼には髭もなく、それを剃る小刀も必要なかった。[90]】

［ユピテルの鷲］ またなんらかの手段によって鷲がつけ加えられていないユピテルの彫像というものはじつに僅かしかない。これはまさに彼の鳥である。

三人のグラティアたちと三人のホーラーたちにとりまかれたユピテルの姿。その玉座はヴィクトリアたちに捧げ持たれ、また別の冠を捧げるヴィクトリアが彼の片手に乗っている。鷲を戴いた笏杖はこの神の絶対的な支配、すべてのものが彼に従属するものであることを示している。

それゆえユピテルの山車はいつも鷲に曳かれている。あるいはラクタンティウスが言うところ[91]によれば、【サトゥルヌスに対する戦いだったとも言われる】ある戦争に赴く途中、彼にあらわれた鷲によって勝利の吉兆をとらえて勝利者となって帰還することができた【ので、後の巨人たちとの戦いにおいても鷲がユピテルの軍団を司ることとなった。

［鳥たちの王女としての鷲］ それゆえ鷲はしばしばその鉤爪に

雷霆を摑んで、ユピテルとともに描かれる。あるいは、すべての鳥たちのなかで鷲だけが天の矢（太陽の光）にも負けず、鷲だけが太陽を凝視することができるとも言われ、そこから鷲は鳥たちの王女とも称され、神々の王たるユピテルに添えられるのである。[92]】

［玉座のユピテル］またフィディアスがエリス人たちのために造ったとパウサニアスが記しているように[93]、黄金と象牙で造られたユピテルもあった。これは美しい玉座に坐り、オリーヴの葉でつくった冠を頭に被り、右手にこれまた冠を被ったヴィクトリア《勝利》を捧げ、左手にはいろいろな金属で造った笏杖をもっていたという。その笏杖の頂には鷲が停まっていた。彼が纏う外套も黄金でできており、さまざまな動物あらゆる花で埋められていたが、なにより百合の花が際立っていた。履物もまた金塗りだった。その玉座は黄金と貴石、象牙と黒檀で造られており、そこにも数々の動物たちが刻まれていた。【そして頭上をめぐる帯壁の一方には三人のグラティア《優美》たち、他方には三人のホーラー《時》たちが、】そして足元では四人のヴィクトリア《勝利》たちが彼を支えていた、と。

［守護者ユピテル］ネロの古いメダルのひとつでもユピテルは高座に坐り、右手に雷霆を、左手に棹棒をもち、「守護者ユピテル」という文字が刻まれている[94]。ルキアノス[95]はシリアの女神[96]について語りつつ、この女神の神殿には二頭の牡牛の上に坐すユピテルの神像があった、と記している。

［断固たる《スタトーレ》ユピテル］とはいえこれまた古いアントニヌス・ピウスやゴルディアヌスのメダルのいくつかでは、ユピテルは裸身で立っており、右手に棹棒を、左手に雷霆をもち、「断固たるユピテル」という文字が刻まれていたという。ロムルスによってこの神に捧げられた神殿でもそのように呼ばれていた。というのも彼の懇願に、それはローマ兵たちを立ちどまらせ彼の方に顔を向けさせたので、彼を豪胆な気持ちにさせてくれ、それによってサビーニ人たちとの戦いで敵を蹴散らしたこともあったから[97]。

［保護者ユピテル］これとあまり違わぬのがディオクレティアヌスの古いメダルの数々に見られる保護者ユピテルで、これまた直立して、二本の雷霆を引き出すような具合に右手で二本の矢をもち、左手に棹棒をもっている。これまたディオクレティアヌスの別の古いメダルでは、ユピテルは「万有宇宙の保護者」と呼ばれており、左手に棹棒をもち、右手でヴィクトリアの小像をさし出している[98]。

［スムマヌスの雷光］【また別の徽章《インセーニャ》もまさに雷霆のユピテルをあらわしたものにみえる。プリニウスが記すように[99]、これはローマ人たちがスムマヌス神と呼んだものではあったが、それは夜にだけ来る雷霆の名で、昼間に来る雷霆はユ

ピテルのものだった。

[様々な神に与えられた雷霆] こうしたことについての古くからの観察者であったエトルリア人たちは、ヴルカヌスにもミネルヴァにも同じように雷霆をかかげさせた。(100) 女神はこれでギリシャの軍団を燃やしたともいう。

[雷霆をかかげるミネルヴァ] これについてヴィルギリウスは、(101) トロイ陥落の後、イタリアに赴いたアエネアスその他のトロイ人たちを傷つけようとしてそうできないことに憤激したユーノーにこう言わせている。

　パラスはギリシャ人たちの
　仇討ちをしようと、彼らの船団を燃やし、
　それらの上に彼女の手をかかげ
　高き雲からユピテルの雷霆を降らせた。
　わたしは等々……

[三色の雷光] また他の神々がかかげる雷霆について言われるところを、ここでは以下のように纏めておこう。マヌビエ(102)と呼ばれるものは白か黒で、(103) アークロンが言うように、赤いのはユピテルの手に発するものであった。これをホラティウスは、(104) 至高の父はその燃える右手で聖なる牡牛たちに触れた、と言っている。

[三種の雷光] こうしたことからアリストテレスは雷霆を三種にみたてている。(105) そのひとつ目はじつに明るく鋭利で、それがなす奇跡といっては数知れず録されている。

[雷光の奇跡の数々] たとえば、樽に触れた跡も残さず樽の葡萄酒をすべて飲み干していったとか、金庫を壊すこともなしにその中にあった銀その他の金属を溶かし固めたとか、ローマ女マルツィアは妊娠していたのに産気が消えたが、彼女にはまったく支障もなかったとか、何人もの人を殺したがその着衣にはなんの形跡も残っていなかった、等々。(106) この種の雷霆はミネルヴァに由来するもので、この女神はユピテルの頭から生まれたものゆえ、火のもっとも清浄にして精妙な部分であり、白い。ふたつ目はありとあらゆるものを燃やす赤いもので、ユピテルの手から遣わされるもの。三つ目はもっとも湿って粗大なものであり、燃やさず染めるだけ。それゆえこれを黒と称し、このじつに煙い火の宰領はヴルカヌスに任されることとなった。(107)

　このようにそれが三様に傷つけるところから、詩人たちは三裂《トリスルコ》の雷霆と呼び、また三本の矢をもって描いた。(108) ヴルカヌスの像にみられるように、それを造るキュクロプスたちも三人だった。(109) とはいえ、その彫像にも絵画にも雷霆が添えられているものを見たことがない。それはミネルヴァも同じこと。先述したように、(110) 雷霆の自然本性や様々な影響効果を明らかにするために書き記されたものは幾つもあるのだが。いずれにしてもそれをもつのはユピテルだけ、時にそれを手にし、時に足に踏み、また鷲が嘴に咥えあるいは鉤爪に握って彼に運んだり、さまざまに彫刻されまた絵画に描かれてきた。

セネカは(11)、この世を震撼させる雷霆をユピテルに与えたのは、古人たちが高慢で無知な者たちの無謀なおこないを抑止するためのつくりごとだった、と言っている。誰かが人為の過剰を止めることがなければ、こうした者たちは恣にあらゆる邪ごとをなしてみせたことだろうから。それゆえ、懼れからでなければ善をなすことを知らぬ者たちを怖れさせるために、人の行為の至高なる裁き手ユピテルが右手に雷霆を構えて上から睨んでいる、と言ったのだった。とはいえ彼はつねにただ自らの意志だけで矢を射た訳ではなかった。すでに述べたように、他の神々との会議によってなしたのであり、そのような場合、被害は甚大で、最悪の事態と化した。天界の忠言によらない場合、ユピテルの怒りは軽微で容易に鎮めることができた。これをセネカは以下のようなたいへんすばらしい道徳的教訓に仕上げている。神々の至高の王ユピテル《ジョーヴェ》は死すべき者たちに裨益《ジョーヴァ》するべく誰の忠告を受ける訳でもなく善財を遣わすのであって、他の神々の忠言もなしにこれらの者たちを損なおうとするようなことはない。われわれの間にあって、王たち君主たちが罰によってあるいは何らかの他の理由によって他の者を損ったりする前に、そう

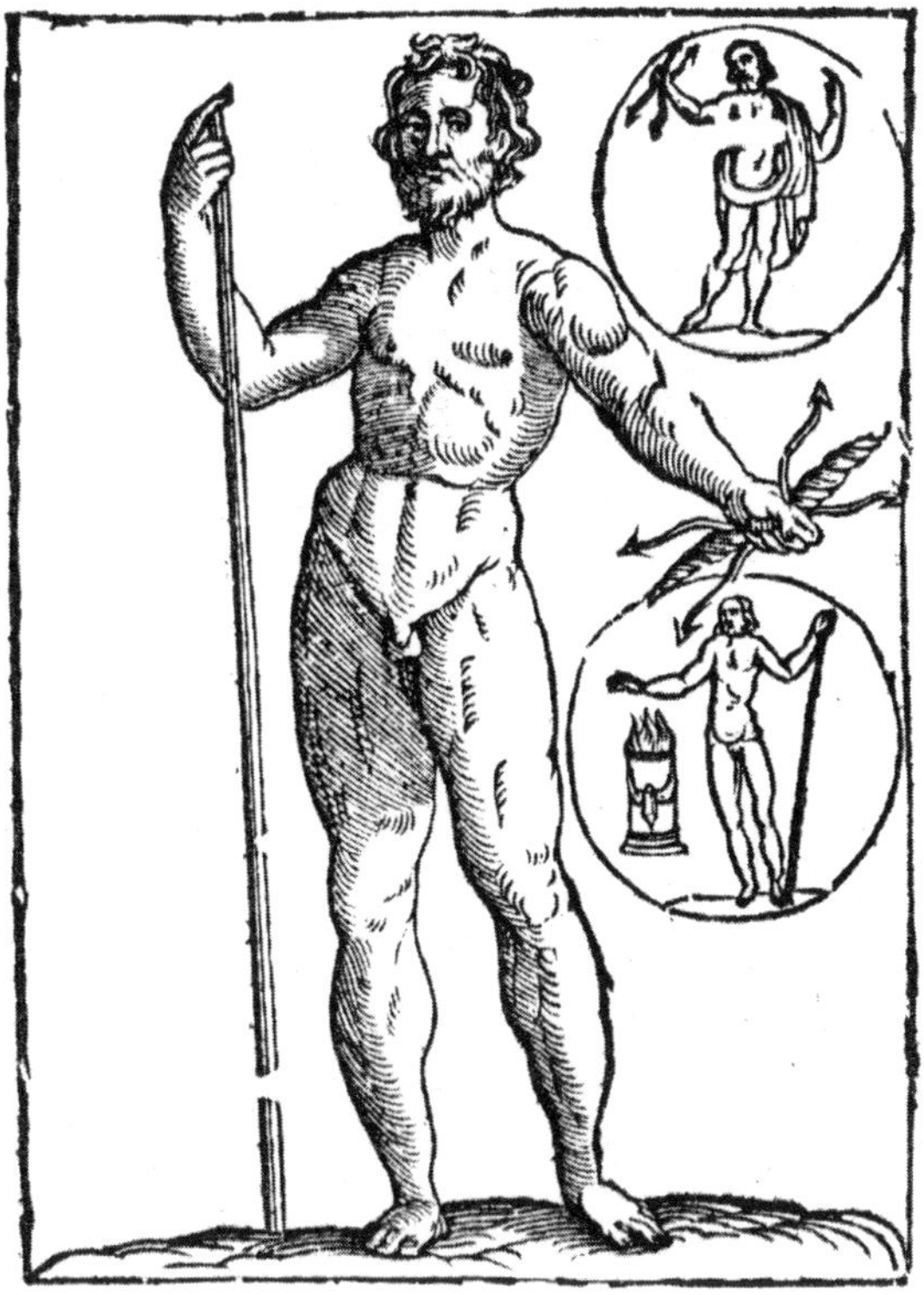

雷霆と棹棒を手にしたユピテルの姿。これは神の摂理による統率の遍きことどとともに、哀れな者たちの邪な業をたちまち彼が罰することをあらわしている。

あらねばならぬように。これを深く考え、善き忠告を得るため、ユピテルがこの世に深刻な損害をもたらした時、自分だけの判断を信じてなしたのではなかった、ということを銘記しておこう。またユピテルが遣わす雷霆にも深甚で致命的なものもあれば、軽微でさほどでないものもあるのは、人々の過誤を罰するにあたっても皆に等しなみに雷を落とすのではなく、各個に同じ恐怖を味あわせる訳でもない、ということを知らしめるために他ならない。

「ユピテルがもたらしたアイギス」[112]またユピテルは左腕に山羊の皮をかけている、とも言われる。これは彼がまだ赤児だった時に乳を飲ませてくれた山羊[113]の皮でアイギスと称され、これを振り動かすと雨が降る。右手に雷霆をかかげているところとともに、ヴィルギリウス[114]を註してセルヴィウスは[115]、アルカディアの人々はもともとユピテルをタルペオ山の周りで見たものと信じていた、と言っている。

黒いアイギスを何度か振るうと
右方から暗い雨雲がやってくる。

「ユピテルの書物ディフテリア」またこの皮はディフテリア[116]とも称され、人のおこないについて見直そうと思うときになにも忘れることがないように、と万有宇宙に彼がなしたことをすべて録したものだった。古人たちはこれを格言となして、ユピテルは人のなす邪をみるとディフテリアを見返し、幸福な一時の後、その邪なおこないも遂には罰される、と。】

そればかりか、ユピテルは雷霆なしにも造られた。小アジアのカーリアの地には神像があったが、それは雷霆も笏杖もその他ここまでみてきたようなものは何ももたず、ただ斧を一本もっているだけだったという。これを説いてプルタルコス[117]は、アマゾーンの王女ヒッポリュテーを殺したヘラクレスは、彼女がもっていたいろいろな武具の中から斧をとり、妻のオムパレーに与えたが、彼女はリュディアの王女であったので、後にリュディアの王たちはそれを身に着ける慣いとなり、皆それを聖なるものとして眺めるようになった、と語っている。

これは多くの王たちの手を経てカンダウリスのものとなったが、彼はそれを携える資格がないとして侍者にもたせていたのだ。しかしこの者もカンダウリスも彼に敵して起こされた戦いの勝者ギガースに殺された。彼がカーリアにもち帰った略奪品の中にはこの斧もあった。

「ユピテル・ラブラデオ」この地で造らせたユピテルの神像の手にそれを握らせたが、リュディアの人々は斧をラブラと呼んだところからそれはラブラデオ[118]と呼ばれることとなったという。【しかしラクタンティウス[119]は、大きな戦争でユピテルの援軍に駆けつけた者の一人にラブラデオという者がいたところからこう呼ばれるようになったのだろう、と説いている。】

エリアノス[120]はこの神像に関連して、またカーリオと呼ばれる小刀をも提げていた、と言っている。

【戦闘具の発案者たち】なぜといって、カーリアの人々こそ戦闘具を腕を通すようにつくった盾に結びつけたり、遺品を兜に載せたりして報償のために戦った最初の者たちであり、カーリオはたいへん敬われたものだったから、と。

【妊産婦としてのユピテル】詩人たちがつくりばなしをしてみせた寓話を画家たちはたいへんうまく描き出した。プリニウスが記すところ[121]によれば、アペレスの弟子のひとりはユピテルがバッカスを生んだと聞いたか読んだかしてそれを描いてみせた。リュディアの女の髪飾りを着けたユピテルを出産の手助けをする女たちの間に置き、産婦のように大きな痛みを感じて呻いている姿で。その周りに女神たちがたくさん集い、この世のあらゆる小言をかしましく浴びせている様を。もはや出産が近づくまでバッカスを脇に据えて運ぶユピテルのものがたりのようにではなく。【オウィディウスの『変身譜』の[122]】この寓話はすでに流布していたに違いないのだが。

雨と黒雲をもたらす雷神ユピテルの姿とリュディアのユピテル・ラブラデオの姿。これが罪人たちを懲罰すべく備えを整えた神であること、神の摂理をあらわしている。 [▶Tav.22]

古の彫刻家たちも彫像の模範を詩人たちが書いたところに求めた。【パウサニアス[123]は、ギリシャのレオンティノイ[124]の住民の中には私費を投じて高さ七キューピットもあるユピテル像を造った者があった、と記している。この像は左手に鷲を、右手に投げ槍をもっていたが、それもすでに詩人たちがそう描写していたからだった。また】ストラボン(125)はオリンポスのユピテル神殿についてものがたっている。それによれば、この地の神託はたいへん高名で、ギリシャ中からたくさんの人々がいろいろと高価な贈物をもって集まるほどだった。たとえばコリントの僭主キュプセロスは金塊でできたユピテルの神棚を献納したが、その中にはアテネのフィディアスが造った象牙のユピテル像が埋め込まれていたという。いかに神殿を大きく造っても、この彫像の偉大さにはつりあわず、この創造神には小さすぎるように映ったことだろう。その像は坐っていたのにすでに頭は高い天井に触れそうで、もし立ちあがったなら神殿を遙かに超えて、天井は壊れてしまうだろうと思われたほどだった。その像はたいへん美しく、いよいよ賛美された。クィンティリアヌス(126)は、この像がどれほど信心に貢献したことか、いかにユピテルを尊いものとしたことか、と書いている。ここにたいへんよくあらわされた神の威厳は、フィディアスが彼に問うた甥のパンデノンに答えて言ったように、ホメロスが語る(127)次のような模範から得たものだった。

　恭しくも堂々たる身振りで
　サトゥルヌスの息子はその意志をあらわすと、
　頭を振りつつ神肴《アンブロシア》を撒き散らし、
　ともに万有宇宙を動かした。

画家たちもまた、しばしば自らのことに引き寄せて作画してみせたものだった。アペレスが謀反の廉で告発された時、誣告の図像を借りて描いてみせたように。プリニウス(128)は、たいへん才能に恵まれた画家ネアルクスがエジプト人たちとペルシャ人たちの海戦の様子を描いた時のことを、こう伝えている。彼が意図するとおりにナイル川で起こったことを描くには一幅の絵画では足らないからと、川岸で水を飲む驢馬とそれに襲いかかろうとしている鰐とを描いたのだった。なぜといって鰐はまさにエジプトの動物であり、ペルシャにはたくさん驢馬がいたから。

こうしたことからすると、画家も彫刻家も神々の像を造るにあたり、人や動物のかたちを採ることなしにそれをなし遂げてみせることもあったのではないか。たとえばパポスにあったというヴェヌスの像。またフェニキア人たちが造った太陽《ソル》像。それにモレアの民であるシキュオン人たちはユピテルをピラミッド形に造りなした、とパウサニアスは伝えている(129)。彼はこれが先述した上半身裸で下半身を覆ったユピテルの像と同じことを意味していたに違いないと

トログロディト人たちのユピテル・アモーンの託宣のかたち。現世のものごとの暗愚と卑劣をあらわすとともに、知性の鋭敏さをもって神々の高みに留意し自らをそこへと高めるべきことを謂ったもの。 [▶Tav.23]

いう。なぜならこれらの像の下部はわれわれが歩むこの世の闇の深さをあらわしており、人のことにかまけているばかりでわれわれは神々のことをなにも知ることができない。それゆえピラミッドの鋭い頂点によってあらわされるところを、こころの明敏さをもって眺めねばならない。われわれが身体的諸感情をすべて切り捨て、諸天を貫くほどにもこころを精妙とする時、あるいはかたちある量塊としてのからだを脱ぎ捨て軽微となって永遠のものどもを悦び観照するならば、それも可能だろう。

【ユピテル・アモーン】クィントゥス・クルティウスが(130)【次のように】記しているのはこうした理由によるのかもしれない。つまりエジプトの【エチオピア人《トログロディト》(131)たちのもとには】アモーン神つまりユピテルに捧げられた森があった。【その中に太陽の水と称される泉があり、これはポンポニウス・メーラも伝えているもので(132)、日の昇る頃にはぬるく、正午には冷たく、夕刻にはわずかに温まり、深夜には沸騰するほど熱くなり、それがまた段々とぬるくなっていったという。】これはよくなされるように神々の像をもってではなく、臍《ウンベリクス》形のものをもって崇められたという。【これはエメラルドやら他の貴石やらで造られており、】底は広くてまるいが、上方へ向って段々細くなっていた。【なにかことがあると、その度に祭司たちはこれを周囲に銀の皿を数々飾りつけた金塗りの小舟に載せて運び、婦女や娘たちがなにやら訳の分からぬ句節を歌いながらその後に従った。これによって彼らが知りたいと思うことに、ユピテルがたしかな答えを与えてくれるものと考えたのだった。】

【**牡羊の姿をしたユピテル**】ユピテル・アムモーンはまた牡羊の姿によっても崇められた。その理由を説いて、バッカスとその軍団がリビアの砂漠を歩いていた時に喉が渇いて死にそうになったのだが、父に祈りを捧げるとたちまち一頭の牡羊があらわれてどんどん先に進んでいくと、軍団すべての喉を癒すに足る場所へと導いたので、この動物の中にユピテルが降りて待望の水を指し示してみせたに違いないと考えた者たちが、ここに祭壇を建てて牡羊のかたちに神像を造ったのだ、と言う者もある。[133]【オウィディウス[134]は寓話の数々に従って、天上の神々が巨人たちの怒りを逃れてエジプトへと赴いた時、ユピテルは自らの身を守るために牡羊に変じた、としている。ヘロドトスも[135]エジプトのテーバイの人々のもとでは羊を生贄にすることが禁じられていた理由について論じつつ、ユピテルはヘラクレスに見つからないようにと思いつつも、毎日祈りを欠かさず熱心に探し求めるヘラクレスの情熱に折れて、牡羊の皮を纏って姿をあらわしたので、ここからエジプト人たちはユピテルの神像を牡羊のかたちに造りなしたのだった、と記している。

【**崇められた牡羊**】この獣は彼らのもとでたいへん崇められ、ユピテルの祭日にだけ生贄に殺された。毎年その祭の日に

アルカディア人たちとエジプト人たちのユピテル・アムモーンの姿。そして彼に捧げられた樫と牡山羊。この神こそがいのちを産むとともに生を維持するものである、というアムモーンの謎めいた託宣への解。
[▶Tav.24]

は一頭の牡羊の頭を切りとり、皮を剝いで、この皮をユピテルの神像に纏わせた。そしてこれをヘラクレスが見られるようにとその神像のもとへ運び、そこでやっとそこに居た者たちみなが皮を剝いだ牡羊を潰し、それを聖なる壺に納め、恭しく埋めるのだった。このユピテル・アムモーンはエジプトで崇められただけでなく、パウサニアスが記している(136)ようにギリシャでもアルカディア人たちのもとでは、ヘルメスの角柱《メルマス》のかたち、つまりメルクリウスの彫像に造りなされた。その頭には牡羊の角が着けられたばかりか、牡羊頭に造りなす者すらあった。牡羊の皮の中にその頭が包み込まれている、と暴いてみせるかのように(137)。】

また、アレクサンデル・ナポリタヌスが言うところ(138)によれば、ガリアの民であるケルト人たちはユピテルの図像や彫像に背のたいへん高い樫《クエルチャ》の木を添えて崇めたものだった、という。それはおそらく樹木のうちで樫がユピテルに捧げられた樹だということを彼らが知っていたからだろう。すでにずっと昔から人々はその実を食べて生き、それを糧としてきたところから、この樹が世界を産み、万有宇宙を司っていると信じられてきたのだった。こうしたことから、古人たちはユピテルの彫像すべてに樫を被らせ、それを生命のしるしとし、彼から死すべき者たちに授けられたものと信じたのだった。なるほどローマ人たちも、戦いにおいてローマ市民を死から救った者に樫の冠を与えたものだったが、これも生きている他者の生命のしるしとして与えられたという訳である(139)。

オリーヴもまた時にユピテルの冠となされることがあったが、その理由はこれが常緑であり、死すべき者たちにたいへん有用であったからであるとともに、その葉の色があたかも空の色のようであったからだった(140)。この樹はなによりパラスあるいはミネルヴァの樹とみなされ、その姿にも描かれたところである(141)。【パウサニアスは(142)、ギリシャのある地域に片手に小鳥を乗せ、もう一方の手に雷霆を握り、春の色とりどりの花からなる美しい花冠を頭に被ったユピテルの神像があった、と記している。

ユピテルはまたよく王冠を被ってもいるが、マルティアヌスが説くところ(143)によれば、オウィディウスにあって(144)アラクネと競い合うパラスにそれが描写されているように、ユピテルは神々、人々そして万有宇宙の王であり、その姿は王のように堂々たるものでなければならぬからである。セルヴィウス(145)もヴィルギリウスの十番目の牧歌に関連して、まさにユピテルのしるしについて語っている。これは凱旋勝利者たちが捧持するもので、王笏と、寛い緋色の衣装で、その内側には棕櫚《パルマ》が織り込まれていたという者もあれば、大きな金色の玉がたくさん描かれていたという者もある祝《パル》勝外套《マータ》、それに赤い顔が描かれていた。プリニウスは(146)赤い顔が描かれた理由について、ローマ人たちは祭りの度にユピテルの顔を鉛丹で塗ったものだったが、なによりユピテルに鉛丹を塗ったのは検閲官たちだった、と記している。また凱旋勝利者たちも同じように鉛丹で真っ赤に塗ったものだった。それが婦女たちの習慣となり、今につづいている。赤い色を塗るとより美しくなると思われているようだが、それを見る者はたいがいぞっとさせられる。エチオピアでも偉い人たちは鉛丹で顔をばかりか全身を塗ったものだった。それに彼らの神々の像もみなこの色に塗られた。

[ユピテルの生贄] ローマ人たちがさまざまな事由から、いろいろな名の異なった神殿でユピテルに捧げた生贄としては、山羊(147)、二歳の子羊(148)、角を金色に塗った白牡牛(149)があったが、その他にもスペルト小麦、塩(150)、また香だけで生贄を捧げないこともあった。

[狂乱の儀式] アテネ人たちはこの神に牡牛を一頭生贄として捧げたが、それはかなり頓狂な儀式だった、とパウサニアスは伝えている(151)。僅かばかりのスペルト小麦と小麦を混ぜてユピテルの祭壇に捧げると、そこに生贄にされる運命の牡牛を引き寄せてそれを食べさせる。その時、この儀式を司る祭司たちのひとり、ギリシャ人たちにブフォノと呼ばれた者、われわれのことばでは牛打ちという意味だが、この者に斧が渡され、この獣の頭を断つと、斧をその場に残してたちまち姿を消すのだった。まさにこの斧より他に牡牛を傷つけたものなどいなかったかのように、この斧は周りを囲む者たちから裁き(152)と呼ばれた。スイダが記す(153)ように、この慣行はすでにユピテルの祭として執り行なわれていたもので、そこでは牡牛が供儀に付された擦り粉を食べると、あたかもこの獣が僭越なことをしたと咎めるようにそこに居たある者がそれを怒り、斧をとるとそれを殺害し、その場から逃げ去るのだった。そこに残された斧は裁きと呼ばれた。この件について問われた裁判官たちはそれを赦免し、それ以降毎年同じことが厳修されることとなった、と。

[裁きと呼ばれた斧] アテネ人たちのもとに裁きと呼ばれる斧があったとしてもなにも驚くことはない。パウサニアスやスイダが記しているように(154)、ドラコン(155)が彼らに与えた最初の法のなかには、傷つけ損った人物が見つからない場合、損害に準じてその器物が裁きにおいて断罪され、有罪宣告され町を追放される、というものがあった。パウサニアスはテアゲネスについて、スイダはニコネオについて記しており、そこでは名が異なっているにしても同じことが語られているに違いない。その名がいずれであろうと、この人はさまざまな戦役で勲功を遂げそれによって四百クローネ

以上を得た有能な人物で、彼のためにたいへんすばらしい彫像すら立てられたのだった。彼の死後、彼の誉れをずっと嫉んでいた者が、ある夜この像を鞭でひどく打ち、生きているテアゲネスあるいはニコネオを侮辱してやったかのように大満足したという。ある日突然、この彫像がそれを打った男に倒れかかり、この男を殺してしまった。その息子たちは裁きを求め、自分たちの父親に死を招いたものとして彫像に対して有罪宣告を求め、結局それは海に投げ捨てられた。このことがあってからあまり時をおかずして、この村を壊滅させるような大飢饉がやってきた。それを収めたのは神託で、海に投げ捨てられた彫像が漁師たちによって見つけ出され、元に戻されることによって飢饉も去った。その後、この彫像には神々の誉れも授けられ、神性としてたいへん崇められたという。

　他にも数多くの寓話がユピテルをさまざまに描き出しており、この神は愛を愉しむためによくいろいろなかたちに姿を変えた、とものがたられている。エウロパを運び去るにあたっては白牡牛に、ガニュメデスを誘拐するにあたって、またアステリアーを得るためにも鷲に、ダナエのもとへ行くためには黄金の雨に、レダと過ごすためには白鳥に、アイギナを欺くためには炎に、アルクメーネーと寝るためにはアンピトリュオーンに、カリストーと愉しむためには

ディアーナに云々[156]、人の姿をとるよりかえって獣の姿になってみせることが多いようである。これらについてはこれ以上語らないことにしよう。なぜといって、ユピテルの像を造るにあたり古人たちがこうした事例に倣ったものを見出すことができないから。】

註

(1) カルターリはキケロが伝える三人のユピテルについては不問に付している。cfr. Cicero, *De nat. deor.*, 3.53 ; Giraldi, *De deis gent.*, 2, p.70, 37-43. これについて Boccacio, *Gen. deor.*, 2.2 ; 5.1 ; 11.1 は問題を著しく混乱させることになった。またカルターリはここでは、通有の、ユピテルを火と水に、ユーノーを気と土に比定する解釈を採っていないが、これは［V］章冒頭で触れられることになる。

(2) ＊本章はほぼ初版を生かしてはじまるが、この一節だけ「邪な霊たちを崇める者たちは、他の神々よりも彼こそが死すべき者たちに裨益するとともに、それ以上に害うことすらできるものと観じ、彼に数多の神殿を捧げるとともにたいへん美しい数多の彫像を造った」とあったものが簡潔に削られている。

(3) この語義解釈はストア派の説を想わせる。cfr. Cicerone, *De nat. deor.*, 2.64. カルターリは典拠を挙げていないが、Giraldi, *De deis gent.*, 2 それも特に pp.70 ; 82.30-43 に関連記述あり。ジラルディはこの語義を Cornuto, *Theol. Gr. comp.*, 2, p.3 Lang ; Lattanzio, *Div. inst.*, 1.11 に拠ったとしている。

(4) これは古典期に典型的な解釈。cfr. Macrobio, *Somm. Scip.*, 1.17.14: «et apud theologos Iuppiter est mundi anima».

(5) Giamblico, *De myst. Aegypt.*, 7.2.

(6) Seneca, *Nat. quaest.*, 2.45.1-3.

(7) Virgilio, *Buc.*, 3.60.

(8) ＊初版では「ギリシャ人たちの神学者」と添え名が付されていた。cfr. *Hymn. Orph.*, XV. in Pictor, *Theo.*, pp.22-23 : «Ex Orphei carminibus se haec lectitasse. Juppiter omnipotens est primus et ultimus idem, / Juppiter est caput et medium, Jovis omnia munus, / Juppiter est fundamen humi ac stellantis Olympi, / Juppiter et mars et foemina nescia mortis, / Spiritus est cunctis validi vis Juppiter ignis, / Et pelagi radix, Sol, Luna est Juppiter ipse, / Omnipotens rex est, rei omnis Juppiter ortus.»

(9) これは Giraldi, *De deis gent.*, 2, p.71 の記述を直接オルフェウスに帰して述べたもの。ジラルディは Eusebio, *Praep. Eu.*, 3.9.2 に拠るものとしつつ、慎重に「オルフェウスの徒によれば versus quosdam Orphicos」と記している。

(10) Giraldi, *De deis gent.*, 15, p.382, 33-35. ; cfr. Cornuto, *Theol. Gr. comp.*, 27. p.49 Lang. ジラルディはこれを引いている。＊初版ではここに「わたしはこれを別章立てにして書こうと思っていたのだが、それはさて」と書かれており、「パン」が当初独立章として構想されていたことを窺わせる一文があった。

(11) Giraldi, *De deis gent.*, 2, p.96, 13-15 ; 15, p.384, 22-24 は典拠としてユスティヌス Giustino, *Epit.*, 43.1.7 を挙げている。

(12) Virgilio, *Buc.*, 2.33.

(13) Pausania, *Perieg.*, 8.37.11 ; cfr. Giraldi, *De deis gent.*, 15, p.385, 19-22 : «Cum Jupiter Titanos oppugnaret, primus obiecisse hostibus timorem, qui Panicus appellatur, ut aut Eratosthenes. Panicus quidem terror a Pane deo dictus est, qui et numero plurium aliquando ‹panika› dicitur, quorum et M. Cicero meminit in Epistolis cum familiaribus, tum ad Atticum. Nam cum Gigantes contra Jovem et deos pugnarent, hic terror eis obiectus est, ad quam rem alludit Orpheus in hymno Panos, quem illi deo cum variarum rerum suffimento concinuit. ... Panicos etiam terrores Phurnutus（前註10）dici scribit de repentinis,

et sine ratione factis, ita enim nonnumquam greges ac armenta pavere videntur, cum sonitus aliquisve strepitus surgit in sylvis, aut e speluncis, aut ex terrae cavernis. De his et Paus. in Phocaic. hic terror, inquit, panicus Gallos invasit, qui Brenno duce Delphos predaturi accesserant. Terrores quippe nulla certa causa existentes, a Pane oriri produntur. Hinc et poeta Silius lib. XIII Punicorum, describit Hannibalem deterritum hoc Panos terrore, cum ad urbis moenia accessisset, eam expugnaturus: ut paulo ante allatis poetae carminibus ostendit».

（14） Pausania, *Perieg.*, 1.28.4 ; 8.54.6-7.

（15） Silio Italico, *Pun.*,13.329-338 ; cfr. Giraldi, *De deis gent.*, 15, p.383, 5-31.

（16） Servio, *Buc.*, 2.31-33.

（17） Boccacio, *Gen. deor.*, 1.4.

（18） Servio, *Buc.*, 2.31-33.

（19） Macrobio, *Saturn.*, 1.22.7.

（20） Alessandro di Afrodisia, *Probl.*, 135, tr. Poliziano.

（21） Ovidio, *Met.*, 3.339-510.

（22） Lucrezio, *De rer. nat.*, 4.577.

（23） Pausania, *Perieg.*, 5.21.17.

（24） Ausonio, *Epigr.*, 10 ; cfr. Giraldi, *De deis gent.*, 15, p.383, 37-46.

（25） ＊初版には「これをソネットに移してみると」とあり、カルターリの訳詩にたいする意識がみてとれるが、略された。当然ながら拙邦訳では脚韻を踏めてはいない。

（26） Monsignor Barbaro, この作品は音楽テクストとして幾つか採られ、第二聯八行詩は L. Agostini, *L'Echo et Enigmi musicali a sei voci,* Venezia 1581, n.9 に公刊され、両聯とも P. Philips, *Madrigali a otto voci,* Anversa 1598, nn.24-25 で印行された。

（27） どうやら以下の脱線詩編はカルターリ自作自演。いずれにしてもイタリア語版本書の訳詩の数々をみる限り、カルターリの詩作はなかなかのもの。

（28） Macrobio, *Saturn.*, 1.22.2-6 ; cfr. Boccacio, *Gen. deor.*, 1.4 ; Giraldi, *De deis gent.*, 15, p.382, 52-53.

（29） Platone, *Crat.*, 408b-d.

（30） Virgilio, *Buc.*, 10.24-25. フェロラ ferole については［XI］章［冥界の樹ハクヨウ］項参照。「葦によく似た植物」とある。

（31） Virgilio, *Georg.*, 1.20

（32） Agostino, *De civ. Dei,* 6.9.2. インテルキドナ、ピルムヌス、デヴェルラは、それぞれ intercidere（切断する）、pilum（杵木）、verrere（掃く）に由来するという（服部英次郎訳岩波文庫版 2, pp.50-51 の註参照）。

（33） Luciano, *Deor. Conc.*, 4.

（34） Filostrato, *Imag.*, 1.20「サテュロス」; 1.22「ミダス」

（35） Plinio, *Nat. hist.*, 7.24.

（36） Plutarco, *Sylla,* 27.3-4.

（37） Pausania, *Perieg.*, 1.23.5-6.

（38） Girolamo, *Vita s. Pauli,* 7.

（39） Ovidio, *Met.*,1.192-195.

（40） Erodoto, *Hist.*, 2.2.46.

（41） ＊初版には短い別記述が挿入されていた。「この国の町メンデスの人々は他のなによりもこれを崇め、その像に牡山羊を添えた。この地では牡山羊（becco）はたいへん尊重され、女たちはそれらと同衾するのを恥じなかったが、これは現在も各地で見られる風習である」。ちなみにこの牡山羊 becco という語には現在でも寝取られ男という含意がある。他の箇所は capra を使っているため、唐突と思われて削除されたものか、どうか。

（42） 上掲ヘロドトスは、山羊飼いたちは雌雄の山羊たちをたいへん尊重したが、その中でも牡山羊の一匹を特に崇めた、と言っているところをカルターリは誤解している？

（43） Ovidio, *Fast.*, 5.111-113.

(44) Pausania, *Perieg.*, 2.13.6.
(45) Eusebio, *Praep. Eu.*, 2.1.39-40.
(46) Plinio, *Nat. hist.*, 35.110 : «Idem [Philoxenus Eretrius] pinxit et lasciviam, in qua tres Sileni comissantur».
(47) Pausania, *Perieg.*, 6.24.8
(48) Porfirio, *De abst.*, 3.16.
(49) ＊初版の記述は煩瑣とみなされたものか、次の一節が改められている。「ポルフィリオスは、エジプト人たちがある種の動物を崇めたのはこうした動物が本当に神であると信じていたからか、あるいはそうすることによって人同様に獣たちをも害わぬよう努めるべきことを教えようとしたのだったか、それともなんらかの秘すべき理由のようなものがあったのだろうと書いている。後にこれをギリシャ人たちも模倣して、ユピテルの彫像に牡山羊の角を、バッカスには牡牛のそれを、また人と山羊を組み合わせてパンの像を造った……」
(50) cfr. Giraldi, *De deis gent.*, 15, p.383, 48-49. (Costantino, *Geopon.*, 11.10, pp.332-333 Beckh.)
(51) Ovidio, *Met.*, 1.689-712.
(52) ＊初版の次の一節が削除されている。「自らの思慮によってなすことができるように。つまり彼はさまざまな物事に彼の力能をあらわしたので、彼の絵や彫像はさまざまに造りなされた。てはじめに〔ポルフィリオス……〕」
(53) Eusebio, *Praep. Eu.*, 3.9.5 ; Suida, *Lex.* Z, 39 Alder ; cfr. Giraldi, *De deis gent.*, 2, pp.71.53-72.9.
(54) ＊鷲の比喩は後出部分と重複することになっている。［ユピテルの鷲］項参照。
(55) Omero, *Il.*, 24.527-533.
(56) これはおそらくTeognide, *Eleg.*, 157-158のこと。Stobeo, *Floril.*, 95.15に引かれている。cfr. *Hymn. Hom.*, 4.324.
(57) Omero, *Il.*, 8.69-74 ; 16.658 ; 19.223-224 ; 22.209-213.
(58) Pausania, *Perieg.*, 1.1.3.
(59) Eusebio, *Praep. Eu.*, 3.11.45-46 ; 1.10.46.
(60) Marziano, *De nuptiis*, 1.66.
(61) Plutarco, *De Is. et Os.*, 75.
(62) cfr. Giraldi, *De deis gent.*, 2, p.72, 33-34.
(63) Pausania, *Perieg.*, 2.24.3-4.（Eschiloを名指し、Omero, Il., 9.457を引いている。）
(64) ＊初版には「木造の」と素材をあらわすことばがあったが、略された。
(65) Marziano, *De nuptiis*, 1.66.
(66) cfr. *Hymn. Orph.*, 63.
(67) Plutarco, *De Is. et Os.*, 10.
(68) Plutarco, *De Is. et Os.*, 51.
(69) Suida, *Lex.* A, 2707 Adler.
(70) Aristotele, *Hist. anim.*, 615b.
(71) Plutarco, *De solertia anim.*, 4.
(72) Plutarco, *De Is. et Os.*, 10.
(73) cfr. Pausania, *Perieg.*, 5.24.9.
(74) ps. Aristotele, *De mirab. aud.*, 152
(75) Pausania, *Perieg.*, 2.2.1 : PortunnoはパウサニアスではPalemoneになっている。
(76) Sosipoliiは「国の救い」の意。どうやらアマルテイアの角を手にした少年神らしい。次註および後出［ユピテル・オルクス］項のヴェイオーヴェ、後註82をも参照。
(77) Pausania, *Perieg.*, 6.20.3.
(78) Pausania. *Perieg.*, 5.24.9-11.
(79) Omero, *Il.*, 19.249-268.

(80) cfr. Giraldi, *De deis gent.*, 2, p.79, 4-9 ; Pausania, *Perieg.*, 5.24.9 ; Diogene Laerzio, *De v. phil.*, 8.33.

(81) Giraldi, *De deis gent.*, 2, p.79, 34-40. ただしジラルディでは子供の上の文字は FIDII SIMVLACRVM になっている。版画家たちはこれに矯している。

(82) Veiove［羅 Vejovis］投げ槍をもち山羊を連れてあらわされる神。おそらくは復讐神としてのユピテル。カンピドリオの聖森に神殿があった。

(83) Gellio, *Noct. Att.*, 5.12.

(84) Alessandri, *Genial. dier.*, 4.12.; Giraldi, *De deis gent.*, 2, p.81, 30-38.

(85) cfr. Boccacio, *Gen. deor.*, 11.1; Giraldi, *De deis gent.*, 2, p.157, 22-40 ; Strabone, *Geogr.*, 10.3.11 ; Diodoro, *Bibl. hist.*, 5.70.3 ; 70.6 ; Lattanzio, *Div. inst.*, 1.22 ; 21 ; Ovidio, *Fast.*, 5.115-128 ; Igino, *Astron.*, 2.13.

(86) Apollodoro, *Bibl.*, 2.7.5.

(87) cfr. Ovidio, *Met.*, 9.1-97.

(88) ＊前項加筆前には、アレクサンデル・ナポリタヌスを引いた後（前註84）、ここでユピテル―太陽―バッカスが連想される彫像に話が移される脈絡が簡略にではあるがより明瞭にしるされていた。「こうしたことどもはすでに太陽《ソル》に関連して述べたところであるとともに、これはまたバッカスとも信じられたのだった。なぜといって、それの彫像の一つはバッカスのしるしのほとんどをつけていたから。これはアルカディアの彫像で、［パウサニアスが言うように……］」

(89) Pausania, *Perieg.*, 8.31.4.

(90) cfr. Servio, *Aen.*, 7.799 ; Giraldi, *De deis gent.*, 2, p.97, 19-23.

(91) Lattanzio, *Div. inst.*, 1.11 ; Servio, *Aen.*, 1.394 ; Giraldi, *De deis gent.*, 2, p.72, 18-24.

(92) cfr. Plinio, *Nat. hist.*, 2.146 ; 10.15. ＊前註54参照。この部分の増補により この比較が重複して用いられることになっている。

(93) Pausania, *Perieg.*, 5.11.1-2, 7.

(94) cfr. Giraldi, *De deis gent.*, 2, p.74, 44-46 ; このネロのメダルは Enea Vico, *Le imagini con tutti i riversi trovati et le vite de gli imperatori tratte dalle medaglie et dalle historie de gli antichi,* Libro I, s.l., 1548, Di Nerone, tav.2v の印影（右下図）。

(95) Luciano, *De Dea Sy.*, 31.

(96) シュリア、つまりはアタルガティス Atargatis のことか。

(97) Giraldi, *De deis gent.*, 2, pp.77-78 ; cfr. Livio, *Ab U. cond.*, 1.12. また Statore を「堅固」、「断固」という意味に採ることについては Agostino, *De civ. Dei,* 7.11 参照（これは Giraldi, 2, p.77 に引かれている）。G. Du Choul, *Discorso della religione antica de' Romani,* 1559, p.55 ; ゴルディアスのメダル（左上図）。Ibid., p.53 ; アントニヌス・ピウスのメダル（左中図）。

(98) cfr. Giraldi, *De deis gent.*, 2, p.98, 18-24. この貨幣に関連した図が G. Du Choul, *Della religione antica de' Romani,* 1559, p.55 ; ディオクレティアヌスのメダル（左下図）。

(99) Plinio, *Nat. hist.*, 2.138.

(100) cfr. Servio, *Aen.*, 1.42.

(101) Virgilio, *Aen.*, 1.39-46. 詩文中の「彼らの船団」とは、オイレウスの

子アイアクスの船団のこと。

(102) Manubie：セネカがゼウスの雷霆の意で用いている（*Nat. quaest.*, 2.41.1）。キケロによれば戦利品売却によって得られた金銭（*De lege agraria orationes*, 2.53）。

(103) cfr. Servio, *Aen.*, 11.259.

(104) Orazio, *Carm.*, 1.2.1-4.

(105) Aristotele, *Meteor.*, 371a.

(106) cfr. Plinio, *Nat. hist.*, 2.137.

(107) cfr. Pierio Valeriano, *De fulminum significationibus*, Roma 1517, c. 10r-v.

(108) cfr. Ovidio, *Met.*, 2.848-849 ; Ibis 471 ; Seneca, *Thiest.*, 1089 ; *Phae.*, 189; Servio, *Aen.*, 1.133. ecc.

(109) cfr. Virgilio, *Aen.*, 8.424-428.

(110) 本章［様々な神に与えられた雷霆］項参照。

(111) Seneca, *Nat. quaest.*, 2.42-44.

(112) Egida［羅 Aigis］

(113) 前出アマルテイアのこと。

(114) Virgilio, *Aen.*, 8.352-354.

(115) Servio, *Aen.*, 8.354.

(116) Diftera：ギリシャ語で膜を意味する語（ジフテリアの語源）。cfr. Suida, *Lex.* A, 4076 ; Z, 39 Alder.; Giraldi, *De deis gent.*, 5, p.157, 31-33.

(117) Plutarco, *Quaest. Rom.*, 45 ; Giraldi, *De deis gent.*, 2, pp.90, 52-92.6. おそらくつづくラクタンティウスとエリアノスからの引用もこの書に拠ったもの。

(118) Labradeo ラブラの神とも。

(119) Lattanzio, *Div. inst.*, 1.22.

(120) Eliano, *De nat. anim.*, 12.30.

(121) Plinio, *Nat. hist.*, 35.144 ; 35.123.

(122) Ovidio, *Met.*, 3.310-312.

(123) Pausania, *Perieg.*, 5.22.7.

(124) Leontini シチリアのシラクーサ近郊レンティーニの古名。

(125) Strabone, *Geogr.*, 8.3.30.

(126) Quintiliano, *Inst. Orat.*, 12.10.9.

(127) Omero, *Il.* 1.528-530.

(128) Plinio, *Nat. hist.*, 35.142.

(129) Pausania, *Perieg.*, 2.9.6.

(130) Curzio Rufo, *Hist. Alex.*, 4.7.22-24.

(131) Trogloditi

(132) Pomponio Mela, *Chorogr.*, 1.8.39.

(133) cfr. Lattanzio Placido, *Theb.*, 3.476.

(134) Ovidio, *Met.*, 5.318-328.

(135) Erodoto, *Hist.*, 2.42.

(136) Pausania, *Perieg.*, 8.32.1.

(137) cfr. Servio, *Aen.*, 4.196.

(138) Alessandri, *Genial. dier.*, 4.12.

(139) cfr. Plinio, *Nat. hist.*, 16.11-12 ; Gellio, *Noct. Att.*, 5.6.13.

(140) cfr. Giraldi, *De deis gent.*, 2, p.73, 1-3.; Cornuto, *Theol. Gr. comp.*, 9, p.10 Lang.

(141) ＊初版ではこれにつづけて「ユピテルについてはこれ以上つけ加えることはない」という一文で本章は了っている。

(142) Pausania, *Perieg.*, 5.22.5.

(143) Marziano, *De nuptiis*, 1.66. 前出［ユピテルの像］項参照。

(144) Ovidio, *Met.*, 6.74.

(145) Servio, *Buc.*, 10.27. これはカピトリーノのユピテルの帰属。cfr. Livio, *Ab U. cond.*, 10.7.9 ; 30.15.11.

(146) Plinio, *Nat. hist.*, 33.111-112 ; 35.157. 女性の化粧についての脱線はもちろんカルターリ本人のもの。

(147) cfr. Ovidio, *Fast.*, 2.361-362.

(148) cfr. Servio, *Aen.*, 4.57 ; Gellio, *Noct. Att.*, 16.6.

(149) cfr. Servio, *Aen.*, 9.627-628.

(150) cfr. Ovidio, *Fast.*, 1.172 ; Lattanzio Placido, *Theb.*, 4.468 ; 以上の事例は Gualdi, *De deis gent.*, 17 passim に引かれている。

(151) Pausania, *Perieg.*, 1.24.4 ; 28.10.

(152) in giudicio　神判、神占?.

(153) Suida, *Lex.* θ, 67 Adler ; B, 474 Adler.

(154) Pausania, *Perieg.*, 6.11.2-9 ; Suida, *Lex.* N, 410 Adler ; E, 2540 Adler.

(155) 前七世紀のアテネの立法家。

(156) cfr. Ovidio, *Met.*, 6.103-120.

quello, che successe già in certa festa di Gioue, nella quale vn Bue magiò ...iacciate, che erano preste al sacrificio; di che sdegnato vno, che quiui e- ...esente parendogli, che quella bestia fosse stata troppo presontuosa, diede Scure chi- ...glio ad vna scure, & l'vccise, & se ne fuggi via. La scure che restò, fu chia- amata in ... in giudicio, & hauendo i giudici vdite le ragioni delle parti la asolsero ; giudicio. ...da poi osseruato di fare ogni anno il medesimo. Et non è gran marauiglia ...fosse vna scure chiamata in giudicio appo gli Atheniesi, percioche fra le ...e leggi che furono loro date da Dracone, fu, che le cose ancora inanimate Suida. ...e riferiscono Pausania, & Suida, quando non si trouasse la persona, che ...sse fatto il male fossero condannate in giudicio, bandite, e gittate fuori ...Città, secondo li demeriti loro. Onde si legge appresso de' medesimi ...medesima nouella, benche i nomi siano diuersi, perche Pausania scriue di ...agene, & Suida di Nicone. Questi (qualunque nome che egli hauesse) fu

[V]

ユーノー

ò gittata in mare, et la qual cola indi a poco venne vna tanta grande ...guastò tutto il paese; à che fu rimediato per consiglio dell'oracolo, rimet- ...lo al luogo suo la statoa gittata in mare, & poi ritrouata da alcuni pesca- ...e le furno anco poscia dati diuini honori,& come Nume salutare fu ado- ...Danno le molte fauole ancora, che si leggono di Gioue, argomento di ...in molti modi; percioche raccontano, che ei si cangiaua souente in di- Varie ...e forme per godere de' suoi amori; come quando si mutò in toro bianco trasfor- ...portarsene via Europa, in Aquila per rapir Ganimede, & per hauere anco mationi ...ria; in pioggia d'oro per passare à Danae; in Cigno per starsi con Leda; in di Gioue. ...o per ingannare Egina; in Anfitrione per giacersi con Alcmena; in Dia- ...er godere di Calisto, & in altre figure assai, tanto bestiali, quanto huma- ...elle quali io non dirò altro, perche non trouo, che gli antichi habbino tol ...sempio da queste mai per fare alcuna imagine di Gioue.

GIVNONE.

Velli, li quali dissero, che gli antichi sotto il nome di diuersi Dei ado- ...ratono gli Elementi, posero Giunone per l'aria, & la fecero perciò le ...le poi sorella di Gioue, per cui intesero lo Elemento del fuoco. Et co- Sorella ...ui Rè, così chiamarono lei Regina del Cielo, perche il fuoco, & l'aria so di Gioue ...due Elementi di sopra, che hanno maggior forza assai nelle cose create

de

ユピテルの姉妹／ユピテルの妻／ユーノーにみまもられる睫毛／女神シュリア／富の女神／ユーノーに捧げられた孔雀／高貴さのしるし／イリス／ユーノーのニンフたち／ユーノーの姿／ユーノーの影像／カストルとポルックス／解放のしるし／船頭連のカストルたちと呼ばれた理由／花嫁たちのオレンジ（炎）色の薄紗／花嫁たちの行く手を灯す松明／偶数と奇数／花嫁に捧げられた火と水／花嫁ユーノー／たいへん有益な樫《クェルチャ》／ユーノーの薔薇／ジュガリオ小路／結わえられた新郎新婦／婚姻／ヒュメナイオス／投げ捨てられる胆汁／ヒュメナイオスのものがたり／結婚式で招請されるタラシオ／ヒュメナイオスの姿

Tav. 25

［ユーノー・ルキーナまたはアッシリアの女神シュリア］

▶ p.224-225

Tav. 26

［ユーノー二態／その遣いイリス(上)］

▶ p.228-229

Tav. 27
［カストルとポルックス］
▶ p.230-231

Tav. 28

［アルゴスのユーノー／ユーノー・フェブルアーレ／ユーノー・ソスピータ］

▶ p.236-237

Tav. 29

［ユーノー・ジュガーレ］

▶ p.237-241

［ユピテルの姉妹］ 古人たちはさまざまな神々の名のもとに諸元素を崇めたが、ユーノーに宛てられた元素は気で、そこから寓話の数々ではこの女神はユピテルの姉妹となされたという。そしてユピテルが王であるように、ユーノーは天の王女と呼ばれた。火と気は他の二つの元素によって造られたものよりもずっと大きな力をもつ上位の二元素であるから。

［ユピテルの妻］ それはまた土である、つまりユピテルの妻とも称された。上位の諸個体から地にある種の種子的力能が降り、産生されるものすべてを産生する力が土に賦与されるようにと。それは夫が妻の胎の中に種子を撒き、時到ると彼女が出産することになるものを懐胎させるのと同じこと。(1)【これをヴィルギリウス(2)は次のように言っている。

……豊穣なる雨とともに降る
偉大なるユピテルは幸せな妻の懐に。】

またこの女神をより高きに置こうとした者もあり、月《ルナ》と同一とみなしてそれと同じ名のいくつかを与え、ルキーナと呼んだ者もあった。あたかもこの女神が女たちの出産を助け、生まれる子供たちに光を与える、と言おうとしたかのように。(3)

［ユーノーにみまもられる睫毛］ 古人たちは人のからだの各部分に一々それを司る神を配し、睫毛をユーノーの管轄の下においた。なぜなら睫毛は目の上にあり、目は睫毛から射し込む光を享受するするとともに、睫毛は目に落ちかかり煩いとなりかねないものを防ぐから。(4) ユーノーに腕を捧げた事例もあり、ホメロス(5)はどの神にも他の神々より美しいある部位を与えるにあたり、ユーノーには白くて美しい腕を授けたのだった。そこで古人たちのうちにはこの女神に月《ルナ》の肢体のような清浄無垢なからだを授ける者もあった。

［女神シュリア］ ルキアノスが記すところによれば、(6)アッシリアの町ヒエロポリスで敬われた女神シュリアとはユーノーであったらしい。それどころか、神殿内のこの女神の像は

[▶Tav.25]

ひとつではなく数多くあり、どこかパラスのような、どこかヴェヌス、ディアーナ、ネメシスのような、あるいはパルカたちその他の女神のような姿をしていたという。この女神は二頭の獅子の上に坐り、片手に笏杖をもう一方に紡錘をもち、頭から光を発し等々、いろいろな姿で描かれた。つまりルキアノスは、女神シュリアつまりユーノーはさまざまな名で崇められた多様な神性であった、と明かしている訳である。それゆえこの女神はまたルキーナであるものと信じられ、テレンティウスの劇中(7)でグリセリア(8)が「ユーノー・ルキーナよ、助けて、どうかわたしを死から守って」と叫んだように、女たちが出産にあたってその助力を恃んだとしても不思議ではない。

　その像を造ろうあるいは描こうとして、古人たちはファウスティーナの古いメダルのように成熟した女性の姿に堂々たる衣装を纏わせ、右手に杯、左手に棹棒をもたせたのだった(9)。古人たちが神々の図像に棹棒をもたせなかった事例は、これまで述べたようにまた以下にいろいろみるように、まことに少ないが、その理由はさほど違っているようには思われない。他の場所で語ったほうがよいことなのかもしれぬが、ここで触れておくのも悪くはないだろう。温和で静穏な女神ユーノーに棹棒を与えた者があったことこそ、きっと驚くべきことであろうから。

　だが、この女神はいつもそうであった訳ではなく、時としてたいへん恐ろしく残忍な相貌をあらわしてみせるのだった。トロイ人たちと戦うギリシャ人たちを全力で助けよ

ユーノー・ルキーナまたユーノーに同じアッシリアのヒエロポリスの女神シュリアの姿。そして彼女に捧げられた鳥たち。ユーノーは天の王女にして気を司るもの、諸圏およびその富の女主であるとともにその徳能をもあらわしている。 [▶Tav.25]

うとした時、大胆にもミネルヴァとともに戦いに赴いた時のように。往時将軍たち重鎮たちは山車に乗って戦ったものであり、ホメロス[10]はこの女神の山車をこう描き出している。それを支持していた木部は鉄で包まれ、車輪は銅製でこれまた銅でできた八本の輻《や》があった。その銅の外周は黄金で巻かれ、輻が発する輪軸は銀で覆われていた。また女神が坐しているのは金と銀の帯でつくられた椅子。舵は銀製、轡《くつわ》は金製、さまざまな馬飾りも金製だった。時にユーノーを曳くのは小鳥たちであったりするが、これを曳くためには馬たちを要した。ヴィルギリウス[11]もまた、この女神はカルタゴを大切にし、山車と武具はその地に蔵されている、と言いつつ山車と武具を彼女に与えている。

要するに古人たちがユーノーに棹棒《アスタ》を与えたことを変だと言うものは誰もないのだが、この女神について考えつつ、いったいどうして神々の像は棹棒をもたされたのかと自問するうち、ユスティヌス[12]の説くところに行きあたった。彼が言うところによれば、すでに原初、王たちは冠《ディアデマ》や王の紋章をではなく棹棒をもち、またその時代つまりこの世のはじまりにあって、人々は棹棒より他、神々の彫像などもたなかった。彼らはこうした棹棒の前に跪くと、恭しく崇めたのだった。その後、神々を人のかたちに造りはじめると、彼らは棹棒をではなくこうした彫像を崇めるようになった。とはいえ、古の信心の記憶をとどめるように、後に神々の像に棹棒を添えることとなった、と。

【ヴィルギリウスの書中[13]、アンキセスがアエネアスに来たるべき子孫を示すにあたり、まず棹棒に寄りかかっている若者からはじめるが、これを注してセルヴィウス[14]は、古人たちのもとにあって棹棒は戦争で敵を倒し自らの力量をあらわしはじめた若者たちを讃える褒賞であった、と記している。また棹棒は他のどんな武器よりも古人たちから尊重された優越と権勢のしるしで、勇敢な人々に贈られたものだった。公衆の面前で売られるものは、棹棒《アスタ》（競売）にかける、と言われた。またカルタゴ人たちはローマ人たちとの戦をはじめるにあたり、彼らに棹棒を送り届けた。

スイダ[15]が伝えるところによれば、アテネでは殺害された者を埋葬するにあたり、付き添いの両親は亡骸に棹棒をもたせた、あるいは彼を殺した者が仇討ちされずにはおかないようにと墓頭にそれを挿すという習慣があった。まことに棹棒は古人たちからたいへん尊重されたのであり、彼らのもとではたいへん高貴なしるしであった。それがよく聖なる彫像に添えられたのもこうしてみれば不思議ではない。】

【富の女神】 ホメロスが記すユーノーの山車のさまざまな色は、時に気中に見える色を意味しているのかもしれない。

しかしボッカチオ[16]は、それにこれほど贅が尽くされているのはユーノーが富の女神と信じられていたからであり、彼女に与えられた武具の数々も通常人々がそのために戦う富をあらわしている、と言っている。彼女が笏杖を手に描かれるのも、パリスから他の二人の女神より美しいと言われたいと思ったときに彼女が約束してみせたように、富と領地を与える権能が彼女にあるということを示すためだった。彼女が土を意味すると称する者たちが言うこともおおむね同じで、フルゲンティウス[17]が、ユーノーの頭は布によって被われ、手に笏杖をもっているというのも、さまざまな領地を所有し支配するということをあらわすものに他ならない。彼女はあらゆる金属の鉱脈を所持しているのであり、そこにある貴石をも含め、その富は土に覆われ隠されているのだから。

［ユーノーに捧げられた孔雀］まさにこの女神のものとして彼女に捧げられた鳥が孔雀だった。【パウサニアス[18]はギリシャのある土地のユーノー神殿に蔵されていたものについて記しつつ、そこにハドリアヌス帝から献上された黄金と燦めく貴石でできた孔雀があったが、これはまさにこの女神に捧げられた鳥だった、と伝えている。】アルゴスについてものがたった寓話[19]に加え、【これについては、】富がわれわれのこころを魅了するのは孔雀がその美しさで見る者たちを引き寄せるのと同じことだから、とも言われている。またボッカチオ[20]は神々の裔が長々と陰口をたたいてみせるところで、裕福で権力ある者は尊大な口をきき、横柄で、いつも他人の上に立ちたいと欲し、嘘でもいいから褒められることを好み云々、その一々が孔雀にそっくりである、と語らせている。これはボッカチオの時代ならずとも、今日でも同じことだろう。

［高貴さのしるし］ユーノーに捧げられたのは孔雀だけではなく、古人たちはこの女神に大鷹《スパルヴィエラ》やハゲタカのような鳥をも捧げた。エリアノス[21]は、エジプト人たちがイシスの彫像の頭部をこの鳥の羽で飾ったという。彼らのイシスはこの女神そのもので、その彫像は家の戸口に置かれたものだった。アレクサンデル・ナポリタヌスが言うところによれば、これはエジプトでは家系の高貴さと古さをあらわすものだったという。

【鵞鳥もまたユーノーに捧げられた。ローマ人たちはその神殿でそれを飼ったものだったが、ガリア人たちの攻囲に遭った時、それらはカンピドリオのよき護りとなった。もしもそれらが鳴かなかったなら、彼らは夜陰にまみれて侵入していたに違いない。その故をもって、後にここで公に飼われるようになり、管財人たちが餌をやるとともに、このユーノーの神殿内に銀製の鵞鳥が奉納されたのだった。

ユーノーの遣いであるイリスの姿。タウマースあるいは感嘆の娘。そのさまざまな色は愚か者たちを驚嘆させるとともにたちまち消えさる富を象徴している。［▶Tav.26］

この鳥への感謝の気持ちをあらわすため、ローマ人たちは毎年ある時期に一羽の鵞鳥を飾りたてた小駕籠に乗せて神殿に運び祝い、それと同時に犬をニワトコの柱に繋いでカンピドリオの警護を怠ったことを罰したという。前述したように、それを護ったのは鵞鳥だったから[22]。】

［イリス］ これに加え、詩人たちは天上の弓（虹）を意味するイリスをユーノーの伝令あるいは使節であると言い、タウマースの子供であると称した。これは感嘆を意味するが、それがあらわれるときの驚くべき多彩な色はあたかも富が愚か者たちを驚かせるようであるとともに、またその富は虹《イリス》が消える時のようにたちまち消え去るからでもあった。これもまた古人たちによって【女神と称され、】多色の衣装を纏った女性の姿であらわされた。またユーノーの命にすぐさま応じられるよう黄色の寛衣を胸元で結び、【これまた多色の翼をもっていた[23]。ディドーの運命の髪房を切らせるため、ユーノーはそれを遣わした、とヴィルギリウスが言う[24]ように。】

［ユーノーのニンフたち］ またユーノーの供連れには十四人のニンフがいた。ヴィルギリウスでは[25]、彼女は、アエネアスがイタリアへ到達できないように風を吹かせて海を荒らしてくれるなら、いちばん美しいデーイオペイアを妻に与えよう、と風の王と信じられたアイオロスに約束している。これはつまり気の変化、そしてそこに起こるさまざまな現象、晴天、突風、雨、雪、雷光、雷鳴、霧等々はユーノーの思いのまま、ということをあらわしている。

［ユーノーの姿］ マルティアヌスがユーノーをユピテルの下に坐らせ、次のようにものがたるとき[26]にも、これと同じこ

とが示されている。この女神は白く輝く薄紗のようなもので頭を被い、その上に緑スキタイ[27]、燃えるようなケラウノ[28]それに白いヒヤシンス[29]といった貴重な宝石の数々で飾った冠をイリスが載せた。その顔は晴々と輝き、兄弟によく似ていた。ただ兄弟はつねに陽気で決して乱れなかったが、ユーノーは表情を変え、時に曇った顔をした。彼女がその下に着ている衣装は硝子のように煌き輝いていたが、その上の外套は霧がかかったように暗かった。とはいえ僅かにあちこち明かりを返していた。そして膝に多色の帯を結び、それがたいへん美しく輝いたりこれ以上ないほど多彩な色をかすかに照らし出していた。履物もまた暗い色で、靴底は夜の闇をあらわすかのように真っ黒だった。これをヘシオドスは金色だと称し、他の詩人たちもこれに追随しているのではあるけれども。またこの女神は右手に雷霆をもち、左手でティンパヌムを響かせていた。

[ユーノーの彫像]この姿は気の性質をたいへん明らかに示しており、彼女に由来するものについて他につけ加えることもない。それゆえパウサニアス[30]がコリントの郷にあったという巨大なユーノーの彫像に移ろう。これはポリクレイトスが造った黄金と象牙の彫像で、頭に被った冠には驚くべき技巧をもって時《ホーラー》たちとグラティアたちが刻まれていた。そして片手に柘榴の実をもち、もう一方の手に握られた笏杖の上には郭公《カッコウ》が停まっていた。さまざまな寓話によると、ユーノーに恋したユピテルはこの小鳥に変身し、彼女は若

ユピテルの妻にして神々の王女、気をあらわすユーノーの姿。そしてコリントのユーノーの像。カッコウは、ユピテルが妹である女神ユーノーと同衾しようと自ら身を変じたもの。
[▶Tav.26]

い娘たちがよくする戯れからそれを摘まんだが、これこそ彼が彼女と同衾するための方策だった。パウサニアスは、このようなことあるいはその他神々についてものがたられるこれに類したことをわたしは信じないけれども、別にそれを蔑するべきことだとも思わない、と付言している。つまりそれは不思議なことであるのだと言おうとしているようで、ことばどおりに採ってその意味するところについては語っていない。それに倣ってわたしも言わないことにしよう。古人たちが書き記していないことについては口を噤むつもりだと何度も言ってきたことであるし。ひょっと誰かすでに記していることがあるかもしれぬが、わたしはまだみつけていないのだから。アプレイウスは[31]パリスの審判の場景を描き出すにあたり、ユーノーに似た娘が正直そうな表情で、頭に白い髪飾り《ディアデマ》を結び、手に笏杖をもって、星形飾りを戴せた兜をかぶったカストルとポルックスに伴われてあらわれた、と記している。古いメダルの幾つかにもこのとおりの姿が鋳られている[32]。

[カストルとポルックス] 彼らはユピテルの息子たちで、どちらもたいへん愛らしく、寓話によればふたりは生死を行ったり来たりしたので、天にあげられ、双子のしるし（星座）となされたという[33]。今日でも天界のことがらを描く者たちは、往昔ラケダイモン人たちが彼らを神像となしたのと同じように描いてみせる。つまりお互いに離れた二本の木材にこれまた二本の別の木材を渡し、この図像があたかもふたりの兄弟の愛にふさわしいものであるかのように[34]。ふたりのうちの一方は格闘が強く、もうひとりは騎馬が得意だった。そこで時にふたりは白馬の上に乗った姿であらわされる。これらの馬はユーノーが彼らに贈ったもので、それも元をただせば彼女がネプトゥーヌスからもらったクサントスとキュラロス[35]だった、と言われている[36]。このように彼らはアテネ人たちのもとでは昔から騎馬姿であらわされた[37]。キケロが記すところ[38]によれば、ウァティニウス[39]がリエティからローマへ戻ったときにもそのような姿であらわれ、その日ペルシャの王が囚われの身となった、と彼に告げたという。

【またユスティヌスが記すところ[40]では、一万五千人のロクリス人が十二万人のクロトン人を相手に勝利した戦い[41]で、誰とも違った武具を携えて緋色の外套を纏ったふたりの頑健な若者が白い馬に跨ってあらわれ、ロクリス人たちの陣頭に立って勇敢に戦ったが勝利の後たちまち消え去った、という。このふたりは、ロクリス人たちがラケダイモン人たちに援軍を頼んだもののそれが得られずにいたところにあらわれた、カストルとポルックスのことだと信じられた。

またカストルとポルックスのこととして、パウサニア

船乗りたちの神々カストルとポルックスの姿。彼らがあらわれると海が凪ぐという。また彼らが馬の保護者でもあるというのは、ユピテルとレダの双子の息子と呼ばれる獣帯の十二のしるし（星座）のひとつをなし、すばやく天軌を駆ける星々であるから。［▶Tav.27］

スは[42]ふたりのメッセネの若者が巧妙な策略をもってラケダイモン人たちを欺こうと、野戦地で彼らの祭りを盛大に祝った時のことをものがたっている。ふたりは白い短衣に緋色の外套を纏い、棹棒を手に美しい二頭の馬に騎乗して卒然と姿をあらわした。ラケダイモン人たちはそれを祭りに召喚されて来たカストルとポルックスだと思い込み、武装を解いて近寄ると、戦いに益するこの神性が彼らのもとにとどまってくれるようにと崇め祈ったのだった。ふたりの若者は彼らの中に潜り込み、誰彼問わず棹棒で傷つけ、数多くを殺戮し、敵に少なからざる惨事をもたらしつつも自らは傷つくことなく帰還したという。】

またラコニアでは戦いに赴く時には頭に被り物をしたものだったのでカストルとポルックスも頭に被り物をしている、とフェストゥス・ポンペイウス[43]は言っている。そこからカトゥルスは[44]その寸鉄詩《エピグラム》で彼らを頭巾《ピレアーティ》を被った兄弟と呼んだのだった。頭巾《ピレウス》とはラテン語で被り物を意味したから。パウサニアスも[45]また、ラコニアのある土地には頭巾を被った小像がいくつもあった、と記している。彼はそれらがカストルたち（古人たちはこの名によってふたりの兄弟を名指したものだった）をかたちづくったものであったかどうかは分からないとしつつも、それを含意して語っている。

［解放のしるし］ 蛇足になるが、ローマ人たちのもとでは頭巾《ピレウス》

は解放のしるしだった。彼らの慣習にあって、下僕奴隷を解放しようとするときにはその頭を剃って帽子を被らせた。この儀式はフェローニアの神殿でおこなわれたが、それはこの女神が自由を授ける女神だったからであり、この儀式を受けた者は自由民と呼ばれることとなった(46)。そこでプラウトゥス(47)は、解放を望む下僕奴隷に「ああ、神の思し召しにより、今日わたしは頭を剃り帽子を被る」と言わせている訳である。ローマでユリウス・カエサルが殺害されると、広場に頭巾《ピレウス》を載せた棹棒が何本も立てられ、本来の自由が民衆と町に取り戻されたしるしとされた、という(48)。

　ローマ人たちは兵士が必要となると、あるいは反乱蜂起に人を呼ぶにあたり、下僕奴隷たちに頭巾を被らせた。つまり彼らが戦いに出られるように、みなを解放したものだった(49)。ブルータスの古メダルの幾つか(50)には二本の短剣の上に帽子が乗せられたものがあるが、これもまた彼が僭主を殺害し祖国に自由をもたらしたことをあらわしたものである。【スウェトニウスが記しているところ(51)によれば、ネロが死んだ時、ローマおよび属州の平民たちはいまや厳しく冷酷な従属を解かれたことをあらわすように、帽子を被って祝ったという(52)。またプルタルコスが記すところによれば、ローマの大層な貴族であったルキウス・テレンティウスはスキピオの凱旋行列に帽子を被って、あたかも彼に解放された下僕のようにつき随ったという。これは彼がカルタゴ人たちの捕囚となっていたところをスキピオによって解放されたからだった。ティトゥス・クインティウスがマケドニアを打ち負かした後の凱旋行列の折にも、彼によって解放された数多くのローマ人たちがこれと同じことをした、とプルタルコスばかりかリヴィウスも記している。それにまた、帽子は徳能と大いなる知恵のしるしでもあった。それゆえ今日でも博士や学士の称号とともにそれが授けられるのである。またゲリウス(53)が書いているように、古人たちは売りに出す奴隷たちに時として帽子を被らせたものだった。これは奴隷になにも欠陥がないことをあらわすためであり、この帽子は奴隷を買う者を欺くものではないという意味、つまり売り手は一切付随条件なしに奴隷を完全に買い手に手放すということをあらわしていた。】

　それはそうと、カストルたち（前述したように、この名によってポルックスの名をも含意していた。それはつまりカエサルと一緒に執政官《コンソル》を務めていたビブロスが、ふたりでなしてきた執政官の務めをカエサルひとりの業績だと阿諛され、権力のすべてを簒奪した同僚をみて、自分はポルックスのようなものと言ったのと同じだった(54)。なぜといって彼とその兄弟に捧げられた神殿には彼の名がなく、それはカストルの神殿あるいはカストルたちの神殿と呼ばれたのだったから）は、エリアノスが言う【ところをスイダが伝えている[55]】ように、髭のないお互いよく似た堂々たる若者で、戦士の装束に剣を提げ、棹棒を手にしていた。

［船頭連のカストルたちと呼ばれた理由］一方、彼らの頭に輝く星々については先に述べたが、これはアルゴ舟乗り《アルゴナウテス》たちが海上でひどい時化に苦しまされ皆死ぬのではないかと恐れていたとき、オルフェウスが皆の生存を祈ると、カストルたちの頭上に二つの星あるいは光明があらわれ、彼らに救いのしるしを与えたところから、これが危難に際しての船頭連のカストルたちと呼ばれることになったものであろう[56]。【パウサニアスは[57]コリント人たちのもとにあったネプトゥーヌスのある彫像について記しつつ、その台座には船や船頭たちの安寧の神性と信じられたカストルたちが彫刻されていた、と書いている。】

　またセネカやプリニウスが記しているように[58]、海が大時化のときにしばしば星々があらわれて、凪の予兆をみせるものと信じられていた。これらは気中にあらわれ、また気とはユーノーを指すものであったので、これを道理としてカストルとポルックスのふたりの兄弟はこの女神の供連れとされたのだった。テオポンポスやヘラニコス[59]が言うように、寓話の数々では、昔々ユピテルはこの女神の脚を黄金の鎖で結わえ、それにたいへん重い鉄塊をつけたので、彼女は気中に吊り下げられた、と語られている。これは気の下部が火の元素から最も遠いところにあるのでもっとも濃密であり、そこに雲、霧その他が生じるのは、それが重い元素である水や土と容易に結びついていよいよ降るから、ということを意図したものである。

　パウサニアスによれば[60]、ボイオティアのある土地にユーノーに捧げられた神殿があり、その中には花嫁と呼ばれるたいへん大きな女神の立像があったという。

［花嫁たちのオレンジ（炎）色の薄紗］しかしわたしのみるところ、サモスの島で彼女がこの名で呼ばれたのは当然のことであった。ウァロが書き、【それをラクタンティウスも引いている[61]】ところによれば、彼女は幼女から乙女の頃この地にありユーノーというよりもパルテニア[62]と呼ばれ、ユピテルと結婚したのだった。それゆえ彼女の神殿には花嫁の姿に造られた美しい神像があったのであり、それは新婦たちが顔を覆った【おそらく炎色のフランメオと称される】薄紗をしていたに違いない。[63]【それが赤かったのは夫と一緒にならねばならぬ娘は恥ずかしさで顔を赤らめたからである、とこの薄紗について言う者もあった。理由は他にあるという者もあるが、それについてはヒュメナイオス[64]について述べるところで話すことにしたい。つまり素直な若者たちは夜の闇なしには恥ずかしく、新郎新婦は夜にでなくては一緒

にならなかった、と古人たちは観じていたのだとウァロは書いている。

花嫁たちは夜、花婿のもとへ騾馬や牡牛に曳かれた輿に乗って行った、とはスイダの記すところであり、(65) 花嫁が輿の中央に坐し、その片側に花婿が、反対側に最も親しい友あるいは親がつき従った。おそらくここから今日のわれわれの慣習、花婿の最も親しい友のひとりが婚姻に立ち合い仲人（指輪の証人）と呼ばれる慣習がおこったのだろう(66)。

［花嫁たちの行く手を灯す松明］ プルタルコスがその『問題集』に蒐めているところ(67)によれば、その輿の前を五人の子供たちが交々に手に野生松あるいは白茨の明かりを灯して進んだという。これは夜の闇を追い払うためであっただけでなく、この婚姻に期待される後裔の誕生に光をもって吉兆をしるすものだった。誕生とは光のうちに生まれることに他ならないから。それは五人以上であってはならなかった。なぜといって、婦人は出産にあたり五人まで産むことができるが、それ以上はない、と信じられていたからと言う者もある。

［偶数と奇数］ しかしこれについてより精妙に考察を凝らし、古人たちは婚姻には平安と一体の絆をあらわすものとして奇数を用いたものだった、と論じた者もある。なぜなら奇数は均等に二つに割ることができず、かならず一余り、それが共有されることにおいて二つを併せることができるから。そこで偶数ならざる数は平安と静穏をもたらす天界の神々の嘉したまうもの、そして偶数は、二つに割るときあらためて両者を結びつけるものとなる余りを残さず割り切れるので、不和と離反をもたらす地獄の神々のもの、と信じられたのだった。五が採用されたのは、これが最初の偶数と奇数つまり二と三を合わせることによって生まれる最初の数だからであった。一は数ではなく、それによって算えはじめることのできる端緒原理であるから（偶数でも奇数でもない）。また彼らが熱心に崇め祈った神々も五人であった。それが盛年のつまりもはや子供ではないユピテルとユーノー、およびヴェヌス、スアデラ(68)、ディアーナだった。

［花嫁に捧げられた火と水］ それに加え、古人たちは新婦の前に火と水を配した(69)。あるいはこれによって、火は湿がなければそれだけではなにも生まぬし養うこともなく、水はまったく冷であるにしても、動物たちその他自然本性的なものの誕生には熱と湿が一緒に結びつくことが不可欠であり、男と女が交接するのも人の世代を繋ぐという役割を果たすためである、ということをあらわしてみせたのだった。それともそれらは、火によって純粋な部分を不純な部分から浄化し、水によって染みを洗い汚れを落とし、花嫁が純粋完全に羞恥を保つべく、また婚姻の掟を穢すことないよう

慎重に配慮することを意味していたのかもしれない。また最初に花婿の家に入る折には、花嫁に紡錘と糸巻きをもたせ、羊毛がついたままの羊の皮の上を歩ませることもした。その他にもいろいろな儀式があったが、ユーノーが花嫁の姿に造られた由来を瞥見するにはこれで十分だろう。ウァロはサモス島でそのように造りなされた神像についてなにも語っていないのだから。】

[花嫁ユーノー]　ボイオティアではユーノーは花嫁と呼ばれた、とパウサニアスが語るところ[70]【に戻って】その理由づけをみてみよう。ユピテルに憤激したユーノーは【彼のもとを去り】エウボイア【つまりネグロポントゥス】へと行ってしまったことがあった。ユピテルは彼女が心を鎮めて戻ってきて欲しいとは思ったが、どうすればいいか分からず、当時その地の主であったキタイロンに相談をもちかけた。彼はユピテルに、樫《クエルチャ》の木で彫像を造り、その顔を誰にも見られぬように隠し、それを新たに娶った若い娘にみせかけて連れ添うようにと唆した。ユピテルはその通りに自らこの新しい花嫁を連れ回すうち、これを察知したユーノーが憎悪を燃え立たせて姿をあらわし、新しい花嫁が潜んでいることと信じて山車に近づいた。嫉妬と憤激にかられるままに覆いの布を引き裂いたものの、そこには木彫の像があるばかり。彼女はこれをたいへん喜び、ユピテルと仲直りして、自ら新しい花嫁のように彼のもとにとどまった。古人たちはこれを祝い、この寓話を記憶にとどめるため祭日を定めた、とはエウセビオスが語るところであるが、これをプルタルコスは次のように説いている。ユーノーとユピテルの間に生まれた不和とは、諸物の破壊がそこにはじまる諸元素の不均衡に他ならない。均衡あるいはたしかな調和比率からこそ諸物は生まれ保たれる、と。

[たいへん有益な樫《クエルチャ》]　ユーノーつまり湿と風の自然本性がユピテルつまり熱と乾の力能に襲いかかりそれを蔑するなら、すでにボイオティアの地に起こったように大雨を降らせ大地を水浸しにすることとなる。すべてが水没した後、水が引き、大地があらわれたことを、寓話はユピテルがユーノーと和解したと称したのだった。また彼女が薄紗を引き裂き、樫の彫像を見たというのも、最初に大地から芽を出した樹木が樫であったからだ、とものがたられてきた。ヘシオドスが言うように、その枝からは団栗が取れ、その幹が屋根となった樫は、死すべき者たちにとって二重に役立ったから。

[ユーノーの薔薇]　古人たちはユーノーに白百合の花冠を被せ、それをユーノーの薔薇と呼んだ。なぜならそれは彼女の乳で染められて白くなったから。寓話の数々がものがたるところによれば、彼女が眠っているうちにユピテルはまだ幼

いヘラクレスにその乳房を吸わせた。というのもその乳でこの子を養うことで後々この子を憎むことがないように、と願ってのことだった。だがこの子があまり激しく乳を吸ったので女神は目覚めてしまい、たちまちこの子を撥ね退けた。そのとき飛び散った乳《ラッテ》が天に散らばり、天に白い帯をなした。これは今日も見え、天文家たちはそれを天の河（乳の道《ヴィア・ラッテア》）と呼んでいる。その残りは大地の百合に降りかかってそれを白く染め、その後に咲くものもみな白くなった、[71]と。

アルゴスのユーノーとラヌヴィオの救いのユーノーの姿。神々の王女であるユーノー、気の女主、冷酷な母、バッカスとヘラクレスを憎むもの、気であるところから諸物を洗い清めるもの。 ［▶Tav.28］

テルトゥリアヌスは[72]、ギリシャの町アルゴスには葡萄の蔓を締め、足元に獅子皮を踏むユーノーの神像があったが、それはまるでバッカスを侮蔑しヘラクレスを辱めようとしているかのようであった、と記している。バッカスもヘラクレスも彼女がたいへん憎んだものたちで、寓話によれば彼女はふたりの継母であったという。

ラツィオの町ラヌヴィオではユーノー・ソスピータ（救いのユーノー）が崇められた。この名は女救主とでもいう意味で、この地の主神であったとティトゥス・リヴィウスは言っている。またこの地にはこの女神像があり、キケロによるなら、その像は羊の皮を纏い、片手に笏杖を、もう一方の手には小さな楯をもっていたという[73]。

【またフェストゥスは[74]ユーノー・フェブルアーレ（贖いのユーノー）について語っている。この女神がこの名で呼ばれたのはローマ人たちが二月《フェブライオ》に生贄を献じたからであり、この月に祝われたルペルカリアの祭はこの女神に捧げられたものであったという。この祭の期間、ルペルクスたちは街

[▶Tav. 28]

を通りながら、女たちの手を取りユーノーの胴着をつくる素材つまり羊の皮でその手を叩いて清めの儀式をしたものだった。】

また古人たちのうちにはユーノーの彫像の手に鋏をもたせるものもあった。【これはスイダが記しているところ[75]だが、ユーノーが含意する気を清め浄化するのは、鋏が皮を剝ぎ取りつつ身を調え清めるのにも較べられるから、と理由づけしている。】皇帝ネルヴァの古いメダルのひとつには、光の冠を被って高座に坐り、左手に笏杖を右手に鋏をもつ女性像が認められる。このメダルに刻まれた文字にはローマの民のフォルトゥナ女神とあるにもかかわらず、多くの者たちはこれをユーノーと判じてきた[76]。

古人たちがこの女神を婚姻の発案者にして結婚式に気を配るものだと称していることについて、なにか他の図像を見たか読んだかはっきり記憶にないが、【ヴィルギリウス[77]の書の中で、ディドーはアエネアスを夫に迎えようと決めた時、神々に生贄を捧げるが、まず真っ先に捧げたのはユーノーだった。

婚姻の絆をこころして保ちたまえ、】

この女神は立像で着衣、芥子の茎頭の束を手に、両脚に足枷をした姿に造られ、足枷によって夫と妻は一緒に繋がれてあることを示すとともに、芥子の束によって到来すべき子供たちをあらわしていた。

婚姻の発案者あるいは保護者としてのユーノーの姿。軛（ジョーゴ）からユーノー・ジュガーレと呼ばれた。彼女に捧げられた鳥たちは婚姻の務めと、結婚の和合からもたらされる後継者たち子孫たちをあらわしている。［▶Tav. 29］

[ジュガリオ小路] 古人たちの記述に一切見出すことができないにもかかわらず、ローマにはジュガリオ小路と呼ばれる場所があった。というのもユーノーはあたかも男と女を結びつける神性として【ジュガーレ（婚礼の軛）と称され、】そこに祭壇が祀られてあった(78)。

[結わえられた新郎新婦]【新郎新婦はなんらかの紐で一緒に結ばれた司祭とともにそこに赴き、それによってこの紐でからだが結ばれてあるように、両者のこころも同じ思いで永遠に結ばれてあるようにと願ったのだった(79)。】

[婚姻] これはおそらく足枷をしたヴェヌスの姿にみられるあれこれの事例から採られ、婚姻を首の軛と両脚の足枷をもって描いたものだろう。

[ヒュメナイオス]【これはまずユーノーに援用されることとなり、他の者たちはヴェヌスに、また別の者たちはヒュメナイオスに援用したのだった。そこから】ヒュメナイオスは婚姻の神として崇められることとなり、(80)【先の女神たちが結婚に好意を寄せてくれるよう、厳粛な祈りをもってこの神に願上したのだった(81)。そればかりか古人たちは夫妻の平安と絆を願ってさまざまな儀式を挙げ、あらゆる善財と慰安を待望して、婚姻の祝いには吉兆と幸福のしるしを授けてくれることどもなら何でも願ったものだった。

[投げ捨てられる胆汁] コンコルディア《和合》の姿に見られるように、そこではミヤマガラス《コルナッキア》(82)もしばしば召喚された。ユーノー・ジュガーレには生贄から胆汁を取りだして祭壇の後ろに投じたりもした。これは夫妻の間に憎しみや怒りの苦渋があってはならない、ということをあらわしてのことだった(83)。

ここから、ヒュメナイオスが招請されたのはそれが結婚を調えたからではなく、数々の苦難と深刻な危機の後、ついに彼が待望の結婚を幸いに実現するからである、と言う者もある。そのものがたりは以下のとおり。

[ヒュメナイオスのものがたり] ヒュメナイオスはアテネの若者で、アポロンと九人のムーサのひとりカリオペの息子だった。たいへん美しく、その顔は多くのものが女かと思うほど華奢だった。彼はある美しく高貴な娘に激しい恋をしたが、決して彼女の愛を得られないだろうと絶望した。なぜといってその娘の家系と裕福さに較べてあまりにも彼の血筋は劣っていたから。そこで愛する娘を眺めることで自らを慰めようと、いつでもどこでもできる限り彼女の後を追った。他の娘たちの間に混っていても、彼の穢れない頬色のおかげで、みな容易にそのひとりと思いこんだ。哀れな若者は他の者たちをこうして欺いていたのだが、いちばん欺いてきたのは自分自身だった。ある日、愛する娘とアテネの高貴な娘たちとともに郊外のケレス・エレウシナ(84)に生贄を捧げに出かけた折、そこに突然あらわれた海賊たち

にみな誘拐されてしまった。それはアテネから何マイルも離れていた。海賊たちはこの獲物に満足して陸に上がり、安全な隠れ家に戻ると、長航海の疲れからみな眠ってしまった。そのときヒュメナイオスは自らと誘拐された娘たちとを解放する好機とみて、彼らが目をさます前に皆殺しにした。娘たちを安全な場所に隠すと彼はアテネに戻り、もしも彼がこれほど愛している娘を妻として与えてくれるなら、アテネの人々に奪われた娘たちを返すと約束した。みな彼がその報いを受けるにふさわしいと思い、喜んでそれに合意した。こうしてヒュメナイオスは彼が望みつづけた娘を手に入れた。厳かで陽気な結婚式が催され、彼はこの娘と幸せな生涯を送ることとなった、と。これらの乙女たちを救出した若者が望みの結婚を果たすことができたところから、古人たちは結婚式にあたり縁起を担いで彼の名を繰り返し呼んだのだった。ヒュメナイオスの幸せな結婚を祝った者たちのように。[85]

　これはギリシャ人たちの慣いであったが、結婚式にあたりローマ人たちも縁起を担いでタラシオの名を呼んだものだった。リヴィウスが記すところによれば、ローマ人たちがサビーニの女たちを誘拐した時のこと、ある貧しい兵士がたいへん美しい娘を手に入れた。この娘は彼に言った。あなたに問う者があったならタラシオのもとに連れて行くところだと言いなさい、と。なぜといってすでに彼女を奪い取ってやろうとでもいうようにじろじろ見つめてくる者があったから。当時、タラシオといえば勇敢な隊長でたいへん尊敬されていたので、その名を聞いたならば敢えて娘に手を出そうとする者もなかった。それどころか彼女を引き連れて行く者に忠実に連れ添うように「タラシオのもとへ、タラシオのもとへ」と叫び行くのだった。タラシオはこの美しい娘と親密になり、幸福な結婚式で彼女を妻とし、末長く幸せにすごした、と。

[結婚式で招請されるタラシオ] こうして、略奪された娘を手に入れることとなった者の名を呼ぶことで、新郎新婦に幸あれと皆がタラシオの名を呼んだのだった。[86] あるいは、「タラシオーネ」は婦女が羊毛その他糸紡ぎの道具類を容れておく籠のことであり、ウァロによれば、[87] 古人たちがこの名を結婚式で何度も繰り返し発したのは、結婚した暁に果たさねばならぬ勤めを花嫁に思い出させるためであった、とも言う。これは、花嫁がはじめて花婿の家に入るときには手づから糸巻き棒と紡錘をもって羊の皮の上を歩くか、その上に坐ったものだった、とわたしが先に述べたところと関連してプルタルコスもその『問題集』で明言しているところである。フェストゥスが記すところによるなら、[88] その羊の皮から羊毛が取れ、それを糸紡ぎのために梳いたからで、

その折「あなたがカイオなら、わたしはカイア」と囃したものだったが、これは夫と妻の間にあってはすべて共用であり、家においてはふたりとも等しく主人でなければならない、ということを証したものだった。

　またこうした儀式に際して、カイアという名が使われたのはカイア・チェチリアを敬ってのことだった、と言う者もある。彼女はローマ人たちの王タルクィヌス・プリスクスの妻タナクゥイルのことで、家政に長けた賢く徳高い婦人であった。ウァロが記しプリニウスも引いているところ(89)によれば、彼女の紡錘と糸巻き棒を尊いものとして奉った神殿もあり、そこに履物を加えた者すらあったという。そこから、花嫁が糸巻き棒に羊毛それから紡錘を自ら携えていく慣習はこの偉大な婦人の徳を真似るため、と言い伝えられている。彼女は手づから糸を紡ぎ、夫の跡を継いで王となった息子のセルヴィウス・トゥリウスの美しい王衣となした。その後、彼女はフォルトゥナ神殿に祀られた、と。

　また新婦は肌着を羊毛の帯でヘラクレス結びにきつく締めたものだった。この結び目は新婚初夜に彼女と一緒にいる花婿が、七十人も子供をのこしたヘラクレスのように子供を授かりますように、と縁起を担いでそれを引き解いたものだった。またこれを援けてくれるようにと女神ウィルギネンセ(90)が招請された。この女神は娘が乙女でいるあいだ締めている処女の帯に気を配り、それを結婚とともにたちまち解いてくれるものと信じられていたから。(91) また聖アウグスティヌスがウァロの言として引いているところ(92)によれば、古人たちは新郎新婦が一緒に初夜を過ごす部屋に他の神々とともにこの女神をも運んだものだったという。これらの神々の援けによって花婿が容易く待望の花を摘めるように、そしてみなが周囲にいて花嫁を力づけつつそれぞれの勤めを果たすのを見ることで彼女が拒まないように、と。なんといっても、神々は性交渉のうちにさまざまな役割を果たしたのだから。古人たちにとって、それを主導する監督はヴェヌスとプリアポス。また個別の役割を果たすため、神ムティーノ(93)と呼ばれるものもあたえられた。つまり花婿に激しく揺さぶる力を授け、花嫁のこころに抵抗をなさしめないようにするために。また神イゥガティーノ(94)は夫と妻を一緒に結びつけるために。神スビゴ(95)は男が屈服させ、女が容易に屈服するに任せるように。女神プレマ(96)は花嫁を突かれるに任せるようにし、女神パルトゥンダ(97)は来たるべき出産を恐れることないようにさせるために。

　その他にもいろいろあったに違いない。というのもはじめに述べたように、古人たちはあれこれすべてを個別の神々のはたらきとし、一々のことがらをとり計らうものに異なった名を与えたのだから。たとえばマルティアヌスはユーノーについて語りつつ[98]、結婚の儀式においてこの女神に与えられたイテルドゥカ、ドミドゥカ[99]、ウンクシア[100]、チンチアという四つの名をもって表現し、「若き花嫁たちがこころからあなたに呼びかける理由はといえば、あなたが彼女たちを花婿たちの待つ家へとしっかり運び、縁起を担いで扉に油を塗り、乙女の帯を解くときにも彼女らをうち捨てないよう、あなたが彼女らの先行きに配慮してくれるようにと思ってのことである」と言っている。ここからすると、ユーノーはまた女神ウィルギネンセでもあった。

　しかし神像をみつけられないような神々についてはこの位にして、ヒュメナイオスの姿を想定することができそうな儀式に戻ることにしよう。古人たちは家の扉を結わえるためにもまた、羊毛の帯や糸紐を使ったものだった。扉の蝶番を豚脂の軸油[101]や牡山羊の脂肪で濡らして、扉が閉じたり開いたりするときに聞こえる蝶番の軋み音が新郎新婦に憑くのを阻む悪魔祓いとした。そのためにまた花婿が胡桃を投げ散らすこともあった、という。これが地に落ちてたてる音とそれを拾い集める子供たちの喧騒より他、なにも聞こえないように、と。しかしこれは花嫁が叫びをあげ、また先述した帯を解くのを悔やんでみせたりするときのこと。なんといっても、敢えて叫びをあげて、それを耳にする者の哀れみを引こうとする者もあったのだから。胡桃を投げ散らすことについては、男たるもの結婚したからには幼稚なものはみな捨てる、ということを証してみせたものだと言う者もある。子供たちはよく胡桃で遊んだものだったので[102]。ウァロは[103]、これを投げるのはユピテルから吉兆を授かるため、と称した。胡桃はユピテルに捧げられたものであったから。プリニウスもまた別様にこれを説いている。

【ヒュメナイオスの姿】 この神つまりヒュメナイオスの姿を描くにあたり、あれやこれやの結婚の儀式はもうこれで十分だろう。】この神は古人たちから美しい若者の姿に造られた。さまざまな花とコケモモの緑葉[104]の冠を被り、右手には火のついた松明、左手に赤あるいは黄色だったかの薄紗をもって。これは【夫のもとへと始めて赴く】花嫁たちの頭や顔を覆ったものだった。【先に後述するといったその理由は次のとおりである。古のローマの祭司たちの妻はこれに似た薄紗をいつももち歩いたものだった。この女たちには他の者たちのように離婚することが許されていなかったところから、花嫁をこの薄紗で覆うことでこの結婚が決して破れることがないようにという期待をあらわしたのだった。だからといって、これが花嫁の正直な羞恥をあらわしたものではないなどということにはならない。先述したように、花嫁というものは古人たちが神と崇め大いに尊重したプドーレ《羞恥》にも等しい、と言っても過言ではなかろうから[105]。

アテネ人たちはこの神に祭壇を捧げ、ラケダイモン人たちはこの神の像を造った、と語りつつパウサニアス(106)は次のようにその理由をあげている。イカロス(107)の娘ペネロペはウリクセス(108)と結婚したが、父はどうしても彼が娘を家から出させるのを拒み、みな一緒に住むべきだと食いさがった。だがそれも詮無いこと。なぜならウリクセスは妻とともに自らの家に戻ることを決意していたから。この善良な老人は、置いていかないでくれ、と今度は娘を口説くのだった。彼女はすでに夫とともに歩みはじめていたが、父は一緒に残るよう彼女に頼みながら纏わりついた。ついにウリクセスは舅の執拗さに負け、妻に向き直ると、自分と一緒に来るかそれとも父親と残るかおまえの好きにせよ、と彼女に選択を任せた。この問いに、彼女はやっとのことで薄紗を頭に被せ、それで顔を覆ってみせただけだったが、父親に娘の気持ちは夫とともに行くことにあると報せるにはそれで十分だった。もうなにも言わずに彼女を行かせると、彼女が顔を覆った場所に父親はプドーレ《羞恥》の神像を祀ったのだった。それは、夫を放っておけない、と父に背いてみせたペネロペの正直な羞恥をそのままに、顔を隠した姿で造られたに違いない。つまりこのように示された羞恥こそ花嫁が薄紗をもって顔を覆うことの意味であり、先に述べたようにヒュメナイオスが左手にもつ薄紗のことである。

彼についてその他の特徴をみておくことにしよう。】その足には踵の低い黄色の履物《ソッキ》を履いている【が、これは芝居でよく使われた靴の一種であるとともに婦女が履いたものでもあった。以上彼について描写してみたところを、】カトゥルスは次のように謳っている(109)。

ああ、高きヘリコン山の
幸いなる住民よ、
ああ、天界のウラニアの
陽気で快活な息子よ、
望みの愛する男の
強健な腕で
繊細な処女の帯を
正しく結べ、
ヒュメナイオスよ、コケモモの
美しく薫り高い花々で
そのこめかみを結わえよ、
そしてその手に
色鮮やかな薄紗をもち
ゆっくりとわたしたちの方へ来ておくれ
金色の履物《ソッコ》を履いて。
この喜びの日

甘美な声で
新郎新婦に
愉しい歌をうたっておくれ。
うかれた踊りで
さきわいを届けておくれ
吉縁なるその右手の
松明で前を照らして。

同じようにセネカ[110]も言っている。

汝、吉兆をもって
歓びの聖なる松明を右手に
夜を払い、陶酔に寠れたわれらがもとに
来たれ、だがその前に美しい花と薔薇を
両方のこめかみに結びたまえ。

クラウディアヌスも祝婚歌のなかで[111]、以下のようにヒュメナイオスを描き出している。

その瞳からは柔和な輝きが
出で、それを見るものを喜ばせ、
太陽の温か[112]な光の赤味は
羞恥のきもちに触れ、誘い
白い頬に美しい緋色を
散らす。そこに美しい金色の
巻き髪がほつれて産毛が落ちかかる。

註

（1） cfr. Macrobio, *Saturn.*, 3.4.8 ; Fulgenzio, *Mythol.*, 1.3.; Boccacio, *Gen. deor.*, 9.1 ; Giraldi, *De deis gent.*, 3, pp.105-106.

（2） Virgilio, *Georg.*, 2.325-326.

（3） ユーノーとルキーナの同視については既出、［Ⅲ］章［出産を助ける月《ルナ》］項参照。ユーノー・ルキーナについては cfr. Varrone, *De lingua Lat.*, 5.69.

（4） cfr. Festo, *De sign. verb.*, p.397 Lindsay.

（5） ホメロスにあって「レウコレノス」（白い腕）はヘーラーの添え名。

（6） Luciano, *De Dea Sy.*, 31-32.

（7） Terenzio, *Andr.*, 473.

（8） Gliceria.

（9） cfr. Giraldi, *De deis gent.*, 3, p.106, 50-52 ; G. Du Choul, *Della religione antica de' Romani*, p.44.（下図）

（10） Omero, *Il.*, 5.719-731.

（11） Virgilio, *Aen.*, 1.12-17.

（12） Giustino, *Epit.*, 43.3.3. cfr. Alessandri, *Genialium* ..., VI. cap.26, ed.1551, p.368 : «Primos enim qui antiquissimi fuerunt, hastas colere coepisse, aut ligna delibrata corticibus pro dijs veneratos accepimus: inde à Romanis religio fluxit, ut singulis deorum simulacris hastas darent, tametsi antiquissimos Romanorum, centum septuaginta annos sine deorum imaginibus vixisse nonnulli testati sint».

（13） Virgilio, *Aen.*, 6.760.

（14） Servio, ad loc.

（15） Suida, *Lex.* E, 2053 Adler.

（16） Boccacio, *Gen. deor.*, 9.1.

（17） Fulgenzio, *Mythol.*, 2.1.; Boccacio, *Gen. deor.*, 9.1.

（18） Pausania, *Perieg.*, 2.17.6.

（19） cfr. Ovidio, *Met.*, 1.568-746.

（20） Boccacio, *Gen. deor.*, 9.1.

（21） Eliano, *De nat. anim.*, 10.22 ; Alessandri, *Genial. dier.*, 5.24.

（22） cfr. Livio, *Ab U. cond.*, 5.47.1-4 ; Servio, *Aen.*, 8.652.

（23） cfr. Lattanzio Placido, *Ach.*, 220 ; Servio, *Aen.*, 9.5.; Boccacio, *Gen.deor.*, 9.1.

（24） Virgilio, *Aen.*, 4.700-702. cfr. Giraldi, *De deis gent.*, 9.266.6-7.

（25） Virgilio, *Aen.*, 1.71-75. cfr. Boccacio, *Gen. deor.*, 9.1

（26） Marziano, *De nuptiis*, 1.67 ; Esiodo, *Theog.*, 12 ; 454.

（27） il verde scitide, «scythis altera, iaspis tertia vocabatur»（*De nuptiis* I, 75）スキタイの宝石。以下も含めこれらの宝石については cfr. Scoto Eriugena, *Annotationes in Marcianum*, 31.7 : «SCITHIS VIRECTA id est viridis gemma. Iris claritatem significat, rubedinem autem eius CERAUNOS quia ‹keraunos› Grece fulmen dicitur. Fulgores eius iacintus significat. Est enim splendida gemma liquidi salis instar, et notandum quod arcus caelestis a quibusdam tricolor, a quibusdam quadricolor, perhibetur»「スキタイの緑色の宝石（エメラルド）。イリスは輝きを指し、その赤さはケラウノスと呼ばれる。なぜならケラウノスはギリシャ語で雷を謂ったものであるから。ヒアキントスはその輝きを意味している。実際これは液化した塩がその中にあるかのように（静穏な海面のように）たいへん燦めく宝石で、天の弓（虹）には三色あるという者も四色であるという者もある」（cfr. *Tutti commenti a Marziano Capella*, Milano 2006 ed. Lamelli, p.163）。こちらの方が

カルターリの記述と宝石の順序も近接している。。［II］章註152参照。

（28） làffocato ceraunο, «a fronte gemmae lychnis, astrites et ceraunos» 雷石（ケラウノス）。［II］章註148参照。

（29） il biancheggiante giacinto, «hyacintho dendrites etiam heliotropios» 青い石ヒアキントス、深いところに横たわる、という意味の iacere を示唆する註もある（cfr. Remigio in Marziano, *De nuptiis* ed. Lamelli, p.764 n.17）。［II］章註152参照。

（30） Pausania, *Perieg.*, 2.17.4.

（31） Apuleio, *Met.*, 10.31.

（32） cfr. E. Vico, *Discorsi … sopra le medaglie de gli antichi …*, Venezia 1555, p.46 ; Giraldi, *De deis gent.*, 5, p.161, 24-26.

（33） cfr. Apollodoro, *Bibl.*, 3.10.6-11 ; Igino, *Astron.*, 2.22.

（34） cfr. Plutarco, *De frat. amore* 1 :「ラケダイモンの人々はカストルとポルックスに捧げられた古い彫像をドカーナ Docana と呼んだ。このことばは等距離に離して置かれた二本の木に別の二本を横ざまに掛け置く（井桁にする）ことを意味していた。この不可分の組み合わせこそ、この神々の兄弟愛をあらわしている云々」。左は、本訳書本文中に掲げた版画を載せたピニョリア版の付録として増補された部分に付された図。

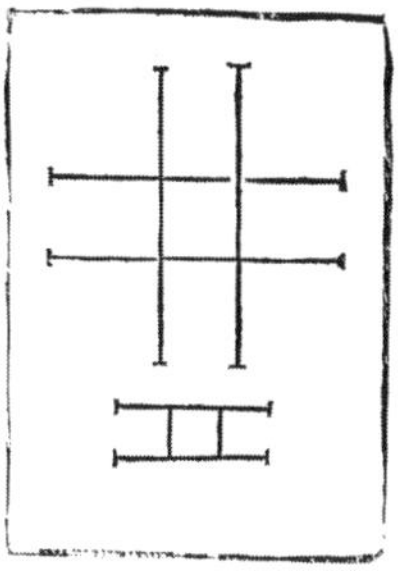

（35） Xanto, Cillaro

（36） cfr. Lattanzio Placido, *Theb.*, 4.215 ; 6.306 ; Servio, *Georg.*, 3.89 ; Giraldi, *De deis gent.*, 5, p.161, 34-35.

（37） cfr. Pausania, *Perieg.*, 1.18.1.

（38） Cicerone, *De nat. deor.*, 2.6.

（39） Vatinio. ふたりが Publius Vatinius にマケドニア王ペルセウスが捕らえられたと告げたという。

（40） Giustino, *Epit.*, 20.2.10-14 ; 3.

（41） サグラ Sagra の戦闘。

（42） Pausania, *Perieg.*, 4.27.1-3.

（43） Festo, *De sign. verb.*, p.225 Lindsay.

（44） Catullo, *Carm.*, 37.2.

（45） Pausania, *Perieg.*, 3.24.5.

（46） cfr. Servio, *Aen.*, 8.564.

（47） Plauto, *Amph.*, 461-462.

（48） cfr. Appiano, *Hist. Rom.*, 14.119.

（49） cfr. Livio, *Ab U. cond.*, 24.32.9 ; Suetonio, *Tib.*, 4 ; Seneca, *Ad Luc.*, 5.47.18. ecc.

（50） Giraldi, *De deis gent.*, 1, p.39, 11-13. ; cfr. Enea Vico, *Discorsi … sopra le medaglie de gli antichi*, p.108 ; G. Du Choul, *Della religione antica de' Romani*, p.100.

（51） Suetonio, *Nero*, 57.

（52） Plutarco, *Reg. et imp. apophth.*, *Scip. Sen.*, 7 ; Livio, *Ab U. cond.*, 30.45.5 ; 34.52.12.

（53） Gellio, *Noct. Att.*, 6.4.

（54） cfr. Suetonio, *Iul.*, 10.

（55） Suida, *Lex.* Δ, 1209 Adler.

（56） cfr. Diodoro, *Bibl. hist.*, 4.43.

（57） Pausania, *Perieg.*, 2.1.8.

（58） Seneca, *Nat. quaest.*, 1.1.13 ; Plinio, *Nat. hist.*, 2.101.

（59） Teopompo, Ellanico. どちらも Fulgenzio, *Mythol.*, 1.3 に引かれている。cfr. Boccacio, *Gen. deor.*, 9.1.

（60） Pausania, *Perieg.*, 9.2.7. しかしここでは女神は坐像とされている。

（61） Lattanzio, *Div. inst.*, 1.17 ; 両者とも Giraldi, *De deis gent.*, 3, p.113, 34-38 に引かれている。cfr. Boccacio, *Gen. deor.*, 9.1.

（62） Partenia

(63)＊初版では「それ(薄紗)は新婦がするものであったということはすでに『フラヴィオ』でものがたった」と以下の事例は略されていた。

(64) Imeneo

(65) Suida, *Lex. Z*, 33 Adler.

(66) cfr. Alessandri, *Genial. dier.*, 2.5.

(67) Plutarco, *Quaest. Rom.*, 1-2. ; cfr. Alessandri, *Genial. dier.*, 2.5.

(68) Suadela あるいは Suada : 説得の神性、ローマでは特に口説きの女神。

(69) Plutarco, *Quaest. Rom.*, 1-2.; Festo, *De sign. verb.*, p.3 Lindsay ; Varrone, *De lingua Lat.*, 5.61.; Alessandri, *Genial. dier.*, 2.5.

(70) Pausania, *Perieg.*, 9.3.1-2 ; Eusebio, *Praep. Ev.*, 3.1.6-7 (パウサニアスを引用); cfr. Giraldi, *De deis gent.*, 3, p.115, 22-45.

(71) cfr. Giraldi, *De deis gent.*, 3, p.106, 6-8 は *Herculis vita, De Musis syntagma*, Basilea 1539, p.9 に依拠したもので、そこでは乳の道(天の河)の伝説(cfr. Igino, *Astron.*, 2.43 ; Manilio, *Astron.*, 1.750-754)に百合の色の件が加えられている。なお下図は、ピニョリア版(本訳書本文中の挿図が載る版)の増補部分に付された図(幼いヘラクレスにユーノーの乳房を含ませるユピテル)。

(72) Tertulliano, *De corona*, 85. これは Plinio, *Nat. hist.*, 14.9 を典拠としたもの。cfr. Giraldi, *De deis gent.*, 3, p.106, 10-13.

(73) Cicerone, *De nat. deor.*, 1.29 ; cfr. id. *De divin.*, 1.2 ; Livio, *Ab U. cond.*, 8.14 ; Giraldi, *De deis gent.*, 3, p.110, 25-27.

(74) Festo, *De sign. verb.*, p.75 Lindsay.Lupercis はこの祭りに参加する者たちあるいは祭司たちとして用いられている。cfr. Giraldi, *De deis gent.*, III, p.167 : «Februalis Iuno, quae et Februata, et Februla, seu Februa nuncupabatur, ut ex Sex. Pomp. In lib. de Annis et mensibus; etc. diximus, quod ipsi eo mense sacra fiebant: eiusque feriae erant Lupercalia, qua die mulieres feburabantur a lupercis amiculo Iunonis, id est, pelle caprina. Martianus praeterea ita Iunonem: Frbrualem ac Februam mihi poscere non est necesse,

幼いヘラクレスにユーノーの乳を含ませるユピテル(註71参照)

cum nihil contagionis corporeae sexu intemerata pertulerim». 最近の考古学的考察によれば、ルペルカリアの祭りは古ローマ人たちが自ら周辺の敵対諸部族あるいは森の神ファウヌスに擬して男たちが牡山羊の皮を被り、パラティーノの境界あたりを走り回った儀式であった、ともいう。ルペルクスたちとはつまりこの祭儀において裸体に牡山羊の皮を纏った者たちのことだ、と。cfr. A. Carandini, *La nascita di Roma, Dei, Lari, Eroi e uomini all'alba di una civiltà,* Torino 1997, § 52; § 119 ecc.

(75) Suida, *Lex.* H, 449 Adler.

(76) cfr. Giraldi, *De deis gent.,* 3, p.105, 48-51.

(77) Virgilio, *Aen.,* 4.56-59.

(78) 軛をしたユーノー・イウガについては L. Mauro, *Le Antichità della citta' di Roma,* p.37 : 「(ジュガリオ小路が) こう呼ばれるのは、そこにユーノー・イウガの祭壇あるいは牡牛の軛をした (ユーノーの) 祭壇があったことによる」という記述がある。

(79) cfr. Festo, *De sign. verb.,* p.92 Lindsay ; Giraldi, *De deis gent.,* 3, p.107, 11-13; Alessandri, *Genial. dier.,* 2.5.

(80) ＊初版では後出［ヒュメナイオスの姿］の最初の一節がつづき、この項は簡潔に了っている。

(81) cfr. Servio, *Aen.,* 1.651 ; 4.99 ; Lattanzio Placido, *Theb.,* 3.283.

(82) cornacchia : ここでこの語は前後で多用される conocchia (糸巻き棒) によく似ている。

(83) cfr. Alessandri, *Genial. dier.,* 2.5 ; Giraldi, *De deis gent.,* 3, p.107, 26-29. ジラルディは Plutarco, *Coniug. praec.,* 26 ; Eusebio, *Praep. Ev.,* 3.1.2 を示唆。

(84) Cerere Eleusina

(85) cfr. Giraldi, *De deis gent.,* 3, p.117, 2-16. これは Lattanzio Placido, *Theb.,* 3.283 から採られたもの。ヒュメナイオスの海賊討伐については Servio, *Aen.,* 1.651 参照。ジラルディはヒュメナイオスの特殊な神統譜について Claudiano, *Carm. min.,* 25.31 ; Marziano, *De nuptiis,* 1.1 を挙げている。cfr. Giraldi, *De Musis syntagma,* p.112.

(86) Livio, *Ab U. cond.,* 1.9.12.

(87) 前註69参照。

(88) Festo, *De sign. verb.,* p.479 Lindsay.

(89) Plinio, *Nat. hist.,* 8.194 ; cfr. Plutarco, *Quaest. Rom.,* 30.

(90) ウィルギネンシス。アウグスティヌス『神の国』6.9 :「新郎新婦の付添人さえもそこから出たときに、多くの神々が寝室に充満しているのはどういうわけであるか。しかも神々はそのように充満しているのであるが、それは神々がそこにいることを考えて、恥ずかしさの念を増させるためではなく、それらの神々の協力によって、その性からして脆弱で、新しい情況のためにおびえている女から、やすやすとその処女性を奪わせるためにである。すなわち、そこには女神ウィルギネンシスと父神スビグスと母神プレマと女神ペルトゥンダとヴェヌスとプリアプスとがいる。これはどういう意味であるのか。一般に、男がこのようなことをしようと骨折るさいに神々によって助けられる必要があったのなら、どれか一神または一女神で十分なのではなかろうか。ウェヌスのみでは不十分なのだろうか。ウェヌスは、その力を借りなければ、女は処女でなくなりはしないところから、そうよばれているのではないか。もし神々のうちにない恥ずかしさがなお人間のうちに残っているのなら、結婚した夫婦がそのように多くの神々や女神たちがそこにいて、そのいとなみをせきたてていると信じるとき、かれらはまったく恥ずかしくなってしまって、夫はますます心を動かさなくなり、婦はますますいやがるのではなかろうか。それはとにかく、処女に帯をといてやるために、ウィルギネンシス女神がおり、夫の下になれるように、スビグス神がおり、下になってから身動きせずにおさえられるように、プレマ女神がいるのなら、ベルトゥンダ女神はこのさいなにをするのだろうか。この女神は、恥じいって立ち去るがよい。そして夫にもなにかさせなければならない。この女神がペルトゥンダという名を得たそのことを、夫以外のだれかがするということは正しくない。もっとも、女神であって男神ではないといわれるから、あるいは容赦されるかもしれない。もしも男神であると信じられて、ペルトゥンドゥスとよばれるとするなら、夫はこの男神に対して妻の貞潔を守るために、妊婦がシルウァヌスに対するばあい以上に助力を必要とするであろう。しかし、こういうことを特に語る必要があるだろうか。そこにはあまりにも男性的な神プリアプスもいるのではないか。そしてこの神のとても人間のものとは思われぬ、口にするのも恥ずかしい一物のうえに、新婦は、婦人の守るべきもっとも正しく信心深い習慣に従って腰を下ろすことを命じられるのである」（服部英次郎訳岩波文庫版）。

（91） cfr. Catullo, *Carm.*, 61.52-53 ; Festo, *De sign. verb.*, p.55 Lindsay.

（92） Agostino, *De civ. Dei*, VI.9.3. 上註90参照

（93） Mutino

（94） Giugatino

（95） Subigo

（96） Prema

（97） Partunda

（98） Marziano, *De nuptiis*, 2.37-38 [II.149]：「女神が花嫁の傍らに来ると、処女の慣いとして花嫁は香料を撒き、以下のことばをもって女神に願上した。美しきユーノーよ、天界のあなたの夫君は別の名をあなたに授けたにせよ、わたしたちはあなたをユォーヴェ《ユピテル》と同じように〈おた《ユォー》すけ《ヴァンド》〉のユゥーノーと呼びます。それとも生まれる子たちに光を授けたまうところから、ルキーナと。またルクレティアと（わたしにはあなたをフルヴォニアとかフェブルアレとかフェブルアと呼ぶ必要はありません。なぜといってわたしは性的に無垢で一切からだに穢れを受けていないのですから）。人の子（死すべき者）としての娘たちは結婚に際し、あなたをイテルドゥカ、ドミドゥカ、ウンクシア、チンツィア《キュンティア》†として召喚しなくてはなりません。なぜならあなたが娘たちを望まれる館へと導き、戸柱に油を塗って吉兆をしるし、新婚の帯を解くときも見捨てることなく、娘たちの旅路を守りたまうように、と祈ることでしょう。出産あるいは戦争の危難からあなたが守ったオピゲーナのように、兵士たちはクリティデと呼ばねばなりません。けれどわたしはなにをさておき、あなたをヘーラーと呼びます。その名は気《アエール》の圏域（王国）から称されるところ。どうかお教えくださいな。この気の広大さ、生きものたちの領野、不可分割なるものたちが衝突する輝きは何。ここを翔ける神性たちは何というのかを。なにも小鳥たちが飛ぶ低い気圏のことや、かろうじて十スタディオンを越えるオリンポ山の頂の上のことを問うているのではありません。もっと高みのことをお尋ねするのです。それどころか、わたしはきっと『至福について』という著作を読みつつ理解したところのすべてを、直接神を観照することによって得られるものと信じているのです」«at ubi in conspectum nubentis diva pervenit atque, ut mos virginis erat, litavit aromatis, deam talibus deprecatur : Iuno pulchra, licet aliud nomen tibi, consortium caeleste tribuerit, et nos a iuvando Iunonem, unde et Iovem dicimus, nominemus, sive te Lucinam, quod lucem nascentibus tribuas, ac Lucetiam convenit nuncupare (nam Fluvoniam Februalemque ac Februam mihi poscere non necesse est, cum nihil contagionis corporeae sexu intemerata pertulerim), Iterducam et Domiducam, Vnxiam, Cinctiam† mortales puellae debent in nuptias convocare, ut earum et itinera protegas et in optatas domos ducas, et cum postes unguent, faustum omen affigas, et cingulum ponentes in thalamis non relinquas, Opigenam te, quas vel in partus discrimine vel in bello protexeris, precabuntur, Poplonam plebes, Curitim debent memorare bellantes; hic ego te Heram potius ab aeris regno nuncupatam voco: da nosse poscenti, quid haec aeria latitudo atque atomis perlucentes concurrentibus campi animantum gerant, quidve hic dicatur numinum subvolare. non enim de humilitate aeris illius quaero, qui volucribus permeatur, quem Olympi montis cacumen excedit, qui vix decem stadiorum altitudine sublimatur, sed elata disquiro. at iam fas puto quicquid [peri eudaimonias] lectitans intellexeram conspicari».

†伊語版 (tr. it., Ilaria Ramelli, Marziano Capella, *Le nozze di Filologia e Mercurio*, Milano 2001, p.89) は Cinctiam を訳出していない。脱漏か。あるいは「結婚式にあたり帯を締めた娘たちは」と解したものか。

(99) iter (歩み)、domus (館) へと導く ducit というところからの造語。cfr. Remigio.

(100) unxia は塗る (ungere) から。

(101) sungia : 軸と湿らせるの混成語か。Plinio, *Nat. hist.*, 28.137 に Axungia の用例がある。

(102) cfr. Alessandri, *Genial. dier.*, 2.5.; Catullo, *Carm.*, 61.128-130 ; Plinio, *Nat. hist.*, 28.135 ; 29.30 ; Festo, *De sign. verb.*, p.179 Lindsay ; Servio, *Aen.*, 4.458.

(103) cfr. Servio, *Buc.*, 8.29 ; Plinio, *Nat. hist.*, 15.86.

(104) verde persa : 字義通りとすると艶消し緑色花崗岩を指す石の名だが、花冠の材料ということで persico (コケモモ) のこととして訳した。後出のカトゥルスの詩節をも参照。

(105) cfr. Ovidio, *Heriod.*, 11.103 ; 21.159-167 ; Lucano, *Phars.*, 2.360-361 ; Plinio, *Nat. hist.*, 21.46 ; Festo, *De sign. verb.*, p.79 Lindsay.; Alessandri, *Genial. dier.*, 2.5.

(106) Pausania, *Perieg.*, 1.17.1 ; 3.20.10-11.

(107) Icaro : これは件のイカロスではなく、イカリオスの訛伝か (高津春繁『ギリシア・ローマ神話辞典』岩波書店 1960、〈イーカリオス〉の項参照)。

(108) Ulisse : ウリッセあるいはオデュッセウスのこと。

(109) Catullo, *Carm.*, 61.1-15. ＊初版では別の詩編とも見紛う俗語訳が載せられていた。「緑のコケモモの／淑やかな花が／聖なるヒュメナイオスの髪を飾り、手にした美しい薄紗とともに／愉しげにわれわれの方へ戻ってくる。／おまえの幸いなる神性が／われわれに近づいてくる、／遠くにいたのではしょうがない／人は新しい子の誕生を喜んで求めるもの／この善き松明とともに来たれ／そして人のこころを満たし静めよ／甘美な善財をわれわれにもたらすべく／歩んで来よ」。

(110) Seneca, *Medea*, 67-70.

(111) Claudiano, *Epith. dict. Pall.*, 41-43 ; セネカもクラウディアヌスもすでに Giraldi, *De deis gent.*, 3, p.116, 39-52 に引かれている。

(112) caldi ＊初版では「剝き出しの calvi」になっている。

Scacci, portando ne la destra mano
La lieta, e santa face, hor vien'a noi
Claudiano in certo Epitalamio descrisse
Da gli occhi vn soauissimo splendore,
Esce, ch'a rimirarlo altrui contenta,
E i caldi rai del Sole, e quel rossore,
Ch'ogn'animo pudico tocca, e tenta,

cingi
Di be' fiori, e di rose ambe le tempi
Himeneo in questo modo.
Spargon di bel porporeo colore
Le bianche gote, a le quai s'apprese
La lanugine prima accompagnata
Da bella chioma crespa, & indora

LA GRAN MADRE

[VI]

大地母神

LA Terra fù creduta da gli antichi essere stata la prima di tutti i Dei, che d[...] [...] i m[...]
nomi [...] [...]ate
Onde [...] vo[...]
& ne [...] i fu
no tutti [...]
dell'vn [...] [...]te
a per tiuere [...] [...]sar
detta de gli antichi, quale era di porre il fanciullo, subito vicino del ventre della m
re. dre in terra; come nelle braccia della generale madre di tutti, & leuarnelo
uana co poi subito, & hebbero perciò vna Dea chiamata Leuana, la quale cre
uano che à questo fosse sopra, di fare col suo Nume, che quel fanciullino all
ra nato fosse felicemente leuato di terra: si come ne hebbero anco vna, che
ueua la guardia delle Culle de i medesimi fanciullini, chiamata da loro la
ina . Cunina; & Vagitano fu il Dio del piangere de i fanciulli, che da Latini è de
ita-- Vagire. La Dea Pauentia era sopra al pauore cioè timore de i medesimi
Rumina, sopra il lattare, perche Ruma diceuano gli antichi alla mamme
etia. Potina fu la Dea della potione, cioè del loro bere : & Edusa dell'esca, cioè
ia. mangiare. Hauendo dunque la Terra riceuuto gli mortali, subito che so
a. nati, come amoreuole madre, gli nodrisce anco poi, & sostenta; & quando a
fine seno da tutti abbandonati, ella gli raccoglie nell'ampio suo seno, & in
medesima gli serra : Et non gli huomini solamente, e gli altri animali, ma
te le altre cose ancora paiono hauer vita qui frà noi dalla terra, & essere da
se stenute, nodrite, & conseruate. Per le quali cose a ragione ella fu detta g
Madre, & Madre de i Dei parimente, perche erano stati i Dei de gli antic
mortali, & erano viuuti vn tempo di quello, che la terra produce, come ne
uono tutti gli altri mortali. Et fu questa la medesima, che Ope, Cibe
Rhea, Vesta, & Cerere, & altre ancora dimostratrici delle diuerse vi
della Terra. Delle quali esporrò gli nomi in disegnando le imagini loro
condo che mi tornerà bene, & ne racconterò le fauole, od altro ch
se ver anno a proposito. Imperoche come i dipintori adornano le lo
ucle con tutti quelli ornamenti che sanno migliori, accioche a riguarda
paiono più vaghe, così hò cercato io di fare mentre che disegno quelle
gini

テッラはなぜ母と呼ばれたか／オプスの図像の解釈／獅子たちの自然本性／大地母神に授けられた鍵／プリュギアの女神／大地母神に与えられた松／アッティスのものがたり／去勢した祭司たち／アッティスの寓話／アグディスティス／アッティスの意味するところ／ヴェスタの巫女クラウディア／大地母神の生贄／ゲルマン人たちが崇めた大地《テッラ》／キュベレ／キューボ／女神の壁の冠／レア／ヴェスタ／ヴェスタ神殿の最初の処女アマータ／ヴェスタ神殿の巫女たち／ヴェスタ神殿／玄関《ヴェスティブロ》の間／家神《ラル》たち／炉神《フォコラーレ》／あらゆる供儀にあらわれるヴェスタ／ケレスの掟／なぜケレスに蛇が与えられたか／ケレスのシチリア／プルトーンに誘拐されたプロセルピーナ／エレウシスの秘儀／エレウシスの女神たち／ケレスの婚姻／逆性からする犠牲／ケレスに捧げられた豚／ヘーラー／ケレス・エリーニュス／牝馬になったケレス／牡馬になったネプトゥーヌス／黒いケレス／ケレスの影像／ケレスによって配られた穀物／不純な穀物ソラマメ／牧人たちの女神パレース／パリーリア／フロラ／フロラのものがたり／女神ボーナ／ファウナ／女神ボーナの祭式／女神ボーナの姿／プロセルピーナ／燕麦としてのプロセルピーナ／鷲鳥を抱えるプロセルピーナ

Tav. 30
［女神オプスあるいはベレキュンティア］
▶ p.261

Tav. 31

［女神キュベレの神像］

▶ p.264-265

Tav. 32

［女神ヴェスタの神殿］

▶ p.268-269

Tav. 33

［龍の曳く山車を駆る女神ケレス／アルカディアの黒いケレス］

▶ p.272-273/277-278

Tav. 34
［ケレスの娘プロセルピーナ／ボーナ女神］
▶ p.282-283

テッラ《大地》[1]こそがすべての神々のはじめであった、と古人たちは信じていた。そこから彼らはこれを神々の母として、大母と呼んだのだった。彼らはそこにさまざまな自然本性、数々の性質をみたので、この女神にはいろいろな名が与えられることとなり、多様な影像が造られ、さまざまに崇められた。

[テッラ《大地》はなぜ母と呼ばれたか]　この女神は時にユーノーと観られ、その姿に描かれたということは先に述べた[2]が、ここでは別の姿をみることにしよう。古人たちのもとでは、女神はみな大地《テッラ》を意味してもいた。【万有宇宙のあらゆる部分の中で、大地だけがそれにふさわしく尊い母の称で呼ばれた、とプリニウスは記している[3]。死すべき者たちが生まれると、古人たちの慣習によれば[4]、この女神がそれを嘉した。赤子は母の胎内から出るとすぐに大地に置かれた。あたかも母たちみなの腕に抱かれるように。そしてまたたちまち赤子はそこからとり上げられた《レヴァーレ》。これが生まれる赤子の上にいて、その子を容易く大地からとり上げてくれる神性と観じられ、レヴァーナという名の女神となった。またこの赤子の揺り籠《クッラ》を守るものとしてクニーナという名の女神もあり、ラテン人たちがウァジーレと称した産声を赤子たちに挙げさせるウァジターノ[5]という神もいた。パヴォーレつまり子供たちの瘧《おこり》には女神パヴェンティアが、授乳にはルミーナがいた。これは古人たちが乳房のことをルーマと言ったところに由来する。ポティーナは飲料《ポツィオーネ》の女神、エドゥーサは糧物《エスカ》の女神だった[6]。

大地《テッラ》は生まれたばかりの死すべき者たちを受けとると、愛情深き母のようにそれらを養い育てる。そして最後にすべてからうち捨てられても、彼女はその広い懐に迎え入れ、自らのうちに抱きいれる。なにも人や動物ばかりでなく、】大地に支えられ生命あるものはみな彼女に養われ保たれている[7]。ここからして、彼女は大母、神々の母と呼ばれてきたのだった[8]。なんといっても古人たちの神々は死すべき者たちであり、大地が生む時のうちに他のあらゆる死すべき者たちと同様に生きたのだったから[9]。

オプス《オペ》、キュベレ、レア、ヴェスタ、ケレス[10]その他も【同じで、それぞれ大地のいろいろな徳能をあらわすものたちである。これらについて思いつくままにその名と姿について描写していこう。そしてその寓話その他をものがたることとしよう。】それを見る者たちに最も美しく見えるようにと、画家たちが彼女らを最高に飾り立てて板絵に仕上げてみせるように。わたしも筆でその姿を描き出すにあたり、そうするようにこころがけた。そこで、時に名を挙げ、いくつかの寓話には解釈をほどこし、時に簡略に紹介した。また時に、すでに述べたところあるいは述べるべきところに似つかわしく、いくつかの史譚にも触れた。どうしてもわたしにはそうすることが必要だった。これが読者にとって愉快とはいいかねるにせよ、すくなくとも退屈でないことを願って。雑多さということほど読者を退屈させるものはないことは承知の上で。

それはさて、大母は古人たちにオプス《オペ》と呼ばれたということについてだが[11]、それは援けを意味することばであり、大地以上に死すべき者たちを援けるものはないからである[12]。そこでホメロスは彼女を生命を授ける者と呼んだのだった[13]。彼女はわれわれに快適に住み得る場所を与え、われわれが食べるものを授け、慈悲深い母のようにいろいろと援けてくれるから。そこでマルティアヌスは[14]、彼女が歳老いて太り肉であると言っている。【これはパウサニアスが記したところ[15]によく見合っている。つまりギリシャのある地方、クラシデス川[16]の近くにはテッラ《大地》に捧げられた祠があったが、そこで彼女は懐の広い女神[17]と呼ばれていた、と。】彼女は多産でたくさんの子供を従えていたばかりか、その着衣にはさまざまな色の花が描かれ、外套には緑の草が織りこまれていた。またそこには貴石やら金属やら、死すべき者たちが尊重するもののすべてが、それに大量の果実その他あらゆるものが驚くほど豊かに見られた。

この肖像に大地《テッラ》を認めない者があろうか。ウァロが語り、それを聖アウグスティヌスが『神の国』で引くところ[18]によれば、これはオプス《オペ》と呼ばれている。それは人の業《オペラ》によって、より善くなり、開墾されればされるほどいよいよ肥沃となるから。それはまたプロセルピーナとも名づけられる。彼女から生まれ出ることによって穀物は這い拡がる《セルペンド》から。またヴェスタとも謂われる。彼女が緑の草を纏って《ヴェステ》いるから。

[オプス《オペ》の図像の解釈] そればかりか、ボッカチオ[19]は神々の系譜をすべて描き出すにあたり、彼女は頭に塔の冠を載せていると言う。大地《テッラ》の周囲は町、城、村その他の建物の数々で冠のように囲まれているから。緑の草を織りこみ、枝で飾られた着衣は大地を蔽う樹々や草木をあらわしている。

手にした笏杖は、大地にあらゆる国また人の富のすべてがあることを意味し、地に君臨する者たちの権力をもあらわしている。これまた彼女が手にしたティンパヌム[20]は二つの半球からなる大地《テッラ》の丸さを暗示したもので、一方は【われわれの住む】上部半球、他方は【対蹠人《アンティポーディ》[21]たちが住む】下部半球である。

また四輪の山車があるのは、たとえ彼女が不動に止まっているにしても、大地にほどこされる業は一年の四季という序列とともにあり、順に移り変わるものだからである。

【獅子たちの自然本性】それを獅子たちが曳いている。これは農夫たちが小麦を撒くと、飢えた小鳥たちがそれらを啄ばまぬように、たちまち獅子たちが追い払う様子をあらわしている。ソリヌスが記すところ[22]によれば、なるほど獅子たちは砂地を歩むにあたって、狩人たちにその足跡を探られることのないように、尾でそれを払い消すという。あるいは、いかに荒れて堅い大地といえど、耕すことで柔らかくなり耕地とならぬような土地はないから。それとも、女神オプス《オペ》の軛のもとに動物たちの王である獅子を従わせることで、この世の君主たちも自然本性の掟のもとにあり、他の者たち同様に大地の援けを必要とするものであることをあらわしている。【寓話の数々によれば[23]、神々の母は、その神性を敬わず、彼女に捧げられた森で交わったヒッポメネスとアタランタに憤慨し、彼を獅子に変えて、以降いつも女神の山車を曳かせることとした、という。】

この女神の周囲のものはすべて動いているにしても、彼女はつねに静止している。[24]あるいはそこがまったく空虚であるのは、家々ばかりか町すら悪疫やら戦争その他の災厄でしばしば空っぽになることを、また大地の上には人住まぬ場所も多くあることをあらわしている。

ここに武装して立つコリュバス《キュベレの神官たち》と呼ばれる祭司たちは、なにも大地の耕作者たちばかりか祭司たちも、町に住む者たちまたその領主たちも、座したままの無為にあってはならず、大地を耕す者も【神々に祈る者も】郷土を護る者も、各々武器をとらねばならない、ということを言わんとしたものである。

ウァロが描き出してみせるオプス《オペ》の像[25]は次のようなものである。獅子たちに曳かれた山車の上、頭に塔を冠として戴き、笏杖を手にし、枝や葉や花でいっぱいの外套を纏った女神。その周囲にいくつか空の座があり、またティンパヌムを響かせる者たち、[26]【頭に兜を被り腕に盾をつけて棹棒をもった】祭司たちが付き添っている。

【大地母神に授けられた鍵】また別に、大地母神には鍵が授けられることもあった、とイシドルス[27]は記している。それは大地が冬に撒かれた種子を春に芽吹いてそこを出るまで包

女神オプス(オペ)、あるいはテッラとも解される神々の母ベレキュンティアの像。この女神に捧げられるさまざまな動植物は大地の稔り多さを意味し、たとえ大きなものでも自然(ナトゥーラ)に従属せしめられている。またコリュバスと呼ばれる祭司たちの姿もある。彼らはそれぞれが徳高く修養に努めるものであり、無為に過ごさないことをあらわしている。 [▶Tav.30]

み込み、自らのうちに隠すことをあらわしており、春、大地は開く、とアレクサンデル・ナポリタヌスも言っている。(28)

[プリュギアの女神] 古人たちはまたこの女神に花冠を被せた。それは今日、死すべき者たちが小麦その他大地が産する実を食べるように、団栗を食べて生活していたところから樫の木(29)でつくられたものであったり、この女神に捧げられた松の木(30)でつくられたものであったりした。

[大地母神に与えられた松] 【あるいはプリュギアには松の木が多かったからかもしれない。この地ではじめてこの女神が崇められたところから、あたかもこの里こそがこの女神の郷土であったかのように、プリュギアの女神とも称された。ここでその聖なる儀式が最初に祝われたところから、この里の山であるベレキュントスにちなんで、彼女はベレキュ《ベレチ》ンティア《ンツィア》とも呼ばれた。(31) ヴィルギリウスは彼女をローマに似せてそう名づけ、彼女を次のように描いている。(32)

ベレキュンティアは神々の母
山車の上に塔を戴き
プリュギアの町々を行き、神の
子たちを次々に生み、天の
住民たる孫を百人も、
周りに集め、抱擁する。

あるいはこの女神に松の木が与えられたのは、彼女にたいへん愛された美しい若者アッティスが死んでこの木に変じたからであったかもしれない。

[アッティスのものがたり] 寓話によれば、(33) この貞潔な女神はこの若者を愛し、彼を選んで自らの聖なる器物の管理を任せた。その役目を果たすために彼は純潔と清廉を守らねばならず、彼はそれを受け入れるとともにその務めを果たすべく宣誓した。だがその後、この哀れな者はそれを守らず、この里の川サンガリオスの娘であるニンフに懸想し、女神にした約束を忘れて愛欲に溺れた。女神はこれに憤慨し、たちまちこのニンフを死なせると、若者の役目を解いて放逐した。自らの犯した罪を悔やんだ若者は、逆上して吠え叫びつつ錯乱したように高山を駆け回り、あちこちに狂ったように頭を撃ちつけた。その柔らかなからだのあちこちを鋭い岩で引き裂いたばかりか、女神に不快を与えることになった一物をも切り取り、(34) 遠くへ投げ捨てた。彼はもうほとんど自殺するところだったが、女神はそれを憐れんで、彼が死ぬ前に松の木に変えたのだった。

[去勢した祭司たち] この愛された若者を記憶にとどめるため、後にこの木の枝でできた冠が被せられたばかりか、この女神に仕える祭司たちは鋭利な石で去勢されるべく命じられることとなった。そして彼らは女神の祭にあたり、若者が狂乱のうちに高山を駆け巡りつつなしたように、頭を撃ちつけ、腕や背に傷を負いつつ血を撒き散らしたものだった。これらの祭司たちはいろいろな名で呼ばれたが、ガッルスとも称された。これはプリュギアの川の名から採られたもので、この川の水を飲むとたちまち錯乱し、向こうみずにも先述したようなあらゆる狂撫をなしたので、真に女神に仕えるにふさわしい、と謂われたものだった。(35)

[アッティスの寓話] パウサニアスの記すところ(36)によれば、ギリシャのある地にこの女神とアッティスを一緒に祀った神殿があったという。彼はあまりにこの女神に懐《なつ》き、またたいへん彼女から愛されたので、それを憎んだユピテルに遣わされた猪に殺された、とも言われている。また別にここで挙げておくべきと思われる寓話(37)がある。

[アグディスティス] ユピテルがおそらく誰か美しい娘を夢見て地に撒いた種子から、人のかたちの精霊《ゲニウス》あるいはダイモーンが生まれたが、アグディスティスと呼ばれたそれは両性を具有していた。神々はその異形を怖れ、それを取り巻くとたちまちその男性器を切り取って投げ捨てた。その後この部分から石榴《ざくろ》(38)の木が生え、そこを通りかかったサンガリオス川の娘はこの実を食べようと腹にいっぱい抱えこんだのだが、実はたちまち消え去り、(39) 娘は妊娠して美しい男

児を産んだ。しかし娘はこれを恥じて赤子をある森の中に隠し置いた。そこに牝山羊が通っては乳をやったので、赤子は死ぬこともなく成長するとアッティスと呼ばれた。この子は人の子とも思われず、神かと見紛うほどにも美しく、精霊アグディスティスは彼に激しく恋をした。ある時、この美しい若者は家族の者たちに遣わされてプリュギアの大きな町ペッシヌスに赴いた。するとこの里の王は彼を娘婿に迎えることとなった。結婚式の準備がすべて調ったまさにその時、愛する若者のあとを追ってアグディスティスが怒り心頭といった様子で到着し、若者がいたく愛する娘のために見知らぬ者たちが喜んでいるのを見て、妖術あるいはその類で皆を追い払い、アッティスとその舅である王の頭を狂わせると、彼らは二人とも狂乱のうちに手づから性器を切り落としてしまった。その後、愛に出たことであったとはいえアグディスティスは自分のしたことを悔い、またいまだその愛冷めやらず、ユピテルに哀願して、この愛する若者のからだの他の部分がもうこれ以上腐り果てることのないようにすることを得たのだった。

[アッティスの意味するところ] これより他にアッティスについて拾い得る知見といえば、古人たちは彼を決して果実も種子もつけることのない花にみたてた、とエウセビオス[40]が記していることだけ。これはまさに先述したところ、彼が去勢したと寓話がものがたるところである。

さて大地母神に戻ろう[41]。厳粛なこの女神の儀式は、ローマ人たちが巫女の口寄せにより、それが純潔な手によって受けとられねばならぬと教えられ、まさにそのためにプリュギアへ遣わされた男たちによってローマへもたらされた。女神を運んできた船がテベレ川の河口に停泊すると、ほぼすべてのローマ住民がそれを見ようと出かけていった。多くの者がそれを川の水から引き揚げようと力を込めても、それはまったく動かなかった。

[ヴェスタの巫女クラウディア] 当時、ヴェスタの処女クラウディアの慎みについてはみなが疑いの目でみていた。彼女が美しく着飾って出歩き、気ままに会話してまわるので。ところが日頃のそんな姿に似合わず、彼女は川岸に跪くと女神に向かって手を合わせて言った。「女神の御霊よ、あなたはご存知でしょう、わたしが貞潔だと思われていないことを。どうかお願い、もしそのとおりなら、しるしをください。あなたに罰されるなら、わたしは死に価するものと罪を認めましょう。でもそうでないなら、貞淑にして純潔なあなたはわたしの清廉潔白を信じ、わたしの純潔な手に従ってください」。こう言うと、彼女は細い綱をぐいと引き、思いのままに船を牽いた。女神が喜んで彼女に従うところを見た者たちの驚きといったらどれほどだったろう。その

後、クラウディアのことを悪しざまに言う者はひとりもなくなった、と。これを態々ものがたったのは、プディキティア《慎み》を描こうとする者の役に立つかもしれぬと思ってのこと。もちろん、すでに描かれた図像の数々また描かれるべき図像の数々を労を惜しまず渉猟することによって、他にもさまざまにそれを描いてみせることはできるだろうが。

そのときプリュギアから運ばれてきたこの女神の像は大きな黒石で、神々の母の名のもとにローマの人々から崇められた[42]。小さなアルモー川がテベレ川に合流する地点にこの女神像が着くと、そこで祭司たちのひとりがこれを清めた。そして二頭の牝牛が曳く山車に載せ、町に入ると民衆は大歓呼で迎えたのだった。そこで神像は厳粛荘重に毎年同じように同じ場所へと運ばれ、祭司たちに洗い清められ、祭司たちも携え来た包丁とともに身を清めた。その様子をオウィディウス[43]が次のように語っている。

小川アルモーがテベレ川に合するところ
まさにここにその名をとどめる。
ここで緋衣を纏った古の
祭司は崇敬の念を込め
この小川の水で洗い清める
女神の御霊とその聖なる器物とを。

この儀式では山車の前を多くの者たちが裸足で歩み、プルデンティウスが言うところ[44]によれば、この女神と彼女が愛するアッティスについて口に出し得る限りの破廉恥なことを歌ったのだった。聖アウグスティヌス[45]はこの忌まわしい祭を譴責して、この狂乱の民は神々の母を前に臆面もなく、自分たちの母親が耳にするのも恥ずかしいようなことを叫んだ、と言っている。またヘロディアヌスは[46]、その折そんな風に叫びまわったのはなにも下賤な庶民だけでなく、上流の麗々しき人々すら見咎められないように変装してあらゆる破廉恥なことばを吐いてまわった、と記している。

[大地母神の生贄] この他にもこの女神を讃えておこなわれた儀式や戯れはいろいろあった[47]が、それらはわれわれの意図するところとは関係ないので捨て置こう。ところで先に、この女神に供儀として自らの血を撒き散らそうとした祭司たちがいたと述べた[48]が、豚を生贄に捧げることもあった。それはこの獣の多産がこの女神つまり大地の豊穣さに似つかわしいものだったからである[49]。オウィディウス[50]は、この女神がローマに到来すると野生の処女牛が生贄に供された、と言っているが、これはこの獣を大地と同視したエジプト人たちからローマ人たちが学んだ習慣であろう。マクロビウスが言うところ[51]によれば、エジプト人たちは大地が牡牛

あるいは牡牛を遣いとして玄妙なしるしをあらわすものと信じていたというから。】

［ゲルマン人たちが崇めた大地《テッラ》］コルネリウス・タキトゥスによれば、[52] ゲルマンのある民は大地母神を死すべき者たちにかかわるすべてに介入するものと考えていたという。だが先述したように、彼らは神殿も神像ももたなかったので、聖なる儀式は森の中で執りおこなわれた。山車は祭司以外には触れ得ぬもののように布地で完全に覆われた。ここに女神が在します、ということを知っているのは祭司だけといった荘重な趣きで、それを二頭の牝牛に曳かせて里を巡行したのだった。祭の日々にはみな浮かれ愉しみ、戦は休止され、剣はすべて収め鎖されて、里には平安と静穏が下り、女神が赴くところではどこでも皆に恭しく拝礼された。巡行が果たされ女神が死すべき者たちの表敬を受けおわると、女神を載せた山車は泉へと清めに向かった。そこで山車や女神の衣装ばかりか、女神そのものまで洗い清めた、とも言われる。またこれを果たす使役の者たちはこの泉に飲み込まれて姿を消すとも伝えられ、信心はいや増し、この女神はいよいよ畏れられた。同じくタキトゥスが記すところ[53]によれば、ゲルマンのその他の民もまたこの女神を崇めたという。彼らもその神像をもたなかったが、その信心のしるしとして猪の旗幟を掲げた、と。これは彼らにとっては

大地（テッラ）であるキュベレの神像（シミュラクロ）。行列のなか、二頭の牝牛に曳かれて行く山車は大地の豊穣さを、そこから死すべき者たちにもたらされる有益さをあらわしている。　［▶Tav.31］

武器のようなもので、この女神への崇敬をこのように誇示することによって、どんな危難からもいかなる敵からも護られてあると信じたのだった。

またファウスティーナの古いメダルに、ここに記したところと符合する大地母神の姿があったことを銘記しておこう。それは頭に塔を載せ、右手を肘掛にかけ、膝の上に左手でもつ盾を支えた女性像で、その両側に獅子が一頭づついるというものだった(54)。

［キュベレ］ この女神はまたプリュギアの山の名からキュベレとも呼ばれた(55)。【ディオドロス・シクロスが言う(56)ところによれば、往昔、プリュギアにはメオンという名の王がおり、その妻はディンデュメネーといった。彼らの間にひとりの女児が生まれたが、母はその子を養おうとせずキュベレ山に捨て置き、赤子は森の獣の乳で育てられた。ある日、若い娘がこの森の辺りで羊たちを追っているうちにこの子を見つけ、驚きのままにとりあげると、この山の名をつけて連れ帰った。この子はすくすく育ち、たいへん美しく才長けた娘となった。この子の周りには葦笛と布きれ(57)とシンバルムばかりか、羊たちや子供たちのさまざまな病を癒す薬が一緒に見つかった。ここからこの娘はそれにふさわしく、母の名を頂戴することになった、という(58)

［キューボ(59)］ ディオドロスはこのように言っているが、】ここはフェストゥス・ポンペイウスに倣って、彼女がこう呼ばれたのはまさにキューボと呼ばれる賽《ダード》の幾何学的な形からであった、としておきたい(60)。これは古人たちが、大地の堅固さをあらわしてこの女神に献げたものであった。賽は投げられてもつねに確と止まり、思いのままの面をあらわしてみせるから。

またキュベレの姿が大地母神の姿とも同じで、どちらも頭に塔を載せていたことについては、ルクレティウスが次のように言うとおり(61)である。

> 頭の上部に壁のような冠を結び飾り、
> 町を、村を、城を、彼女が支えている
> ということをあらわして。

［女神の壁の冠］ この種の冠は、往昔皇帝から、最初に敵陣の城壁に力づくで登った者に授けられたものだった。

また獅子たちが曳く山車は、大地が気中に宙吊りになっており、輪の数々で支えられている、ということをあらわしたものだと言う者もある。なぜといって、これらの輪は諸天球の回りをずっと廻っているから。また獰猛で残忍な獣である獅子とは、まさに大地を支える気圏をとりまく天界の自然本性に他ならない、と。ルクレティウスはこれを次のように言っている。

古のギリシャ人たちは彼女《大地》を坐らせ、
彼女について、こう詩作している。
山車の上、二匹の獰猛な獅子に
掛けた軛を合わせもち、と気圏に
大地が自ら吊り下がっているのだ
ということを表現して。[62]

それに、獅子たちは母の慈愛に勝るほど獰猛でも残虐でもない、とも言われている。[63] それゆえにオウィディウスはこの女神についてこう語る。[64]

彼女のおかげをもって獰猛さはうちまかされ
柔和に慎ましくなされる、と信じられている。
そこで尊大な獅子たちが謙《へりくだ》って
彼女の美しい山車につけられることとなるのである。

アリストテレスがこの世の不可思議なことどもについてものがたるところも、[65] これとさほど異なってはいない。それによれば、プリュギアのシピュロス山に長くて丸い小さな石が産するという。これをみつけてキュベレの神殿に納めた者は父母をたいへん愛するようになり、恭しく両親の云うことを聞くようになるが、その石を叩く者はなにより両親に逆らう者となる、と。

ディオドロスが伝えるところ[66]によれば、キュベレに二頭の獅子が与えられたのは、彼女がキュベレ山でこの野獣に養い育てられたからだという者もあったという。彼女の名がこの山に由来する、とやらいうことについては先述した通り。古人たちはその他にもいろいろ獣に養われた者たちについてものがたっている。【エスクラピウスとキュロスは犬に、ロムルスとその弟は】狼に、【テレポス[67]は】鹿に。小鳥に【育てられたセミラミス[68]、牝山羊の援けを借り】ミツバチに【育てられたユピテル】。これなどおとぎ話のようであるが、たしかに史譚にもそのように記されている。[69]

自然学について著した者たちは、諸元素には希薄なるものがより濃密になることで、あるものから他のものへと容易に変じる通融性がある、と言う。【プラトン[70]は、濃希とは十倍の比率であると称した。】これを念頭に置くなら、古人たちの神々がさまざまに錯綜し、また同じ神がしばしば異なった姿をあらわし、あるいは別の名が時に同じ神を意味しているのを観ても、誰も驚かないだろう。ユピテルはおおむね火の元素を示しているにしても、時として気の元素を纏うこともある。【ユーノーもまた気を模しているが、土としてあらわれることもある。(71)】太陽《ソル》はひとつだけ、月もまたそうであるにもかかわらず、どちらもさまざまな名で呼ばれる。水もさまざまな神々を得たが、土も同じこと。土はつねに湿を吸いつづけ、それが蒸発して昇ると気の低い部分を濃密にし、雲となり、雨となって降る。

【レア】そこでコルヌートゥス(72)は大地をレアと称したのだった。大地こそが雨を降らせる原因であると言うかのように。あるいはひょっとすると彼がレアを雨の原因と称したのは大地のことではなかったのかもしれぬが、この女神にはシンバル、ティンパヌム、松明、燈火が与えられた、とも彼は言っている。雷鳴、雷光、それに虹はしばしば雨の前にあらわれ、また雨とともにあるから。

またティンパヌムはテッラ《大地》が風をも抱懐するものであることを意味している、と言う者もある。アレクサンデルも(73)そう唱える者の一人で、そのうえ彼はそこにヴェスタをも認めている。

【ヴェスタ】ヴェスタは処女の相貌で描かれた。プリニウスが伝えるところ(74)によれば、卓抜な彫刻家スコパスが造り、セルウィリウスの庭(75)に置かれ絶賛されたテッラ《大地》の坐像は、ティンパヌムを手にしていた。コルヌートゥスによれば(76)、古人たちはそれの肩を狭め背を丸めてほぼ丸く造り、白い花で頭を飾ったものだった、とも言う。なぜなら、テッラ《大地》もまた丸く、最も白い元素つまりは気でとり囲まれているから。

ただし彼は、古人たちのもとにはヴェスタがふたりいた(77)、と註記している(78)。一方は【サトゥルヌスの母で、】ここに述べた大地のことである。他方は【サトゥルヌスの娘である】火。つまり大地の胎から発散され、彼女から生まれるあらゆるものに生命を授ける潑剌とした熱。これを古人たちは一切図像にしなかった(79)。それはオウィディウスが言うように、古人たちにとってヴェスタとは至純なる炎のことに他ならなかったから。【そこからして彼女は純粋無垢な処女と称された訳である。炎というものは自らはなにも生まず、また一切汚れ穢れを受けつけないから(80)。それゆえその聖所は清純な乙女たちによってのみ守られ調えられたのだった。乙女たちはヴェスタ神殿の処女《ヴェスターリ》たちと呼ばれ、リヴィウスが集成しているところによれば、これはヌマによって採用され整備された制度であった(81)。

【ヴェスタ神殿の最初の処女アマータ】ゲリウスが伝えるところ(82)によれば、ヴェスタに仕えた最初の乙女の名はアマータといい、その名を享けて、後継する者たちもアマータ《アマーテ》たちと呼ばれることとなった。彼女らは大祭司によって六歳から十歳の娘たちのうちから選出された。彼女らの口、目、耳その他からだのどこにも欠陥があってはならず、両親が奴隷であってはならず、卑しい穢れた仕事に就いたことがあってもならなかった。最初は四名だけだったが、後に六名とされた。それははじめ、町が六地区に分けられ、夜でなければ彼女らのいるところへ行くことを禁じられていたことに由来している[83]。

［ヴェスタ神殿の巫女たち］ 彼女たちには以下のような三十年間の勤めが義務づけられていた。最初の十年間は聖なる儀式の数々およびその職責に関することがらのすべてを学んだ。その主要なものは燈された炎が消えぬようにみまもることにあった。なぜといって火が消えることはローマ人たちにとってたいへん不吉なしるしであり、その罪を犯した乙女は大祭司から酷く殴打され罰された。この聖なる火をあらためて点すにあたっては他の火を借りるのではなく、太陽光線をある種の凹面鏡で集光して点けた。あるいはフェストゥスが記しているところによれば[84]、ある種の板を叩き擦って、火が出ると金属のうつわにとって、それを火の消えた場所にあらためて配した、という。つづく十年、彼女たちは勤めに就き、最後の十年間は新参の若い娘たちを教えたのだった。この期間を過ぎると彼女たちは結婚をも許されたが、いつも悲惨と不幸が結婚した者たちを襲うようにみえ、結婚に踏み切った者はじつに僅かであった[85]。
　彼女らは勤めにある三十年間、まったく貞潔で謙抑でな

ローマにある神々の母ヴェスタ女神の神殿。ヴェスタが火と処女性の女神であることをこの生気を与える熱が意味している。万物にいのちを、目に見えぬ神の真意を伝えるこの熱、この永劫の火が消えることのないように二人の護りの巫女（ヴェスターリ）がいる。　［▶Tav.32］

ければならなかった。ヴェスタ神殿の処女が不貞であると発覚すると、生きたまま棺車に乗せられて死者が墓地に運ばれるようにして運ばれ、後ろから親族友人たちが泣きながら市壁まで随った。そこには地下室のような大きな穴壕が掘られ、寝台と灯した燈火がひとつ、それに僅かばかりのパンと水と牛乳が置かれた。あたかも聖なる乙女が飢えで死ぬことがないように、とでもいうように。いくつか秘密の祈りがあげられた後、大祭司はこの不遇な娘を階段伝いに穴壕へと下らせ、顔を背けると、そのために選ばれた者たちがたちまちそこに土を投げかけ、娘を埋めた。貞潔の誓約を冒したことにより、この哀れな娘はそこで非業の死を迎えたのだった。その日は町中が喪に服した。[86]

毎年ある特定の日にこのヴェスタ神殿の乙女たちは祭壇に新たな火を灯した。[87] これはわれわれが今日でも復活祭に蠟燭を灯すようなものである。[88]

その他にも古人たちのもとで、その自然本性、神殿、供儀その他の儀式について記すにあたり、大地《テッラ》としてのこの女神を別のヴェスタと混同する者がある。だがわたしとて、しばしばある女神を他の女神のことと思われるところをもって理由づけしたりするのだから、なにも驚くことはなかろう。なにしろ、大地の自然本性と徳能つまりその魂《アニマ》について理由づけし録すところから、彼女つまりまさにそのからだ《コルプス》そのものを思いみない、などということはおおよそあり得ないことであるから。

【ヴェスタ神殿】ところでオウィディウスは、[89] ローマのヴェスタ神殿は元々はヌマの王館であったもので、】テッラ《大地》が球であることをあらわすように円かった、と言っている。大地のうちに火が保たれてあるように、この神殿のうちにも消えることない火が納められていた。[90]【と。フェストゥスによれば、[91] ヌマはヴェスタに円形神殿を奉献したが、その理由はこの女神こそ人々の生命を支えるテッラ《大地》に違いないと信じたからで、この女神は球のように造られたところからその神殿も同じかたちにされたのだった、という。

そしてこの神殿だけがこの女神のかたちであった。】そこでアレクサンデルは、[92] この女神を神のこころと観じ、肉眼をもってしては到達できぬもの[93]【としたが、われわれはそれをとりまくものどもから十分知ることができる。それを彼は、[94] ヴィルギリウスに基づきランディーノが描出した手法で、なしてみせた。ヘクトルがアエネアスにヴェスタその他の聖なることがらを夢告するところ。それは大きく、ゆったり広々しており、その中央の祭壇の両側に火が点され、これを守るのはその傍らにいるひとりの処女。神殿の頂にはまたひとりの処女がいて、その腕に小さな赤子を抱いている。それは処女としてあらわされたヴェスタがその子ユピテルを育てた、と古人たちが言っているから。

［玄関の間《ヴェスティブロ》］ そればかりか古人たちは、家に入った最初の間をヴェスタに捧げたのだった。そこは火を熾す場所であったのでヴェスティブロと呼ばれた、とオウィディウス(95)は言っている。ここではまたしばしば神々を招いて宴会が催され、後に食事が神々に捧げられるようになると祭壇に祀るようになった。

［家神《ラル》たち］(96) 火なしに供儀がなされることなどほとんどなく、火はヴェスタのために点されたところから、火を熾すための場所がまさにこの女神に捧げられ、そうした場所がラーリと呼ばれることとなった。つまりそこには一種の家神たちであるラル《ラーリ》たちも一緒に祀られていたから。

［炉神《フォコラーレ》］ 今日われわれがフォコラーレというのもそこに由来しているようにみえる。それはラーレ《家神》とフォーコ《火》とを併せたようなことばで、火を熾す場所あるいは火そのものをあらわしている。古人たちは一方を神とし、他方を神に捧げられる別のものとしたにしても。ヴェスタが一般に火を指して、また火に関連したあらゆることがらに採られた名であるとは思われぬし、古人たちはこれとは異なったものごとと見做されるところには異なった神々を宛てたものであるが、これが大地の胎の中に蔵されてあるものとすれば、これは永劫であり決して消えることなく、ここから生まれるあらゆるものどもに生命を与えるものでもある。(97)

［あらゆる供儀にあらわれるヴェスタ］ また、あらゆる神への供儀において、他のどの神々よりも前にヴェスタが招請される(98)。これはヤヌスに関して言ったところとも類同である。それがどんな理由によるものであるにせよ、往昔、家に入ってすぐの間には生贄が捧げられたが、そこにこの女神が祀られていた、とオウィディウス(99)が言うところ、そして彼女はユピテルが巨人たちに勝利した後、彼から永劫の処女性とすべての供儀の初物を得たという寓話(100)に加え、古人たちがそれとともに神々を崇めた被造物のすべては、その存在と生命を彼女が産み生じさせる熱から得ているからである。それが火に由来するものであることはすでに述べた。神々の純潔と不死をあらわすものとして、純粋で生き生きした炎に勝るものはないだろう。それゆえ火なしに供儀がおこなわれることなど決してなく、ヴェスタが真っ先に招請されないなどということはなかったのである(101)。

これに加え、大地があらわすさまざまな徳能を別個のものとして、古人たちが格別崇めた諸神性があった。ヴィルギリウスが実をつける樹について謳い、農事について著した者たちが小麦について記したように、それは陽気に花咲く野辺であったり、豊かに草茂る牧場であったりする。これらには女神ケレス、プロセルピーナ、また女神ボーナ《善》、

シチリアに燕麦をもたらした女神ケレスの像。龍たちに曳かれた山車は稔りの大地とその耕作を意味している。燕麦はまっすぐ伸びず這うように広がるから。あるいはまた耕された大地の曲がりくねった畝をも含意している。［▶Tav.33］

フロラ《花》、パレースその他以下に述べることになるさまざまな名が与えられた。

それをケレスと称するのは、まずなにより以前は草や団栗を食べて生活していた死すべき者たちのために、この女神が小麦を撒き、刈り、轢き、パンとなしてくれたものと思いなされたからだった。[102]ヴィルギリウスは言う。[103]

ケレスが最初に死すべき者たちに
硬い鉄器で大地を耕し
種を撒くことを教えた。

またオウィディウス[104]も次のように謳っている。

はじめ鍬をもって堅い土塊を
耕し、その上に小麦を撒き、
それを死すべき者たちに糧として
与えたのはケレスだった。それとともに
聖なる掟の数々を彼女は教えた。

［ケレスの掟］ それゆえ彼女はたいへん敬われ、女神として崇められ、他の誰にもまして数々の掟を与えたものと信じられたのだった。小麦の使い方を知ったことで、死すべき

者たちは団栗とともに元の獣のような粗雑な生を捨て、一緒に集まって町を造り、その後、礼節をもって生きることとなったのだから。それゆえ耕作可能でたくさんの小麦を産む大地の徳能をあらわす神性がケレスと呼ばれることになった[105]。オルフェウス[106]が記しているように、こうして】この女神の像は小麦の穂の花冠を頭に載せ、片手に豊穣のしるしである芥子の花束をもった貴婦人が、二頭の龍が引く山車に乗ったすがたを象って造られることとなった。クラウディアヌス[107]は、この女神が娘を隠したシチリアに戻るにあたり、次のように記している。

山車に乗り、生まれ故郷へと
二頭の龍を向け、四肢をはためかせて
飛ぶと、龍たちは雲を波打たせ
捻じ曲げるように翔け上がり、
勢いを抑えて静かに舐めると、
親しい毒を泡となして放つ。
龍たちは傲岸な顔を隠し
鶏冠を怒らせ、背中で結び目を
つくるかのように輪をなして、
その長い鱗は光り輝き
火花と炎を放つ黄金かとも見紛う。

[なぜケレスに蛇が与えられたか] ライ麦は背高く育たず、地を這うようにみえるからか、あるいは蛇の湾曲したからだが、牡牛たちが大地を耕しながらつくる曲がりくねった畝のようだからか、それともヘシオドスがものがたるように、サラミース島には信じられないほど巨大な蛇がいてこの里を完全に荒廃させてしまったが、その後エウリュニコスによって追い払われてエレウシスに移り、まるで自らの保身のためにケレスのもとへと逃げ出したかのように、それ以降ずっとその神殿で女神の使者あるいは下僕として過ごした、といわれるところに由来するものだろうか[108]。

　ケレスとは小麦を産む広い平地を意味し、ポルフィリオスが言いエウセビオスがそれを引いているように、小麦の穂を被り、豊穣さをあらわす芥子をその周りに配したその姿は、まさにこれをあらわしている[109]。

[ケレスのシチリア]【これに関連して、シチリアはこの女神をたいへん重んじたという。この里はたいへん肥沃で、その土地の所有をめぐりヴルカヌスとの諍いがあったが、裁定は女神におりたのだった[110]。

[プルトーンに誘拐されたプロセルピーナ] ヴェレスを駁してキケロ[111]が言うように、この地にあったたいへん大きな彫像はおそらくこうした理由から、右手にヴィクトリア《勝利》の小像を

乗せていたのだろう。これはこの島の肥沃さをあらわしており、プルトーンがプロセルピーナを誘拐したという寓話はこれを模したものでもあった。プロセルピーナはおおむね豊穣多産を含意しており、これはおそらくシチリアの土地が昔は痩せていたところに起因しているのだろう。あるいはプロセルピーナは時として種子を芽吹かせる隠秘な力能と見做されたからであったからかもしれない[112]。そこで太陽に擬されたプルトーンは彼女を誘拐して地獄へ連れ去ることとなった。なぜといって太陽の熱は、冬のあいだずっと地中に撒かれた小麦を養い保つから[113]。そしてケレスが燃え盛る松明を手に彼女を探しに行くのは、夏、太陽の光が最も熾烈な時、農夫たちは実った燕麦を求めて収穫しに行くからであった[114]。】

アッティカにあったケレスの神殿にプラクシテレスが造ったその女神像は、そこに刻まれた文字からすると燃える松明を手にしていたらしい、とパウサニアスは記している[115]。【この女神の祭司たちもまた、エレウシス祭にあたり燃える松明を手にして駆けた。これはアテネから遠からぬエレウシスの町の名に由来する祭で、この地で最初に祝われたものだった。その祭ではこの女神に捧げられた娘たちが春には花籠を捧げ、夏には小麦の穂籠を捧げもった[116]。これはヴェレスを駁した一文でキケロ[117]も触れているところである。

エウセビオス[118]によれば、この祭ではまたさまざまな神々の像が運ばれた。大神官たるヒエロファンテは創造者の像を、太陽《ソル》の像を運ぶ者はまた燃える松明をも捧持し、祭壇に仕える者は月《ルナ》の像を、また供儀の旗手あるいは喇叭手がメルクリウスの像を運んだ。テオドレトスが記す[119]ところによれば、バッカス祭に男の性を崇めるものが運ばれたように、この荘厳な行列では女の性を崇敬するにふさわしいものもまた運ばれたという。

しかしヘロドトス[120]が記すところによれば、古代エジプト王セソストリス[121]はこの下賤な慣習を恥ずべきものとみなした。たいへん苦労を重ねて征服した所領の民を創意をもって守るべく、この王は彼が征服した土地に自らの名をもって祖国のために高く美しい円柱を立てたのだった。しかしそれを敵意をもってみる民に対し、同じような円柱に同じ文字を刻みつつも、そこに女の性をつけ加えることでこの民の卑賤さと無知とをしるそうとした、という。

【エレウシスの秘儀】ケレスのためのさまざまな儀式は大いなる信心とともに崇められ、またその聖器物の類は秘匿されたものだった。祭司は最初に、「卑しい者たちは立ち去れ、邪なる者はみなここを離れよ」と叫ぶのを常としたという。今風に言うなら、儀式に招かれた者以外は入れなかった、そしてそこでは一々の邪悪からの清めを果たさねばならなかった、ということであろう。ネロは自分があまりに邪悪で残忍であることを知っていたから、あえてこうした儀式に出ようとはしなかった、ともいう。またアントニヌスは自らの善性の証しとして、こうしたエレウシスの秘儀にその一員として参加した[122]。

この秘儀に与る者はそれに選ばれた日、新しい清浄な肌着を着け、それが擦り切れぼろぼろになるまで決して脱がなかった、などという風習もあったという。またこの古着は揺籠の赤子の巻き帯とされた、と言う者もある[123]。

その秘儀でいったい何が行われ、何が供されていたのか、これ以上は知るよしもない。なんといってもすべて秘匿されてきたのだから。昔は純潔な乙女たちが神殿に遣わされ、小さな籠のようなものをつくったとやらいうにせよ、すべてしっかり閉じられ、十分に覆いを掛けられており、それがなんであるか知ろうとしたり理由を問うたりすることは大罪とみなされていたのだろう[124]。なるほどマクロビウス[125]がヌメニオスについて語っているのはこのことだろう。この哲学者は詮索好きが嵩じて諸玄義を尋ねては暴くうち、夢にエレウシスの女神たちが貴婦人のいでたちで公共広場にあらわれ、一々が好きなようになさいと歩み出た。彼はたいそう驚いてその慎みなさを咎めたが、女神たちはみな立腹して、おまえが力づくで隠秘にして秘密の場所から公衆の面前へ、俗人たちの手に引き渡したのではないか、わたしたちはおまえのために来たのではないか、と返答したのだった。

パウサニアス[126]は、エレウシスの神殿の諸秘儀について遍く語られるようになって、夢にあるしるしを見たが、それにはたいそう驚かされた、と書いている。つまり、まさに神殿の前にトリプトレマスの彫像[127]があり、花の冠を戴き、まさに生贄に捧げられる時のように角を金塗りされた一頭の青銅の牝牛がいた[128]、と。きっとトリプトレマスは若者の姿で、二匹の蛇に曳かれた山車に乗っていたに違いない。それはケレスの山車だった。大地を耕し、種を撒き、ライ麦を収穫し、それを用いる方法を教えるため、女神は彼を自分の山車に乗せて地上に遣わしたのだった。

［エレウシスの女神たち］エレウシスの女神たちといえばそれはつねにケレスとプロセルピーナのことで、ギリシャ人たちはこの女神たちを大母神とも呼んだ。そしてアルカディアの人々は他のどの女神よりも彼女らを崇め、その神殿にはいつも火を絶やさず、大いなる信心をよせた。パウサニアス[129]が言うところによれば、ふたりの彫像が造られたが、ケレスの像は大理石製で、その上に被せられるように造られたプロセルピーナの像は木製で十五ピエデの高さがあった。これらの前に二人の処女が足を隠すほどの長衣を着て、頭

に花籠を載せて立ち、ケレスの足元には一キュービットもないヘラクレスがいた。そしてまたふたりのホーラー《時》と葦笛を吹くパン、そして竪琴《チェトラ》をもつアポロン。彼らはアルカディアの神々を代表するふたり、と録されていた。そして幾人かのニンフたち。その中には赤子のユピテルを腕に抱えたナイアスもおり、他はアルカディアのニンフたちで、そのうちのひとりは松明を前へとかざしていた。これがケレスに授けられたものであったことについてはすでに述べた。もうひとりは水瓶をふたつ手にし、他のふたりも水を注ぐための水さし《ヒュドリア》をもっていた。

【ケレスの婚姻】 これはおそらくケレスの婚姻と称されたなんらかの供儀をあらわしたもので、他のどんな神々の祝宴にも用いられた葡萄酒が供されることはなかった。プラウトゥスの劇中[130]、老婆が皮肉に言ってみせるのはこのことである。つまり彼女の家に婚礼の支度をしに来た者たちが葡萄酒を携えてこなかったのを見て、彼女はこう言ったものだった。「ひょっとケレスの結婚式でもなさろうってのかい。葡萄酒ももたずに来て」と。

【逆性からする犠牲】 ケレスに豚を供し得るのは、古人たちがこれをまさにこの女神のための生贄として捧げたからである[131]。古人たちの生贄選択の理由、つまりあれこれの神になによりある特定の動物を生贄とした理由とは、セルヴィウス[132]が記しているように、獣とそれを生贄に捧げる神の適合性によりも逆性に準じたものだった。

【ケレスに捧げられた豚】 つまりケレスに豚が捧げられたのは、女神は自分の前で敵が死ぬのを見るのを歓んだからである、と言われる。この敵はすでに芽吹いた燕麦を損ったばかりか、その鼻先で種を撒いた畑を掘り起こしては地中の麦を貪ったから。これと同じ理由から、バッカスには牡山羊が生贄に捧げられた、と言われる。この獣は葡萄樹をたいそう損ったから。ケレスに豚を生贄として捧げることについて、それはお互いの適合性と類似性によったものである、と言う者もある。この女神は地上の神性であり、そこから後に彼女は大地を意味するところとなった。また豚は他のどんな動物よりも土に包《くる》まれており、おおむね黒い。これと同じく、大地の自然本性というものもまったく黒く闇に包まれたものである。そのうえ、この獣は大地の多産をあらわしてもおり、生贄として孕んだ牝豚がケレスに捧げられることもしばしばあった[133]。これは時として一度に二十匹も子豚を出産することがあったとも言われるし、テベレの川岸でアエネアスにあらわれた牝豚には三十匹も子豚がいた、とヴィルギリウス[134]は歌っている。】

【ヘーラー】 アルカディアにはケレスのまた違った神像があった。それは松明を右手にもち、左側にはアルカディア人たちによって他のどの神よりも崇められたヘーラーと呼ばれるもうひとりの神像が脇侍していた。この女神はネプトゥーヌスとケレスの娘だとも言われる。パウサニアス[135]によればこのヘーラーという名はアルカディアではケレスにも与えられ[136]、ギリシャ人たちのもとではユーノーもまたヘーラーと呼ばれ、この女神の坐像の膝の上には笏杖と籠が載っていた、と[137]。

［**ケレス・エリーニュス**］これもまたパウサニアス[138]によると、アルカディアではケレスはエリーニュス[139]と呼ばれ、これがフリアイと言われることとなるのだが、その理由は以下の通り。

［**牝馬になったケレス**］ケレスがプルトーンに誘拐された娘を探しに行くうち、彼女に恋したネプトゥーヌスはなんとか彼女をわがものとしようと懸命になった。彼女は纏わりつく彼から逃れようとして、彼を欺くため、牝馬に変じて牝馬の群れに紛れ込んだのだった。しかし愛する者がその詭計に気づかない筈もなかった。

［**牡馬になったネプトゥーヌス**］さて、それに気づいたネプトゥーヌスはたちまち牡馬に変じると、ついに彼の愛を享楽し、【そこから馬のアレイオーンが生まれた。】慙愧の念に駆られたケレスは怒り心頭、気が狂れたようになった。そこからアルカディア人たちは彼女にフリアイ《激怒》という名を授けたのだった。その後、ある川で怒りを洗い漱ぎ、心鎮めたのではあったけれど、長く彼女はうちひしがれたままだった。

［**黒いケレス**］これまたこの女神に捧げられたアルカディア

アルカディアの黒いケレス像。牝馬に変じた燕麦の女神。この姿で牡馬に身を変じた海の神ネプトゥーヌスに孕まされ、牡馬アレイオーンが生まれた。
［▶Tav. 33］

の洞窟で、彼女が黒いケレス《ケレス・ネグラ》と呼ばれたのもこれに因んだものである。[140] 彼女は黒い衣装を纏っていたが、それは誘拐された娘を悲しんでのことであったとも、彼女がネプトゥーヌスに無理強いされたことに対する憎悪のためであったとも言われている。そこで彼女はもはや天界の光を見ることを拒むかのように、先述した洞窟に身を隠し、そこに長く留まった。そのせいで大地はいっさい実りを生じず、かえってたいへんな悪疫が生じ、あらゆる神々の憐れみをかった。しかし神々とてケレスの居場所も知らずして、人の悲惨に手の施しようもなかった。だが、パン神がいつものように彷徨い、あちこちの山に紛れ込むうちに、たまたまうちひしがれた女神がいる場所に行きあたり彼女をみつけると、すぐさまユピテルに報じた。ユピテルは死すべき者たちに善かれと思い、躊躇なくパルカたちを遣わして女神が悲嘆を忘れ心鎮めてくれるよう嘆願させると、やっと彼女は洞窟を出た。すると大地はいつもの実をつけ始め、また悪疫も焉んだのだった。

[ケレスの彫像] こうしたことの記憶からこの郷の民は洞窟をケレスに捧げ、そこに石の上に坐った木彫像を祀ったのだった。それは馬の頭と鬣のある首をもつ女性像で、その周囲を蛇や獣が戯れていた。大地にまで届く長い衣装が全身を覆い、その片手にイルカを、もう一方の手には鳩をもっていた。

【アルカディアの郷のまた別の土地のエレウシス神殿の前には二つの大きな石が設えられていた。それらはたいへんうまく積み重ねられており、厳粛な供儀がおこなわれる時期になると上の石がもちあげられた。そこには聖なる儀式で勤めねばならぬ式目が書きとどめられていた。祭司たちがこの式目を注意深く読みあげると、それは元の場所に戻され、石が被せられた。なにかたいせつな請願のある者はこの二つの石の繋ぎ目に願懸けに行ったものだが、上の石の頂には円い覆いが懸けられ、石の中のケレスの肖像を覆い隠していた。これは祭司が厳粛な祭りの日に懸けた覆いで、祭司は慣習に則り僅かばかりの小枝を手にそれで民を叩いたのだった。

[ケレスによって配られた穀物] 昔、娘を探しに行く途次、ここにケレスが滞在した、と言われ、彼女は泊めてくれた者たちに鷹揚にあらゆる種類の穀物を配ったという。ただ不純な穀物であるソラマメを除いて。ソラマメというものが不純な穀物であるとは、おそらくそれが玄妙不可思議なものであり、広めるべきものとはみなされなかったから、ということであったとパウサニアス[141]は語っている。

[不純な穀物ソラマメ] しかしソラマメがこうしたものとみなされたのは、それが死者のための儀式に用いられたからで

あったかもしれない。これに最初にソラマメを用いたものは、他の穀物を混ぜぬ方がよいと考えたもののようである。なぜならその葉や花には嘆きや悲しみのしるしである涙をあらわす文字があらわれるように見えたので、死者たちの魂はソラマメの中に隠れ潜んでいる、と言われるようになったものだった。そこでユピテルの祭司はそれを食すことができないばかりか、それに触れることもそれを名指すことも禁じられていた。ピタゴラスが皆にソラマメを食べてはならないと命じたのも、おそらく誰かの魂を食べてしまうという危険性を察知したものだろう。彼は、ソラマメの中に魂が小さな生き物として生まれ出る、と考えたのだった。魂というものはあるものから他のものへと循環し、あとで詳述することとなるが[142]、しばしば人から獣へと移る、というのが彼の見解だった。それともピタゴラスがソラマメを食べることを禁じたのは、哀れで悲しいものは傍らに捨て置くべきだということを含意していたのかもしれない。そうしたものどもは徳能や神的なことがらについて考えることからこころを逸らし、あるいは人々に生きているうちから自分が死んだ者たちのようなものであると想わせる。それとも彼もまた、ケレスがソラマメを他の穀物と一緒に配ろうとはしなかったことを墨守したものだったのかもしれない[143]。

［牧人たちの女神パレース］ 先述したように、古人たちは大地のさまざまな徳能を異なった神性によってあらわしたので、牧畜に資するものを産む神性はパレースという名によって了解された。これはローマ人たちのもとでは、牧人たちの特別の女神だった。

［パリーリア］ しかしこの女神の彫像も図像も一切みつからないので、彼女を描写する代わりにその祭りの日々におこなわれた僅かばかりの儀式について語ることにしよう。この祭りは女神の名からパリーリアと呼ばれた。あるいは出《パ》産の祝い《リーリア》[144]と称する者もあった。なぜならその供儀が羊たちの出産にあたっておこなわれたから[145]。またこれはローマ誕生日にあたる四月二十日におこなわれたが、この祭では一切生贄は捧げられなかった[146]。誰であろうと町の誕生日に死を供するなどということは禍々しいと考えたものだろう。かえってまず人々は馬の血および他の供儀にすでに捧げられた牝牛の胎からとりだされた子牛の灰そしてソラマメの刈り株を燻蒸して清めをおこなった後、オリーヴ、松、サヴィーナ[147]、月桂樹、ローズマリーを加えた硫黄の煙で畜群を清めた。そして僅かばかりの干草を燃やしてその炎の上を飛び越し、女神に乳、乳酪、葡萄汁[148]、そして牧人たちの常食であった粟やそれを挽き潰したものを盛った器を供えて厳粛な祈りを捧げた。

畑の女神にしてヴェルトゥムヌスの妻ポモナの像。手にした鎌は果実を刈り取るためのもの。彼女はこれを成熟させるものと信じられていた。肥沃な野を巡る犬を添える。

これはポモナに捧げられた儀式と変わりなかった。これは林檎《ポーモ》その他の果実の女神で、彼女にはこれらの果実が捧げられたものだった。オウィディウスは彼女を畑の守りとし、これまた畑を任せられたヴェルトゥムヌスの妻とした。そして彼女の手には果樹の余分な枝を切り挿木するための小さな鎌をもたせた。[149] 彼女の像をもっと飾り立てたいと思う者は、庭師が樹木を調えるのに使うあらゆる道具を備え

させることもできよう。なんといっても彼女は果実を成熟させる徳能をそれらの備品に授けるものと信じられていたのだから。これはそれに先立って花を咲かせる花の女神フロラがなにも樹木の花に限らず、緑の野のあらゆる草の花をも咲かせるのと同じことである。[150]

「フロラ」 この女神については後で、ゼフュロスについて述べるにあたって語ることとしよう。[151] ゼフュロスは寓話によれば彼女の夫であるが、史譚によれば彼女は娼婦であったとも、ロムルスとレムスに乳を与えた者であったとも、はたまたローマの民に大きな財産を遺した者であったとも言われている。[152] 彼女に関するものがたりは次のようなもの。

「フロラのものがたり」 ある日、ヘラクレスの祭司がその神殿をぼんやりふらついているうち、ふと神を賽遊びに誘った。もしも神が負けたならヘラクレスの偉大さにふさわしいなんらかのしるしを彼に授けるが、もしも勝ったなら神にすばらしい宴会を調えるとともに、見つかる限り最も美しい女性を招いて一夜をともに過ごさせる、という条件で。そ

して彼が賽をひとつ、ヘラクレスがもうひとつを手にして振りつつ賭けははじまった。そして神が勝者となり、祭司は自ら提案した約束にしたがって晩餐を調えるとともに、寝台をすばらしく飾り立て、ラウレンティアという名のたいへん美しい女性を招いた。彼女は密かに男たちの悦びに身を任せる女だった。祭司はその夜、彼女がこの神と食事した後は一緒に横になれるように、彼女をヘラクレスとともに神殿の中に鎖した。巷説されるところによれば、ヘラクレスは彼女との親しみをかたちにあらわすべく、彼女に明け方に広場に行って最初に見つけた男を籠絡せよと言い、彼女はその通りにした。するとタルティウスとやらいう男が彼女に熱を上げることとなった。彼はたいへん裕福な男で、彼女をいたく愛し、死にあたり自らの資産の大半を彼女に遺贈したので、彼女は僅かのあいだにたいへん裕福になり、後に自らの死にあたりその遺産をローマの民に贈った。こうものがたるプルタルコス[153]の言によれば、ローマの民はその後長く彼女を大いに崇めることとなったが、おそらくあまりに娼婦を讃えるのを恥じて、その名を替え、彼女をフロラと呼んだのだった。そして彼女のために聖なる儀式の数々を整え、またかなり猥褻な戯れが娼婦たちによって催された。また古人たちはこの女神の祭りで小心な兎や逃げ惑う山羊の狩りを行なった。これらの動物はこの女神が司る庭園でよく見かけるものであったから。これについてはオウィディウス[154]にあって、女神自身同じことを語っている。こうした催事は四月二十八日および五月朔日に行なわれたので、これが今日でも五月朔日、町にさまざまな花や枝葉を飾り立てる慣習となった。

［女神ボーナ《善》］　ここまでに述べた女神たちに加え、大地の神性としてまた女神ボーナがあった。】エウセビオス[155]がポルフィリオスの言として引くところによれば、大地の徳能とは撒かれた種子を抱きその懐で育てるものゆえ、古人たちはここに善なる女神をみたのだった。これはその彫像にもしるされてあるところで、その像はあたかも芽吹かせるかのように緑の植物に手を置いているという。【またこの女神に生贄に供されたのは孕んだ牝豚で、ここからしても古人たちはこの女神に大地をみていたことが分かる。

［ファウナ］　この女神がボーナと呼ばれたのは、すでに述べたように無尽蔵の善財が大地から到来するからであり、またファウナとも呼ばれたのは生き物たちのあらゆる必要を賄い援けてくれるからである[156]。その他にも彼女をさまざまに名指しているプルタルコス[157]だが、彼はクローディウスがカエサルの妻に懸想し、この女神の祭式に女装して忍び込んだことをものがたっている。】

［女神ボーナの祭式］　それによれば、彼女はたいへん貞潔な婦

人で、夫以外の男を目にすることも、夫以外の男の名を耳にすることもなく、自室を出るところを誰かにみられることすらなかった(158)。ここからして彼女の神殿には男は誰も入ることができず、その供儀にも祭式にも出席できなかった。通常、祭式は大祭司あるいは執政官のひとり、あるいは法務官の誰かの館で催された。その折には館の男はみな外出し、そこに女たちだけが集まり、夜を徹して音曲を奏でつつ夜間に祭式が行なわれた。女神ボーナは男性を忌んだので、儀式にあたっては館に描かれた男性像すら覆い隠したという(159)。

この女神の神殿にはあらゆる種類の草があった。これらはさまざまな病の薬《メディチーナ》として治療のために施されたので、ここから彼女をメデアと呼ぶ者もあった。彼女もまたイアソンが彼女になした忘恩のゆえに、男たちを見ようとしなかった(160)。それはそうと寓話の数々には、この女神ボーナがファウナとも称されるのは、どちらもファウヌスの娘であったと見做されていたからだとものがたるものもある。ファウヌスは彼女に恋し、何度も彼女の気を引こうと声を掛けたがうまくいかず、彼女は自らの純潔の想いにとどまった。彼が彼女を強要しようとした折、彼女は身を守ろうとミルト《キンバイカ》の枝で彼の頭を怪我させ、彼を撥ねつけた。これゆえに後には、彼女の神殿にミルトを持ち込むことはなくなり、持ち込む者はたいへんな冒瀆をおかす者であった、と言われることになる。しかし恋する父はそんなことで娘への愛を諦めなかったばかりか、詭計を弄して愛する娘を酔わせて恣にしてやろうと考えた。いずれそれは果たされなかったが、これを記念してこの女神の頭上に葡萄の枝が拡げられた。この儀式に葡萄酒が用いられることはなく、かえって乳が供されたのではあったが。要するにファウヌスは何度も娘をわがものとしようと試み、それを欲しつづけてついには蛇に変じ、彼女の脇を這ったところから、彼女の神殿にはよく小蛇たちが誰を恐れることもなくまた誰を恐れさせることもなくその姿をみせたのだった(161)。

［女神ボーナの姿］ こうしたものに加え、**】**女神ボーナの彫像の左手には時として笏杖が握られている場合がある。これは権威ある者たちが、その頭上に葡萄の枝を挿し、傍らに蛇を置き、ミルトの小杖をもつユーノーと彼女を同一視したからであった(162)。

［プロセルピーナ］ この女神はプロセルピーナともたいへん似ており、古人たちはプロセルピーナにも撒かれた麦を包蔵する大地の徳能を観たものだった(163)。**【**そして最前述べたところとほぼ同じ寓話が、エジプトで祀られたケレスの聖なる儀式としてエウセビオス(164)によって語られている。その寓話というのは、ケレスがユピテルの子プロセルピーナあるい

はペレファーテ[165]と呼ばれることもある娘を出産し、その娘が成長すると、彼女をつくった父親が彼女に恋し、都合よく彼女をわがものとするため蛇に変じて思いを遂げた、というものである。そこでエジプトの民サヴァツィ人[166]たちは供儀に際していつも玄妙神秘なことがらが顕現するようにと、生贄をすべて大蛇のとぐろに巻かせて捧げたのだった。ペレファーテは父親に孕まされ、牡牛のかたちの息子を産んだ。そこから詩人たちはよく蛇を牡牛の父と讃えるのである。

【燕麦としてのプロセルピーナ】 またプロセルピーナは燕麦を意味しているともいう。これは大地つまりケレスから生まれるが、そこにユピテルによってあらわされる天から注ぐ温和な熱なくしては生まれない。そしてプルトーンに誘拐されるのは、時に撒かれたものは再生せず、それの緑あるいは稔りの白に飾られることのない大地は悲しみうち拉がれたようにみえるから。それとも自然の熱は撒かれた麦を誘拐し恍惚とさせ、抱擁し、新たな麦を稔らせるまで煽るから。[167]】

燕麦をあらわすケレスの娘プロセルピーナ女神の像および大地と播かれた種子を保つその徳能をあらわすボーナ女神の像。彼女たちに捧げられた蛇と鵞鳥とともに。 [▶Tav.34]

時としてこれは月《ルナ》をも意味し、この女神に関連してすでに述べたように、古人たちがルナを想像してなしたさまざまな姿をもって造りなすこともできる。[168]

【鵞鳥を抱えるプロセルピーナ】 またプロセルピーナが鵞鳥を手にしていることもある。これはパウサニアス[169]がボイオティアについて記しつつものがたっているところ。この里の【トロポニオスの】森でヘルキュナ[170]という名の娘がケレスの娘プロセルピーナと戯れるうち、思いがけず手から鵞鳥が逃げ出し、僅かに離れた洞窟の石の下に隠れてしまった。プロセルピーナは【すぐさま後を追い、】石をもちあげるとその下に隠れていた鵞鳥を捕まえた。するとたちまちそこから水が勢いよく噴き出し、後にヘルキュナと呼ばれることになる川となった。この川の岸沿いに小さな神殿があり、そこには鵞鳥を手にした若い娘の彫像があったが、これこそケレスの娘プロセルピーナの像であった、と。(171)

註

（1） Terra は Gaia あるいは Gea の謂い。cfr. Esiodo, *Theog.*, 116ss.; Servio, *Aen.*, 10.252 : «Terram ... constat esse matrem deum» ; Boccacio, *Gen. deor.*, 1, Prohemium 1.8 ; Giraldi, *De deis gent.*, 1, p.43, 11-35 ; 4, p.122, 1ss.

（2） ［V］章［ユピテルの妻］項参照。

（3） Plinio, *Nat. hist.*, 2.154.

（4） cfr. *Il Flavio*, p.230 ; Giraldi, *De deis gent.*, 1, p.47, 36-38.

（5） Vagitano, Vagitanus は Gellio, *Noct. Att.*, 16.17.2 に出る神名 Vaticanus（産声を挙げさせる神）のことと読解されている。cfr. Giraldi, *De deis gent.*, 1, p.47, 22-33.

（6） cfr. Agostino, *De civ. Dei*, 4.11 :「また（ユピテルは）女の月のものをつかさどるメナの女神であるとしよう。また、子を生みだそうとするものによってよび求められるルキナとしよう。地の懐からとりあげることによって、生れ出るものを助けるところのものとしてオピスとよぼう。泣きさけぶことができるように口をあけてやるものとしてウァティカヌスとよぼう。地からあげるものとしてレウァナとよぼう。ゆりかごを守るものとして、クニナの女神とよぼう。ほかの神ではなく、ユピテルこそ、新しく生れたものの運命をうたって、カルメンテスとよばれる女神のうちにあるものと考えよう。偶然のできごとを支配するものとして、フォルトゥナとよぼう。むかしの人びとは、乳房をルマとよんだのであるから、ルミナの女神のうちにあって、赤子のために乳房に乳をしぼりいれるものとしよう。ポティナの女神のうちにあって、飲みものをつかさどり、エドゥカのうちにあって、食物を与えるものとしよう。幼な子のおそれのゆえに、パウェンティア、かなえられる希望のゆえにウォルピア、行動のゆえにアゲノリアとよぶことにしよう。またそれによって人間がはげしい行動にかりたてられる刺戟のゆえに、スティムラの女神とよぶことにしよう。また、活動的にすることによって、ストレニアの女神であり、数えることをおしえるゆえにヌメリアであり、うたうことをおしえるゆえにカメナであるとしよう。また、よい知恵をかすことによって、コンススの神であると同時によい考えをふきこむことによってセンティアの女神であるとしよう。……また、ユガティヌスの神々のうちにあって、男女をめあわすところのものであり、処女妻の帯がとかれるときによび求められるものとして、ウィルギネンシスとよぶことにしよう。……」（服部英次郎訳岩波文庫版）; Giraldi, *De deis gent.*, 1, p.47, 22-48

（7） cfr. Plinio, *Nat. hist.*, 2.154-159.

（8） ＊初版ではここに「オプス」以下の名が列挙され、「これらは崇められた場所に準じてさまざまに名づけられたが、どれも唯一同じことつまり土を意味していた。（なんといっても……）」とつづいていた。初版のほうが脈絡が分かりやすい。

（9） cfr. *Il Flavio*, p.395 :「神々の母と呼ばれた……その理由はユピテルをはじめとする古人たちの神々はみな死すべきものたちで、大地に養われる他の死すべき者たちと同じだったから」。

＊ここにあった初版の次の一文が削除されている。「しかしここでテッラに代わって崇められた女神たちのすべての名を列挙しようとは思わない。これはわたしの目的とするところではないから。ともあれ古人たちが造ったその図像や彫像について述べることとしよう。そしてこれらを描写するうち、その名や寓話その他についても立ち戻ろう。すでにここまで他の神々の容姿についてしてきたように。」いず

れにしても、つづく本文と重複気味であるところから削除されたものだろう。

(10) ＊前註8参照。初版では「プロセルピーナ」もあったが、ここでは遺漏している。

(11) ＊初版の以下の一句が省かれている。「寓話の数々によれば彼女はサトゥルヌスの妻で、オプスとは」

(12) Varrone, *De lingua Lat.*, 5.64 : «quod hic [in terra] omne opus et hac opus ad vivendum.» ; Giraldi, *De deis gent.*, 1, p. 43, 19-21 ; 4, p. 131, 10-11.

(13) Omero の ‹physizoos› という語は「生命を産むもの」だが、神名とされている訳ではない。cfr. *Il.*, 3.243 ; 21.63 etc.

(14) Marziano, *De nuptiis*, 1.71 : «grandaeva corpulentaque mater».

(15) Pausania, *Perieg.*, 7.25.11.

(16) Craside

(17) 原語は ‹euphysternos›

(18) Agostino, *De civ. Dei*, 7.24 :「かれ（ウァロ）によれば、人びとがテルスをオプスと考えるようになったのは、地が労働《オプス》によってよくなるからであり、母と考えるのは、じつに多くのものを生むからであり、大いなる母と考えるのは、食物を生じるからであり、プロセルピナと考えるのは、果実がそれからおこるからであり、ウェスタと考えるのは、それが草を着ているからである。」（服部訳註によれば、「ウェスタは、語原的にはギリシャ語のヘスティアである。それは家の中心である「炉」を意味した……」とある。）

(19) Boccacio, *Gen. deor.*, 3.2.; cfr. Agostino 前註参照。

(20) Boccacio, loc.cit. : «vasa sunt semispherica et semper bina feruntur» ; Agostino, loc.cit. : «dicunt ... , quod typmanum habeat, significari esse orbem terrae».

(21) 対蹠人については、［Ⅷ］章［太陽としてのプルトーン］項参照。

(22) ソリヌスの言とは、ボッカチオ（前註参照）が引くところだが、これに相当するような記述は見つからない。ボッカチオが典拠としたのはおそらく、Isidoro, *Etym.*, 12.2.5 であろう。

(23) cfr. Ovidio, *Met.*, 10.686-704. ただしオウィディウスではこれはキュベレ。

(24) ボッカチオは «eius [Opis] ... in circuitu sedes vacuas posuere» と言い、カルターリが理由づけとしているところをいろいろ想像しているが、これはじつのところアウグスティヌスがウァロを引く、「座席が設けられていることによって、すべてのものがそのまわりを運動しながら、それ自体は運動していないことが表現される」«Quod sedens fingatur, circa eam cum omnia moveantur, [dicunt significari] ipsam non moveri»（Agostino, *De civ. Dei*, 7.24, 服部英次郎訳岩波文庫版）という一節の改変誇張あるいは誤伝である。

(25) アウグスティヌスが引くウァロは図像を提示してはいない。これもボッカチオによるものとみられる（前註参照）。

(26) ＊初版では「武装した」の一語。

(27) Isidoro, *Etym.*, 8.11.62 ; cfr. Giraldi, *De deis gent.*, 4, p. 126, 48-50.

(28) Alessandri, *Genial. dier.*, 4.12.

(29) cfr. Giraldi, *De deis gent.*, 4, p. 130, 31-32.

(30) cfr. Giraldi, *De deis gent.*, 4, p. 130, 32-33 ; Servio, *Buc.*, 7.24 ; *Aen.* 9.84.

(31) cfr. Giraldi, *De deis gent.*, 4, p. 129, 32-48.

(32) Virgilio, *Aen.*, 6.784-786.

(33) cfr. Ovidio, *Fast.*, 4.223-244. ただし最後の松に変身する部分は *Met.*, 10.103-105 ; cfr. Catullo, *Carm.*, 63.

(34) cfr. Catullo, *Carm.*, 63.5 : «Devolsit ilei acuto sibi pondera silice» ; Ovidio, *Fast.*, 4.237 : «Ille [Attis] etiam saxo corpus laniavit acuto».

(35) cfr. Giraldi, *De deis gent.*, 4, p. 125, 12-15 ; p.126, 3-9 ; Ovidio, *Fast.*, 4.361-366.

(36) Pausania, *Perieg.*, 7.17.9-10.

(37) Pausania, *Perieg.*, 7.17.10-12

(38) pomo granato : 高津春繁『ギリシア・ローマ神話辞典』のアッティ

ス、アグディスティス各項では〈巴旦杏《はたんきょう》〉とされている。通常石榴は mela granato, melograno. pomo は〈乳房〉でもあり、たとえばライムンドゥス・ルルス伝に出る貴婦人の乳癌あるいは腫瘍をも想起させる。

(39) sparvero：この語は前項に頻出した sparverio（大鷹）によく似ている。

(40) Eusebio, *Praep.* Ev., 3.11.12 ; cfr. Agostino, *De civ. Dei*, 7.25.

(41) 以下のものがたりは、Ovidio, *Fast.*, 4.255-348 に拠ったもの。

(42) cfr. Prudenzio, *Peristeph.*, 10.156-157 : Livio, *Ab U. cond.*, 29.11.7. いずれにしてもこの石はかなり小さいものとされている。

(43) Ovidio, *Fast.*, 4.337-339. オウィディウスの原文では年次祭については語られていない。ここでもカルターリは前註に引いたプルデンティウスを想起し加筆している。cfr. Giraldi, *De deis gent.*, 4, p.125, 36-50.

(44) Prudenzio, *Peristeph.*, 10.154.

(45) Agostino, *De civ. Dei*, 2.4 ; cfr. Giraldi, *De deis gent.*, 4, p.125, 33-36.

(46) Erodiano, *Ab exc. divi Marci*, 1.10.5 ; cfr. Giraldi, *De deis gent.*, 4, pp. 125.51-126.2.

(47) cfr. Ovidio, *Fast.*, 4.182 ; 357-358.

(48) 前註32参照。

(49) cfr. Servio, *Aen.*, 8.84 ; Giraldi, *De deis gent.*, 17, p.434, 26-27 ; Alessandri, *Genial. dier.*, 3.12.

(50) Ovidio, *Fast.*, 4.335-336.

(51) Macrobio, *Saturn.*, 1.19.13.

(52) Tacito, *Germ.*, 40.2-5. タキトゥスが大地母と観る女神ネルトゥス Nerthus の儀式。

(53) Tacito, *Germ.*, 44.2-3.

(54) cfr. G. Du Choul, *Della religione antica de' Romani*, 1559, p.83.（下図）

(55) cfr. Servio, *Aen.*, 3.111.

(56) Diodoro, *Bibl. hist.*, 3.58.1-3 ; cfr. Giraldi, *De deis gent.*, 4, pp. 122.49-123.4

(57) giunte

(58) この一節の「彼女」という代名詞は、女児を指すものか放牧する娘を指すものか曖昧で、最後の「母の名」も「母と呼ばれるにふさわしいもの」というくらいの漠然とした意味であるのか、女児の母親つまり「ディンデュメネー」という名を貰うこととなったものか曖昧。いずれにせよ、後続文では「彼女」はこの女神（大地母神）を指して用いられつづけている。

(59) 音綴を尊重するなら「クーボ」だろうが、「キュベレ」に合わせて写した。

(60) カルターリは立方体あるいは賽とからめて、Vitruvio, *De archit.*, 5 Praef., 4 を正当化する。これは N. Perotti, *Cornucopiae, sive linguae latinae commentarii*, Venetii 1513, col.224.5-8 : «... Tales (ut Varro inquit) tesserae, quibus in alueolo luditur, ex quo ipsae quoque appellantur [kuboi], qui, cum iaciuntur, quancunque in partem incubuerint, dum sunt intacti, immotam habent stabilitatem» に触発されたものか。大地と立方体の関係について記したものとしてはプラトン『ティマイオス』参照。Platone, *Tim.*, 55d-e :「こうした理拠づけから火、土、水、気にそれらの類を配分してみることにしよう。土には立方体の形をあたえよう。……水にはその他のもののうちでいちばん動きにくい形を、火にはいちばん動きやすい形を、気にはその中間の形を……」

(61) Lucrezio, *De rer. nat.*, 2.606-607 :「此の女神の頭上に城壁型の冠をかぶせているのは、秀でたる地に堅塁を敷いて、都市を守ってくれるが故に外ならない。」（樋口勝彦訳岩波文庫版）観てのとおり、キュベレではなく大地母神について語られている部分。

(62) Ibid., 2.600-603 :「この女神のことを古のギリシア人の学識深い詩人達は歌って、（女神は神殿の奥壇より堂々と）戦車に乗り、二頭の獅子に引かせていると云い、〔地の神が戦車に乗っているその所以は〕大地が空間にかかっていること、即ち、地が地の上に立ち得る筈がないのだ、と云うことを教えているのである。」

(63) Ibid., 2.604-605 :「詩人達は〔獅子なる〕猛獣を戦車につないでいるが、その訳は、子が如何に凶悪であろうとも、両親のやさしい慈しみを以ってすれば、抑えつけて和ぐべきものである、と云うことである。」

(64) Ovidio, *Fast.*, 4.215-218.

(65) cfr. ps-Aristotle, *De mirab. aud.*, 162.

(66) cfr. Diodoro, *Bibl. hist.*, 3.59.8.

(67) Telefo, Elaphos (牝鹿) :『ギリシア・ローマ神話辞典』p.171 参照。

(68) Semirami, アッシリア語で「鳩から来た者」の意という。同上 p.142 参照。

(69) cfr. Igino, *Fab.*, 252 ; Alessandri, *Genial. dier.*, 2.31.; エスクラピウスについては Plato, *Phaedo.*, 118a 参照。

(70) cfr. Platone, *Tim.*, 49a-57d.

(71) cfr. Boccacio, *Gen. deor.*, 9.1 ; 11.1.

(72) cfr. Cornuto, *Theol. Gr. comp.*, 5, p.5 Lang. 本文中では Fornuto になっているが。

(73) cfr. Alessandri, *Genial. dier.*, 5.12 ; Giraldi, *De deis gent.*, 4, p.133, 34-36 はアレクサンデルの説を根拠なしとしている。

(74) cfr. Plinio, *Nat. hist.*, 36.25. 上掲アレクサンデル当該箇所に引用されている。

(75) i giardini Serviliani

(76) cfr. Cornuto, *Theol. Gr. comp.*, 28, p.53 Lang.; Giraldi, *De deis gent.*, 4, pp.134.53-135.2.

(77) cfr. Boccacio, *Gen. deor.*, 8.3 : «due fuere Veste, Saturni mater et filia. De his confuse loquuntur autores». 最も古い異文としてはヘシオドスがゲアーテッラからクロノスーサトゥルヌスが生まれ (*Theog.*, 137-138)、これがまたヘスティアーヴェスタの父 (*Theog.*, 453-454) とされている。後になってのヴェスタの解釈として、Ovidio, *Fast*, 6.267 : «Vesta eadem est et terra» ; id., 6.291 ではヘスティアーヴェスタを同一と視て «nec te aliud Vestam quam vivam intellige flammam».

(78) ＊初版では「すでに『フラヴィオ』で述べたように」とあり、つづく続柄が略されていた。

(79) ＊初版には意味の分かりにくい次の一節があった。「しかしその神殿はおそらく大地が丸いのにも似て、つねに火が灯しつづけられた。」これは後註90のように加筆され、意味が分かるようになった。

(80) cfr. Alessandri, *Genial. dier.*, 5.12.; Ovidio, *Fast*, 6.291-298.

(81) カルターリはリヴィウスからでなく、Plutarco, *Numa*, 9.10 から採っているようにみえる。cfr. Ovidio, *Fast*, 6.259-264 ; Gellio, *Noct. Att.*, 1.12.10.

(82) cfr. Gellio, *Noct. Att.*, 1.12. 1-5 ; 1.12.19.

(83) cfr. Festo, *De sign. verb.*, p.468 Lindsay.

(84) cfr. Festo, *De sign. verb.*, p.94 Lindsay ; Plutarco, *Numa*, 9.12-14.

(85) cfr. Plutarco, *Numa*, 10.2-4.

(86) cfr. Plutarco, *Numa*, 10.8-15.

(87) cfr. Ovidio, *Fast*, 4.143-144.

(88) cfr. Giraldi, *De deis gent.*, 4, p.133, 51-54.; G. Du Choul, *Della religione antica de' Romani*, p.182.

(89) cfr. Ovidio, *Fast*, 6.267-282.

(90) この1節は前註79の1節の「似て」が何を指しているのかをより理解しやすく説いている。

(91) Festo, *De sign. verb.*, p.320 Lindsay.

(92) cfr. Alessandri, *Genial. dier.*, 5.12.

(93) ＊初版では「高められたところをもってしてのみあらわされるものとしたのだった」。

(94) cfr. Virgilio, *Aen.*, 2.296-297 ; Landino, *Vergilius…*, Venezia 1494, c.113v.

(95) cfr. Ovidio, *Fast.*, 6.302-306.

(96) 後出［XI］章［ラル］項参照。

(97) cfr. Ovidio, *Fast.*, 6.267-268.

(98) これはどちらかというとギリシャのヘスティアー。いまだローマのヴェスタとは習合されていない。

(99) 上註91参照。

(100) cfr. *Hymn. Hom.*, 5.22-32.

(101) cfr. Cornuto, *Theol. Gr. comp.*, 28, p.53 Lang.

(102) cfr. Ovidio, *Fast.*, 4.395-402 ; *Amor.*, 3.10.3-14.

(103) Virgilio, *Georg.*, 1.341-343.

(104) Ovidio, *Met.*, 5.341-343.

(105) cfr. Eusebio, *Praep. Ev.* 3.11.7. ＊初版では「それに加え、大地はどこも産むにふさわしいとは言えず、肥沃な大地つまり耕作されたものはケレスと呼ばれ、［この女神の像は……］」と後続する文につながっている。

(106) cfr. *Hymn. Orph.*, 40.14.

(107) Claudiano, *De raptu Pros.*, 1.180-185.

(108) cfr. Strabone, *Geogr.*, 9.1.9.

(109) cfr. Eusebio, *Praep. Ev.* 3.11.7.

(110) cfr. *Scholia Theocr.*, 1.65-66a.

(111) cfr. Cicerone, *Verr.*, 2.4.110 : «Insistebat in manu Cereris dextra grande simulacrum … Victoriae».「大きな像」とあるが、カルターリが誤読したのか、参照した書物が誤写していたか。

(112) cfr. Agostino, *De civ. Dei*, 7.20 : «hanc ipsam [Proserpinam] dicit [Varro] significare fecunditatem seminum».

(113) cfr. Eusebio, *Praep. Ev.*, 11.9-11.

(114) cfr. Furgenzio, *Mythol.*, 1.10.

(115) cfr. Pausania, *Perieg.*, 1.2.4.

(116) cfr. Giraldi, *De deis gent.*, 14, p.364, 44-46.

(117) cfr. Cicerone, *Verr.*, 2.4.107-109. しかしエレウシスの儀式についての記載はなく、シチリアのケレス崇拝について語られているだけ。

(118) cfr. Eusebio, *Praep.* Ev., 3.12.4.

(119) Teodoreto, *Therap.*, 7.885 ; cfr. Giraldi, *De deis gent.*, 14, p.365, 25-26.

(120) cfr. Erodoto, *Hist.*, 2.102.

(121) Sesostri

(122) cfr. Alessandri, *Genial. dier.*, 6.19. カルターリはここからネロの知見を得ているようにみえる。cfr. Suetonio, *Nero*, 34.8. またマルクス・アウレリウスについては cfr. Giulio Capitolino, *Historia Augusta, Marcus Anton.*, 27.1.

(123) cfr. Giraldi, *De deis gent.*, 14, pp.364-365.

(124) 純潔な乙女たちは ‹kaneporoi›. cfr. Giraldi, *De deis gent.*, 14, p.365, 23-25.

(125) cfr. Macrbio, *Somn. Scip.*, 1.2.19.

(126) cfr. Pausania, *Perieg.*, 1.38.7.

(127) パウサニアスはトリプトレマスの彫像について語ってはいない。おそらくこれは Igino, *Fab.*, 147.4 にものがたられる人物像からカルターリが再構成したものだろう。

(128) cfr. Pausania, *Perieg.*, 1.14.4.

(129) cfr. Pausania, *Perieg.*, 8.31.2-4.

(130) cfr. Plauto, *Aulul.*, 354-355 ; Giraldi, *De deis gent.*, 17, pp.457.55-458.1.

(131) cfr. Ovidio, *Fast.*, 1.249 ; 4.414 ; Giraldi, *De deis gent.*, 17, pp.434.23-27; 457.44-50.

(132) Servio, *Georg.*, 2.380.

(133) cfr. Giraldi, *De deis gent.*, 17, pp.409.41-44 ; 434.22 ; Cornuto, *Theol. Gr. comp.*, 28, pp.54, 56 Lang.

(134) cfr. Virgilio, *Aen.*, 8.44-45.

(135) cfr. Pausania, *Perieg.*, 8.37.4, 9. カルターリがヘーラーと呼んでいる

女神はパウサニアスでは ‹Despoina›（女主人の意）。また籠と称されているものはうつわの一種 ‹kiste›（ラテン語で cista）。

(136) ＊初版では「とはいえ彼女はかえってユーノーと信じられたものだろう。」の一句があった。

(137) ＊初版では次の一文がつづいていた。「なぜといってケレスではなくユーノーこそが王女と呼ばれ、その彫像はほとんどいつも笏杖を携えていた。それゆえこの彫像はケレスではなくこの女神とみなされねばならない。」

(138) cfr. Pausania, *Perieg.,* 8.25.4-10.

(139) Erinne

(140) cfr. Pausania, *Perieg.,* 8.42.1-4.

(141) cfr. Pausania, *Perieg.,* 8.15.1-4.

(142) 魂についての著（書かれなかったか散逸したか）の示唆。

(143) cfr. Plinio, *Nat. hist.,* 18.118-119. この禁についての道理づけはかなりカルターリによって潤色されている。

(144) カタカナ表記では同じになってしまうが、元綴は Palilia と Parilia。

(145) cfr. Festo, *De sign.verb.,* p.248 Lindsay ; Giraldi, *De deis gent.,* 1, p.43, 36-37.

(146) cfr. Ovidio, *Fast.,* 4.721-862. オウィディウスはローマ暦で «XI Kal. [Mai]» つまり四月二十一日と記している。

(147) savina : セイヨウビャクシンあるいは sabina（サビナビャクシン）。

(148) sappa, sapa とすると葡萄液。ちなみにオウィディウスは mulctra という甘い乳について記している。

(149) cfr. Ovidio, *Met.,* 14.623-634. ちなみにこの詩句につづき、オウィディウスはヴェルトゥムヌスとの結婚を語っているが、これについては以下［VII］章［ヴェルトゥムヌス］項参照。

(150) cfr. Ovidio, *Fast.,* 5.183-378.

(151) ［VII］章［ゼフュロス］項参照。

(152) cfr. Agostino, *De civ. Dei,* 6.7.

(153) cfr. Plutarco, *Rom.,* 5.1-4 ; *Quaest. Rom.,* 35 ; Agostino, *De civ. Dei,* 6.7.

(154) cfr. Ovidio, *Fast.,* 5.371-374.

(155) cfr. Eusebio, *Praep. Ev.,* 3.11.7.

(156) cfr. Macrobio, *Saturn.,* 1.12.21-22.

(157) cfr. Plutarco, *Caes.,* 10.1-5.

(158) cfr. Lattanzio, *Div. inst.,* 1.22.11.

(159) cfr. Giovenale, *Sat.,* 6.340-341.

(160) cfr. Macrobio, *Saturn.,* 1.12.26.

(161) cfr. Macrobio, *Saturn.,* 1.12.24-25.

(162) cfr. Macrobio, *Saturn.,* 1.12.23. ここでは葡萄の枝で、カルターリがミルトと言っているのは不可解。上段でミルトが禁じられていたのと矛盾している。＊初版ではここに次の一節があった。「彼女に懸想する父親についてものがたる寓話の数々については『フラヴィオ』で広く語ったのでここでは繰り返さない。かえってここで言っておきたいのは」

(163) cfr. Macrobio, *Saturn.,* 1.12.23 ; Agostino, *De civ. Dei,* 4.8. ＊初版ではプロセルピーナについては次の一文で簡潔に通り過ぎている。「寓話の数々によれば、彼女は冥界の神プルトーンに誘拐された。なぜなら彼女は大地の上に出ず、その腹の中にとどまるから。」この一文では Inferno 冥界が inverno 冬をも想起させる。

(164) cfr. Eusebio, *Praep. Ev.,* 2.3.19-22. ボーナとペレファーテに関連がないことは言うまでもない。

(165) Perefate

(166) Savazi

(167) cfr. Boccacio, *Gen. deor.,* 8.4.

(168) ［III］章［三頭のヘカテ］項参照。

(169) Pausania, *Perieg.,* 9.39.2-3.

(170) Ercina

(171) ＊初版では最後に上の加筆部分［プロセルピーナ］項の説話に触れる次の一節がつづいていた。「これについてエウセビオスは、父ユピテルが懸想して蛇に身を変え彼女と横になって孕ませ、そこから牡牛のかたちをしたバッカスが生まれた、と語っている。ギリシャのある民はこれを忘れず、聖なるものどものうちにとぐろを巻いた蛇をも加えた。これを娘と父との咎むべき交接のしるしとしようとしたものでもあったろうか。またギリシャの詩人たちには、牡牛の父なる蛇を讃える歌で暗にユピテルを誉めているものもある。こうしたことがらにも自然本性のなんらかの変移を認めることもできようが、それは他の誰かそう望む人に任せよう。わたしはいまだこうしたことについて記されたものを見つけられずにいるので、今それをなす心算はない。では別の像に移ることにしよう。ここまで土《テッラ》について述べてきたので、次は水《アクア》を見てみることにしよう。この元素もまたその神々をもち、それらの名によってその徳能やらさまざまな性質やらが含意されている。」

[VII]

ネプトゥーヌス

グラウコス／三叉の意味／トリトン／海人たち／ネーレイス／ガラティア／トリトンたち／セイレーンたち／スキュラ／ネプトゥーヌスという礎台／エノシクトン／オケアノス／プロテウス／プロテウスがさまざまなかたちを採る理由／海獣たちの牧者／枢要な風の数々／ボレアス／ノトス／フロラ／ゼフュロス／フィウミ／イナコス／テベレ／ポー川／アーキス川／アケローオス／豊穣の角／ナイル川／ヴェルトゥムヌス

Tav. 35

［海の女神セイレーンたち——パルテノペー、レウコテア、リュキア］

▶ p.306-307

Tav. 36

［ネプトゥーヌスとその妻アムピトリテー］

▶ p.309-310

Tav. 37

［犂を手に荷車を曳くネプトゥーヌス／カノーポス］

▶p.312-313

Tav. 38

［エウリュノメー（下）とデルケトー］

▶ p.315

Tav. 39

[枢要な四つの風——ボレアス(右上)、アウステル(左上)、エウロス(右下)、ゼフュロス(左下)]

▶ p.316-318

Tav. 40

［ケピソス川（上）／ポー川］

▶ p.318-319

Tav. 41
［ヴェルトゥムヌス／ナイル川］

▶ p.322-325/321-322

ネプトゥーヌスは三人兄弟のひとりで[1]、水の圏域の命運を司っていた。それゆえ海の神とも呼ばれた。古人たちはこの神を時に静穏、平静、温和に、また時に粗暴に描写した。これはホメロスやヴィルギリウスにみられる通り[2]で、天候による海の様相をあらわしている。

また古人たちは往々その手に三叉を握らせ、大きな貝殻のなかに確と立たせた。この貝殻は彼にとっては山車の代わりで、下半身が魚になった馬たちに曳かせた。それをスタティウスはこう記している[3]。

エーゲ海を往くネプトゥーヌスは
疲れた駿馬たちを港に引き連れる
その頭、首、胸、それに爪先は
銜《はみ》を引くに従う馬のもの
その他はぴちぴち撥ねる魚。

また時にそれらは青い色の衣を纏っていた。コルヌートゥスが言うように[4]それは海の色をあらわしている。ルキアノスはその著『生贄』[5]で髪をも青や黒にみたてているが、セルヴィウスは[6]古人たちのもとにあっては海の神々はみな老人のように禿頭か白髪であったと言っている。海の泡が彼らの頭をも白くしたから。

[グラウコス] フィロストラトスは[7]これまた海の神グラウコスについて描写しつつ、彼は濡れて波打つ白髭にこれまた濡れた髪を両肩に垂らし、その眉毛は濃く繋がり、両腕は容易に泳ぐことができる水切りのよう、胸には緑の産毛と海草をいっぱい着けて、腹から下は徐々に変じ、腰から脚にかけてはまったく魚と化してその尾を水の上にもちあげている、と言う。【オウィディウスは[8]、グラウコスに、いったい漁師がどうして海の神になったかを恋しいスキュラに向かって語りかけさせている。彼が釣った魚を草の上に置くとそれはたちまち飛ぶように海に戻っていったので、彼もこの草を味見してみたところ、魚の後を追うべく衝き動かされ海に身を投げることとなった[9]、と。そこで彼は自分の

姿を次のように描いている。

そのときたちまちわたしの胸と
広い背中を覆う緑がかった
この髭とこの髪とに気がついたのだ、
そしてまた両腕も緑になって
腰から両脚まで魚と化していることに。】

【三叉の意味】 フィロストラトス(10)はまた、凪いで穏やかな海を鯨と海馬たちに曳かせた大きな貝殻に乗って征くネプトゥーヌスは、その手に三叉をもっている、と言う。これは、オケアノス《大洋》からつづく地中海の三つの湾を意味している(11)、と称する者もある。あるいはまた、水の三つの自然本性をあらわしている、と言う者もある。つまり泉や川の水は清水で、海のそれは塩辛く、湖のそれは辛くはないが飲むには適さない(12)、と。

【トリトン】 また法螺貝を授けられることもあるが、このよく響く貝はトリトンたちの常備品である。古人たちはトリトンたちをも海の神々とし、たいがいネプトゥーヌスの供をさせている(13)。スタティウスは次のように、ふたりのトリトン(14)に馬を牽制させている。

背高く気高い海の王が
物怖じせぬ駿馬たちに曳かれ来る、
それらを泡立てて制動するのは
泳ぎ来るトリトンたち。鎮めるべき
波に指図しつつ。

海の神グラウコスの姿。その色と泡で海および壮健に長寿を誇る魚たちを含意するだけでなく、水の湿性の諸効能をもあらわしている。

寓話の数々によればトリトンたちは海の喇叭手にして先触れである。この捩れた貝を手にし、凄まじい響きをたてるから。ヒュグニス[15]は、巨人たちが天界の神々と闘った時、ひとりのトリトンが法螺貝をもって彼らの前にやってきて、ぞっとするようなひどく恐ろしい響きをたてたところ、巨人たちはそれに耐えられずにみな逃げ去った、と記している[16]。

ヴィルギリウスが以下のように言う[17]、上半身が人のかたちで下半身が魚のかたちをとった動物たちは、神々とか人とかいうよりもトリトンたちと呼ぶほうが理に適っているようにわたしには思われる[18]。

一瞥したところその相貌は人のようだが、その他は魚。

この二つのかたちは水の二つの効能をあらわしたものだと言われている。なぜなら水は時に益し、時に損うから[19]。

[海人たち] しかし詩人たちの歌うトリトンはまったくつくりごとであるという訳のものでもない。なんといっても史譚にも、半身が魚である海人たちについて語られているのだから。プリニウス[20]は皇帝ティベリウスの時代、ローマにポルトガルの首府リスボンから使節が遣ってきて、彼らの海岸でトリトンが法螺貝を吹くところを多くの者たちが見た、と伝えたことを録している。またアレクサンデル・ナポリタヌス[21]は、彼の地のある貴顕がアフリカの果てからヒスパニアまで送り届けられた蜂蜜[22]詰めの海人を見たことがある、と語ったことを記し、その怖気立つような様を次のように描写している。それは老人のような顔をしており、髪と髭は荒々しく逆立ち、青色で、上背もあり大男だった。魚のような鰭羽がいくつかあり、滑らかでほとんど透明な皮革で覆われていた、と。

[ネーレイス] アレクサンデルはまた、テオドロス・ガザが幸運にもペロポネソスでネーレイスが海浜にうちあげられているのを見た、とも付言している。それはたいへん美しい人の顔をもち、首から下は硬い鱗で覆われ、腰から魚になっていたという。

だとすれば詩人たちがネーレイスたちをたいへん美しいニンフとしたのも驚くには足りない。彼女らはオケアノス、彼女らの父であるネーレウス、ネプトゥーヌス、テティス、ドーリスその他の神々に付き従っていたが、これらの神々も水のさまざまな性質、いろいろなはたらきをあらわしており、古人たちからたいへん役立つものあるいは損失をもたらすものとして崇められていたのだった[23]。

[ガラティア] 【ネーレイス[24]】たちは数多く、【ヘシオドス[25]は五

十を算え、それら皆に名をつけているが、】ここではひとりだけ挙げることにしたい。それはガラテイアで、その白さからこの名がついたものである。おそらく彼女は水の泡をあらわしたもの[26]、【あるいはその名のガラは乳を意味していると言った方がいいかもしれない】[27]。そこでヘシオドスは[28]、彼女の髪は白く、顔も乳白としている。オウィディウスで[29]は、彼女に恋したポリュペーモスが彼女を褒めようとして、真っ白なリグストルム《イボタノキ》よりも白きものと呼んでいる。またフィロストラトス[30]はキュクロプスを描写するにあたり、イルカたちに曳かれた山車に乗って穏やかな海を往くガラティアを添えている。そのイルカたちはトリトンの娘たちに御され、彼女らはこの美しいニンフに仕えるべくその傍にかしずいている。そして彼女は美しい両腕をもちあげると、ゼフュロスの微風に緋色の薄紗を広げて山車を蔽い、影をつくる。その髪は風に靡くこともなく、濡れて白い額や白い両肩にかかる。

ここで忘れてならないのが、アレクサンデル[31]が伝えているアルバニアでのできごと。トリトンというかどうやら海人らしきものが、海浜の洞窟からさほど遠くないところ、水浴びに行くひとりの女性を見つけて待ち伏せ、突然、彼女を肩に担ぎ、彼女が抗ううち力づくで波間に引き摺り込んだ。その様子を窺っていた里人たちはそれを捕らえたが、水から揚げると生き長らえなかった、と。

[トリトンたち] パウサニアス[32]はボイオティアについて記しつつ、トリトンたちについてこう描いている。その髪の色は沼セ

トリトンたちネーレイスたちの姿。アレクサンデル・ナポリタヌスやテオドロス・ガザその他古今の著作家たちによれば、海の男たち女たち。またそれを代表するガラティア・ネーレイスの姿と水の二つの効能をあらわしたその山車。

リのようで一本一本が区別できず、パセリの葉[33]のように縺れ、そのからだはじつに細かく硬く尖った鱗で被われている。両耳の下に鰓《えら》があり、鼻は人のもののよう、口は人よりずっと横広で、歯はヒョウのよう、目の色は緑がかっている。手の指と爪はアサリの殻のようで、胸と腹はイルカ、脚の替わりに鰭がある、と。

[セイレーンたち] これらやネーレイスたちとさほど違わないのがセイレーンたちで、寓話の数々によれば、セイレーンたちも女の顔に下半身は魚と化しており[34]、そればかりか鶏の羽と脚をつけてみせた者もある[35]。【これはアケローオスとムーサ、カリオペの三人の娘で、ひとりは歌い、もうひとりは風笛あるいはなにか笛のようなものを吹き、三番目は竪琴を弾き、一緒に心地よく甘い合奏をし、簡単に憐れな船乗りたちを蠱惑して棲家のあったシチリアの岩場に座礁させた、とやらいう。しかしそこを航行するにあたり自らを船の帆柱に縛らせ、仲間の船乗りたちの耳を蠟で塞がせそれを聴かせぬようにしたウリクセスに無視されて、彼女らは絶望のあまり海に身を投げた[36]。おそらくそのときから下半身が魚になったのだろう[37]。それらは誰をも死へと導くその歌を耳にしてもなにごともなかったかのようにそこを立ち去る者があらわれぬ限り生きながらえることができた。それゆえウリクセスがそこを出立するにあたり、彼女らは死んだ、という訳である[38]。】セルヴィウス[39]は、それらのからだの女でない部分を魚ではなく鳥としたが、オウィディウス[40]もまたこれらにプロセルピーナの件をさせるところ、つまり彼女がプルトーンに誘拐された後に、それらは顔と胸は女のすがたで他は鳥のような獣に変じさせている。【スイダ[41]もまたセイレーンたちをいとも甘美な歌をうたう美しい女の顔をした鳥に擬したギリシャの寓話の数々に触れているが、じつはそれが岩礁のことであったと言っている。その岩礁のあいだでは海の波がたいへんやさしく騒めくので、船乗りたちはそこを通る時、その音に引き込まれて憐れな最後を遂げるのだ、と。プリニウス[42]は伝説の鳥たちについて語りつつ、インドではセイレーンという鳥がそのやさしい歌声で他のものを眠らせておいて、それを貪り食う、と信じられていたと言っている。

上述したようにセイレーンたちが魚であろうと鳥であろうと、】いずれまったくのつくり話である。そこでそれは娼婦たちの美、放恣、誘惑のこと、いや船乗りたちを歌で眠らせてから船に近づいて彼らを殺した娼婦そのものの謂いであると唱える者もある。なぜといって、貪欲な女たちの愛らしさにうち負かされて、これら憐れな者たちが知性の目を閉じたところを彼女らはまさに貪るがごとくに獲物とするのだから。これについてはボッカチオ[43]が、古人たちは

海の女神たちセイレーン・パルテノペー、レウコテア、リュキアの姿。川神アルケローオスとムーサ・カリオペの娘たちで、いずれも追従や甘言で蠱惑する妖婦たちであり、岩礁を意味しているとか讃嘆あるいは阿諛する者たちのことであると言う者もある。［▶Tav.35］

死者の骨がいたるところに散らばる緑の野にセイレーンたちを描いたものだが、それは放恣な想いとともに、あるいはそれを追って破滅と死がやってくることをあらわそうとしたものだった、と言うところでもある。【またヴィルギリウス[44]によれば、セイレーンたちの岩礁は夥しい死者たちの骨で被われたたいへん難儀で危険な場所だった。

一方、クセノフォン[45]は逆に、セイレーンたちを好ましくも徳高きものとしている。それゆえ彼はソクラテスの言行をものがたりつつ、彼女らはまさにそれに価する者たちの徳行の数々を褒め讃えるために真の頌歌をうたったのである、と記している。ホメロスにあって、彼女らがウリクセスのためにうたったのは、彼こそはギリシャ人たちすべての誉れであり、褒め讃えられるに価する者であったからだった。こうした歌は蠱惑であり、その甘美な調べは徳高き人々を引き寄せるものだった。なんといっても彼らがいたく愛する徳行が讃えられるのを聴くうち、いよいよそれに近づくべく求めることとなり、また容易くこころから讃える者たちの優しい歌を追いかけること[46]となるから。アリストテレスがこの世の驚くべきことがらに、イタリアの端にあるセイレーンたちと呼ばれる島々について記しているのは、おそらくこのことだろう。そこには神殿と祭壇が祀られ、その地の人々はそれらをパルテノペー、レウコテア、

リュキア[47]という名によって厳粛に崇めた、と。】

【スキュラ《シッラ》】ネプトゥーヌスに戻ろう。詩人たちが真偽とりまぜて語っているように、海の中には他にも数々の怪物たちがいる。たとえばホメロス[48]の言うスキュラ。これは暗くて身の毛もよだつような洞窟に棲み、恐ろしい吠え声を海に轟かせる怪物で、十二本の足に六本の首と頭をもち、その一々の口には三列の歯があり、そこから激烈な毒を垂らしつづけているかのようだった。そしてしばしば洞窟から海に向かってその恐ろしい顔の数々を突き出し、そこを船が通りかからぬかと眺め、あわよくば船乗りたちを哀れな獲物にしてやろうと狙っていた。ウリクセスの伴連れたちを奪い取った時のように、その貪欲な口で貪り食ってやろう、と。【ヴィルギリウス[49]は、ヘレノスがアエネアスにイタリアへと航海するたしかな航路を教える折、シチリア海峡を渡る者は残虐で恐ろしいふたつの怪物に注意するように、と言わせている。その一方はカリュブディス。これはあさましくも船を飲み込み海底まで引きずった後、猛烈な波で突き返してほとんど天にまで打ち上げる。寓話の数々によればこれは貪婪な女で、ヘラクレスの牡牛たちを略奪したところユピテルの雷霆に撃たれて海に投げ込まれ、その後、本来の貪婪な本性を秘めたまま岩礁となったという[50]。他方はスキュラ。これは怖ろしげな洞穴に身を潜め、惨たらしくも獲物にする船は通らぬかと時々そこから頭を覗かせる。この怪物は胴までは美しい娘だが、そこから下は狼、犬そ

スキュラの姿。これは詩人たちがシチリアの岩礁を指して恐ろしい海の怪物と言ったもので、航海者たちが蒙る危難、岩礁、暗礁、海賊その他数知れぬ深刻で致命的な悪運をあらわしている。

れにイルカの尾を繋いだような肢体をしており、恐ろしい吠え声をあげる。[51] これも本来はたいへん美しいニンフだったのだが、グラウコスに懸想したキルケーの嫉妬によってこのような惨めなスキュラと化したのだった。グラウコスはキルケーをではなく彼女を愛したので、怖ろしい女妖術使いキルケーは美しいニンフがいつも身を清めに行く場所に呪いの汁を撒き、彼女を上述したような姿に化さしめたのだった。不幸なスキュラは自分の周りに生じた獣たちの恐ろしさに耐えられず海に身を投げ、そこで先に寓話にしたがって述べたようなおぞましい怪物となったのだった。[52] つまりそれは、この危険な岩礁の自然本性をやや韜晦して説いてみせたものである。】

先にも言ったように、海の中にはさまざまな怪物たちがいるにしてもそのすべてを語る訳にもいかないので、古人たちが神々のうちに挙げたもの、あるいは神々の伴連れとしたものだけを採りあげてみよう。つまり海のニンフたち、トリトンたち。トリトンたちについてはネプトゥーヌスの伴連れとして、すでに述べた。ネーレイスが百人いる、とはプラトン[53]が記していることで、彼女らもまたイルカの上に乗った姿で大神殿に描かれた。これはアトランティス人たちのもとにあった驚異のネプトゥーヌス神殿で、山車に乗り翼ある二頭の馬の手綱を曳くこの神の像はその頭が高屋根の天井に届くほど巨大だったという。

【またパウサニアス[54]は、コリントの里のネプトゥーヌス神

海の神ネプトゥーヌスとその妻アムピトリテーの姿。海の泡および海水、川水、湖水つまり塩水、淡水、そのどちらでもない水という三つの性質を示すとともに、水のすばやく絶え間ないうごきをあらわしている。 [▶Tav.36]

[▶Tav. 37]

殿ではこの神のおおかたの伴連れたちを見ることができた、と言っている。ネプトゥーヌスは妻のアムピトリテーとともに山車に乗り、幼いパライモーンがその傍らでイルカに凭れていた。この山車は四頭の馬に曳かれ、その片側にふたりのトリトンがいた。そして山車の台座中央には、じつに美しいネーレイスたちに囲まれて、海から生まれるヴェヌスが刻まれていた、と。

ギリシャ人たちのもとでパライモーンと呼ばれたものは、ラテン人たちがポルトゥーヌスと称した港の神であり、海難救助された船乗りたちは港でこれに生贄を捧げた[55]。そこでネプトゥーヌスとともに海の神とされたものである。】エジプトの海神の神殿ではまたカノーポスが崇められていた。これは[56]メネラオスの舵手で、後に星に挙げられたもの。彼の姿はその地では短軀で丸々として、首もなく脚もじつに短かった。こうした姿になったのは次のような理由による。ペルシャ人たちが最大に崇める火の神とともに征くたびに、どんな素材でできたものであれ[57]あらゆる神々の像を破壊して、最大の力をもつものが誰であるかをみせつけた。そこでカノーポスの祭司は、自らの神が破壊されるのをみるに忍びず、ナイル川を清める水瓶《ヒュドリア》を取り出し、その周囲にある穴をみな蜜蠟で十分に塞ぎそれに水を満たして、カノーポスの頭上に置いた。そしてその水瓶が神の像に見えるように色を塗り、その髪飾りとした。これを火の神の試練にさしだすと、火は蜜蠟を溶かし、穴から水がいっぱい迸り出て火を消してしまった。つまり神カノーポスはペルシャ人たちの神に勝利することとなった。【とはスイダが録すところであり[58]、】その後このゆえをもってその神像は先述したようなかたちに造りなされたのだった。またそれはアントニヌス・ピウスの古いメダル[59]にも認められるところである。

またどんな魚よりも】イルカこそ、ネプトゥーヌスに親しいものであったともいう。ヒュグニス[60]はこの神の彫像は片手にそれをもつか、片足で踏むかしていると記しており、【またヴェネチアの館にあるように階段の一番上に置かれたりもした。それはマルスに添えられるイルカと同じこと[61]。】エリアノス[62]によるなら、おそらくそれは、獅子が獣の王であり、鷲が鳥の王であるように、イルカは魚の王であるからであった。

マルティアヌスは『フィロロギアの結婚』[63]で、ネプトゥーヌスを海水のように緑がかった裸の姿で描いている。その頭には騒ぐ海の波がたてる泡をあらわした白い冠。オウィディウス[64]によると、パラスはアラクネと競って機を織った折、その織物に十二神を前にアテネの町でネプトゥーヌスが繰り広げた争いを織り込んでみせた。

ネプトゥーヌスは傲慢な顔つきで
三叉で堅い石を撃つと
そこから一頭の駿馬が猛々しくあらわれる。

【ヴィルギリウスもまたその『農耕詩』劈頭[65]で、ネプトゥーヌスは三叉で大地を敲いて荒々しい一頭の馬をあらわれさせた、と記している。セルヴィウス[66]によれば、これはこの動物によって海水のすばやい反復運動をあらわそうとしたもの、ということになる。またカストルとポルックスの星々の動きは素早いので、これらの馬は彼らの監視のもとにある、とも称されたのだった。あるいは馬の発見がネプトゥーヌスに帰されるのは、この動物が広大な平地を欲するものであるところから、海をあらわすにふさわしいものとみなされたのだったと言う者もある。またセルヴィウス[67]は、テュルス[68]がアエネアスとの戦いで旗幟を掲げたとヴィルギリウスがものがたるところで、ローマ人たちもある時期そうしたものを二本立てた、と言っている。一方は歩兵たちのための朱色の、他方は騎馬の者たちのための淡青色の旗幟を。後者は海の色であり、海の神が馬を発見したのであったから。

ディオドロス[69]は、ネプトゥーヌスこそ最初に馬を馴らしたものであり、騎馬術を教えたものであったと記しており、そこからエクエストレ《馬の》と渾名されることとなったとは、パウサニアス[70]も書いているところである。ホメロスもまたメネラオスが導入した馬車競技について記しつつ、それは一切いかさまをしないことをネプトゥーヌスの神性に誓わせたもので、この神にとってエクエストレという名はどの郷国でも共通しており、他のいかなる名よりも特筆すべきものであった、と付言している。それゆえおそらくローマ人たちのもとにあっても円形競技場での馬車競技はネプトゥーヌスを讃えて催されたものであり、コンスス祭《コンスアリア》と呼ばれた祭の期間には馬は使役されず、騾馬の頭にはさまざまな花を編んだ冠が被せられたものだった[71]。リヴィウス[72]が記しているように、この祭はロムルスがサビーニの女たちを略奪した時に祝われたものであった。プルタルコス[73]が説くところによれば、そこで彼は地下にコンススと呼ばれる神の祭壇をみつけたからであったという。その名は、この神が忠告《コンシリオ》を与えるものと信じられていたところから、あるいは機密にされるべき大事業には神の配剤《コンシリオ》が必要であったことに由来するものだろう。それゆえこの祭壇は先述した馬車競技の祭日にしか開かれず、そこからコンススの神はネプトゥーヌスに違いないと信じられることとなった。この神に関してわたしはいまだ神像を見つけられないゆえ、以上の略述にとどめる。

　馬がネプトゥーヌスのものとされることについて、パウサニアス[74]はまた異説を書き留めている。ギリシャのある土地で催される馬駆けの競争場の傍らに円形祭壇があった。その祭壇に祀られていたのはタラクシッポス、これは馬たちを怖気させるところからつけられた名である。なぜといって、馬たちはこの祭壇に着くとたちまち恐慌に陥り、奇妙このうえない振舞いにおよび、御者たちを酷い目に合わせたから。そこで競技に参加する者たちは、競争前にこの祭壇に詣で、この神に選手と馬との加護と厚情を祈ったのだった。その他にもこの神についてパウサニアスはさまざまな説を開陳しているが、いずれこのタラクシッポスはネプトゥーヌス・エクエストレの渾名というところであろう、と論じている。馬というものの由来を尋ねるに、まずユーノーもこの神から二頭の馬を贈られ、またユーノーからこれらがカストルとポルックスに贈られているから。

　これらはみなオプスがネプトゥーヌスを産んだとき、サトゥルヌスに馬を造ってみせたことと符合している[75]。フェストゥス[76]はこれをネプトゥーヌスがエクエストレと呼ばれた理由のひとつに挙げている。彼が言うところによれば、イリュリアがネプトゥーヌスのために九年のあいだに九回、四頭の馬を海に投げ込んだのはこのためであった、ともいう。また馬がこの神にふさわしいのは、海は馬たちのようにあらゆるところから必要なものをもたらしてくれるから、と言う者もある。】フィロストラトス[77]は、一方の島からは畠の収穫物を、もう一つの島からは海の獲物を集める広場がひとつしかない二つの島について記している。その広場には犂を手に荷車を引くネプトゥーヌスの彫像が立てられていた、と。それはあたかも、それを造りなした者がこの神像によってこれらの島の民に、大地からもたらされるものを示そうとしたもののようにもみえるが、そこには大地にかかわる犂だけでなく船の舳も添えられており、ネプトゥーヌスが航海することとは大地を耕すことである、と言っているかのようにもみえる。

　パウサニアス[78]は、ギリシャのエリスの人々のもとには髭のない若者の[79]彫像があった、と記している。この像は脚を組み、両手を棒軸に凭せかけており、時節により亜麻の衣装か羊毛の衣装を着せられた。この像はネプトゥーヌスと信じられていたものだったが、ギリシャのどこかからこの地にもたらされると、この地ではネプトゥーヌスではなくサトラペ[80]と名指されて、たいへんな崇敬を集めたという。

　ヴェスパシアヌスとハドリアヌスの二つの古メダルが今に伝わっている。これらにはネプトゥーヌスの図像が、左肩に布を掛け、右手に三本の革鞭をもった裸体の立像として描かれている。[81]【これまた古いあるメダルでもネプトゥーヌスは裸で立っているが、左手にした長い三叉に凭れ、右手にイルカをもって、片脚を船の舳の上に掛けている。[82]

【ネプトゥーヌスという礎台】また古人たちは町の門をユーノーに捧げ、砦や城壁をミネルヴァに、ネプトゥーヌスには市壁や土台を捧げた、とセルヴィウス[83]は註している。それはヴィルギリウスの書中[84]、ヴェヌスがアエネアスにもはやとりかえしがつかないほど荒廃したトロイの廃墟を見せるところ。これらの神々は彼女を大地に据えるために苦労して、以下のようにそれぞれ自らに属するものを破壊してしまったから。

　ここに聳えた数々の建物も
　大地に壊れ崩れ、煙と埃となって
　波打つように天に昇る。
　ネプトゥーヌスは大きな三叉で壁を
　打ち倒し、深い礎石から根こそぎに
　町をまったくの廃墟と化す。

【エノシクトン】ここからこの神はギリシャ人たちにエノシクトン、つまり大地を叩く者と呼ばれることとなり、恐ろしい地震は彼によって起されるもの、水の動きによってもたらされるものと考えたのだった。[85] これをテッサリアの人々は、高い山々に囲まれたこの里を洪水で水浸しにしたのは、大地を叩き、ヘロドトス[86]が言うようにそこにペネオス川を氾濫させたネプトゥーヌスだった、と言ったものだった。そしてまたこれらの山々が割れ分かれたのは地震のせいであり、大地が揺れて

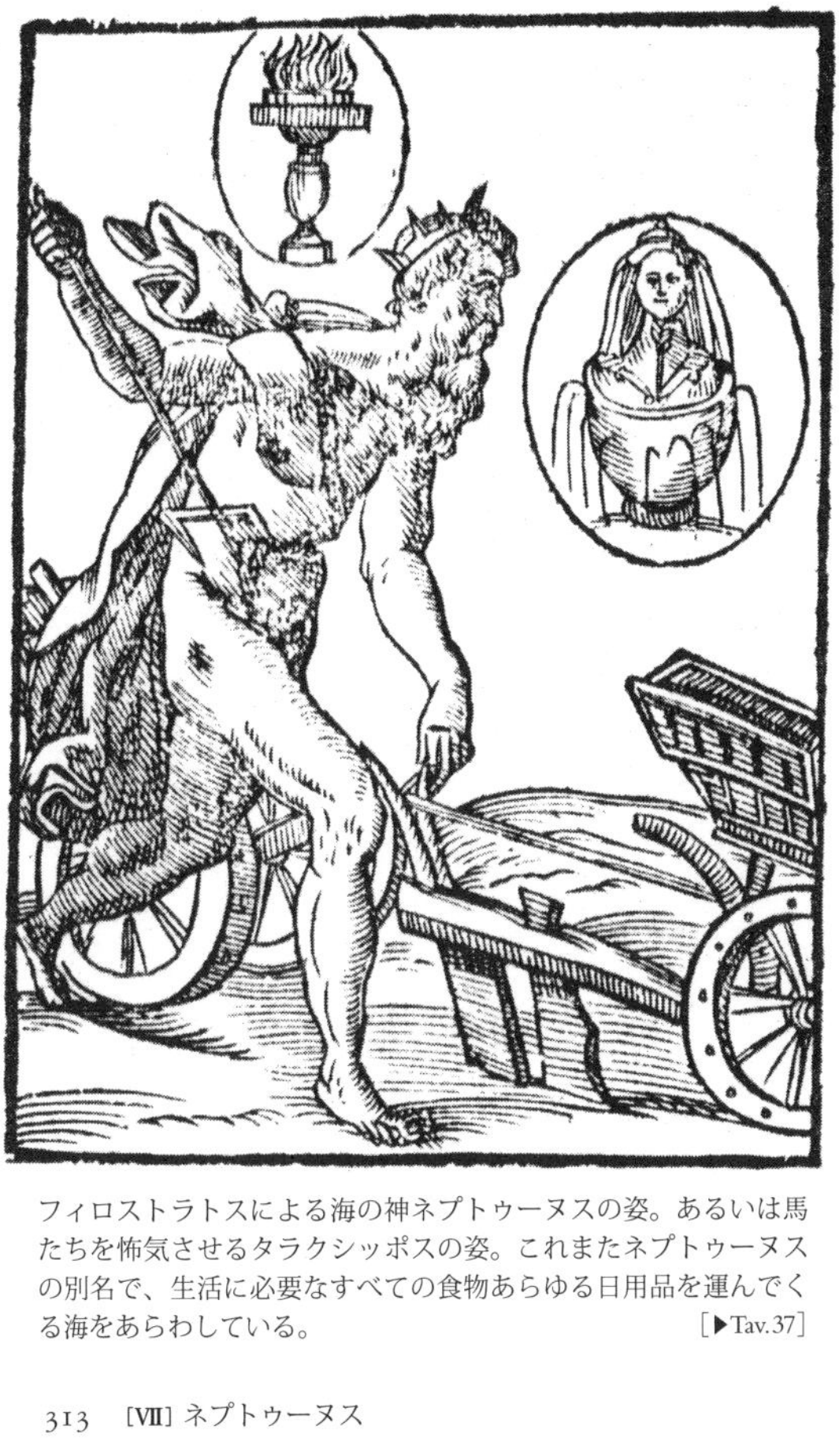

フィロストラトスによる海の神ネプトゥーヌスの姿。あるいは馬たちを怖気させるタラクシッポスの姿。これまたネプトゥーヌスの別名で、生活に必要なすべての食物あらゆる日用品を運んでくる海をあらわしている。
[▶Tav.37]

荒廃がもたらされるのはすべてネプトゥーヌスのしわざだと言われたものだった。これはなにもネプトゥーヌスの形姿に関わることではないが、地震というものを描き出すためには役に立つだろうとわたしには思われたから触れたまでである。】

[**オケアノス**] この神とさほど違わないのがオケアノスの姿で、古人たちはこれをすべての神々の父と称し、大地を取り囲む外洋(87)をばかりか水の普遍的な力能ともみなしたのだった。これはミレトスのタレスが万物の端緒原理と言ったところでもある。寓話の数々はここからオケアノスを神々の父と呼び、【その妻にテティス(88)を挙げたのだった。彼女は夥しい海の、川の、泉の神々そしてニンフたちを産んだ(89)白髪の老婆で、詩人たちはよく彼女のことを高齢の母と称した(90)。】ボッカチオ(91)が言うように、彼女はこうした姿で夫とともに山車に乗り、広い海を鯨に曳かれて往くところを描かれたものだった。その先触れには、【上半身が人で下半身がイルカあるいはコルヌートゥス(92)が言うところによると】鯨の姿で、法螺貝を手にしたトリトンたち。その周りを数々のニンフたちがとり囲み、後ろからは夥しい海の獣たちの群れが従って。

[**プロテウス**] これら海獣たちはプロテウスの保護の下にあった(93)が、彼は牧者である【とともに海の神のひとりでもあり、しばしば将来のことがらを予言しもしたが、強要されなければそんなことはせず、また彼を強要しようとする者から免れようとしてさまざまに姿を変え、欺こうとさえした。それゆえ問いに答えさせるためには、彼を縛りつけて本来の姿に戻らせねばならなかった(94)。

[**プロテウスがさまざまなかたちを採る理由**] ディオドロス(95)は、彼がかつてエジプトの王に選ばれた者で、往時この郷土でもっとも賢く、あらゆる業に精通した者だった、と記している。彼はこうした業を尽くして好みのままに姿を変えたので、その地の民の間では、彼はその賢明さにより何にでもなる術《すべ》を知っている、と言われるようになったものだろう。ギリシャ人たちはプロテウスがこのように言われたのは、エジプト王たちが公衆の前にあらわれる折、王のしるしとして頭上にさまざまなものを載いた慣習に由来するものと観た。いとも尊きものをあらわすため、それは時に獅子、時に牡牛、時には蛇、また樹木やなんらかの植物、あるいは火炎であることもあった。つまりギリシャ人たちは、プロテウスがさまざまなかたちに姿を変えることを王のしるしの変容に見立てたという訳である。

[**海獣たちの牧者**] また彼はカルパトス島の君主であった、とも記されている。この島の名からエジプトへと開ける海が】カルパチアと名づけられた(96)。この海にはアザラシ(97)【あるい

はその皮革が子牛に類するものの皮に似ているところから海の子牛とも呼ばれるもの】がたくさん生息しており、おそらくそこからプロテウスは【[98]オケアノスの獣群を司牧し保護するものに擬されたのでもあろう。

またその娘はエウリュノメーとも呼ばれたが、その由はホメロスが彼女にテティスがヴルカヌスのもとへと赴く時の伴をさせたからだった[99]。パウサニアス[100]が言うように彼女をディアーナと観る者もあったが、金の鎖で繋がれ、上半身が女で下半身が魚のその神像をみる限り符合しない。彼女はアルカディアのピガリアの人々に崇められた神性で、彼らにとってたいへん神聖なその神殿は一年のうち定められた日にしか開かなかった。その日には盛大な祭が祝われ、公私にわたってたくさん生贄が捧げられた。

ここでわたしはまた別の寓話の女神を想いおこす。それはプリニウス[101]によれば、古人たちがデルケトーと呼んだ女神で、これまた頭だけが女でそれ以外は完全に魚だった。ディオドロス[102]が記すところによれば、彼女は最初のニンフで、知らぬ間に孕みセミラミスを産んだが、処女を失ったことにたいへん憤りこの子をシリアのある湖に投げ捨てたのだった。その後、彼女は先述したようなかたちの女神として崇められ、この民はこの湖の魚を彼女に捧げられたものとして敬い、決して食べなくなったという。】

海の女神たちエウリュノメーとデルケトーの姿。前者はプロテウスの娘、後者はセミラミスの母。どちらも水の性質と諸効能またそれによって起こるさまざまな事象をあらわしている。 [▶Tav.38]

それはさてオケアノスに戻り、【その他の姿について明らめることとしよう。】その山車は彼がぐるりと巡る大地をあらわしており、その円さは車輪によって示されている。それを鯨たちが牽いているのは、大地を囲繞する海の水のすべてをそれらが泳ぎ渡るばかりか、海の中いたるところに散らばっているからである。[103]

またニンフたちは水の諸性質や水によって起こるさまざまな事象を意味している。[104] 古人たちはそれらをオケアノス、ネプトゥーヌス、テティス、ドリダ[105]、アムピトリテーその他の海の神々の名をもってばかりでなく、アケローオスによっても含意した。先に挙げた神々が塩水の性質を意味する一方、後者によって川水のような清水を意図したものだったのだろう、と言う者もある。古人たちは川をも人のかたちに造りなして崇めたものだったから。

しかしこれらについて述べる前に、まず風について記しておこう。海について語ったところ、風というものも他処でよりもここでこそよりその力を誇示するものであるから、ここで述べておくのが道理に適っているだろう。自然学者たちは風は気の衝撃によるうごきであるとしている[106]【のだから、ユーノーに気圏をあらわさせるのも悪くはない。ヴィルギリウスの書中[107]、ユーノーが風の王アイオロスに大嵐で海を荒らしてイタリアへ航行中のトロイ人たちに被害を与えてくれるようにと頼んだ時、彼はこう答えている。

わたしの王国がいずこにあるかはさて措き、あなたは
わたしを王と呼ぶ。あなたはわたしを至高なるユピテ
ルの友となす、
激しい風、黒雲、嵐といった
わたしの権能はあなたに由来するものなのに。】

最前述べたところからすれば、これまた場違いではないだろう。古人たちはこれらの事象がすでに起こったかあるいは到来することが好都合であったゆえに、それらを神々として崇め、生贄をも捧げたのだった。[108] そしてそれらを翼をもち、髪を乱し、力いっぱい息を吹きかけるように頬を膨らませた姿で描き出したのだった。またそれらの息吹きの効力はさまざまで、あるものは雲を集め雨を降らせ、他のものは雲を払い等々、いろいろの力をあらわしてみせたので、詩人たちもそれをまたさまざまに描写したのだった。

[枢要な風の数々] それに関する記述はたくさんあるが、枢要なものはこの世の四方から吹く四つの風に限られている。その一々はオウィディウス[109]がこの世の最初の分割について記したところ。

[ボレアス] だがストラボン[110]によれば、それらが二つ以上は

あり得ないと説いた者もあった。その一つがアクィローネあるいはボレアスと称されるところであり、【現下の船乗りたちがトラモンターナと呼んでいる】北風。パウサニアス(111)によると、これの像がギリシャのエリスの民のもとにあるユーノー神殿に蔵されたキュプセロスの櫃の側面に刻まれていた。それはボレアスがオレイテュイアを略奪する場面(112)だったという。数々の寓話に照らしても、その両足が蛇の尾のようだったという以外どんな姿だったか分からない。【だがそれはたいへん冷たい息を吐き、雪をもたらし氷を固めるところから、髭、髪、翼のどこも雪に覆われていたという。】

［ノトス］ もう一つはアウステルもしくはノトスと称されるもので、【船乗りたちがオストロと呼んでいる】南風。この方角からの風は雨をもたらすところから、オウィディウス(113)は次のように描写している。

露に濡れた翼を広げてノトスが来る
黒い顔に形相《ぎょうそう》を滲ませて。
その白い髪には雨を満たし、
壮絶な顎鬚に黒雲を集めて。
その額には濃い霧を結び、顰めた
眉に荒れ狂う風を引き寄せて、
羽も胸もつねに水に濡らして、
その曇った相貌が晴れることは決してない。

先に四つと言ったところの三番目はエウロス、【あるいはわれわれのレヴァンテで、】東の方から吹く風。【彼が来

枢要な四つの風、ボレアス、アウステル、エウロス、ゼフュロスの姿。またボレアスの妻オレイテュイアとゼフュロスの妻フロラ。これらの風の諸効能、その息吹による季節や国々の支配をあらわしている。
［▶Tav. 39］

ギリシャのケピソス川とイタリアのポー川と、髪を切ってこれに捧げる若者の姿。川というものの自然本性と勢いを、それがたてる音と湾曲した流れとともにあらわしている。 [▶Tav. 40]

る東《レヴァンテ》の方角にいるエジプト人たちにとってそれは真っ黒で、頭に赤熱の太陽が添えられる。ただし太陽が赤いのは日没時であり、ヴィルギリウス[114]が記すように、この風が午後に吹くものであることをあらわしている。】

四番目は西から優しくたおやかに吹く微風ゼフュロス、【あるいは現下ポネンテと呼ばれる風】。これは春、大地を緑の草で覆い、緑の野に花を咲かせる。

[フロラ] 寓話の数々はこれをフロラの夫に準えている。[115] フロラが花の女神として古人たちから崇められたものであったことについてはすでに述べた。その姿は【美しいニンフ。オウィディウス[116]がその祭の由来についてものがたるところ、彼女自身、その美しさについて作者に告げる。

　わたしが美しいなどと、はしたないことを
　言うつもりはありませんが、その昔、
　ただわたしを得ようとして、神さまは
　母にわたしを産ませるためにお出でになったのです。】

さまざまな花でできた冠を頭に載せ、またいろいろな色の花をいっぱいにあしらった衣装を彼女が纏っているのは、花咲く時期に大地を飾らぬ色などほとんどないからである。

[ゼフュロス] フィロストラトス[117]はゼフュロスを次のように

描いている。彼は柔和で繊細な顔をした若者で、肩から翼を生やし、頭には美しい花々の冠を載せて、と。

［フィウミ《川神たち》］ 風についてはこれくらいにして、川に戻ろう。

【古人たちにとっては、川もまた神々あるいは神性であった。彼らは厳粛な信心を捧げ、他の神々とかわることなく川にも生贄を捧げ、ある種の儀式とともに髪を切って供えたものだった。パウサニアス[118]が言うところによればこれはギリシャ人たちにとっては古くからの慣習で、ホメロス[119]にあってはペレウスがスペルキオ《スペルケイオス》川に願をかけ、トロイ戦争からアキレウスが無事に戻るようにと髪を切って供えるところにも見られる。またアテネの里、ケピソス川の近くには、髪を切ってこの川に与える若者の彫像があった。】

フィロストラトス[120]がテッサリアを描写して言うように、川は髭を生やした髪の長い男が横たわって片腕に身をあずけている姿に造りなされた。なぜといって川は決して立ち上がることがないからであり、それどころか時として水を流す大きな壺に凭れかかっていることもある。スタティウス[121]はギリシャを流れるイナコス川について次のように言っている。

［イナコス］ イナコスは頭に二本の角を乗せ
坐って左の壺に身を任せ
今にもいっぱい水を注ごうとしている。

セルヴィウス[122]によれば、川に角をつけるのはその流れる音が牡牛の鳴き声に似ているから、あるいは川岸がしばしば角のように湾曲しているから、だという。

［テベレ］ ヴィルギリウス[123]はテベレをイタリアの川の王と称すとともに、角あるものとも呼んでいる。そしてアエネアスにこう説明してみせる。[124]

繁る葉叢のあいだから老翁が
姿をみせる。肩から胸に緑がかった
布地を結び、翳さす葦で
濡れた髪を包み蓋って。

［ポー川］ また別の箇所で、エリダノスと呼ばれたポー川も両方の角を金色に塗り[125]、牡牛の顔をもつ、と言われている。これを説いてプローブス[126]は、ポー川が牡牛の顔をしているというのは、その流れが牡牛たちの鳴き声そっくりの音をたてるから、またその川岸が角のように湾曲しているから、と言う。エリアノス[127]もまた、川には最初どんな姿も擬されなかったが、後にその彫像は牛のかたちに造りなされるようになった、と記している。【フェストゥス・ポンペイウス

の書[128]にもまた、川の神像の数々は牡牛のかたちにつくられた、つまり角をつけているのはそれらが牡牛のように猛々しく兇暴だからである、と記されている。】

それに加え、古人たちは川に葦の冠を被らせたが、これは葦というものがどこよりも水気ある場所に生育するからで、最前述べたようにヴィルギリウスはテベレの頭を葦で被ったのだった。またオウィディウス[129]は川に変じたアーキスについてものがたっているが、アーキスに石を投げつけ、彼をぺしゃんこに潰したポリュペーモスは、ガラテアに向かって彼のことをこう言っている。

［アーキス川］たちまち水の上に若者の
半身があらわれた、
たいへん上背があったことより他
特に変わったところはみあたらない。
顔はつややつやと輝きはじめ、
消え去る前のその色は
緑がかり、頭の上の両の角の
周りには緑の葦をあしらっていた。

だが、ローマのヴァチカンには角がないばかりか、頭に葦ではなく花や果実を結んだテベレの彫像がある。それは

豊穣なるテベレの姿。二人の兄弟によってローマの帝権のはじまりをあらわしている。

スフィンクスの上に坐すナイル川の姿。周囲の子供たちは、通常十六キュービットにも及ぶこの川の増水の度合いをあらわしている。 [▶Tav.41]

この郷にこの川がもたらす豊穣多産をあらわそうとしたものだったのだろうが、まったく詩人たちの詩想を汲まないものではなかったことは、その手に葦が一本握らされているところから判じられる[130]。

[アケローオス] オウィディウスの書[131]で、アケローオスはデイアネイラを巡ってヘラクレスと起こした騒ぎについて、テセウスにものがたる。アケローオスは腕枕をして横になり、頭に緑の葦を巻き、緑の外套を纏っていたが、その角は他の者たちのように二本はなく、一本だけだった。なぜといって寓話によれば、もう一本はヘラクレスに折られてしまったから。内に花や果実をいっぱい盛ったその角はアイトリアの民に贈られ、豊穣の角と呼ばれたものだった。

[豊穣の角] ディオドロス[132]はこうした戯作を、ヘラクレスがこの川の本流から支流をこしらえて別の土地へと向けるのにたいへん苦労したこと、そして元は荒れてなにも稔らなかった土地へとこの川をへし曲げて水を撒き散らし、豊穣な土地となしたことを述べたもの、と説いている。

なるほど詩人たちは川に関して、その水の特質やら流れについて、またそれが流れる土地の自然本性についていろいろと書いている。パウサニアス[133]はアルカディアについて語りつつ、この里のある地には古人たちが讃えた高貴な川の数々の彫像があるが、黒石でできたナイルを別に、他はみな白大理石で造られていると記し、ナイルの彫像が黒石でできているのは、それが海へ向かって流れつつ通るエチオピアの人々が黒い民だから、と道理づけしている。

［ナイル川］エジプトのナイルを描写するに、ルキアノス(134)はそれを鰐あるいは河の馬の上に坐らせている。【ヘロドトスによれば、これは四足の獣で牡牛のように大きく、頭は牛、鼻は山羊のように潰れ、鬣は馬のよう、歯が出ているのでその声はあやふや、尾は輝き、皮革は乾燥させると矢をつくれるほどざらざらで硬く、ギリシャ人たちのもとではこれはヒポポタモ《カバ》と呼ばれている。その周りを子供たちがとりまいて陽気に騒いでいる、とはプリニウスが記すところ。また彼は鉄のようにざらざら堅い一種の大理石について語りつつ(135)、ヴェスパシアヌスは平和《パクス》の大神殿に見たこともないほど大きなナイルの彫像を置いたが、その周りで戯れる十六人の子供たちはこの川が最も増水すると十六キュービットの高さにもなることを意味していた、と書いている。】

［ヴェルトゥムヌス］また、ローマの公共広場に置かれたヴェルトゥムヌスの彫像はテベレをあらわしたものであった、とも記されている(136)。つまりテベレは本来ここを流れていたが、別の方向へと流れを変じさせられたものだった。それが花や果実で飾られていた、というのは先述したとおり、近辺の畑地の豊穣肥沃をあらわしていた。ヴェルトゥムヌスは人々の思惟を司る神とも信じられており(137)、それがさまざまなかたちに姿を変えるのは、人の思惟というものが移り変わるものだからとも言う。またそれは年の神であると言う者もいた。一年は季節によってさまざまな表情を採り、人々にあれこれのことをする機会をさし出すから。プロペルティウスが言うように、これはその名の由来をうまく説くもので、わたしが約述するよりもずっと上手に叙しているので、彼の詩節(138)をそのまま引いておこう。俗語にすればそれは次のとおり。

ヴェルトゥムヌス

一つ身でこれほど姿を変えてみせるものに
あなたは驚くことだろう。わたしの言うことを聴けば
それがヴェルトゥムヌスのことだと分かるだろう。
わたしはトスカナからやって来た。その地を
訪れた者たちで、拱門《アーチ》やら壮大な穹窿やらを
もつ神殿について、わたしに語らなかったものとてな
かった。
その正確な場所は知らない。なぜといって

ローマの公共広場を見れば十分だから。
それに他人がどう言ったか、わたしの知る限りでない
　から。

往昔ここをテベレの水が流れていたが
言い伝えられるとおり、後に
その流れは違う向きへと変わった、

美しきテベレはその民のために
こころから喜んでその地を与えたから。
そしてそれがわたしの名のもととなった。

一年のうちにわたしはすこしずつ
姿を変え、ヴェルトゥムヌス《変わるもの》と呼ばれ、
そしてまた、この地に祀られた。

まるで慎ましい屋根の下
農夫が収穫を積み上げ
わたしに感謝して供するかのよう。

あたり一面、赤紫に実る葡萄を
ご覧、またわたしの頭を
包み込む熟した麦穂を。

時は毎年季節ごとに
甘い果実をわたしに纏わせ
わたしにその手を差し出してみせる。

梨の木にもかかわらずそこになった
林檎の実をご覧。それを植えた者が
わたしにそれを捧げてくれる。その他

すべてをあなたに告げようとは思わない。
嘘つきがなにか他の理由をもちだして、
またわたしの名をあなたに囁くかもしれぬから。

でもあなたは、わたしについて噂するような
人ではない。語られることのすべてが
本当である訳ではないことを知る人だ。

ご覧、わたしの自然本性は
あらゆるかたちに変じるのに適している。
わたしを山車にそれとも馬に乗せるか、歩かせてごら
　ん。

ヴェルトゥムヌスとその傍らのポモナの姿。この神は人の思惟、一年、耕地、
つまり相貌を変えるもののことと思いなされる。またテベレ川とも。［▶Tav.41］

あなたが気遣ってくれるなら、わたしは何にでもなっ
　てみせよう。
穢れなき清浄な女装束を与えてくれるなら
優美な娘に姿を変えよう。

外套を与えてくれるなら男になろう。
また鎌とともに刈入れ人に、
干草で額を飾りもしよう。

武具を纏えばなかなかの威丈夫
みなわたしを堂々たる男と観るに違いなく
それもわたしにふさわしかろう。

またわたしの甲冑装束を脱がせ
重々しく訴訟人の衣装を纏わせる者あれば
論争により、あなたを圧するものともなろう。

宴席でわたしを見かけるなら
頭に薔薇を飾っておくれ、
酔っ払いのようにふざけて歌おう。

またあなたがわたしにミトラを被せるなら

バッカスにも見えることだろう、きっと
かつてないような見物になるだろう。

弓とチェトラを持たせてくれれば
まるでポイボス。わたしが投網を持つなら
きっとあなたはすごい狩人だと感心しよう。

わたしの手にしなやかな葦が握られているのを
見る者は、きっとファウヌスにも似た鳥刺しだと
思うだろう。え、そうは思わないかい。

まだまだ、巧みな御者になって、
力づくで駆ける駿馬たちを
御してみせようか。

いずれわたしがさまざまに姿を変じて
みせるのに果てはなく、決まりもないし、
それを咎めるものとてないのだから。

わたしが望めば、羊や牛の群れを
見守る牧人にでも、漁師にだって
なってみせよう。

よく耕された畑やらよく実った果実について
わたしを名指すのを耳にするなら
きっとそこにわたしはいる。

イグサの縄で結わえた
カボチャやキャベツ、それにスイカも
わたしがもたらしたもの。

心地よい野に芽吹き花咲くのも
すべてわたしのおかげ。
わたしがあちこち振り向きいろいろな姿に
変じるから。だからわたしはヴェルトゥムヌス。

註

(1) ユピテル、プルトーン、ネプトゥーヌスを三兄弟とみる。あるいはネプトゥーヌス、ポセイドン、オケアノスを海の三神としたものか。

(2) cfr. Giraldi, *De deis gent.*, 5, p.139, 28-29. 典拠はそれぞれ Omero, *Od.*, 5.282-296 のウリクセスに敵するポセイドンが恐ろしい嵐を起こすところ（cfr. *Od.*, 1.20-22 ; 68-69）、Virgilio, *Aen.*, 1.124-147 のアエネアスに好意的なネプトゥーヌスが波風を鎮めるところ。

(3) Stazio, *Theb.*, 2.45-47.

(4) Cornuto, *Theol. Gr. comp.*, 22, p.42 Lang はホメロス式の添え名 ‹kuanoxaithys›（濃紺の髪）を用いている（cfr., *Il.*, 20.144 ; *Od.*, 9.536.）。ここでカルターリは kaithe（髪）を kiton（長外套）と解している。この誤解はおそらくカルターリが依拠した Conti, *Mythol.*, 3.8 : «vestem habere cyaneam dixerunt, ut ait Phurnutus» にもみられる。一方 Giraldi, *De deis gent.*, 5, p.141, 12-13 : «Unde etiam, ait [Phurnutus], et illum kuanoxaithyn appellabant, quod cyaneas et caeruleas iubas haberet» は正確。

(5) Luciano, *De sacrif.*, 11.

(6) Servio, *Georg.*, 4.402 ; *Aen.*, 5.823.

(7) Filostrato, *Imag.*, 2.15 :「グラウコス・ポンティオス：……その相貌と言えば、巻き髭は濡れ、泉の水のように輝いて見える。巻き毛の髪も海の水を含んで重く肩に落ちかかっている。濃い眉毛は左右が繋がりまるで一本になっている。そしてなんという腕であることか。波間に飛び込み、泳ぎながら海を鎮めるべく驚くほどに鍛錬されている。なんという胴。和毛ばかりか苔やら海苔やらに被いつくされて、骨盤あたりからその姿を変じ、その下半身は魚。尾をもちあげて脇腹に向けたその半月形は緋色に輝く。」

(8) Ovidio, *Met.*, 13.900-968 [960-964]. どうやらカルターリは Dante, *Par.*, 1.68 :「グラウコが草を味わったときのように」«Qual si fé Glauco nel gustar de l erba» を念頭においているもののようにみえる。

(9) カルターリの本文は「衝き動かされ spinto」でなく「消沈し spento」となっている。後版（たとえば Venezia 1621）では spinse に直されている。

(10) Filostrato, *Imag.*, 1.8 :「アミモネー：すでにホメロスの詩でご存知だろう。ポセイドンはアカイア人たちに向かっていく時、まるで大地のように海を踏んでいく。海は静穏で神を護衛するのは馬たち、海獣たち。ポセイドンにつき従っていく者たちも、この絵にみるように彼の周りで囃したてている。」

(11) 典拠不詳。

(12) cfr. Boccacio, Betussi, 10, p. 171（［序］註123参照）:「また彼に笏杖の代わりに授けられた三叉は水の三つの性質をあらわしている。つまり流れる水、航行可能な水、飲むによい水」; Conti, *Mythol.*, 3.8.

(13) cfr. Virgilio, *Aen.*, 10.209-211 ; Ovidio, *Met.*, 1.333-338 ; Lucano, *Phars.*, 9.348-349.

(14) Stazio, *Theb.*, 5.707 : «geminus Triton» ; cfr. *Lattanzio Placido* : «duobus corporibus factus», これはトリトンが二姿を混ぜたようにみえることを謂ったもの。

(15) Igino, *Astron.*, 2.23.

(16) ＊初版にはここに次の一節があったが、削除されている。「また古人たちはよくサトゥルヌス神殿の頂上に法螺貝を口にしたトリトンを置いた。マクロビウスが言うところによれば、こうすることによってサトゥルヌスの時代から歴史ははじまり、声は起こりその存在が知られたのであり、それ以前は唖であり知られないと言うかのようである。」

（17） Virgilio, *Aen.*, 10.211.

（18） cfr. Plinio, *Nat. hist.*, 32.144.

（19） cfr. Cornuto, *Theol. Gr. comp.*, 22, p.43 Lang.

（20） Plinio, *Nat. hist.*, 9.9.

（21） Alessandri, *Genial. dier.*, 3.8. カルターリはかなり要約している。

（22） 本文中は mele だが、miele と読んでみた。前註ナポリタヌスの書では in melle とある。

（23） cfr. Boccacio, *Gen. deor.*, 7.14 ; Omero, *Il.*, 18.39-49 : «eas proprietates aquarum maris et accidentia circa eas demonstrari».

（24） ＊初版では「ニンフ」となっていたのが改められた。ただし数行後にある「ニンフ」の語は残ったまま。

（25） Esiodo, *Theog.*, 240-284.

（26） cfr. Boccacio, *Gen. deor.*, 7.17 : «Galathea albedinis dea est, per quam albedinem undarum sese frangentium intelligo».

（27） cfr. Perotti, *Cornucopia*, col.785.39.

（28） Esiodo, *Theog.*, 250 の添え名は ‹eneides›（みるからに美しい）のみ。Giraldi, *De deis gent.*, 5, p.152, 34 はこれを spectabilis と訳している。cfr. Omero, *Il.*, 18.45 : ‹hagakleithe›（神々しき）。

（29） Ovidio, *Met.*, 13.789.

（30） Filostrato, *Imag.*, 2.18 :「キュクロープス：……一方彼女（ガラティア）は静穏な海で戯れ、四匹のおとなしいイルカを一団にして引き連れている。それらを御すのはガラティアの侍女たる女トリトン。それらが暴れ手綱に従おうとしないと、それらを制して停める。ガラティアはゼフュロスに向かって頭上に緋色の外套を掲げあげる。するとそれは影をなすばかりか、山車の帆ともなり、その顔や頭に光を零す。その頬の輝きの美しいこと。しかし髪はゼフュロスにも乱されない。なぜならそれは濡れて風に巻き上げられるには重過ぎるから。右肘がはだけているのは、その美しい肩に指をかけようと腕を折り曲げているから。その両腕は軽くふるえているが、胸はまっすぐ、両足もたいそう美しい。その可愛い脚の下、海の中にひとりの子供が描かれている。海面を漂う様子は山車の舵のよう。すばらしいのはその瞳。水平線の彼方を眺め、遠くの海に消えていく。」

（31） Alessandri, *Genial. dier.*, 3.8.

（32） Pausania, *Perieg.*, 9.21.1

（33） 上掲箇所でパウサニアスはパセリ petrosello という名を遣っている訳ではなく、ただトリトンは「batraxia 沼の蒲《ガマ》?のような色の」髪をしていたとある。Amaseo 羅訳 : «coma persimilis est palustri apio, tum colore, tum quod capillum omnino nullum ab aliis possis discernere».

（34） セイレーンが半女半魚だという説は古くまで遡り得ず、Boccacio, *Gen. deor.*, 7.20 : «marina monstra ... ora virginum habentia et corpus ad umbilicum usque femineum, abinde infra pisces existentia, quos elatos Albericus dicit» あたりをはじめとするもの。ボッカチオが引くアルベリクスだが、Alberico, *Mitografo Vaticano* III にはそれに相当する記載がない。Conti, *Mythol.*, 7.13 ; Giraldi, *De deis gent.*, 5, pp.155.45-156.17 の両書とも半女半鳥のみ。

（35） cfr. Fulgenzio, *Mythol.*, 2.7.

（36） cfr. Servio, *Aen.*, 5.864.; Omero, *Od.*, 12.157-200. ホメロスではセイレーンは絶望から身を投げたとはされておらず、この点は Boccacio, *Gen. deor.*, 7.20 : «eas nonnulli mortuas dicunt dolore, quod ad se Ulixem pretereuntem trahere nequiverint» に拠るものか。ボッカチオの一節は Licofronte, *Alex.*, 714-715 のセイレーンが ‹autoktonoi› 自殺したという記述によったもの。

（37） カルターリの仮説か。

（38） cfr. Igino, *Fab.*, 125.13 ; 141.2.

(39) Servio, *Aen.*, 5.864 : «partem virgines fuerunt, parte volucres».
(40) Ovidio, *Met.*, 5.552-563.
(41) Suida, *Lex.* Σ, 280 Adler.
(42) Plinio, *Nat. hist.*, 10.136.
(43) cfr. Boccacio, *Gen. deor.*, 7.20 ; Omero, *Od.*, 12.45 ; 12.167.
(44) Virgilio, *Aen.*, 5.864-865.
(45) Senofonte, *Mem. Socr.*, 2.6.11.
(46) ps-Aristotele, *De mirab. aud.*, 103.
(47) Ligia
(48) Omero, *Od.*, 12.80-99 ; 245-259.
(49) Virgilio, *Aen.*, 3.410-423.
(50) cfr. Servio, *Aen.*, 3.420.
(51) Virgilio, *Aen.*, 3.424-428.
(52) cfr. Servio, *Aen.*, 3.420.
(53) Platone, *Criti.*, 116e.
(54) Pausania, *Perieg.*, 2.1.8.
(55) cfr. Ovidio, *Fast.*, 6.346-347 ; Servio, *Georg.*, 1.347 ; *Aen.*, 5.241. ; Lattanzio Placido, *Theb.*, 1.12 ; 2.383 ; 7.421 ; Igino, *Fab.*, 2.5. 生贄の儀式についてはcfr. Conti, *Mythol.*, 8.4.
(56) ＊初版では「トロイの破壊の後、エジプトで死んだ」という句があった。
(57) ＊初版では「木製であれ、大理石製、金属製であれ」とあった。
(58) Suida, *Lex.* K, 320 Adler. cfr. Giraldi, *De deis gent.*, 1, pp.62.46-63.7
(59) 特定できない。
(60) Igino, *Astron.*, 2.17.
(61) 一五六六年ヴェネチアのドゥカーレ宮中庭の通称「巨人たちの階段」にヤコポ・サンソヴィーノ作のネプトゥーヌスとマルスの巨大な像が置かれた。
(62) Eliano, *De nat. anim.*, 15.17.
(63) Marziano, *De nuptiis*, 1.78-80.
(64) Ovidio, *Met.*, 6.75-77.
(65) Virgilio, *Georg.*, 1.12-14.
(66) Servio, *Georg.*, 1.12.
(67) Servio, *Aen.*, 8.1.
(68) Turno.
(69) Diodoro, *Bibl. hist.*, 5.69.4.
(70) Pausania, *Perieg.*, 7.21.8. ギリシャ語での添え名は ‹hippios›.
(71) cfr. Dionigi di Alicarnasso, *Antiq. Rom.*, 1.33.2 ; Servio, *Aen.*, 8.636.
(72) Livio, *Ab U. cond.*, 1.9.6.
(73) Plutarco, *Rom.*, 14.3-4.
(74) Pausania, *Perieg.*, 6.20.15-19.
(75) ［I］章［サトゥルヌスに貪り喰われた石］の項参照。
(76) Festo, *De sign. verb.*, p.90 Lindsay.
(77) Filostrato, *Imag.*, 2.17 :「島：……自然の峻厳な岩壁の絶頂はポセイドンに捧げられたが、どこからもよく見えた。耕されて湿った土地は山の花々で蜂をも養い、海上で戯れるネーレイスたちもよく蜂蜜を集めていた。島のその後背地は平坦で肥沃で、漁師たちと農夫たちが一緒に住んでいた。彼らは農産物と漁撈の品をお互いに交換していた。ポセイドンの像を農夫たちは犂と軛の上に置き、大地の恵みを彼のおかげとした。それがあまりに大地の神に見え過ぎぬようにと、犂に船の舳を付したところはあたかも航行する船が大地を切って進むようだった。隣接した二つの島は、昔は唯一の島をなしていたものだが、その中央をちょうど川の幅で海に隔てられた……」。
(78) Pausania, *Perieg.*, 6.25.5.
(79) ＊初版には「金属製で人の背丈を越えるほどではない」の一句があった。

（80） Satrape, 古ペルシャ語に由来する、太守、権力の守護者を意味することばと思われる。

（81） cfr. Giraldi, *De deis gent.,* ed.1548, V, p.217 : «Nomismata ipse duo conspexi, alterum Vespasiani, alterum Adriani, quae ambo habebant a tergo has litteras, NEPT. RED. hoc est, Neptuno reduci. Pulchra vero erat imago nudi stantis, in laevi humeri tergo probendebat amictus, dextra trilorem scuticam, laeva elatum tridentem tenebat» ; G. Du Choul, *Della religione antica de' Romani,* p.88 によく似た記述だが、ここではそれぞれアウグストゥスとヴェスパシアヌスに帰されている（左図上・中段）。

（82） cfr. G. Du Choul, *Della religione antica de' Romani,* p.88.（アグリッパのメダル、左図下段）

（83） Servio, *Aen.,* 2.610.

（84） Virgilio, *Aen.,* 2.608-612.

（85） cfr. Cornuto, *Theol. Gr. comp.,* 22, p.42 Lang.

（86） Erodoto, *Hist.,* 7.129.

（87） cfr. Omero, *Il.,* 18.399 : オケアノスはアフオロオス《丸く流れるもの》; Ovidio, *Fast.,* 5.81-82 ; Omero, *Od.,* 8.350 ; 11.241 : ポセイドンはガイエオコス《大地をとりまく者》。

（88） テテュス Tethys。カルターリの本文中ではアキレスの母であるネレイデス・テティス Thetis と識別されていない。これはボッカチオですでにそれぞれ Thetis magna (*Gen. deor.,* 3.3), Tethis minor (*Gen. deor.,* 7.16) とどちらかというと逆用されている。

（89） cfr. Esiodo, *Theog.,* 337-370. ニンフ、オケアニネスだけでも三千を産んだという。

（90） cfr. Ovidio, *Met.,* 2.509-511.

（91） Boccacio, *Gen. deor.,* 7.1. ; cfr. Omero, *Il.,* 14.201 ; Virgilio, *Georg.,* 4.382 : «Oceanoumque patrem rerum».

（92） Cornuto, *Theol. Gr. comp.,* 22, p.43 Lang. ; Giraldi, *De deis gent.,* 5, p.148, 25-29.

（93） cfr. Omero, *Od.,* 4.404-413.

（94） cfr. Omero, *Od.,* 4.383-480 ; Virgilio, *Georg.,* 4.387-414.

（95） Diodoro, *Bibl. hist.,* 1.82.1-4.

（96） cfr. Servio, *Georg.,* 4.386.

（97） cfr. Virgilio, *Georg.,* 4.394-395 ; Servio : «boves marini».

（98） ＊初版では次のようにつづいていた。「それらの主であった。これについては『フラヴィオ』で長々と述べたので、すでに語ったことをここで繰り返す心算はない。」

（99） cfr. Omero, *Il.,* 18.397-405. カルターリには誤解がある。テティス（この場合はネーレイスの方の Thetis）はひとりでヘパイストスを訪れているが、そこでテティスと「オケアノスの娘」エウリュノメーが、彼へパイストスを歓迎したものとされている。

（100） Pausania, *Perieg.,* 8.41.4-5.

（101） Plinio, *Nat. hist.,* 5.81. Derceto, ピニョリア版では本文も挿図解説も Decreto に崩れている。

（102） Diodoro, *Bibl. hist.,* 2.4.2-3.

（103） cfr. Boccacio, *Gen. deor.,* 7.1.

（104） cfr. Boccacio, *Gen. deor.,* 7.14.

（105） Dorida : 現在、地名になっている。

（106） cfr. Apuleio, *De mundo,* 3.310 ; Servio, *Aen.,* 1.78.

(107) Virgilio, *Aen.*, 1.78-80.
(108) cfr. Giraldi, *De deis gent.*, 5, pp.165.44-166.7.
(109) Ovidio, *Met.*, 1.57-66. エウロス、ゼフュロス、ボレアス、アウステル。
(110) Strabone, *Georg.*, 1.2.21.
(111) Pausania, *Perieg.*, 5.19.1. キュプセロスの櫃については［Ⅲ］章註46参照。
(112) cfr. Ovidio, *Met.*, 6.682-710.
(113) Ovidio, *Met.*, 1.264-267.
(114) Virgilio, *Georg.*, 1.453.
(115) cfr. Ovidio, *Fast.*, 5.195-206. ［Ⅵ］章「フロラ」項をも参照。
(116) Ovidio, *Fast.*, 5.199-200.
(117) Filostrato, *Imag.*, 1.9：「ヘロス：……翼ある子供、風ゼフュロスはそこに諧調を与えている。美しく可愛く描かれたそれは、まさにその息吹きを暗示するように一陣の風にその白鳥の翼を広げている」; 1.24：「ヒアキントス：……無知なのはゼフュロス。アポロンに報復しようと、その子に円盤を投げつける。彼はそれを楽しむかのように高みから眺めやりつつ嘲ってみせる。……こめかみに翼を生やした華奢な顔をして、花々の冠をもって。きっとそこにヒアキントスも編みこむことだろう」; cfr. Giraldi, *De deis gent.*, 1, p.46, 12-14.
(118) Pausania, *Perieg.*, 1.37.3. 次註のホメロスもここに録されている。
(119) Omero, *Il.* 23.144-149.
(120) Filostrato, *Imag.*, 2.14：「テッサリア：……川もまた解放されたもののように肘をついて幸せそうである。川が立っているというのは普通ではない」。
(121) Stazio, *Theb.*, 2.217-218.
(122) Servio, *Aen.*, 8.77.
(123) Virgilio, *Aen.*, 8.77：黒角 «corniger».
(124) Virgilio, *Aen.*, 8.32-34.
(125) Virgilio, *Georg.*, 4.371-372.
(126) Probo, *Georg.*, 4.371, p.387 Thilo-Hagen.
(127) Eliano, *Varia hist.*, 2.33.
(128) Fest, *De sign. verb.*, p.496 Lindsay.
(129) Ovidio, *Met.*, 13.893-895.
(130) 現在ルーヴル蔵。ヴァチカンには巨大なナイル像が蔵されている。ルネサンス期にはこの二体の彫像が一緒にとりあげられるのが常だった。cfr. U. Aldrovandi, *Di tutte le statue antiche che per tutta Roma … si veggono*. In L. Mauro, *Le Antichita' della citta' di Roma*, 1556, pp.115-116.
(131) Ovidio, *Met.*, 9.4-88., cfr. ibid., 8.727：片腕だけをかけるところ、9.3：葦の帯、9.32：緑の外套、8.883-884：一本だけ残った角。
(132) Diodoro, *Bibl. hist.*, 4.35.3. コルヌコピアイについては［Ⅳ］章「豊穣の角」項参照。
(133) Pausania, *Perieg.*, 8.24.12.
(134) Luciano, *Rhet. Praec.*, 6. カバの記述は Erodoto, *Hist.*, 2.71 によるもの。
(135) Plinio, *Nat. hist.*, 36.58. プリニウスは大理石でなく basanites（玄武岩）について記している。
(136) この彫像は Vicus Tuscus にあった、とされる。
(137) cfr. Ovidio, *Fastorum libri … commentatoribus A. Constantio … P. Marso*, c.214v.
(138) Properzio, *Eleg.*, 4.2.1-48. この詩篇は六四行までつづくが、カルターリは途中で訳出を辞めている。省略部にまさにこの神の彫像の描写があるのだが（vv.59-62）。一部は［序］章「木彫りの神像」項に既出（vv.59-60）。

[VIII]

プルトーン

冥界の審判者たち／審く者たちはなぜ誤るのか／魂を審くための善き導き／ラダマンテュス、アイアコス、ミノス／ミノスの意味するところ／死者たちの王としてのプルトーン／プルトーンの色／プルトーンの冠／プルトーンの笏杖／太陽としてのプルトーン／プロセルピーナ／プルトーンが手にする鍵／プルトーンの山車／富の神としてのプルート／天から降る黄金／水仙の花／フリアイたちはなぜ三人なのか／ストレーガたち（魔女たち）／ラミア／糸を紡ぐパルカたち／デチマ、ノーナ／モルタ／女神必然《ネチェッシタ》／パルカたちの衣装／パルカたちの冠／パルカたちとヴェヌス／神メラゲテス／神々の書記官たち／カロン／カロンの変転

Tav. 42
［冥界の神プルトーンとその妻プロセルピーナ／ケルベロス／エウリュノメー］

▶ p.342-344

Tav. 43

［冥界の三フリアイ——アレクトー、ティシポネー、メガイラ］

▶p.347-349

Tav. 44

［ハルピュイア（上）／ストレーガ／ラミア］

▶ p.335-355

Tav. 45

［糸を紡ぐ三パルカ——クロトー、ラケシス、アトロポス］

▶ p.357-358

Tav. 46

［必然《ネチェッシタ》とこの世を貫くダイヤモンドの紡錘］

▶ p.359-360

Tav. 47

［三パルカの図——（左より）ラケシス、アトロポス、クロトー］

▶ p.362

【[1]サトゥルヌスの息子たちが万有宇宙を分け合うにあたり、ひとりは天界を、もうひとりは水圏を、三番目は冥界をとったと寓話の数々はものがたっているが、史譚によれば、ユピテルは東の、プルトーンは西の所領を、ネプトゥーヌスは洋上の島々を得たという[2]。もちろんそれぞれがすべてをわがものとしようとしたのであり、ヴィルギリウス[3]は、風たちがネプトゥーヌスの意を解せず大胆不敵にも天と地をかき乱したので、風たちを叱りつけた、と言っている。また、ユピテルはしばしば冥界のことどもを調整しているし、プルトーンもその権勢を天にまで及ぼすことがある。ここから、ユピテルは三本の雷霆を、ネプトゥーヌスは三叉をもち、プルトーンには三頭の犬がいる、と称されるのである[4]。プルトーンの姿を描くにあたり、時に太陽《ソル》の権能をもって、また時に大地《テッラ》にも似たものとして記すこともあろうが、彼はなにより冥界の王であり、他のいずこでよりもここでこそ彼は権能を揮い、ここで死すべき者たちのからだから離れ出た魂たちを司っていたのである。

[冥界の審判者たち] 各人にそれにふさわしい罰が与えられるべく、義しき三名の審判者たちがいた。】ひとりはアイアコス、もうひとりはラダマンテュス、三番目がミノス。【先述したように[5]、前者はユピテルとエウロペの息子であり、後のふたりはアシアーの息子だった。】これらについてまず[6]、プラトンが記しているところを観て、それからプルトーンの図像に到ることとしよう。なぜといってそれはなかなかおもしろい話で、審判者というものがどのようにあらねばならぬかを教えてくれるばかりでなく、そこからこれら三名がどのように描かれるべきかも想像されようから。

さて、プラトンはこう語っている[7]。すでにサトゥルヌスの時代、いまも神々のもとにあり、未来永劫そうありつづけるであろう掟があった。つまり、正義と善に生きた人は皆、死後、至福者たちの島へと赴くが、逆に生存中に悪をはたらいた者には、死後、罰されるにふさわしい場所が選ばれる、と。サトゥルヌスの時代、そしてユピテルの支配がはじまっても、人々はいまだ生きているうちに審かれ、それればかりか審く者たちによって生あるうちに死なねばならぬ日をまで定められ、数多の者が不正に審かれたのだった。ユピテルはこうしたことをプルトーンからまた至福者たちの島の統率者たちから聞き及んでいた。なぜといって、彼らのもとへ多くの者たちが詮無くも訴えに来たものだったから。そこで彼はこう言った。

［審く者たちはなぜ誤るのか］「わたしがこの混乱を収めよう。人がいまだ死すべきからだを纏い、死ぬ前に審かれている訳をわたしは知っている。そこには人のことを善く言ったり悪く言ったりする者がある。邪な魂は審く者たちの前に大胆にも善良なる者としてあらわれるのだ。こうした者たちは自らの邪悪をそのからだの美しさで、家柄の高貴さで、富の豪奢で包み隠すばかりか、彼らの生が常に善にして義であったと証言する者たちにもこと欠かない。地上の四肢という暗い紗幕に魂を包まれた審く者たちもまた、それらの者たちの善性を讃嘆し、善なる者と判断してしまう。それゆえまずプロメテウスにそうなさねばならぬと命じたように、人は死ぬ時まで審きを知ることなく、死して地上のものをすべて脱ぎ捨てた後、これまた裸にして死した審く者たちの前に赴き、裸に開かれた魂だけを見られねばならない。そうすることで、それらが義であるかどうかの審きは容易となるだろう。

［魂を審くための善き導き］それゆえ、先にわたしが決めたように、アシアーが生んだわたしの息子たちふたりつまりミノスとラダマンテュスそしてエウロペが生んだアイアコスは、死後の道が一方は冥界へ、他方は至福者たちの島へと分岐する野にあって、死者たちの魂を審く者となり、ラダマンテュスはアジアのすべての人々を、アイアコスはヨーロッパから来る者たちを審くものとしよう。そして時に疑いのある場合、魂がそれにふさわしい場所へ送られるにあたり決して欺きのないようにミノスがそれを判じるものとしよう」。

［ラダマンテュス、アイアコス、ミノス］これが魂たちが義しく審かれるようにとユピテルによってなされた指示であった。ラダマンテュスとアイアコスが審きにあたってそれぞれ手に鞭枝をもち、彼らから離れてひとり坐したミノスがこれまた金塗りの笏杖を片手に考えに耽っているところを冥界で見た、とウリクセス《ウリッセ》がホメロスの書中で語るのは、死者たちの魂がいまだからだと結びついていたときの情愛やらそのおこないやらのすべてが魂にしるし刻まれていることを説くためであった。それら魂がやって来たとき、義しい審き手たちはそれが誰であるか知ろうとしたり問うたりせず、地上にあったときなにをなしたかを観るだけで審き、それにふさわしい罰か報いかの場所に送られるように、と。(8)

これにつづいてプラトンは、いずれの魂が断罪者たちの場所に行き、いずれの魂が至福者たちの場所に行くのかについて語っているが、それはさて、ここは地獄の三名の審き手について瞥見するにとどめよう。どうやらダンテはミノスを獣の姿で描き出している。その『地獄篇』(9)で、彼はミノスに尾をつけ、犬のようにうならせている。

恐ろしげにうなるミノスは
入口で罪の数々を測り、
審き、身を巻きつけて放り出す。

つまり、悪しく生まれた魂は
彼の前に引き出され、すべてを告白し、
この罪悪の熟知者は

それにふさわしき地獄の圏域を見定めると、
その尾で何度も巻きついて
どんな下界へも引きずりおろしてみせる。

［ミノスの意味するところ］ ここからこのもののことを、各々のこころの中にある過ちへの呵責のことだと考える者もある。これはまさに人の良識を煩悶させ責めつづけ、犯した罪に対する処罰をあきらかにしてみせるから(10)。

それゆえここに、先述したところの冥界の三名の審判者があらわれる。ここで冥界というのはプルトーンが治めるこのわれわれの世界(11)のことであり、ギリシャ人たちがそれをプルトーンと名づけたのは、死すべき者たちがこの世でもっとも尊ぶ大地の富を意図してのことだった(12)。【そしてこれは同じ理由からラテン人たちによってディースと名づけられることとなった。つまり彼から富がやってくるということをラテン的にこれに似たことば(13)で言ったもの、あるいはクィンティリアヌスによるなら、死者たちにはどんな富もないと信じられていたところから、彼は裕福ではあり得ないということを逆説的に言ったもの、ということになる(14)。】

［死者たちの王としてのプルトーン］ こうしたことあるいはプラトンがプルトーンは死者たちの神もしくは王であったと言っていることはさて置き(15)、葬儀および死者たちに関わることがらのすべてにわたり、寓話の数々からその肖像をとりだしてみるなら、彼は冥界の高御座に王のように坐している。クラウディアヌス(16)は、彼が妻を娶るためメルクリウスをユピテルのもとへ遣わして、パルカたちのように懇請させたことをものがたるところで、プルトーンをこう描写している。

冥界の恐るべき御座のうえ
堂々たるディースは坐し、凄まじく
暗鬱な靄霧を頭に巻き、
手には錆びた笏杖を握っていた。

［**プルトーンの色**］マルティアヌス(17)も、兄弟のネプトゥーヌスと一緒に彼に王のような冠を被せ、彼は暗い色をしており、［**プルトーンの冠**］頭には夜の闇の暗さで染めた黒檀のように黒い冠を被っている、と記している。

［**プルトーンの笏杖**］王のように手にした笏杖が短いのは、ポルフィリオスが説くところを引くエウセビオスによれば、この下界の統治をあらわしたもので、プルトーンという名で冥界の王と称された太陽を意図している。

［**太陽としてのプルトーン**］なぜなら彼は冬には少ししかあらわれず、この世の下なる部分の民とともにあるから(18)。われわれは上なる部分にいる【のではあるけれども、彼らがこれを別様に解していることについては、対蹠人《アンティポーディ》たちからもたらされた風の便りの書き出しに「上なるわれわれ、下なるあなたがたに奉る」とあったとティベリアヌスが記していることをセルヴィウスが伝えている(19)。アリストテレス(20)もまた、われわれが下なる部分にいるということを道理をもって明かしている。

［**プロセルピーナ**］しかしこうしたことはわれわれの主題にとってはまったく役に立たない。プルトーンは太陽を想起させるもの、彼はわれわれの地平線の上にあらわれない間、】

冥界の神プルトーンとその妻プロセルピーナの姿。そして死者たちの肉を貪るエウリュノメーと冥界の守護者の三つ口ケルベロス。プルトーンとは冬の太陽の謂いで大地の力能はそのうちに凝縮されている。プロセルピーナは大地、犬は生成、成長、成熟という種子に必要な三つのものを含意している。　［▶Tav. 42］

誘拐したプロセルピーナとともに地下にあるものと信じられたのだった。ここでプロセルピーナは種子の力能をあらわしている。大地の胎に秘められた種子を[21]。

ホメロス、プラトン、ヒュグニスが言ったように、プルトーンは兜を被っている。なぜといって、太陽の高みはわれわれには隠されているから。【寓話の数々によれば、プルトーンの兜あるいは彼はオルクスとも呼ばれたのでオルクスの兜は、それを被る者は誰でも彼が盲点に入ったかのように他人の目からは見えなくした[22]。ペルセウスがメドゥーサの頭を切り落としたとき、それを被っており、これによって彼の背後にいたメドゥーサの姉妹たちから身を隠したのだったが、ミネルヴァから彼に与えられた[23]オルクスの兜がなかったなら彼は酷い目にあわされていたことだろう、とも言う[24]。これはホメロスによると、トロイ人たちとの戦いにおいてマルスに見咎められることないように使われたともいう[25]。】

また、三つ頭の犬ケルベロスが彼の足元にいる、とフルゲンティウスは書いている。彼はプルトーンを大地の総督にして看守と呼び、手に笏杖をもった彼を闇に取り巻かせているが、これは死すべき者たちに嫉妬が三様に生まれることを意味している。【つまり自然本性から、偶々に、あるいは思いもよらぬことから。あるいは他の者たちが言うところによると、】種子が実をならせるためには三つのものが必要であるから、と。まず地に蒔かれねばならず、そして土に覆われねばならず、その後やっと芽を出すのだと[26]。

【プルトーンが手にする鍵】ピンダロスはプルトーンの手に枝杖をもたせ、彼はこれによって魂たちを地獄に導くと言う[27]。また彼に鍵をもたせる者もある。ひとたび彼方に降った魂たちが二度とそこから出られないよう、冥界の圏域を鎖すために[28]。パウサニアス[29]によれば、ギリシャのどこかにあるユーノーの神殿には卓がひとつ置かれており、そこにはさまざまなことがらが彫り込まれていたという。そのさまざまな情景の内には、プルトーンとプロセルピーナが手に玉をもつニンフと鍵をもつニンフとともに刻まれているところがあった。パウサニアスはつづけて言う。鍵は冥界の館から誰も出ることができないようにそこを鎖すためのものゆえ、プルトーンのしるしである、と。

冥界の扉にケルベロスがいる、という寓話のものがたりもここに起因している。亡き人たちの魂を戦慄させつつも、そこを逃れ出ようとするものにだけしか吠えかからない[30]。セネカ[31]はこれを次のように言っている。

怖ろしい犬が看守に立ち
亡きものたちの圏域で三つの口から

身の毛もよだつ声を響かせ
暗鬱な影たちに深い懼れを引き起こす。
その頭と首に蛇を巻き
その尾は凶暴な龍のよう。それが
唸りながらもがくように徘徊して。

【アポロドロスも、その背がまるで蛇のようだという以外は同じように語っている。(32)】またダンテも次のように言う。

ケルベロス、獰猛、残虐、異形、
その三つの喉から犬のように
ここに沈み来た人々に吠えかかる。

その眼は紅、髯は脂で黒く、
その腹はおおきく、手からは爪をむき出して。
霊たちを引っ掻き、呑み込み、ずたずたにする。(33)

【ヘシオドスはこれに百の頭を与え、それがプルトーンの門衛だという。冥界に入ってくるものすべてを優しく撫でるが、そこを出ようとするものにはたちまち襲いかかり、貪り食らう。それにはまさにその名が似合っている。ギリシャ語でケルベロスとは肉を貪るものという意味だから。(34)

それゆえ、それは死者たちのからだを貪る土のことである、と言った者もある。(35)

地獄の神々のなかでこれに近いのがデルポイのエウリュノメーと呼ばれる神で、これは骨だけを残して死者たちの肉を貪るものと信じられていた。パウサニアスは(36)これが真っ黒で、それが歯を剝いてみせるところはハゲタカの上に蠅が群れなしているかのようだ、と言っている。

またケルベロスはわれわれのからだのことだと言う者もいる。つまりからだは冥界に入る者にとっては悪徳と好色的な愉しみを与える好ましいものであるが、そこを出ようとする者にとってはこうしたことを捨て、徳に努めるための悲痛な叫びとなるから。おそらくヴィルギリウスも、(37)冥界に向かうアエネアスにこの獣がたち向かうところでは、こう考えたものだろう。ただこれはどうみてもこの獣について書くヘシオドスとは(38)逆の見解のように思われ、他にもまた、それはそこへ入り来る者に対しては愛想よく迎えるが、冥界へ赴く者たちといえど、みな同じ理由同じ目的で行く訳ではないから、そこでは異なったできごとが待っている、と言う者たちもいる。ここではさまざまな悪徳の絶望的混乱に降るという以上のことを指して言う訳ではないが、冥界へ行く者はさまざまな悪徳の愉しみのうちにとどまるため、その入口でケルベロスに出会う。なぜならこのからだは黙って色欲と混乱した嗜好を喜び享楽するが、ひとたび人が理拠に従いここを発って元へと戻ろうと欲すると叫びをあげることになるから。諸悪徳を省察するためこの旅に出ようとする者は、そこからどのように逃れるべきかを知らねばならない。それゆえ可能な限り迅速に諸徳を行い、アエネアスがなしたようにケルベロスがたち向かって来るように、つまり官能的な嗜好が叫びをあげ、そこに好尚の数々を享受するようなことを望むことのないようにしなくてはならない(39)。

まさにこのゆえに、ヘラクレスは冥界に行き、繋がれたケルベロスを引き連れる、というものがたりがつくられたのである。これは慎重な人の姿であり、こうした人は諸悪徳の冥界から容易に戻り来たることができるようにと、からだの諸感覚を縛りつけ、徳行の光に向かって叫ぶのである。これとは逆にペイリトオスは自らの色欲を満たすためプルトーンのもとから妻を引き離しに出かけたのだが、ケルベロスに殺されてそこにとどまることとなった。なぜといって悪しき愉しみと悪徳に染まる者はもうはや徳高くあるために逆戻りすることはできず、悪徳に塗れた者たちの間で死ぬのだから(40)。

パウサニアス(41)が伝えるところによれば、ヘカテオス《ヘカタイオス》は冥界に犬などおらず、それはつくり話だと記したという。つまり冥界に下りることができると信じられた洞窟があり、そこには近づく者をたちまち死に至らしめる恐ろしい蛇がいたものだが、これこそヘラクレスが地獄のエウリュステウスのもとまで引いて行った獣であり、それをホメロスは犬とだけ呼んだのだったが、後代の人々はそれをケルベロスと呼び、三つ頭をもつものに擬したのだった。この獣に関する諸他のことどもについてはここでは触れない。この点についてはわたしがすでに魂について書いたところに置いてみる方がよいだろうから(42)。】ここではプルトーンに戻り、悲劇『狂乱のヘラクレス』でセネカ(43)が次のように描き出すところをみておこう。

怖ろしく残酷なる様で堂々と
プルートは厳粛に額に皺を寄せて坐している、
とはいえその容貌からは
天の種子から生まれた兄弟とよく似た
ところも窺われるのだった。その相貌は
どこかはげしい雷霆を落とすユピテル
のようでもあり、暗い圏域すら
いっかな彼ほど恐ろしいものとも
思われぬ。なんといってもその怖ろしい相貌は
恐れをもたらす他のいかなるものより怖ろしいから。

「プルトーンの山車」 彼について古人たちはまた、火を吐く四頭の猛々しい黒馬に曳かれた山車について語っている。【それらはクラウディアヌス[44]によってオルプネー、ヘクトン、ニュクテウス、アラストールと名づけられている。】ただしボッカチオ[45]はそれが三頭だけで、山車も三輪であったと言うのだが。これは富を求め将来の不確かさの苦難と危険を身をもって渡る者のこと、を言おうとしたものである。なにしろ富の神すらもそうした者からそれを奪い去ろうとするのだから。

「富の神としてのプルート」 ギリシャ人たちは富の神々としてもうひとり別のものをもっており、これもそれとほぼ同じ名であった。彼らはそれをプルート《プルートス》と称したが、すくなくともその姿はこれとは異なっていた[46]。アリストファネスは[47]それを盲人として描き出し、【それは人々の善、学識、謙抑を知ることができず、子供の頃から彼らに纏わりつき彼らに愛情をあらわしてばかりしていたので、ユピテルが彼の目を抉った、と言っている。ルキアノス[48]もそれを盲目としたのみならず、】片脚が不自由で時に担架に乗せ、また時には敏速に足早に歩かせる。なぜといって、邪な者たちにはたちまちに富を与える【が、善き者たちにそれを与えるにその歩みは遅く、】まるでフォルトゥナと同じであるから、と。

パウサニアスによれば[49]、テーバイ人たちのもとで託宣を受けた者は神プルートをあたかもフォルトゥナを母にして養母であるかのようにみたて、その掌中に置いたという。そして卓越した彫刻家ケフィソドートスはアテネ人たちのために入念に平和《パクス》の彫像を造り、その胎に神プルートを置いた、と彼はつけ加えている。平和は富の守護者であり、戦争はそれを浪費させるものであるから。

【ストベウスは[50]、自らをプルートと真実《ヴェリタス》と較べてみせるところで、人々の欲する目的へと導く者として自画自賛している。またその誕生に関してヘシオドスは[51]、某イアシオンが女神ケレスに愛され、その抱擁からプルートが生まれたのだが、その後彼のなすことの一々が幸をもたらし、他の者たちも彼の幸を得るべく精励したものだった、と語っている。これに解釈を施す者たちによれば、大地はケレスであり、抱擁したイアシオンとは農夫のことであり、そこから生まれたプルートが富と解されることとなった。なるほど大地の豊穣とはよく耕すことによってもたらされ、そこから人は富と財を得るものであるから[52]。】

プルタルコスは[53]、ラケダイモン人たちのもとでは神プルートは盲目で、つねに横になっていた、と記している。

「天から降る黄金」 ロードスの人々はそれが金色の翼をもつも

のとして観ていた。フィロストラトスが蒐集しているよう[54]に、プルートはこの町の城砦の看守であり、雲から下り来たものとして翼を添えて描かれていた。それが金色であったのは最初に彼があらわれたときの素材が黄金であったからであり、その眼は神の摂理に由来している。それはミネルヴァ生誕の折にロードスには黄金が降ったと謂われ[55]、クラウディアヌス[56]も、そこで彼はスティリコーを讃えた、と言っている通りである。フィロストラトスによれば[57]、ロードスの人々はミネルヴァをよく知り崇めていたとはいえ、なにをなすべきかを知らず火もなしに生贄を捧げていたのだが、ユピテルは彼らに黄金の雨を降らせたという。しかしこのアテネの人々はより賢く、この女神に火を用いて生贄を捧げた、と。

　また[58]冥界の神プルトーンには糸杉が捧げられた。この悲しく傷ましい木の枝や葉で古人たちは冠をつくり、葬儀に用いたものだった。それはひとたび切られるともはや芽吹くこともないから、あるいはウァロが言うように、その枝で死者のからだを燃やす炎を包んだからであったかもしれない。燃えるからだのひどい匂いが周囲に集う人々の気分を害せぬように。【古人たちの風習として、死者を火葬に付す場所まで親族や友人たちが送り、みなその周囲に集まった。悲哀のこもった声に応えるように、そのために連れてこられた女たちが泣き叫び、死者の善行についてあれこれ回想してみせ、灰や遺骨を集めおわるまで誰も立ち去らなかった。そこで女が泣きやみ、さあ、お行きなさい、というような意味の最後のことばを告げたものだった[59]。】

　また時に、アディアント《クジャクシダ》、俗にカペルヴェネレ《ホウライシダ》と呼ばれる葉もプルトーンの冠となされた[60]。

【水仙の花】同様に彼の頭の周囲に水仙《ナルキッソス》を花冠にして載せる者たちもいる。おそらくこれに変じた若者の不幸な結末のためでもあろうか、この花は死者たちに喜ばれるものと信じられてきたから[61]。そこで、コルヌートゥスが言うように、冥界のフリアイたちにもこれで花冠がつくられた[62]。

　彼女らはプルトーンの下女にして使い。死者たちの残忍と邪悪な行いを罰するため、あるいはそれに引き込むためにやってくる者たちで、アレクトー、ティシポネー、メガイラの三名である[63]。【彼女らは悪をなすのではなく、かえってなんらかの善をなすものとして、古人たちからはたいへん崇められた。そしてまた彼女らは、一々の悪を取り去り追い払うアウエルンクスの神々としても崇められた。ギリシャ人たちもまた彼女らに生贄を捧げた、と言うのはパウサニアス[64]だけであるが。この名そのものがアウエルンクスの神の力をあらわしている。なぜといってアウエルンカーレとはラテン人たちのもとでは取り去る、追い払うという意味であったから。(65)フリアイたちの神殿や祭壇は他の神々のものと類同であったが、ギリシャのアテネ人たちのもとでは女神セヴェレと、シキュオン人たちのもとではエウメニスと呼ばれ、毎年定められた日に妊娠した羊を何頭か生贄に捧げるとともに、さまざまな儀式次第を経て花の冠が奉納された。(66)

アカイアにもフリアイたちに献じられた神殿があり、かなり小さな木製の神像群が祀られていた。もしも誰か深刻な残虐行為に塗れた者がそこに行くか、単にそれを見るだけで、たちまち狂気にとらわれ、この世のあらゆる恐怖がこころに入り込んだかに見えたという。パウサニアス(67)はアルカディアについて記しつつ、この邑のある土地にひとつの神殿があり、その一帯は女神マニアたちに捧げられていたが、そこには独りで近づかないように言われていたと語っている。彼はこれらをフリアイたちとみなしているが、それはここでオレステスが正気を失い、母を殺したことから狂気に陥ったと言い伝えられていたからだった。そこからさほど遠からぬところに指《ディト》と呼ばれる丘があり、そこには石に刻まれた大きな指があった。これは狂気のオレステスがここで自分の指を一本喰いちぎったことを記念したものと言われる。またそこから小さな丘を越えると、その狂気を癒す薬が見つかった。そこにはまた別のフリアイの神殿があり、彼が狂気に陥る時に真っ黒に見えた彼女たちがここでは真っ白に見え、たちまち正気を取り戻すこととなったのだった。それゆえこ

悪の懲罰者でありまた悪をもたらす者でもある冥界の三フリアイたち、アレクトー、ティシポネー、メガイラの姿。これらは憤怒、貪欲、淫蕩というこころの三つの情緒をあらわしている。彼女らに捧げられた黒羊と悲哀のしるしのキジバトとともに。[▶Tav. 43]

の邑の住民たちは、白い女神たちとグラティアたちに一緒に生贄を捧げるようになった[68]、という。
　キケロ[69]は、ローマ人たちのもとにもまた女神フリナに捧げられた森があり、そこでは厳粛な儀式をもってフリアイたちが崇められた、と記している。】その神像群の頭には髪の代わりに蛇が乗っていた、とアイスキュロス[70]が臆説したところに後代の皆が従うこととなった、とはパウサニアス[71]の言うところである。そこでセネカ[72]も、ユーノーがヘラクレスを狂乱させようとして次のように言うところを戯作している。

汝らプルートの下僕よ
来よ、怒りに震える手に
邪悪な松明を振り、メガイラよ、
汝ら頭に髪ならず、導きの
恐ろしい蛇たちを乗せ、葬送の
火から陰鬱な松明をもちあげ
それとともに涙にかきくれる
懊悩と悲哀を運び来よ。

【ダンテ[73]は地獄の深みである塔を凝視しつつ言う。

その一点にたちまち目を引き寄せられると
血染めの地獄の三フリアイ
女の態をして進み出る。

真緑のヒュドラを帯にし、
小蛇と角蛇を髪にして、
怒りのこめかみに這わせて。】

彼女たちのその他の部分はどうであったか、ストラボン[74]から採り集めてみよう。彼はカッシテリデス島について記しつつ、そのうちのある島には全身暗色の男たちが住んでおり、足元まで届く外套を纏い、胸に帯をまわし、手に棍棒をもって、あたかも舞台で上演される悲劇のフリアイたちのような姿をしていた、と語っている。【スイダ[75]は、冥界の使いと思わせるような狂気の態で、彼方の神々が人々のなす悪を実見させそれを伝えさせるために遣わした者でもあるかのようにあらわれた犬儒派メニッポスのことを、フリアイたちの衣装を纏っていると語りつつ、次のように描写している。その衣装は黒くて地を引き摺るほどだが、それほどゆったりしてはおらず、それを粗末な帯でしっかりと結わえていた。頭には帽子を被っていたが、そこには獣帯の十二のしるしが描かれており、履物は悲劇の朗誦者たちが履くようなもので、手にはトネリコの大きな棍棒をもち、哲学者のような地毛の髯を生やしていた。これも帽子もフリアイたちとは関係なく、黒くて長い装束と帯だけを見るべきだろうか。スイダにあるメニッポスの手にした棍棒は、ストラボンも記しているように狂乱のしるしでもあろう。】

テセウスがパイドラとともに去った海辺に置き去りにされたアリアドネ(76)は、自らの悲惨を嘆いた後に一転、裏切った者に復讐する祈りでフリアイたちを召喚する。カトゥルス(77)に準じてその言をみてみると、

汝らフリアイたち、悪しき行いに死すべき者たちに
それにふさわしき罰を忽ち与えたまえ。
毒蛇で髪を覆い
暗鬱な額に残酷な怒りをたたえ
胸から湧き起こる憤怒の
形相もあらわに、
この邪悪、酷薄、残忍に対するわたしの告発を
ここに、ここに、聞き届けに来よ。

あたかもその無慈悲は懲罰をくだすに他の誰をも凌駕するものであるかのよう。なんといっても情緒そのものが、他の意志に枉げられ混乱に陥ることによっていよいよ責め苛むものなのであってみれば、それはわれわれの内なる地獄のフリアイたちに他ならない。その情緒を詩人たちはこのフリアイたちという名で示したのだった(78)。

「フリアイたちはなぜ三人なのか」そこでラクタンティウス(79)はこう語っている。詩人たちはフリアイたちが三名おり、それらは人のこころを惑乱させにやってくるという。なぜといって【自らの名声をも、家門をも、自らの命をもまったく省みることなく】人に悪をなさしめる情緒は、復讐をもとめる憤怒、富を渇望する貪欲、破廉恥な歓びの犠牲となす淫蕩の三つであるから。

善く生きるため神が授けたまいしこれらの情緒であり、それゆえそれらに神慮からある目的（語彙）が置かれたのではあったが、それらはわれわれを楽しませないばかりかかえってわれわれを害うこととなった。なぜといってそれらの自然本性が変じ、本来の徳能が悪徳に変わってしまったから。誰もが生活に必要なものを追い求めることで、それを得ようという欲望がわれわれのこころに加わる。そしてただ単に子供を生むためだけにこころに淫らな嗜好が与えられ、それに励むこととなったのであり、これの持続が人の子孫を保つこととなった。そして他人の過ちに対して罰を課すため、権力にある者たちの過ちを抑制し、悪をなす

一々の自由をとりあげるため、いつでも欲する時に怒ることができるようにとなされたのだった。つまりこうした情緒およびわれわれのこころの情熱は、その自然本性としては本来限度を超えてゆくものではなく、われわれに平静で平穏な生活を与えるものであった。しかし度を越すことでそれは地獄のフリアイたちのようにすべてを壊乱し、われわれを苦悶させることとなる。

古人たちが彼女らの手に火のついた松明をもたせたのは、彼女らがわれわれの胸中に置くそうした情緒の赤熱をあらわすためである。それはティシポネーの姿のうちによりよく認められることだろう。[80]【敵意を抱きあう兄弟エテオクレスとポリュネイケスの間に憎悪と不和の種を撒くために遣って来た彼女について、こうしたことをしに行くことに対する悦びをあらわに、スタティウス[81]は次のように描写してみせる。

これほど喜んでたちまち赴く場所とてなく、
これほど知りつくした道とてない、
これほど罪を犯すこころを害う場所もなく、
そこは彼女のもっともお好みの谷淵。
残忍な額から千の角蛇が
その怖ろしく凶悪な貌に翳をつくり、
二本の睫毛の下に垂れ、とぐろを
巻いて突き出した頭には非道な眼。
その顔は血の色に染まり、
靄の間にこころ奪うばかりにかかる月のよう。
その他は蒼い鉄のようで、
そこに褐色の血膿の固まりを散らしている。
その口からは荒く邪な蒸気を吐き
薬草をもってしてもその毒を払えず、大気は暗み、
死すべき者たちの間に酷薄なる定めを
空腹、喉の渇き、無常、恐怖、死を撒き散らす。
その奇妙な怖ろしい相貌にもかかわらず
その装束はなかなか奇抜。
背を滑らせ、胸にいっぱい留め金で
留めるその留め金はひとつひとつが蛇。
アトロポスとプロセルピーナは愉しむように
彼女を美しく着飾らせる。
右手にはヒュドラが鞭のように旋回し、
もう一方の手では炎が恐ろしげに揺れて。】
ユーノーがアタマースの正気を奪おうと彼女を遣わすと

ころ、オウィディウスは[82]【その怒りの姿を、白髪に顔にまで落ちかかる蛇を混ぜ、血だらけの腰巻きを縄と蛇を帯にして巻き、その手に血染めの松明をもたせ、恐れ《テーマ》と不安《スパヴェント》を伴連れに】描き出している。

【いずれにせよ、フリアイたちはその一族であるプルトーンに仕えただけでなく、ユーノーやユピテルにもまた仕えた。これらもどうやら冥界と関係があったものとみえ、それぞれ冥界の女神《インフェルナーレ》、冥府の川《ステュクス》とも呼ばれた。[83] 後者は冥界を取り巻く沼ステュクスに由来し、詩人たちが謳うところ[84]によれば、この水にかけて神々は誓い、その誓いが偽りであったなら誰であってもたちまち、一年にわたり神酒《ネクタル》を飲み神肴《アンブロージア》を食べる特権を剝奪され、罰されるのだった。ステュクスに神々が誓願するというこの大権がこの沼の女神に与えられたのは、その娘である勝利《ヴィクトリア》が巨人族との戦いにおいてユピテルとともに果たした役割に負っている。とはいえ、ステュクスは永劫の歓喜と愉悦に浴す神々から遥かに遠い悲嘆と陰惨を意味するものゆえ、神々はこれらとはかかわりのないようにと彼女に誓いをたてるもの、とみなされたとも言われる。[85]

冥界がこの沼にとりかこまれているのは、そこより他にさらに大きな悲哀に出会う場所がないからであり、そこにはまたレーテ、アケロン、プレゲトン、コキュートスその他の川が流れている。これらは断罪された者たちが感じつづけずにはおかない涙、悲痛、暗鬱、後悔等々の受苦を意味している。[86] これらをプラトン主義者たち[87]は、この世のことと解釈しようとしている。魂が冥界に行くとは、死すべきからだに降ることであり、レーテ川を渡ると忘却に襲われ、そして歓喜の欠如を意味するアケローンを過ぎると魂は天上のことどもを忘れ、それらの知解によって感じることのできた喜びのすべてを失い、まったく陰鬱悲惨となる。そして沼ステュクスにとりかこまれて後悔の念に涙するうち、嘆きの涙でコキュートス川を溢れさせることとなる。そして火と炎の川プレゲトンは、このからだという地獄のうちにわれわれがある間、先述したようにフリアイたちがわれわれを苦悶させる怒りその他の情緒の灼熱をあらわしている。

ヴィルギリウス[88]はこれらに翼を添え、彼女らは常にユピテルの傍らにあり、彼が死すべき者たちに死の、戦争の、悪疫その他深刻な悪の大いなる恐怖をしらしめようと欲するたびに彼女らを遣わす、と言っている。またエリアノスは、[89] 古人たちがフリアイたちにキジバトを捧げた、と記している。それ以外に彼女らに関連した動物といっては、ヴィルギリウス[90]がアエネアスと戦うトゥルヌスを驚かせようとして、ユピテルが彼女らをフクロウあるいはシマフクロ

ウに変じさせて遣わしたと語るところより他には知られていない。】
また先述した三人のフリアイたちに、リクサと称する四人目が加わる。この名はわれわれの謂う怒りに相当し、彼女は死すべき者たちを怒りに震えさせ、正気を失わせる。エウリピデスの戯作[91]によれば、ユーノーに命じられたイリスが彼女をヘラクレスのもとへと引き連れて行く。ヘラクレスを怒りに狂乱させようと。彼女は頭に蛇を巻きつけ、突き棒あるいは鞭を手にしている。
フリアイたちにハルピュイアたちをもつけ加えることができるかもしれない。なぜといって古人たちは、時に神々は死すべき者たちの邪な行いを罰するためにこれらをも遣わすものと信じていたから。これらも地獄にいたものである[92]。あるときヴィルギリウス[93]はそれらをイオニア海のストロパデス島に棲まわせたが、それらの姿を描くにあたってはどこに住んでいたにしてもたいして問題ではないし、その姿を知りたいと思う者にとってはなおさらであろう。それはさて、これらはたいへん美しいが痩せた女の顔をして、大きな翼とハゲタカの鉤爪をもつ鳥のからだをもっていた、とはヴィルギリウスの言うところ。これをアリオスト[94]はたいへんうまく模し、ほぼ訳出しているので、ここではヴィルギリウスの代わりにアリオストの詩句だけを引くことと

悪をもたらすハルピュイア、ストレーガ、ラミアの姿。または身の毛もよだつリビアの怪物たち。妖婦の偽りのつくりものの美しさ、閨に誘うべく阿諛する者の邪な甘言追従、こころ、からだ、信義、いのちの障りをあらわしている。 [▶Tav.44]

しよう。彼はハルピュイアについてこう語っている。

それらは七人で隊列をなし
みな蒼白で血の気のない女の相貌をみせ、
長いあいだの飢えに痩せ細り、
死人を見るより怖ろしい。
その大きな翼はかたちが崩れて醜く、
獰猛な手に鉤のように曲がった爪、
臭い腹を膨らませ、その長い尾は、
とぐろを巻いた蛇のよう。

ダンテもまたヴィルギリウスからその容姿を採りつつ、『地獄篇』に素描している。

来たるべき損害の陰鬱な報せをもって
トロイ人たちをストロパデスより放逐した
醜きハルピュイアども、ここに巣をかける。
翼を垂らし、人の首と顔をして。
脚はハゲタカ、大きな腹を羽でつつみ、
奇妙な樹木の上から呻き声をもらしている。(95)

［ストレーガたち（魔女たち）］ ハルピュイアたちからストレーガ《ストリクス》（魔女）どもが生まれた、とオウィディウスは言う。(96) ストレーガというのは人の血に飢えた大きくて怖ろしい鳥のようなもので、次のように記されている。(97)

からだが大きく、その眼は尋常ならず
魯鈍であると同時に尖鋭で
不快で残酷な恐れに満ちている。

曲がった鉤爪は生贄を狙い、
鉤のような嘴は白く
その羽もいちいち怖ろしげである。

これらは夜に飛び、幼い子供たちのいる家を襲い、その甘い血を吸うので、憐れにもその子供たちは死んでしまう。スタティウス(98)はそれらが地獄に生まれたもので、女の顔、(99)【首、胸をもち、額と顔に頭から何匹も小蛇を垂らしており、また夜陰に乗じて小さな子供たちの血を吸いに出かけるともいう。この邪悪を祓うため、古人たちはカルナ(100)あるいはカルディネア《カルデア》を崇めたのだったが、これについてはヤヌスの像のところですでに語った。プリニウス(101)はストレーガたちについて謂われるところは寓話にすぎず、古人たちはこの語を卑しい女たちを辱めるために用いただけであるという。】今日でも、他人に邪ごとをなす妖術使いの老女やら魔法使いの女たちを指して、そう呼ぶように。

【ラミア】またギリシャ人たちの謂うラミアたちとは、ラテン人たちのもとでのストレーガたちと同一だと言う者もある。しかしフィロストラトスは[102]アポロニウス伝で、ラミアたちとは邪悪で残虐な霊あるいは悪鬼《ダイモーン》で、極端に淫奔にして人の肉を貪り喰うもの、と言っている。スイダ[103]もファヴォリヌス[104]もラミアはたいへん美しい女であったと記している。彼女はユピテルに懸想されて一子をもうけたが、ユーノーの嫉妬によってその子は非業の死を遂げた。憐れな母親は涙が枯れるまで泣き、以降、その復讐のために他人の子供たちを傷つけつづけているのだ、と。また、ラミアたちは女の顔に馬の脚をもつ獣であると言う者もある。しかし史家ディオン[105]はこれらとは違ったふうにラミアたちを描写している。そこでなによりまず彼の言うところを引いてみることにしたい。彼の言うところによれば、リビアの人里離れたある土地には獰猛な野獣がおり、その顔と胸は喩えようもないほど美しい女で、その表情と目を見る者はなんと好ましく温和しいのかと思いこむほど優しく美しい。からだの他の部分はたいへんかたい鱗で覆われて、下半身は段々蛇と化し、その先は怖気をふるうような蛇の頭となっている。この獣には翼なく、ことばを発することもなくしゅーしゅーと息を吐くだけ。どんな動物も逃れることができないほど俊敏で、人を狩るときには次のようにする。まず、胸をあらわにする。これはこの獣についてというより他のものを意図してであったにせよ、預言者エレミアも、ラミアたちはその白い胸あらわにしていた[106]と言ったとおり。それらを見る者はそれらと一緒になりたいと陶然となり、この欲望は絶世の美女のもとに誘われる者たちのようにいよいよ高まる。それらは身じろぎすらせず、まるで恥らうかのように目を伏せて、男たちが十分近づくまで鉤嘴を隠しもち、たちまちそれで銜え取るとからだの末端の尾のような蛇が毒のひと噛みで殺すまで離さず、それからゆっくり貪り喰うのである[107]。

ラミアたちのことはこのくらいにして、スフィンクスに移ろう。これはラミアたちとさほど変わらぬ怪物で、つくり話と真実が混交したものである。プリニウスは[108]、これらの獣はエチオピアにおり、その肌は黒く、乳房が二つ胸にあり、怖ろしい顔をしている、と書いている。またアルベルトゥス・マグヌスは[109]動物たちについて著しつつ、これらを猿の類に入れている。彼が言うところはまるでわれわれが化け猫について言うところにそっくりである。

しかし詩人たちはそれを別様に記している。そしてそれらからあらゆる彫刻家たち画家たちがその肖像を描き出してみせたのだった。エリアノス[110]が言うように、彼らはスフィンクスを半女、半獅子となし、テーバイについてものがたる寓話[111]に次のようにしるしている。その地のある断崖からスフィンクスは、そこを通りかかる者たちに謎かけをし、それを解くことのできない者たちは憐れにも彼女に殺され貪り喰われたのだった。【その謎かけというのは、はじめ四、そして二、最後に三の脚を使う動物は何かというもので、それをオイディプスが人であると解いてみせたのだという。人は幼時には両手両足を使ってつまり四足で歩き、成長すると二本足だけで歩むが、高齢に達すると支えに杖を一本使って三本足で進むから。彼女は悲嘆のうちに断崖から飛び降り、命を絶った、という。】寓話によればその真の姿は、女の顔と胸そして大きな翼をもち、その他は獅子であったという。これはアウソニウス・ガッルス[112]の詩句からも読みとられるところである。【プリニウスによれば[113]、たいそう大きなピラミッドのあるエジプトにはスフィンクスがおり、その地の人々はそれを森の神性として敬っていたという。それは大きな生きた石でできており、その頭の周囲は百二十ピエデ、長さは百四十三ピエデ、腹から頭頂までは百六十二ピエデもあったという。】

またキマイラは詩人たちのつくりだした寓話のいたるところにあらわれる。ホメロス[114]に準じてルクレティウス[115]が言うところによれば、それは頭が獅子、腹は山羊、尾は獰猛な龍で、ヴィルギリウス[116]が言うところによれば、その口から激しい炎を吐き、他の怖ろしい怪物たちとともに地獄の最初の入口にいる。しかし実のところキマイラは獣ではなく、リュキアの山のことであった。モンジベッロにも似たその高き頂からは炎を勢いよく吐き、その周辺にはたくさんの獅子がいた。そしてその中腹には樹木が繁り、いろいろな草の間を羊たちが草を食んでいだ。その一々の根元は蛇だらけで、誰もあえてそこに住まおうなどと思わせないほどだった。【イオバテスは自分の娘でありプロイトスの妻であるステネボイアが陵辱されたと信じ込み、この冒瀆に復讐しようとベレロポーンがその地で殺されてしまうように謀りごとをして、そこに遣わしたのだった。】しかしベレロポーンはその地に慰めを見出し、その後この山を住まいとした[117]。ここからキマイラはベレロポーンによって殺された、と寓話にはものがたられている[118]。

これら怪物たちとともに邪悪な冥界の一族すべてを描出することもできるだろうが、それについては別に適当な場所を設ける[119]ことを約束して、ここではパルカたちについて見てみることとしたい。【これまた古人たちによって、神々の員数に算えられ、他の神々同様、神殿や祭壇に祀られて

オイディプスにうち負かされたテーバイのスフィンクスと、ベレロポーンにうち負かされたリュキアのキマイラの姿。後者は獰猛な獣ばかりで荒廃したリュキアの山で、ベレロポーンによって耕され住まわれることとなった。

きたものである。】これらもフリアイたちと同じ数おり、またプルトーンに仕えてきたものたちであった。クラウディアヌス[120]はそのひとりについて、ユピテルとは戦いたくないと祈る[121]そのことばを伝えている。

　影と夜の、あるいは永遠にして偉大な
　誇り高き支配者にして審判者よ、いつも
　われら一緒に糸紡ぎつつ
　あなたのお気に召すよう労しているのです。
　最終目的もその種子もすべてこれに因り、
　生きるも死ぬもこれに支配され、人々の
　からだは永劫に等しくこれに仕えてあるのです。

［糸を紡ぐパルカたち］ パルカたちがプルトーンに仕えることにはなんの不思議もない。なぜといって彼女たちは人の生を紡ぐものと信じられてきたのであるし、生命が短いか長くつづくかは束の間のからだの自然本性がそれにふさわしいかどうかにかかっており、人においてその質料素材はプルトーンによってあらわされている[122]。つまり質料素材がそのうちに死と生を受け取る変移から、その長短の尺度まで、パルカたちが操るという訳である。

　それゆえ古人たちはそれを三者に擬したのだった。ひとりは誕生を、もうひとりは生を、三番目は死を司るものとして。そして三者が一緒にあざなえる生と死を紡ぐところから、最も若いもの【クロトー】が糸巻き棒を手に人を引き、もっとも老いたもの【ラケシス】は紡錘に巻きつけ、三番目のすでに老いたもの【アトロポス】がそれを切ったのである。[123]【しかしヴィルギリウスはダンテについて、彼と煉獄をはるかに越えてまみえることに驚きを隠さない者に、彼はまだ死んではいないのだと言おうとしてこう語っている。

とはいえ昼も夜も糸を紡ぐ彼女は
彼についてはいまだ巻き終えてはいないのだから
ひとりひとりにクロトーが掛け巻く糸巻きを。[124]】

フルゲンティウスは[125]、パルカたちがプルトーンの遣いをなすのは彼女らの力がただ地上のものごとにのみ及ぶからであった、と言う。プルトーンが大地を指すことについては先に述べたとおりである。

三パルカと称されるクロトー、ラケシス、アトロポスの姿。古人たちは、彼女たちの掌中にすべての者の生死が握られていると称した。それらは長寿や短命が定まるいのちの諸変化をあらわしており、そこからして運命や宿命とも解される。[▶Tav.45]

【[126]また多くの著作家たちは、パルカたちという名はラテン語のパルコつまり俗に許しを意味することばに由来している、と結論づけている。これは反語であって、彼女らがこの名をもって呼ばれるのは決して誰をも許さないからと、ことばが意味するところとは逆の意味に用いられているのである。[127]

しかしゲリウスが[128]伝えるところによると、彼女らが配慮を凝らすこととしてウァロはそれを出産《パルトリーレ》に由来することばに見立てたという。

[デチマ、ノーナ] そこからラテン人たちは彼女らの一方をデ《第》チマ《十の》、他方をノーナ《第九の》と称したのだと言い、出産の時はほぼつねにこれら第九か第十の二つの月のいずれかであるから、と理拠づけてみせる。
[モルタ] だが生まれる者はまた死ぬものでもあるところから、第三のものは人の生に終止符を打つものと信じられ、モルタ《死》のパルカと呼ばれた、と。】これはまたパウサニアスが[129]キュプセロスの櫃に彫刻されたことどもをものがたるところ、次のように描写されている。そこには膝から崩れ落ちるポリュネイケスがいた。上から兄弟のエテオクレスが彼を殺そうと襲いかかり、その背後には歯を剥きだした鉤爪の女がひとり、どんなに残酷な獣よりも酷薄な相をあらわしていた。この女こそ、そこに刻まれてあった文字が指し示していたように、パルカのひとり、モルタ《死》であった。それはポリュネイケスが運命によって死んだことを、しかしエテオクレスの方は自らの罪への罰として死んだことを意味してのことだった、と。

【古の哲学者たちの多くは、神慮はすべてのものごとにわたりひとたび定められ、もはや動かし難く配されてあるものと観たゆえ、ものごとの諸原因はそれらがそうなるようにと秩序づけられてあり、そこからファト《運命》の力が生じるのだという。ところで詩人たちは運命をパルカたちに擬し、あらゆるものごとは端緒にはじまり、適切な中間媒介に従って進み、定めの最終目的に到るゆえ、それを三となしたのであり、それが生まれた最初の分離こそがあらゆるものの諸原因をしるしづけたのであってみればそれはカオスから生まれた[130]、と言う者もある。またパルカたちはエレボスから生まれたとする者もある。エレボスとは大地と夜のもっとも深く暗い場所のことで、父と母の暗さによってものごとの諸原因がいかに秘匿されてあるかをあらわしている[131]。
[女神必然《ネチェッシタ》] プラトンは[132]パルカたちを女神ネチェッシタ《必然》の娘たちとし、必然の女神の膝の間にダイアモンドでできた大きな紡錘を置き、それを両手で支えさせた。母の傍らに等間隔に配された背の高い座椅子に坐しているパルカたちは、天界のセイレーンたちと一緒に歌っている。過去をあらわすラケシス、現在のクロトー、そして来たるべき時をあらわすアトロポス。彼女らもまた母である必然の女神とともに、クロトーは右手で、アトロポスは左手で、ラケシスは両手で触れるようにして紡錘を支えている。またその着衣は白布で、頭には冠を戴いている。
[パルカたちの衣装] またプラトンは[133]、人の生の定めはラケシスに由来し、他の幾つかのことには大いなる意味と玄義が

必然(ネチェッシタ)の姿とこの世を貫くダイヤモンドの紡錘。そして必然の娘たちで、クロトー、アトロポス、ラケシスと名づけられた三パルカ。これらは過去、現在、未来という三つの時、いのちの三つの有様をあらわしている。また古人たちによれば宿命のことでもある。 [▶Tav. 46]

含まれている、と語っているが、先にも約したようにそれについては魂について記すときに明かすこととして[134]、今は触れない。ここではパルカたちが白装束で坐し、王妃のように冠を被り、ある者は片手で、他は両手で彼女らの母なる必然《ネチェッシタ》の膝の間の紡錘を支えていること、を知っておけば十分である。この必然もまた女神であり、彼女と女神暴力《ヴィオレンツァ》とに一神殿が捧げられた、とはパウサニアス[135]がコリント人たちについて記すところであり、そこには誰も入ってはならないと言われていたという。】

【パルカたちの冠】パルカたちに白水仙の花冠を被せる者があるかと思えば[136]、カトゥルス[137]のように彼女らの頭に白い帯を巻いてみせる者もある。彼は【パルカたちの顔を老女となし、】次のように記している。

パルカたちは白装束を纏い
震える四肢を覆い、
緋帯を結ぶ。その頭には
白い帯をしっかりと巻きつけて。
老いたりとはいえど、その手は
すばやく糸をさまざまなかたちに
手繰りつづけ、人の生の
去来を最後まで操ってみせる。

ホメロスは[138]メルクリウス讃歌において、パルカたちは処女の三姉妹で翼があり、頭には真っ白な小麦粉を散らしている、と詠っている。

[パルカたちとヴェヌス]【またパウサニアスによれば[139]、ギリシャ人たちはヴェヌスをパルカのひとりとなし、殊にアテネ人たちはある神殿内にこの女神の神像を捧げたが、そのかたちはメルクリウスのために造った柱像のように角柱で、その銘記には天上のヴェヌス、パルカたちの中で最も老いたもの、と名指されていたというが、他にこれについて語っている者は誰もいない。

ここでわたしが想起するのはローマ人たちの風習、死者たちを墓に運ぶためにリビティーナの神殿で行なっていたところ。これについて理拠を尋ねつつプルタルコスは[140]、リビティーナはヴェヌスで、その神殿には人の生の脆さについて訓告するために死者たちの装身具が供えられてあった、と言っている。人の生のはじめと終わりはこの女神の掌中にあるゆえに。別の機会にすでに述べたように[141]、ヴェヌスは誕生の女神であり、それをパルカたちのうちで最も老いた者となしたのは、まさに彼女こそが人の生に終止符を打つものであるという意味であった。だがこれはまたパルカたちが天界の者と信じられていたことを示しているのかもしれない。先に彼女たちはプルトーンの遣いであると言い、プルトーンとともに語られる理由についてもすでに述べたのではあったが。

[神メラゲテス] なぜといって、ギリシャのある地方には神メラゲテスつまりパルカたちの頭にして導き手に捧げられた祭壇があったという。またパウサニアスは[142]、彼のみがその権能のうちにパルカたちをもち、彼のみが運命《ファト》たちに命じることができるのであってみれば、この神名はたしかにユピテルの添え名であったに違いない、と言っている。

[神々の書記官たち] 彼女らを神々の書記官たちと呼ぶ者がいるのも、おそらくここに起因しているのだろう。彼女らの務めとはユピテルの意思のことであり、天上の議会の裁決のすべてを文書にし、その施行の時にあたり彼女らを遣わし公宣することにあった[143]、と。

フルゲンティウスは[144]彼女らの名を説明して、クロトーはギリシャ語名で、われわれのことばでは魂の召喚を意味し、ラケシスは運命を、アトロポスは無秩序を含意するもので、第一のものはあたかも生命へと呼びさますことを、第二はわれわれが生きている間になさねばならぬ方途をあらわし、第三はどんな秩序も運命の掟もなしに来たる死という条件を明かしている、と言っている。

すでに見た[145]【ペトルス・アピアヌスの】古銘記蒐集書[146]に

ペトルス・アピアヌスによると1500年スティリアで見つかったという三パルカの図。クロトーは魂の召喚つまりいのちの端緒原理を、ラケシスは運命つまり生涯のあゆみの緩急を、アトロポスは無秩序と解される。すなわちこの世の必然と死の多様性とをあらわしたもの。
[▶Tav.47]

もパルカたちが描かれている。【彼の言うところによれば、これは一五〇〇年にスティリアで見つかった鉛板に刻まれていたものということである。】そこには輪が刻まれ、その内に図が描き出されている。小さな岩の上に坐す裸の若者が両手で目を隠すように顔を蔽い、その頭上にクロトーと銘記がある。その足元にこれまた裸で翼のある子供が横たわり、右手を右の膝に置き、左腕を人の頭蓋骨の上に凭せかけている。その頭蓋骨は口に脛骨を横様に啣えており、この子供の上にはラケシスと、頭蓋骨の上にはアトロポスと銘がある。どうやらこの子供の右側、さほど遠からぬところに炎が燃え盛っている。この子供の背後、坐る若者に向かって花を咲かせた草叢があり、その他は不毛な枯地に乱雑に石が転がるばかり。

　では冥界の一族を終わるにあたり、アケロンの川岸で死すべきからだから出たこの世のすべての魂たちを向こう岸に渡すために待つ舵取りが、どんな風に思いなされたかを見ておくことにしよう。それは神の怒りに触れて死んだ者の場合のことであった、とダンテはヴィルギリウスに次のように言わせている。

わが息子よ、師は慇懃に言われた、
神の怒りに触れて死んだ者たちは

いたるところからみなここに集まり来るのだ[147]。

【カロン】 しかし古人たちはこうした区別をなさなかった。死後の魂はみなそこに赴くものと彼らは思いなしていたから。アエネアスを冥界に行かせるにあたり、【すでにからだを埋葬されたものたちの魂だけを渡らせ、いまだからだを埋葬されてはいないものたちのそれは】カロンの小さな舟に乗り彼岸に渡るまで【百年にわたり彷徨うべく、】悪鬼《ダイモーン》カロンは目に炎をたぎらせ[148]ているとヴィルギリウスが[149]瞑想してみせたように、たとえみなが同じ方途で渡るのではないにしても。

　これはセネカ[150]によって悲劇『狂乱のヘラクレス』で、テセウスが地獄で見てきたことをアムピトリュオーンにものがたるところ、次のように描出されている。

その川には顔も着物も怖ろしく陰鬱な
老人がひとり、此方から
彼方の岸へと寂しげな影たちを
小さな舟で運んでいく。舟を操るに
ただ長い棹だけを使って。
その頬は削げ落ち、まったくもって
醜く佗しく、老いた顎からは
乱れた髯を垂らし、黒布で
不潔なからだの一部を覆い
無造作にひとつ結んでそれを纏めて。

この描写はどうやらヴィルギリウス[151]から採られたもので、
彼はセネカよりずっと前にそれをこう描写していた。

【[152]この道の暗気はまっすぐ
われわれをアケロンへと導く。
それは刻々と暗さを増す沼
砂が熱く干上がるとともにコキュートス《嘆きの川》に入る。
その怖ろしい岸辺に着くと
カロンが導き渡す。
その目には炎を燃えさからせ、相貌は蒼白、
白い髭を胸まで垂らして。
ひどく汚れた衣装を両肩から垂らし
ひとつの結び目に結わえている。
櫂と帆を操りながら
小船を慎重に御しつづけ、
つねに彼方の地獄にたいへんな数の
魂を降ろし、また此方で積みこむ。

尊大でとげとげしい老人ではあるが
老いたりと雖も強壮潑剌《生で緑》。

【ポリグノートスもまたポーキス人たちのもと、アポロン神殿にこのような板絵を描いたのだった。パウサニアスが[153]伝えるところによれば、それは古の詩人たちから意匠構想を得たもので、そこには舵取りが渡ったアケロン川と思われる水も流れ、沼の葦が叢生していたばかりか、本物の魚ならず魚の影が泳いでいるように見えたともいう。】

【カロンの変転】 ボッカチオ[154]はこの姿を説明づけようとして、カロンとは時のことであると言う。セルヴィウスもまた[155]、これは時その他あらゆる被造のものごとが由来する神の慮りを笏杖によって得るエレボスの息子である、と言う。またその母は夜、なぜといって時の以前にあってはどんな光も見えなかったから。それゆえそれは闇の中につくられ、闇から生まれたものとみなされた、と。それが地獄に置かれたのは、この世の最も低きところに住むわれわれ死すべき者たちとは違って天上にあるものたちは時を必要としないから。つまり彼ら天上にあるものたちからすると、われわれは冥界にあるということになる。カロンは死すべき者たちを此岸から彼岸へと運ぶが、これはわれわれが生まれると時によって死へともたらされるからであり、喜びもなし[156]にという意味のアケロン川をわれわれに渡らせるというのは、まさにこの束の間の儚く悲惨に満ちた生を移り過ぎることに他ならない。それが老いているが頑健で残酷であるというのは、時というものが歳月を経てもその力を失わないからであり、黒く汚れた衣装を纏っているのは、時の支配のもとにあるわれわれは地上のものごとにしか気をとられることなく、そうしたものごとをわれわれがつねに希求すべきものである筈の天上のものごとに較べるならば、それらは卑しく穢らわしいものだから。しかしわれわれが死すべきからだに纏うこの儚い脱殻こそがわれわれの理性の光を覆い包み、われわれはほとんど盲目のまま、感覚を、数多の混乱した嗜好だけを頼りにこの世という冥界を進み行くのである。それゆえわれわれが数知れぬ悪に取り囲まれつづけ、魂がこのわれわれの世界という冥界に降るとたちまちそれらが姿をあらわし、われわれの死すべきからだに紛れ込むにしてもなにも驚くことはない。ヴィルギリウス[157]は地獄の扉にある諸悪を次のようにあらわしてみせた。それをわれわれのことばに移してみよう。

【[158]残酷で怖ろしい盲目の領域に
断罪された魂が降り行くと
まず最初の入口に涙《ピアント》の座があり

冥界の黒い川アケロンの渡し守カロンの姿。その舟と櫂はいのちを消尽させ、すべてのものを破壊する時およびその諸効能をあらわしている。また人の生の悲惨と不幸を。

邪悪な想い《ペンシエロ》とは復讐のこと。
青白い顔に陰惨な外套を纏い
ここに病い《インフェルミタ》はその足を止め
胸いっぱいの痛みに横たわる
同じ寝床に老齢《ヴェッキエッツァ》とともに。

彼女の傍らには恐怖《パウーラ》が棲み
その密かな友は窶れた飢餓《ファーメ》、
体面などどうでもよい貧困《ポヴェルタ》、
怖ろしい姿の死《モルテ》と労苦《ファティカ》、
またみな人が自ら伴連れにし
しばしば慰めを得、滋養を摂るのが
眠り《ソンノ》、これは死《モルテ》の親族、
そして誤ったこころの陰惨な愉悦《ガウディ》。

そこに無慈悲な戦い《グエッラ》があらわれる
胸と両手を血に染めて、
彼女が地に向かうときには
頭から降るので彼女は嘆き憔悴している。
そして頑健な壁を屋根が蓋い
三人のフリアイたちが蛇を髪に纏わらせている。
否、それは髪ならず、激しい怒りを

数多の蛇となし、そのこめかみに結んでいるのだった。

決して彼女らから離れることのない
邪な狂女 不和《ディスコルディア》 が一歩後ずさる、
その首からは夥しい毒蛇どもが
垂れ下がっているのが見える。
そこには大きな楡の木が古枝を拡げ
その上に彼女らの座がある
葉叢のあいだにはよく目覚めた人を
懊悩させる狂気の 夢《ソーニョ》 たち。

註

（1） ＊初版の書き出しは以下の通り。「古人たちはそれぞれの場所で主のように配慮を凝らし、それぞれに司る特別な神がいないような場所はどこにもないと思いなし、これを詩人たちは天の、気の、水の、土の寓話としたのだった。それゆえ寓話の数々にあっても、万有宇宙の最初の分割は三人の兄弟によってなされ、冥界はプルトーンのものとされた。そして死んだからだから出た人々の魂たちは、そこで彼を恐れ崇めた。つまり彼こそ死者たちの王にして主であり、人々が生きているうちになした業にしたがってそれにふさわしい罰を与えたのだった。もちろんこの勤めについて義しき三人の審判者がいたのではあるが。」

（2） 三兄弟による所領の分割は、神話的ものがたりとしてすでにホメロス（『イリアス』15.187-192）にみられ（寓話）、さまざまな神話記述に行き渡っている。ここで史譚の事実と称されているのは、ラクタンティウス *Div. inst.*, 1.11.31 に触発された暦法の類の道理づけである（cfr. Boccacio, *Gen. deor.*, 8.6 ではプルトーンに西を定めた権威として Theodontius が挙げられている）。

（3） Virgilio, *Aen.*, 1.131-141

（4） cfr. Servio, *Aen.*, 1.132.

（5） とはいえカルターリは他の箇所で触れているわけではない。

（6） ＊初版では「冥界の王」になっていたが、プラトンープルトーンの言葉遊びに変えられている。

（7） この段落は Platone, *Gorg.*, 523a-524b の「ミュトス」を敷衍したもの。

（8） cfr. Platone, *Gorg.*, 226c-d, これはまた Omero, *Od.*, 9.568-570 の引用となっている。

（9） Dante, *Inferno*, 5.4-12 :「ここにミノス恐ろしきさまにて立ち、歯をかみあはせ、入る者あれば罪業を糺し、刑罰を定め身を巻きて送る／すなはち幸なく世に出でし魂その前に来れば一切を告白し、罪を定むるものは／地獄の何処のこれに適しきやをはかり、送らむとする獄の数にしたがひ尾をもて幾度も身をめぐらしむ」（山川丙三郎訳岩波文庫版）。

（10） ダンテ註解者たちに通有の説。cfr. *Dante con le espositioni di Christoforo Landino et Alessandro Vellutello...*, Venezia 1578, c.31r-v.

（11） cfr. Servio, *Aen.*, 6.127 : «ergo hanc terram in qua vivimus inferos esse voluerunt». なぜといって、マクロビウスによって要約され普及せしめられたプラトン説（Macrobio, *Somn. Scip.*, 1.11）によれば、魂は牢獄あるいは墓としてのからだに降るから。この観念は古典期以降の神話記述に地獄に関する神話の道理解釈としてあらためてあらわれる。cfr. Boccacio, *Gen. deor.*, 11.26 : «Iudex ideo apud inferos dictus est [Minos], eo quod apud mortales, qui, respectu habito ad supercelestia corpora, inferi sumus ... iudicis officium egit». いずれにしてもカルターリにおいては単なる挿話であって、解釈学的なものではない。

（12） Giraldi, *De deis gent.*, 6, p.169, 3-5. すでに古代、富《プロウトス》の配分者プルート（cfr. Esiodo, *Theog.*, 969-974）と地下世界の神プルトーンの間にあった筈の本来的区別は忘失されていたようである。「大地の奥底から富がやってくる」（Platone, *Crat.*, 403a ; cfr. 403e）から。しかしカルターリはプルートを別物として扱おうとする。後出［富の神としてのプルート］項参照。

（13） つまり divitiae.

(14) cfr. Giraldi, *De deis gent.*, 6, p.168, 10-20. カルターリはそこから Quintiliano, *Inst. orat.*, 1.6.34 の引用も再掲している。

(15) Giraldi, *De deis gent.*, 6, p.168, 23-25 の誤解。じつのところ、ジラルディは «Plutonem scribit Diodorus ... fuisse funerum, sepulcrorum et ceterorum quae defunctis impenduntur inventorem» と記している。カルターリはこの「プルトーン」を「プラトン」と誤解した訳。

(16) Claudiano, *De raptu Pros.*, 1.79-82.

(17) Marziano, *De nuptiis*, 1.78-80.

(18) Eusebio, *Praep. Ev.*, 11.9-11.

(19) Servio, *Aen.*, 6.532. [Ⅵ] 章 [オプス図像の解釈] 項参照。

(20) アリストテレスが明確にそのように言っている箇所はない。『天空論』293a-b ではピタゴラス派の言う対蹠地 ‹antichthon› に対してわれわれの地が万有宇宙のどこにあるかが論議されてはいる。「天界全体を有限だと主張する最も多くのひとたちは地球は中心に位すると言う、これに対してピュタゴラスの徒と呼ばれている、イタリア方面のひとたちのごときは反対意見を唱えている。すなわち、中心にあるのは火であって、地球は諸星の一つにすぎず、中心のまわりを円運動しながら夜と昼とをつくると説く。なおまた、かれらはこの地球の反対に位置を占めるもう一つの地球を用意して、それを対地球と呼ぶ」(村治能就訳岩波書店版全集4)。この訳書の「地球」は「大地」あるいは「この世」というくらいの意味にとっておきたい。これについては『形而上学』1.5, 986a10 :「(ピュタゴラスの徒は) いまひとつ第十の天体として対地星《アンティクトーン》なるものを考え出している」(出隆訳岩波文庫版)をも参照。ここでも天体を算えているのであって、星をではないのだが。一方『天空論』308b は宇宙の周縁に対してこの地はより低いと言っているだけ。ここは『ティマイオス』63C を引くところで軽重に関してだが、「上なるものは下なるごとし」という警句を想起させる。

(21) [Ⅲ] 章 [三頭のヘカテ] 項、[Ⅵ] 章 [テッラ《大地》はなぜ母と呼ばれたか] 項、同 [プルトーンに誘拐されたプロセルピーナ] 項、同 [プロセルピーナ] 項参照。

(22) cfr. Giraldi, *De deis gent.*, 6, p.169, 17-25. カルターリはそこに記された典拠群をも引いている。Platone, *Resp.*, 612b ; Igino, *Astron.*, 2.12 ; Omero, *Il.*, 5.844-845.

(23) 古伝によると、ペルセウスは魔法の兜をミネルヴァからではなく、ポルキュスから (Apollodoro, *Bibl.*, 2.4.2 ; Tzetze, *Lycophr. Alex.*, 838)、あるいはカルターリ自身後述するようにメルクリウスから (Igino, loc. cit.) 手に入れた。ペルセウスがミネルヴァから受け取ったのは、石化されることなしにメドゥーサをみることのできる鏡の楯だった (Tzetze, *Lycophr. Alex.*, 838 ; cfr. Apollodoro, loc.cit.; Ovidio, *Met.*, 4.782-783)。

(24) ジラルディは Igino を引いて、プルトーンの兜とペルセウスの魔法の兜が別物であると言っているが、カルターリはヘシオドスの異文 (Esiodo, *Scut.*, 221-238) のペルセウスを守った「ハデスの怖ろしい兜」に就いている。

(25) Omero, *Il.*, 5.844-845.

(26) Giraldi, *De deis gent.*, 6, p.169, 3-11. ジラルディは Fulgenzio, *Mythol.*, 1.5-6 その他の見解をも引いている。

(27) cfr. Giraldi, *De deis gent.*, 6, p.168, 48-49 ; Pindaro, *Ol.*, 9.50-54.

(28) Giraldi, *De deis gent.*, 6, p.169, 11-13. ここには以下のパウサニアスの一節の要約もある。

(29) Pausania, *Perieg.*, 5.20.3.

(30) 後出のヘシオドスの説を参照。

(31) Seneca, *Herc. fur.*, 782-787.

(32) Apollodoro, *Bibl.*, 2.5.12 :「……地獄からケルベロスを持って来ることを命ぜられた。これは三つの犬の頭、竜の尾を持ち、背にはあらゆる種類の蛇の頭を持っていた」(高津春繁訳岩波文庫版)。

(33) Dante, *Inf.*, 6.13-18 :「猛き異様の獣チェルベロここに浸れる民にむかひ、その三の喉によりて吠ゆること犬に似たり　これに紅の眼、脂ぎりて黒き髯、大いなる腹、爪ある手あり、このもの魂等を爬き、噛み、また裂きて片々にす」（山川丙三郎訳岩波文庫版）。

（34）　cfr. Esiodo, *Theog.*, 310-312. そこでケルベロスはペンテコンタケファイロン（五十頭）と呼ばれている。カルターリは百頭をおそらく Orazio, *Od.*, 2.18.34 : «belua centiceps» ; 769-773 から採ったものだろう。

（35）　cfr. Servio, *Aen.*, 6.395 : «Cerberus terra est, id est consumptrix omnium corporum. Unde et Cerberus dictus est, quasi ‹kreoboros›, id est carnem vorans».

（36）　Pausania, *Perieg.*, 10.28.7.

（37）　Virgilio, *Aen.*, 6.417-425.

（38）　Esiodo, *Theog.*, 770-771.

（39）　この一段の解釈はクリストフォロ・ランディーノがヘシオドス『神統譜』769-773 に与えたもの。cfr. Cristoforo Landino, *In P. Virgilii Aeneidos libri allegoriae platonicae, in L. H. Montfortii Enarrationes ... in XII Libros P. Virgilii Maronis Aeneidos ...*, Basilea 1577, p.3045.

（40）　このペイリトオスのものがたりは伝承される神話譚ではさまざまに矛盾している。ハデスでの長い虜囚生活の後、ペイリトオスはヘラクレスに救われる（cfr. Ignio, *Fab.*, 79）、あるいはヘラクレスは彼を解放することに失敗する（cfr. Apollodoro, *Bibl.*, 2.5.12.）。ハデスでケルベロスに殺される、というのはボッカチオ説（cfr. Boccacio, *Gen. deor.*, 9.33）。これはおそらく Tzetze, *Chil.*, 2.409-412 に拠ったもの。神話の合理的解釈説によると、ペイリトオスはモロッソス人たちの王の娘を略奪しようとして王の獰猛な犬たちに八つ裂きにされたということになる。cfr. Plutarco, *Thes.*, 31.4-5. カルターリの寓意的解釈はおそらく Servio, *Aen.*, 6.122 ; Lattanzio Placido, *Theb.*, 8.53 を倫理的に再解釈したものだろう。

（41）　Pausania, *Perieg.*, 3.25.5-6. ここには Omero, *Il.*, 8.368 ; *Od.*, 11.622 への言及もある。

（42）　＊この記述は［XIII］章のことを指すものともとれ、最後の三章が先に一書として完成していたことを窺わせる。

（43）　Seneca, *Herc. fur.*, 721-727. セネカのラテン語原詩では Ditis（富）で、これはどちらかといえば次頁で語られる富の神プルート。カルターリの訳詩でもプルートとされており、「プルートーンに戻り」という前辞と齟齬をきたしている。また後続［水仙の花］項の指《ディト》と呼ばれる丘もこの語との連想で拾われたものか。

（44）　Claudiano, *De raptu Pros.*, 1.279-286.

（45）　Boccacio, *Gen. deor.*, 8.6 には三頭の馬の名も、三輪の山車の寓意もあるが、Giraldi, *De deis gent.*, 6, p.168, 31-32 では «Non ignoro alios quosdam tres [equos] tantummodo commemorare, non inscite solum, sed barbaris etiam nominibus» としるすに止めている。

（46）　プルトーンとプルートの区別は Giraldi, *De deis gent.*, 6, p.175, 12-13 : «quem et plerique cum Plutone eundem crediderunt, cum diversissimus sit» とあるところから採られたものか。

（47）　Aristofane, *Plut.*, 87-91.

（48）　Luciano, *Tim.*, 5.20.

（49）　Pausania, *Perieg.*, 9.16.2.

（50）　Stobeo, *Floril.*, 91.33.; cfr. Giraldi, *De deis gent.*, 6, p.175, 11-18.

（51）　Esiodo, *Theog.*, 969-974 ; cfr. Giraldi, *De deis gent.*, 6, p.175, 20-23. 以下の註解も同書による。

（52）　cfr. Conti, *Mythol.*, 5.14.

（53）　Plutarco, *Lyc.*, 10.4 ; Apopht. *Lacon.*, Lyc., 5.

（54）　Filostrato, *Imag.*, 2.27 :「アテナの誕生：ロードスの人々の……城砦《アクロポリス》にもプルートがいた。これは精霊《ダイモーン》で、雲から出るところのように翼を描かれていた。それはあたかも黄金でできているかのように金色に塗られていた」。

（55）　cfr. Giraldi, *De deis gent.*, 6, p.175, 36-37.

（56）　Claudiano, *De consul. Stilic.*, 3.226-227.

（57） Filostrato, *Imag.*, 2.27 :「アテナの誕生：すでに陸の民アテネの人々も海の民ロードスの人々もそれぞれの城砦《アクロポリス》でアテナに生贄を捧げていた。海の民は火を使わずに不完全な儀礼をおこなっていたが、アテネの民は火と焼かれた生贄の脂っぽい蒸気とを捧げていた。この煙は燻香のように描かれ、生贄の脂肪の蒸気には塩が混ぜられた。それ以降、この女神は彼らのもとへと赴いた。彼らの方が生贄を義しく供えることができて、他の民より賢かったから。」

（58） ＊初版ではここでプルートを了えるという意味で、「それはさて、冥界の王プルトーンに戻ろう。あと言うべきことは、古人たちが彼に花冠を被せたこと。それが糸杉でできていたと言う者もある。〔この悲しく……〕」とあったものが改変されている。後続するセネカの詩にプルートがそのまま残るので、略されたものか。

（59） cfr. Servio, *Aen.*, 3.64 ; 3.680 ; 6.216. 特にこの最後の項でウァロの言う «'ilicet', quod ire licet significat» (Varrone, *De lingua Lat.*, 7.70) にも言及されている。cfr. Lattanzio Placido, *Theb.*, 4.460. また糸杉と葬儀の関連については、cfr. Virgilio, *Aen.*, 4.506-507 : «Intenditque [Dido] locum sertis et fronde coronat / Funerea».

（60） cfr. Giraldi, *De deis gent.*, 6, p.168, 44. これは Cornuto, *Theol. Gr. comp.*, 35, p.75 Lang. を援用したもの。これにカルターリはカペルヴェネレ《ホウライシダ》に関して Perotti, *Cornucopia*, col.376.24-25 にある記載の類をつけ加えている。

（61） 次註のコルヌートゥスではナルキッソスは‹narke›（死者たち）と関連づけられている。

（62） Cornuto, *Theol. Gr. comp.*, 35, p.75 Lang ; cfr. Giraldi, *De deis gent.*, 6, p.168, 46-47.

（63） cfr. Virgilio, *Aen.*, 6.570-572 ; 605-607 ; 7.324-329 ; Dante, *Inf.*, 9.43-48 ; Fulgenzio, *Mythol.*, 1.7 ; Boccacio, *Gen. deor.*, 3.6-9 ; Giraldi, *De deis gent.*, 6, pp.181-185.

（64） Pausania, *Perieg.*, 2.11.1 : ‹apotropaioi›（〔悪を〕避けるもの）; cfr. Platone, *Leg.*, 854b. これが折衷的にパウサニアスの Amaseo による羅訳中で Averrunchi と化した、と Giraldi, *De deis gent.*, 1, p.28, 7-16 に指摘されている。

（65） cfr. Varrone, *De lingua Lat.*, 7.102 ; Giraldi, *De deis gent.*, 1, p.54, 15-17.

（66） Pausania, *Perieg.*, 2.11.4. しかし当該箇所では花冠ではなく、花そのものが使われたとされている。なおこの頁の挿図キャプションにある黒羊とキジバトは図中には見えない。章頭に収めた銅版画 Tav.43 のほうにはキジバトらしき鳥が描かれている。

（67） Pausania, *Perieg.*, 7.25.7.

（68） Pausania, *Perieg.*, 8.34.2-3.

（69） Cicerone, *De nat. deor.*, 3.46 ; cfr. Giraldi, *De deis gent.*, 1, p.51, 25-30.

（70） Eschilo, *Choeph.*, 1048-1050.

（71） Pausania, *Perieg.*, 1.28.6.

（72） Seneca, *Herc. fur.*, 100-103. 前註43同様、ここでもセネカ原詩は Ditis。

（73） Dante, *Inf.*, 9.37-42 :「怨ちここに血に染みていと凄き三のフーリエ時齊しくあらはれいでぬ、身も動作も女性のごとく　いと濃き緑の水蛇を帯とす、小蛇チェラスタ髪に代わりてその猛き後額を巻けり。」（山川丙三郎訳岩波文庫版）

（74） Strabone, *Geogr.*, 3.5.11 ; cfr. Giraldi, *De deis gent.*, 6, pp.181.52-182.2.

（75） Suida, *Lex.* Φ, 180 Adler.

（76） cfr. Plutarco, *Thes.*, 20.1 ; 29.2. テセウスはパイドラへの愛のためではなく、パノペウスの娘アイグレーへの愛のためにアリアドネを捨てたという。

（77） Catullo, *Carm.*, 54.192-197.

（78） cfr. Isidoro, *Etym.*, 8.11.95 ; Giraldi, *De deis gent.*, 6, p.182, 27-33. イシドロスは次のラクタンティウスのこの言から採っている。

（79） Lattanzio, *Div. inst.*, 2.10.20.

(80) ＊初版の以下の説明書きが改訂され、スタティウスの詩の俗語訳も別のものが入っていた。「これをスタティウスに準じて描いてみよう。これをみれば他の者たちがどのようにそれを描いてみせたかも分かる。それらの間には相違が認められないから。だがまず言っておくべきは、エリアノスが古人たちがトルトレッリたちをフリアイたちとして奉じていたということ。ではティシポネーをみてみることにしよう。彼女が敵意を抱きあう兄弟エテオクレスとポリュネイケースの間に憎悪と不和の種を撒きに行くところ、スタティウスは次のように描写している。」

(81) Stazio, *Theb.*, 1.101-113. ＊初版にはこの詩が別の俗語訳で収められていた。「下界に降りつつ、蛇髪の小さな蛇たちが／その邪な顔に翳をつくる。／陰惨な額の下の両の目は／深い窪みに落ち込んで／怖ろしい光を放つ様は／呪文に打ち負かされたもののよう。／憤激と恥辱に満ちて／朧月をあらわすかのよう。皮膚には／毒を散らし、暗い顔を／炎の色に染めて、そこから／貪欲な渇きを、貪食な飢えを、／陰惨な邪悪を、無慈悲な死を／死すべき者たちに下す。その肩からは／おぞましい衣装が垂れ、青い結び目で／それを胸に締めている。／この装束を残忍なフリアイはしばしば取り替える。／死すべき者たちの生を織い糸で測っている／三姉妹の三番目の衣装と。彼女にプロセルピーナが連れ添っている。／忌まわしい炎をあげる松明をもつ／両手を振り回して。／その炎の中には獰猛な蛇がおり、赴くいたるところに陰惨な気を撃ちつける。」

(82) cfr. Ovidio, *Met.*, 4.473-485. Pavor, Terror 以外に Luctus, Insania の名があるが、カルターリは略している。＊初版では俗語詩に訳出されていた。「ティシポネーは邪で非道な顔をして／汚い血を散らしたずたずたの／腰巻きを纏い、狂気の憤激を蛇に巻くと／それをからだを飾るかのように這わせ、／松明を右腕に構えると／炎と血を注いでみせる。／恐怖と驚愕が彼女の伴連れ、それに／泣いてばかりいる悲痛が連なって。」

(83) cfr. Giraldi, *De deis gent.*, 6, p.168, 21-22 ; 171.43-48 ; 178.6-11. ここではユーノーがペルセフォネと、地獄のあるいはステュクスのユピテルがディーテとされている。

(84) cfr. Virgilio, *Aen.*, 6.439 ; 6.423-424.

(85) cfr. Servio, *Aen.*, 6.134.

(86) cfr. Macrobio, *Somn. Scip.*, 1.10.9-11.

(87) cfr. Macrobio, *Somn. Scip.*, 1.12.7-11. アケロンの語義については cfr. Servio, *Aen.*, 6.107 : «Acheron ... quasi sine gaudio» ; また本章末尾参照。コキュートスについては cfr. Isidoro, *Etym.*, 14.9.7. プレゲトンについては cfr. Servio, *Aen.*, 6.265。

(88) Virgilio, *Aen.*, 12.845-852. ここではユピテルの玉座の傍らにいるのはアレクトーとティシポネーだけで、メガイラはいない。

(89) Eliano, *De nat. anim.*, 10.33.

(90) Virgilio, *Aen.*, 12.861-866. ただし小さな憐れな鳥と言っているだけ。セルヴィウスはこれをシマフクロウではなく、梟と解している。なぜなら、シマフクロウは maior est（大きい）から。

(91) Euripide, *Heracles*, 822-873 ; cfr. Giraldi, *De deis gent.*, 6, p.182, 23-27 ; v.844 : «Est autem Lyssa dea ... Noctis filia ex Coeli sanguine».

(92) cfr. Servio, *Aen.*, 3.209.

(93) Virgilio, *Aen.*, 3.209-212 ; 216-218.

(94) Ariosto, *Orl. fur.*, 33.120.

(95) Dante, *Inf.*, 13.10-15 :「穢きアルピーエここにその巣を作れり、こは末凶なりとの悲報をもてトロイア人をストロファーデより追へるものなり　その翼はひろく頸と顔とは人にして足に爪、大いなる腹に羽あり、彼等奇しき樹の上にて歎けり」（山川丙三郎訳岩波文庫）。

(96) Ovidio, *Fast.*, 6.131-140. «Striges»,『フラヴィオ』でカルターリは面白い表現を採っている。「これら（ハルピュイアたち）について……ストレーガたちとして生まれたものとすでに言われている。これまたある種の鳥で、そうしたものとして生まれたと考えても、邪な老婆たちがその妖術によってこれらに変じて幼い子供たちの甘い血を吸いに行ったものと考えてもよかろう。そこで今日でもまだ、悪魔に欺かれた非道な女たちをストレーガたちと呼び、冗談で鼠に変じたり猫になってみたり、紡錘に跨ったりした後、牡山羊になって戸口を出るとさまざまな惑わしやら悪魔の業をなすものと信じられ、ただ凝視めるだけで穢し害い、ひどい悪事を特に子供たちに対してなすものと言われるのである。」(*Il Flavio*, pp. 405-406)

(97) Ovidio, *Fast.*, 6.133-134.

(98) cfr. Stazio, *Theb.*, 1.597-602. スタティウスもラクタンティウスもこの怪物に名を与えてはいない。

(99) ＊初版ではスタティウスの詩の俗語訳が載せられていた。「[女の顔]をしていたが、これを次のように言っている。／残酷な怪物、アケロン川の底に／孕まれ、フリアイたちのひとりとして生まれた。／胸も首も顔も女だが、下半身は耳障りな音をさせる蛇。／とぐろを巻いて半身を立て／頭を垂れている。／この悪疫は夜出かけ、揺籠や／巻布の中にいる子供たちを貪り食う。」

(100) [I]章[カルディネア女神]項参照。

(101) Plinio, *Nat. hist.*, 11.232.

(102) Filostrato, *Vita Apoll.*, 4.25. ただしここで語られているのはエムプーサ([III]章[三頭のヘカテ]項参照)。

(103) Suida, *Lex.* Λ, 84 Adler.

(104) Favorino, *Corinth.*, 13.

(105) Dion Crisostomo, *Orat.* 5 ; *Fabula Libyca*, 12-15.

(106) *Geremia, Lam.*, 哀歌 4.3.:「山犬さえも乳ぶさをたれて」。ヴルガタ聖書ではこの山犬がラミアと訳されていた。Sed et Lamiae nudaverunt mammam, これが次註ジラルディでは Has & Propheta Hierem. videtur agnolcere, cui ait; Sed & Lamiae nudaverat mammas &c. と引かれている。

(107) 以上の引証は Giraldi, *De deis gent.*, 15, pp. 379.43-380.13 に挙げられている。

(108) Plinio, *Nat. hist.*, 8.72.

(109) Alberto Magno, *De anim.*, 22. tr. 2.1, De simia. ここで「化け猫」とした gatto mammone は、現在バーバリザルやオナガザルを指すことばとなっている。

(110) Eliano, *De nat. anim.*, 12.7.

(111) cfr. Apollodoro, *Bibl.*, 3.5.8.

(112) Ausonio, *Carm.*, 15.40-41.

(113) Plinio, *Nat. hist.*, 36.77. ここでカルターリが採っている silvestre numen は改竄挿入句として現在のプリニウス・テクストからは除外されている。

(114) Omero, *Il.*, 6.180-183.

(115) Lucrezio, *De rer. nat.*, 5.904-906.

(116) Virgilio, *Aen.*, 6.288.

(117) cfr. Servio, *Aen.*, 6.288 ; Boccacio, *Gen. deor.*, 4.24. 後者にはエトナのことが録されている。

(118) cfr. Igino, *Fab.*, 57 ; Apollodoro, *Bibl.*, 2.3(ステノベアという名の女); Omero, *Il.*, 6.156-183(ここではアンテイア); Lattanzio Placido, *Theb.*, 4.589(ここでは二つの名がどちらも挙げられている)。

(119) 本章末尾参照。cfr. Virgilio, *Aen.*, 6.273-281.

(120) Claudiano, *De raptu Pros.*, 1.55-59. 語り手はラケシス。

(121) ＊初版には「冥界の王の」という一句があった。

(122) cfr. Claudiano, *De raptu Pros.*, 1.59-60 : «quid quid ubique / gignit materies, hoc te [Plutone] donante creatur».

(123) cfr. Fulgenzio, *Mythol.*, 1.8. ＊初版では三人の名が記されていない。後註126参照。

(124) Dante, *Pur.*, 21.25-27：「されど夜昼紡ぐ女神は、クロートが人各々のために掛けかつ押固むる一束を未だ彼のために繰り終らざるがゆえに」（山川丙三郎訳岩波文庫版）。

(125) Fulgenzio, *Mythol.*, 1.8. ここには「パルカたち……プルトン」という語があるだけで、その他は Boccacio, *Gen. deor.*, 1.5 に拠っている。

(126) ＊初版ではここに次のような別文が入っていた。「これらのものたちが何という名であったか、あるいは彼女らに何の寓意《アレゴリー》を読み取ることができるかということについては、すでに『フラヴィオ』で広く語ったのでここでは言わない。ここではわたしはただそれらを描き写したいのである。それゆえプラトンが『共和国』と『法律』において語っている多くのことがらは措くことにして、以下の点だけ引いておこう。彼によれば、パルカたちは白い衣装を纏い、頭に冠を飾っているという。〔古人たちの中にも彼女らに白水仙の冠を被せた者がいた……〕」。以下［パルカたちの冠］項につづく。

(127) cfr. Servio, *Aen.*, 1.22 ; Isidoro, *Etym.*, 8.11.93 ; Boccacio, *Gen. deor.*, 1.5 ; 1.32 ; Giraldi, *De deis gent.*, 6, p.179, 38-39.

(128) Gellio, *Noct. Att.*, 3.16.9-11. これはギリシャのモイラと習合する以前の古代ローマのパルカ。

(129) Pausania, *Perieg.*, 5.19.6. ギリシャ語原文は当然ながらモルタではなく、ker つまりケレスたち。これは後にモイラたちと混同される。キュプセロスの櫃については、［Ⅲ］章註46参照。

(130) Boccacio, *Gen. deor.*, 1.5 ではモイラたちもしくはパルカたちはカオスとは別のデモゴルゴンから生まれたことになっている。cfr. Apuleio, *De mundo*, 38 ; Boezio, *De cons. Phil.*, 4, pr.6.

(131) cfr. Cicerone, *De nat. deor.*, 3.44 ; Boccacio, *Gen. deor.*, 1.5.

(132) Platone, *Resp.*, 617b-c. 厳密を期すなら、『共和国』末尾のこの個所で、ダイアモンド ‹adamantos› は紡錘の軸棒とその先に付された鉤を指しており、そこに懸け吊るされたはずみ車は「この」金属と諸他の金属の合金でできている、とある。とするとここでダイアモンドは硬い鋼のようなものを意図して言われたことばかもしれない。この個所は諸惑星の旋転を紡錘のはずみ車の回転に準えたもので、さまざまな解釈がなされてきている。カルターリは数々のはずみ車をセイレーンたち、あるいはパルカたちと解したものか。いずれ数が合ってはいないけれども。それとも宇宙の透明な軸を想像してダイアモンドということばが選ばれたのであったかもしれない。いずれにせよ、世界魂に関連して『ティマイオス』34B, 36C とともに、いろいろと想像力を掻き立ててきた一節。cfr. F. Adorno, *Dialoghi politici e lettere di Platone*, I, Torino 1970, pp.660ss. またプラトンが必然（あるいは必定）に充てている ‹ananke› という語をカルターリは一切音写していない。

(133) Platone, *Resp.*, 617d-e.

(134) ［Ⅰ］章［魂の内なるヤヌスの双面］項参照。

(135) Pausania, *Perieg.*, 2.4.6. アナンケーとビアについて。

(136) cfr. Giraldi, *De deis gent.*, 6, p.180, 25 : «narcissum attribuebant florem». ここには花冠ということばはないが。

(137) Catullo, *Carm.*, 64.307-314.

(138) cfr. *Hymn. Hom.*, 4.552-554.

(139) Pausania, *Perieg.*, 1.19.2.

(140) Plutarco, *Quaest. Rom.*, 23 ; *Numa*, 12.

(141) 逆に後出［XIV］章末尾参照。

(142) Pausania, *Perieg.*, 5.15.5.

(143) cfr. Marziano, *De nuptiis*, 1.65 ; Giraldi, *De deis gent.*, 6, p.79, 40-43.

(144) Fulgenzio, *Mythol.*, 1.8.

(145) ＊初版ではここでも出典が記されず、「今日にまで至る古物を集めた」となっていた。

(146) Pietro Apiano, *Inscriptiones sacrosanctae vetustatis*, 1534, tav.385. 本文中挿画は章頭 Tav.47 をそのまま写したものか、刷りで左右逆になっている。

(147) Dante, *Inf.*, 3.121-123 :「志厚き師曰ひけるは、わが子よ、神の怒りのうちに死せるもの萬国より来りてみなここに集ふ」(山川丙三郎訳岩波文庫版)。

(148) Dante, *Inf.*, 3.109 :「目は熾火のごとくなる鬼のカロン」(山川丙三郎訳岩波文庫版)。

(149) Virgilio, *Aen.*, 6.313-330.

(150) Seneca, *Herc. fur.*, 764-768.

(151) Virgilio, *Aen.*, 6.295-304.

(152) ＊初版では次の俗語訳が載せられていたが、これが改訳されている。「悲しくも痛ましい水の護りと、／この怖ろしげな川の渡しのため／汚れて醜いカロンがいる。／その着物は壮絶で容貌は蒼白／その両目は二つの怖ろしい炎。／その両肩からは汚い衣が／垂れ、老いたるとはいえ／残酷な主、その頑健なことといっては／彼のうちで老年が栄えるといった様子。」

(153) Pausania, *Perieg.*, 10.28.1.

(154) Boccacio, *Gen. deor.*, 1.33. ボッカチオはポリグノートスの絵をではなく、一般的にカロンの姿を描写している。

(155) これはセルヴィウスではなく、かえって Fulgenzio, *Virg. contin.*, p.98 Helm. に拠るものか。時 cronon に関連して、kairon (時宜、ceron) という語釈がみられる。

(156) 上註87参照。

(157) Virgilio, *Aen.*, 6.273-284.

(158) ＊この詩も初版の以下の俗語訳を改変したもの。「冥界の館の最初の入口の／扉の前にうちひしがれた落涙《ピアント》と／煩瑣な思惟《ペンシエリ》たちが停ち、どうしても／物憂い衰弱の患いからわれわれを引き離さず、／そこに痛ましい老衰《ヴェッキアイア》も連なり、／さらに不安《ティモール》が肩を震わせる。／ここは悲惨な貧困《ポヴェルタ》の暗鬱な／部屋。冷徹な／飢餓《ファーメ》が怖ろしげな顔で／食客たちを苛みつづける。／労苦《ファティカ》たちと死《モルテ》が、切望しつづける人の気を殺ぎ、／そこに死《モルテ》とさほど違わぬ眠り《ソンノ》が来る。／ここに、邪悪なこころの欲望《ヴォッリア》たちも、／残虐無慈悲な戦争《グエッラ》たちも、／フリアイたちも、怖ろしい戦慄とともに／ここにいる。彼らの部屋が開かれたり閉じられたりするなら、／世界は驚愕しない訳にはいかず／不和《ディスコルディア》は大地を荒廃させずにはいない。／それゆえに無慈悲な彼女の顔には／血の帯のように蛇が結ばれ留められている。」

[IX]

メルクリウス

166 Imagini dei Dei

MERCVRIO

HAueuano i fauolosi Dei de gli antichi così partiti gli offici fra lo
a duo solamente fu dato carico di portare le diuine imbasciate.
Messaggieri de i Dei. era Mercurio Nuncio di Gioue, & l'altra Iride, che seruiua a Giunone
però sì che Gioue non le comandasse ancora alle volte. Bene è vero,

Mercurio, e suo officio.

dice appresso di Plauto.

Hanno a me gli altri Dei, concessa, e data La cura de' messaggi, e del gu

Nel libro delle anticaglie raccolte da Pietro Appiano si vede ch
fatto per Mercurio, vn giouane senza barba, con due alette sopra le o
tutto nudo, se non che da gli homeri gli pendeua di dietro vn panno n
po grande, e teneua con la destra mano vna borsa appoggiata sopra il
vn capro, che gli giaceua a i piedi insieme con vn Gallo, & nella sinistra
Caduceo. il Caduceo. Questo era insegna propria di Mercurio, come l'hauere a
in capo, & a piedi: onde i Poeti quasi tutti lo disegnano in questo m
cendo, che egli habbi le penne a i piedi, le quali chiamano Talari, &
il Caduceo da loro detto verga, perche da principio fu semplice verga,
ei l'hebbe da Apollo in iscambio della Lira, che donò a lui, come rac
le fauole, allhora che dopò le rubbate vacche si rappacificorono insie
de Homero nell'hinno, che canta di Mercurio, narrando quasi tutta la
gli fa così dire da Appollo.

E poi darotti la dorata verga, De la felicità de le ricchezze

Serpenti pche col caduceo. A questa furono dapoi aggiunti i serpenti, ouero perche si legge, ch
done già Mercurio trouato duo combattere insieme la gittò fra quelli
to furono rappacificati, ouero perche, come dice Iamblico; hauendo M
insegnato a noi la Dialettica, li fu però dato per insegna quella verga,
tanto a punto significano i due serpi, che si risguardano l'vno con l'altr
mente pure per quello, che mette Plinio, il quale poscia, che ha detto
annodano insieme i serpenti le estate, soggiunge: Et questo, che mostra
dia tra crudelissimi serpi, par essere la cagione, per la quale è stato fatto
ceo con i serpenti intorno; perche si legge, che gli Egittij, che furon

神々の遣い／メルクリウスとその務め／カドゥケウス／カドゥケウスに蛇が巻きついている理由／平和の使節たち／平和のしるしとしてのオリーヴ／ヴェルミナカ／草をさし出し捧げること／平和《パクス》の女神／平和《パクス》の姿／ケレスの友なる平和／融和《コンコルディア》／信義《フィデス》の女神／信義《フィデス》の色／信義《フィデス》に捧げられた手／手にする接吻／コンコルディアの聖鳥コウノトリ／コンコルディアの鳥カラス／コンコルディアのザクロ／なぜメルクリウスに羽根が与えられたのか／パレストラ／あらゆる業《アルス》の発案者メルクリウス／トウト、テウト／角柱に象られたメルクリウス／最初に造られたヘルマス群／キュレニウス／語る力／メルクリウスに捧げられた舌／商人《メルカンティーレ》たちの神／メルクリウスと鶏鳴／ソムヌスとムーサたち／ノクスの像／翼あるソムヌス／ソムヌスの衣装／ソムヌスの角／夢たちの扉／虚しい夢／ソムヌスの枝杖／夢の司たち／メルクリウスにはなぜ髭がないのか／メルクリウス像に投じられた石／三頭のメルクリウス／太陽としてのメルクリウス／人の誕生とカドゥケウス／アヌビス／ヘラクレス／雄弁とその力／鍛錬の神々／ヘラクレスの神像／武装したヘラクレス／コティレオと渾名されたエスクラピウス／ヘラクレスの武具／ヘラクレスの杯の船《スキュフス》／大酒飲みのヘラクレス／ヘラクレスに殺されたキュアトス／大食漢のヘラクレス／ヘラクレスの鳥／ヘラクレスの勲功／心胆強きヘラクレス／ヘラクレスの変容／太陽としてのヘラクレス／時としてのヘラクレス／ヘラクレスの樹／ヘラクレスの儀式／蠅を追い払うユピテル／蠅の神／ベルゼブル／ヘラクレスの祭儀から追い払われた女たち／特典を受けた女たち／ヘラクレスとアポロンの奪い合い／三脚とは／レーベス／真実《ヴェリタス》／バッカスの三脚／メルクリウスの託宣

Tav. 48
［メルクリウス／パクス（平和）］
▶ p.386-387/389-390

Tav. 49

［フィデス（信義）／コンコルディア（融和）］

▶ p.392-393

Tav. 50

［メルクリウスとその娘パストレラ］

▶ p.394-395

Tav. 51

［ヘルマス（メルクリウスの像）］

▶ p.396

Tav. 52
［ソムヌス（眠り）とその養母ノクス（夜）］

▶ p.399-400

Tav. 53

［牧人たちの神としてのメルクリウス／三頭のメルクリウス／エジプトのアヌビス］

▶ p.402-405

Tav. 54
［雄弁と鍛錬の神、ガリア人たちのヘラクレス］
▶ p.406-408

Tav. 55

［ヘラクレスとその祭壇］

▶ p.409-411

Tav. 56

［三脚を奪い合うアポロンとヘラクレス］

▶ p.413-414

［神々の遣い］【古人たちの神々の寓話においては神々にさまざまな役割が割り振られるが、神々の遣いの役割を果たす者は二神のみであった。】ひとりはユピテルの遣いのメルクリウス、もうひとりはユーノーに仕えたイリス。ただしイリスには時にユピテルも命じないことはなかった。ユピテルが彼女を遣わしたのは、死すべき者たちに戦争、悪疫、飢饉あるいはその他の大いなる悪について告げようと思う時だけだった。より好ましいことがらについてはかえってメルクリウスを遣わしたものだった。メルクリウスとはことばを意味するが、寓話の数々によれば、彼もまたユピテルのだけではなく他の神々の遣いあるいは使者をも果たした。そうしたつくり話で神々の通詞とされる彼は、つまりわれわれの間に交わされることばがあらわす本心のことであり、こころとはわれわれにとっては神的な部分である、ということについてはすでに観たとおりである。

［メルクリウスとその務め］しかしこうした転換については今は措き、古人たちの益体もない信心についてみてみることにしよう。彼らのもとではこの神は単なる遣いであるばかりか、それに基づく利益をもたらすものでもあった。プラウトゥスの劇中で彼自身が言うところ。

他の神々はわたしに音信と利益とについて
配慮を凝らすべく委ねたのだった。

【ペトルス・アピアヌスの】古銘記蒐集書はすでに、メルクリウスを髭のない若者となし、両耳の上に小さな羽根をつけ、その肩の背後にあまり大きくもない布を垂らしただけであとは全裸の姿に描いている。そして鶏とともに足元に横たわる山羊の頭に右手でもった袋を乗せ、カドゥケウスを左手にして。

［カドゥケウス］これこそ頭と踝にある翼とともに、まさにメルクリウスのしるしであった。そこで詩人たちはほとんど誰も彼を次のように描写するところとなる。その足の羽根はタラーリと呼ばれ、手にするカドゥケウスは彼らによる

と杖と称されている。[6] なぜといって寓話の数々がものがたるように、彼が牝牛たちを盗んだ後、仲直りのために竪琴をアポロンに贈り、それと交換に受け取ったものは単なる枝杖だったから。[7] そこでホメロスはメルクリウス讃歌でこの寓話をほとんどなぞってものがたりつつ、彼に対してアポロンにこう言わせている。[8]

それにおまえに金色の杖を
あげよう、幸福と富の杖を。

[カドゥケウスに蛇が巻きついている理由] この後これに蛇が加わる。【それはメルクリウスが二匹の蛇が戦っているところに出くわし、そこにこれを投じるとそれらがたちまち平静を取り戻したからだとも言う。[9] それともイアンブリコスの言うところによれば、メルクリウスはわれわれに対論弁証を教授するにあたりこの枝杖を教えのしるしに与えたが、それはお互いに尊重しあう二匹の蛇の意味するところに他ならなかったからである、と。[10] それとも】そこに蛇が一緒に巻きついているということについてプリニウスが、[11] いとも残酷なる蛇たちがここに融和をみせるというまさにそのことのために、蛇を巻きつけたカドゥケウスが造られた、と付言しているのが正しいのだろうか。なぜといって、おそらく最初にそうしてみせたエジプト人たちは以下のようにそれを造ったと言われているから。まっす

神々の遣いメルクリウスの姿。雄弁の神であるとともに商人たちの神で、話すことこそが遣いでありこころを発くものであることをあらわしている。カドゥケウスは和解、合一、平和のしるしであり、また彼に捧げられた獣たちは契約交渉における才覚と用心をあらわしている。 [▶Tav.48]

ぐな枝もしくは棒のようなものの中央に雄と雌の二匹の蛇が巻きつき、その上半身はあたかもひとつの弓をなし、棒の先端で獰猛な口を合わせるように。そして尾は下方に巻きつき、小さな二つの羽根を出だして。[12]

〔平和の使節たち〕【それをラテン人たちがカドゥケウスと呼んだのは、それが出現するとたちまちあらゆる不和が霧散したからであり、つまり】それが平和のしるしであったからである。そこで平和の使節たちはこれを捧持して行ったのであり、彼らはカドゥケアトーリ（カドゥケウスを捧持する者たち）とも呼ばれることとなったのだった。[13]

〔平和のしるしとしてのオリーヴ〕古人たちのもとでは、友として遣わされる使節たちはまたオリーヴを供奉していったとも言う。ヴィルギリウスによれば、[14]アエネアスはラテン人たちの王のもとへ百人の使節を遣わすにあたり、みなに緑のオリーヴの冠を被らせた。[15]また彼がエヴァンドロスのもとへ赴いた時、最初に彼に会いに出向いてきたパランティオンに友のしるしとして平和のオリーヴの一枝を手にもっているのを見せた、と。[16]スタティウスもまた、ポリュネイケスの名代としてテューデウスをテーバイの王国を譲渡させるためエテオクレスに遣わした時、平和の使節として来たことをしめすためオリーヴの枝を手に持たせている。そして要求が容れられないことが分かったとき、それを投げ捨てさせ、そこに冷酷無残な戦いがはじまったとしている。【またアッピアノスは、[17]ローマ軍に攻略されほとんど陥落したカルタゴの城塞をもはや守り切れぬと思ったハスドルバレは、息子たちと妻を他の多くの者たちとともにエスク《アスク》ラピウス《レピオス》神殿に残して、ただ和平を得るために幾本かのオリーヴの枝を手に密かにスキピオのもとへと向かったのだったが、さもなければ残された者たちは皆殺しにされていたであろう、と謳っている。

〔ヴェルミナカ〕これと同じことは彼以前にも多く行われたところであったが、城砦から無事に逃れ出ることができるようにとスキピオのもとへ逃れた者たちは、オリーヴを手にして行く代わりにバーベナをもって行ったものだった。[18]これは俗にヴェルミナカと称された。アッピアノスのことばから推察するに、それはただこの草だけを指していたのではなく、たいへん美しく豊かなこの城砦の中にあったエスクラピウスの神殿と祭壇を飾っていたあらゆる草葉のことであった。古、その祭日には、バーベナという名のもとにあらゆる草葉をもって祭壇を飾ったものでもあったのだろう。[19]

〔草をさし出し捧げること〕また他の者たちに手づから草をさし出すことは、古人たちのもとにあってそれをさし出す者が敗北を認めることであり、自らを捧げ出すことであった。[20]

これについてフェストゥスは、[21] 往昔、牧人たちが競走したりなにか他に競い合ったりする場合、負けた方が地に跪き、手で草を毟って勝者にさし出すのが慣わしだった、と記している。

とはいえ、本物のバーベナはたしかに平和のしるしであり、プリニウスが記しているように[22]、停戦もしくは和平の交渉に赴く使節たち、特にローマの使節たちはこれを冠にしていったという。他の民はおそらく他のものを用いたのだろう。アッピアノスが記すところ[23]によれば、スペインのある民はマルケルスに許しと和平の使節を遣わすにあたり、カドゥケウスでもオリーヴの枝でもバーベナでもなく、狼の皮を捧持して行ったという。しかしいずれにせよ、和平交渉にもっともよく用いられたのは前者の数々であり、古人たちはそれらの周囲に羊毛の小さな帯を巻きつけたものだった。これはそれを持ち来たる者の敗北と恭順を意味していた。羊毛は弱く倹しい羊から採られるものであるから、とはセルヴィウスがヴィルギリウスを註して[24]アエネアスがエヴァンドロスに対してなすところの理由を説いているとおりである。つまり、時にカドゥケウスが、また時にオリーヴの枝が平和のしるしとなされたのである。

［平和の女神《パクス》］ 平和《パクス》は古人たちのもとではまた女神であり、ローマにはたいへん美しくまた豪奢なその大神殿があり、ただそれを見るために多くの者たちがローマを訪れたものだった。これはヴェスパシアヌスによって造営されたものだが、すでにクラウディウスによって着手され[25]、ユダヤでの戦勝の後にエルサレムの神殿からすべての装飾がここに運ばれた[26]。そこにはまた美しい平和《パクス》の神像もあったことだろう。しかし今のところ、誰かそれについて記した者を見つけることができないでいる。

［平和《パクス》の姿］ それはさて、他の土地で彼女がどのように描き造られたのかを見ておこう[27]。アリストファネス[28]は彼女をたいへん美しい相貌に描き、ヴェヌスとグラティアたちの伴連れとしている。パウサニアスは、アテネにあった彼女の彫像が先にも言ったとおり[29]、幼少の富の神プルートを手に捧げもっていた、と記している。なぜといって、富とは耕作を期待することのできない戦時によりも、平和において より多く獲得され蓄えられるから。

［ケレスの友なる平和《パクス》］ そこで古人たちは、平和《パクス》はケレスの友にしてたいへん彼女に親しいものであった、と称したのである。これをティブルスは次のように言っている[30]。

　パクスがまず牡牛たちとともに来たり
曲がった軛の下、大地は
耕され、そこに小麦が産まれる。

また甘い汁でいっぱいの果実を
パクスのために葡萄樹から蒐めると、
彼女は大地の懐にそれを捧げる。

戦争はこれに逆するものである。

そこでクラウディアヌスは、(31) ケレスが娘のプロセルピーナを二人の求婚者たち、マルスともポイボスとも結婚させようとしなかった、と想像したのである。なぜといって、太陽の灼熱があまりにつづくならそれは戦い同様に穀物を害うこととなるから。古のメダルの幾つかにあるように、古人たちがパクスを手に麦穂をもった女性として描いているのは、(32) こうした理由による。またティブルスもこう言っている。(33)

来たれパクスの魂よ、(34) 麦穂を手にして、
そしてその白い胸に果物をいっぱい捧げて。

そして彼女に時にオリーヴの、また時に月桂樹の冠を被せたのだった。また古のメダルの幾つかには、薔薇の冠を被ったパクスの姿もある。(35)

平和（パクス）の姿とこれをあらわす象形あるいはしるし。つまりその掌中の幼いプルートは平和のうちに増えゆく富をあらわす神であり、小麦の穂は平時の耕作と豊穣を、また月桂樹の冠と足元のオリーヴは勝利と静穏のしるしである。 ［▶Tav. 48］

［融和《コンコルディア》］ 名も違い、姿も違ったものとして造られているが、わたしにはパクスとコンコルディアは同一のものに見える。どちらも平穏にして安逸な生を与えてくれるものとして、古人たちから崇められていた。それゆえパクスを描くにあたり、右手に皿をもち、左手には豊穣の角《コルヌコピアイ》をもつ女性のかたちに描かれるコンコルディアをもってすることもできる

だろう[36]。彼女についてセネカはこう言った[37]。

　乱暴なマルスの血塗れの
　手をとり、煩わしい戦いに
　停戦と休息をさし出す女性、
　彼女は自ら豊穣の角を手にして、
　まったく穏当な[38]犠牲を捧げる。

また時にコンコルディアの手には笏杖が握られており、そこから幾つも果実が生まれ出るかのよう。

アリスティデスはその演説に[39]、コンコルディアを美しくも厳粛な相貌と麗しい容姿、容色も良く描き出し、その美しさにはまったく不調和なところがないと言う。彼女は天上の神々の善性により、死すべき者たちのものごとが確かな秩序をもって進むように計らうため地上に降りた。農地を耕やすことで、一人一人が自らの分を取ることができるように。町々が統率され、悦ばしい婚姻関係が保たれ、子々孫々が養われ訓育されていくように。

【信義《フィデス》の女神】 コンコルディアはまた時として両手を合わせてあらわされる。これは古のネロのメダルにも見られるところで[40]、古人たちがフィデスをあらわすためにもなしたところであった[41]。これまた女神で、シリウス・イタリクスは[42]ヘラクレスがザキュントス防護のために彼女を探しに行くところ、彼女を神々の間にあって天のもっとも奥処に住まわせた。それは次のように語り出されている。

　おお聖なるフィデスよ、至高なるユピテルの前に
　創造され人々と神々に崇められるものよ、
　あなたによってすべてのものごとは平安を得、
　また時として人の欠陥のゆえに、あなたが
　正義とともにいることも稀ではない
　なぜといってあなたは彼女とともに往き
　貞潔で正義なるものの懐に住むゆえに、
　限られてある聖なる思惟のあるところへ。

それゆえフィデスは奥処にある[43]。【つまり人々が信義と信じるものごとの中、どんな欺きからも純潔無垢なものとして。

【信義《フィデス》の色】 そのゆえにローマ人たちの第二の王ヌマは、祭司がフィデスに生贄を供するにあたり白い薄紗で手を覆うように命じたのだった。リヴィウスが言うように[44]、信義を得るためあらゆる誠実をもって捧げるため、彼女には右手で奉納する。なぜといってわれわれは迅速にあらゆる力に訴えて彼女を守らねばならないから。ヴィルギリウスも[45]ま

たフィデスを白い髪と称し、セルヴィウス[46]はそれを、信義はすでに白髪で老いた人々のうちによりよく見出されるからである、と解釈している。またホラティウス[47]は彼の時代を悔やみつつ、白衣を纏ったフィデスはほとんど崇められなかったと言う。】アクロンはこれに註して、フィデスに生贄を捧げる祭司は右手をばかりか、つねにフィデスとともにあるべくこころの潔白をあらわすために、頭からほぼ全身にわたり白い薄紗で覆ったものだった、と語っている。【これをアリオストは次のように言っている。[48]】

古人たちが聖なる信義《フィデス》を
全身白衣で覆って描いてみせたのは
他でもない、ただ一つの汚れ、ただ一つの瑕すら
それを穢すものであることをみせしめるため。

[信義《フィデス》に捧げられた手] フィデス《信義》【の座というものは右手にあるものと信じられてきた[49]が、そのゆえにこれをもって彼女】は二本の右手を握るかたちであらわされた。また時にお互いに片手を差し出す二人の小像として造られた。つまり聖なるものとして古人たちはたいへん右手を尊重したのだった。[50]そこから騒ぎを鎮めようと思うときには、右手の掌を広げて高く挙げることによって平和をもたらそう、という意味をあらわす慣いが生まれたのだと言われるのである。それゆえ騎馬や立位の君主や高名な将軍たちの彫像の多くは右手を伸ばしているのである。[51]【[52]またヨセフス[53]はユダヤ人たちの古代史について記しつつ、蛮人たちはお互いに信義を確かなものとするため右手をさし出すしるしをし、これをなしたからにはお互い欺くことも信頼しないこともあり得なかった、という。

[手にする接吻] 君公や貴顕の手に接吻するという慣いもまた、現在のわれわれ同様に古人たちのもとでもよくなされたことはプルタルコス[54]にもみられるところである。彼によれば、ポピリウス・レーナはカエサルが殺害されるその日、元老院へ赴き彼と長く話した後、手に接吻して別れた、という。またマクロビウス[55]は奴隷たちに好意的なことをプレテスタトゥスに語らせつつ、彼らの多くはこころの寛さから富を蔑し、自由人や主人たちの多くが利殖への貪欲から卑しく他人の奴隷の手に接吻するのを見て、この行為をなす者は手に接吻される者に忠義を頼むものであってみれば、そこに自らの上位と支配を認めるのだ、と言っている。また】信義のしるしに右手を差し出すという習慣は現在にまでつづくものだが、これは時として白犬によってあらわされることもあった。[56]なるほど犬の忠義の奇跡は数多伝えられるところだから。

コンコルディアの姿と信義（フィデス）をあらわす形象。コンコルディアはフィデスとともに融和の秘密とその純粋さを示している。つまりコンコルディアはもの、人、農耕の豊かさを増すものであり、彼女に捧げられたコウノトリとカラスも同じ効能をあらわしている。
［▶Tav. 49］

［コンコルディアの聖鳥コウノトリ］　それはさてコンコルディアに戻ろう。どうやら彼女と信義《フィデス》に通有な二本の手の描写から脱線してしまったようだが、古人たちはまた両者ともにコウノトリを捧げた[57]。そこでその神殿には数多くのコウノトリがいたものだった。

［コンコルディアの鳥カラス］　とはいえポリツィアーノ[58]は、コンコルディアにはコウノトリでなくカラスが捧げられたものと言っている。彼はその証拠に古のメダルの幾つかとエリアノスを挙げる。エリアノスは、婚姻にあたり古人たちはヒュメナイオスを召喚し、その後二人の間に子供が授かるようにうまく交わることができますように、と和合《コンコルディア》を願ってカラスを呼んだものだった、と言っている。しかしこれはまた、二人が夫と妻として仕えるべき信義《フィデス》のためでもあり、カラスはひとたび一緒になった二人の間にあって、一方が死ぬようなことがあっても他方は独身を守るという忠実をあらわすものだった、とエリアノスは語っている。

［コンコルディアのザクロ］　これら以外にザクロもまた古人たちのもとにあっては融和《コンコルディア》のしるしであったとヘブル人著作家たちは言い、彼らの祭司たちの衣装にそれらを飾ったという[59]。

さてメルクリウスに戻ることとしよう。カリュプソがウリクセスを手放して出立させるようにと彼女のもとへユピテルがメルクリウスを遣わすにあたり、またヘクトルの遺体を受け取るためにギリシャ人たちの陣営へプリアモスを導くにあたり、ホメロス[60]によって足に翼をつけ、手に枝杖をもって描き出されたメルクリウス。ヴィルギリウス[61]はこれをたいへんうまく模倣し、ユピテルに命じられてディドーとともにいたアエネアスのもとへ赴くメルクリウスを描写するにあたり、この部分をほとんど翻案して使っている。

【[62]メルクリウスは父の意向に従って
黄金の翼ある靴に足を包んだ、
その翼はどんな風をも捉え
地から空の高みへと彼を運んだ。
手にした杖は一瞬にして
冥界の岸から魂たちを引き出し
また他の魂たちをそこに置き去りにし、眠りを与え
また取り去り、いまだ生ある多くの者たちを解く。】

彼を同様に描き出した他の詩人たちを挙げることもできようが、以上の二人が信じてなしたところで十分、彼らが言うところよりもよりよく解釈できそうな他の事例を探す要もなかろう。

［なぜメルクリウスに羽根が与えられたのか］ 先述したようにまたメルクリウスには羽根が与えられたのだった。彼は話すということに関する神であり、あるいはきっと話すということそのものを意味していた。ことばというものは羽根をもつものであるかのように気中を翔けるのだから。そこでホメロスはことばをほとんどいつも、すばやい、翼をもった、羽根のあるものと称したのだった[63]。プラウトゥスによれば、メルクリウスがつねに頭に羽根をもつことについては、彼がアムピトリュオーンになりすますべく僅かの間変装した折もそれなしでいることを望まず、彼が身を変じたところのアムピトリュオーンの下僕によって観客たちが彼に気づくようにそれをつけると言ったのだった。その折のことば[64]。

あなた方がわたしと識ることができるのも
いつも帽子にこの羽根がついているから。

なぜメルクリウスが帽子[65]を被り、またどうしてそれに翼がついていたのか、アプレイウス[66]はなんの説明をも加えずに、パリスの審判を描くにあたりメルクリウスをたいへん美しい容貌の若者として登場させている。金色の縮れ髪のあいだに金色の羽根があって、それが僅かばかり翼のかたちに飛び出しており、首に巻いた布だけを左肩から垂らし、

手にカドゥケウスをもった姿で。

マルティアヌスは、[67] 彼をその滑らかな頬に産毛が生えはじめたばかりの、若くて大きく頑健なからだの若者として描いている。ルキアノスも、[68] 彼は肩を覆うばかりの短い衣を纏ってほぼ裸だと語っているが、翼にもカドゥケウスにも言及していない。とはいえ、彼は走るのも早く格闘の鍛錬も積んでいると言い、十分それらを示唆している。

【パレストラ《練成場》】 そこからわたしはフィロストラトスが語る[69]パレストラを想いだす。彼女のことをわれわれはロッタ《闘技》と呼んでいる。彼女はメルクリウスの娘であったが、その顔は滑らかでたいへん美しく、女の子というよりも男の子のようだった。その金髪はかなり長かったが結ぶ程ではなく、その胸には美しい乳房があるわけでもなくまだまだ小さな乙女のようで、かえって繊細な若者のように見え、両腕は白いというよりも結構色づいており、あいにく男か女かよく区別がつかなかった。坐った彼女はその胸に緑のオリーヴの枝を抱えていた。彼女がこの植物を好んだのはおそらく、格闘する者たちがこの油を塗ったからだろう。フィロストラトスはこのようにパレストラを描写し、彼女がメルクリウスの娘とされたのはこの種の闘技を発案したのが彼であったからだと説いている。【ホラティウスも[70]彼に捧げた讃歌で同じように謳っている。】

文芸、音楽、幾何学その他の善き業の案出者メルクリウスの姿と、その娘で闘技の女神であるパレストラの姿。その腹にオリーヴの枝を抱えているのは、闘技者たちがこの油を塗る習慣であったから。
[▶Tav.50]

［**あらゆる業《アルス》の発案者メルクリウス**］メルクリウスは死すべき者たちにからだの鍛錬法をばかりでなく、こころの鍛錬をも教えたのだった。【イアンブリコスは[71]、エジプト人たちによれば彼こそがすべての善き業の発案者であり、それゆえ彼らが書いたものはすべて彼に捧げられた、と言っている。

［**トイト、テウト**］キケロが記すところ[72]によれば、メルクリウスはエジプトで文字と法を教え、この民は彼をトイトあるいはテウトと名づけた、とはプラトンの書物[73]にみられるとおりである。】

［**角柱に象られたメルクリウス**］また文字ばかりか、メルクリウスは音楽、幾何学、身体鍛錬をも発案したと言われ、パウサニアスによれば[74]アルカディアのある土地では、これら四つをもって古には彼の像を四角柱に象り、学舎に置いたものであったという。彼によれば、それは外套を纏い、【下半身には脚もなく、そのかわりに】四角の柱が付されていたという。ガレノスは[75]若者たちに善き業を奨めて、そうした業はすべてメルクリウスによって発案されたものであると言い、彼を業によってではなくまさにその自然本性によって若く美しいものとして描いた。明るい表情に光り輝く瞳で四角い台座の上に居るのは、徳に従う者はフォルトゥナに手をさし伸ばし、確固決然としてどんな誹謗をも恐れないからである。【スイダには[76]、メルクリウスが四角に造られたのは真実を語ることに対する尊重からであり、たちまち変じあちこちへと移る嘘つきに対抗するように彼は決然断固としている、と記されている。理由は何であれ、】アレクサンデル・ナポリタヌスは[77]、ギ

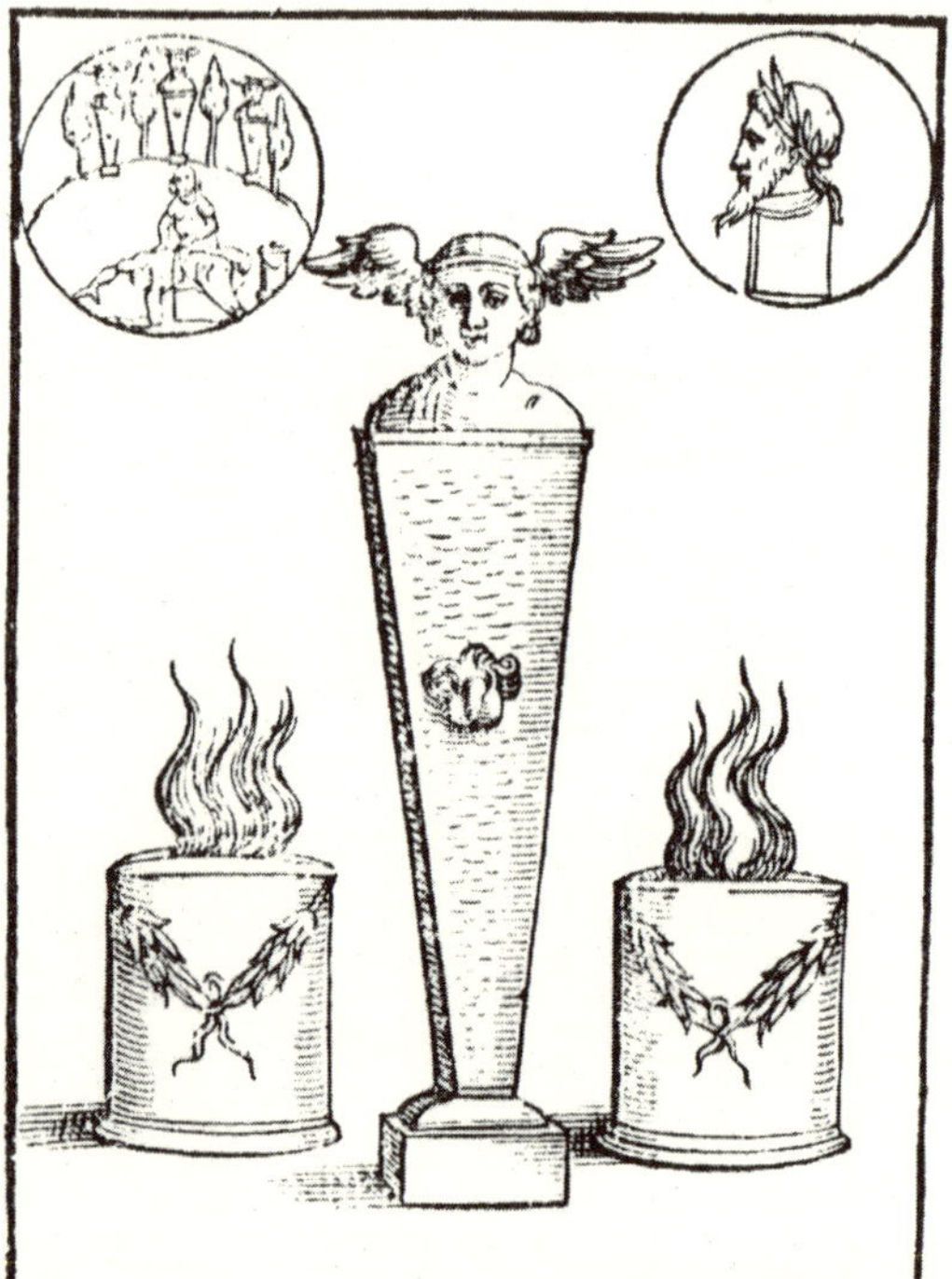

ヘルマスと称されたメルクリウスの像。すべての善き業の案出者である彼が時あるいは運命の脅威を恐れないように、高徳者たちはどんな誹毀をも恐れない。これはまた真実を語る確固たる態度をもあらわしている。

［▶Tav. 51］

リシャ人たちがメルクリウスの彫像を[78]角柱に頭を載せただけで四肢のない姿となしたばかりか、【公共の場に置かれた】偉大で勇敢な将軍たちも同様な彫像をもって[79]讃えたものだった、と伝えており、【私邸にも数々置かれていた、とスイダに[80]も言及がある。これはトゥキディデスも記し、[81]プルタルコスも[82]繰り返しているところであるが、アテネにはこうした彫像が数知れずあり、ある夜これらがほとんどすべて倒壊すると、すぐさまアテネ人たちはシラクサ攻略に大軍を派遣することとしたのだった。この大軍の将のひとりであったアルキビアデスはその幾つかを壊した張本人であったが、彫像群を地に引き倒して共和国の転変をしるした者としてたいへんな辛酸を舐めることとなったのだった。ギリシャ人たちのもとでメルクリウスはヘルメスとも言われるところから、これらの彫像はヘルマスと称され、上述したように学舎やアカデミアの飾りに置かれたものだった。キケロが[83]アッティクスへの返書で、ヘルメスをすべてのアカデミアに共通の装飾と呼んでいるのはこの故である。また別の機会に[84]親しい同人宛の返書に、頭部が金属製で大理石のヘルマス像を購入したいので、可能な限りそれを集めて彼のアカデミアあるいは図書室を飾るために送り届けてくれるようにと頼んでもいる。

[最初に造られたヘルマス群] こうした彫像群を最初に造ったのはアテネ人たちであったらしい。この四角柱の彫像はなにもメルクリウス像にばかりでなく、ギリシャ人たちは他の神々の像にもこのかたちを用いたものであった。パウサニアスが記すところ[85]によれば、これはおそらくアルカディア人たちの慣習で、彼らのもとにはこのかたちのユピテル像を祀った祭壇があったという。】

[キュレニウス] メルクリウスは【彼が生まれたアルカディアの山の名から】キュレニウスと呼ばれた【と多くの者たちが記しているが、にもかかわらずこの添え名をつけられたのは角柱の像に由来するものだろうと言う者たちもいる。[86]】角柱像は頭以外には四肢のない切断片とでも呼ぶ他ないもので、ギリシャ人たちはどこか四肢に欠損のある者をキュリと呼んでいたから。

[語る力] そしてそれは【フェストゥスが[87]書いているように、】欲するところをなすために手の助けを必要としない語る力をあらわしており、それが秩序づけられ、適切な時に聞かせられるなら、容易に人心を捕え、望みのままに他人たちに力を及ぼすことができるのである。

【そこでホラティウスは[88]メルクリウスを謳って、彼はまず死すべき者たちに、森や山を去り、獣たちのように散り散りになっていた往時にあって、礼節を弁えて一緒に生きるべく集まるようにと説得したという。ホラティウスはこれをギリシャ人たちの寓話から採りあげたものだろう。おそらく、プロメテウスがユピテルのもとへと遣いに赴き、この世のはじまりからずっと粗雑で獣のような生を送っていた人々をそろそろそこから離れさせてはどうかと頼み込んだことを語った寓話から。[89] そこでユピテルは彼とともにメルクリウスを遣わしたのだった。死すべき者たちが慎ましく真面目に節度をもって生を送るために必要なことがらを他人によりよく語るという方途を授け教えるために。

［メルクリウスに捧げられた舌］ まさにこのゆえに古人たちは舌をメルクリウスに捧げたのだった。僅かばかり葡萄酒を飲んだ生贄の舌こそ、他のどんな生贄にもましてまさに彼のために捧げられるべきものであった。[90]

［商人たち《メルカンティーレ》の神］ また】メルクリウスは【利益を得る方法を明かした最初のものであるとも信じられていた。つまり】商人たちの神。【それどころか、メルクリウスというのは商品《メルチ》を手配《クーラ》するものというところから謂われた名である、とすら信じられたものだった。それゆえにスイダは、[91] その神像の片手に袋がもたされた、と記している。】フルゲンティウスは、[92] メルクリウスの足の翼は交易されるものの迅速で不断のうごきを意味するものである、としている。それらは取引においてここかと思えばまたあそこへとほとんど常にうごきまわっているものだから。【カエサルは、[93] ガリア人たちは他のどの神よりもメルクリウスを崇め、数々の神像をもっていたが、それはこの神がほとんどすべての業を案出したものであったからというばかりでなく、それが格別他の者たちの利益や商売を喜ぶものであると信じていたからであった、と記している。

［メルクリウスと鶏鳴］ 商売には懈怠ない】用心が必要であることから、人々はこの神の傍らに雄鶏を置いてみせた【ことについては先に見たとおりであるが、[94]】それを用心というよりも博学な賢慮を巡らさねばならないという意味に採ろうとする者もあった。なぜといって賢者たちにとっては夜を寝て過ごすということはまったく悪しきことであったから。つまりわれわれが長く眠りに埋まってあることを望まず、霊を励ましてそのはたらきに戻してくれるメルクリウスに、ものごとの理拠と知解を啓く光を見たのだった。しかし人というものはそのからだもこころも絶え間なくはたらいてあることができないので、この眠りという短い休息が不可欠となることについては哲学者たちが言うとおりである。[95]

［ソムヌス《眠り》とムーサたち］ パウサニアスは[96]コリントの邑について録しつつ、その地にはムーサたちとソムヌス《眠り》が親しい友であるかのように、それらに一緒に生贄を捧げる祭壇があったという。古人たちはソムヌスをも神とみなし、[97] またへ

シオドスやホメロス[98]が言うところによれば、それをモルス《死》の兄弟として彫像を造りなしたという。これはまたキュプセロスの櫃に刻まれた像の数々にも認められるところである。そこには一人の女性が左腕に眠る白い赤子を、右手にはこれまた眠っているが足の攣じれた黒い赤子を抱いており、この子は死、その白い子は眠り、そして女性はこのふたりの養母たる夜を意味していた[99]。

［ノクス《夜》の像］ このノクス《夜》は古人たちによって、背に黒く大きな翼のある女性の姿に造りなされた。それは翔けるように、【またヴィルギリウスが言うところによれば[100]、大地を抱擁するように広げられていた。オウィディウス[101]は彼女に芥子の冠を与え、それを額に結ばせて黒い眠りたち《ソムヌス》の伴連れとした。他の】詩人たちは[102]彼女に四輪の山車を与えているが、それはボッカチオ[103]によれば夜を守る兵士たち船乗りたちの四つの部隊をあらわしていた。

彼女は全身暗色だったが、彼女が纏う衣装は【僅かに輝き、】天を飾る星々をあらわしていた。ティブルス[104]は彼女の子供たちであるソムヌス《眠り》と夢たちを星となして、次のように言っている。

もう夜、どうかお好みのままに
駿馬たちを遣わしたまえ、われわれと一緒に
駆けるべくクマエの洞窟から出だしたまえ
美しい光を満たした星々が
天を美しい襞で包み込む母の
その山車で後を追ってくる、

そして眠りはその後ろから
黒い翼を広げ、また不確かな夢たちが
揃わぬ歩調を止めることもなく随いて来る。

［翼あるソムヌス《眠り》］ この詩句からソムヌス《眠り》もまた翼もつものであったことが知られる。スタティウス[105]もまた、何日もの不眠のあと、頭の上で柔らかな羽根を振ってくれるようにとソムヌス《眠り》に到来を祈り、呟いている。シリウス・イタリクスもまた[106]同じことを言う。それに加えスタティウスは[107]、ソムヌスを若者となし、死すべき者たちにとって労苦の後にもたらされる心地よい眠りの休息をこれ以上ない格別のものとして、どの神よりも好ましいものと呼んでいる。それをセネカは[108]次のように言った。

ソムヌスよ、死すべき者たちの
労苦に対する恵みの贖い、静穏な

こころにして人の生のよりよき部分よ、
美しきアストライオス《星》の俊敏な息子よ、
モルス《死》の寠れた兄弟よ、
真実と嘘を混ぜ
来たるべきことを確と、哀れにもしばしば
悲しい報せとともにわれわれにははっきりと見せるもの
よ。

モルス（死）とソムヌス（眠り）の養母ノクス（夜）の姿と、モルス（死）の兄弟にして供連れであるソムヌス（眠り）の姿。死すべき者たちの静穏にして甘美な慰め。その角は休息とさまざまな夢とをあらわしている。 [▶Tav. 52]

すべての父、生命をもたらし、
光に、また夜に憩う
忠実な伴連れよ、汝は王にも奴隷にも
分け隔てなくどちらにも等しく来たる。
疲れた四肢に穏やかに入り来て
疲れを追い払い、
死すべき者たちの大いに懼れるところ
に慣れさせ、死ぬことを学ばせる。

フィロストラトス[109]はアムピアラオスについて描いた絵の洞窟の中に、夢たちの扉があったと言っている。なぜならここで眠るうち、彼が知りたいと思っていたことを夢に見、耳にしたので、ソムヌス《眠り》は二枚の衣装を纏った寠れた姿で描かれたのだった。

［ソムヌスの衣装］ 彼女は上には白を、下には黒を纏い、昼と夜をあらわして、ほとんどすべての詩人たちがなしてみせるように、死すべき者たちに休息を降らせるべくその手には角をもっていた。

［ソムヌスの角］ これは角というものが薄く削られると光を通すように、夢が真実の場合、眠りの中で見たものも顕わになることを謂ったものである。しかしそれが偽りの場合、

夢《ソムヌス》は角をではなく、象の歯《象牙》を手にしている。象牙というものはどんなに薄く削っても決して光を通さず、人はそれを透かして見ることができないから。[110]

[夢たちの扉] ヴィルギリウスは、[111] われわれが眠りに入るに二つの扉があるという。その一方は角で、もうひとつは象牙でできており、前者を真実が通り、後者を虚偽が通る、と。これについてポルフィリオスが説くところをマクロビウスがこう伝えている。[112] 人が眠りに就くと、魂はからだのはたらきの大半から退くが、目を真実に向けようとしても人の自然本性の暗愚(暗さ)[113]から、それを直接に見ることができない。とはいえこころの目を研ぎ澄ます(薄くする)なら、真実の夢を見るべく角の扉を越すことができる。しかし厚いままではこころはそれを視覚を介して透視することができず、象牙の扉を通り偽りの夢に到ることとなる、と。

[虚しい夢]【またヴィルギリウスは、[114] 冥界の入口の中央に大きな楡の木が葉を繁らせた枝を広げ、虚しい偽りの夢の数々を実らせているさまを想像している。セルヴィウスの註釈によれば、[115] このように季節になると葉を落とす樹木はいつも虚しい夢をあらわしている、ということになる。また、楡の木は不毛な樹木で果実を結ばないが、これはまさに夢の虚しさをあらわすものである、と言う者もあり、[116] スイダによれば、[117] それは古人たちのもとでは盲目なるものとも謂われるが、それは儚いからであるばかりか、いつも目隠しをした者としか語らないからだともいう。】

[ソムヌスの枝杖] それだけでなくソムヌスはしばしば手に枝杖をもって、死すべき者たちにそれで触れることによって眠らせもする。そこである時、眠れないスタティウスはソムヌスにそれをもって触れに来てくれるように、と祈ったのだった。[118] オウィディウスは[119] ソムヌスの住む場所をキュメー《クマエ》の民のもととし、彼らはほとんどいつも夜とともにあると言う。[120] またホメロスはそれをアイゲウス《エーゲ》海の島レムノス[121]とし、スタティウスはエチオピア人たちのもとであるとし、[122] 最近ではアリオストがそれをアラビアとしている。[123] オウィディウスはソムヌスの家を所有していると語り、自らを黒檀の寝台の上に横たえ、さまざまな形姿の数知れぬ夢たちを縁飾りにした黒布を掛けて眠ると記している。

[夢の司たち]【夢の司としてもっともふさわしいものが三名いる。ひとりはただ人のかたちでのみあらわれるモルペウス《造形者》、もうひとりはポベトール《威嚇者》と称し、あらゆる獣の姿を纏ってあらわれる。三番目は、土、水、小石、樹木、山、平地その他あらゆる魂なきものとして映じるパンタソス《仮像者》。】

[メルクリウスにはなぜ髭がないのか] それはさて、角柱に造られたメルクリウスのすがたに戻ることとしよう。パウサニアスが[124] アカイアについて記すところ、この邑のある街道筋

には髭を生やし、頭に帽子を被ったメルクリウスがあったという。しかしわたしはこれ以外に、メルクリウスの彫像に髭があるという記述を見たことがない。詩人たちはみな髭なしに描いており、[125] それは美しく純潔なものは決して老いることがないということをあらわそうとしたものである、と言っている。しかし先述したマルティアヌス[126]やルキアノスのように、生えはじめの産毛を彼に与える者たちも多い。ルキアノスは[127]その『供儀』で、メルクリウスの頬には最初の産毛が僅かばかり生えはじめ、と描写している。ホメロスもまた、[128]キルケの魔術から身を守ることになる薬草[129]を携え行くところ、ウリクセスにも産毛をみている。

【メルクリウス像に投じられた石】それにまたたまたま通りかかった公道にメルクリウス像があると、通行人たちはそれに一々石を投げた、ともいう。それは像の周囲に山をなしていたというが、最初に出会った神に手にしていたものを供えて神々を敬う慣習であったものか、はたまたこうすることによって後からここを通るものが害《そこな》いに遭うことのないようにと公道を清めたものでもあったのだろうか、飛脚たちが旅の安寧をこの神に願ったものであったろうか。それともこの小さな石からなる小山自体になんらかの意味づけがなされたものだろうか。[130]【この石の堆積あるいは小山は、行き先の定かならぬ道にあってその先正しい歩みから逸れることがないように、とメルクリウスに捧げられたものだった、とスイダ[131]には記されてある。また古人たちのもとには、公道のメルクリウス像の前に果実の初物を捧げるという慣習があったともいう。通行人たちが必要に応じてそれを取って食べることができるようにと。

【三頭のメルクリウス】また時に、メルクリウスは三頭の姿に造られたともいう。これは優雅な語りのための装飾であったか、あるいは通行人たちの警護者として他の者に異なった道を指し示すには頭が一つでは足らなかったからか、特に三叉路において三つの頭の一々はこの、あの、その道がどこへつづくものかをしるしたのだった。[132]】

また古人たちはメルクリウスが牧人たちを守ってくれるものともした、ということについてはホメロスがトロイ人たちのことを語るにあたり、フォルバは牛馬、また羊をたくさんもつ裕福な者であったが、それは彼が他のどんな神々にもまして頼みとしたメルクリウスが彼を富ませてくれたものであろう、と言っている。おそらく往時、人々は羊や牛馬から得られる儲けより他には富というものを知らなかったから。パウサニアスは、[133]コリントの邑のある道には子羊を傍らにした青銅製のメルクリウス座像があった、と記している。【そこに子羊が配されている理由については玄妙なことがらであって、その理由を口にすることはで

雄弁の神メルクリウス、太陽の力をも意味する牧人たちの守り神の姿。そしてエジプト人たちのもとで利発さを謂ったアヌビスの姿。これはまたメルクリウスでもある。太陽と月をあらわすカドゥケウスは人の誕生から連れ添うこととなる幸運、愛、必然のダイモーンである。 [▶Tav.53]

きない、と彼は緘黙する。】またこれとは別に、[134]ボイオティアのタナグラ人たちのもとには牡羊を首周りに担いだ像があった。これについては、こうして市壁の周りをメルクリウスが巡り歩くと悪疫が焉んだからだという。それゆえこの地では彼の祭日に、美しい若者が首に子羊を担いで町の周りを巡るようになったのだという。これまたパウサニアスの言うところ[135]によれば、アルカディアからオリンポスのユピテル神殿に奉献されたメルクリウス像は、頭に兜を被り、外套の上から兵士の短い鎧を纏い、腕に牡羊を抱えていた。

[太陽としてのメルクリウス] マクロビウスは[136]、どんな神々も太陽の多くの徳能を含意したものだとしつつ、メルクリウスの像も例外でなく、その翼は太陽の速さをあらわしたものだと言う。そして牡牛に変じたイナコスの娘の番人アルゴスを殺したという寓話がつくられ、時にその彫像の手に新月刀が置かれることとなった[137]。これは数知れぬ眼をもつアルゴスが大地を眺める星で溢れた天であったからで、エジプトの人々は大地を彼らの神聖文字では牡牛のかたちにあらわしたものだった。しかしそのアルゴスをメルクリウスつまり太陽が殺すとは、太陽が昇りはじめるとそれは星々を消し去るということである。それに、頭一つと男性器をつけた角柱のメルクリウス像は、太陽がこの世の首であり、

あらゆるものの種を撒くものであることをあらわしており、四つの面はこれまたメルクリウスに与えられた四弦の竪琴が意味するところをあらわしている。つまりこの世の四つの部分あるいは一年の四季、それとも獣帯の全体を四分する春分点、秋分点、夏至、冬至を。

【ヘロドトスが記すように[138]、これはまさにギリシャ人たちによる発見であった。そしてアテネ人たちこそがメルクリウスの彫像に勃起した男性器をつけることを他の民に教えたのだった。彼らがこのようになしたのは、寓話が伝えキケロが語るところ[139]によれば、彼がはじめてプロセルピーナを見たとき欲望にこのように膨れ立ったからだという。これは本書の52図[140]にみられるとおりである。】

【人の誕生とカドゥケウス】人の誕生にカドゥケウスを準えるのは、これもマクロビウスが[141]言うところによれば、エジプト人たちがなしてみせたところだった。人が生まれるにあたり、ダイモーン《動霊》、フォルトゥナ《幸運》、アモル《愛》、ネチェッシタ《必然》の四神が付き添う。そのうちの最初の二神は太陽と月を意味している。その訳は、前者から人の生の霊、熱そして光が来たり、保たれるので、それがダイモーンつまり生まれる者の神と信じられたのであり、後者がフォルトゥナと呼ばれるのは、彼女の力のすべてがさまざまに異なる偶然の支配の下にあるからだに行きわたるからである。アモルは二匹の蛇の頭であらわされ、これらは接吻するかのように合わさっている。またネチェッシタはこれらの蛇が中途で結び目をつくるところに含意されている。

利発さ、守護、忠誠の神アヌビスの姿。エジプトの水陸両棲の動物である鰐、アピス、ユピテル・アムモーンその他の神秘な像の数々を添えて。

マルティアヌスは[142]、フィロロギアが第二天に入るところ、ひとりの乙女が手に板をもってやって来る様子を描いている。その板には以下のような、すべてメルクリウスの指標となるものどもが刻まれていた。中央にコウノトリによく似た、イビス《トキ》と呼ばれるエジプトの鳥と、二匹の蛇がぐるりと取り巻く帽子を被ったたいへん美しい顔がひとつ。その下には美しい枝杖があり、その頭頂は金塗りされ、中央は緑色、下端は黒くなっている。右側には海亀と蠍が一匹づつ。左側には一頭の山羊と大鷹《スパルヴィエラ》によく似た鳥が一羽(143)。

[アヌビス] これらはほとんどみなエジプト人たちの諸玄義から採られたもので、この民のもとにあってメルクリウスはアヌビスという彼らの神の名で呼ばれ崇められたものだった(144)。彼らはその手にカドゥケウスをもたせ、イシスとともにあるものたちについてアプレイウス(145)が語るところによれば、そこにはアヌビスもいたという。それは黒あるいは金色の犬の顔をして、左手にカドゥケウスをもち、右手で棕櫚の緑の枝を振るメルクリウスである、と言われていた。

エジプトでこの神の頭が犬に造りなされた(146)のは、メルクリウスの利発さをあらわすためだった。なんといっても犬より利発な動物はいないから。あるいはディオドロス・シクロス(147)が伝えるところによれば、アヌビスはオシリスの息子で、父に従いあらゆる戦争に従軍し、つねに勇敢なところをみせたので、その死後神に祀られたのだったが、生前その兜の頂に犬をつけていたことに因んで、その像は犬の頭に造りなされた、という。これはまた彼が、あらゆる姦策から父を護りとおした利発で忠実な護衛であった、ということをも含意したものであった。

[ヘラクレス] それにまたヘラクレスですらもメルクリウスとさほど違わない。ガリア人たちが賢明と雄弁の神を崇めるにあたりその像をどのように造りなしたか、ルキアノスが(148)ものがたっている。それはほとんど最高齢の老人で、わずかばかりの頭髪を残してほとんど禿げあがり、顔は薄黒く皺だらけ、獅子の皮を纏い、右手に棍棒を、左手に弓をもっていた。肩から箙を吊り下げ、舌の先に繊い金と銀の鎖を夥しく啣えてこれで数多くの人々の耳を引くとともに、彼らは喜んでそれに従っていた。

[雄弁とその力] この図像の意味するところは容易に理解できる。これらの人々がヘラクレスのものとした雄弁の力。ルキアノスが言うとおり、ヘラクレスはメルクリウスよりもずっと力がありたくましいものと信じられていたので、彼は老人の姿に造りなされた。なぜといって老人たちが若者たちよりも雄弁において優るものであることは、ネストルが語る時にはその口から甘美な蜂蜜が糸を引くようであった、とホメロスが言うとおりであるから(149)。

[鍛錬の神々] 【おそらくここから、アルカディアではこれら

ガリア人たちが雄弁と鍛錬の神とみなしたヘラクレスの姿。これはまたメルクリウスであると言う者もあり、この図では兵士としての力と鍛錬をあらわして、偉大な老将、痩身の雄弁家となされている。
[▶Tav.54]

二神に唯一の神殿が捧げられたのであろう。(150) それにアテネ人たちは彼らのアカデミアにムーサたち、ミネルヴァ、メルクリウスの祭壇を祀っていたが、ここで鍛錬する者たちにとってどの神よりも裨益するところある神性としてヘラクレスの祭壇をも祀りたいと考えたのだった。(151) パウサニアスが記すところ(152)によれば、ギリシャ人たちのみならず他の粗野な民の多くもメルクリウスとヘラクレスを鍛錬にかかわる神と信じ、鍛錬場では主にこれらを祀ったという。ラケダイモン人たちの競技場《ドローム》つまり若者たちが競走の鍛錬をする場所には、実に古いヘラクレスの神像があり、すでに成年に達した者たちはこの像に生贄を捧げに赴いたものだった。(153) またコリントのある邑の民は、ヘラクレスはこの地でメルクリウスにその棍棒を捧げたのだったが、それは野生の(154)オリーヴでできていたといい、その後このオリーヴは根を張り、成長して、大きな樹木となった、と信じられていた。(155)

　ヘラクレスが一人であったものか数多くいたのかについては詳らかにしない。それが四十四人いたとウァロが(156)言っているのを知らぬ訳ではないし、偉大にして瞠目すべき勇気をもち、残虐な怪物たちを乗り越えてきた男たちはみなヘラクレスと呼ばれたともいう。しかしそれらの多くが神々の員数に算えられることはなかった。古人たちが造りなした神像群についてただ描写を試みようとする者には関わりないことであるし、いずれ彼らはヘラクレスというひとりの神を祀り、他の神々たち同様に崇敬したのだった。エジプトの民は、ヘロドトスが[157]記しているように、以前からそれを十二祀ったという。しかしヘラクレスという名によって多くの人がなした事跡が数々伝えられているにしても、それはただひとりに帰属され、ひとりの神として語り継がれてきたのだった[158]。

［ヘラクレスの神像］その神像はたいへん大きく、それは生前メラムピュゴスと渾名されたところの力と剛毅をみせつけるものである。メラムピュゴスとは黒尻を意味し、ギリシャ人たちは力強く頑健な者たちをそう呼んだもので、反対にレウコピュゴスつまり白尻とは柔和脆弱を指して言われた[159]。

これについては次のような話が伝わっている。邪悪で陰惨な二人の兄弟がいた。名をパッサロスとアルクマイオンといったが、かえってケルコープスたちと呼ばれたメムノンの息子たちだった。彼らは何度も母親からその悪しき性格を改めるように言われたのだが、いっこうに彼らの邪なおこないを矯すことができないのをみた母親はすくなくともメラムピュゴスにだけは関わらないようにせよと懇願した。そんなある日、ヘラクレスが一樹のもとで休もうとこの樹に弓と棍棒を凭せかけたところに彼らがあらわれ、眠っているヘラクレスをみてなにか妙な冗談をしかけてやろうと企んだのだったが、まさにその時ヘラクレスが目を覚ました。彼は身を起こすと彼らを捕らえ、二匹の兎のように彼らの足を結わえて棍棒に結びつけた。そしてそれを背に担ぐと、道を進みはじめた。ケルコープスたちは棍棒から吊り下げられているうちに、ヘラクレスの黒くて毛だらけの尻を目にして、何度も母親が彼らに言ったことの意味をお互いにやっと理解し、これこそメラムピュゴスだったのだと言いあった。ヘラクレスは事態をすべて了解してたいへん面白がり、笑いながら彼らを解いて、放してやった[160]。しかしスイダ[161]によると、彼らはその後、ユピテルを欺こうとして化け猫に身を変じたという。そこからケルコープスたちとは詐欺師追従者たちを意味することばとなったのだった。プルタルコスは[162]真の友とおべっか使いたちの違いについて語りつつ、ヘラクレスがケルコープスたちを愉しんだように君公たちはおべっか使いたちを愉しむ、と言っている。ヘロドトス[163]もまたこうしたことに触れつつ、ギリシャの山々を越えて兵士たちを行軍させるクセルクセスを語っている。アソポス川を渡るにケルコープスたちの住処つまり意地悪な場所と称される道をとったのだったが、そこにはメラムピュゴスつまり黒い泉と呼ばれる石もあった、

と。このことばはこの意味をばかりか、ヘラクレスに関連して先に言ったところを喚起するものでもある。】

〔武装したヘラクレス〕力強く頑健なこの神の像もまた全裸で、【彼の顔を隠すように口を開けた】獅子の皮を纏っているだけ。そして【先述したとおり、】片手に棍棒を、もう一方に弓を持ち、肩から箙を吊していた。【[164]この神に捧げられたこれに同じ十キュービットの高さの金属製の像がギリシャの町オリンポスにあった。アゲノールの息子とともにヘラクレスがエウロパを探しに行ったと言う者もあるとはパウサニアス[165]が伝えるとおりだが、彼はまたラケダイモン人たちのもとにも完全武装して獅子の皮を纏ったヘラクレスの神像があったと記している。これについては次のような言い伝えがある。ヘラクレスがある責務を負ってラケダイモン人たちの首府であるスパルタに赴いた折、自らとともにオイオーノスという名の年若き叔父、あるいは同じ事跡を語りつつアポロドロス[166]が謂うところによれば、リキュムニオスを伴に連れて行ったのだが、この伴連れは気ままにこの町を見ようと独りで出かけると、この町の領主にして王であったヒッポコオンの館の前に出た。そこでたちまち獰猛な犬に襲われた彼は、それを石で傷つけて館に戻らせた。このことを察知したヒッポコオンの息子たちは、館を出てオイオーノスに棍棒で襲いかかり、彼を殺してしまったのだった。これを知ったヘラクレスはたいへん憤り、叔父の死を悼んで、躊躇なく単独で人殺したちのもとへと向かい、彼らを散々な目に合わせた。しかし腰に傷を負ったヘラクレスは襲いかかってくる大群に抗することならず退却したが、その後彼も多くの援軍を得てその息子たちばかりか父王ヒッポコオンをも殺害し、この家門を廃絶した。ここからラケダイモン人たちはヘラクレスを武装した姿に造りなしたのだった[167]。

〔コティレオと渾名されたエスクラピウス〕またアルカディア人たちは、この傷を記念してヘラクレスの神像の腰に傷跡をつけた[168]。そして傷が癒えたこの像をエスクラピウス《アスクレピオス》神殿にコティレオと渾名して捧げ祀った。ギリシャ人たちのもとでコティレオというのは、われわれが腰《コッシャ》というのと同じで、腰に受けた傷から癒やされた者という意味で添え名とされた訳である[169]。

〔ヘラクレスの武具〕アポロドロス[170]は、ヘラクレスがテーバイを護るにあたっても、武装してミノア人たちと戦ったが、その折ミネルヴァが彼に武具を与えたと記し、またヘラクレスは弓をエウリュトスに習い、アポロンから矢を、メルクリウスから剣を、ヴルカヌスから甲冑を、ミネルヴァから外套を与えられ、自らネメアの森で棍棒を切り出した、と付言している。

プリニウス[171]は古人たちのもとにあった金属製の堂々たる彫像の幾つかについて語りつつ、ローマに恐ろしい容貌をしてギリシャ風の外套を着たヘラクレス像があった、と言っている。その相貌が見るからに恐ろしかったことについては、そこを通りかかる者がそれが身を隠している洞窟を見ると石と化してしまうほどに恐ろしいものであった、と書き記した者もあるほどで、スイダ[172]に記されている外を眺めようと顔を出す人のかたちの石というのはこれのことである。

［ヘラクレスの杯《スキュフス》の船］またアテネオス[173]が伝える寓話によると、太陽《ソル》がヘラクレスに大きな酒盃を与え、彼はこれで海を渡ったという。マクロビウスはこれを註して[174]、それはスキュフスと呼ばれる一種の舟であったといっている。これはまた杯の名でもあり、われわれの謂う小船《シーフォ》や平底船《バッテロ》にも相当することばかもしれない。そこから彼に生贄を捧げるにあたっては、かならずこの器を使うこととなったのだった。ヴィルギリウス[175]は、アエネアスがエヴァンドロスのもとへ出かけた折におこなわれたヘラクレスを祀る儀式について語りつつ、聖なる杯《スキュフス》はエヴァンドロスの両腕をふさぐほどであった、とこの器の大きさを伝えている。

［大酒飲みのヘラクレス］時にヘラクレスはこの杯を手にして造られている。先述した寓話ばかりか、アテネオス[176]が謂う

武装したヘラクレスの姿。暴飲暴食のヘラクレスと、貪食なところから彼に捧げられた鳥フォリカ。彼を祀る祭壇はその鷹揚さと寛大さのしるしで、牛の軛と称される。ポプラの樹を冠にしているのは、彼がまたすべてを貪り尽くす時ともみなされたことをあらわしている。
［▶Tav. 55］

ところによっても、ヘラクレスが大酒飲みであったことは確かである。

［ヘラクレスに殺されたキュアトス］ コリントのある邑の祈禱所に彼に杯を捧げる若者の像が造られたのも、おそらくこれに類した理由からであった。パウサニアスが[177]記しているところによれば、この地にいた舅のもとで晩餐をとっていたヘラクレスは、どうやら彼に酒を注いでいた若者キュアトスが丁寧に勤めを果たしているようには思われず、その頭をぴしゃりと叩き、殺してしまったのだったが、その後これを追想してこの彫像が造られたという。

［大食漢のヘラクレス］ またアポロドロス[178]によると、アテネその他の地のヘラクレスは一人で牡牛を一頭丸ごと食べてしまうような桁外れに貪食な大食漢であったという。

［ヘラクレスの鳥］ そこから古人たちは、ギリシャではラルと呼ばれ、われわれがフォリカ《オオバン》と称する鳥を彼に捧げたのだった。つまりスイダが[179]記すように、この鳥もまたたいへん貪食な性のものだったから。こうしたヘラクレスの大食からある種の生贄儀礼が生まれた。そこでは幸を願う善きことばを唱えることが忌まれた。その理由について、ラクタンティウスが[180]言うところをアポロドロスが[181]伝えている。ある日彼がロードス島を通りかかったとき、たいへんな空腹を感じた。彼は土を耕していた二頭の牡牛を見たのだが、農夫はその一頭をすら売ろうとしなかった。そこで彼は両方とも奪い、仲間たちと一緒に食べてしまった。牡牛を失って絶望したこの憐れな農夫はこれに仕返しするすべもなく、ヘラクレスを冒瀆し呪詛することばを吐くとともに、彼と彼の仲間たちがなしたあらゆる悪事を暴きたてた。ヘラクレスはそれを愉しみ笑い、彼のことを悪く言って彼を喜ばせる者たちからはもう取っては喰わぬと言った。その後、この邑の人々はこの神に牡牛の軛と呼ばれる祭壇を祀り、ある時期ここで二頭の牡牛の首を軛に繋いで生贄に捧げた。そしてこの時にあたり、祭司とすべての会衆は冒瀆のことばを吐き、悪事の限りを言い募ったのだった。なぜといって、彼らはこうすることによって牡牛を喰われた農夫たちが冒瀆や呪詛のことばを吐くのを聞くのが大好きなヘラクレスが元気を取り戻すこととなると信じていたから。これに関連して、陰惨で忌まわしいというよりも愚かでおかしなまた別の供儀がある。スイダ[182]によれば、これまたヘラクレスの好尚に添うべく農夫たちが遅滞なく生贄を捧げる準備をしていると、生贄に供すべき牡牛が逃げ出し、それに代えて林檎に脚の代わりに四本、角の変わりに二本の棒を挿して捧げたという。あるいはポリュデウケスが[183]語るところの方が事態をよく伝えているかもしれない。それによると、ヘラクレスの祭りにあたり生贄の一頭の牡羊を運

んできた者たちがアソポス川を渡ることができずにいたが、すでに供儀の時は迫っていた。そこで子供たちは林檎に脚の代わりに四本の葦を挿し、角の代わりに二本を挿して、生贄の牡羊の代わりにそれを捧げ、戯れに儀式を進めたのだった。ヘラクレスはこれをたいへん慶び楽しんだので、その後テーバイの人々の間では生贄に捧げる獣が足らない時には彼に林檎を捧げることが慣習となった、と。

[ヘラクレスの勲功] しかし暴飲暴食よりも、ヘラクレスには他にさまざま赫々たる功績があった。それゆえ彼の彫像や絵画が数多く造られ、彼に捧げられた神殿ばかりか他の神々の神殿の中にも祀られた。こうしたもののなかには[184]】揺り籠に入り込んだ二匹の蛇を両手で締めあげる小児、成長した後にはヒュドラ【が生え出る頭の切断およびその焼却、駆けながら金属の脚と黄金の角もつ牝鹿を捕らえるところ】恐ろしい獅子の口を裂くところ【あるいはそれを溺れさせるところ】また目の前にいた王を喰らう馬たち、獰猛な猪を背に担ぐところ、その翼を広げてこの世から太陽の光を取り去った空飛ぶ巨大な鳥を矢で射るところ、【火を吐く怖ろしい牡牛を曳いて行くところ、その胸で巨人を締め上げ死なせるところ、獰猛な龍を殺してこれが護っていた庭から黄金の林檎を取るところ、天空を背に支えるところ、からだが三つある王を殺して牡牛の大群を率いて行くところ、ある洞窟の前で口から煙と炎をあげる大泥棒を殺すところ、彼によって繋がれた三頭のケルベロスを牽くところ】高山に繋がれたプロメテウスの肝臓を貪る鷲【を弓を引いて殺すところ、また数多の盗賊や僭主たちを殺すところ等々があり、彼についてものがたられている赫々たる武勲といっては枚挙に暇がない。これらがさまざまな形姿の素材となり、またそこから彼は怪物たちの征服者と呼ばれたのだった[185]。

[心胆強きヘラクレス] とはいえ、】死すべき者たちの間にあってもっともおぞましい怪物たちよりも【もっとも残酷な僭主たちよりも】醜いものといっては、こころに巣食う悪徳の数々に他ならない。そこからして、ヘラクレスの剛毅とはそのからだならず[186]、こころにあった、と言ってのけた者もある。彼はそのこころによって、獰猛な怪物たちのように人を絶え間なく惑乱させ苦しめ、理拠に叛かせる無秩序な嗜好のすべてを超越してみせたのだった。【これについてスイダ[187]は次のように記している。

[ヘラクレスの変容] 古人たちはヘラクレスが賢明さと美徳とをたいへん愛する者であったことをあらわすために、】彼に獅子の皮を纏わせて描いた。【これはこころの寛大と高潔を意味している。右】手にもつ棍棒は[188]【賢慮と叡智の希求をあらわしており、寓話の数々では彼はこれによって獰猛

な龍を殺し、三つの黄金の林檎をもち去る、とものがたられた。この黄金の林檎は龍が守っていたもので、彼はそれを左手に握ったのだったが、これは彼が情緒的嗜好を超え、美徳と正義と謙遜で魂を飾り、そこから三つの力を解放した、ということである。】

〔太陽としてのヘラクレス〕すでに何度も言ったようにマクロビウス(189)は他の神々を知的に解釈しようとして、(190)ヘラクレスとは太陽のことであるとした。そして彼の栄光の事跡の数々、そのうちもっとも有名なものが十二あるのは、太陽によって一年のうちに過ぎられていく獣帯の十二の星座《しるし》のことである、と。

〔時としてのヘラクレス〕また(191)ヘラクレスとは、あらゆることがらを打ち負かし鎮める時のことである、と言う者もある。

〔ヘラクレスの樹〕そこで彼の頭にポプラの枝の冠を載せたのだった。(192)これは古人たちが彼に捧げた樹で、ヴィルギリウスは、(193)エヴァンドロスが彼に生贄を捧げるにあたりその頭にこれを結び、盛んに繁る葉叢《ヘラクレスの》と呼ばせている。その理由は、この葉が時の二つの部分をあらわす二つの色をみせるからである。一方の白は昼をあらわし、他方の暗色は夜をあらわしている。(194)そこから寓話の数々は、ケルベロスを捕えるためにヘラクレスが冥界に赴いた時には頭の周りにポプラの枝の幾本かを結んだが、汗に濡れ湿って柔らかいからだに触れたその葉の裏面は白くなり、冥界の気にあたる側は暗く煙ることとなったのだと言い、それゆえ彼はその後、冥界の館の煩わしい煙から頭を護るため、つねにそれが柔らかくあるようにと欲した、という。(195)

〔ヘラクレスの儀式〕【ヘラクレスが時の神とされたところから、他の神々に対してなされた供儀に加え、彼のためになされる儀式の幾つかはマクロビウスが(196)記しているように、頭を剝き出しにしたままに挙行された。これはサトゥルヌスの項で、彼には頭を剝き出しにして生贄が捧げられた、と謂われていたところ(197)と同じ理由からであった。

〔蠅を追い払うユピテル〕またプリニウスは、(198)ローマのボアリオ広場にあったヘラクレスの神殿には犬も蠅も来なかった、と言っている。これはその外に立てかけられていた棍棒が匂ったからであろうか、(199)それとも犬がその神殿に来ないことについてプルタルコスが(200)記している理由によって嫌われたからであったろうか。それはつまり、ある時ヘラクレスはユピテルに生贄を捧げ、たいへん彼を煩わせていた蠅どもをその周囲から追い払って欲しいと願い、そのために生贄を一頭余分に捧げたから。するとたちまち蠅どもはみな飛び去り、彼の生贄には二度とたかることがなかったという。それゆえこのことが起こったギリシャのこの地方では、ユピテルに蠅追いという渾名がつけられた、と。

〔蠅の神〕その時蠅どもを追い払ったのはユピテルではなく、まさに蠅の神であるミングロであったと言う者もあり、[201] またその神はミオデという名であったとも言われている。ギリシャのある地域では、この神に生贄を捧げると邑から蠅どもが飛び去りいなくなったものだった。[202] またリビアのキュレネの民もアコーレと呼ぶ蠅の神を崇め、大量の蠅によってしばしば引き起こされる悪疫を鎮めてくれるようにとこの神に生贄を捧げた。[203]

〔ベルゼブル〕またユダヤのエクロンの民も蠅の偶像ベルゼブル（バアル・ゼブブ）を信奉していたが、これについて聖ヒエロニムス[204]は次のように説いている。

〔ヘラクレスの祭儀から追い払われた女たち〕蠅どもがヘラクレスの生贄奉献に近寄らなかったように、女たちもそこから追い出され、それを見ることすらできなかった、と。これはヘラクレス自身によって命じられたことだと言われている。つまりある時、その時期には女は男になにを貸しても与えてもならないという定めがあった女神ボーナの祭りにあたり、ある婦女が彼に飲み物をさし出そうとしなかったことを憤った、と。男たちが女神ボーナの祭から追い出されたように、この時以来、女たちはヘラクレスの神殿に入ることも生贄奉献を見ることもできなくなった、という。[205]

ただエリュトライ人たちのもとにあったヘラクレスの神像についてパウサニアス[206]が言うところによれば、これは木を寄せ集めて筏《いかだ》の形に結わえたもので、エリュトライ人たちとキオス人たちの間に浮かぶイオニア海の小島にあるのをお互いに見知って取り合いをしていたものだったが、どんなに力を尽くしてもそれをそこから引き離すことができなかった。ところが、昔漁師であった頃にそれを見たことがあるというエリュトライの貧しい盲目の老人が、どうやら夢のお告げを聞いたものらしく、女たちの髪で綱をつくりそれで神像を載せた筏を引くなら、どこへなりとそれを運ぶことができるだろう、と言った。

〔特典を受けた女たち〕しかし町の女たちはそのために髪を提供しようなどとは決して思わなかった。当時ここでは自らすすんで他人のために自らのものを与えるなどということは考えられないことだったにもかかわらず、自由民として生まれた幾人かのトラキアの女たちが自らの髪を差し出し、これで綱を編み、エリュトライ人たちはこれで筏を曳き、神像を得たのだった。それゆえ、トラキアの女たちだけはヘラクレスの神殿に入ることが公に許されることになった、という。

〔ヘラクレスとアポロンの奪い合い〕これまたパウサニアス[207]によれば、デルポイにはヘラクレスとアポロンのふたりが三脚を奪い合っているかのように引き合う彫像群が数多あった

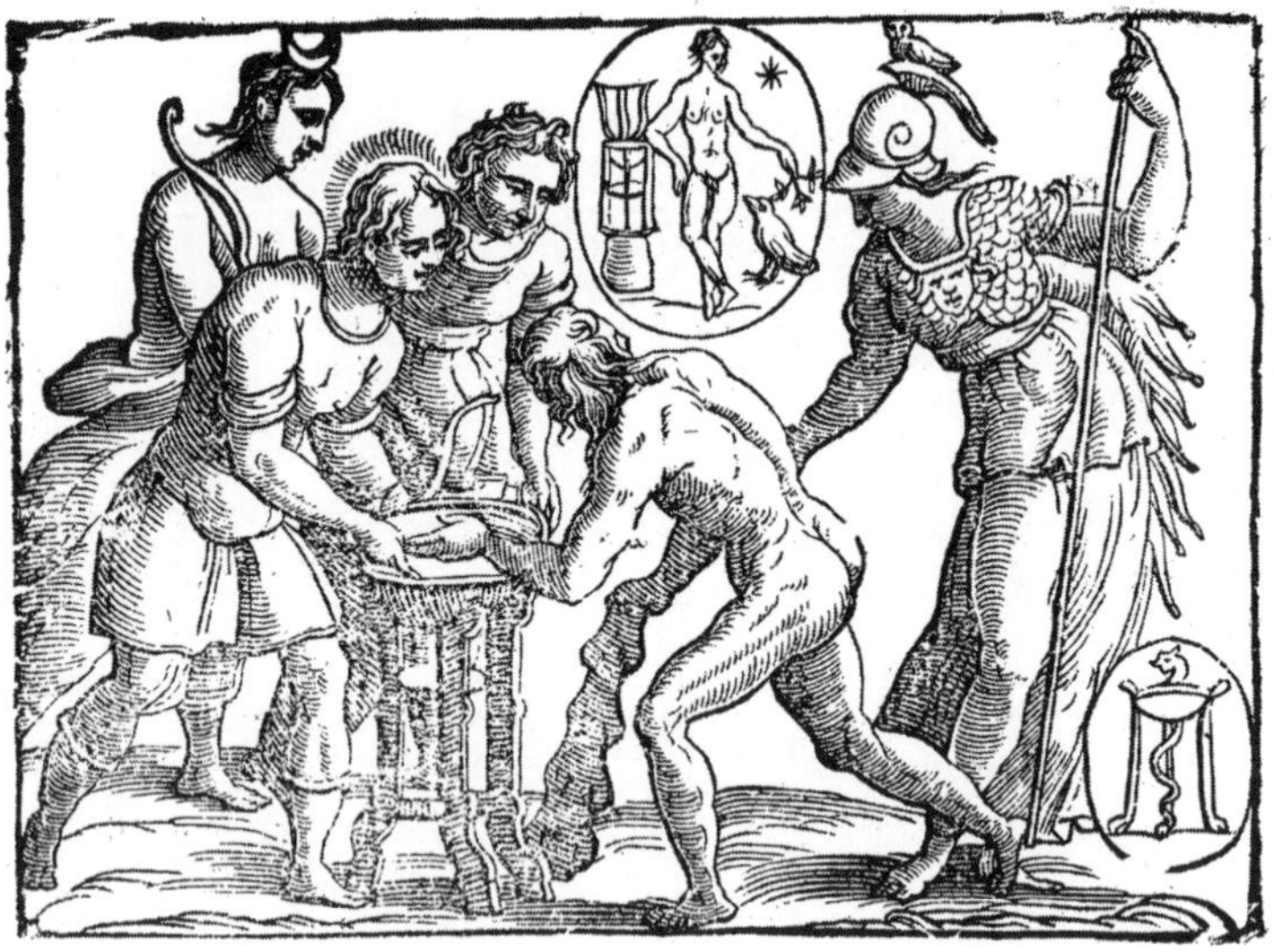

三脚を奪い合うアポロンとヘラクレスの姿。ラートナとディアーナがアポロンを鎮め、ミネルヴァがヘラクレスを鎮めている。これはアポロンの神託の応えを得られないヘラクレスの怒りも、それが得られたときに宥められることをあらわしており、三脚とは栄誉、尊敬、英雄的な高徳、真実のことである。　［▶Tav. 56］

という。キケロによれば、ふたりは奇妙な具合にそれを握っており、ラートナとディアーナがアポロンの怒りを、またミネルヴァがヘラクレスの怒りを鎮めようとしているところ。これはある時、神託の返答を得ることができずに腹を立てたヘラクレスが三脚を持ち去ったことがあったが、気を取り直してそれを元に戻すと、神託により彼の望むところがかなえられた、ということを擬したものだった。

［三脚とは］ 古人たちにとって三脚とは三本足の金属製の器の類で、今日ならさしずめ銅鍋か他の調理用鍋のことである。ホメロス[208]はこれには二種があったと言い、われわれの流儀で謂うなら火に掛けるためのものと火を用いないものとを区別している。後者は家や神殿でただ装飾調度としてのみ用いられ、またたいへん貴重な贈物として神々に捧げられたばかりか、高い地位の人々に贈られるものだった。

［レーベス］ ヴィルギリウス[209]はこれを、父アンキセスのために催した競技に並べる尊い褒賞進物のひとつに挙げている。おそらくそこに飾り並べられた高価なものとともに、これは彼がヘレノスのもとを出立するにあたって贈られたものであったのだろう。ヴィルギリウスはそれをギリシャ語でレーベス（丸底卵形の壺）と呼んでおり、セルヴィウス[210]はアエネアスのような人物に贈物として与えるのに調理用の鍋という訳にはいかなかったであろうと言い、それを手を漱

ぐための盥であったとしている。しかしアテネオス[211]は先述したホメロスの三脚の区別に関して、どちらもレーベスと呼ばれる慣いであって、火に掛ける方は水を沸かすため、そうでない方は酒盃や葡萄酒を容れる器として用いられたものであった、と言っている。

どちらであったにしてもわれわれの目的にはあまり役立たないが、どうやら三脚とは聖なる卓であったようである。なぜといって、そこに坐った娘にアポロンの霊が下から入り込み、その霊に満たされた娘が聖なる応えをするためのものであったから。それゆえ、三脚とはそこに坐った女性のからだに霊が入り込めるように中央に穴を開けた座椅子であった、と言う者もある。[212]

［真実《ヴェリタス》］それは真実のしるしとも捉えられる。そこに発する神託はつねに真実を告げるものと信じられたのであってみれば。

［バッカスの三脚］アテネオス[213]の謂うところによれば、古人たちは三脚は誰にでも真実を語ると考えていたのであり、それゆえバッカスもまた三脚をもっていた。これは酒盃あるいは葡萄酒の器であった、なぜといって葡萄酒というものは神々の託宣に劣らずものごとの真実を暴くものであり、ほとんどの神々はそれぞれにバッカスの神託を受けたものだったから、と。これについてはそのうちにすべてを記したいところだが、ここではメルクリウスの姿についての項を了えるにあたり、彼に関してひとつだけ録しておこう。

［メルクリウスの託宣］パウサニアス[214]は、アカイアのある邑の大きな広場の中央に大理石でできたメルクリウスの神像があった、と記している。それには髭があり、さほど大きくない四角の台座の上に載っていた。これに対面するように、これまた大理石でできた女神ヴェスタの像が祀られ、メルクリウスに忠言を聞きに来る者はその傍らにある金属製の燈明を灯したものだった。まずすこしばかり香を焚き、祭壇の右側から当時この地の民が使っていた貨幣を献じ、メルクリウスの神像に片耳を傾けて聞き質したいところを問うと、すこしばかりの間、聞き耳を立てた。そして耳を神像から離すとすぐに両耳に手をあてて、広場を出るまでしっかり耳を閉ざした。そこで耳を閉じていた手を開き、最初に聞こえてきた声こそが託宣の応えとされたのだった、という。】

註

（1）＊初版では章頭は次のとおり。「古人たちの神々にあっては嘘つきや偽者の神々がさまざまな役割や権能をもたされているが、それも各々一つづつをもつのではなく数多くをもつので、それに等しい数の名をもって呼ばれることについては、すでにいろいろな姿を見ながら述べ来たったところである。こうして古人たちはよく、さまざまなことがらをあらわしてみせようとして同じ神を異なった姿になしたのである。以下に描写を試みようと思うメルクリウスも、儲けに配慮する時、ことばを喋ることを司る時、それにしばしば盗みをはたらく時、それぞれ別様に描かれたのだった。だが、彼のもっとも真の姿、もっとも頻出する姿というのは、神々の遣いとしての姿であった。死すべき者たちばかりか神々にも使信を伝えるものがふたりいた。」

（2）cfr. Servio, *Aen.*, 5.606 ; 9.2.

（3）cfr. Servio, *Aen.*, 4.242 : «Mercurius et orationis deus dicitur et interpres deorum» ; Isidoro, *Etym.*, 8.11.45 : «Mercurius sermonem interpretatur».

（4）Plauto, *Amph.*, 11-12.

（5）Pietro Apiano, *Inscriptiones sacrosanctae vetustatis*, tav. 422.

（6）cfr. Virgilio, *Aen.*, 4.239-242 : «primum pedibus talaria nectit / aurea, quae sublimem alis sive aequora supra / seu terram rapido pariter cum flamine portant. / Tum virgam capit».

（7）cfr. Servio, *Aen.*, 4.242.

（8）Omero, *Hymn. Hom.*, 4.529.

（9）cfr. Igino, *Astron.*, 2.6.

（10）cfr. Stobeo, *Floril.*, 81.17 ; Giraldi, *De deis gent.*, 9, p.258, 6-10.

（11）Plinio, *Nat. hist.*, 29.54.

（12）cfr. Macrobio, *Saturn.*, 1.19.16.

（13）cfr. Servio, *Aen.*, 1.297 ; 4.242 ; Isidoro, *Etym.*, 8.11.47-48. ＊初版ではここに次の一節があった。「時として平和《パクス》を描こうと思う者がただこれだけを描いてみせることもあった。あるいはそのためにオリーヴの枝だけを添えてみせる者もあった。〔なぜといって古人たちのもとでは……〕」

（14）Virgilio, *Aen.*, 7.152-154.

（15）Virgilio, *Aen.*, 8.116.

（16）Stazio, *Theb.*, 2.389-390 ; 478-479.

（17）Appiano, *Hist. Rom.*, 8.130-131.

（18）cfr. Appiano, *Hist. Rom.*, 8.130.

（19）cfr. Servio, *Aen.*, 12.120 : «abusive tamen iam verbenas vocamus omnes frondes sacratas, ut est laurus, oliva vel myrtus». ラテン語で verbena と言われるときにはおおむねこの広義の意味で用いられ、バーベナを指すときにはかえって verbenaca という語が使われた。cfr. Plinio, *Nat. hist.*, 25.105.

（20）cfr. Servio, *Aen.*, 8.128.

（21）Festo, *De sign. verb.*, p.88 Lindsay.

（22）Plinio, *Nat. hist.*, 22.5. ここで謂うバーベナも広義で、«gramen ex arce cum sua terra evolsum» と言われている。

（23）Appiano, *Hist. Rom.*, 6.48.

（24）Servio, *Aen.*, 8.128.

（25）Giraldi, *De deis gent.*, 1, p.33, 5-7 に従ったものだが、これはスウェトニウスの次の一節を誤解したものとみえる。Suetonio, *Vesp.*, 9.1 : «fecit [Vespasianus] templum Pacis foro proximus Divique Claudi in Caelio monte coeptum ab Agrippina».

(26) Giuseppe Flavio, *Bell. Iud.*, 7.5.7.

(27) ＊以上の長い加筆の前、初版では「その後には平和《パクス》が来るということで、メルクリウスに戻る前に彼女について見つけた記述を総覧しておくことにしよう。これについてさて、〔アリストファネスは……〕」の一節が戦争から平和へ移るにあたってのつなぎとして挿入されていた。

(28) Aristofane, *Acharn.*, 989-990 ; Giraldi, *De deis gent.*, 1, p.33, 27-28.

(29) ［Ⅷ］章「富の神プルート」項参照。

(30) Tibullo, *Eleg.*, 1.10.45-48.

(31) Claudiano, *De raptu Pros.*, 1.133-138.

(32) G. Du Choul, *Della religione antica de' Romani*, pp.117-118. メンミウスのメダル（下右図）とヴェスパシアヌスのメダル（下左図）。

(33) Tibullo, *Eleg.*, 1.10.67-68.

(34) ＊alma：この語は初版では alcuna となっており、「どうかなんでもよいから平和よ来たれ」という懇願調になっていたもの。

(35) cfr. Giraldi, *De deis gent.*, 1, p.33, 25-27 : «Interdum etiam cum oliva, et nonnun-quam cum lauro coronabatur; quin et cum rosa, ut in aliquibus veteribus nummis vidimus».

(36) Giraldi, *De deis gent.*, 1, p.34, 32-33 : «Deam autem Concordiam praeterea effingebant, dextra craterem tenentem et laeva nunc Cornu Copiae, nunc sceptrum ex quo fructus exire videntur».

(37) Seneca, *Medea*, 62-66 ; Giraldi, *De deis gent.*, 1, p.34, 13-19.

(38) ＊tutto mite：この語は初版では tutto mise になっており、「可能な限りの犠牲を……」という意味になる。

(39) Elio Aristide, *De conc. Rhod.*, 395 Dindorf ; Giraldi, *De deis gent.*, 1, p.34, 37-44.

(40) cfr. Giraldi, *De deis gent.*, 1, p.34, 34-35.

(41) cfr. Giraldi, *De deis gent.*, 1, p.31, 19 : «Fides fingebatur duabus iunctis manibus, interdum imagunculis duabus dextram iungentibus». この象徴的な図は G. Du Choul, *Della religione antica de' Romanim*, p.23 に再現されてある。ただしここではネロのものではなく M. Antonio triunviro のメダルとされている（下図）。cfr. ibid., pp.29-32. ［Ⅳ］章［ユピテル・オルクス］項、章頭 Tav.21 参照。

(42) Silio Italico, *Pun.*, 2.484-486.

(43) ＊初版には「隠されて」の一語があった。

(44) Livio, *Ab U. cond.*, 1.21.4.

(45) Virgilio, *Aen.*, 1.292 : «cana Fides».

(46) Servio, *Aen.*, 1.292.

(47) Orazio, *Carm.*, 1.35.21, cfr. Acrone, ad loc.

(48) Ariosto, *Orl. fur.*, 21.1.5-8.

(49) cfr. Servio, *Aen.*, 3.607.

(50) cfr. Servio, *Aen.*, 1.408.

(51) Alessandri, *Genial. dier.*, 2.19.

(52) ＊初版では以下の一文をもって次節に飛んでいた。「この手については他にもいろいろ言い得るだろうが、それをもってフィデス《信義》が讃えられたことが明らかとなれば十分であり、いまここで必要とは思われぬから捨て置くことにしよう。」

(53) Giuseppe Flavio, *Antiq. Iud.*, 18.328-329.

(54) Plutarco, *Brut.*, 16.

(55) Macrobio, *Saturn.*, 1.11.10.

(56) cfr. Giraldi, *De deis gent.*, 1, p.31, 37-43.

(57) cfr. Giraldi, *De deis gent.*, 1, p.34, 20-25 ; Giovenale, *Sat.*, 1.116.
(58) Poliziano, *Miscellan. Cent.*, 1.67 ; cfr. Eliano, *De nat. anim.*, 3.9.
(59) Giraldi, *De deis gent.*, 1, p.34, 30-32.
(60) Omero, *Od.*, 5.44-49 ; *Il.*, 24.340-345.
(61) Virgilio, *Aen.*, 4.238-244. これらがよく似ていることについてはすでに Macrobio, *Saturn.*, 5.6.11-12 で指摘されている。
(62) ＊初版ではこの八行詩ではなく、十二行の別の俗語訳が載せられていた。「至高なる父の命に従い／たちまち準備を整え、まず脚に／黄金の翼のついた履物《タラーリ》を結び、翼をもちあげると／強い風に攫われるようにして／海の上を、広大な大地の上を翔けた。／そして杖をもって深淵の／蒼白な魂たちを引き出し、／また他の魂たちを冥界の扉へと送る。／この不眠のものたちの目を閉じ、／死に引き渡し、確たる信念《フェーデ》とともに／堂々と風を導き、／不分明な雲を翔け過ぎる。」
(63) ホメロスが ‹epea pteroenta› (*Il.*, 1.201 etc.) と称しているところ。ここはおそらく Suida, *Lex.* E, 3037 Adler に触発された記述だろう。
(64) Plauto, *Amph.*, 142-143.
(65) 正確を期すならヘルメスの帽子は鍔広帽《ペタソス》。
(66) Apuleio, *Met.*, 10.30.
(67) Marziano, *De nuptiis*, 1.5.
(68) Luciano, *De sacrif.*, 11. 後出「髭なしのメルクリウス」項参照。
(69) Filostrato, *Imag.*, 2.32 :「パレストラ：……パレストラはヘルメスの娘。いまや若さの真っ盛り。彼女はアルカディアで闘技を案出した。この郷はこの発案をたいへん喜んだ。なぜといって男たちは休戦時には剣を収め、どうやら野営地よりも競技場《スタディアム》の方が好みに合ったようで、全裸で競い合ったから。……パレストラの容貌は美少年と言うよりも乙女のようでもあり、乙女と言うより美少年という風でもあった。その髪は集めて結うほどではなく、その目は男にも女にも見え、その眉毛は愛に溺れる者たちをも格闘家たちをも軽蔑するように顰められていた。どちらの類の者に対しても彼女は強くて、格闘の間も誰にも胸に触れさせないとやら言われる。まさにそれが彼女の業。その胸は乙女のように膨らんでもおらず、彼女は女らしさを嫌った。そこで腕の白いのをも嫌い、ドリュアデス《木の精》たちをも讃えなかったようだ。なぜといって蔭は白くするばかりだから。アルカディアの丘陵に生活するには太陽の色を要する。太陽が彼女に送る輝きは彼女を軽く日焼けさせて染めた。子供〔男の子、パレストラではなく？〕が座っているのは画家に大いに利するところである。座っているとからだに影ができるから。また座る様子には威厳があり、その裸の腹にオリーヴの若枝を抱えるのにふさわしい。パレストラはこの植物を愛した。それは格闘に使われ、男たちは幸せそうにそれを受けたから。」
(70) Orazio, *Carm.*, 1.10.3-4.
(71) Giamblico, *De myst. Aegypt.*, 1.1.1-2.
(72) Cicerone, *De nat. deor.*, 3.56. キケロが神々の系譜から識別してみせた五人のメルクリウスにおいて、これは五人目にあたる。
(73) Platone, *Phaedr.*, 274c-e. ‹Theuth›
(74) Pausania, *Perieg.*, 8.39.6.
(75) Galeno, *Protrept.*, 3 (Scripta minora, pp.105-106 Marquardt).
(76) Suida, *Lex.* E, 3037 Adler.
(77) Alessandri, *Genial. dier.*, 4.12.
(78) ＊初版には「賽のように」の一語があった。
(79) ＊初版には「彼らの不滅の栄光を」の一句があった。
(80) Suida, *Lex.* E, 3051 Adler. cfr. Tucidide, *Hist.*, 6.27.1.
(81) Tucidide, *Hist.*, 6.27-29.
(82) Plutarco, *Alcib.*, 18-21.
(83) Cicerone, *Ad Att.*, 1.4.3.
(84) Cicerone, *Ad Att.*, 1.8.2.
(85) Pausania, *Perieg.*, 8.48.6.

(86) これら添え名の意味するところについては Servio, *Georg.*, 1.335 ; *Aen.*, 8.139 に要約されている。
(87) Festo, *De sign. verb.*, p.45 Lindsay ; cfr. Giraldi, *De deis gent.*, 9, p.257, 27-30. ギリシャ語では ‹kulloi›、障害、曲がっている、の意。
(88) Orazio, *Carm.*, 1.10.1-3 : «Mercuri, ... / qui feros cultus hominum recentum / voce formasti».
(89) cfr. Platone, *Prot.*, 322a-d. ただしプラトンによれば、メルクリウスはプロメテウスの後、人々を野蛮に戻すために遣わされたのであって、二人同時にではなかった。
(90) cfr. Suida, *Lex.* H, 62 Adler ; Giraldi, *De deis gent.*, 17, p.456, 1-6. これは基本的に Apollonio Rodio, *Argon.*, 1.316-318 およびその註解群に拠ったもの。
(91) Suida, *Lex.* E, 3037 Adler.
(92) Fulgenzio, *Mythol.*, 1.18. 前出のラテン語解釈もこれに拠る。
(93) Cesare, *De bell. Gall.*, 6.17.1.
(94) 前項［メルクリウスとその務め］参照。
(95) cfr. Giraldi, *De deis gent.*, 9, p.256, 45-46.
(96) Pausania, *Perieg.*, 2.31.3.
(97) cfr. Pausania, *Perieg.*, 2.10.2 ; 3.18.1 etc.
(98) Esiodo, *Theog.*, 211-212, 756, 759 ; Omero, *Il.* 14.231 ; 16.672, 682.
(99) Pausania, Perieg., 5.18.1. キュプセロスの櫃については［III］章註46参照。
(100) Virgilio, *Aen.*, 8.369 : «Nox ruit et fuscis tellurem amplectitur alis».
(101) Ovidio, *Met.*, 11.603-607. カルターリは記憶によっているのか、オウィディウスにあっては、夜は芥子の冠を被っているのではなく、その睡眠性の汁を集めている。
(102) cfr. Tibullo, *Eleg.*, 3.4.17-18.
(103) Boccacio, *Gen. deor.*, 1.9 : «Hanc [Noctem] insuper, quantumcunque fusca sit picta ornaverunt clamide ... Quod autem picta palla amicta sit, facile videri potest illam celi ornatum significare quo tegitur». ボッカチオが典拠としてあげる Theodontius についてはいまだ不詳である。
(104) Tibullo, *Eleg.*, 2.1.87-90.
(105) Stazio, *Silv.*, 5.4.16-17. また、次の詩句参照。«Nec te totas infundere pennas / luminibus compello meis (hoc turba precetur / laetior) : extremo me tange cacumine virgae / (sufficit) aut leviter suspenso poplite transi».
(106) Silio Italico, *Pun.*, 10.343-345.
(107) Stazio, *Silv.*, 5.4.1. placidissime divum　とはあるが「若い」ということばはここにはない。
(108) Seneca, *Herc. fur.*, 1065-1076. この一節は Boccacio, *Gen. deor.*, 1.31 にも引かれている。
(109) Filostrato, *Imag.*, 1.27 :「アムピアラオス：この画家はまた紺碧の女たちの姿をしたオケアノスの娘たちの間に男の子の姿でポロポスを描いた。これはアムピアラオスの瞑想の地。神聖な大地の裂け目。その場所にはまた白い衣装を纏った真実《ヴェリタス》もおり、夢の扉があった。実際この地で託宣を聞く者たちは夢を見ねばならなかった。眠り＝夢《ソムヌス》は黒い衣装の上に白い衣装を纏った寛いだ感じの人物として描かれている。これはその夜と昼のはたらきをあらわしたものであろう。またその手には角をもっているが、これは真実を介して夢がもたらされることをあらわしている。」
(110) cfr. Macrobio, *Somn. Scip.*, 1.3.20.
(111) Virgilio, *Aen.*, 6.893-896. ; cfr. Omero, *Od.*, 19.562-657.
(112) Macrobio, *Somn. Scip.*, 1.3.18-19.
(113) ＊ scurezza：初版では severezza（厳格さ、簡素さ）になっている。その関係上、少々文脈が異なってきている。この一節は初版では「真実はつねに隠されてあるが、時として魂がそれを見ないという訳のものでもない。人が眠っている時、魂はからだのはたらきの大半から退き、魂は真実を見るべく眺めやることもある。しかしそれを見たとしても、人の自然本性の厳格さ簡素さにより薄紗に覆われたように、そのすべてを凝視することができない。しかしこの厳格さ簡素さが心眼によって真実を貫くほどに精妙化される（薄く削がれる）なら、角の扉を通して真実の夢があらわれる。しかしそれが厚いうちはその厳格さ簡素さによってこころに視たところのものが触れず、象牙の扉を介して偽りの夢がやって来る。」

(114) Virgilio, *Aen.*, 6.282-284.
(115) Servio, *Aen.*, 6.284.
(116) cfr. Virgilio, *Aen.*, 6.283-284.
(117) Suida, *Lex.* T, 1218 Adler.
(118) Stazio, 前註105参照。
(119) Ovidio, *Met.*, 11.592-643.
(120) ＊初版では「夜」でなく「そこにはほとんど太陽の光が届かないので、闇とともにある」, Ovidio, *Met.*, 11.592-596 ; cfr. Cicerone, *Acad.*, 2.61 : «[Cimmerii] quibus aspectum solis sive deus aliquis sive natura ademerat sive eius loci quem incolebant situs».
(121) Omero, *Il.*, 14.230-231.
(122) Stazio, *Theb.*, 10.84-88.
(123) Ariosto, *Orl. fur.*, 14.92-93.
(124) Pausania, *Perieg.*, 7.22.2. 後出［メルクリウスの託宣］項参照。
(125) cfr. Giraldi, *De deis gent.*, 9, p.255, 11-12 : «Iuniorem quoque effingebant antiqui Mercurium, quoniam non senescit oratio».
(126) Marziano, 前出［なぜメルクリウスに羽根が与えられたのか］項参照。
(127) Luciano, *De sacrif.*, 11 ; cfr. Luciano, *Dial. deor.*, 2.2 ではヘルメスは美しく髭がない〈ageneios〉と言われている。
(128) Omero, *Od.*, 10.278-279.
(129) モーリ草
(130) Cornuto, *Theol. Gr. comp.*, 16, pp.24-25 Lang. ; cfr. Giraldi, *De deis gent.*, 9, p.256. 46-51.
(131) Suida, *Lex.* E, 3030-3031 Adler.
(132) cfr. Suida, *Lex.* T, 981 Adler. ヘルメス・トリケパロス〈trikephalos〉については Giraldi, *De deis gent.*, 9, p.259, 36-47 に広範に語られている。そこでは Licofrone, *Alex.*, 680 も示唆されている。つまり三つの頭は天、海、地、あるいは自然学、論理学、倫理学の三知を指すものでもあり得る。がここではカルターリはジラルディを援用していない。「ことばを飾る力」というのはカルターリ自身の考えのようである。
(133) Pausania, *Perieg.*, 2.3.4. ここには Omero, *Il.*, 14.490-491 も引用されている。
(134) Pausania, *Perieg.*, 9.22.1.
(135) Pausania, *Perieg.*, 5.27.8.
(136) Macrobio, *Saturn.*, 1.19.8-15.
(137) この一節にあたる記述はマクロビウスにはみあたらない。おそらくカルターリは Ovidio, *Met.*, 1.717 : «[Mercurius] falcato nutantem vulnerat ense» を採ったものだろう。
(138) Erodoto, *Hist.*, 2.51.
(139) Cicerone, *De nat. deor.*, 3.56.
(140) 図版は章頭の Tav.51 にあたり、誤植。いずれにしても本文中に図版番号が記載されているのは例外的。
(141) Macrobio, *Saturn.*, 1.19.16-17.
(142) Marziano, *De nuptiis*, 2.174-177.
(143) マルティアヌスは「二重の鶏冠のある dilophon alitem」鳥と言っているだけ。
(144) アヌビスとメルクリウスの同視は神話学的には通有となるものだが、Virgilio, *Aen.*, 8.698 にはエジプトの神々との相違が強調されている。

（145） cfr. Apuleio, *Met.*, 11.11. アプレイウスにおいてはアヌビスとメルクリウスは同視されてはいない。

（146） cfr. Servio, *Aen.*, 8.698 ; Isidoro, *Etym.*, 8.11.49.

（147） Diodoro, *Bibl. hist.*, 1.18.1 ; 1.87.2.

（148） Luciano, *Heracl.*, 1-4. ここには Omero, *Il.*, 1.249 の引用もある。

（149） ＊初版ではここに次の一文があった。「つまり雄弁とはヘラクレスのものであったにせよ、メルクリウスにも似つかわしいものであると言うことができるだろう。一般にヘラクレスは大男で「力強く頑健な……」」後出［武装したヘラクレス］項につづく。

（150） Pausania, *Perieg.*, 8.33.3.

（151） cfr. Pausania, *Perieg.*, 1.30.2.

（152） Pausania, *Perieg.*, 4.32.1.

（153） Pausania, *Perieg.*, 3.14.6.

（154） salvatico, salvifico（救いの）にも見える

（155） Pausania, *Perieg.*, 2.31.10.

（156） cfr. Servio, *Aen.*, 8.564 : «XLIII enumeraverit» ; Giraldi, *De deis gent.*, 10, p.278, 43-44 には四十四人のヘラクレスとある。

（157） Erodoto, *Hist.*, 2.43.

（158） cfr. Cicerone, *De nat. deor.*, 3.42.

（159） cfr. Suida, *Lex.* Λ, 335 ; M 449 Adler ; Tzetze, *Lycophr. Alex.*, 91.

（160） cfr. Diodoro, *Bibl. hist.*, 4.31.7 ; Gregorio Nazianzeno, *Or.* 4, *Contra Iul.*, 1.114 には Nonno, *Comm. et expos.*, PG 36. coll. 1005-1008 の解釈も含まれている。

（161） Suida, *Lex.* K, 1405 Adler. しかしケルコープスたちの化け猫（この語が猿の類を指すことについては［VIII］章註109参照）への変身は Ovidio, *Met.*, 14.91-100 に詳らか。

（162） Plutarco, *De adul. et am.*, 18.

（163） Erodoto, *Hist.*, 7.216. ヘロドトスは ‹Melampugou ... lithon›（メラムピュゴスの石）について語っている。しかしこれには異文があり ‹Melampegon ... lithon› とすると、黒い泉という解釈が可能となるという。ちなみに ‹puge› は尻、‹pege› は泉。

（164） ＊初版では簡潔に次の一節があった。「彼の剛健さをしるすためその後さまざまな寓話に数多くのつくり話がなされたが、それらをみな語ろうとするなら別に一書をなすこととなろう。しかしその姿を描くにあたっては役に立ちそうもないし、それ以上にすでに画家たちによって十分描きつくされており、なにもそれにつけ加えて言うこともない。ヘラクレスの勲功および彼の偉大なる武勲の数々について知らぬ者などほとんどいないだろう。それは絵の中によく見られるもので、［揺り籠に入り込んだ……］」。後出［ヘラクレスの勲功］項につづく。

（165） Pausania, *Perieg.*, 5.25.12.

（166） cfr. Apollodoro, *Bibl.*, 2.7.3. アポロドロスはリキュムニオスをこの若者の父親としている。

（167） Pausania, *Perieg.*, 3.15.3-5.

（168） cfr. Pausania, *Perieg.*, 8.53.9.

（169） cfr. Pausania, *Perieg.*, 3.19.7. ここではかえってコティレオはエスクラピウスの渾名とされている。‹kotule› は「窪んだ杯」の意で、ここでは大腿骨の先が嵌りこんでいる骨盤の窪みを言ったもの。しかしこれを Romolo Amaseo は «a vulnere sanatus quod ... in cotyle, id est coxendice, acceperat» と羅訳したのだった。

（170） Apollodoro, *Bibl.*, 2.4.11.

（171） Plinio, *Nat. hist.*, 34.93.

（172） Suida, *Lex.* Δ, 319 Adler.

（173） Ateneo, *Deipnos.*, 11.469d ; 470c-d ; cfr. Apollodoro, *Bibl.*, 2.5.10 ; Macrobio, *Saturn.*, 5.21.16-19.

（174） Macrobio, Saturn., 5.21.16 : «antiqua historia est Herculem poculo tamquam navigio vectum immensa maria transisse».

(175) Virgilio, *Aen.*, 8.278: «sacer implevit dextram scyphus».

(176) Ateneo, *Deipnos.*, 10.441a-b; 11.469d.

(177) Pausania, *Perieg.*, 2.13.8. パウサニアスはヘラクレスが若者を「指で」叩いたとしているが、ここで「ぴしゃりと」と訳した crico は古ヴェネト語では殴打にあたる。

(178) Apollodoro, *Bibl.*, 2.5.11; 2.7.7 には宴会のためにヘラクレスが牡牛を殺したとあるが、まるごと一頭食べたというのはかえって Suida, *Lex* B, 417 Adler に近い。cfr. Ateneo, *Deipnos.*, 10.411a-c. ここで語られているヘラクレスに捧げられた鳥 laros はユリカモメ gabbiano。オオバン folaga と特定しているのは Giraldi, *De deis gent.*, 10, p.283, 2-3.

(179) Suida, *Lex.* Λ, 127 Adler.

(180) Lattanzio, *Div. inst.*, 1.21.

(181) Apollodoro, *Bibl.*, 2.5.11.

(182) Suida, *Lex.* M, 920 Adler.

(183) Polluce, *Onom.*, 1.30.31.

(184) ＊初版ではさまざまな勲功につなげて最後に語られるプロメテウス譚だけが委細を尽くしたものになっていたが、ここは逆に削られている。「揺り籠に入り込んだ二匹の蛇を両手で締め上げる小児、成長してからは頭がたくさんある怪物ヒュドラを棍棒で散々な目にあわせるところ、怖ろしい獅子の口を裂くところ、獰猛な猪を背に担ぐところ、またアンテオスを胸で締めあげて殺すところ、また時として、彼の前に置かれた王を喰らう馬たちをおおきな棍棒に凭れかかって眺めているところ、その翼を広げて死すべき者たちから太陽の光を取り去った空飛ぶ巨大な鳥を矢で射るところ。これはプロメテウスの肝臓を貪る鷲を傷つけ殺したのと同じ方法だった。これについてディオドロスは以下のようにものがたっている。これも詩人たちが書いたもの同様、疑いもなく寓話である。かなりの期間にわたりナイル川が増水し、プロメテウスが治めていたエジプトのこの地方は完全に破壊された。それをまのあたりにしたプロメテウスは悲しみに打ちひしがれて自殺するばかり。氾濫によりたちまち彼の郷を壊滅せしめたそのナイル川のこのあたりの深さと速さは、鷲とも呼ばれた。しかしヘラクレスはそれに対処して、激流を締めつけて狭めると川の流れを渓谷の間に戻した。これを詩人たちはつくり話に仕上げて、先述したように謳ったのである。いずれにせよ、ヘラクレスを描き、刻み、彫るにあたっては、彼に擬された寓話の数だけさまざまになし得るという訳である。こうしたことから彼は怪物たちの征服者と呼ばれた訳だが、［死すべき者たちの間にあってもっともおぞましい怪物……］」。次項［心胆強きヘラクレス］につづく。

(185) cfr. Apollodoro, *Bibl.*, 2.4.8-2.7.7.

(186) ＊初版では「たくましく、賢く、抜け目ない」という形容があった。

(187) Suida, *Lex.* H, 475 Adler.

(188) ＊初版では以下次の一文があった。「こころの諸徳を、賢明な哲学者のような義しく誠実なおこないの数々を含意したものだった。」

(189) Macrobio, *Saturn.*, 1.20.6-11. ただし十二功業と獣帯の十二の星座を関連させているのはカルターリ。

(190) ＊あるいはより厳密には「他の神々に一つの知性を付与しようとして」。初版では「彼ら（神々）を太陽と解釈しようとして」となっていたところ。

(191) ＊初版の「詩人たちの寓話から自然のことがらを取り出そうとする者たちは」が略された。

(192) cfr. Giraldi, *De deis gent.*, 10, pp.279.54-280.2.

(193) cfr. Virgilio, *Buc.*, 7.61: «Populus Alcidae gratissima»; *Aen.*, 8.276-277; Servio, *Aen.*, 8.276.

(194) ＊初版の次の冗語が略された。「しかし寓話の数々がそれに擬してみせるところについて黙す訳にはいかない。」

（195）＊以下の長い加筆に替え、初版では次の一節で本章は了っていた。「そこ（冥界）を治めるもののもとにはしばしばメルクリウスも使者を勤めるために赴いた。スタティウスが言うところによれば、テーバイ攻めでアムピアラオスが裂けた大地に呑み込まれたとき、光が冥界にくだってしまい常闇となったのを憤った天の神々のもとにプルトーンはメルクリウスを遣わしたという。クラウディアヌスもプルトーンが妻を求めて彼をユピテルに遣わしたと語り、これをマクロビウスは太陽たるメルクリウスが天から冥界にくだり、ふたたび冥界から天に昇ることとしている。太陽はわれわれの側から出立し、また戻ってくるから。しかしこれは本書の目的とは関係のないことであるから措くとしよう。メルクリウスの姿についてもはや他に語るべきことはない。それを総覧すべく彼が多言をわたしに与えなかったとしても、それは彼のせいであってわたしの罪ではない。ことばは彼の掌中にあり、ことばが与えられるのは彼次第なのだから。」

（196）Macrobio, *Saturn.*, 3.6.17.

（197）［I］章［歴史のはじまり］項参照。

（198）Plinio, *Nat. hist.*, 10.79.

（199）cfr. Solino, *Collect. rer. mem.*, 1.11 ; Giraldi, *De deis gent.*, 1, p.46, 20-23.

（200）Plutarco, *Quaest. Rom.*, 90.

（201）cfr. Plinio, *Nat. hist.*, 10.79.

（202）cfr. Plinio, *Nat. hist.*, 29.106.

（203）Giraldi, *De deis gent.*, 1, p.46, 28-30. ここでジラルディは Plinio, *Nat. hist.*, 10.75 を示唆しているが、この箇所はキュレネのことを語っておらず、神名も変じており、現在の校本では Myiacoren となっている。

（204）Girolamo, *Comm. in Ev. Matth.*, 61 ; cfr. 4 Regum, 1.

（205）cfr. Macrobio, *Saturn.*, 1.12.28.

（206）Pausania, *Perieg.*, 7.5.5-8. カルターリは Eritrei と記している。

（207）Pausania, *Perieg.*, 10.13.7-8.

（208）Omero, *Il.*, 18.344-350（火にかける三脚）; *Il.*, 9.122（‹apurous›〔火なし〕の三脚七つの贈物）。cfr. Pausania, *Perieg.*, 4.31.1 にはこれらホメロスの二箇所が引かれている。

（209）Virgilio, *Aen.*, 5.110.

（210）Virgilio, *Aen.*, 3.466 ; Servio, ad. loc.

（211）Ateneo, *Deipnos.*, 37f-38a.

（212）cfr. Giraldi, *De deis gent.*, 7, p.190, 44-45.

（213）Ateneo, *Deipnos.*, 37f.

（214）Pausania, *Perieg.*, 7.22.2-3.

certo poco incenſo, indi offeriua sù l'altare della deſtra parte certo denaro, ch
haueua allhora quella gente in commune vſo, e dimandato poi quello, ch
voleua, accoſtaua la orecchia al ſimulacro di Mercurio, e ſtaua a vdire per vn po
co, poi leuatoſi quindi ſi metteua ſubito ambe le mani alle orecchie, tenendo
ſi ben chiuſe finche, che foſſe fuori della piazza, che allhora le apriua, e la prim
voce, che vdiua gli era in vece della riſpoſta dell'Oracolo.

MINERVA.

[X]

ミネルヴァ

fare quelle coſe, che alla vita ciuile fanno di meſtiere, gli antichi lo moſtraron
accoppiando inſieme Mercurio, del quale ho detto già, e Minerua, della qua
le dirò hora, ſtimata Dea della prudenza, & inuentrice di tutte le arti. Et per
ciò delle ſtatoe di ambi queſti Dei, giungendole inſieme, ne fecero vna, e l
chiamarono con voce Greca Hermathena, perche chiamano i Greci Mercuri
Herme, e Minerua Athena, e la tennero nelle Academie, per moſtrare à ch
quiui ſi eſſercitaua, che la eloquēza, e la prudenza hanno da eſſere inſieme giu
te, come queſta da sè poco gioui, e quella da sè parimente nuoca ſpeſſo, e for
ſempre, ſecondo che aſsai lungamente ne diſcorre Marco Tullio nel princip
della Inuētione, ilquale ſcriue anco ad Attico ſuo della ſtatoa, ch'io diſſi in que
ſto modo. La tua Hermathena mi piace aſsai, & è così ben poſta nella Acade
mia, che la pare tener tutta. Volendo dunque fare Minerua, ò ſola, ouero accon
pagnata con Mercurio, faciſi di faccia quaſi virile, & aſsai ſeuera nell'aſpett
cō occhi di color cileſtre, che queſto le dà ſempre Homero, come ſuo proprio. E
Pauſania doppo hauer ſcritto di certo ſimulacro di Minerua, che era in Athen
nel tempio di Volcano, ſoggiunge di hauer trouato certa fauola, che la fa figli
uola di Nettuno, & che ella haueua gli occhi cileſtri, perche tali erano anc
quelli del Padre. Ma Cicerone, oue parla della natura de i Dei, dice; che gli oc
chi di Minerua erano ceſij & cerulei quelli di Nettuno, che potrebbe dimoſtra
re qualche differenza fra loro, ma non credo io però che foſse molta, perche l'v
na, e l'atra voce appreſſo de i Latini ſignifica vn colore verdiccio ben chiaro
quale ſi vede ne gli occhi de i gatti, & delle ciuette; ſe non voranno forſe dire
che in queſti di Minerua foſse vno ſplendore più infocato a ſimiglianza d
quello, che moſtrano gli occhi de i Leoni. Facciſi parimente armata con vn
lunga haſta in mano, e con lo ſcudo di criſtallo al braccio, come Ouidio ſa, ch
ella medeſimamente ſi diſegna da ſe ſteſsa, quando lauorà di ricamo a prou
con Aragne, e dice ſeguitando quel diſegno.

ヘルマアテナ／ミネルヴァの形姿／ミネルヴァの眼／武装したミネルヴァ／ミネルヴァの兜／ミネルヴァの誕生／婦女たちに向けられる敵意／婦女たちの擁護／スフィンクスとミネルヴァ／グリフィン／アリマスポイ人／パラス／パラディオン／トリトニア／ミネルヴァ／ベローナ《戦い》／ベローナに振り撒かれる血／戦いの円柱／ミネルヴァに捧げられたオリーヴ／ミネルヴァの燈火／ミネルヴァの業の数々／糸巻き棒をもつミネルヴァ／ミネルヴァの梟／梟の意味するところ／真実《ヴェリタス》／美徳《ヴィルトゥス》／男の美徳《ヴィルトゥス》／快楽《ヴォルプタス》／栄誉《ホノール》／ヴォルピア／アンゲローナ／スティムラとホルタ／沈黙の必要性／タキタ／ハルポクラテス／沈黙と狼／ハルポクラテスの桃／ミネルヴァに追い払われたミヤマガラス／ミネルヴァの掌中のミヤマガラス／テロール／崇められたティモール／真の剛毅《フォルティトゥード》／ミネルヴァの盾／ミネルヴァの棹棒／黄金の翼のついたサンダル《タラーリ》／ミネルヴァの蛇／ミネルヴァの着衣／アイギス／ゴルゴーン／太陽の娘アイクス／ゴルゴーン／メドゥーサ／ゴルゴーン／メドゥーサ／ミネルヴァの甲冑／ミネルヴァが纏うペプロス／巨人族《ギガース》／残酷で無礼なコモドゥス帝／巨人族の転化／制動者ミネルヴァ／ヴルカヌス／ネプトゥーヌスとミネルヴァ／扉の上のミネルヴァ／ヴルカヌス／跛のヴルカヌス／鼠たちとヴルカヌス／王セトン／ヴルカヌスが遣わした鼠たち／憎まれた鼠たち／天から放逐されたヴルカヌス／縛られたユーノー／鍛冶場のヴルカヌス／王ヴルカヌス／最初の鉄器／ヴルカヌスの形姿／ヴルカヌスに捧げられた獅子たち／ヴルカヌスを護る犬たち／ヴルカヌスへの供儀／傲岸《プロテルヴィア》なる犠牲／ヴルカヌスとヴェヌス／ヴェヌスとマルス／マルス／マルスの誕生／マルスの形姿／マルスの馬たち／マルスの武装／ファーマ／二重のファーマ／イーラ／フロール／注目すべき供儀／マルスの犠牲／マルスの神像／マルスの家／ディスコルディア《不和》／マルスの館／縛められたマルスの彫像／縛められた神々／町の外から召喚された神々／秘された神性／縛められたアポロン／翼のないヴィクトリア／ヴィクトリア／ヴィクトリアのしるしとしての月桂樹／ヴィクトリアのしるしとしての鷲／ローマ人たちの旗印／休戦もしくは和平の儀式／ペルシャ人たちの旗印としての鷲／中立的な女神ヴィクトリア／生贄の馬／マルスの動物たち／マルスの聖なるハゲタカ／マルスのキツツキ／マルスに捧げられたハマムギ《グラミーニャ》／マルスの祝祭／おかしな儀式／ミネルヴァの祝祭／処女ミネルヴァ

Tav. 57

［ミネルヴァの誕生／ヘルマアテナ——メルクリウスとミネルヴァ］

▶ p.435-437

Tav. 58
［婦女たちの修養の発案者ミネルヴァ］
▶ p.442-443

Tav. 59
［栄誉（ホノール）と美徳（ヴィルトゥス）］
▶ p.444-445

Tav. 60
［女神アンゲローナ(中央)／ハルポクラテス(左右)］
▶ p.448-449

Tav. 61

［ヴルカヌスの鍛冶場／鼠を手にしたヴルカヌス］

▶ p.459-460

Tav. 62
［戦の神マルスとその山車／ファーマ（声望）］

▶ p.464-465

Tav. 63

［スキタイ人たちのマルス神殿／アラビア人たちのマルス石像(左奥)］

▶ p.466-467

Tav. 64

［女神ヴィクトリア三態］

▶ p.470-472

[1]【神が人の自然本性に与えた驚異のうちでももっとも驚くべきは二つ、話すことと手を使うことである、と言われる。話すということはすばらしい力とともにこころの考えをあらわし、欲するままに他人を説得するものである。手を使うことは不断の努力とともに人の生を保ち守ることのできるすべてを現実のものとする。それがすでに案出された業の数々であり、またこれから見出されるところのものである。とはいえうまく語ることは、善き意志と賢明さを伴わないならば、役立つというよりもかえって害《そこな》い悪をなすものであり、賢明さといえども悪を逃れ善に就くべく、また礼節ある生においてそれぞれの責務を果たすべく他人を説得することを知らぬならば、この世で役に立つものではあり得ない。これを古人たちはメルクリウスとミネルヴァを一緒にすることであらわしたのだった。[2] 前者についてはすでに語ったので、ここでは賢明にしてあらゆる業の発案者とされるミネルヴァについて述べることとしよう。】

［ヘルマアテナ］ これら二神の彫像は合わせて一体となされ、ギリシャ語でヘルマアテナと呼ばれることとなった。なぜならギリシャ人たちはメルクリウスをヘルメスと、ミネルヴァをアテナと呼ぶ慣いであったから。そしてこの神像を学舎《アカデミア》に祀ったが、これはここで雄弁や賢慮について修練を積む者たちに、それらが一緒に結びついてあるべきことを教えるためであった。賢慮はそれだけではあまり役立たず、雄弁もしばしばそれだけでは害うものとなりかねないばかりか、おそらく永劫にそのとおりであろうから。これについてはキケロが[3]【その『構想術《デ・インヴェンティオーネ》』劈頭においてかなり長く論じているところで、彼はこれまた】アッティクスに宛てて、【この彫像について】次のように書いている。[4] わたしにはあなたのヘルマアテナがたいへんお気に入りで、皆が観られるようそれをアカデミアに置かれたのはあなたの慧眼です、と。

［ミネルヴァの形姿］[5]【つまりミネルヴァは単独でかメルクリウスと一緒にされるかしたものだったが、その相貌はほとんど男のように厳格な表情をしており、[6] その目はホメロス

がつねに彼女の特徴として挙げるように青かった。[7]

【ミネルヴァの眼】パウサニアスは[8]アテネのヴルカヌスの神殿にあったミネルヴァの神像について記した後、彼女がネプトゥーヌスの娘であるという寓話を見つけたが、なるほど彼女の目が青いのは父親譲りであったから、と付言している。だがキケロは[9]神々の本性について語りつつ、ミネルヴァの目は空色でネプトゥーヌスの方は淡青であったと、少々違いがあったかのように記している。とはいえわたしはそれらにたいした違いがあったとは思わない。どちらもラテン語では猫や梟の眼にみられるような明るい緑がかった色を意味しているから。ひょっとしてミネルヴァの目の方が獅子の目にみられるような炎の輝きをみせていた、ということを謂おうとしたものだったかもしれない。[10]

【武装したミネルヴァ】また彼女は長い棹棒を片手に、水晶の盾を片腕に武装させられることとなった。】オウィディウスは、[11]彼女がアラクネと刺繍を競うところで彼女自身自らを次のような姿で描かせている。

棹棒と盾をもち、頭に
兜を被り、胸に甲冑を纏って。

【これは人の賢明さという自然本性をあらわしたものだ

金剛石の斧をもつヴルカヌスの姿。これでユピテルの頭を開くと、そこから叡智の女神ミネルヴァが生まれた。つまりすべての知は神に由来すること、知性の徳能は脳の中にあることをあらわしている。これはまた婦女たちが忠告を聞き入れることなく知ろうともしないことを示している。 [▶Tav.57]

が、これについては後述する。[12]】

［ミネルヴァの兜］クラウディアヌス[13]も【他の者たちもミネルヴァを同じ姿に描いているのはおそらく、】他のさまざまなことがら同様にホメロスの描写を援用しているのだろう。ホメロスは、[14]トロイ人たちのために戦っていたマルスに対抗してギリシャ人たちを助けるべくユーノーを説得しに彼女のもとへとミネルヴァを赴かせる【にあたり、勇敢な女戦士の姿となして金塗りの兜を被らせたのだった。なぜといって賢明な忠言によって護られた賢い人の才覚は、その人を陥れようとする損いから自らを容易に守り、美しく輝き、まさにその人がなす行為にふさわしいものであるから。それにミネルヴァの兜の黄金はまた、人々の知性を照らしあらゆる賢慮と知識をもたらす神的な光輝のしるしでもあった。

［ミネルヴァの誕生］またミネルヴァはユピテルの頭から生まれたとも謂われる。プリニウスが記すところによれば、アテネの城砦にはある神像があったが、ユーノーの援けなしにヴルカヌスは金剛石《ダイヤモンド》の鋭利な斧でそれを開いた。なぜといって、魂の知性のはたらきは脳の中にあり、それは至高なる知性つまりユピテルの知解から下るものであったから。つまりあらゆる叡智は神から来たり、至高者の口から生まれるものであって、ユーノーによってあらわされる低き地上のものごとから生まれるのではないから。[15]

［婦女たちに向けられる敵意］【これはマルティアヌス[16]が女性たちを蔑視してなしたところよりもよくできた転意である。】マルティアヌスは女性たちにあまり親しみを寄せることが

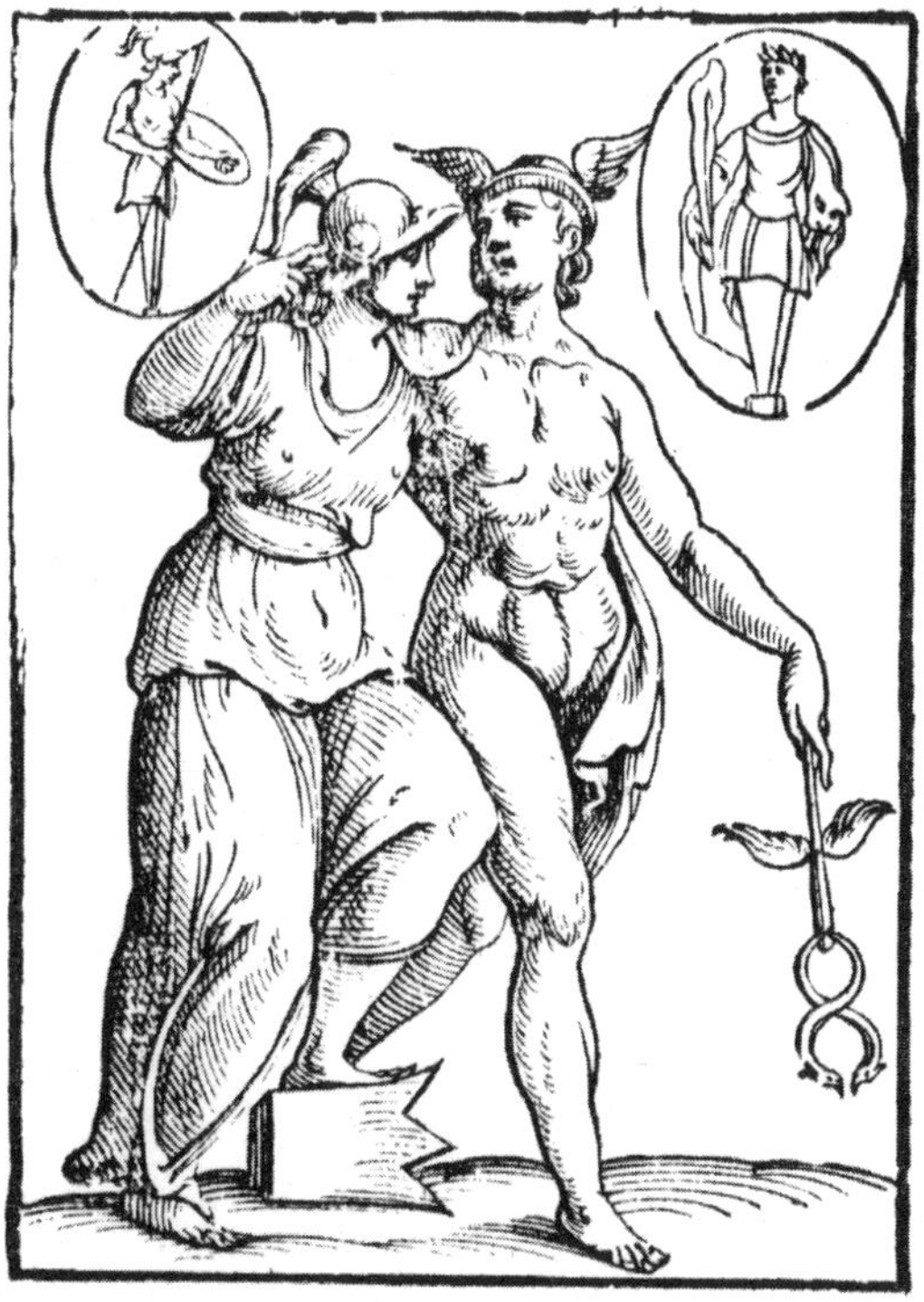

雄弁の神メルクリウスと賢慮の女神にしてさまざまな善き業の案出者であるミネルヴァの姿。人がなすことにおいてことばを役立てるためには、雄弁と賢慮が結びついていなくてはならないことをあらわして。 ［▶Tav. 57］

なかったものとみえ、ミネルヴァが母なしに生まれたと言われるのは、女たちは忠言を受け入れることもなく賢明さというものも一切もたないからだ、と言っている。【彼がこのように言ったのは、】あるいは女というものはよい忠告に耳を貸すことがない、とその著書『倫理学』に記したアリストテレス[17]【に追随してのことであったかもしれない。】

［婦女たちの擁護］わたしはこれに[18]敢えて異議を唱えるつもりはないが、今日の女性たちの多くはたいへん賢明で、欺こうとする者たちを慎重に見極めるものであると言っておこう。彼女らの才覚といっては周知のことであり、おそらく男たちが見ようとしない彼女らの思慮分別を数限りなく枚挙することもできるだろう。それにミネルヴァが女性の援けなしに生まれたとしても、彼女は女性として生まれたのであり、賢明さというものは男たちによりも女たちによりふさわしいもの、ということになる。[19]

【それにまた彼女が頭に兜を被っているというところからは、賢明な人というものは知るところのすべてを見せるわけではなく、いつも一々の人に理解できるような忠言を語るのではなく、できごとの方から彼を求めてやって来るような彼に似た人にのみ分かるように語るもの、と解するべきであろう。そのことばは他の者たちにとってはあたかもスフィンクスの解きがたい謎かけのようなもの。[20]】

［スフィンクスとミネルヴァ］おそらくそこからして、エジプトのある土地ではミネルヴァ神殿といえばまず、イシスとスフィンクスを祀り信心したのでもあったろう。もちろんこれは、宗教というものが俗人たちにとってはスフィンクスの謎以上に解され難いものとして聖なる諸玄義のもとに秘されるものである、ということを示すためになされたと記されているにしても。

［グリフィン］パウサニアスは、[21]アテネには兜の中央つまりは頂にスフィンクスが載り、その両側に二頭のグリフィンがいるミネルヴァの神像があった、と記している。そのグリフィンたちは獣でも鳥でもなく、どちらもが混ざったようなもので、頭が鷲で翼があるのにその他は獅子であったという。

［アリマスポイ人］この【獰猛で怖ろしい】獣たちはスキュティアにいた。[22]もしもそれが見つかるとして、なぜならプリニウスはそれがつくり話だと言っているから。【ディオニシウス・アフリカヌスが[23]記すところによれば、】それらは金鉱を見張っていた。しかし額にひとつだけ目をもつこの地のアリマスポイ人たちは、たいした危険を冒すこともなしにその黄金を取りに来た【ので諍いが絶えなかった。】それゆえそれらを飛び去らせるアリマスポイ人たちが来ないように警備するためには、まさに格別の才覚が必要であった、と。

また古人たちは、ミネルヴァの兜に雄鶏を配することもあった。それはフィディアスが造った彫像やエリス人たちの黄金と象牙の像にみられるとおりで、それをパウサニアスは[24]戦いで必要とされる大胆さと凶暴さを雄鶏がもっていると信じられていたからとしている。【しかしわれわれはこれに、】それが賢く勇敢な武将たちが身につけている警戒心をあらわすものである、と付言しておこう。【なんといってもミネルヴァは平和ばかりか戦争の業に対する配慮を欠くこともなかったのであり、それゆえ先述したように武装した姿で造りなされたのだから。

[パラス] また寓話によると、[25]】彼女は手づから残虐な巨人パランティオンを殺害した、という。そこから彼女はパラスと呼ばれるようになった、と言う者もある。[26]

[パラディオン]【また別に、彼女がこう呼ばれるのはギリシャ語で動くあるいは揺するという意味のことばに由来するものである、と言う者たちもある。[27] なぜなら彼女の彫像はあたかも身を揺するかのように、手に握った笏杖をとり落としそうなパラディオンの像として造られていたから。この女神の木造神像はほんとうに自ら揺り動き、目をうごかしたので、天から降ってきたものと信じられたのだった。先に述べたヴェスタの像のように、ヴェスタ神殿の中ではその神像に触れないだけでなく、その女神に仕えるヴェスタの巫女たち以外には目にすることもできなかった。[28]

[トリトニア] 本来ミネルヴァはトリトニアと添え名されていた。これはおそらくこの名のリビアの沼沢地に由来するものであろう。それが娘をなしたと言う者もある。[29] 彼女がこの地で最初に見られたからであろうか、それとも叡智には三《トレ》つの部分があるからだろうか。つまり現在のことがらを知ること、来たるべきことがらを予見すること、そして過ぎ去ったことがらを想起すること。あるいは賢い人が主としてなさねばならぬことがらには三つがあるからだろうか。つまり善き勧告、正しい判断、正義の行い。[30]

[ミネルヴァ] わたしが言いたいことの役には立たぬゆえ、この名に関して書かれた他の理由づけは措くこととしよう。ただここで幾つか採っておきたいのは、彼女によってあらわされた叡智はつねにわれわれに善き勧告を与えるものゆえ、ミネルヴァが警告するという意味に関連しているということ。あるいは不断の勉励に集中する者たちの努力も衰え消耗することを、それとも戦いの女神にしてつねに武装しているところから怖ろしくも脅迫的にみえるゆえに威嚇を意味するものであること。[31]

[ベローナ《戦い》] とはいえ、この最後の意味はわたしの言いたいところをたいへん喚起してくれるもので、】ミネルヴァはこれまた戦いの女神として崇められたベローナそのもので

あったと言った者もある。[32]【カエサルは、[33]カッパドキアではこの女神がたいへん敬われ、この地の民にとってこの女神の威光はその祭司の権威と権能を王に次ぐものと認めさせるほどだった、と記している。】

しかしその図像の数々にみられるところからすると、ミネルヴァとベローナの間には次のような相違があると言えそうである。前者は賢明で勇敢な武将たちが戦いで用いる慎重な配慮、善き統治、賢明な忠告をあらわし、後者については詩人たちがマルスの戦車に擬してみせるように、武力の行使にみられる殺戮、激情、破壊、廃墟をあらわすもの、と。[34] スタティウス[35]は次のように言っている。

血塗れの手でベローナは
獰猛な駿馬たちを牽き、鞭を入れ、

そしていつも血を撒き散らすので、シリウス・イタリクス[36]はこの女神を武装軍団とともに進軍させ、次のように描写している。

松明の炎を振りかざし、金髪を
血染めにして、武装軍団を率い
偉大なるベローナは駆け行く。

スタティウス[37]はこれと同じ力をミネルヴァに与え、ベローナに負けず劣らぬ性急な暴力を行使させるべく女神に祈るテューデウスに次のように言わせている。

おお、偉大なる父の誉れ、残虐な女神よ、
戦の怖ろしき女主人よ、
漠然とした恐怖とともに頑健な兜で
頭を飾り、胸当てのゴルゴーンに
血を流させて、戦にあたり
マルスもベローナもかなわぬ大いなる力を
あらわしたまうものよ、恭しく
あなたの神性に捧げるわが請願を受納したまえ。

〔ベローナに振り撒かれる血〕 つまり古人たちのもとにあって、ベローナは憤怒と激情の女神であり、【人の血をみるのが大好きなものと信じられていたのだった。そこでその供儀には生贄を捧げる代わりに、祭司たちは自ら小刀で腕や肩を刺し自らの血をもって女神を鎮めたのだった。[38]】

時にこの儀礼は荒々しい戦に用いられた鞭を手にしてなされた。[39] また時に戦闘開始のしるしである喇叭を口に当てて、あるいは燃え盛る松明を手にしてなされた。それゆえ

戦の女神にしてマルスを担ぐベローナと自らを傷つけるその祭司たちの姿と、彼女に捧げられた松。これは殺害、荒廃、虐殺といった戦争の諸帰結をもたらす者をあらわしている。

リュコプロンについて記されたところによれば、古人たちは戦で軍隊を前に進めるにあたり喇叭を吹き鳴らし[40]、幾人かの兵士たちが火のついた松明を手に進み出ると、お互いにそれを投じあい[41]、血腥い戦いの火蓋が切られたのだった。これはスタティウスが、武力行使開始にあたりまずベローナが燃え盛る松明を掲げた[42]、と言うところの意味であり、クラウディアヌス[43]もまたこうした古人たちの慣いについて次のように語っている。

ティシポネーは火のついた松明を振り回す
惨禍をもたらさずにはおかないその手で、
[44]【そして戦場の蒼白の影たちに
数々の陰惨な旗印を集めさせる。

[戦いの円柱] またベローナの神殿前にはさほど高くない円柱があったという。これをローマ人たちが戦いの円柱《コロンナ・ベッリカ》と呼んだのは、なんらかの戦をなすことが決められると執政官《コンソリ》のひとりがそこに赴き、ヤヌスの神殿を開き、敵たる民の方角に向けて棹棒を投げたからで、今風に言うなら開戦の布告にあたるだろう[45]。国境がたいへん拡張したローマの宣戦布告は、ローマ人たちに選任された祭司をひとり国境へと送り、戦争を始めるにあたっての正当なる諸理由を述べ

ると、敵の野営地に向かって棹棒を掲げることによって行なわれたものだった。(46)古人たちのもとでは他の手段をもって宣戦布告がなされたことについては、すでにヤヌスの像について語ったところで述べた(47)し、またマルスの像について語るところ(48)で述べることとなるだろう。

【ミネルヴァに捧げられたオリーヴ】ベローナに関しての話を終わるにあたり、すくなくともこの女神がミネルヴァと異なった姿であらわされていたことについて述べておきたい。ミネルヴァの姿に戻ってみるなら、(49)アプレイウス(50)はその兜の上にオリーヴの冠を載せたのだった。【この樹木は古人たちによってまさにこの女神に捧げられたものだったが、ヴィルギリウスも言うように、(51)それは彼女がこれを発見したものであったからだった。またアテネの領有をめぐって彼女とネプトゥーヌスが争った寓話にもものがたられているように。ヘロドトスが書き記しているところ(52)によれば、往昔ミネルヴァがオリーヴを生えさせたが、それはペルシャ人たちによって町とともに燃やされてしまった。しかしその日のうちにふたたび芽吹き、二キュービットの高さにまで成長したという。またこのようなつくり話がつくられたのは、ミネルヴァがはじめてオリーヴの油の絞り方を教えたからであり、また熱心な勉励と長きにわたる集中なしに知識を獲得することはできないからである、と言う者も

糸紡ぎ、機織り、裁縫その他婦女たちの修養の発案者ミネルヴァの姿。またオリーヴは長く必要とされる勉励のしるし。彼女に捧げられた鳥たちのうち、梟は賢明さを、雄鶏は注意深い警戒と兵士の勇敢さをあらわしている。 [▶Tav.58]

ある。[53]

［ミネルヴァの燈火］ アテネにはまたこの女神に絶えることなく燃えつづける黄金の燈火が捧げられていたともいう。しかしそれには年に一度油を注ぐだけであった。これについてパウサニアスは、[54] その燈芯が特別な麻でできており、決して火に燃えることがなかったから、と言っている。また彼は[55]コリント人たちのもと、エポペウスがある勝利にあたりミネルヴァに捧げた神殿を造り、彼に親しみのしるしをみせてくれるようにと女神に祈ると、たちまち彼女に捧げたその神殿の前から油が湧き出した、とも語っている。

［ミネルヴァの業の数々］ 彼女にオリーヴが捧げられる理由はつまり、知識のための勉励にかぎらず、】彼女が見出した業の数々、糸紡ぎ、裁縫、機織りその他まさに婦女の実践的修養のためでもあった。

［▶Tav. 58］

［糸巻き棒をもつミネルヴァ］ まさにそこからギリシャ人たちはこの女神の大きな木彫像を造ったのだったが、【その像は上掲図に見えるように、】高御座に坐し、両手で糸巻き棒をもっていた。[56]【またローマ人たちはミネルヴァを祀った三月某日の祭りで、女主人たちが下女たちと食事をともにし、女神が発案した糸紡ぎ、機織り、裁縫その他役に立つことを下女たちに教え誘おうとするかのように彼女らの手を借り、また下女たちもこの女神が創案した業の数々にまる一年間仕えるべくこの労苦への報いを享けたのだった。[57]

［ミネルヴァの梟］ また時としてミネルヴァの兜に、【彼女が愛した鳥、この女神をあらわす鳥として、】梟が添えられることもあった。[58]【それは彼女の頭の上か足元か、いずれほとんどいつも彼女の傍にあった。これはその名が示すとおり（アテナはミネルヴァと同視されるものだから）他のどこよりもこの女神に親しく、またさまざまな知識の獲得と善き業の修養において名高いアテネの町にはこの鳥が数多くいたからであった、と言う者もある。そこで、多くをもつ者にさらに与えようとする者たちを指して、アテネに梟をもたらす（アテナに梟をささげる）という俚諺[59]すらできたのだった。

しかし寓話の数々によれば、ミネルヴァははじめミヤマガラスを愛していた、という。ネプトゥーヌスに懸想され海岸で後を追いかけられていた美しい娘を護るため、女神は彼女をこの鳥に変えて自らの侍女としたのだったが、その後彼女はケクロプスの娘たちを誣告した。女神は彼女がなしたずるいおこないに憤慨し、白かったそのからだを黒く変えて追い払うと、代わりに梟を身近に置いたという。そこから、この二種の鳥たちはその後ずっとひどくいがみ合うようになった、と。[60]

［梟の意味するところ］ 梟は賢明な人の賢くて善き忠言を意味しているということについては、まだ若きヒエローネ[61]が戦

いに出た折、その棹棒に梟が飛び来たったことをユスティヌス[62]が記し、それを彼が忠言に配慮を惜しまない人物であったことと解しているところにも覗われる。なるほど彼はじつにそのとおりの人物で、低い身分の生れであったにもかかわらず、ついにはシラクサの王となったのだった。

ミネルヴァの目は梟の目と同じ色をしており、】夜目鋭かったとは、賢者というものは難儀で隠されたことどもをも見知るものであり、心情の嘘の薄紗を取り去り、知性の目で真実を貫いてみせるという意味である。[63] なんといっても真実というものは秘されてあり、誰にでも観ることができるものではないのだから。そこでデモクリトスは、時もしくは彼女の父サトゥルヌス《ヴェリタス》（プルタルコスが言うところによれば）が外に連れ出すのでなければ、決してそこを出ることのない深い井戸の底に真実を置いたのだった。[64]

【真実《ヴェリタス》】またヒポクラテスは、[65] 真実を美しく大きくて、貞潔に輝くばかりに身を飾り、それにもまして煌く星のような目をした女性の姿に描写して、親しい友に書き送っている。そして憶見《オピニオ》をこれまた女性となしつつ、真実ほど美しくはないとはいえ醜い訳ではなく、彼女はまみえるところのことどもを大胆にもすべて信じ込む、と付言している。エピファニウスによると、[66] 異端の者どもにあっては真実《ヴェリタス》はギリシャ語の文字を用いて次のように描かれたという。つまりαとωを頭に、βとψを首に、そして段々先の二つの文字をより近づけつつ、下へとからだをかたちづくるようにして。またフィロストラトスは、[67] 真実《ヴェリタス》がアムピアラオスの聖なる洞窟のうちに描かれていたと言い、それは真っ白な衣装を纏い、美徳《ヴィルトゥス》の母が高みから彼女に声をかけていた、と書いている。

【美徳《ヴィルトゥス》】美徳もまた古人たちからは女神と信じ崇められていた。【ローマ人たちは】他の神々同様、この女神にも神殿を捧げ、それを栄誉《ホノール》の神殿の前に設けた。【ヴァレリウス・マクシムスの伝えるところによれば、[68] マルケルスはその一方だけに誓願をたてようとしたのだったが、どちらにもせねばならなかった。なぜといって祭司たちは、唯一の神殿に二つの神性を祀るなら、いったい生贄を捧げたどちらが奇瑞をなしたか知ることができなくなってしまうので、それは信心が許さないと言ったから。そこで美徳《ヴィルトゥス》にも栄誉《ホノール》にも彼はそれぞれに供物を捧げた。】前者を通った者でなければ後者に入ることはできなかった。というのもつまりこれは、栄誉を得るためには美徳の道を通るより他になく、前者は後者に対する真の報償であるということを明らかにしたもので、それは二枚の翼とともにあらわされた。栄誉と栄光はまるで軽々とした翼のようなものであり、高徳の人々を地上からもちあげ、誰もが驚嘆するうちに彼らを抱えあげて飛び翔けるから(69)。
これはどうやらルキアノスの時代のことではなく、残念ながらそれぞれの人がご存知の今はさておくとしても、いまだそのような時代があったとも思われない。ルキアノスときたらその対話編で、まったく悲しみにうちひしがれた美徳《ヴィルトゥス》を描き出しているのだから。彼女はわずかばかりの襤褸を纏い、ユピテルのもとに赴くべく追い出されるほどにも、幸運《フォルトゥナ》に酷い扱いを受けたのだった。現在でもこれはほとんど変わるところなく、美徳《ヴィルトゥス》を巡礼姿に描く者もいる。住まいもなく、歩み去らねばならぬもののように(70)。古人たちはまた彼女を矩形の石の上に坐る貴婦人のように造りなしもした(71)。古いメダルには、美徳《ヴィルトゥス》を左腕で円柱に凭れかかり、右手に蛇をもつ姿に鋳たものもある(72)。

【男の美徳《ヴィルトゥス》】また皇帝ゴルディアヌスの古いメダルにあるように、男性の美徳《ヴィルトゥス》もあった。これは髭のある全裸の老人の姿で、棍棒に凭れ、片腕に巻きつけた獅子の皮の縁には「皇帝《アウグストゥス》の美徳に」という文字がしるされていた。ヌメリアヌスのメダル(74)にも同じ姿を鋳たものがある(73)。【しかしヴィテリオスのメダルでは、美徳は簡素な衣装を纏い、何本かの羽飾りのある兜を被った若者の姿をしている。その高くもちあげた左手は地に真っ直ぐに置いた棹棒を握り、右足の下に亀を踏んで左膝よりも高くなった右膝に笏杖を突き、

ヴィテリオスのメダルに刻まれた美徳（ヴィルトゥス）と栄誉（ホノール）の姿。美徳および栄誉からする高徳なおこない、また栄誉とはすべてのものの豊穣とあらゆる人の幸福をあらわしている。
［▶Tav.59］

それを右手にもって。長靴を履いた脚で直立したまま、彼は向かいにいる若い娘を凝視しているが、これは栄誉《ホノール》で、彼女もその右腕を挙げて棹棒をもち、からだのこちら側は胸乳の下まで裸である。左手には豊穣の角をもち、足に兜を踏んで、編みあげた美しい金髪でみごとに頭の周りを飾っている。】

【快楽《ヴォルプタス》】クセノフォン[75]が記したところをキケロ[76]も伝えている哲学者プロディコスはヘラクレスについてこうつくり話をしている。まだ若い頃にヘラクレスはどのようにしてか人里はなれた場所に赴き、そこで行き先の異なる二叉路に出たのだがどちらを選ぶべきか分からずに思案に暮れているうち、彼に二人の女性があらわれた。ひとりは美しい容貌をした快楽《ヴォルプタス》で、身に纏った装身具はどれも巧みを凝らした淫らで美しいものばかり、彼女は享楽の道を進むよう彼を説得した。それははじめは幅広く、緑の草と色鮮やかな花々が咲き乱れる平坦で歩きやすい道だったが、それもついには石ころばかり、鋭い荊の棘だらけの狭い道となるのだった。もうひとりはより厳格な相貌をして、簡単な着衣を纏っていた。彼女は美徳《ヴィルトゥス》で彼女が示してみせた道は、はじめは狭く険阻で歩きにくそうだったが、その後花咲く平地に、甘い果実でいっぱいの心地よい畑地に出るのだった。ヘラクレスは後者に向かったので、彼の名は栄光赫々たるものとなった、と。

【ダンテ[77]は『煉獄篇』で夢に快楽《ヴォルプタス》を見たと言い、それを吃りで眇めで脚のまがった片腕のない蒼白な女としている。それがすらすらと語りはじめ、身を正してみせると、その消沈した相貌を愛の欲望で赤く染め、彼をその甘美なことばで捕らえようとするのだった。その時、聖にして誠実なる女があらわれた。それを彼は次のように語っている。

> 彼女はその女を捉え、衣襞を裂いて
> その前をはだけると、わたしにその腹をみせるのだった。
> そこから出る悪臭はわたしの目を覚まさせた。

これは悪徳に満ちた快楽の道と美徳の道にまったくうまく一致している。】だがこれら二つの道をまた別の方途をもって示したいと思う者は、ピタゴラスの書簡をもちだすこともできるだろう。これが人生を証示したものであるとして、ヴィルギリウス[78]はそれを僅かばかりの詩行にあらわしている。われわれのことばに移すならそれは次のようになろう。

> すでに述べたピタゴラスの手紙は

人の生のありようを分かつ二つの角
をもってそれをあらわしてみせる。

右を行くなら峻厳な登り道
それは美徳の狭い小道、
はじめは難儀で気がすすまない、

だが道を過たない者にとってはそれも段々容易くなる。
なぜといって登り行くほどに労苦も
背後に忘れ去られるところに着くのだから。

左の幅広い道を行くなら、
それは平坦で容易いが、その後、人は
ただ涙と悔悛があるばかりの場所へと導かれる。

しかし自らの欲望の一々を抑えるなら
はじめは愉悦であっても最後には懊悩であるばかりの、
益体もない快楽を追うに任せることもない。

断固とした意志をもって美徳に就き、
美徳から逸らせるよりそれを支える
運命《フォルトゥナ》の災厄を耐えるなら

ひと時の思い出にとどまらぬ栄誉を得て
実現されず悲しいものにおわったかもしれぬその名声
を
確たるものとして伝えることとなろう。

だがただ怠惰と安逸を貪る者は
咎めとともに生き、その生も最後には
甘いものも苦くしか感じられぬようになり、

そして鋭い棘でこころを引き裂かれることとなろう。

【栄誉《ホノール》】現世の享楽も最後には後悔と恥を与えるばかりであるが、美徳の数々はわれわれのこころを和ませるばかりか、他人たちからも栄光と栄誉を得さしめてくれる。アルチャーティ(79)が記しているように、古人たちはこの栄誉《ホノール》のすがたを緋色の衣を纏い、月桂樹の冠を頭に被った若者となした。その手は彼を女神美徳《ヴィルトゥス》へと引き連れていくかに見える神クピドにさし出されている。

【ヴォルピア】古人たちはまた、享楽の女神としてヴォルピアと呼ばれる女神を崇めていた、【とヴァロは記している。(80)】その彫像は高御座にある王女のようで、その顔は蒼白、足元に美徳《ヴィルトゥス》を従えているようにみえたという(81)。

【アンゲローナ】その神殿(82)のなかにある祭壇にはアンゲローナが祀られていた。【これまた享楽の女神と信じられていたものであったが、あるいは聖アウグスティヌス(83)やウァロが言うところによるならば、行為することの女神であったのかもしれない。ラテン人たちは為すことを「アゲーレ」と言ったが、この女神は人々を行為へと後押しするものとされたので、ここからその名を得た、と。

【スティムラ《刺戟》とホルタ《推奨》】それは女神スティムラが人々を刺戟《スティムラーレ》するものである、あるいはホルタが推奨し後押しするということばに由来するのと同じである。またプルタルコス(84)が記しているところだが、この女神の神殿はつねに開かれていたという。人々がなんらか立派な行為を為すべく後押しされるように、いつも誰からでもみられることができるように、と。

アンゲローナについて、この女神の名について、「アンゴーレ《憂悶》」つまり他の神々に劣らずこの女神に捧げられた聖なる儀式においてたちまち取り去られた苦労と懊悩から、あるいはラテン人たちが「アンギーナ《喉頭炎》」と呼び、ローマで夥しい人を死に追いやった喉の病いを終息させたところから、そう名づけられたのだと言う者たちもある。おそらくそこからこの神像は、口をも塞ぐ布を首に巻きつけていたものでもあろう(85)。

【沈黙の必要性】しかし】マクロビウス(86)は、アンゲローナの口が結ばれ緘黙している様子を、労苦を包み隠し耐え黙すことを知る者は最後にうち克つ者であり、自らの生を幸福

享楽の女神ヴォルピアが足元に女神ヴィルトゥス（美徳）を踏みつけにする姿。享楽に捧げられた厭うべき悪辣な生、まったく美徳を蔑し非道理なあらゆる悪徳に捧げられた生をあらわしている。

女神アンゲローナの姿。享楽の女神、人が為すことの女神だと言う者もあるし、喉の病の、沈黙、忍耐の女神だと言う者もある。そしてハルポクラテスあるいはシガレオンと称される沈黙の神の姿。［▶Tav.60］

に愉しむ者である、と言っている。

［タキタ《沈黙》］【プリニウス(87)とソリヌス(88)は、この女神がこのように造りなされたのは、信仰の聖なる玄義については遍く広めるために語る必要などないということを示すためであった、と書いている。またヌマもタキタ《沈黙》と彼自ら名づけた女神を採りいれ祀ったとき、神々のことについては黙すべし、ということをしらしめたのだった、とプルタルコス(89)は記している。】

［ハルポクラテス］このことに関してはエジプト人たちも沈黙の神を崇め、【主だった神々たちとともにそれを祀ったものだった。彼らのもとでのこの神の名は】ハルポクラテスといい、ギリシャ人たちのもとではシガレオンといった。また彼の像はアプレイウス(90)とマルティアヌス(91)によれば、誰かに黙るように合図する時になすように指を口にあてた若者の姿であったという(92)。彼はまた沈黙の神として、小さな帽子を頭に被ったのっぺらぼうで、狼の皮を纏い、十分見たり聞いたりせねばならぬもののほとんど語ることがないゆえに、全身目と耳におおわれた姿に描かれたともいう。また誰でも欲するままに黙すことはできるが、いつも欲するところを語ることができるものではない。これをその帽子が示している(93)。帽子が自由のしるしであることについてはすでに述べた(94)。

[沈黙と狼] 狼といえば、はじめてそれを見た者なら誰でもその喉を涸らししわがれ声になるという、なにかを奪った時にはやっと息をするばかりで黙って逃げ去るともいう[95]。

[ハルポクラテスの桃] ハルポクラテスには桃が献じられたが、これはこの樹の葉が人の舌によく似ており、その果実が心臓に似ているからであった。舌というものはこころの中にあることを顕わにするが、熟考の果てにでなければそれをしてはいけないから[96]。

[ミネルヴァに追い払われたミヤマガラス] つまり往昔、黙すことは美徳であった。ミネルヴァがうるさくお喋りな鳥であるミヤマガラスを追い払うところにみられるとおり。なんといっても賢明な人は無益に多言を弄することなく、黙してまずよく考えてその道理を探り、ただ必要なことだけを言うものだから[97]。

[ミネルヴァの掌中のミヤマガラス] それゆえおそらくパウサニアス[98]が語っているところ、メッセネ人たちのもとにあったこの女神の彫像はミヤマガラスを手にしていたのでもあろう。あたかも話すということは、賢明な人の掌中にあって時宜をみつつ必要かどうかを探りつつ緩めたり絞ったりされることにも等しい、というかのように[99]。

　またミネルヴァが手に長い棹棒をもっていた、ということについては先述したとおりであり、詩人たちもみなそれを授けている。アプレイウス[100]もまた、女神がこれを手にしたまま転び、立ち上がるにあたり腕にした盾をもちあげるところ、彼女の傍らにふたりのよく似た子供を駆け寄らせている。このふたりは鞘を払った小刀を手に威嚇しているようにみえる。その一方はパヴォール《恐怖》[101]、他方はティモール《焦慮》。なぜといって、これらのない戦いなどないから。

[テロール《恐怖》] しかしスタティウス[102]は、ユピテルに命じられたマルスをアルゴス人たちとテーバイ人たちの戦いに赴かせるところで、マルスがパヴォールとテロールに前を行かせる様子を次のように描写している。

あたりにいた残虐な民衆のうちから
テロール《恐怖》が選ばれると、駿馬たちはそれを前へと遣わす、
それは他の誰にもまして怖れを
催させるばかりか、それをいや増しにする。
それにとっては人などじつに蔑すべきもの
目の前に怖ろしい怪物があらわれたなら
その臆病な胸には声もなく
がむしゃらに腕を振り回してみせるばかり。

その相貌はひとつに限らず

さまざまで、どれも異なった表情を見せ
それもつねに変じつづけ、それを好む者とて
次のような怖ろしい言には同意するだろう。
それらは人のこころに忍び込み
彼らの信心を縮み上がらせる。
ひどい恐怖をもって町々を
襲うに到り、みな悪を信じることとなる。

人々はもうはや太陽がひとつだとも信ぜず
彼らにとっては目に見えぬものこそが姿をあらわす。
憐れな死すべき者たちよ、この恐るべき
恐怖のことばが真実とは思われぬなら、
耳を欹てよ、星々が暗雲に包まれて
すべて堕ちるであろう、
大地は慄き、すべてが震えるだろう、
そしてそれとともに森も揺れることだろう。

パウサニアス[103]は、古人たちがテロール《恐怖》を二様に造りなしたと言っている。ひとつは獅子頭で、彼の言うところによればエリス人たちのアガメムノンの盾にはそのように刻まれていたという。もうひとつは女性の顔と衣装であらわされているが、筆舌に尽くしがたいほど怖ろしいという。このようにつくりなされたパヴォール《恐怖》の像をコリント人たちはメデアの息子たちに献じたのだった。この子供たちはクレオンの娘にコリント人たちがもたらした致命的な贈物のために彼らに殺され、そこで彼女は王の館を滅ぼしたのだったから。

[崇められたティモール《焦慮》] しかしティモールはかならずしも有害なものと信じられた訳ではなく、プルタルコス[104]が記すところによればラケダイモン人たちにはたいへん崇められたという。それはなにも彼らが町から遠ざけようとした他の悪霊《ダイモーン》たちのようにこれを怖れたからではなく、法律や行政者たちに懸念がある時にもこれによって公益（共和国）が守られるように、と考えてのことだった。そこで、スパルタの至高なる行政官であった民選執政官《エフォリ》たちは職務に就くと、アリストテレスが言うように、すぐさま誰も人を損うようなことのないように、みな髭を剃り、法律に従うようにと町のために公宣し、どんな小さなことがらにであっても若者たちが服従するように努めたのだった。

[真の剛毅《フォルティトゥード》] それにまた古人たちは真の剛毅をなにごとをも恐れないことなどとは考えず、恥を蒙ることに対する懸念のことと信じた。それゆえ敵に対しつねに勇敢にあたり、法を気にもかけぬ者がそれを無視することを懸念し、たくましい人々に辛酸を舐めさせて汚名を受けることを怖

れたのだった。これこそ民が慮らねばならない懸念であり、それゆえラケダイモン人たちは民選執政官たちの館の傍らにティモール《焦慮》の神殿を設けたのだった[105]。ローマの王トゥリウス・オスティリウスも、ラクタンティウスが言うように[106]、ティモールとパレンス《蒼白》を一緒に祀るように命じた時、おそらくこのことを意図していたのであろう。怖れをもつ者はおおむね蒼白となるものだから。神々を自ら恃み、神々にうち捨てられることのない者こそすばらしく、尊われるにたる者である、とラクタンティウスも言っている。

[ミネルヴァの盾] ミネルヴァに話を戻そう。アプレイウス[107]が記しているように、彼女は棹棒を揺らしつつ盾をもちあげ、戦いを迫る様子をみせている。平静に考えてみるなら、攻め来る者からからだを護ってくれる透明に輝く水晶の盾[108]とは、賢明な人のこころがこの四肢に覆われているのも単にそれを見守るためなのであって、その四肢によってものごとの真実が見えなくなるようなふうに視界を晦ますためなのではない、ということを証示しているのである。盾というものは一般に円形で、ミネルヴァの盾が時として円形ではないことがあるにしても、】ミネルヴァが腕にした盾とはこれまた丸いこの世界が至高にして限りない賢慮によって統治されているということを意味している、とマルティアヌス[109]は記している。これはデモクリトスやエピクロスが言ったところでもある。

[ミネルヴァの棹棒] また棹棒は、賢明な人というものは他の者たちを遠くからでも傷つけ損うことができる、あるいは賢明さの力というものはいかに困難なことがらをも断固として貫き通し、天に届くほど高くにもちあげるものである、ということを意味している。それゆえ【クラウディアヌス[110]は】ミネルヴァの棹棒を【雲をも貫くほど】長く高くなしているのである。

[黄金の翼のついたサンダル《タラーリ》] ホメロス[111]は【またこれをよりうまく表現すべく】、テレマコスのこころに父ウリクセス《ウリッセ》を探しに出かける決意をさせようとミネルヴァをテレマコスのもとへ行かせるにあたり、彼女に黄金の翼のあるサンダルを履かせている。これは先にメルクリウスの像に関連して述べた類のもので、あとは棹棒以外にはなにももっていない。キケロ[112]もまた神々の本性について語るところで、彼は五つのものがたりを語っているがそのうちのひとつに、足に翼のあるミネルヴァについて記している。

パウサニアス[113]もまた長い棹棒を手にしたミネルヴァの神像について記しているが、その兜にはスフィンクスとグリフィンたちが乗っていたことについてはすでに述べた[114]。彼はそれに付言して、この女神像は甲冑の下に地にまで届く長衣を纏って直立し、【足元に盾を横たえ、】梟【および棹棒の下部に蛇】を添えているという。デモステネスは追放されて去るにあたりここから採って、まさにアテネの神性たるミネルヴァが贔屓にし過ぎた三種の奇妙な獣があるが、それは梟と蛇と民衆である、と言っている。なぜならアテネの共和制は民衆に就き過ぎ、【侮辱されたと感じた時には彼らは最悪の事態へと引き込んだから[115]。

[ミネルヴァの蛇] ミネルヴァに添えられた梟について述べたところは蛇についてもあてはまり、これまた用心深さと賢明さのしるしであった。それゆえローマにあったミネルヴァの大神像の足元にはとぐろを巻いた一匹の蛇がおり、その蛇は女神が腕にした盾に向かって頭をうしろに巡らせていた、とセルヴィウス[116]は言っているが、これはヴィルギリウスがこの女神が遣わした二匹の蛇にラオコーンとその息子たちを殺させると、蛇たちはまっすぐミネルヴァ神殿に戻り、女神の足元、盾の下にとどまったと語るところに付された註である。

[ミネルヴァの着衣] 長衣の上に女神は甲冑を纏っていた訳だが、これについてヘロドトス[117]は、ギリシャ人たちがアフリカのトリトーニスの沼沢地の近傍に住む女たちの衣装の着方から採用したものだったと記している。ただ違っていたのは下に着た長衣がこちらは革製、女神が上に着た胴衣の縁飾りあるいは房飾りが小蛇でなく細帯様に切った皮で、アフリカの女たちが身につけた胴衣の方は山羊の皮でできていたこと位だった。】

[アイギス] ギリシャ人たちがそれをアイギスと呼ぶようになったのは、彼らのことばで「アイクス」が山羊を意味したからで、【われわれはこれを甲冑と称した訳だが、上述したようにヘロドトスはアフリカの女たちの衣装とミネルヴァの衣装の相違を明らかにしようとして周囲に小蛇のような縁飾りがついていたと言ったのだった。

[ゴルゴーン] 古人たちはこの胸の部分にゴルゴーンを象ったものだった。これは蛇を髪となしたメドゥーサの頭で、口から舌を突き出していた。これを時にはまた盾にも掲げ、これをもアイギスと呼ぶ者があったが、それはディオドロス[118]によれば、ユピテルはその盾をアマルテイアの山羊の皮で覆い、それをミネルヴァに贈ったとされるからであった。

[太陽の娘アイクス] しかしより一般にアイギスといえば武装に用いる胸あてのことだった。】ヒュグニス[119]は【それがこう呼ばれるようになったのは、山羊の意味のアイクスからではなく、】太陽《ソル》の同名の娘から採られたものだといっている。寓話によれば、この娘は驚くほど白くすばらしい輝きを放っていたが、美しくはなかった。それどころか見るからに怖ろしく、ユピテルの敵である巨人族の者たちをたちまち怖気震わせるほどだったという。巨人たちに彼らの

目の前からこの娘をどけてくれるように頼まれた大地《テラ》は、娘をクレタのある洞窟に隠したのだったが、ユピテルが託宣を受けメドゥーサの首なくしては巨人族を討つことはできないと告げられた時、それをとるためにこの娘をそこから引き出したのだった。そして巨人族を打ち負かした後、メドゥーサの首とアイクスの皮でつくったアイギスをミネルヴァに贈り、その後ミネルヴァはこれをつねに身につけることとなった、という。

【ヴィルギリウス[120]は、ヴルカヌスがヴェヌスに頼まれてアエネアスの武具をキュクロプスたちに造らせるところで、その時キュクロプスたちが手がけていた武具にはユピテルの雷霆、マルスの戦車、ミネルヴァつまりパラスの武具があったと語り、後者についてこう言っている。

そして金塗りの蛇の鱗は
怖ろしいアイギスを巧みに
かたちづくっていた、これは怒りに震えるパラスが
よく身につけたもの、それを蛇たちが飾り
断たれたゴルゴーンの頭は
暗く獰猛な目を見開いたまま、
女神の胸に着けられていた。

[ゴルゴーン]　ゴルゴーンといえばかならず一瞥で人を殺めるメドゥーサの首を意味するとはいえ、アテネオス[121]はリビアの遊牧民たちのもとではある種の獣がこの名で呼ばれていたと記している。それは羊のような、また他の者たちによれば牡牛のような獣で、怖ろしく有害な息を吐き、これだけで近づくどんな獣をも殺してしまったものだという。また頭を振りつつ額に垂れて目を覆っている前髪を振り払い睨めつけるその一瞥にも他の獣たちを殺める力があったという。これについてはマリウスがジュグルタとの戦いに赴いた折、その民がけしかけたこの獣に凝視された兵士たちはたちまち斃れ死んだ、と従軍した兵士たちが証言しているとおりである。その地の民はマリウスもまたこの獣が倒してくれるであろうと頼みにしたのだった。彼らはこの詭計にあたって遠くからその獣を殺す方途を知っていたから。その皮は驚くべく多様な色をあらわし、ローマに送り届けられたそれがいったいどんな獣のものなのか誰にも分からず、ついにヘラクレスの神殿に不思議なものとして献じられたほどだった。

[メドゥーサ]　カルタゴのプロクレスが記したこととしてパウサニアス[122]が伝えているところによると、アフリカの砂漠にはさまざまな獣がいたがそこには未開で獣のような男や女もおり、そうしたもののひとりがローマに連れられてき

たのを見たことがある、と。彼が言うには、メドゥーサというのはそうした女のひとりで、トリトーニスの沼沢地の住民たちに酷いことをなしたのを、まさにその地の神性であったミネルヴァに援けられたペルセウスに殺されたものに違いない、と。

［ゴルゴーン］ディオドロス[123]は、ゴルゴーンたちがアフリカの好戦的な女たちで、ペルセウスはその女王であったメドゥーサを殺した、と記している。これが史実であったのかもしれない。しかしアポロドロス[124]が伝える寓話の数々によると、ゴルゴーンは三姉妹で、そのうちメドゥーサだけが不死ではなかったという。他のふたりつまりエウリュアレとステンノーは不死で、みな頭に鱗だらけの蛇を巻きつけ、豚のように大きな歯をして、銅の手、金の翼をもち、それでみな思いのままに飛び回り、彼女らを見た者は誰でも石に変えられてしまったのだった。ペルセウスは彼女らが眠っている時を襲ってメドゥーサの首を断ち、これをミネルヴァに献上した。この女神は彼を援けて盾をも授けてくれたから。またメルクリウスからは新月刀と翼のついたサンダル、それに他人から自分の姿を見えなくしてくれるオルクスの兜を貰った。それとニンフたちから受けとった背負い袋には、切り取った怖ろしい首をいれた。このニンフたちはゴルゴーンの他の姉妹たちの目と歯を奪うようにと教えたというが、なるほどその姉妹たちは生まれたときから老婆で、みなで一つの目一本の歯しかもたず、それをみなで交替に使っていた、と書いてある。またパウサニアス[125]が記すところによれば、ギリシャのある地のミネルヴァ神殿にはペルセウスの彫像があった。それは、まさにメドゥーサ退治にアフリカへ赴いた時のように、ニンフたちから兜を授かり、脚に翼のあるサンダルを履いていたという。

［メドゥーサ］またもっとも流布した寓話によれば、ゴルゴーンたちと呼ばれた三人の美しい姉妹が同名のある島に住んでおり、その中でメドゥーサがもっとも美しく、金色の髪をしていたという。彼女に懸想したネプトゥーヌスはミネルヴァ神殿の中で彼女と同衾したが、ミネルヴァはこれにたいへん憤慨して、見目美しかったメドゥーサの金髪を醜怪な蛇に変えて怖ろしい姿にするとともに、彼女を見た者はたちまち石と化すようにしてしまった[126]。しかしこの世にかくも面妖な怪物がいることに我慢ならず、前述したようなさまざまな援けを得てペルセウスはそれを殺害し、その首をミネルヴァに献じた。その後、ミネルヴァはその盾と甲冑の胸につねにそれを着けるようになった、と。**】**

［ミネルヴァの甲冑］これについてホメロス[127]は、この女神がトロイ人たちとの戦いに武装して出かけるところ、女神は怖ろしい恐怖《パヴォール》、メドゥーサの頭をはじめとして、大胆な勇猛《アウデオ》、

確固たる剛毅《フォルティトゥード》、怖気を催させる脅威《ミナエ》といったまさに戦いの女神のものたちに加え、勝利《ヴィクトリア》を従えていた、と語っている。パウサニアス[128]は、アテネ人たちがこの女神の胸にそれらをメドゥーサの頭と一緒に添え、[129]【またエリス人たちのもとではそれらは翼なしに女神の傍らに従っていた、と言う】。これらは知識と賢明さの力をあらわしたものである。なぜといって驚くべきおこないと賢明な忠言によりこの女神は他なる者たちを驚異のうちに不動の石と化し、欲するところのものを容易に手にいれるばかりか、適宜その力を誇示することを知っているのだから。まさにそのために怖ろしい頭は舌を出しているのである[130]。

［ミネルヴァが纏うペプロス《長衣》］ また時にこの女神は美しい外套で覆われた。【これは古人たちがペプロスと呼んだもので、神々の像に纏わせる衣装として用いられたものだった。ラクタンティウス[131]がスタティウスを解して言うように、それは袖なしで白地に金色の水玉を散らしたもので、貴婦人たちはこれを手づからつくり、三年ごとに女神に献上したものだった。これはアテネ人たちの発案になるもので、ミネルヴァは彼らの主神であったので、ペプロスというこの大きな装束あるいは外套はこの女神に五年に五回、厳粛な儀式とともに献上されることとなったのだった。スイダ[132]にはそれは装束ではなく、先述したように当時ミネルヴァの祝いにあたり美しい装飾として捧げられたある種の船の帆であり、古人たちはなんらかの深刻な危機に対してこの女神の好意を恃もうとするときにはペプロスを献呈したものだった、と記されている。ホメロス[133]はヘクバがギリシャ人たちに市壁の内に追い込まれたトロイ人たちをまのあたりにした時、予言者である息子のヘレノスの忠言により彼女のもっとも美しく高価な衣装で大きく豪華なペプロスをつくらせ、貴婦人たちすべてを同道させてそれをパラスの神殿へと運ばせている。そこでこれをアンテノールの妻テアノから女神に献じさせた。彼女は当時トロイの女たちの間でもっとも崇められていた女性で、みな一緒に女神の好尚が得られますようにと祈りを挙げたのだった。ヴィルギリウス[134]もこれを模してトロイ戦争を描写するにあたり、カルタゴのユーノー神殿でのできごとを次のように記している。

イリオンの女たちは不正なる
パリスの神殿で髪振り乱し
悲しみに胸を手で打ちながら、
恭しくみなで女神のために
ペプロスをもち来たった。

［巨人族《ギガース》］ アテネ人たちはミネルヴァに殺されたエンケラド

巨人たちを雷霆で撃つユピテルの姿。巨人たちの両足が蛇になっているのは、
なにが正義であるかを知らず神を蔑する不敬をあらわしている。

スあるいは他の巨人たちを描きだし、この豪奢な外套を織り、刺繍したものだった。また時には、戦でもっとも勇敢だったものたち、つまりは最大の栄光に浴すにふさわしい者たちをそこに織り込んだ[135]。】

〔残酷で無礼なコモドゥス帝〕 大胆不敵にも天を襲いに向かった巨人たちは上半身が人で残余は蛇であった[136]、と詩人たちはみな書いている。【スイダ[137]はコモドゥス皇帝がこの世のものとも思われぬほど無礼で残酷で、ヘラクレスにしてユピテルの息子と呼ばれたくて獅子の皮を纏い、棍棒を手にしてこれで気の向くままに多くの人々を殺すとともに、これが神々のための戦いであるということをみせつけようとして、それらの者たちを巨人たちに擬すべくその腰や脚に蛇を巻きつかせた、と記している。

〔巨人族の転化〕 アポロドロス[138]が記すところによれば、巨人たちは怖気をふるうほど壮絶な顔をしており、長い髪を肩にまで垂らし、これまた長い髭を胸までのばしていたという。そしてその下半身は、】邪悪で神を蔑する者たちがけっして義しきことも誠実なこともなさず、まるでその反対をなすところから、大地から身を擡げることもできず、まっすぐ歩くことすらできず、身を捩って進まねばならない蛇のようであった、と。【これらの者たちにミネルヴァが死を与えたのは、これらが人の無知の闇にとどまりつづけ、栄光の永遠の生を知らしめる神の光に目を向けることもなかったからだった。先述したペルセウスのように、またキマイラを殺したベレロポーンが女神からおとなしく乗りやすい[139]天馬ペガサスを授けられたように、ミネルヴァのもとへと赴く者には女神の援けと好意が授けられるのである。[140]】

「制動者ミネルヴァ」[141]【パウサニアスが記しているように、なるほどコリントの人々はその顔と両手と両足は白大理石でできた彼らのミネルヴァの木彫像を制動者《フレナトリーチェ》[142]と呼んでいたが、これは彼女が最初に天馬ペガサスを止め、これをベレロポーンに与えたからだった。

プロメテウスもこれの援けを借りて天に赴き、太陽の山車の火を掠め取り、これによってこの世にさまざまな業《アルス》を授けることとなった。それゆえそれらはミネルヴァに由来するものと称されるのである。人の才覚というものはわれわれがなし得ることのうちに火をもって日々見出されるものであるから。であれば、あらゆる業《アルス》には二つのことがらが欠かせない。一つは努力と創案、もう一つはそうした才覚によって企図されたことを現実のものとなすこと。前者がミネルヴァであり、後者がヴルカヌスつまりは火である。[143]】

「ヴルカヌス」 ヴルカヌスという名のもとには火が意図されており、われわれはこれをあらゆることをなすための道具とする。火は熱し輝きを与える。光と熱を欠くなら、なにをもなすことはできない。実際、才覚が見出すものをすべて業《アルス》がなし遂げるものではない。なぜといって業《アルス》はからだ《コルプス》[144]に結びついたものであり、それから離れることはできず、それに可能なこと以上をなすことはできないのだが、才覚の方はしばしばそれを離れ、好みのままに自然本性のはたらきおよび神のはたらきに思いを致し、時に自らもそれに類したことができると想像してみせるから。しかしそれは虚しい想像であって、けっして実現することはないということを思いしらされることとなるのだが。これを寓話の数々は、ユピテルに許されたにもかかわらず、どんな努力をしてもけっしてミネルヴァと結ばれることのないヴルカヌス、に擬してみせたのだった。[145]【とはいえ、古人たちは両者の神像を同じ神殿内に配したものだった。[146]】プラトン[147]もまたアトランティスについて語りつつ、それらはどちらもアテネの神性であるゆえに一緒にしている。そしてその神殿では、当時この地で盛んになった知的探求のさまざまな業《アルス》が実修されたのだった。

「ネプトゥーヌスとミネルヴァ」 ネプトゥーヌスもまた、ミネルヴァとともにユピテルの命によりアテネを司るものとなったのだった。アテネの人々はこのことを彼らの貨幣に鋳た。[148]その片面にミネルヴァの頭を、もう一方にネプトゥーヌスの三叉のしるしを刻んでこちらを王と呼び、ミネルヴァの方を町を平穏に賢明に治めるために欠かせない礼節（あるいは民《チヴィレ》）と洗練（あるいは都《ウルベ》）と名づけた。

[扉の上のミネルヴァ] これは私邸にも欠かせぬものであり、それゆえ町の門の上同様に館の扉の上にも古人たちはミネルヴァを描いたものだった。また荘館の外には、可能な限り戦いを遠ざけてくれるようにとマルスを描いた[149]。ローマ人たちは【有害なことがらから守ってくれると思いなしていたこれらの神性を街の中に置いたが、ベローナの神殿とマルスの神殿は】外に設けた。とはいえ街の中にもひとつ彼らのための神殿があり、【そこでは平安を崇めそれがクィリヌスと呼ばれたことはすでに『フラヴィオ』に著し[150]、その両者に関し理由を述べた。

[ヴルカヌス] これについてはヴルカヌスを語った後で振り返ることとして、】まずヴルカヌスについてエウセビオス[151]が伝えるところをみてみよう。ヴルカヌスとは火の徳と力のことであると言われ、その彫像は頭に空色の帽子を被った人の姿に造られた。この色は真の火がある諸天界の旋回のしるし。それは自存できず自らを持続するためにはそれを養い保つ新たな素材を要するわれわれの手元にある火とは、まったく違った純粋で真正なものである。

[跛のヴルカヌス] ヴルカヌスの足が不自由だとされたのは、炎というものがそのように見えたからであった。それは燃え上がるにまっすぐ上に立ち昇らず、あちらこちらともがくように捩曲るから。それは本来の場所にまっすぐ昇り行くことができるほど純粋で軽微でないからだった[152]。

[鼠たちとヴルカヌス] 【おそらくヘロドトスを受けて】アレクサンデル・ナポリタヌス[153]が伝えるところによれば、【それをヴルカヌスと呼ぶ者があるにせよ、他にセトン[154]と呼ぶ者もあったという。】エジプトにはその彫像があり、一匹の鼠を手にしていたという。その民がこのように造りなしたのは、昔彼らの邑々を占拠したアラビア人たちのもとにヴルカヌスが数多の鼠を遣わしたおかげで、アラビア人たちが去っていったと信じられていたからだった。

[▶Tav.61]

[王セトン][155]【ヘロドトス[156]はこれを次のように語っている。ヴルカヌスの祭司にしてエジプトの王であったセトンは、アラビア人たちの王サナカリボスを攻めるために大軍を率いていったが、兵士たちを重んじることがなかったのですべての兵士たちから見捨てられていることに気づいた。この奇妙な事態にどうすればよいかも分からず、自らの惨状を悔い悩みつつヴルカヌスの神像の傍らで眠り込んだ。すると夢にこの神があらわれ、勇気をもてと彼を慰めるとともに、敵を追い払うことができるかどうかなどと危ぶむことなくわたしがおまえのために遣わす助けを信じて豪胆に敵

火の神ヴルカヌスの姿とその鍛冶場。そしてユピテルの矢や神々英雄たちの武具を造るキュクロプスたち。またヴルカヌスは自然本性熱あるいは生起させる熱ともみなされる。
[▶Tav.61]

に向かえ、と告げたのだった。

【ヴルカヌスが遣わした鼠たち】そこでセトンは勇を鼓して彼に従う僅かの者たちと出陣し、アラビア人たちから程遠からぬところに野営した。次の夜、アラビア人たちの野営地に夥しい鼠たちがあらわれ、弓や盾、皮製の甲冑のすべてを齧り、アラビア人たちをエジプトから逃散させたのだった。そこで王セトンが泊まったヴルカヌスの神殿には鼠を手にした石像が造られ、そこに添えられた標語には「慎ましく信心深くあることを吾に学びたまえ」と記されたのだった。】
[▶Tav.61]

【憎まれた鼠たち】アラビア人たちが鼠をたいへん憎むようになったのはきっとその時のことであったのだろう。それ以降彼らは鼠を酷く扱い、プルタルコス(157)が記しているように、この小動物が齧ってまわるのが悩みの種で、神々をすら悩ませるものだと言いつつ、エチオピア人たちあるいはペルシャのマギたちのように全力をあげて皆殺しにしたのだった。

古のエジプトの人々が、どうしてヴルカヌスが鼠たちを遣わしたと信じたのか、その理由をどこかに読んだ記憶もないが、彼らはこの神が乾燥した季節や土地を意味するものだと考えたものであったのかもしれない。プリニウス(158)は鼠の多産について記しつつ、天候が乾燥してくるとこれらは野に満ちる一方、冬になるとなぜかは知らずそれらは姿をみせず、地上にも地下にも、またその生きている姿ばかりか死んだものすら見つからない、と言っている。[159]

〔天から放逐されたヴルカヌス〕 ヴルカヌスについて記された寓話は数多く、どれもそれを異なった様相で描きだしている。【その誕生にしても、彼はユーノーから生まれたが、女神はこの子があまりに醜いのをみてひどく嫌い、投げ捨てた。この憐れな子はエーゲ海のレムノス島に墜ち、その墜落によって脚を捻じり跛になってしまった。これは自然現象にみるところの雷を謂ったもので、大気の下部のもっとも粗く濃密で霧たちこめたところから降る赤熱した蒸気に他ならない。[160]

〔縛られたユーノー〕 母によって傷つけられたことを忘れず成長したヴルカヌスは復讐のため、[161]あるいはピンダロスやエピカルモスを引きつつスイダ[162]が載せているところによれば、ヘラクレスを苦しめようとして彼女が企てたことがなされるのを阻むため、ヴルカヌスは彼女に金塗りの美しい椅子を送り届けた。これは女神が坐ると身動きもできぬように縛められ、天の神々ですら彼女を解放することができないような業をもって造られていた。そこで神々は縛められたまま不快を募らせるユーノーを自由の身にするため、彼を天上に連れて来るべく探したのだった。しかし彼は神々の誰をも信じず、けっしてそこへ赴こうとはしなかった。彼が信じたのはバッカスだけ。おそらく彼に酒をたらふく飲ませたものか、彼はバッカスとともに天上へ昇り、この巧緻を尽くした椅子からユーノーを自由にした。このギリシャ人たちの寓話を採りあげてパウサニアス[163]は、アテネ人たちのもとにあったさまざまな絵画の中にはユーノーの縛めを解くため天へとヴルカヌスを引き連れていくバッカスの絵があり、またラケダイモン人たちのミネルヴァの神殿には母を縛めから解くヴルカヌスの絵があったと言っている。】

〔鍛冶場のヴルカヌス〕 また彼は[164]大きな洞窟の中の鍛冶場でキュクロプスたちと一緒にいろいろなもの[165]を造った。神々は自らの装備としてあるいは他のもののための武具の類が必要となる度に、自分たちの鍛冶屋でもあるかのように彼のもとに赴いたものだったから。テティスは息子のアキレウスのための武具を頼みに行ったし、[166]【キュプセロスの櫃も彼が造ったものだった。パウサニアスがものがたるところでは、テティスに武具を与えたのがヴルカヌスであったらしいということは、彼が跛で、その背後に大きなやっとこを手にした配下を従えていたとしるされているところから推察されるだけである。】またヴェヌスもアエネアスに与えることになる武具を彼から得ている。[167]詩人たちはおおいなる業と才覚によって造られたものについて記すときはいつも、それがヴルカヌスの鍛冶場でヴルカヌスあるいはキュクロプスたちによって造られた、と言っている[168]。

〔王ヴルカヌス〕【こうしたことはスイダ[169]が彼についてものがたる史譚ともみあうものである。それによると、彼はエジプトの王で信仰の諸玄義を熟知していたため神とも崇められたが、たいへん戦闘的でもあった。

〔最初の鉄器〕ある戦いで足を傷め跛になった彼は、戦いのための武具だけでなく農耕の道具をはじめて鉄で造った者だった。

〔ヴルカヌスの形姿〕また寓話によれば、】ヴルカヌスは鋼の繊網でヴェヌスとマルスが情愛深く一緒に戯れているところを縛め[170]、ミネルヴァにも力づくで暴力を振るおうとした[171]云々と擬されている。これらは彼の形姿を描くにあたっては関係がないので、ここではものがたる要はないだろう。彼は跛で、鍛冶屋のように顔は黒く醜く煤けていた。彼を裸に描く者もあるが、裸とも着衣を纏っているとも言いがたい僅かばかりの襤褸着を纏い、【頭に帽子を載せているとも言う者もあることについては先述した。ヘロドトス[172]によれば、エジプトの町メムピスにはヴルカヌスの神像があり、これはフェニキア人たちが船の舳に祀ったパタイチ《パタイコイ》[173]と称する神々に似ていたという。これらはピュグマイオイ《矮小人》の姿をしており、カムビセス王[174]はその神殿に入るとそれらをひどく嘲弄したとやらいう。】

〔ヴルカヌスに捧げられた獅子たち〕[175]エリアノス[176]が記すところによれば、エジプト人たちはヴルカヌスに獅子たちを捧げたという。なぜなら獅子というものの自然本性は熱く激情的であり、その内なる激しい熱のせいで火を見るとたいへん怖れて逃げ去るから。

〔ヴルカヌスを護る犬たち〕アレクサンデル・ナポリタヌス[177]によれば、ローマのヴルカヌスの神殿には看守か見張りのような犬たちがおり、なにか盗みに来る者でもいなければけっして吠えなかったという。またシチリアのモンジベッロのヴルカヌス神殿とその周囲の聖森にも犬たちがいたという[178]。

〔ヴルカヌスへの供儀〕【それにまた、戦いに勝者となったものは敵の盾その他の武具を集めて山のように積み上げ、それを燃やしてヴルカヌスのための供儀としたものだった。ヴィルギリウス[179]がエヴァンドロスに、若い頃プライネステのもとで勝者となった時のことを語らせているように。セルヴィウスが註して言うところによれば、これはタルクィニウス・プリスクスがサビーニ人たちをうち負かし、ヴルカヌスを讃えて彼らの武器をすべて燃やしたという史実に準じたもので、その後みなこれを踏襲することとなり、ここにヴルカヌスに犠牲として供されたものすべてを燃やす習慣となった、という。

［倣岸《プロテルヴィア》なる犠牲］(180) マクロビウスが記しているように、(181) 倣岸《プロテルヴィア》と称された別の供儀があった。これまたすべてを燃やす儀式で、古人たちは祭司たちその他が饗宴で食べ残したものをすべて燃やした。そこからカトーは某アルビディウスについて皮肉を言ったのだった。この男は膨大な財産を貪りつくし、ただひとつ残った館をも燃やした。そこでカトーは言った、アルビディウスは倣岸《プロテルヴィア》な供儀をなした、と。】

［ヴルカヌスとヴェヌス］ また寓話の数々によれば、ヴルカヌスはヴェヌスと一緒にされ、両者は夫婦となされている。なぜといってヴェヌスによってあらわされるさまざまなものごとの生成には熱が欠かせない。これはまさに火のことであり、つまりヴルカヌスのことにほかならないから。(182)

［ヴェヌスとマルス］ ここからしてマルスもまたヴェヌスとともに配されることとなった。マルスによって太陽の熱を意図して。【アリストテレス(183)の言うところによればこれらふたりが一緒に結びつけられたのには十分な理拠がある。なぜなら兵士たちは激しく色情に流されるものだから。】マクロビウス(184)が伝えるところによれば、スペインのアクィタニアの民はマルスの神像を太陽の像のように光輝の輪で飾り、たいへん恭しく崇めたという。

［マルス］ マクロビウス自身が付言しているところだが、天上の熱を生む者たちはただ名が異なっているだけであり、これは当然のことだった。マルスは太陽から来る熱のことであり、われわれの血と精気を燃え上がらせ、怒り、激情、戦いに駆り立てるもの、と信じられていたのだから。それゆえ古人たちから【ミネルヴァが女神と称せられたように、】マルスは男神と呼ばれたのだった。(185)

［マルスの誕生］【ミネルヴァが妻の援けなしに生まれたように、マルスは夫の役割なしに生まれた。なぜといって寓話の数々によれば、ユーノーはユピテルが彼女とではなしに息子たちをつくったことを妬み、彼女もまた彼とではなしに子供たちをつくろうと欲し、オウィディウス(186)がものがたるところによればフロラが女神に示したある花の徳能によって、あるいは他の説によれば手で自らの本性を打ち(187)マルスを孕み、トラキアへ行って出産したという。それゆえその地の民は信じがたいほど残忍で、すぐに戦をするのである、と。これからして多かれ少なかれ戦争というものは、ユーノーによってあらわされた領土と富を得ようとする欲望から生まれるのである。】

［マルスの形姿］ 古人たちはマルスを残忍で恐ろしげな相貌をして、全身を武装し手に棹棒と鞭をもった姿に造りなした。(188)

戦の神マルスの姿とその山車。またよく言われるようにその結果でなく、かえって彼の伝令にして先駆けである声望（ファーマ）の姿。マルスとは、血を湧きたたせる太陽の灼熱、たやすく怒り、戦い、激情を起こさせる諸精気のことである。［▶Tav.62］

［マルスの馬たち］ またしばしば彼を騎馬姿にし、また時に山車に乗せ、ホメロスをはじめとするほとんどすべての詩人たちは、彼の山車がテロール《恐怖》とテーマ《畏怖》という二頭の馬に牽かれていたと言っている。[189] また他の箇所ではこれらはもはや馬ならず、つねにマルスにつき従う男たちになっており、それらにインペトゥス《衝動》、フロール《憤怒》、ヴィオレンティア《暴力》も伴連れとして加わっている。[190]

［マルスの武装］ スタティウス[191]はこれを模して、テーバイの国の二人の兄弟エテオクレスとポリュネイケスとの間の戦いにマルスを赴かせるにあたり、灼熱の雷霆を頂飾りに燃え盛らせるように輝く兜やら、怖ろしく身の毛もよだつような怪獣たちをいっぱいに描き出した金塗りの甲冑やら、血の色に輝きを放つ盾やらといったこの神の武具について詳述したあと、彼の周りにはフロール《憤怒》とイーラ《憎悪》を先頭に、テロル《恐怖》が馬たちを御しつつ、その前をファーマ《声望》が翼を揺すりながら征くさまを描きだしている。このファーマというのは真実をよりもかえって嘘偽りをもたらす者であり、ちいさなことを大仰に騒ぎ立てて町から邑までを騒動に巻き込むものゆえ、【ホメロス[192]によってユピテルの使者にして遣いと呼ばれた者だった。】

［ファーマ《声望》］ 古人たちはファーマ《声望》をも女神となし、寛い薄衣を纏った婦人が騒々しい喇叭を口にあてですばやく駆ける

姿に描いた。その早さをよりうまくあらわそうとして翼を加えるとともに、彼女を目だらけにした。彼女のことをヴィルギリウス[193]は怖ろしい怪物と呼び、それに羽根を生やしてみせ、羽根の数だけ注意を怠ることなく瞠かれた目をもち、またけっして黙すことのない舌とつねに聞き耳を立てる耳をも同じだけもつもの、としている。そしてまた、けっして眠ることなく夜に翔け、昼間は高い塔の上から憐れな死すべき者たちに悪意に満ちた報せをもたらし怖気づかせるのだ、と。

「二重のファーマ《声望》」 しかしそれは時として善き報せをももたらすので、ファーマ《声望》はひとりならずふたりいる、とも言われてきた。そして善きことを報せるものを善《ブォーナ》のと呼び、悪しきことを報せるものを悪《リア》しきと呼んだのだった。後者は前者と違って黒い翼をもち、クラウディアヌス[194]がアラリクスを駁して記すところによれば、ファーマは黒い翼を広げ、これを蝙蝠の翼のように思いなすものもある、という。

「イーラ《憎悪》」 ファーマがマルスの山車の前を行くのは、戦いをはじめるにあたり、後に就くものよりもこれこそがそれをまず告げるからである。もちろん冷酷な戦いにあたっては前を行くものにも後に就くものにも憎悪《イーラ》の激しい炎が燃え盛るものであり、セネカが記すところによれば、これこそ他のどんな情念にもましてわれわれを惑乱させる最大の力をもつものである。なぜといってこれは理性の小道から人心を逸れさせるばかりか、からだをすら変化させるものであるから。オウィディウス[195]もセネカ[196]も言うように、怒った者た

フロール（憤怒）とイーラ（憎悪）の姿とそれがもたらす悪しき諸効力。神をも人々をも、友人や親族をも、自らの利益をすら省みず、フロールとイーラのうちに憤激と激情に駆られ道理を失い、いかなる危難をものともせずに死や栄誉を賭すこととなる。

ちの顔は真っ赤に膨らみ、目はぎらぎらと燃え、ひどく怒った人はまるでメドゥーサの怖ろしい顔にも劣らぬ異形の相貌と化すものゆえに。

[フロール《憤怒》] ここに怒った人の相貌に触れたのは、古人たちがイーラ《憎悪》について描きだした姿が一切見つからないからで、それゆえこれを描こうと思う者はそれをフロール《憤怒》と呼ばれるものの像に代えることもできよう。これは掻きたて燃え上がらせるものとしてはイーラ《憎悪》とかわらない。古人たちはこれを顔から血を滴らせ、甲冑、兜、盾、剣その他の武具の上に坐して身震いする怖ろしげなものがその両手を厳重な鎖で背に繋がれた姿として描いた、とはヴィルギリウス[197]が記すところであり、またそれは戦争の扉のうちにあったとされている。先述したように、この扉はヤヌスの神殿にあって、平和時には閉じられ、戦時には開かれたものだった。またペトロニウス[198]は内戦について書き記すにあたり、それの縛めを解かせている。

マルスに戻り、その山車に炎を撒き散らす怖ろしくも獰猛な四頭の馬を配した者もある。[199]イシドルス[200]が記すところによれば、しばしばマルスは胸をはだけていたという。戦いに赴く者は誰でも、あらゆる危難に抗すべく決意して出かけねばならなかったから。

[注目すべき供儀] ヘロドトス[201]が伝えるところによれば、スキタイ人たちはさまざまな神々を崇めていたが、マルスより他には神殿も祭壇も神像も造らなかったという。【ただどの神にも同じように生贄を捧げたというが、この供儀次第はわたしにはここに特記しておくべきものと思われる。それは次のような儀式だった。前脚を縛った生贄の背後から生贄執行者が近づき、その頭の上に身を屈めると生贄を捧げる神の名を唱え、首に紐をまわし、輀棒のようなもので紐を捩り巻いて絞め殺した。その皮を剝いてから肉をすべて取り除き、残った骨に火をつけて肉を煮た。スキタイには薪にする木がなかったから。それどころか時には大鍋すらもなく、その肉を水とともに獣の胴皮に容れて煮立てたものだった。つまり生贄そのものが生贄を捧げる火となり、自らを煮たのだった。そして祭司はこの生贄を神に捧げた。

[マルスの犠牲] この民が主としてマルスに生贄に捧げた獣は馬であった。その神殿はこの土地の雨と悪い気候のためたちまち損壊したので、以下のように毎年再建された。蔓草を荷車百五十台分集め、大きな矩形の薪置き場の形に、その三方は高く、四番目の辺はそこから都合よく中に登ることができるように低く造りなされた。その中には彼らが用いたアキナケスと呼ばれる小刀様のものが納められた。[202]これは新月刀のようなもので、まさにペルシャ人たちの小刀だった。

【マルスの神像】彼らにとってはこれこそがマルスの真の神像で、他のどの神々よりもこの神が敬われ、頻繁に生贄が捧げられた。それはスイダ(203)に言うアラビア人たちのペトレイアのようなもの。これはどんな図も刻まれていない高さ四ピエデ幅二ピエデの黒くて四角い石で、黄金の台座の上に安置されていた。これが彼らのマルスの真の神像で、彼らがたいそう崇めたものだった。】

【マルスの家】スタティウス(204)はマルスの家について記しつつ、先述したようにそれが自分の生地であるトラキアにあった、と言っている。この地の民はたいへん戦好きであったから。それはあまり滑らかでない鉄でできており、錆びたり曇ったりはしていなかったが炎のように赤く、それを見るだけで恐ろしくなり悲しくなるのだった。ここに猛烈なフロール、怒り狂うイーラ、残酷なインピエタス《無慈悲》、蒼白なティモール、密やかなインシディアエ《姦策》が他からは見えないように鋭利な小刀を覆い包んだまま隠しもち、またディスコルデ《不》ィア《和》が鋭い刀を両手に握っていた。

　古人たちが崇めた神々の中に不和をも加えたのは、彼らがそれを歓迎したからではなく、それが彼らを傷つけ害わないようにとの願いからであった。なんといっても彼女のいるところにはどこにも平穏も安息もなく、それゆえユピテルは彼女を天から追い払い、テティスとペーレウスの婚

スキタイ人たちが設けた戦の神マルスの神殿のかたちと、アラビア人たちのマルスの石像。これまた太陽とこれが人のあらゆる行為に及ぼす力とをあらわしている。［▶Tav.63］

姻にも呼ばなかったほどであった。その宴席にはほとんどすべての神々が集っていたが、それを憎んだディスコルディアは彼らの間に林檎を投げ入れ、その後パリスがなした審判によってトロイが崩壊することとなったのだった。[205]

[ディスコルディア《不和》] このディスコルディアが猛烈な激怒（冥界のフリアイ）をあらわしていることは、ヴィルギリウス[206]が次のように記すところにも覗われる。

狂乱のディスコルディアはその髪に血を滴らせる蛇を巻きつけ結ぶ。

ペトロニウス[207]も同じことを言っている。アリスティデス[208]は、頭をもちあげた彼女を、鉛色の唇、涙に濡れたやぶ睨みの目、つたう涙に皺くちゃになった蒼白の両頬、自ら誰の手をとることもなくその両手をすばやく動かし、小刀を胸に秘め、捩れた両脚の小さな足の周りには暗くて、闇のような霧をあらゆるものを取り巻く網のように巡らせて、と描写している。

パウサニアス[209]は、キュプセロスの櫃の一側面にはたいへん醜い顔の女ディスコルディアの前で戦うアイアスとヘクトルが刻まれていた、と記している。それだけ。他にこれの例として、サモスのカリポーン[210]がエペソスのディアーナ神殿にこの女が戦うところを描いたと伝えているが、それもギリシャ人たちの舟についての説明よりも僅かに長いだけである。古人たちがディスコルディアをどう描いたものか分からないにせよ、現代人たちが言うところからそれを知ることもできる。そのなかでもアリオスト[211]は、天使ガブ

アリスティデスによるディスコルディア（不和）の姿。その悪しき諸効力のせいで、彼女は天から放逐され、アキレウスの両親となるペーレウスとテティスの婚礼にも、その毒が混乱を招くことのないようにと他の神々のようには招待されることなかった。にもかかわらず、彼女は林檎を投げ込んで騒動をひき起こした。姦策を弄する者たちのあいだでも不和は絶えない。

リエルが彼女を探しに出かけるところ、次のように彼女をたいへんうまく描出している。

彼女は百の色と数限りない細帯からなる
その衣からそれと知られるだろう、
それは歩みとともに被いまた開き、あるいは
風がそのほつれ目を開いてみせる。
その前髪は金とも銀とも、
黒とも暗褐色ともみえ、諍うかのよう。
その他は編まれ、また帯で纏められ、
多くは背へと流れ、僅かばかりが胸にほどけて。

［マルスの館］ そしてマルスの館には威嚇的な声が響き、その中央に悲しみに暮れるヴィルトゥス《美徳》を見つけて嬉しそうにするフロール《憤怒》。そこに坐すのは血塗れの顔をしたモルテ《死》[212]。彼女は残虐な戦いで流された血が飛び散った祭壇の上にいる。この血は燃やされた町から取って来た火とともに、この怖ろしい神に捧げられた犠牲だった。その周囲にはこの世のあらゆる場所から持ち来たらされた略奪品が吊るされ、その壁や扉の上には殺戮、放火等々戦いによってもたらされた荒廃の様が刻まれていた。

［縛められたマルスの彫像］ これがスタティウス[213]が描き出すところのマルスの館で、パウサニアス[214]が言うところによれば、ラケダイモン人たちはその彫像をきつく結んで縛めたという。こうすることによって、この神が彼らのもとから立ち去ることなく、戦いにあたっては勝利を与えてくれるものと考えたのだった。

［縛められた神々］ これと同じことは他の国々でも行なわれ、ローマ人たちもまた町の加護を恃んだ神々の像を縛りあげたものだった[215]。古人たちはさまざまな神々を崇めたが、一々の町で特に他の神々よりも敬われるひとりかふたりの神があり、敵がこれらの神を冒瀆することのないようにとたいへん怖れたものだった。

［町の外から召喚された神々］ そこから戦闘中の町の守護神たちに対して、祭司はある種の祝詞をもって外から呼びかけ招請する、という慣いができあがった。これは神々と競うつもりのないことを表明する手段だった。まさにこのゆえにローマ人たちは自らの町の格別の護りたる神の名を誰にも知らせようとしなかったのである。敵に招請されてその神が立ち去ってしまわぬようにと[216]。

［秘された神性］ 【ヴィルギリウス[217]がテベレとローマの守護者にして母なるヴェスタと名指すところを、セルヴィウスはこれが詩的な表現であって、真のローマの神性そのものの名ではないと註している。なぜなら、信仰の諸規定はそれ

を明かそうとせず、あえてそれを名指そうとした者は民の裁きの場で正義の手によって死なしめられたのだから、と。

[縛められたアポロン] 聖なる信仰の諸規定がいつも誰からも守られる訳のものでもなかったゆえ、古人たちは神々が彼らのもとから立ち去ることのないようにと縛めたものだった。これはクィントゥス・クルティウス(218)が、フェニキアのテュロスの民はアポロンの神像を黄金の鎖で結んだ、と言っているところとも符合する。この神は彼らの主祭神のひとりで、彼らが町の加護を恃んだヘラクレスの祭壇に繋がれたが、それはアレクサンドロスがこの町を攻囲したならこの神は町を捨てて立ち去るという夢をある住民が見たと語ったからだった、という。】

[翼のないヴィクトリア] どうやらこれはパウサニアス(219)が伝えるところ、アテネ人たちがヴィクトリアが飛び去らぬようにとその翼を取り去った、と言うところと同じことのようにわたしには思われる。そしてヘリオドロスが伝えるところによれば、彼女は右手に石榴《ざくろ》を、左手に兜をもっていた(220)。【ローマ人たちも、ヴィクトリアがこころから彼らとともにいてくれるようにと彼女の座にカンピドリオを与えた、とリヴィウス(221)が記している。またゲロンがカンヌでのカルタゴ人たちとの戦いの後、ローマ人たちにたいへん高価な贈物の数々とともにこの女神の黄金の像を贈ったのだったが、ローマ人たちはそれらすべてを送り返してきて、ただヴィクトリアの神像だけを吉兆として手元に置き、ユピテル・オプティムス・マクシムス神殿を彼女に捧げたのだった。】

[ヴィクトリア《勝利》] 古人たちはこの女神を翼をもった(222)美しい処女となした。彼女がそれで空を翔け、片手には月桂樹あるいは白オリーヴの冠をもち、もう一方の手に棕櫚の枝をもっていたことは、古のメダルや大理石像にみられるとおりであり、時に冠か棕櫚の枝のどちらかだけを手にしているものもある(223)。

[ヴィクトリアのしるしとしての月桂樹] ローマ人たちはよく彼女の手に月桂樹の枝をもたせ、これだけでヴィクトリアのしるしとした。また伝令の手紙にこれを付し、勝利の喜びをあらわすためユピテル・オプティムス・マクシムスの膝にその葉を置き、武勲をおさめた凱旋将軍たちにこれを冠となして捧げた(224)。

[ヴィクトリアのしるしとしての鷲] エジプト人たちはその神聖文字において、ヴィクトリア《勝利》を鷲であらわした。なぜなら鷲は他のあらゆる鳥たちに卓越しているから【で(225)、おそらくローマ人たちが戦争の旗印としてなにより鷲を用いたのもここに起因しているのだろう。

[ローマ人たちの旗印] また彼らが狼を旗印としたのはそれが

マルスの獣であったからであり、ミノタウロスを掲げたのはこの獣が迷宮の中にいるように、武将の指示および一々の策略が秘されてあるべきことをあらわしたものだった。[226]また豚を携えたのは、これなしでは和平の休戦協定を結ぶことができなかったからだった。そこで行われた儀式は次のようなものだった。

【休戦もしくは和平の儀式】和平もしくは休戦協定を結ぼうとする両者の代表者たちが一同に会すると、儀式を任されたフェキアレと呼ばれる祭司は厳粛なことばを唱え、お互い合意に到った協約箇条を告げた。そしてそこに引き出された豚をある種の石で殺傷し、どちらであれ最初に休戦もしくは和平の協定を破った者はこのように傷つけられることになりますように、とユピテルに祈ったのだった。[227]

ここでは長い棒の頭に干草の束を結んだローマ人たちの最初の旗印、開いた手、それに今日の将軍の吹流し旗のような薄紗あるいは薄絹について[228]は語らぬこととして、ただローマ人たちの旗幟につけられた馬と牡牛について一言しておこう。いずれにしてもこれら二つも先の三つも、ほとんどつねに競技場の柵に掲げられただけで、戦いに連なったのは鷲だけだった。[229]なぜならヨセフス[230]も言うように、これこそが枢軸国の真の旗印であって、勝利の吉兆として敵に対して掲げ行くものであったから。ユスティヌス[231]も伝えているように、ゲロンはまだ若き日、初陣に赴くにあたりその盾に天翔ける鷲をしるしたが、それは彼の家柄が低く卑しかったとはいえ、本人がたいそう勇敢であったから

ヴィクトリア（勝利）の姿と、鷲、棕櫚、月桂樹といったそのしるしの数々。鷲は鳥たちの王女にして吉兆であり、棕櫚はどんな力にも耐えるとともに食糧をも与え、月桂樹は常緑でありまた雷鳴。勝利は美徳（ヴィルトゥス）とともに困難を克服し、不死にとどまる。［▶Tav. 64］

に違いないし、またそのとおりであった。

【ペルシャ人たちの旗印としての鷲】クセノフォン(232)が記しているように、キュロスもまた翼を広げた黄金の鷲を長い棹棒の上に停まらせていたし、ペルシャの他の王たちもつねに鷲と一緒だった。パウサニアス(233)は、ラケダイモン人たちのユピテル神殿の中にはそれぞれ自分のヴィクトリアをひとりづつ運ぶ二羽の鷲がいた、と言っている。それをここに献じたのはリサンドロスで、アテネ人たちを二度打ち負かしたことを記念してのことであった。

武装したヴィクトリア(勝利)および翼のないヴィクトリアの姿。前者は勝利の諸原因つまり労苦と汗とをあらわす。後者は勝利から見放されることがないようにとの願いをあらわしている。 [▶Tav.64]

　アテネオス(234)が驚くべきこととしてものがたるプトレマイオス・ピラデルプスによって上演された大きな見世物《スペクタクル》には、翼のあるヴィクトリアたちが登場し、彼女らはさまざまな動物を織り込んだ衣装を着てさまざまな黄金の装身具を身につけ、黄金のキヅタの葉で包まれた黄金の釣香炉を手にしていたという。これはおそらくバッカスに供するためのもので、彼女らはこれまた黄金で造られたキヅタの枝で飾った祭壇の前に進み出るのだった。】
クラウディアヌス(235)はスティリコーを讃えるにあたり、ヴィクトリアを描写している。彼女は戦利品《トロフェオ》を纏い、緑の棕櫚を手にもって、その背には翼があった。この翼は不確かな戦いの行方をあらわしていた。しばしば勝利は一方からたちまち他方へと転じたが、勝者にはいよいよ力を授けるとともに、後の者たちの記憶に長くとどまるところは、棕櫚がどんな重さにも耐え抜いて他の樹木のように折れることなく、長く緑の葉をつけつづけるのにも似ていたから。[236]

［中立的な女神ヴィクトリア］【戦いの行方は不確かであるので、ヴィクトリアは戦いの最中にあって彼女をより強く引き寄せる方へと近づいて行く中立的な女神と呼ばれた。同様にマルスもまた中立的な神と呼ばれたが、それは敵する者たちの間にあって勝者にも敗者にも中立的な共通の神であったからである。[237]】

ヴィクトリアを武装して無思慮におどけた表情をさせ、埃と汗にまみれたまま血に濡れた両手で戦利品と捕虜たちを勝者にさしだす様子にしてみせた者たちもある。[238]【こうした者たちまたこの女神の好尚を得ようとこれを崇めた者たちを、】キリスト教詩人プルデンティウス[239]は嘲弄しつつ、勝利は永遠なる真の神とその美徳に求められねばならないと言う。

愚かな人々が、美しく、若く、向こう見ずで、
金髪を結んだか解いたかして、
薄い布の衣を胸で結び
それを微風に波打たせ、
そこから白い脚を覗かせる
女に擬してみせるところのものではなく。

［生贄の馬］【もちろんそれは古のローマ人たちが馬を生贄にしたマルスでもない。この生贄の馬は競走に勝利したもので、これによってマルスから勝利のあかしを得たものと彼らは誇ってみせようとしたのだった。もちろんこれを迅速さを罰するためになされたもの、と言う者があることも確かである。つまり迅速さとは逃げ出すものの助けとなるばかりであり、それを捧げることはもう逃げる望みはないという意味である、と。[240]

［マルスの動物たち］その他にもマルスには、生贄としてあるいは伴連れとしてさまざまな動物が授けられてきた。たとえば犬や狼が彼の姿に添えられたが、パウサニアス[241]が記すところによれば、犬は人とともにいる動物たちの中でももっとも勇敢で強かったからであり、狼は夜目も鋭く、慎重な隊長たちが敵の密かな姦策に陥らぬよう注意深く見るように見たから、あるいはその本性獰猛にして殺し血を流すことを好んだから。これらはどれも戦いの神にふさわしく、】鳥の中では雄鶏が彼に授けられた。これは兵士たちに必要とされる警戒心をあらわしてのことであったか、[242]あるいは寓話の数々にものがたられるところやルキアノスが書いたアレクトリュオン[243]のはなしに拠ったものだろうか。【アレクトリュオンはマルスが可愛がった兵士でマルスがヴェヌスと床を共にする夜に見張りを命じられた。しかし彼はしっ

かり番をせず、ヴルカヌスがその閨室に入ってしまい、抱き合うふたりに投網を投げて捕らえてしまったのだった。そこで】彼はマルスによってこの鳥に変えられたのだった。

「マルスの聖なるハゲタカ」マルスにはハゲタカも授けられた。なぜといってそれは貪欲に死体を探し求め、本性が教えるとおり殺戮に連なりつねに兵士たちの後を追うものであるから。それどころかプリニウス[244]が記すところによれば三、四日前、あるいは七日前と言う者もあるが、それはすでに戦場となるべき場所を予知し、どちらの軍勢がより多く死ぬかを察知し、獲物の多い方に狙いを定めて準備を調えるという。そこから古、王たちは軍隊を派遣するにあたり、ハゲタカたちがより多く飛び回っているところを探って、そこからいずれが勝利するかを判じたという。

「マルスのキツツキ」また時にマルスとともにキツツキが描かれる。そこからこの鳥は軍神マルスのツルハシ《ピクス・マルティウス》と呼ばれることとなった。まさにマルスの鳥[245]でもあるかのように、あるいはこの鳥はその頑健な嘴で堅い樫の木を敲き穴を穿つが、それは兵士たちが町の壁を何度も撃って中に入るべく無理矢理道を開くのにも等しいからであったか。それともこの鳥が吉兆とみられてきたからだろうか。兵士たちはたいへん縁起を担いだばかりか、古には公事についても私事にわたることであっても、いったいどうすればよいか分からぬときには誰もがなにごとか吉兆を尋ねまわったということについては、すでに『フラヴィオ』[246]で論じた。そこではまた、古人たちが吉兆を得ようとして用いた手段をも開陳しておいた[247]。

「マルスに捧げられたハマムギ《グラミーニャ》」今のところマルスに捧げられた草木についてはわたしはなにも見つけられないでいる。ただ古人たちがこの神にハマムギを授けたことについては何度も読んだが、ボッカチオが書いているように、これはおそらく軍隊が野営するような広々とした場所に生え出たものであったからでもあろう。ローマ人たちにとってハマムギの冠ほど誉れ高きものはなかったという。それはなんらかの危機的な事態から軍隊すべてを救ったか、攻囲から解放するといった大事を成し遂げた者にのみ与えられた[248]。

「マルスの祝祭」【マルスについてあと言っておくべきことは、この神を讃えてエジプトの町パプレミス[249]で行なわれた厳粛な祝祭についてだけである。ヘロドトス[250]が伝えるこの儀式についてどうしても触れておかない訳にはいかない。祝祭の時が来ると、土地の人々はほとんどすべてこの町に出かけた。僅かばかりの祭司たちが神殿に集い、祭壇群に生贄を捧げたりそれに関連したことがらを執り行った。他の者たちはみなこの神殿の戸口に木製の棍棒を手にして集まり、彼らに向かってこの祝祭に外部からやって来た異邦人たちがこれまた手に大きな棍棒をもって参集した。

【おかしな儀式】これらの者たちはこの日、木造金塗りの大きな幕屋《タベルナコロ》を調えてその中にマルスの神像を納めると、これを四輪の山車に乗せて僅かばかりの者たちに牽かせ、神殿の中に押し入ろうとするのだった。神殿の戸口にいた祭司たちはこれを阻み、そこで棍棒による奇妙な殴り合いがはじまる。一方はこの神が神殿の中に入らぬように努め、他方はそれを入れようとして。しかしそれも最後には入るのが慣いで、頭に振り下ろされる棍棒で多くの者がひどく負傷したにもかかわらず、けっして誰も死ぬようなことはなかった。これが決まり事で、この神殿に住むマルスの母に成年に達した息子が母と同衾するためにやって来るのだが、祭司たちはこのことを知りつつも、やって来たのが誰なのかを知らず、これを入らせることなく追い返す。しばらくすると、彼は近隣のある町の民を集めて戻り来て祭司たちを殴打し、彼らを蔑し、母と交情すべく神殿の中に入るのだった。これが古伝であるとともに、ここに述べた儀式があらわしているところ。もちろんここになんらかの玄義が含まれていることに疑いはないが、ヘロドトスもそれには触れていないので、わたしも憶測するのはよし、知りたいと思う人の詮索に任せることにしよう。

【ミネルヴァの祝祭】そのかわりと言ってはなんだが、これまたヘロドトス[251]が記している他の儀式について話すことにしよう。それは上述した儀式にどこか似ているが、ミネルヴァを讃えてなされたもの。ちょうどこの女神の名をもってはじめた章を閉じるにあたり、彼女の姿を召喚してみるのはふさわしくもあるだろう。これは毎年アフリカのトリトニスの沼沢地の近くで祝われた儀式で、祝祭の期間この地の若い娘たちすべてが集まり、兵士たちが二隊に分かれて戦うように娘たちは石や棒で激しく撃ちあった。そしてその中からもっとも勇敢に叩いてみせた娘が選ばれ、ひとりだけ美しい兜を頭に被らされ、全身に鎧を纏わされて、山車に乗せられ沼沢地の周りを曳かれて巡る間、みなが荘厳につき従った。この乱闘の間に結構な数の娘たちが死んだが、死んでしまった娘たちは本物の処女ではなく、ミネルヴァによって死なしめられたものとみなされた。

【処女ミネルヴァ】この女神はつねに処女であった。時として彼女があかす真の叡智は、死すべき者たちの穢れを受けつけず、つねに純粋清浄であったから[252]。またその処女性が性欲の軛に服すものではなく、まったく純粋純潔であることを示すため、ミネルヴァには牝子羊にせよ、白牡牛にせよ、角を金色に塗った野生の未経産牝牛であろうと、生贄にも純潔なものが捧げられた[253]。】

註

(1)　＊初版では前章メルクリウスと途切れず、以下の文章がつづいていた。「彼（メルクリウス）は語ることを知らぬ者が多くのものごとを知っても役には立たないし、逆に話すことはほとんどつねに知ることとすくない者を損なうものだと確信している。それに、うまく道理づけたりことばを飾って話すことは、自らをばかりか他人たちをも利するとともに、害うものでもあり得ることについてはキケロが長く論じているところでもある。それゆえ自分のことをたいへんうまく語る術を知っている邪な人が論じると、それを耳にする人に偽りを納得させ、最前あえて考えてもみなかったような不正な行いを強要するかのように悪を善と取り違えさせることになる。逆に善良にして道理づけのうまい人は、しばしばそのことばで多くの者たちが悪をなすことから離れさせ、徳高いおこないに向かわせる。こうしたことを古人たちは彼らの神々によってしめしてみせた。それゆえ古人たちの寓話には、自然本性的なことがらばかりでなく美徳やら心胆の誉れやらもが関わっているのである。メルクリウスが雄弁の神とされたように、ミネルヴァは思慮と賢明さの女神とされてきた。先述したように、われわれが知るためには知っていることを話す術と、明敏な忠言と義しい意志をもってものごとを道理づける術を知らねばならない。そこで［これら二神の彫像は合わせて一体とされ……］」

(2)　カルターリがヴェネチアで一五五三年に刊行した『フラヴィオ』の扉頁に置かれた刊行者ヴァルティエロ・スコトゥスの社紋はメルクリウスとミネルヴァが並んだものだった。

(3)　Cicerone, *De inv.*, 1.1.

(4)　Cicerone, *Ad Att.*, 1.4.3.

(5)　＊初版では論述順序が少々違っていた。ここには次の一節があり、後出［パラス］項につづいていた。「メルクリウスの姿について、その彫像群について述べたところにつづき他の何をも介在させずミネルヴァの姿を語るのは、古人たちが彼女にあらゆる知識あらゆる業を認めて智慧の女神としたゆえである。とはいえ町における公私の統率にばかりか、外での戦争の統括にも賢慮は不可欠で、彼女は戦争に対する配慮をもなすところから、女戦士のように武装して描かれた。それゆえ寓話の数々で、彼女は天の神々と巨人たちとの戦いにあってたいへん勇敢に行動したのだった。［彼女は手づからパランティオンを殺し……］」

(6)　cfr. Cornuto, *Theol. Gr. comp.*, 20, p.36 Lang は、他の特典とともにパラスに「男の勇敢さ《ト・ヘバンドロン》と怖ろしい目つき《カイ・ゴルゴーポン》」を帰している。

(7)　アテナの添え名グラウコーティス（緑青の目）。cfr. Omero, *Il.*, 1.206; 2.166; 4.439 etc.

(8)　Pausania, *Perieg.*, 1.14.6.

(9)　Cicerone, *De nat. deor.*, 1.83: «dicere licebit ... caesios oculos Minervae, caeruleos esse Neeptuni».

(10)　caesius（緑青色）と caeruleus の区別は Gellio, *Noct. Att.*, 2.26.19 を参照。cfr. Giraldi, *De deis gent.*, 11, p.294, 8-19. 一方ミネルヴァの目と獅子の目の比較については cfr. Cornuto, *Theol. Gr. comp.*, 20, p.36 Lang. これによるとその色は怖ろしい残虐さをあらわすことになる。「なぜといって、野獣の中でもっとも強いのは豹と獅子であり、どちらも緑青色の目をしているから」。あるいは Catullo, *Carm.*, 45.7: «caesio ... leoni» に拠ったものか。

(11) Ovidio, *Met.*, 6.78-79. ミネルヴァの「水晶」の盾は Albricus, *Libellus de deorum imaginibus* (in F. P. Fulgentii ... *Mythologiarum libri tres* ..., Basilea 1543, p.174)、Petrarca, *Africa*, 3.207C にも言及あり。後者はおそらく Boccacio, *Gen. deor.*, 5.48 に拠ったものだろう。

(12) 本章［ミネルヴァの盾］項参照。

(13) cfr. Claudiano, *De raptu Pros.*, 1.21-26 ; 3.218-219.

(14) Omero, *Il.*, 5.733-747.

(15) Pausania, *Perieg.*, 1.24.2. アテナ誕生の神話解釈にあたり、カルターリは Boccacio, *Gen. deor.*, 2.3 に拠っているようにみえる。ボッカチオには聖書の句節の引用もみられる (cfr. *Eccli.*, 1.1 ; 24.5)。ユーノーが現世地上をあらわすものであることについては、［V］章［ユピテルの妻］項参照。

(16) Marziano, *De nuptiis*, 6.573 : «provida consilium quod nescit curia matrum». ただしここは元老院から女性が排除されていたことを謂ったもので、カルターリは誤解している。

(17) cfr. Aristotele, *Pol.*, 1254b ; 1260a.

(18) ＊初版では「アリストテレスに」。

(19) ＊初版ではここに次の一節があった。「そこで先述したように、古人たちは彼女を勇敢な女戦士のように武装させ、ホメロスが言うように、まずその頭に金塗りの兜を被せたのだった。なぜといって人の明敏な才覚は頭の中にあり、賢明な忠言によって武装されることで、害いにやって来るものから容易に身を守ることができるのであり、その堂々たるおこないに美しく輝くのだから。またその知るところがすべてたちまちあらわにされる訳でもなく、いつも道理のすべてが得心される訳のものでもない。それゆえ彼女のことばは時として神託の応えのようでもあり、スフィンクスの込み入った謎かけにも比されるべきものとなる。エジプトのある地ではミネルヴァ神殿の前にスフィンクスが置かれていたというのもこれに因っているのだろう。」そして次の［スフィンクスとミネルヴァ］項につづいていた。つまりこの一節が加筆により増補されて少々反復気味にこの前に組み込まれたという訳で、その原型とみるべきか。

(20) cfr. Giraldi, *De deis gent.*, 11, p.303, 26-29. これは Stobeo, *Floril.*, 46.42 に拠ったもの。

(21) Pausania, *Perieg.*, 1.24.5-6.

(22) Plinio, *Nat. hist.*, 7.10.

(23) Dionigi Periegeta, *Orbis descr.*, 31. ここでカルターリはアリマスポイとグリフィンについて、かえって Plinio, *Nat. hist.*, 7.10 もしくは Pausania, *Perieg.*, 6.26.3. に拠っているようにみえる。

(24) Pausania, *Perieg.*, 6.26.3.

(25) cfr. Servio, *Aen.*, 1.39.

(26) ＊初版にはここに次の一節があった。「また他にこの名の理由を説く者もあるが、ミネルヴァとパラスが同じ女神であったことが分かれば十分であるので、ここでは触れない。またこれらの女神とベローナを同一視する者たちもある。」そして後出［ベローナ］項につづいていた。

(27) ここで暗示されているギリシャ語のことばとは pallo (震える、揺する) で、語義的にみて Pallas は ‹apo tou pallein to doru›。cfr. Servio, *Aen.*, 1.39.

(28) cfr. Servio, *Aen.*, 2.166. しかしカルターリの言うところとは違って図像についてはなにも語られていない。ローマのヴェスタ神殿に祀られたものについては［VI］章［ヴェスタ］項以下参照。

(29) Tritonia という添え名の由来についてカルターリは Servio, *Aen.*, 2.171 に類する記述に拠っているが、なにより Boccacio, *Gen. deor.*, 2.3 を援用している。リビアのミネルヴァ・トリトニア崇拝については、Erodoto, *Hist.*, 4.180 参照。Giraldi, *De deis gent.*, 11, pp.292-293 にはこの添え名のさまざまな由来について論じられている。

(30) これはデモクリトスの言を Giraldi, *De deis gent.*, 11, p.293, 6-9 から採用したもの。ただしこの引用は Claudiano, *De raptu Pros.*, 2.21, c.23r に付された Giano Parrasio の註 ; Celio Rodigno, *Lect. ant.*, 20.13 等々にもある。

(31) cfr. Festo, *De sign. verb.*, p.109 Lindsay : «quod bene moneat ... minitans armis», Cicerone, *De nat. deor.*, 2.67 ; 3.62 : «quae vel minueret vel minaretur». 一方二番目に相当する «quia minuit» は学者たちの過労疲弊の謂い。cfr. Pictor, *Theol.*, c.32r.

(32) cfr. Boccacio, *Gen. deor.*, 5.48. ここでは Cicerone, *De nat. deor.*, 3.53 : «Minervam ... quam principem et inventricem belli ferunt» を強引に解釈してミネルヴァとベローナが同視されている。

(33) Cesare, *Bell. Alex.*, 66.3.

(34) cfr. *Il Flavio*, p.309.

(35) Stazio, *Theb.*, 7.72-74. この一節は Boccacio, *Gen. deor.*, 5.48 にも引かれている。

(36) Silio Italico, *Pun.*, 5.220.

(37) Stazio, *Theb.*, 2.715-719.

(38) cfr. Tibullo, *Eleg.*, 1.6.45-50 ; Lucano, *Phars.*, 1.565-566 ; Lattanzio, *Div. inst.*, 1.21 ; Giraldi, *De deis gent.*, 10, pp.275, 38-276, 2.22.

(39) cfr. Virgilio, *Aen.*, 8.703 ; Lucano, *Phars.*, 7.568.

(40) cfr. Stazio, *Theb.*, 2.719.

(41) cfr. Stazio, *Theb.*, 4.5-6.

(42) これはスタティウス自身の言うところではなく、Tzetze, *Lycophr. Alex.*, 250 にある註解に言われるところ。

(43) Claudiano, *De raptu Pros.*, 1.40-41.

(44) ＊初版ではこの四行詩の最後の二行が別訳になっていた。「そして戦いにあたり／その蒼白な影たちにしるしを集めさせる。」

(45) フラミニオ円形競馬場にあったベローナの円柱については cfr. Ovidio, *Fast.*, 6.206-208. カルターリによる俗語訳を引いておくなら、「ここに小さいとはいえ、大きな道標であるとともに確かなしるしとなっていた、円柱が立てられてあった。」カルターリは *Il Flavio*, p.363 でもこれを採りあげている。

(46) cfr. Servio, *Aen.*, 9.52. これは Giraldi, *De deis gent.*, 17, p.428, 30-38 にも引かれている。

(47) ［I］章最終項［平和と戦争の主ヤヌス］参照。

(48) 本章［休戦もしくは和平の儀式］項参照。

(49) ＊初版では次の一節があった。「その顔は男のようで厳しい表情をしており、瞳は空色。この色は特にホメロスがいつも彼女に充てているものである。また片手に長い棹棒をもち、片腕に水晶の盾をしている。これらはみな賢慮ある人の自然本性を玄妙に意味している。これについては後述する。」重複記述として削られたものだろう。

(50) Apuleio, *Met.*, 10.30.

(51) Virgilio, *Georg.*, 1.18-19 : «oleaeque Minerva / inventrix».

(52) Erodoto, *Hist.*, 8.55 ; cft. Pausania, *Perieg.*, 1.27.2. パウサニアスでは高さは二キュービット、一方ヘロドトスでは一キュービット。

(53) cfr. Conti, *Mythol.*, 4.5. 不眠の勉励について、コンティは同所で «disciplinae et praestantes omnes artifces oleo et lucubrationibus egeant» と記している。

(54) Pausania, *Perieg.*, 1.26.6-7.

(55) Pausania, *Perieg.*, 2.6.3.

(56) cfr. Pausania, *Perieg.*, 7.5.9. 本文中前頁挿図、また章頭図版 Tav.58 を参照。＊初版ではこの一節は後の［黄金の翼のついたサンダル《タラーリ》］の中段として挿入されていた一文だが、ここに「蝶番」のはなしがつづいていた。これは前出［V］章［結婚式で招請されるタラシオ］項加筆部分参照。また初版では conocchia が rocca になっていた。どちらも紡錘、糸巻き棒で意味は変わらないが。この初版の一節を訳出しておくなら、「パウサニアスは、ギリシャのある地にかなり大きなミネルヴァの神像があった、と記している。その像は王座に坐し、両手で糸巻き棒をもち、頭に髪留《ポーロ》めつまり蝶番を載せていたが、その理由を説いてはいない。そこでわたしもこれについて多言を弄せず、各人にお任せしたい。それよりも、ミネルヴァは古人たちのもとにあっては糸紡ぎ、裁縫、織物その他婦女のなすことがらの発見者と信じられていたばかりか、その他の技芸のすべてが彼女によって発見されたものとされた。人の才覚というものは、われわれがなすところのことどもを見出してきたし、いまもまだ見出しつづけられているから。プロメテウスがミネルヴァの助けを借りて天へ昇り、そこで太陽の山車から火を掠め取り、これをもって彼が死すべき者たちにさまざまな業を授けた、と詩人たちが擬してみせたように。それゆえ各々の業には二つのことが欠かせない。ひとつは才覚、才知、発明であり、もうひとつはおこないに移し、才知が企図したものを実現することである。前者がミネルヴァによるものであり、後者がヴルカヌスつまり火のことである。〔ヴルカヌスという名によって……〕」ここに後出「ヴルカヌス」項がつづいていた。後註141をも参照。

(57) cfr. Macrobio, *Saturn.*, 1.12.7.

(58) ＊初版では以下に加筆されているミヤマガラスに簡単に触れた次の一文がつづいていた。「寓話の数々が、先に彼女に仕えていたミヤマガラスを追い払った後、それを彼女に与えていることについては『フラヴィオ』ですでに語った。〔賢者というものは……〕」。

(59) «Athenas noctuas mittere»「梟をアテネに運ぶ」(余計なことをなす、の意). cfr. Cicerone, *Ad Quint.* fr. 2.15.

(60) cfr. Ovidio, *Met.*, 2.552-595. ラリッサのコロニスのものがたり。

(61) Ierone

(62) cfr. Giustino, *Epit.*, 23.4.

(63) cfr. Boccacio, *Gen. deor.*, 2.3 ; Conti, *Mythol.*, 4.5 : «Huic deae noctuam sacram avem voluerunt, quia ubique videat sapientia et illa etiam diiudicet quae caeteris obscura videantur,»

(64) このデモクリトスの有名な言は Cicerone, *Acad.*, 1.44 ; 2.32 ; Lattanzio, *Div. inst.* 3.28 ; Isidoro, *Etym.*, 8.6.2 等に遍く引かれている。Giraldi, *De deis gent.*, 1, p.29, 53-54 にも。名誉と美徳についてもカルターリはここから採っている。

時については cfr. Plutarco, *Quaest. Rom.*, 12. 似たような格言に «Veritas filia temporis» (cfr. Gellio, *Noct. Att.*, 12.11.7) がある。これは本書初版の Francesco Marcolini 版扉頁の印章にもあらわれる(左図)。

(65) Ippocrate, *Epist.*, 15. cfr. Giraldi, *De deis gent.*, 1, p.29. 44-49.

(66) じつのところ、これは Ireneo, *Contra haereses*, 1.14 によるもの。これを Epifanio, *Adversus haereses*, 1.3.5 (PG 41. coll.592-593) が引いている。cfr. Giraldi, *De deis gent.*, 1, p.30, 5-8.

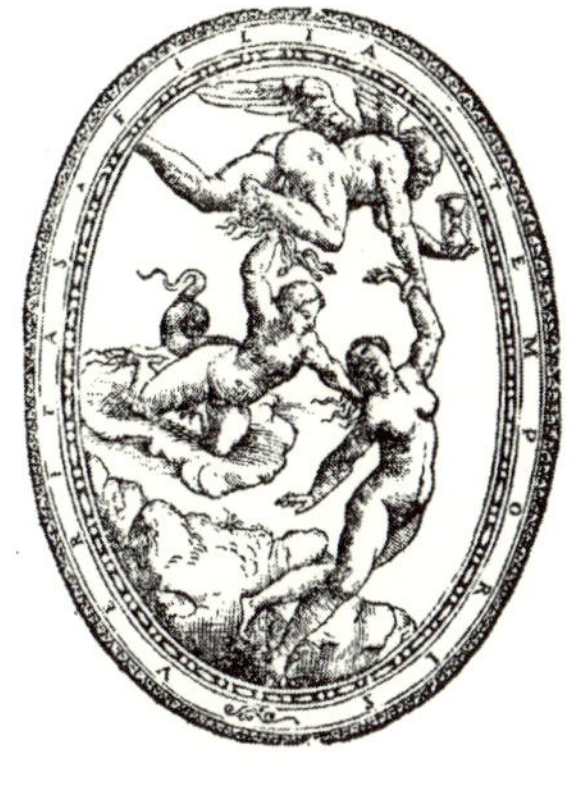

(67) Filostrato, *Imag.*, 1.27. アムピアラオスについては前出［IX］章［翼あるソムヌス］項参照 ; Heroicus 7.8. cfr. Giraldi, *De deis gent.*, 1, p.29, 42-44.

(68) Valerio Massimo, *Fact. et dict. mem.*, 1.1.8.

(69) cfr. Giraldi, *De deis gent.*, 1, p.29, 36-37. ジラルディはルキアノスの対話 *De Virtute conquerente* の真正性を疑っている。これは Carlo Marsuppini によるギリシャ語からのラテン語訳と擬されて流布したもの。この対話編は L. B.Alberti, *Opera inedita et pauca separatim impressa*, a cura di G. Mancini, Firenze 1890, pp.132-135 に読むことができる。

(70) cfr. Giraldi, *De deis gent.*, 1, p.29, 39-40.

(71) cfr. Giraldi, *De deis gent.*, 1, p.29, 29-30 : «nunc enim matronali habitu

honesto inaffectatoque, nunc quadrato saxo insistentem», カルターリはこの二つを一つにしている。

（72） cfr. Giraldi, *De deis gent.,* 1, p.29, 30-32.

（73） cfr. Giraldi, *De deis gent.,* 1, p.29, 32-36.

（74） cfr. G. Du Choul, *Della religione antica de' Romani,* pp.32-33 ; Pierio Valeriano, *Hierogl.,* 59 : «Fidius deus : Honus et Virtus». ヴィテリオスのメダル（左図）。

（75） Senofonte, *Mem.,* 2.1.21-34.

（76） Cicerone, *De off.,* 1.32.

（77） Dante, *Pur.,* 19.31-33 : 「さてかの女をとらへ、衣の前を裂きてその腹を我に見すれば、悪臭これよりいでてわが眠りをさましぬ」（山川丙三郎訳岩波文庫版）

（78） Virgilio, *Anthologia Latina,* 1.2.n.632.

（79） Andrea Alciati, *Embl.,* p.15 ; cfr. Giraldi, *De deis gent.,* 1, p.35, 40-43 : «Ego aliquando rogatus quo modo effingerem deum Honorem, ita respondi, quod deam Virtutem ipse fingerem praecedere et dein ad eam Honorem a Cupidine duci ; idque ex re ipsa elicui».

（80） cfr. Agostino, *De civ. Dei,* 4.8.

（81） cfr. Giraldi, *De deis gent.,* 1, p.48, 37-40.

（82） ＊初版では出典が挙げられていた。「プリニウス、ソリヌス、それにマクロビウスも言うように」。もちろんこれは加筆により以下の［沈黙の必要性］（こちらは初版にも記述あり）と［タキタ《沈黙》］に分散してより詳述されている。

（83） Agostino, *De civ. Dei,* 4.16. «Agenoriam»

（84） Plutarco, *Quaest. Rom.,* 46.

（85） cfr. Macrobio, *Saturn.,* 1.10.9 ; Boccacio, *Gen. deor.,* 4.15.

（86） Macrobio, *Saturn.,* 1.10.7-8.

（87） Plinio, *Nat. hist.,* 3.65.

（88） Solino, *Collect. rer. mem.,* 1.6.

（89） Plutarco, *Numa,* 8.6.

（90） Apuleio, *Met.,* 6.24.

（91） Marziano, *De nuptiis,* 1.90 ; 7.729.

（92） cfr. Giraldi, *De deis gent.,* 1, pp.55-56. Sigalione という名は Ausonio, *Epist.,* 24.27 に出るとの指摘もある。

（93） cfr. Celio Calcagnini, *De rebus Aegyptiacis, in Opera aliquot,* pp.391-494 ; Giraldi, *De deis gent.,* 1, p.56, 11-15.

（94） ［V］章［カストルとポルックス］項参照。

（95） cfr. Servio, *Buc.,* 9.54.

（96） cfr. Plutarco, *De Is. et Os.,* 68. ; Pierio Valeriano, *Hierogl.,* 54 De Persico : cor. p.397.

（97） cfr. Boccacio, *Gen. deor.,* 2.3.

（98） Pausania, *Perieg.,* 4.34.6.

（99） ＊初版には次の一節がつづいていた。「とはいえ古人たちがつねに梟をミネルヴァの頭に載せた訳ではなく、時としてその足元に置くこともあった。また胸を甲冑で鎧い、その中央に舌を出して蛇の群れを結んだメドゥーサの怖ろしい首があった。それはまたゴルゴーンとも呼ばれた。なぜならメドゥーサというのは三姉妹のひとりの名であり、これらがどのようなものであるかについてはすでに『フラヴィオ』で述べた。またミネルヴァの胸にメドゥーサの頭が据えられていたように、いまでも盾にそれをつける者がある。それが燦然と輝く水晶でできていたとされるのは、賢明なこころというものが地上の四肢に妨げられることはないからであり、実際、地上の四肢は真に存するものごとを見ることはない。ミネルヴァの甲冑に戻る前にこれだけは言っておこう。プリニウスが言うところによると、デメトリオスはたいへんな技巧を凝らしてゴルゴーンの蛇たちが響きをたてるこの女神の彫像を造ったという。それはエコーがチェトラや竪琴に答えるかのように、奏者がいれば彼女がおり、それゆえミネルヴァ・ムシカと呼ばれた。では甲冑に戻ろう。これについてヒュグニスは、それがユピテルがこの女神とともに巨人たちと戦って勝利した後、彼からこの女神に贈られたものであったと言う。〔ギリシャ人たちがそれをアイギスと……〕」後出［アイギス］項へつづく。

(100) cfr. Apuleio, *Met.*, 10.30-31.

(101) カルターリは Spavento を用いているが、それにあたるラテン語を探してみた。はたして Pavor という神名があったものかどうかは不明。羅語版訳者アントニオ・ヴェルデリオは三回出るこのことばを最初は Terror と、あとは Pauor とわりと自由に訳出している。cfr. *Imagines deorum, qui ab antiquis colebantur, lat. sermono ab Antonio Verderio,* Lugduni 1581, pp.251-252.

(102) Stazio, *Theb.*, 7.108-116.

(103) Pausania, *Perieg.*, 5.19.4 ; 2.3.6-7.

(104) Plutarco, *Cleom.*, 9. ここにはアリストテレスの言も引かれている。cfr. Giraldi, *De deis gent.*, 1, p.48, 26-31.

(105) cfr. Plutarco, *Cleom.*, 9.

(106) Lattanzio, *Div. inst.*, 1.20.

(107) Apuleio, *Met.*, 10.30-31.

(108) cfr. Boccacio, *Gen. deor.*, 5.48 : «cristallinum … clipeum».

(109) Marziano, *De nuptiis,* 6.569 ; cfr. Remigio di Auxerre, *Comm. in Mart. Cap.*, 1, p.123 Lutz : «Clypeus enim rotundus est et ideo clypeum dant Palladi quia per Dei sapientiam regitur mundus».

(110) Claudiano, *De raptu Pros.*, 2.24-25.

(111) Omero, *Od.*, 1.96-100.

(112) Cicerone, *De nat. deor.*, 3.59.

(113) Pausania, *Perieg.*, 1.24.5-6.

(114) 本章［グリフィンたち］項参照。

(115) cfr. Plutarco, *Dem.*, 26.6 : Giraldi, *De deis gent.*, 11, p.291, 9-10.

(116) Servio, *Aen.*, 2.227.

(117) Erodoto, *Hist.*, 4.189.

(118) Diodoro, *Bibl. hist.*, 5.70. ユピテルを養った山羊アマルテイア ; id. 3.70 アテナが胸を覆った皮となる怪物の殺害。

(119) Igino, *Astron.*, 2.13.

(120) Virgilio, *Aen.*, 8.435-438. ; cfr. Servio [v.443] : «caput [Gorgonis] ideo Minerva fingitur habere in pectore quod illic est omnis prudentia quae confundit alios et imperitos ac saxeos comprobat».

(121) Ateneo, *Deipnos.*, 221b-f.

(122) Pausania, *Perieg.*, 2.21.6.

(123) Diodoro, *Bibl. hist.*, 3.55.3.

(124) Apollodoro, *Bibl.*, 2.4.2-3 ; Forcidi については 2.3.2 参照。

(125) Pausania, *Perieg.*, 3.17.3.

(126) cfr. Ovidio, *Met.*, 4.794-803.

(127) Omero, *Il.*, 5.733-747.

(128) Pausania, *Perieg.*, 1.24.7. ヴィクトリアに関しては ib. 5.26.6 参照。

(129) ＊初版では次の一節がつづいていた。「これによってなるほどホメロスが記しているように、彼女を知識と賢明さの女神とみることもできる。なぜといってメドゥーサの頭がそれに睨めつけられたものを誰でも石と化してしまうように、明敏な人々の賢い忠言は人を唖然とさせ、無知な者たちを驚異の念で縛り動かなくし、その後思いのままにこころを捉えてしまうから。適切に表現することを知るということはヴィクトリアの姿にあらわされる。それゆえ怖ろしい頭は舌を見せているのである。しかしそれもしばしばこの女神が纏っている美しい外套に隠されていた。これによってミネルヴァはティシポネを死に追いやり、また怖ろしい巨人たちの一人であるエンケラドスも天の神々との大戦にあたり彼女に殺された。そこでアテネ人たちはこの女神を崇めて、五年ごとにミネルヴァにそのようになした（刺繍した）外套を奉献した。」最後の一節の不明なところは加筆によって判明となっている。これが［残酷で無礼なコモドゥス帝］項につづく。

(130) cfr. Giraldi, *De deis gent.*, 11, p.291, 13-15 : «in ipsa quidem aegide caput erat Gorgonis linguam exerens, ideo quod linguae usus, id est sermonis, in omni re praestet atque excellat» ; Cornuto, *Theol. Gr. comp.*, 20, p.37 Lang.

(131) Lattanzio Placido, *Theb.*, 10.56 : «vestis candida aureis clavis picta».

(132) Suida, *Lex.* **Π**, 1006 Adler.

(133) Omero, *Il.*, 6.288-310.

(134) Virgilio, *Aen.*, 1.479-481.

(135) cfr. Suida, *Lex.* **Π**, 1006 Adler.

(136) cfr. Ovidio, *Met.*, 1.184. ; *Fast.*, 5.37.

(137) Suida, *Lex.* K, 2007 Adler.

(138) Apollodoro, *Bibl.*, 1.6.1.

(139) commodo：前々項の皇帝 Commodo と引っかかることばだが、偶然か。

(140) Pausania, *Perieg.*, 2.4.1.

(141) ＊初版ではこの一節は前註56の部分となっている。

(142) Frenatrice：羅語を探すなら Coercitor か。羅語版訳者は Fraenatrix としている。飯尾訳パウサニアスでは「くつわ噛ませの」アテナ。

(143) cfr. Servio, *Buc.*, 6.42 ; Cornuto, *Theol. Gr. comp.*, 19, p.33 Lang ; Boccacio, *Gen. deor.*, 12.70.

(144) 業をなす個人の身体の意か、それともこの世という物体世界の謂いか。

(145) cfr. Fulgenzio, *Mythol.*, 2.11.

(146) cfr. Pausania, *Perieg.*, 1.14.6. ＊初版ではこの一文は逡巡のある次のようなものだった。「しかしわたしはこうした寓話の数々に抗しない訳にはいかない。たとえ蛇足であろうと。すくなくとも寓話の数々では、ヴルカヌスはミネルヴァに決して追いつくことがないにせよ、その後を追っていくのだから。わたしがここにふたりを一緒に据えてみたのは、こうした寓話の数々に手を貸すことができるかもしれないと思ったからである。」

(147) Platone, *Criti.*, 109c.

(148) cfr. Pausania, *Perieg.*, 2.30.6 によれば、これを鋳たのはアテネではなくトロイゼン Trezene で、アテナをポリアデスと呼び、ポセイドンを王と呼んでいる。Giraldo, *De deis gent.*, 11, p.294, 5-7 ; 5, p.140, 49-52 はこれを正しく伝えている。

(149) cfr. Virtuvio, *De archit.*, 1.7 ; Alessandri, *Genial. dier.*, 2.4.

(150) Cartari, *Il Flavio*, p.310.

(151) Eusebio, *Praep. Eu.*, 3.11.23.

(152) cfr. Servio, *Aen.*, 8.414.

(153) Alessandri, *Genial. dier.*, 4.12.

(154) Seton ; Alessandri, id., 1.II Euterpe, 141 には Sennacherib のことか、とある。次項参照。

(155) ＊初版では次の一文とともにこの節は飛ばされている。「しかしこの小動物が彼らになしたことの話など退屈であろうから、それに拘泥せずに進もう。」

(156) Erodoto, *Hist.*, 2.141.

(157) Plutarco, *De inv. et od.*, 3.

(158) Plinio, *Nat. hist.*, 10.186.

(159) ＊初版では上の加筆前に次の一文があった。「エジプト人たちの鼠をもったヴルカヌスのこの彫像については他に言いたい人もあるかもしれず、誰でもそこに隠された信心を尋ねてみたいと考えるかもしれぬが、わたしはそれについて誰か記したものをいまだ見出せない。」

(160) カルターリはここでヴルカヌスの誕生と天からの墜落を混同している。Omero, *Il.*, 1.591-594 ではゼウスは諍いの際、ヘパイストスをレムノス山に投げ落とす一方、*Il.*, 18.395-397ではヘパイストス自身、自らの脚の不自由さからヘーラーによって海に投げられ、エウリュノメーとテティスに救われた、と語っている（[Ⅶ]章［海獣たちの牧者］項参照）。ヴルカヌスを自然現象の雷霆に見立てた例としては cfr. Servio, *Aen.*, 8.414.

(161) cfr. Igino, *Fab.*, 166.

(162) Suida, *Lex.* H, 481 Adler.

(163) Pausania, *Perieg.*, 1.20.3 ; 3.17.3.

(164) ＊初版には「シチリアのエトナ山の」の一句があった。

(165) ＊初版では「ユピテルの雷霆やら、アモルの矢を」。

(166) Pausania, *Perieg.*, 5.19.8.

(167) cfr. Virgilio, *Aen.*, 8.612-731.

(168) cfr. Silio Italico, *Pun.*, 4.433-434 : «haud ulli facilem multoque labore Cyclopum / sudatum thoraca».

(169) Suida, *Lex.* H, 661 Adler.

(170) Omero, *Od.*, 8.266-300. 網が鋼というのは Fulgenzio, *Mythol.*, 2.7 : «ille [Vulcanus] adamante catenas effecit» に拠ったものか。

(171) cfr. Apollodoro, *Bibl.*, 3.14.6.

(172) Erodoto, *Hist.*, 3.37.

(173) Pataici : ‹pataikos›, エジプトの Ptah もしくは Patah。

(174) Cambise Re : ‹kambusys›

(175) ＊初版には話題転換ということで次の一文があった。「古人たちが他の神々に捧げたように、ヴルカヌスにも何か動物あるいは草や木を捧げたものであったかどうか、わたしには記憶にない。ただ〔エリアノス……〕」

(176) Eliano, *De nat. anim.*, 12.7.

(177) Alessandri, *Genial. dier.*, 1.3.

(178) Eliano, *De nat. anim.*, 11.3.

(179) Servio, *Aen.*, 8.562.

(180) この語は「蕩尽」とも訳せるかもしれない。

(181) Macrobio, *Saturn.*, 2.2.4. カトーの格言もここから採られているが、protervia は誤伝で現在では propter viam と校訂されている。

(182) cfr. Servio, *Aen.*, 8.389.

(183) Aristotele, *Pol.*, 1269b.

(184) Macrobio, *Saturn.*, 1.19.5-6.

(185) ＊初版には次の一節がつづいていた。「古の愚かな民はこうして彼《マルス》を他の神々同様に崇め、神殿を設け彫像の数々を祀った。この神についてここであれこれ述べても場違いではないだろう。なんといっても彼はミネルヴァとともに戦争に配慮するものであって、ふたりを一緒にしておくのが適切であるから。」

(186) Ovidio, *Fast.*, 5.229-258 ; cfr. Boccacio, *Gen. deor.*, 9.3.

(187) 自慰行為により、という意か。

(188) cfr. Giraldi, *De deis gent.*, 10, p.270, 38-39.

(189) Giraldi, *De deis gent.*, 10, p.271, 22-23 でも Deimos（パヴォール）と Phobos（ティモール）をマルスの二頭の馬としている。実のところ、カルターリがすぐ後に記しているように、これらはマルスの馬たちを軛にかけるものたちである（Omero, *Il.*, 15.119-120.）。本章後出［フロール］項参照。

(190) cfr. Omero, *Il.*, 5.740 ではこれらの名はアテナのアイギスの盾に描かれたものとしてあらわれる。

(191) Stazio, *Theb.*, 3.223-226 ; 424-431.

(192) Omero, *Il.*, 2.93-94.

(193) Virgilio, *Aen.*, 4.173-188 ; cfr. Boccacio, *Gen. deor.*, 1.10 ; Giraldi, *De deis gent.*, 1, p.40.

(194) Claudiano, *Bell. Get.*, 201 ; cfr. Giraldi, *De deis gent.*, 1, p.40, 30-33. 黒いファーマについては cfr. Marziale, *Epigr.*, 10.3.9 : «fama nigra»、また蝙蝠

の翼については cfr. Virgilio, *Aen.*, 4.184-185 : «Nocte volat [Fama] caeli medio terraeque per umbram / stridens … ; / luce sedet custos aut summi culmine tecti» および Ovidio, *Met.*, 4.413-415 : «peraguntque leves stridore querellas / tectaque, non silvas celebrant lucemque perosae / nocte volant» からの連想か。

(195) Ovidio, *Ars am.*, 3.504-505.

(196) Seneca, *De ira*, 1.1.3-4 ; 2.35.1-3 ; 3.4.1.

(197) Virgilio, *Aen.*, 1.294-296.

(198) Petronio, *Satyr.*, 124 ; 258-263

(199) 先には二頭だった馬が四頭になっている。cfr. Giraldi, *De deis gent.*, 10, p.271, 23-25. これは Quinto Smirneo, *Posthom.*, 8.241-242 を基にしている。

(200) Isidoro, *Etym.*, 8.11.52 ; cfr. Giraldi, *De deis gent.*, 10, p.270, 44-45.

(201) Erodoto, *Hist.*, 4.60-62.

(202) cfr. Erodoto, *Hist.*, 7.54 ; Orazio, *Carm.*, 1.27.5.

(203) Suida, *Lex.* Θ, 302 Adler.

(204) Stazio, *Theb.*, 7.40-63.

(205) Omero, *Il.*, 19.91 ではアーテー。ディスコルディアあるいは Boccacio, *Gen. deor.*, 1.3 のリス。ディスコルディアの林檎については cfr. Apollodoro, *Bibl. Epit.*, 3.2 ; Igino, *Fab.*, 92. *この一節は初版ではより明白に、「これ《ディスコルディア》もまた古人たちによってひどい損害をもたらすことのできる女神と信じられた。彼らは利益をもたらしてくれる神々をばかりか、損害をもたらさぬようにと神々を崇めることもあった。ディスコルディアもこうした神々の一人として祀られた。彼女によってトロイは廃墟と化すこととなった。これはテティスとペーレウスの婚姻式に呼ばれなかった彼女が三人の女神たちの間に投げた林檎を、パリスが審判の褒賞としたことに淵源していた」と邪悪な神を祀る意味を説いている。

(206) Virgilio, *Aen.*, 6.280-281.

(207) Petronio, *Satyr.*, 124 ; 271-277.

(208) Elio Aristide, *De conc. Rhod.*, 395 Dindorf ; cfr. Giraldi, *De deis gent.*, 1, pp.34-35.

(209) Pausania, *Perieg.*, 5.19.2. ［Ⅲ］章註46参照。

(210) Califonte Samio

(211) Ariosto, *Orl. fur.*, 14.83. ただしここでは天使ミカエルについて語られている。

(212) la Morte は女性形で間違いというわけではないだろうけれど、次行にあらわれる神（Marte (Mars) のことだろう）と混交しているようにみえる。

(213) Stazio, *Theb.*, 7.40-63.

(214) Pausania, *Perieg.*, 3.15.7.

(215) cfr. Alessandri, *Genial. dier.*, 4.12.

(216) cfr. Plinio, *Nat. hist.*, 3.65 ; 28.18 ; Macrobio, *Saturn.*, 3.9.1-3.

(217) Virgilio, *Georg.*, 1.498-499.

(218) Curzio Rufo, *Hist. Alex.*, 4.3.21-22.

(219) Pausania, *Perieg.*, 3.15.7 ; 5.26.6.

(220) cfr. Giraldi, *De deis gent.*, 10, p.278, 22-23. ヘリオドロスの証言も引かれている。

(221) Livio, *Ab U. cond.*, 22.37.5 ; 12.

(222) *初版には「緑の」の一語があった。

(223) cfr. Giraldi, *De deis gent.*, 10, p.276, 54.

(224) cfr. Plinio, *Nat. hist.*, 15.133-134.

(225) cfr. Giraldi, *De deis gent.*, 10, p.277, 11-12 : «Sed cum suis sacris literis Aegyptii Victoriam pingerent, aquilam formabant, quoniam ea avis caeteras aves superare solet».

(226) cfr. Plinio, *Nat. hist.*, 10.16. ミノタウロスの意味するところについては cfr. Festo, *De sign. verb.*, p.135 Lindsay.

(227) cfr. Livio, *Ab U. cond.*, 1.24.8-9 ; Giraldi, *De deis gent.*, 17, p.427, 23-37.

（228）cfr. Ovidio, *Fast.*, 3.111-118.
（229）cfr. Plinio, *Nat. hist.*, 10.16.
（230）Giuseppe Flavio, *Bell. Iud.*, 3.6.2.
（231）Giustino, *Epit.*, 23.4.
（232）Senofonte, *Inst. Cyri.*, 7.1.
（233）Pausania, *Perieg.*, 3.17.4.
（234）Ateneo, *Deipnos.*, 5.197e.
（235）Claudiano, *De consul. Stilic.*, 3.203-205 ; cfr. Giraldi, *De deis gent.*, 10, p.277, 4-8.
（236）cfr. Plutarco, *Symp.*, 8.4.5.
（237）cfr. Servio, *Aen*, 12.118.
（238）cfr. Boccacio, *Gen. deor.*, 3.10 : «letam, sed rubigine atque pulverulento squalore obsitam, armis indutam, et cruentis manibus, nunc captivos, nunc spolia recensentem».
（239）Prudenzio, *Contra Symm.*, 2.35-39.
（240）cfr. Plutarco, *Quaest. Rom.*, 97.
（241）Pausania, *Perieg.*, 3.14.9.
（242）Luciano, *Gall.*, 3.
（243）アレクトリュオンは鶏の意。
（244）cfr. Plinio, *Nat. hist.*, 10.19 ; Eliano, *De nat. anim.*, 2.46.
（245）cfr. Ovidio, *Fast.*, 3.37 : «Martia avis» ; Boccacio, *Gen. deor.*, 9.3.
（246）Cartari, *Il Flavio*, pp.197-202.
（247）＊初版では次の一節があった。「しかしその折、次のことは述べなかったのでここに記しておこう。いずれにせよ、本書の主題とするところとはあまり関係のないことゆえ、以下述べるところは郷土というものがいかに各人に親しいものであるにせよ、それでも各人は自らの生のために女神たちを据えるものであるということをみておきたいからに過ぎない。今日ならさしずめこれほどしばしば異邦人たちの犠牲となっているわれわれに共通の祖国、美しいイタリアを念頭におくのでなく、理拠の鞭杖を手に、自らの頭上に停まりに来るピクスを引き裂いてみせるような者のこと。プリニウスが語るローマの法務官《プラエトル》ルキウス・トゥベロネスのように、たとえ自分が死なねばならぬにしても祖国の救いを得ることとなったであろうにもかかわらず。彼が裁判の席に坐していたとき、ピクスがその頭に停まったのを嬉しそうに手で捕まえた。そしてそれを占い師たちのもとに届けて、それをどうすべきかを尋ねた。彼には何か大きなことを意味しているもののように思われたので。占い師たちは、それを生きたまま放せばローマ帝国は壊滅するだろう、それを殺せば祖国には災いは起こらぬが、遠からず彼自身が死ぬことになるだろう、と告げた。これを聞いて彼はたちまちこの鳥を殺し、手で引き裂いたという。またマルスには狼が捧げられた。これは獰猛な動物だから彼に捧げられたものであり、どうやら兵士たちがいつも強奪に努めるものだからでもあったろう。それともこの獣が夜目鋭いように、鋭敏な将軍たちも敵の密かな姦策に陥らぬよう目が利いたからであったろうか。〔いまのところマルスに捧げられた植物をわたしは見出せないでいるが、古人たちがハマムギ《グラミーニャ》を彼に捧げた、とは読んだことがある。〕」
（248）cfr. Boccacio, *Gen. deor.*, 9.3 ; Servio, *Aen.*, 12.119. ＊初版では「マルスに関しては他につけ加えることはない」という一文とともにこの章は終わっている。
（249）Papremo
（250）Erodoto, *Hist.*, 2.63-64.
（251）Erodoto, *Hist.*, 4.180.
（252）cfr. Boccacio, *Gen. deor.*, 2.3.
（253）cfr. Alessandri, *Genial. dier.*, 3.12 ; Giraldi, *De deis gent.*, 17, pp.434, 47-48 ; 549, 12-13.

mortali, e ſia ſempre in ſe tutta pura, & monda. Et fu oſseruato anco ne' ſacrificij di Minerua di dar le vittime pure, che erano talhora vna Agnella, talhora vn Toro bianco, e talhora vna giouenca indomita con le corne dorate, per moſtrare, che la Verginità nõ è ſoggetta al giogo della libidine, & è tutta pura e cãdida.

BACCHO.

Benche ſi troui, che Baccho foſſe vn'ardito Capitano, & di gran valore, & che ſoggiogaſſe diuerſe nationi: nondimeno non tanto per queſto fu ce-
lebre il n … ore
del vino, … ta-
li, onde c … o-
ra, & libe … do
in lui con … tò,
ſecondo c … an-
tichi rapp … no-
do, e qu … ero

[XI] バッカス

fanciullo, talhora di feroce giouane, talhora di debole vecchio, nuda alle volte, & alle volte veſtita, & quando con carro, e quando ſenza. Onde Filoſtrato ſcriue nella tauola, che ei fa di Ariadna, che molti ſono i modi da far conoſcer Baccho per chi lo dipinge, ò ſcolpiſce. Perche vna ghirlanda di hedera con le ſue coccole moſtra, che egli è Baccho, due piccole cornette parimente, che ſpuntino dalle tempie, fanno il medeſimo, & vna Pantera ancora, che gli ſi mette appreſſo. Le quali coſe per lo più ſono tirate dalla natura del vino, del quale intendono ſpeſso i Poeti ſotto il nome di Baccho, perche, come diſſi, ei ne fu creduto il ritrouatore, moſtrando a' mortali già da principio, come ſi haueuano da raccoglier l'vue dalle viti, e ſpremere il dolce ſucco tanto grato, & vtile ancora à chi temperatamente l'vſa, ſi come à gli diſordinati beuitori apporta grauiſſimi danni: il che moſtrarono gli antichi nelle imagini di Baccho. Imperoche facendolo nudo voleuano dire, che'l vino, & la vbbriachezza ſpeſſo ſcuopre quello, che tenuto fu prima occulto con non poca diligenza; onde ne nacque il prouerbio. Che la verità ſtà nel vino, come ho detto io ancora altra volta già parlando del Tripode. Et il medeſimo ſignificaua la ſtatoa di coſtui fatta in forma di vecchio con il capo caluo; & quaſi tutto pelato; oltre che moſtraua ancora, che'l troppo bere affretta la vecchiaia: & che in queſta età beono aſſai gli huomini. Percioche non per altro inuecchiamo, ſe non perche l'humido naturale mãca in noi, & cerchiamo di riporcelo con il vino, ma ci gabbiamo ſpeſſo, perche bene è humido il vino in fatti, mà è tãto caldo poi di virtù, & in potere, che ſecca, & aſciuga molto più, che non accreſce humidità, come dice Galeno de' gran beuitori, che più accendono la ſete, & la fanno maggiore, mentre che più beendo cercano di eſtinguerla, & leuarla via. Onde perche il vino riſcalda, diceſi che fu fatta la imagine di Baccho per lo più di giouane ſenza barba, allegro, & giocondo. Cui ſi raſſimiglia molto Como, che fu appreſſo de gli antichi il Dio de i Conuiuij, percioche la imagine ſua era pari-

さまざまな名をもつバッカス／さまざまな年齢のバッカス／バッカスと葡萄酒／老人バッカス／コーモス／古人たちによる花々の慣用／ムーサイたちの頭目としてのバッカス／葡萄酒に加えられた水／二様のバッカス／太陽としてのバッカス／バッカスの角／牡牛の姿のバッカス／角でできた酒器／アリアドネの取り巻き／バッカスの篩／泥酔というバッカスの秘儀／バッサレウス／冥界の樹ハクヨウ／バッカスによって発案された凱旋行列《トリオンフォ》／バッカスが発案した花冠／キヅタがバッカスに捧げられた訳／キッソス／ティルシ／愉快な話／桁外れの酔っ払いたち／帆船《ガレア》と呼ばれた館／バッカスとともに豹がいる訳／バッカスの船／バッカスの儀式で引き裂かれた牡牛／大鷹の姿のオシリス／殺害され八つ裂きにされたオシリス／オシリスの儀式／ホーロス／テュポン／八つ裂きにされたバッカス／バッカスとエレウシスの女神たち／バッカナーレの儀式／ファロフォリ／プリアポス／畑の神／プリアポスの牡山羊《ベッコ》／バッカスに捧げられた牡山羊／ラル／ラルたちに献じられた依り代《フィグーラ》／ラルたち／犬とラル／ペナーテス／ゲニウス／二様のゲニウス／場所に因んだゲニウス／ゲニウスに捧げられたプラタナス／悪しきゲニウス／放逐された不吉なゲニウス

Tav. 65
［葡萄酒の発明者バッカス］
▶ p.499-500

Tav. 66

［宴会の神コーモス］

▶ p.500-501

Tav. 67

［酒神にして太陽でもあるバッカス］

▶ p.503-504

Tav. 68

［バッカナーレの儀式］

▶ p.505-507

Tav. 69

［インドを征し、凱旋行列を発案したバッカス］

▶ p.508-509

Tav. 70
［バッカスの船］
▶ p.512

Tav. 71
［オシリスの息子テュポン／テュポンをうち負かすホーロス］
▶ p.515-517

Tav. 72

［畑の神プリアポス／ホーロス――エジプトのバッカスにしてプリアポス］

▶ p.518-521/515-518

Tav. 73

［ラルたち——私邸あるいは町の守護者］

▶p.522

Tav. 74
［善きゲニウスと悪しきゲニウス］
▶ p.524-527

〔さまざまな名をもつバッカス〕【[1]バッカスが勇猛果敢な首領でありさまざまな国を併合した隊長であったとはよく謂われるところであるが、それをもって古人たちが彼の名を讃えたという訳ではなく、彼はかえって葡萄酒の発見者として、誰にもまして死すべき者たちにその用途を教えた者と信じられ、それによって神として崇められることになったのである。彼はバッカスと呼ばれただけでなく、ディオニュソス、父なるリーベルとも称され、レネオ、リエオとも言われ、そのさまざまな名によって葡萄酒がわれわれにひきおこす諸効果が表現されたのだった。ここでは古人たちが数多の神像や彫像に造りなしたその姿を、ひとつひとつ順に描出しつつ追いかけてみることにしたい。】彼らはそれを時に優しい子供に、また凶暴な若者に、あるいは衰えた老人になし、また裸であったり衣装を纏わせたり、山車を添えたり添えなかったりしてみせた。

〔さまざまな年齢のバッカス〕フィロストラトスは[2]アリアドネを描いた画面について記しつつ、バッカスを描いたり彫ったりする者はそれをバッカスと知らしめるさまざまな方法がある、と記している。実をつけたキヅタの冠は彼のしるしであり、またこめかみから生えたちいさな角やら、身近に配された豹も同じである、と。

〔バッカスと葡萄酒〕こうしたものどもはおおむね葡萄酒の自然本性から引き出されたものであり[3]、詩人たちはバッカスという名によってしばしば葡萄酒を含意している。すでに述べたようにそれは彼がその発見者と信じられていたからであり、死すべき者たちにすでに始原から葡萄の木から葡萄の実を集め、甘い汁を絞ることを教え、節度をもってそれを飲む者には有益で心楽しませてくれる一方、乱飲者にはひどい損害を与えることを明かしたものとして、古人たちはバッカスの姿をあらわしたのだった。彼が裸とされたのは、葡萄酒と酩酊がはじめは入念に秘されていたところのものを暴いてみせるということを謂おうとしたもので、そこから真実は葡萄酒のなかにありという諺が生まれた[4]【ことについては三脚について論じたところ[5]ですでに述べた。】

葡萄酒のさまざまな効果を示したバッカスの姿。彼は葡萄酒の発明者であり、これは酩酊ばかりか、秘匿されたことがらの暴露、激情、淫蕩等々さまざまな効果をもっている。彼とヘラクレスはどちらもテーバイの者であるとともにユピテルの息子たちで、その栄光において他の誰をも凌いでいた。 [▶Tav.65]

〔老人バッカス〕 ほとんど髪のない禿げ頭の老人に造りなされた彼の彫像も同じ意味であり、加えて暴飲は老化を早めるということ、人というものはこの年齢になるとかえってよく飲むものであることをあらわしていた[6]。われわれが老化するのはわれわれのうちに自然本性湿[7]が欠乏するからであり、それをわれわれは葡萄酒で補おうとするのだが、ここでしばしばわれわれは過る。なぜといって葡萄酒の湿は善いが、しかしそれは過剰な熱をもっており、湿気を増加させるよりも乾かし涸れさせる力がある、と暴飲者についてガレノス[8]が言うとおり、それはかえって渇きを覚えさせるものであり、渇きを癒そうとして飲めば飲むほどそれを募らせるものであるから。

〔コーモス〕 葡萄酒は熱くするというところから、かえってバッカスは陽気で悪戯好きな髭なしの若者となされることも多かった。これはたいへんコーモスに似ていた。古人たちにあってコーモスは宴会の神であったので、その姿はやっと和毛の生えはじめたばかりの若者とされた[9]。フィロストラトス[10]が彼の姿だけを描出してみせるところによれば、彼は新婚のふたりが楽しくすばらしい宴会を祝った後、寝台で愛しい果実を貪る部屋の扉の外に立っている。彼は繊細脆弱で、頬を赤く染めている。飲みすぎのしるし。酔ってもう目も開けておられず、その赤い顔を胸と棹棒に凭せかけた左手の間に落として、徐々に眠りに落ちていくところ。その棹棒も落としそうで、また燃える松明を支える右手もずり落ちて、脚を曲げなければ火傷をするところ。

【古人たちによる花々の慣用】 またその周囲には花がいっぱいで、この神も頭に花冠を載せている。花というものはいわば歓びと無頓着さのしるしであり、それゆえ古人たちは人々が無頓着に歓ぶ宴会に花をよく用いた。食客たちに花冠を被せたばかりか、酒器にも花をあしらったものだった。

こうしたことからして花々がコーモスにばかりかバッカスにもふさわしいものとされたことは後述するとして、ここではバッカスが陽気で悪戯好きな若者とされたことに話を戻そう。人々は節度をもって飲むことで、精気《スピリトゥス》を目覚めさせ、よりこころもちも大胆になり、より才覚に富むものとなると信じた。

【ムーサたちの頭目としてのバッカス】 そこから古人たちはバッカスを、アポロンのようにムーサたちの頭目にして指導者となしたのだった。[11] また詩人たちには、アポロンの樹木である月桂樹よりもバッカスに捧げられたキヅタでつくった冠を授けられることも多かった。[12] そこから寓話の数々では、バッカスが【ニューサの】ムーサに育てられた、と語られることになったのである。[13]【ニューサとはアラビアのたいへん快適な場所で、そこから彼はディオニュソスと呼ばれることとなったのだった。[14]

【葡萄酒に加えられた水】 アテネオスが伝えるところによれ

宴会の神コーモスの姿。フィロストラトスによれば、節度をもって飲むなら人々を陽気にし、精気（スピリトゥス）を目覚めさせ大胆にさせる。一方、はめをはずして飲むなら人を恥ずべき無気力、無能、魯鈍となし、からだを衰弱させる。 [▶Tav. 66]

ば、】アテネ人たちの王アムピクテュオーン[15]は【他の誰よりも先に、】彼から葡萄酒に水を混ぜることを学んだという。これは死すべき者たちにとってたいへん有益で、それゆえホーラー《ホーライ》たちの神殿に彼の祭壇を建てたのだった。ホーラーたちが季節をあらわすものたちであることは彼女らの姿について論じたところですでに述べたが、彼女たちこそ葡萄の木を育て、実を成らせるものたちであったから。そしてその傍らにニンフたちのための祭壇を配した。水を混ぜて調えられた葡萄酒を用いるべきことを銘記するために[16]。【ニンフたちは飲むに適した泉や川の水を含意したものであったから。】それにまたムーサたちというのはおおむねニンフたちと同じであり、ディオニュソスの養母たちであったと言われる。【シレノスが彼の教育係であったように。シレノスは、たいへん老齢であったのでその歳のせいで、またたいがい酔っていたからいつも驢馬に跨っていた。それはエリス人たちのもとにあった彼の神殿に、エブレイタス《泥酔》が彼に酒を与える姿を描いた者が証してみせたとおりである。パウサニアス[17]が記すところによると、シレノスは他の土地でよくあるようにバッカスとともに両者の美徳をあらわして一緒にされてはおらず、そこでは単独であったという。

　プラウトゥスにあっては、シレノスはバッカスのたいせつな助言者で、驢馬に跨ったまま舞台で『バッカイデス』[18]の序詞を朗誦して、ふたりはいつも同じ想い、と語る。また彼は自然本性の神ともなされ、ヴィルギリウスによれば[19]、シレノスが大きな酒盃を傍らに酔っぱらって洞窟で眠りこけていたところ、ふたりの小サテュロスとひとりの美しいニンフに見つかった。頭からずり落ちた花冠に編みこまれた花々で縛められ、葡萄酒で血管を膨らませたその顔をニンフに血色の桑の実で染められたところで目覚めたシレノスはこれを悦び笑いつつ、彼らに無理強いされて自然本性の端緒諸原理を謳いあげた、と。

　どうやらこうした獣たちは、無理強いされねば知っていることを話そうとはしないようである。プリュギアの王ミダスは人々にあまりはっきりとは明らかとなっていないあることがらについて知ろうと、こうしたシレノスたちの一匹を狩らせ、王がある泉にたくさん撒いた葡萄酒の香りによってついにそれを捕らえた、とパウサニアス[20]は書いているが、彼の時代にもそう考えられていたということであろう。またプルタルコス[21]は、この王がシレノスから知ったことといえば、人にとって最善なのは長く生きることより早く死ぬことである、ということだったと伝えている。

　プリニウス[22]によると、たいへん美しい白大理石を産するパロスの島で、某が大岩を割ってみると、その中にシレノスの像がみつかったという。それがどんな姿であったか、それをみつけた者でなくても容易に想像できるだろう。それが、先にサテュロスたちについて語った折の、パンの姿をしていたであろうことを。パウサニアス(23)は、これらが老いるとシレノスと呼ばれ、老いて死ぬと神々とみなされた、と書いているのだから。】

[二様のバッカス] ディオドロス(24)によれば、バッカスの彫像群は一方で長い髭を生やした厳格な像として、他方で美しい顔をした陽気で繊細な若者として、二様に造りなされたという。前者は度を過ごして葡萄酒を飲み過ぎると人は怖ろしく怒りやすくなることを、後者は節度をわきまえて飲むならそれはこころを愉快にするということをあらわしている。バッカスはただひとりでなく、ふたり、あるいはきっと三人もいたのである。彼の像を描くのとは別に、史譚が録そうとしているのはこちらの方であった(25)。

[太陽としてのバッカス] 他の箇所ですでに述べたように、マクロビウス(26)はあらゆる神々を太陽の諸徳能と解釈してみせる。バッカスをもまたそのように解しつつ彼は、その姿が時に子供、時に若者、また時に髭のある熟年に達した男、あるいは老人となされるのは、これら異なった歳月が太陽にも認められるからである、と言っている。日が長くなりはじめる冬至の時にはちいさな子供である太陽も、春分に

葡萄酒の発明者であるとともにその諸効果をあらわすバッカスの姿。またマクロビウスによれば、彼は太陽のことであるから太陽の諸効果つまり一年のさまざまな季節をあらわしている。彼に捧げられた獣たちとともに。 [▶Tav.67]

はすでにかなりの力を蓄えて若者となり、もはや日が長くならない夏至に到ると成熟し髭を生やした男であり、それ以降はその光を衰えさせつつあたかも光とともに力も衰え老人となる、とも言い得るから。

［バッカスの角］ またバッカスの彫像には角がつけ加えられるが、これを太陽の光線とみる者もある。しかしディオドロス[27]はそれを、死すべき者たちにどのように牡牛に犂をつけ畑地を耕すかをはじめて教えたのがバッカスだったからであった、と記している。そこでマルティアヌス[28]は、すでにサトゥルヌスの姿に関連して述べた[29]ように、彼の右手に耕作をあらわす鎌をもたせたのだった。これをもって葡萄の木がたくさん実をつけるように清めるようにと。そして左手には酒盃をもたせ、彼を陽気で愉快な表情に描出している。

鯨飲は人を向こうみずで大胆で横柄にするものゆえ、角はそうした大胆さをあらわすものだと言うフィロストラトス[30]、フェストゥス[31]、ポルフィリオ[32]のような者もある。【しかしアテネオス[33]は古人たちの範を引きつつ、葡萄酒というものは節度をもって飲む場合と度を外して飲む場合ではまったく違った効果をあらわすことを誰よりもうまく説いている。】そしてペルシウス[34]やカトゥルス[35]その他の詩人たちから、この神への供儀には角を使った事例を集めてもいる。

［牡牛の姿のバッカス］ これについてムソニウス[36]は次のように記している。バッカスには角が与えられただけでなく、詩人たちのうちにはバッカスを牡牛と呼んだ者もあった。なぜといって寓話の数々によれば、ユピテルは蛇に変じて娘のプロセルピーナと同衾し、妊娠した娘は牡牛のかたちをしたバッカスを生んだのだったから。

［角でできた酒器］ キュージコスの人々のもとで、バッカスが牡牛【の顔】をしているのは、おそらく古人たちが牡牛の角あるいは角でつくった酒器で酒を飲んだからだろう。テオポンポス[37]が記すところによれば、エペイロスでは牡牛の大きな角で酒壺がつくられ、その注ぎ口の周囲には黄金または銀の輪が嵌められていたという。また酒杯の代わりに牡牛の角を用いた古人たちの慣習を引きつつ、アテネ人たちも角のかたちに造った銀器で酒を飲んだことを例証している。

それにまた、角を頭の左右からたれる僅かばかりの髪と解する者もある。それは現下、アルメニアの司祭たちが額の上と襟首に剃りこみをいれている様子に近い[38]。つまりバッカスの彫像はそのようなものとして造られたのであって、ほんとうに角があった訳ではない、という解釈である[39]。また古のメダルの幾つかにみられるように、王リュシマコスに角がつけられたのもこれと同じことだと言われている。

【それにニカノル[40]と渾名されたセレウコスの彫像にも角があった。スイダが伝えるところ[41]はこれではないが、生贄に捧げられるはずの牡牛が一頭アレクサンドロスのもとから逃げだした折、彼はそれの角をとって捕らえたからであったと言っている。[42]】
　またバッカスは長い髪をしていたとセネカ[43]は書いている。

恥ずかしげもなく長い髪を弄らせ
放恣なバッカスは手を振りながら
軽いティルシ《バッカスの杖》を揺らして、
恥ずかしげもなく寛いだ長い衣を
引き摺るようにゆっくりと歩む
蛮族の黄金で飾り立てて。

［アリアドネの取り巻き《コロス》］それゆえ、時としてバッカスは女性の装束を纏わされた。フィロストラトス[44]はアリアドネについて語るところで、彼女のもとへ赴くバッカスに美しい緋色の寛衣を纏わせ、薔薇の冠を被らせている。テセウスに捨てられたアリアドネと情を交えようと彼女のもとへ行く彼の愛情表現であってみれば、これより他に描写しようがなかろう。そしてほとんどいつも彼とともにいる大胆で勇敢なさまざまなニンフたち、シレノスたち、サテュロスたち、シルヴァヌスたち等々。ストラボン[45]が記しているように、これらはバッカスの使いであり侍従たちであり、ダイダロスによってクレタの白大理石に彫られたところでは、アリアドネの取り巻き《コロス》にして伴連れとも呼ばれた。それらが歓声を挙げつつ彼につき従うところを、カトゥルス[46]は次のように伝えている。

緑のティルシ《バッカスの杖》を振りながら
ある者は断ち割った子牛の
肉片を捩れた蛇で
結んで抱え、他の者はそれを
籠の窪みに盛って進む。
すばらしい秘儀を祝いつつ。
邪な者たちが虚しく求める秘儀。
開いた掌で太鼓《ティンパニ》を
撃ち響かせる者、
またそれを銅の撥で打ち
心地よい小さな音をたてる者、
また角で甲高い音を轟かせる者、
異邦のティービア《フルート》で歌を奏でる者たち。

これがほぼバッカスの秘儀であり、[47]【その祝祭にあたって

バッカスの姿と豪勢な祝祭バッカナーレの儀式。そして供連れのバッケーあるいはマイナデスたちの衣装は、葡萄酒が思い煩いから解放してくれるように、バッカナーレの生贄がこころを罪から清めてくれることをあらわしている。　［▶Tav.68］

執り行われた儀式であった。それははじめからこうして豪華に祝われた。まず葡萄酒の壺《アンフォラ》と葡萄の枝が運ばれ、それに山羊を曳く者、胡桃の籠を抱える者がつづき、男性器をかたどったファロスが最後に従った。プルタルコス[48]は富への貪欲さについて語るにあたり、バッカナーレ同様そこではまず貧窮が蔑され、二つの黄金のうつわと高貴な衣装が運ばれ、豪勢な仮装行列を伴って山車が曳き出される、と言う。これはまたアテネオス[49]がプトレマイオス・ピラデルプスのために上演した野心的で豪奢なバッカナーレにも録されているところであるが、ここでそれに触れるのは時間の無駄だろう。】

【バッカスの篩】　バッカスの聖なる器物としてはまた篩も用いられた。セルヴィウス[50]が言うところによれば、古人たちがバッカスの儀式において人々のこころを清めるためにそれがたいへん役立ったからだった。バッカスの秘儀においては小麦が篩で清められるようにこころもまた清められたから。

【泥酔というバッカスの秘儀】　ボッカチオ[51]が言うところによれば、この清めは男たちの泥酔のうちにもたらされると信じる者たちもあった。この泥酔こそがバッカスの秘儀であり、嘔吐その他により酔いがさめると頭がすっきりとし、一々の悩みを忘れるとともにあらゆる煩わしい考えもうち捨てて、こころが快活にまた平静になる、とはセネカがこころの静穏について記しているところである。

【またバッカスは父なるリーベルと呼ばれた、と言う者もある。なぜといって長々と飲むことによって人は煩わしい考えから解放《シ・リーベラ》され、素面の時よりもより闊達《リベラメンテ》に話すようになるから[52]。だがそう呼ばれるようになったのはかえって自《リベ》由《ルタ》からであって、プルタルコス[53]が書いているように、これのためにおおいに戦ったところから彼は神と崇められることとなったのだと言う者もある。ヴィルギリウスについてセルヴィウス[54]が註して言うところによれば、古人たちは自由交易諸都市において自由《リベルタ》のしるしとして、バッカスの使いのサテュロスのひとりマルシュアスの神像を置く慣いであったが、それもこれに由来していた。プリニウス[55]によれば、プブリウス・ムナティウスはマルシュアスの彫像から花の冠を奪って自ら被ってみせたことで、牢獄に繫がれたという。

マルシュアスは寓話の数々でアポロンに皮を剝がれたと言われるが、これは彼がミネルヴァの投げ捨てた風笛をみつけ、アポロンに演奏競争を挑んだからだった。それを悼んでニンフたちもサテュロスたちもおおいに泣き、その涙で川をなしたが、彼の名を採ってそれはマルシュアス川と呼ばれることとなった、と[56]。しかし風笛の発案者メトロドロスについてアテネオス[57]が言うところによれば、実のところ彼は卓れた音楽家であったし、スイダ[58]によれば、彼は錯乱して川に身を投げて溺れ死んだが、その場所が後に彼の名に因んでマルシュアスと呼ばれることとなったという。またパウサニアス[59]は、アテネの砦の中にはミネルヴァが投げ捨てた風笛をとりあげたマルシュアスを叩くこの女神の像があった、と書いている。】

バッカスの衣装に戻ることとしよう。それが女物であったと言う者もある[60]。なぜといって、飲み過ぎはさまざまな力を減退させ、男を軟弱にし、女性のように神経過敏にするから。パウサニアス[61]は、エリス人たちのもとにあったキュプセロスの櫃には、髭を生やし地に着くほど長い衣を纏って、葡萄やらさまざまな果樹やらに取り囲まれた洞窟に横たわるバッカスが酒器を手にしているところが刻まれていた、と記している。

[バッサレウス]　バッカスはまたバッサレウスとも呼ばれたという。これは彼ばかりか後に彼に生贄を捧げる祭司たちが纏うことになる長い衣装に由来する名で、リュディアのある土地では狼の皮でつくられたそれをバッサラーと称した。トラキアではバッサレーと称され、バッカスの伴連れのバッケーたちが纏ったものだったから彼女らはまたバッサレーとも呼ばれることになった[62]。【それにまた彼女らはマ

イナデスとも呼ばれた。これは乱痴気騒ぎを意味することばで、彼女らがバッカスとともに世界を股にかけ王たちを征討した折の勇敢な女戦士たちのように、その祭りに際しては淫らに髪振り乱し、手にティルシをもって狂気のふるまいをなしたところからそう呼ばれたのだった。[63]】

この女たちが着たのは狼の皮ばかりではなく、豹や虎の皮をも纏い、ティルシを手に、髪を風に靡かせ、時にはそれをキヅタあるいはハクヨウの冠で結んだ。

【冥界の樹ハクヨウ】なぜといってハクヨウは冥界の樹と信じられ、アケロンの川岸に生じたものと考えられてきたから[64]。それゆえ古人たちはそれを、これまた冥界の神と思いなされたバッカスの使いと呼んだのだった。先述したように[65]、そこから寓話の数々は彼がプロセルピーナから生まれたと語ってきたのであり、彼の名のもとに太陽をみてとるならばこれは真実である。すでに述べたようにバッカスは時に冥府の神の姿で描き出されるものであってみれば。

先にバッケーについて述べたように、バッカスもまたしばしば同様になされることは次のクラウディアヌス[66]の記述にみるとおりである。

来たれ陽気なバッカスよ、勝利の
キヅタを冠にし、帯にして、その背には

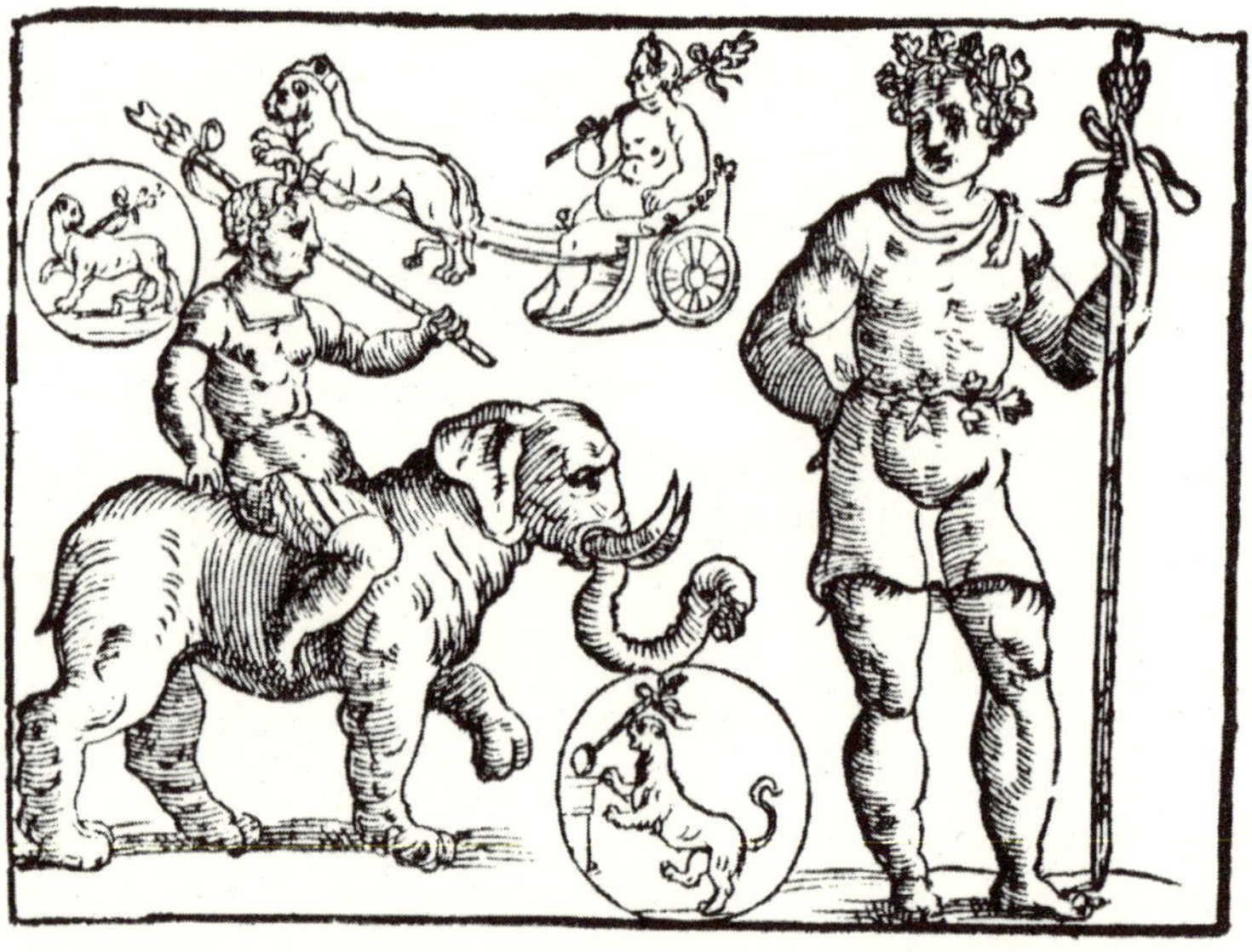

勝利者にしてインドを征した後、凱旋行列を発案したバッカスの姿。虎と豹に曳かれる彼の山車と彼に捧げられたさまざまな植物、動物たち。これらも葡萄酒のさまざまな効果と酔いをあらわしている。
[▶Tav.69]

ヒルカニアの虎の怖ろしい皮を纏って。
葡萄酒に濡れ、ティルシの
葉を握り、旋回する助けとしつつ。

ここでクラウディアヌスが言うティルシは、他の者によるとフェロラ《オオウイキョウ》とも呼ばれており、バッカスが身を支える杖であるとともに彼につき従う者たちが手にもつものである。エウセビオス[67]はディオドロス[68]から引きつつ、これを人々が飲みつづけて酔っ払っていたからだと理由づけ、狂乱の大騒動とともに大きくて堅い棍棒で奇妙なぐあいに殴りあうことで多くの者たちが死んだので、バッカスが堅い木材でなく、軽いフェロラに替えるように説得したのだったという。これで叩くなら誰も傷を負うことなどなかったから。フェロラは葦によく似た植物で、その葉は驢馬にもありがたく、プリニウス[69]が記すところによれば、驢馬もまたこの神にフェロラを献じた[70]とやらいう。

[バッカスによって発案された凱旋行列《トリオンフォ》] さらにまたディオドロス[71]は、バッカスが戦いのために武装したばかりか時に豹の皮を纏った、つまり彼はいつも泥酔していた訳ではなく、リュクルゴス、ペンテウスその他の王たちを凌駕するほど勇敢に戦い、全インドを征服した後、勝利者として戦利品《トリオンフォ》を曳かせた象に乗って帰還した、と記している。彼より以前に戦勝の凱旋行列をなしてみせたものについての記録がないので、最初の勝利者としてのバッカスには饒舌多弁な鳥カササギが捧げられた[72]。それはつまり【スウェトニウス[73]がカエサルについて記しているように、[74]】凱旋勝利《トリオンフォ》にあたっては誰もが叫びをあげ、不徳の数々を誇り凱旋する者を譴責しつつ悪口雑言を吐くことが誰にも認められていたから。

[バッカスが発案した花冠] また古人たちはこの神が花冠を案出したとしている。プリニウス[75]によれば、バッカスこそ最初にキヅタで冠をつくった者ということになる。アレクサンドロス大帝がインドを征討して帰還するにあたりすべての兵たちにキヅタの冠を被らせたのも、それを模してのことであったという。

[キヅタがバッカスに捧げられた訳] この植物がバッカスに捧げられたことについてはさまざまに記されているように、数々の理由があった。【フェストゥス[76]はそれを、キヅタがいつも緑であるように彼はいつも若いから、あるいはキヅタが巻きつくものをすべて結びつけるように葡萄酒は人心を繋ぐから、と言っている。】プルタルコス[77]は、キヅタには隠れた徳能あるいは力があり、それはあたかも激情を滾らせるかのように人心をうごかし、葡萄酒を飲まずして人々を酔わせるようにみえるから、と言っている。

【キッソス】ギリシャ人たちはキヅタをキッソスと呼ぶ。彼らのことばから採られ、われわれの慣用するところとなったキッサーレは色情を刺激されることを意味している。これについてエウスタティウス[78]は、バッカスにキヅタが与えられたのはその色欲のしるしであり、人々は葡萄酒を飲むことでそれを刺戟されるものだと称している。これを古の諺にバッカスなしではヴェヌスもなすすべなし[79]という。

【ティルシ】マクロビウス[80]がバッカスになぜティルシつまり頂に鋭い鉄鏃をつけそれをキヅタでとり巻いた棹棒が与えられたかについて語るところ、キヅタはどこにでも生えて巻きつき繋ぐものであってみれば、人々が安易に他人を傷つけることにもなりかねないその怒りと興奮を忍耐をもって縛らねばならぬということをあらわしたものである、と言っている。ディオドロス[81]は、エジプト人たちがキヅタをオシリスの草と呼び彼が発見したものとして彼に捧げるとともに、聖なる儀式においてはキヅタをもっとも重用し、いかなる季節にもその葉が緑であるところから、冬には緑の葉を失う葡萄よりも尊んだ、と記している。古人たちはまた他にも常緑の樹木をみつけ、ヴェヌスにはギンバイカ《ミルト》を、アポロンには月桂樹を捧げたのだった。

　バッカスもまたキヅタの冠を被せられたばかりではなかった。時として無花果の葉が被せられるのは、シーカ[82]という名のニンフの思い出のためであった。この名はギリシャ人たちにとってはわれわれの無花果と同義であり、寓話の数々にものがたられるとおり、バッカスに愛されたが、後にこの樹木に変じたものだった。これは彼に愛され、後にキヅタに変じた幼児キッソス、また彼に愛され葡萄樹に変じたニンフのスタピュロスと類同のものがたりである。それゆえ、これらの植物すべてを彼が喜び、頭の冠に欲したとしてもなにも驚くことはない[83]。これらに加え、古人たちは彼に山車、盾、棹棒、祭壇を捧げたばかりか、時に水仙《ナルキッソス》[84]の花冠やらその他の花々の冠を被せてみせたことについては詩人たちが記しているとおりである。ディオドロス[85]は、平和な時期の厳粛なる祭式の日々、バッカスは美しく柔らかく繊妙で花をいっぱいに散らした衣装を纏っていた、と記している。

　バッカスは葡萄樹から生まれた葡萄房を絞ってつくった葡萄酒をあらわすものであり、葡萄樹こそまさに彼の植物であったとしたなら、それより他になにか彼に授け得るものがあったろうか。これについてスタティウス[86]は、彼の山車が葡萄で覆い包まれている様子を、次のように語ってみせる。

はや母なる街に近づく

バッカスは葡萄で覆い
包まれた山車とともに征く。
豹たちはその両側を護り
手綱を舐め、樽の葡萄酒が
早駆けする虎たちを濡らす。

[愉快な話] バッカスの山車についてボッカチオ[87]は、葡萄酒を飲み過ぎると酔いで目がまわるのは山車の車輪が回るようなもの、と言っている。【こうしたことは日々実際に確かめることのできることではあるが、ここにたいへん愉快な話がある。タウロミニタヌスのティマイオスが書いたシチリアの町アグリジェントの若者たちのおはなしを、アテネオス[88]がその『祝宴』で採りあげているもの。この若者たちはある晩、ある館で宴会に連なり、暴飲して宿酔したのだった。彼らはどうやらまず帆船《ガレア》に乗っているような気分になった。そして海の荒波に妙なぐあいに揺れる船の上で同じように目をまわしつつ、翌日には天候が回復しますようにと祈りながら、それにしても帆船が沈んでしまうのではないかと不安に駆られ、寝台やら食卓やら長椅子やら衣櫃やら、家財道具をすべて手あたり次第に窓から投げ捨てた。舟を軽くせよと船頭に命じられたように思い込んで。

[桁外れの酔っ払いたち] なにごとかとやって来た警吏たちが館の中に踏み込むと、若者たちはあちこち床に突っ伏して正体を失っていた。何度も揺り動かすうちやっと目を覚ました若者たちにいったいどうしたと問うと、海の時化にもうへとへとになりもうだめだと思ったので積み過ぎの荷物をいっぱい船から投げ捨てた、との答え。そのひとりが「あんまり怖ろしくて僕はここで毛布に包まっていたんです」と言った。警吏たちはこの若者たちの狂騒を悔い改めさせたいとは思ったが、時間の無駄だと考え直し、立ち去り際に必要以上に飲みすぎないよう注意せよと言い捨てた。愚かな若者たちはそれに応じるように「ありがとうございます」と言い、それにつづけてそのひとりが「幸いにも助かって港に着いたなら、そして里に帰ったなら、あなたがたのご加護によってわれわれは救われたとあなたがたをも海の神さまたちとして崇めたてまつりましょう」と言った。

[帆船《ガレア》と呼ばれた館] その後も長いあいだ宿酔はつづき、この館は以降ずっと帆船《ガレア》と呼ばれることとなったという。】

[バッカスとともに豹がいる訳] バッカスの山車は虎と豹に曳かれていた。なぜといって葡萄酒はこれらの動物たちの自然本性のように人々を残虐で怖ろしいものとなすから。フィロストラトス[89]は、バッカスが豹たちとともに征くのはこの動物が熱性であるからであり、それらが軽く跳躍しているのはバッケーたちと同じ、あるいは自然本性からではな

バッカスの船の図。帆にはバッケーたちのリュディアのトモーロス山、バッカスを捕えるという過ちを犯してイルカに変えられたティレニア海の海賊たち。これは人の正気を失わせる罪や悪徳の数々をあらわしている。　［▶Tav.70］

いが葡萄酒によって熱せられた人々と同じだと言っている。

【バッカスの船】 またその船は舳が豹のかたちになっており、その外周には数多くのよく響くシンバルが吊るされていた、とも彼は書いている。そしてその船の中央には、帆柱でなく長いティルソの数々が植え込まれており、その頂には緋色に輝く帆が付けられ、そこにはリュディアのトモーロス山とそこを駆けるバッケーたちが黄金で刺繍されていた、

と。この船の上はまったく緑のキヅタと緑の枝から美しい房を垂らす葡萄で蔽い尽され、その下からは皆がそこから飲みつづけている香り高い葡萄酒の泉が垣間見えるのだった。

　フィロストラトス[90]はティレニア海（エトルリア人）の海賊たちについて記すにあたり、バッカスの船をこのように描き出している。【この海賊たちはいまだ若くほとんど幼児のこの神をうまく獲物にした心算になっていたのだが、この子が行きたいと言った方向とは違う方へと連れて行こうとするうちにかえって彼にイルカに変えられてしまったのだった。オウィディウス[91]がものがたっている寓話によれば、バッカスは彼らの欺きに気づくとたちまち船を停めさせ、数多のキヅタで櫂のすべてを結び、それを帆柱、帆桁、帆そのものにまで巡らし、また自らの頭に葡萄の房のついた緑の枝を結びティルソを手に握り、虎、豹、黒豹を伴としてみせると、これら不実な海賊たちは大いに恐れ慄いて海に身を投げ、上述したようにイルカと化したのだった。】現在でもこれとほとんど同じ船を描いたたいへん美しいモ

ザイクをローマのサンタ・アニェーゼ教会に見ることができる。この教会はバッカスの神殿跡に建てられたものだった(92)。

寓話の数々ではまた、彼がまだ子供の頃パルカたちが彼を獰猛な蛇たちで結わえたことが語られている(93)。ただしその胸や顔を這い回って、この子を傷つけないように配慮しつつ。そこからバッケーたちは彼の儀式を祝うにあたり、蛇たちが一切傷つけることがないように飼い慣らすこととなったのであり、これはまたプルタルコス(94)がアレクサンドロス伝で、その母オリンピアは蛇によって懐妊したようだと記しているところでもある。【これはスキピオの母についても言われるところで、プルタルコスの伝えるところによれば、しばしばその部屋に大きな蛇が入るところが目撃されたという。

[バッカスの儀式で引き裂かれた牡牛] 先に飼い慣らした蛇たちによる儀式と言ったところを(95)、】カトゥルスはバッカスの使いや伴連れたちの幾人がが蛇を帯に結んだということであったと解し、その幾人かが引き裂かれた子牛の肉片を運んだというもう一つの秘儀をも暴いている。テーバイ王ペンテウスはバッカスとその儀式を蔑し、どんなかたちであれそれが祝われることを欲しなかったという。それに対してバッカスは次のような復讐をした。つまりバッカナーレの祭を祝っていた彼ペンテウスの母とその他の女たちに、彼を聖なる儀式を乱しに来た子牛にあるいはオウィディウス(96)の言うように猪に見えるように仕向け、女たちをその周りに集めて引き裂かせると、この仇討ちを喜び狂喜乱舞しながら駆ける女たちにそれを運ばせたのだった。これを記念してバッケーたちは彼女らの神の祭のたびに牡牛を引き裂き、各々その肉片を運ぶこととなった、と。

これはあるいはテュポンがオシリスの仲間たちとなしたことをものがたった寓話の数々の意図するところであったかもしれない。なぜといってエジプトのオシリスはギリシャ人たちのもとではバッカスであった(97)し、ここでバッカスについて述べてきたことのすべてを、ティブルス(98)はオシリスのこととして次のように言っているのだから。

最初に犂をつくったのは
オシリスであった。また最初に
土を耕してみせたのも彼であった。
そしてどのように種を撒くのかをも
教え、人の知らぬ樹木に
いつ甘い果実を探すべきかをも教えた。

また彼からみな、葡萄の房が
よくなるように、ひ弱な葡萄の蔓を
棒杭に這わせることを学んだ。

そして無用な枝を切り、蔓に
死すべき者たちがたいへん好む
葡萄の房をつける力を与えることを。

それが成熟したなら
裸足で甘い汁を絞るようにと、
これもまたオシリスが教えたことだった。

またそのしばらくあとには次のような句節がある。

オシリスよ、あなたには悲しみのしるし
というものが見あたらず、哀れな考えも涙もため息も
あなたからは遙かに遠い。

すてきな合唱隊がここちよい調子で
あなたがどこに行こうとつき従い、
愛と戯れとほほえみであなたを満たす。

あなたは美しい花々で飾られ、その額
をキヅタで結び、長い金色の
衣を背後に引いている。

時にはまた緋衣を着て
ティビア《フルート》の筒から出る優しい
響きがあなたを慕い、籠は

永遠に秘された諸玄義で満たされて。

「大鷹の姿のオシリス」【このオシリスはエジプト人たちによって時に大鷹《スパルヴィエラ》のかたちに造りなされた。これは目が利き、すばやく翔ける鳥で、太陽にも準えられたが、これもまたオシリスの像であった。】プルタルコス[99]が書いているように、エジプトではまたそれは男性器を立たせ、赤い布地を巻きつけた男の姿にも造りなされた。この理由については、プリアポスについて記すところ[100]で述べることとなろう。【これはオシリスのからだの一部だった。

「殺害され八つ裂きにされたオシリス」オシリスの兄弟テュポンはオシリスに反感を抱く多くの者たちと陰謀をくわだて、彼を殺して八つ裂きにし、それを共謀者たちすべてに分け与えたという。ただしその性器だけは別に。なぜといって

誰もそれを欲しなかったから。それをナイル川に投げ捨てると、川はそれを運び去った。彼の妻イシスは夫を失ったことを嘆き悲しんだが、彼がどうなってしまったかを知らぬまま夫を探すうち、そのからだの一部を見つけた。たちまちなにが起こったのかを察知した彼女はテュポンを攻め負かし、その共謀者たちから分け前にされた夫のからだの断片の数々を取り戻し、それらをきちんと並べて安置した。しかしナイル川に投げ捨てられた部分が見つからず、いたく悲しみ、以降さまざまな儀式をもって彼の像を敬い崇めるように命じたのだったが、これがプリアポスの名で祝われることとなったところの祭儀だった。

[オシリスの儀式] こうしたことのすべてを記念して、彼女はまた毎年定められた日時に厳粛な儀式が執り行われるべく命じた。嘆き悲しみつつオシリスを探し回った後、男の子をオシリスの身代わりに見つかったものとして陽気に厳粛に運んで祝った。この儀式は毎年執り行われたので、ルカヌス[101]はそれで足りたのだからオシリスが探されたことなどなかったのだと言っている。

[ホーロス] ここからホーロスもほとんど彼[102]そのものと化したのだった。その母イシスはオシリスのからだの一片が失われてしまったものと思い込んで涙したのだったが、その後それを見つけてたいへん喜んだ。これはエジプトでもまた崇められ、マクロビウス[103]のようにこれを太陽と思いなす者たちもあった。その名ホーロスから一日を測る時の小部

オシリスの兄弟テュポンと、ギリシャ人たちのバッカスであるオシリスの息子ホーロスの姿。ホーロスはテュポンを鰐に変えてうち負かした。神聖文字のカバと大鷹は悪に抗し戦いついにはそれを凌駕克服する徳能をあらわしている。 [▶Tav.71]

分をホーラー《時》と称することとなったのだった。[104]またそれを世界《ムンドゥス》と解する者もある。その神像はテュポンの恥部を片手にもった若者の姿をしていた。彼がテュポンをうち負かして殺害したのだったが、その力能のすべてを絶やすためそれを鰐《クロコダイル》に変じると、それは彼から逃げて行ったという。それゆえエジプトのアポリノポリス[105]には、一切鰐を尊重せず、各人は可能な限りそれを狩り殺すように命じるとともに、捕獲されたあるいは殺された鰐はみなホーロスの神殿の前に運ぶように命じた法律があった。

【テュポン】アポロドロス[106]が言うように寓話の数々は、テュポンについてそれが天界の神々に殺された巨人たちの復讐として大地《テッラ》から生れた、とものがたっている。これは人と獣の二つの本性をもっており、プラトン[107]もまた『パイドロス』でそれをさまざまな自然本性をもつ燃え盛るように凶暴な獣と呼び、そのからだと力は地上に生まれたものとは思えぬほどであったと言っている。その上半身は羽根で被われた人の姿、最も高い山々をも越えるほど大きく高く、頭は諸星辰に届くほどで、両手を広げると一方の手は西に、他方は東に届き、その両手から頭を擡げた百匹の蛇が生え出ていた。その両脚は蛇で、その身の毛もよだつようなからだの周りに他の蛇たちが巻きつき、それは頭にまで到って、怖ろしくも陰惨な髪を被うとともに首から肩に垂れかかっていた。また大きな顎から胸へと垂れる髭にも蛇が吊り下がっていた。その目はあたか

エジプト人たちの神ホーロスの姿。これはプリアポスであるとともにバッカスでもある。これは種子を播く力能をあらわし、円盤として描かれた太陽はこの世の丸さを意図するとともに、この世が太陽に照らされその力能を注がれることをあらわしている。［▶Tav. 72］

も炎でもあるかのように怖ろしげに火花を放ち、その大きな口からも灼熱の炎を吐いていた。

　天の神々はこれにたいへんな恐怖を抱いていた。なぜといってそれは彼らに反抗して天をめがけて赤熱した大岩を投げつけたから。彼らはエジプトに逃れ、ここまでさまざまに描写を試みてきた像の数々にみるようなさまざまな動物に身を変じるまで安心できなかった。とはいえアポロドロスによるなら、ついにはユピテルに負かされ、あるいはすこし前に触れたように他の者たちによるならホーロスによって打ち負かされることとなったのだった。このホーロスは名こそ違え、オシリスと同じであった[108]。そこでエジプトの町ヘルモポリス[109]では、河馬の上に大鷹を乗せて闘わせ、河馬を大地から生じるすべての悪の像としてテュポンに、大鷹をそれに抗してみせる激しい衝迫の徳能にみたてたのだった。この力はオシリスのあるいはホーロスつまりは太陽の力であり、他の諸々の事由からバッカスのものともされた。】つまりエジプトではテュポンがオシリスを切り刻んだと謂われたように、ギリシャ人たちのもとでは巨人たちが同じことをバッカスにしたのだったから[110]。

[八つ裂きにされたバッカス] これが先に述べたところ、つまりおそらくバッケーたちと八つ裂きにされた牡牛の肉片があらわすところであった。バッカスは巨人たちに殺され、ばらばらにされ、煮られた後、ふたたび集められ、【漆喰を塗られたとやら言われ、その後どうなったか詳らかにしないとスイダに記されているが、】これは農夫たちによって葡萄房が潰され挽かれ、絞られて葡萄酒となることを意味している。その泡は【木製ばかりか石造また時に漆喰製の】大きなうつわの中で自らを清めるが、これはあたかも熱を加えて調理するかのようでもあり、こうすることによってよりよく保存されるものもある。その後、切り刻まれた四肢が一緒に安置されるのは、葡萄樹も時を経てあらたに完全な葡萄房を産するからである[111]。

[バッカスとエレウシスの女神たち] それに加え古人たちのある者たちから、バッカスとはあらゆる植物に熟した果実を産ませる力を与える隠秘な力能[112]のことである、と信じられもした。ヘロドトス[113]が記すところによれば、それはエレウシスの女神たちに親しい神性で、いつも彼女らとともにあったという。この女神たちとはすでに述べた[114]ケレスとプロセルピーナのことで、彼女らは撒かれた種子を芽吹かせるものたちとみなされていた。またパウサニアス[115]によれば、アテネ人たちもまたケレスの神殿中にさまざまな神像とともに、燃える松明を手にしたバッカスの神像をも祀っていたという。

　ポルフィリオスの言としてエウセビオス[116]が伝えるところ

[▶Tav.72]

によると、バッカスには角があり女物の衣装を着ていたというのは、植物には男と女の両方の力能があることをあらわすためだった。【たとえ棕櫚というものはそのどちらかであり、両性が並んで生えていなければ実をつけない(117)と記されているにしても、】一般に一々の植物は他と結びつくことがなくても自ら葉も実もつけるものである。雄と雌が結びつくことなくしては産むことのない動物ではそうはゆかぬにしても。

おそらくこのことから寓話の数々では、動物にあっても植物にあってもまた大地から産生される他の諸物にあっても、太陽によってその力を引き出される種子の力能(118)の総体をあらわすために、プリアポスがバッカスから生まれたことにされているのであろう(119)。【このことはまた上述したばかりのオシリスの像においても含意されている。つまりそれが身に纏っていた赤い布地とは、】地中の種子にまで力を与える天の熱のことであった。

【またスイダ(120)は、プリアポスとバッカスは同じであると記している。これはエジプトではホーロスと称され、それはこの世界に生まれるところのものの主であることを示すように右手に笏杖をもち、種子の隠秘な力能が彼に由来するものであることから左手で勃起した男性器を握ってみせる若者の姿であらわされた。それにまた翼があるのはその俊敏さをあらわし、傍らに置かれた大きく薄く丸い石あるいは金属で造られた円盤は、古人たちがそれを投げ上げることで鍛錬したもので、宇宙の丸さをあらわしていた。それについては先述したように、この世界を包む太陽によって三つのもの(121)が意図されているからである。

[バッカナーレの儀式] バッカスとプリアポスが同じ姿をしている、それどころか同一であるということを示すために、古人たちはバッカナーレの祭りにあたり、首に無花果の木でつくった男性器のかたちをしたものをつけたものだった(122)。

[ファロフォリ] 彼らはこれをファロスと称し、スイダによれば、これはまた赤い革でもつくられ、両腿の間にこれを着けてバッカスを讃えて跳躍したものだったという。こうした者たちはファロフォリと呼ばれ、顔を薄い樹皮あるいはなんらかの皮で覆い、頭にキヅタか菫《ヴィオラ》を結んでいた(123)。

[プリアポス] 一方ヘロドトス(124)はこれについてではなく、エジプト人たちがほんの一キュービットほどの小さな彫像をつくっていたことを報じている。これはからだ全体よりも大きな男性器をもつ像で、一年のある時期、村々の女たちはまさにこれのためにつくった小さな山車に像を乗せて、風笛を先頭にバッカスを讃え歌いながら各々がそれを曳いて行列した。これと同じことをローマの女たちもしたという(125)。彼女らは厳粛荘厳にこの性器を運び、彼のために数々

の儀式を執り行ったが、これについてはプリアポスの姿を描き出すためには役に立たないからというばかりでなく、儀礼を尊重して黙すことにしよう。プリアポスは太って醜い異形の子供で、からだに較べて男性器が際立っていたことは上述した小さな彫像(126)と同じであった。またスイダによれば、ユーノーは夫のユピテルを蔑しつつ、彼が孕ませたヴェヌスの腹に触れてそれを産ませたという。だが先に述べたようにバッカスこそがプリアポスの父であったという者もあり、テオドレトス(127)のように、ヴェヌスは色欲を、バッカスは飲みすぎた葡萄酒の熱をあらわしており、これら異形のものたちが交わることにより、はじめ横たわっている時にはおそらくなんであるかも知らなかったものがもちあがり姿をあらわしてプリアポスが生まれた、と理由づけてみせる者もある。

これに似ていたのが、いやこれと同一であったのが大きな性器をあらわにして寝そべっている神ムトゥヌスで、花嫁が花婿と交わる前に花嫁たちのもとへ行き、荘重な儀式とともに花婿の腹に坐して処女の最初の花を授けてみせることは、ウァロが記しそれをラクタンティウス(128)および聖アウグスティヌス(129)が『神の国』で伝えているとおりである。【**畑の神**】古人たちはプリアポスを畑の神とも呼び、髭を生やし髪を乱した全裸の男の姿となし、その右手には曲がった鎌をもたせた。彼は美しくもなく着飾っている訳でもないけれども、美しい若者たちに愛されるようにしたらどうか、とティブルス(130)は語っている。それをわれわれのことばに移してみよう。

ああ、気高きプリアポスよ、あなたの
剝き出しの頭に雪や太陽が触れないように
蔭をつくってくれる屋根があればいいのに。

教えておくれ、あなたはどんな業をつかって
美しい若者たちに大いなる善財をなさしめ
あなたを敬わせようと考えているのか。

あなたは美しくもなく、あまりに惨めで
髪も梳かさず、髭も伸び放題。
いったいあなたを愛する者などいるというのか。

あなたは寒い冬の凍てつく
季節も灼熱の太陽が枯渇させる
夏も裸のままではないか。

わたしはこんなことを言った。

すると鎌を手に彼は答えた。

　バッカスの粗暴なことばで……

[▶Tav.72]

彼はまた纏った布地を手でかき寄せ、その腹にさまざまな果実を抱えていたりもする。[131] また彼の頭には畑で採れるあらゆるものでつくった冠が載せられた。また畑の見張りに小鳥たちを脅すための長い葦を頭上に立て、片手で大きな陰茎を握って彼が守っているものを掠め取ろうとするものを威嚇していた。ホラティウス[132]は彼を描写するにあたり、彼自身にこう言わせている。

　わたしは無花果の幹。大工が
　何の役にも立たぬとばかりに
　疑わしげに見あげる。

　いったいどうしたものか思いつかないから。
　椅子か何かにしようか、それとも
　プリアポスにした方がきっとよかろう、と。

　こうして、彼は巧みを凝らし
　わたしをもとの神の姿に造りなすと
　泥棒も鳥たちもひどく恐れた。

　右手にもった曲がり鎌と
　汝らみながそこから生まれた男根とが
　泥棒たちをひどく怯えさせたから。

　また頭に植えこまれた葦は
　しつこい小鳥たちを畑から
　風のごとくに逃げ去らせた。

【また時としてプリアポスには驢馬が添えられた。これは古人たちがまさに彼のための生贄としてそれを捧げたから、それともどちらも大きな男性器をもっていたからである、とはラクタンティウス[133]が伝えるところである。あるいは彼がこの獣に対して抱いていた憎悪のせいでもあろうか。なんといってもシレノスの驢馬はその煩わしい輝き[134]で、彼が一度大地母神の祭で眠っているところをみつけたヴェスタと情を交わそうと準備するのを邪魔した、とはオウィディウス[135]が伝える寓話にものがたられるところである。それとも天の諸星辰について記す者たちが言うように、蟹座の二つの星辰は驢馬の子たちと呼ばれていたからだろうか。つまりバッカスをある川の向こうまで運んだお返しにと授けられた話す能力に思い上がったその一匹の驢馬は、男性器の大きさをめぐってプリアポスと競い合うこととなり、彼を負かしてしまった。これがたいへんなことになる。なぜといってこれを怒ったプリアポスは、その驢馬を殺してしまったから。古人たちはおそらくこれ以降、彼に驢馬を捧げることでこれを模してみせたのだろう。】

【**プリアポスの牡山羊《ベッコ》**(136)】エジプトでは彼らの神聖文字をもってこの神をあらわすに、牡山羊のしるしを用いた。なぜならこの動物は生後七日ですでに交尾をはじめ、ほとんどいつも交接の準備ができていたのであってみれば、【(137)プリアポスという名で古人たちが崇めた産むために使われる性器をあらわにみせることはこの神にとっては驚くべきことでもなんでもなかった(138)。またこの動物は時にバッカスそのものをあらわしもした。というのも彼は他の神々とともにテュポンを逃れてエジプトに行ったとき、これに身を変えたから(139)。

【**バッカスに捧げられた牡山羊**(140)】アポロドロスは、ユピテルがまだ幼いバッカスをユーノーから隠すために子山羊に変え、その養いのためにニンフたちのもとへとメルクリウスを遣いにして送り届けさせた、と記している。その後ずっと、牡山羊はバッカスがたいへん歓迎する犠牲となった、と。あるいはこの獣は葡萄樹にひどい損害を与えるものであったからかもしれない(141)。

それにまたバッカスが手にする笏杖の頂に男性器が載っていたとも記されているが、これはおそらくプリアポスも彼も共通にもっていた力能をあらわしたものだろう。あま

畑の神プリアポスの姿。播種あるいは生成力をあらわすものとしての男性器および彼に捧げられた驢馬と子山羊。泥棒あるいは窃盗の懲罰神であることをあらわす鎌。またこれらの動物たちは旺盛な生殖力のしるしである。［▶Tav.72］

り真っ当だとも思われない卑しい理由をつける者もあり、これについてグレゴリオス・ナジアンゾスが背教者ユリアヌスを駁してなした最初の説教の註解者[142]が言及し、またキュレネの司教テオドレト[143]が触れているにしても、わたしがここで語るには及ばないだろう。それよりも、すでに何度も取り上げてきたこの性器の像がタルクィニウス・プリスクスの館の炉端にもあった、と史譚の数々が伝えるところ

私邸のあるいは町の守護者ラル神たちの姿。人のおこないの取調官、あるいは損ないの神々。そして神々ペナーテスの姿とその神聖文字。これまた一族の、町の、私邸の神々の謂いである。
［▶Tav.73］

について一言しておこう。オクリシアという名の彼の妻の下女がここで横になり、身籠り、時を経て男児を産んだ。そしてこの子はこの家の神ラルの種によって授けられたものに違いないからきっと偉い人になるだろう、と一生懸命養った。この子は偉い人になり、セルヴィウス・トゥリウスという名でローマ人たちの王になった、[144]と。

［ラル］ ラル、あるいは数多いたところから複数でラーリともよばれたのは、古人たちが私邸の特定の場所の守護霊として、上述したような炉端に限らずララリオと呼ばれる祭壇をつくり崇めた神々の一種というか精霊《ダイモーン》[145]たちだった[146]。この祭壇には他の像もいろいろ置かれ、】ランプリディウス[147]が記しているところによれば、ローマ皇帝アレクサンデルはララリオを二つ設け、大きい方の祭壇にはアポロニウス、アブラハム、オルフェウスを、小さい方にはキケロとヴィルギリウスを祀っていたという[148]。

　ラルたちは私邸の守護者というだけでなく、町そのものや村外れの畑地の守護者でもあった【ことはティブルス[149]が

次のように言うところからも覗われる。

汝らラルたち、裕福な者たちばかりか
野の貧しい者たちをも護るものよ、汝らへの供物を
受納したまえ、卑しき供物も聖なるものも分け隔てなく。】

［ラルたちに献じられた依り代《フィグーラ》］そこからラルたちは道の四辻に祀られ、【祝いの日には羊毛でつくった鞠玉や依り代が数々吊るされた。ラルたちのもとにやって来て、家の者たちに悪いことが起こらないように、これは召使いたちに、あれはその他の者たちに、とみなのために一つづつこれを吊った。ラルたちとは冥界の精霊《ダイモーン》たちであり、祝いの日に地上に登って来て、こうした依り代が見つからずそれと戯れることができなければ、人に悪事をはたらくと信じられていたから、と言う者もある。あるいはまた古人たちがこのようになしたのは、ラルたちというのが死後からだから出たわれわれの魂のことであって、この祝いに戻ってくる間、とどまるためにからだが要ったから、と言う者もあった。これら両説はフェストゥス[150]が伝えるところである。】

［ラルたち］しかしおおむねラルたちは私邸の守護霊として敬われ、犬の皮を纏い、犬の脚をした若者の姿に造りなされたものだった。

［犬とラル］犬というものは家の忠実で熱心な護りであり、よそ者を威嚇し、家の者たちには親密な動物であったので、古人たちはラルたちもそうあって欲しいとの願いを込めたものだった、とプルタルコス[151]は言っている。【[152]オウィディウス[153]もまた、なぜ犬がラルたちとともにいるのかという理由を同じように記していた。】

これらはまた時として、彼らの役目を迅速に果たすことができるよう、寛衣を左肩から右脇に垂らすように着ていた。【これまたプルタルコス[154]が言うように、】その役目とは一々の者たちがなすことをすべて見届け、人事のすべてを丹念に見極め、邪で不正な人々の悪事を罰することであった。

［ペナーテス］【町を監視し警護を怠らないという点で、ラルたちはペナーテスたちによく似ていた。ローマ人たちのもとでは、それはユピテル、ユーノー、ミネルヴァであったと言う者もあり、またそれはトロイの城壁を造ったアポロンとネプトゥーヌスのことであると言う者もあった。[155]キケロ[156]は、ペナーテスたちは私邸に生まれ、そのもっとも奥の間に祀られた神性であった、と記している。テレンティウス[157]の書中、デミフォン[158]がまず家へ行ってペナーテスたちに祈念しその後またそのために広場に戻りたい、と言

うところからすると、これらは私邸に祀られたラルたちとよく似たものたちであったことが分かる。】史家ティマイオスが記すところによれば、これらは占い師たちが土壺で占いをする時に手にもつような長くて先の曲がった二本の鉄の杖であったとされるが、古人たちにとってこれは聖なる秘儀であった[159]。

ディオニシウス[160]によれば、フォロ・ロマーノからすこし外れたところにあった小祠には手に投げ槍をもって坐す二人の若者の像があったという。この投げ槍はローマ人たちが戦いに使った棹棒で、ペナーテス神たち、と銘が刻まれていた。【古の神殿の多くには武具を纏ったこうした若者の像がよくみかけられた。】また古のメダルにもこうした若者の姿が認められる[161]。

〔**ゲニウス**〕【これらに加え、ゲニウスもまた家のまた各人に宛がわれた神性であり[162]、歓待の、好意の、吉縁の神とみなす者もあった。それゆえ、ゲニウスと和する者は順風満帆、そうでない者は過つ定め[163]、とも言われる。ホラティウス[164]はユリウス・フロリウスにこの世のできごとと人々の想いの常ならぬことについて書き送りつつ、問を一つ提起する。一方はいつも好きなように楽しみ、他方はいつも苦しんでばかりいる二人の兄弟はいったいどこから来るのだろうか、と。そして次のように答えてみせる。

ゲニウスとは自然本性の神と知りたまえ、
各人の誕生星を調え司り
つねに各人につき従い、
それはしばしば変じ、時に
白く美しく、時に醜く黒くなる。

またケンソリヌス[165]のように、】ゲニウスは古人たちから誕生の神として崇められた、と言う者もある。それはこれが生誕に配慮を凝らしたからであったか、それともわれわれと一緒に生まれ、それ以降われわれの守護者としてつねにわれわれとともにいるからであったろうか。それゆえ、ゲニウスは各人に個別に配されるべく人の数と同じだけいたとも、各人は善なるそれと悪なるそれをそれぞれにもっていたので二倍いたともいう。つまり善なるゲニウスはつねに善を勧め励まし、悪しきゲニウスは悪へと誘う。ちょうどわれわれキリスト教徒がわれわれの守護なる天使たちと誘惑へ引き込む悪魔たちと言うようなもの。これらが各人とともに生まれるのでなかったとしたら、古人たちはいったいゲニウスたちが個別に各人とともに生まれたと考えたことだろうか。ラルたちについても同じことであった。これらの間にはほとんど違いはなかったので、ローマ人たちは道の四辻や荘館にアウグストゥスのゲニウスをラルたちとともに祀り、一緒に崇めたのだった[166]。

【二様のゲニウス】各人は自らのゲニウスを崇め、たいへんな喜びを込めて陽気に自分の誕生日を祝ったものであったが、誰もがなにより君主のゲニウスを敬った。そこで君主のゲニウスに偽りを誓った者はたちまち罰された。なんといっても古人たちにあって君主への誓いはたいへん荘重なものであったから。それゆえたいへん残忍な君主であったカリグラは軽微なことで多くの者たちを殺害したが、それらの者たちは彼のゲニウスなど敬うに足らぬとそれを侮蔑して、それに誓わなかったから殺されたのだと言う者も多かった、とスウェトニウス[167]は言っている。

【場所に因んだゲニウス】つまりゲニウスとは誕生からずっと人々に付き添う神性であったが、これはまたしばしば特定の場所に宿る神性ともされた。【哲学者イアンブリコス[168]が言うように、これらの神々は特定の場所の守り神で、そこに生じるものを供儀に捧げたものだった。なんといってもそこに司られるものこそ司る者にとってなにより親しいものであるから。】そこでヴィルギリウス[169]は、父アンキセスへの敬意をあらたにして祈るアエネアスに大蛇を示現させている。

その緑の背には金色の
斑点が散り、鱗だらけのからだは
太陽とは逆側の雲のあいだに
さまざまな色で大きく美しくあらわれる
天の弓のように光り輝くのだった。

これが場所のゲニウスであるのか、それとは別のものであるのか判然としないが、ここからゲニウスを蛇の姿に造りなす者もあり、子供の姿とする者、若者あるいはケベスの板図にみられるように老人とする者もあった[170]。

パウサニアス[171]は、エリス人たちがソシポリスたちという名である神性を崇めていた、と記している。これは町の救い主という意味の名で[172]【まさに彼らの土地のゲニウスと言えるだろう。これらはルキーナの神殿に祀られ、毎年儀式によって生贄が捧げられた。これはある戦の故事に由来している。昔アルカディア人たちがエリス人たちを襲ったことがあったが、エリス人たちのあいだに小さな子供を腕に抱いて乳をやる女が、エリスの隊長たちに言った。「殿方たちよ、これはわたしの子です。それほど前のことではありませんが、この子を産んだ時、夢のお告げで戦いの伴としてこの子をあなた方に差し出すようにと言われました。ですからこの子をあなた方に委ねます」と。エリス人たちは

善きゲニウスと悪しきゲニウスの姿。人の誕生の守護者であるとともにそのおこないの監督者。また町や特定の場所の守り神でもある。 [▶Tav.74]

この善良な女を退けることなく、かえって彼女を信頼しこれはなにか大いなる神秘に違いないと赤ん坊をとりあげ、裸のままに彼らの軍隊の正面に置いた。それから僅かばかりしてアルカディア人たちが襲いかかってきたが、たちまちこの赤子が大蛇に変じるのをまのあたりにしてみな驚愕し、もはや一歩も前に進むことができなくなった。それどころか、みな背を向けて一目散に逃げ出した。こうしてエリス人たちは容易く彼らの領土を守り抜くことができた。この勝利から、彼らはこの赤子を町の守り主としてソシポリスと呼ぶこととなった。この子は蛇となってある地下の洞窟に身を潜めたものと思いなされ、そこにエリス人たちはルキーナの名で神殿を建てるとともに、今風に言うならソシポリスのための礼拝堂を設け、どちらをもそれぞれに儀式をもって崇めたのだった。つまり彼らはルキーナがこの子を産み、彼らの救いのためにこの子を遣わしたものと信じたのだった。蛇に変じたとはいえ、】その像は星をいっぱい散らした多色の衣装を纏った子供が手に豊穣の角をもつ姿でつくりなされた、【とはパウサニアスが言うところであるが、】その一例については後で触れることにしよう。

　古のハドリアヌスやその他の皇帝たちのメダルの幾つかには、ゲニウスが右手に酒盃をもつ男として刻まれているのをみることができる。彼は花々で飾られた祭壇の上にそれを注ぎ、左の斜め帯から鞭を垂らしている。これまたハドリアヌスの別のメダルでは、戦士が脚の中ほどまで衣装を巻きつけ、供儀を捧げる者のように右手に杯をもち、左手で豊穣の角を抱えている。そしてその周囲に「ローマ市民のゲニウスに」の文字。【これは先に述べたように、この神性の名を知られることを望まなかったローマ人たちがそれを慎重に秘したものに違いない。[173]】

［ゲニウスに捧げられたプラタナス］また古人たちはゲニウスにプラタナスの枝でつくった冠を被せた。これの葉は葡萄の葉とあまり違わなかったから。また時にさまざまな花で飾ったことは、ティブルス[174]が次のように記しているところに読みとれる。

聖なる髪を美しい花々で結び
来たれゲニウスよ、あなたの誉れのために
その悦ばしい名を讃えて捧げるところを見に。

先にゲニウスには二種があることについてはソクラテス派のエウクリデスの言をケンソリヌス[175]が伝えるところに従って述べたが、善良な方についてはすでに記したので、ここでもう一方つまり邪悪な方がどのような姿に造りなされたかを見ておこう。

［悪しきゲニウス］これについて【古人たちが彫像やら絵図やらを造った形跡を見出すことはできないが、】それが多くの人にあらわれたものであったことは書き記されている。彼らがそれをどのようなものと見たか、史譚の数々に記された事例から描写を試みてみよう。プルタルコス[176]、アッピアノス[177]、フロルス[178]その他が録しているところによれば、ブルータスが夜、ひとり寝室に戻り灯火を点して自分がなしたところについて思いに耽っていると、眼前に真っ黒で怖ろしげな男の姿があらわれ、何者かと問う彼に向かって、われは汝の悪しきゲニウスであると告げると、たちまち掻き消えたという。ヴァレリウス・マクシムス[179]もまた、マルクス・アントニウスの徒党であった某カッシウス・パルメンセスにも、カエサルが彼に首を掻き切られる数日前に不吉なゲニウスがあらわれたが、それはたいへんな大男で、肌は黒く、長い髪も髭も乱れ放題だった、と記している。[180]】

［放逐された不吉なゲニウス］またイタリアのアブルッツォのテメセー[181]の民のもとには、黒くて見るからに怖ろしく、狼の皮を纏い、この民を酷く苛む悪辣で不吉なゲニウスがいた。パウサニアス[182]がものがたり、スイダ[183]も伝えるところによれば、神託がこの民にこの亡霊を鎮める方法をあきらかにすることがなければ、彼らは邑を捨てざるを得ないところだった。その亡霊とはウリクセス《ウリッセ》の伴連れのひとりで、

この地で酔って娘に暴行をはたらいたところを殺されて、不吉なゲニウスと化し復讐をしてまわったのだった。しかしウリクセスはそんなことも知らぬ気に立ち去ってしまった。そこでテメセーの人々は神託を受けてこれのための神殿を立て、毎年町のいちばん美しい娘を生贄に捧げて祀った。こうすることでこの悪辣なゲニウスは人々を煩悶させることもなくなり、その神殿で残酷な供儀を享受しつづけた。しかしある時、まさに哀れな生贄が捧げられるときにあたり、たいへん勇敢な男エウテュモスがここを通りかかり、その訳を知ってこの民の憐れさに慈悲の念を催した。というよりもかえって残酷な生贄とされる定めの美しい娘にたちまち燃えるような愛を掻き立てられ、儀式をやめさせた。これを憎んだこの残虐な獣はたいそう激昂して彼を襲ったが、激しい戦いにエウテュモスはよく応戦してうち負かすと、それを追い払い海に沈め、この民をかくも深刻な災難から解放したのだった。そして民は、他には何の褒賞もいらぬと言う彼に自由の身となった娘を妻として授け、こころから彼らの結婚を祝い、慶びとともにたいそうな挙式を催したのだった。】

註

（1）＊初版では内容的にはさほど変わらぬが、別の一節をもってはじまっていた。「史譚によればバッカスは勇猛果敢な首領であり隊長であったとされるが、彼について多くを記しているディオドロス・シクロスによれば寓話の数々では神にも擬されることとなった。バッカスは古人たちのもとにあっては神であり、ディオニュソス、父なるリーベロその他、わたしがここに列挙してみても役には立ちそうもないさまざまな名で呼ばれたものだった。ここでは往昔、バッカスがどのように描かれ、どのような姿の彫像が造られたかに興味があるのだから、彼について著された有名な事跡また寓話の数々については、彼を描写するために必要となる幾つかのことに僅かばかり触れるだけで、あとは措くことにしよう。疑いもなく、古人たちは史譚からよりも寓話の数々に準拠してさまざまに彼を描き、彫像に造りなしてきた。彼の姿を描きだすうちに追々そうしたことも分かるだろう。」

（2）Filostrato, *Imag.*, 1.15：「アリアドネ：……ディオニュソスの姿を描いたり象ったりしようと思う者にとってその方法は数限りない。微細なことでもそうしたものの一つをあらわすなら、すぐにその神と特定できる。たとえばコリンボイはディオニュソスを識別するしるしである。またたいした作品でなくても、こめかみから角が生えているならそれと特定できるし、豹もまたこの神の象徴である。しかしこのディオニュソスはただ愛のために描かれている……」

（3）こうした換喩法については、cfr. Cicerone, *De nat. deor.*, 2.60：«quod erat a deo natum nomine ipsius dei nuncupabant, ut cum fruges Cererem appellamus, vinum autem Liberum».

（4）cfr. Giraldi, *De deis gent.*, 8, p.233, 1-3；Cornuto, *Theol. Gr. comp.*, 30, p.59 Lang. この諺は ‹oinos kai aretheia›, Il vino veritas.

（5）［IX］章末尾参照。

（6）cfr. Plutarco, *Quaest. conv.*, 3.5.2；Giraldi, *De deis gent.*, 8, p.233, 11-12

（7）umido naturale、これは医書の数々に「根源湿 umido radicale」と称されたところのものだろう。

（8）Galeno, *De natur. facult.*, 3.15.213-214.

（9）cfr. Diodoro, *Bibl. hist.*, 4.5.2-3.

（10）Filostrato, *Imag.*, 1.2：「コーモス：人々に歌舞音曲で祝うことを教えた精霊《ダイモーン》コーモスは金塗りされたようにみえる新婚の床の傍らにいるが、夜の明かりの中でほとんど見分けがつかない。夜は姿をとってあらわされている訳ではないが、その状況から察知される。玄関側から裕福な花婿花嫁が寝台に横になっているのが垣間見える。コーモスはやっと若者になったばかりの若さでいまだ青年には達していない繊弱さをあらわし、葡萄酒の酔いに赤くなって立ったまま眠っている。頭を胸に乗せるように眠り、首が見えない。その左手は棒棹を握っている。しかしその手も眠りに入るときよくあるように、しらずしらずの間に開いて、まどろむうち、最前こころを配っていたことを忘れてしまうところ。それゆえ右手の松明を握る力も弱まってずり落ちそう。それどころかその火が彼の腰を焼きそうになっている。その熱を避けるようにコーモスは左足を右側に移し、その突き出した膝で手を遠ざけるように松明を左に向ける。画家たちに若者たちの顔が欠かせないように、それなしには画面も面白みがない。しかしコーモスに限ってはその顔もほとんど見えない。頭をまげているのでその顔は影になってしまうから。こうすることで若者たちに、顔を覆わず祝い事に出てはならない、と勧告しているのだろう。一方からだのその他の部分は松明が明るく照らしているから細部までよく見える。薔薇の花冠は誉められるべきであろうが、なにもその外見によってではない。花々を黄褐色や暗青で彩り象るのはそんなに骨の折れることではないから。そうではなく花輪の柔らかさ優美さを嘆賞すべきであろう。それに朝露をいっぱい乗せた薔薇の新鮮さを讃えたい。その香りまでもが描かれている、と言いたいほど。……」

(11) cfr. Conti, *Mythol.*, 5.13 : «His［ディオニュソスの宮廷］addunt se … adiunxisse … choros musicorum, inter quos novem virgines fuerunt canendi peritae, quae Musae a Graecis sunt vocatae».

(12) cfr. Servio, *Buc.*, 7.25 ; 8.12.

(13) ＊初版では次の典拠が挙げられていた。「フィロコロスが記し、ギリシャの著作家ムソニオスが伝えるところによれば、［アンピクテュオーンは……］」。加筆部分では［牡牛の姿のバッカス］項に後出。

(14) cfr. Diodoro, *Bibl. hist.*, 1.15.6 ; 4.2.3-4.

(15) Anfizione : ‹Amphiktyon›, ケクロピア（アテネ）の伝説の王

(16) Ateneo, *Deipnos.*, 2.38c. ＊「節度をもって葡萄酒を」とも。

(17) Pausania, *Perieg.*, 6.24.8.

(18) *Bacchides* の prologus suppositus と称される G. Lascaris により改竄挿入された部分。これは N. Angelio により Giuntina1514 版として公刊されたプラウトゥス著作集に載る。

(19) Virgilio, *Buc.*, 6.13-26.

(20) Pausania, *Perieg.*, 1.4.5.

(21) Plutarco, *Cons. ad Apo.*, 27.

(22) Plinio, *Nat. hist.*, 36.14.

(23) Pausania, *Perieg.*, 1.23.5.

(24) Diodoro, *Bibl. hist.*, 4.5.2-3.

(25) cfr. Diodoro, *Bibl. hist.*, 3.62.2 ; Ciccerone, *De nat. deor.*, 3.58.

(26) Macrobio, *Saturn.*, 1.18.7-10.

(27) Diodoro, *Bibl. hist.*, 3.64.1-2.

(28) Marziano, *De nuptiis*, 1.82.

(29)［I］章［サトゥルヌスの解釈］項参照

(30) Filostrato, *Imag.*, 1.15. 前註2参照。

(31) Festo, *De sign. verb.*, p.33 Lindsay.

(32) Porfirione, *Hor. Carm.*, 2.19.30.

(33) Ateneo, *Deipnos.*, 11, 476d-e.

(34) Persio, *Sat.*, 1.99.

(35) Catullo, *Carm.*, 64.263. 楽器としての角について。

(36) Musonii Rufi, *Reliquiae*, O. Hense ed. Lipsia 1905 にはこのような記載は見つからない。

(37) Teopompos は Ateneo, *Deipnos.*, 11, 476d-e に引かれている。

(38) cfr. Giraldi, *De deis gent.*, 8, p.241, 17-18 : «sed Armenios adhuc et Lydos sacerdotes cum huiusmodi cincinnis et capillis Romae conspeximus».

(39) ＊初版にはここに次の一文があった。「また同様にヘブル人たちのモーゼには角があったと言われてきた。」

(40) Nicanore : ‹Nikanor›

(41) Suida, *Lex.* Σ, 202 Adler.

(42) cfr. Giraldi, *De deis gent.*, 8, p.241.

(43) Seneca, *Herc. fur.*, 472-475.

(44) Filostrato, *Imag.*, 1.15. の「アリアドネ：（前註2に後継して）……ディオニュソスは緋色の衣装を纏い、頭を薔薇で飾って、詩人ティオスが言うように「愛に酔った」アリアドネのもとへ向かう」。あるいは「コーモス」（前註10参照）。

(45) Strabone, *Geogr.*, 10.3.10.

(46) Catullo, *Carm.*, 64.251-264.

(47) ＊初版では簡略に次の一文となっていた。「その祝祭でなされたこ

とのすべてだった。これは本書の目的とは関係がないので、今は何も言わない。それよりも彼に授けられた篩について語ることとしよう。」

(48) Plutarco, *De cupid. divit.*, 8.

(49) Ateneo, *Deipnos.*, 5.196a-203e.

(50) Servio, *Georg.*, 1.166.

(51) Boccacio, *Gen. deor.*, 5.25. ここには Seneca, *De tranq. an.*, 9.17.8 からの自由な引用解釈がある。

(52) cfr. Festo, *De sign. verb.*, p.103 Lindsay ; Fulgenzio, *Mythol.*, 2.12 ; Boccacio, *Gen. deor.*, 5.25.

(53) Plutarco, *Quaest. Rom.*, 104.

(54) Servio, *Aen.*, 4.58.; cfr. Boccacio, *Gen. deor.*, 5.25.

(55) Plinio, *Nat. hist.*, 21.8-9.

(56) cfr. Ovidio, *Met.*, 6.382-400.

(57) Ateneo, *Deipnos.*, 4.184a.

(58) Suida, *Lex.* M, 230 Adler.

(59) Pausania, *Perieg.*, 1.24.1.

(60) cfr. Boccacio, *Gen. deor.*, 5.25.

(61) Pausania, *Perieg.*, 5.19.6. キュプセロスの櫃については［Ⅲ］章註46参照。

(62) cfr. Giraldi, *De deis gent.*, 8, p.245, 10-24.

(63) cfr. Diodoro, *Bibl. hist.*, 3.65.4 ; 4.3.3.

(64) cfr. Suida, *Lex.* Λ, 319 Adler.

(65) 本章［牡牛の姿のバッカス］項参照

(66) Claudiano, *De raptu Pros.*, 1.16-19.

(67) Eusebio, *Praep. Ev.*, 2.2.9.

(68) Diodoro, *Bibl. hist.*, 4.4.6. これは ‹Dionysios narthecophoros›、フェロラをもたらす者の意。cfr. Giraldi, *De deis gent.*, 8, p.245, 27-40.

(69) Plinio, *Nat. hist.*, 24.2.

(70) あるいは「ロバもまたこの神つまりフェロラに献物をした」

(71) Diodoro, *Bibl. hist.*, 4.2.5-3.4. また凱旋行列の発案者としてのバッカスについては cfr. Plinio, *Nat. hist.*, 7.191 ; Diodoro, *Bibl. hist.*, 4.3.1 ; Macrobio, *Saturn.*, 1.19.4.

(72) cfr. Cornuto, *Theol. Gr. comp.*, 30, pp.61-62 Lang.

(73) Suetonio, *Iul.*, 49.

(74) この vizi は mali を悪とよりは力による暴行と採ったもので、力による横暴、暴力行為という意味に解するべきだろうか。

(75) Plinio, *Nat. hist.*, 16.9 ; 144.

(76) Festo, *De sign. verb.*, p.89 Lindsay.

(77) Plutarco, *Quaest. conv.*, 3.2.1-2.

(78) Eustazio, *Hom. Il.*, 87.24. ただしギリシャ語の ‹kissau›「飢渇する」は、‹kissa›「欲望」に関連した語で、‹kissos›「キヅタ」とは関係がない。

(79) sine Cerere et Libero friget Venus.「ケレス（穀物の女神）とリーベル（酒の神）となくしてはヴェヌス（恋愛の女神）も凍る」（田中・落合『ギリシア・ラテン引用語辞典』岩波書店 1963, p.722）。cfr. Terenzio, *Eun.*, 732.

(80) Macrobio, *Saturn.*, 1.19.2.

(81) Diodoro, *Bibl. hist.*, 1.17.4-5.

(82) Sica : 次註参照。

(83) cfr. Giraldi, *De deis gent.*, 8, p.233, 14-16 : «Coronabant pampinis, hedera et ficulneis frondibus, pampino quidem et ficu ex memoria nympharum Staphylae et Sycae, hedera vero Cissi pueri, qui fuerant in has plantas conversi»; Conti, *Mythol.*, 5.13 : «Fuit illi sacra pica ob garrulitatem ebriosorum et ficus folia ptopter memoriam Sycae in illam arborem versae, et vitis ob Staphylae casum, quae ambae in arbores sui nominis mutatae sunt ab illo deo, cum ‹suke› ficum, ac ‹staphure› vitem significet … Sacram hederam Baccho putarunt quia Cissus Bacchi comes inter saltandum incommodius cum Satyris periit ac Bacchi iussu fuit in arborem mutatus quam Graeci cissum, Latini hederam vocarunt».

(84) cfr. Conti, *Mythol.*, 5.13; 9.16.

(85) Diodoro, *Bibl. hist.*, 4.4.4.

(86) Stazio, *Theb.*, 4.656-658.

(87) Boccacio, *Gen. deor.*, 5.25. ここには上掲のスタティウスの詩句も引かれている。

(88) Ateneo, *Deipnos.*, 2.37b-e.

(89) Filostrato, *Imag.*, 1.15. 前註2参照。

(90) Filostrato, *Imag.*, 1.19:「ティレーノイ：聖なる船と海賊船（海賊たち）。ディオニュソスに導かれる船とティレニアの海賊船（海賊たち）が自らの領土たる海を征く。聖なる船の上ではディオニュソスがバッケーたちと騒いでいる。饗宴の心地よい調和が海にばかりか、ディオニュソスの背後に見えるリディアの地をも浸している。もう一方の船では狂騒のうちに誰もが櫂を放し、舟を漕ぐのも忘れ去った様子。この絵は何を描いているのか。ティレニア人たち（ティレニア海）はディオニュソスを姦策に陥そうとしているところ。彼らはディオニュソスが惰弱な行商人で、その船は黄金でいっぱいだという報せを得たから。彼が運ぶ富が膨大であるばかりか、リディアの女たち、サテュロスたち、縦笛吹きたち、ティルシを手にした老人、またマローンとその葡萄酒までを積んでいると。それにパンが山羊の姿で航海しているとの報せに、バッケーたちを略奪して替わりにティレニアの地で育った牝山羊を置いてきてやるつもりだった。そこで海賊船は軍船のような装いで船嘴をつけ、鉄製の銛、投げ槍、また大槍鎌を積んでいる。遭遇者たちを驚愕させるためそれは青色におどろおどろしく描かれ、船首から威嚇的に睨みつけている。船尾は細くて魚の尾のように半月形をしている。一方、ディオニュソスの船は鱗に覆われたピラミッドのようで、船首には雑然と数々のシンバルが置かれ、サテュロスたちも酔っ払って眠っている。ディオニュソスの航海は騒々しい。船首には豹を象った金塗りの突起がある。それはもっとも血気盛んでバッケーたちのように飛び回るところから、ディオニュソスが愛した獣だった。それはまさにこの獣のような速さでディオニュソスとともに、この神の命令もないうちに、はやティレニア人たちを追い越さんとするところ。船の中央にはティルシが船橋代わりに生え延び、そこに緋色の帆が風に撓み光っている。そこには黄金でトモーロス山上のバッケーたちとリディアのディオニュソスの旗印が織り込まれている。また船は葡萄とキヅタで蔽い尽くされ、高みから吊り下がった葡萄房は驚くばかり。そればかりか船倉から溢れ出る葡萄酒と来たら。それはさて、ティレニア人たち（ティレニア海）の方に戻ろう。ディオニュソスは彼らを狂騒へ誘う。彼らは海に不慣れなイルカの姿と化してしまっている。そのひとりの脇腹はすでに青く、もうひとりの胴は滑々、また別のものには背鰭が生え、また尾が突き出しているものもある。またはや頭がなくなってしまったものも、まだあるものもある。また手のなくなったもの、足が消えて叫ぶもの。ディオニュソスはこれを見て船首で笑っている。ティレニアの男たちを魚に変じ、つまり邪な者たちを謙遜な者たちに変じて。するうち、パレモーン（小海老）たちがイルカに乗りまどろみはじめる。タイナロン岬のアリオーンはイルカたちが人の友で、歌を愛するものであることを証しているが、まさにそのように海賊の略奪に抗し、イルカたちは人と音楽を好むものとして集まってくる。」

(91) Ovidio, *Met.*, 3.650-686.

(92) Giraldi, *De deis gent.*, 8, p.233, 29-31.

(93) cfr. Giraldi, *De deis gent.*, 8, p.231, 37-38.

(94) Plutarco, *Alex.*, 2.6-9. スキピオの母については cfr. Livio, *Ab U. cond.*, 26.19.6-7; Gellio, *Noct. Att.*, 6.1.1-5.

(95) 本章［アリアドネの取り巻き《コロス》］項参照。

(96) Ovidio, *Met.*, 3.511-733.

(97) cfr. Erodoto, *Hist.*, 2.144. ディオニュソスとオシリスを同一視するのはかえって Diodoro, *Bibl. hist.*, 1.11.3 によるものか。
(98) Tibullo, *Elog.*, 1.7.29-36 ; 43-48.
(99) Plutarco, *De Is. et Os.*, 51 ; 13 ; 18 ; 39.
(100) 本章［バッカスとエレウシスの女神たち］項参照。
(101) cfr. Lattanzio, *Div. inst.*, 1.21 は Ovidio, *Met.*, 9.693 :「人々が探し求めてやまぬオシリス」«sistraque erant numquamque satis quaesitus Osiris» をルカノスの言と帰属している。
(102) オシリスというよりオシリスの男性器そのもの（［プリアポス］項に再出）。
(103) Macrobio, *Saturn.*, 1.21.13. cfr.［XV］グラツィアたち［ホーロス］項参照。
(104) cfr. Plutarco, *De Is. et Os.*, 43 ; 54.
(105)「ヘリオポリス」と記されていたものがここだけこの名になっている。
(106) Apollodoro, *Bibl.*, 1.3.
(107) Platone, *Phaedr.*, 230a.
(108) cfr. Macrobio, *Saturn.*, 1.21.11-13. オシリスもホーロスも太陽と同一視されている。
(109) ヘルメスの町という意味の「ヘルモポリス」となっているが、先の「アポリノポリス」つまり「ヘリオポリス」のことか。
(110) cfr. Plutarco, *De Is. et Os.*, 49-50.
(111) cfr. Cornuto, *Theol. Gr. comp.*, 30, p.62 Lang ; Firmico Materno, *De err. prof. relig.*, 6.2-4.
(112) virtù occulta : オカルト力、遠隔力。
(113) Erodoto, *Hist.*, 8.65.
(114)［VI］章［獅子たちの自然本性］、［プルトーンに誘拐されたプロセルピーナ］、［エレウシスの女神たち］項参照。
(115) Pausania, *Perieg.*, 1.2.4.
(116) Eusebio, *Praep. Ev.*, 3.11.10.
(117) Plinio, *Nat. hist.*, 13.30-31.
(118) ＊ forza al seme : 初版では医書に通有の virtù seminale が使われていた。ちなみに大意には変わりないが初版でのこの一節を訳出しておくと、「つまり寓話の数々でバッカスがプリアポスつまり男性器というしるしから生まれたことにされているのは、太陽から大地の胎に振り撒かれる種子的徳能《ヴィルトゥ・セミナーレ》をあらわしている。しかしプリアポスはなにも草や木の誕生をあらわしているばかりではなく、動物の生成誕生をもあらわしている。それゆえ古人たちはこれをたいへん崇めて畑地の神と呼び、［髭まみれの髪を乱した男の姿に造りなしたのである。……］」。後出［畑の神］項につづく。ちなみにこの「畑 orto」は「時 oro, horus」の誤転であるのかもしれない。
(119) cfr. Diodoro, *Bibl. hist.*, 4.6.1. バッカスと太陽の同一視については、本章［太陽としてのバッカス］項参照。
(120) Suida, *Lex.* Π, 2275-2276 Adler.
(121) 本章［太陽としてのバッカス］項参照。
(122) Suida, *Lex.* Θ, 60 Adler.
(123) cfr. Suida, *Lex.* Σ, 327 Adler.
(124) Erodoto, *Hist.*, 2.48.
(125) cfr. Giraldi, *De deis gent.*, 8, pp.252-253.
(126) 本項前出スイダの記述参照。
(127) Teodoreto, *Therap.*, 1.721-722.
(128) Lattanzio, *Div. inst.*, 1.20.
(129) Agostino, *De civ. Dei*, 4.11.
(130) Tibullo, *Eleg.*, 1.4.1-8.
(131) ＊初版にはここに次の一節が挟まっていた。「また彼は時として、性器を勃起させた子供の姿に造られた。スイダによると、エジプトではプリアポスはあたかもこの世に生成するものの主であるかのように右手に笏杖をもち、また彼こそ大地から新たな芽を吹かせる隠された種子であるかのように左手に勃起した自身の大きな性器を握った男の姿に造りなされたという。それに頭には何本かの羽根をつけ、その動きのすばやさをあらわしていた。なぜといってエジプト人たちは、彼がオシリスでもあり太陽でもあると信じていたから。それゆえ彼らは上述したようなふうに彼を造りなし、彼が纏う赤い布地にあらわされる天界の熱の力を介して彼に来たる種子的徳能《ヴィルトゥ・セミナーレ》をその勃起した性器によってあらわしたのだった。プリアポスが畑のあるいはその他の神であることについてはすでに『フラヴィオ』で述べたので、ここでは繰り返さない。〔ただ、彼の頭には畑で……」〕

(132) Orazio, *Sat.*, 1.8.1-7.

(133) Lattanzio, *Diu. inst.*, 1.21.

(134) raggiare

(135) Ovidio, *Fast.*, 6.311-348.

(136) この項だけ山羊にBaccoということばを充てているのは、Baccoとの連想の上でのことか。

(137) ＊初版ではここに簡略に次の一節があった。「古人たちがこれを儀礼をもってたいそう崇めたことについては、すでに『フラヴィオ』で述べたので繰り返さない。しかし諸物の生成の神だと言い、古人たちのもとでどのようにそれがかたちづくられたのかを描いた後、ここでは古人たちからこれまた神として崇められたゲニウスについて、その姿をみておきたい。これまた生成誕生の神であったが、それは彼が誕生に配慮を凝らすからであったか、われわれと一緒に生まれるからであったからだろうか。そしてその後はつねにわれわれと一緒にいて、守護者となるのだった。それは各人それぞれに授けられるので、人の数と同じだけゲニウスはいると言う者もあった。また人の数の倍おり、つねに善をなすものと悪をなすものという善悪のふたりが各人に与えられると言う者もあった。それはわれわれキリスト教徒が守護天使と呼ぶもののようなものであり、古人たちはそれをラルたちと称したのであった。これらは私邸でもラリオと呼ばれる特定の場所で崇められ、〔ラムプリディウスが……〕」。この一節は後出［ゲニウス］項に鏤められてもいる。

(138) cfr. Nonno, *Comm. et expos.*, PG 36, col.1053.

(139) cfr. Ovidio, *Met.*, 5.329 ; Lattanzio Placido, *Narr. Fab. Ou.*, p.658 Magnus.

(140) Apollodoro, *Bibl.*, 3.4.3.

(141) cfr. Cornuto, *Theol. Gr. comp.*, 30, p.60 Lang ; Servio, *Aen.*, 3.118.

(142) cfr. Nonno, *Comm. et expos.*, PG 36, col.1006.

(143) Teodoreto, *Therap.*, 1.722

(144) cfr. Arnobio, *Adu. nat.*, 5.18.

(145) カルターリはキリスト教信仰のことば遣いから、邪霊あるいは悪鬼の意でこの語を使っているのだろうが、一応、原義に遡って精霊を充てておく。

(146) ［VI］章［家神《ラル》たち］項参照。

(147) Lampridio, *Historia Augusta*, *Alex. Sev.*, 29.1-2 ; 31.4.

(148) ＊初版ではここに［ペナーテス］項後半の一文が嵌めこまれていた。

(149) Tibullo, *Eleg.*, 1.1.19-20.

(150) Festo, *De sign. verb.*, pp.108, 273 Lindsay.

(151) Plutarco, *Quaest. Rom.*, 51.

(152) ＊初版にはオウィディウスではなく、「プラウトゥスによれば、時に彼らの姿として犬が用いられたという」とあった。

(153) Ovidio, *Fast*, 5.129-142.

(154) Plutarco, *Quaest. Rom.*, 51.

(155) cfr. Macrobio, *Saturn.*, 3.4.6-13.

(156) Cicerone, *De nat. deor.*, 2.68.

(157) Terenzio, *Phorm.*, 311-314.

(158) Demifone

(159) cfr. Dionigi di Alicarnasso, *Antiq. Rom.*, 1.67. ここにはティマイオスも引かれている ; cfr Giraldi, *De deis gent.*, 15, p.373, 12-14.

(160) Dionigi di Alicarnasso, *Antiq. Rom.*, 1.68.1-2 ; cfr. Giraldi, *De deis gent.*, 15, p.373, 16-22.

(161) ＊初版ではこの節が［ラル］項中間に嵌入されていた。註148参照。

(162) cfr. Servio, *Georg.*, 1.302.

(163) cfr. Giraldi, *De deis gent.*, 15, p.372, 14-16.

(164) Orazio, *Epist.*, 2.2.183-189.

(165) Censorino, *De die nat.*, 2-3.5. cfr. Servio, *Aen.*, 6.743 ; G Du Choul, *Della religione antica de' Romani*, pp.129-131.

(166) cfr. Ovidio, *Fast.*, 5.145-148 ; Orazio, *Carm.*, 4.5.34 ; *Epist.*, 2.1.16.

(167) Suetonio, *Calig.*, 27.

(168) Giamblico, *De myst. Aegypt.*, 5.24.

(169) Virgilio, *Aen.*, 5.84-89.

(170) テーバイのケベスの板図（Droshin p.4）にはたしかにゲニウスが老人の姿で描かれているが、カルターリは Giraldi, *De deis gent.*, 15, p.370, 9-10 : «Serpentis etenim imagine Genius interdum effingebatur, interdum puerili vel iuvenili forma, interdum etiam senis, ut apud Cebetem» をそのまま援用しているようにみえる。

(171) Pausania, *Perieg.*, 6.20.2-5 ; 25.4.

(172) ＊初版には簡潔に次の一文があった。「アルカディア人たちから彼らはこの神によって救われたと信じていたので、これはまさに適切な名だった。それゆえこれを場所のゲニウスと言う者もあり、［その像は星をいっぱい散らした……］」

(173) Giraldi, *De deis gent.*, 15, p.370, 17-22 ; cfr. G. Du Choul, *Della religione antica de' Romani*, pp.129-130. コンスタンティヌスのメダル（右下図）。

(174) Tibullo, *Eleg.*, 2.2.5-6.

(175) 前出 Censorino, *De die nat.*, 2-3.5.

(176) Plutarco, *Brut.*, 36.1-7.

(177) Appiano, *Hist. Rom.*, 4.17.

(178) Floro, *Epit.*, 2.17. [4.7.] 8 ; cfr. Giraldi, *De deis gent.*, 15, p.371, 3-7.

(179) Valerio Massimo, *Fact. et dict. mem.*, 1.7.7 : «Cassius Parmensis».

(180) ＊初版では「これの姿についてはもうつけ加えることはない」として、この章は了っている。

(181) Temesi, あるいはテムプーサ

(182) Pausania, *Perieg.*, 6.7.7-11.

(183) Suida, *Lex.* E, 3510 Adler.

to acceso di ardentissimo amore, & fece perciò cessare tutto, di che sdegna questa bestia crudele gli venne contra con grandissimo furore: ma così be la sostenne Eutimo, che dopò l'hauere combattuto buon pezzo insieme, ne r stò vincitore, & la cacciò tanto, che la spinse ad andarsi a sommergere in ma & liberò quel popolo da così grande calamità: il quale perciò gli diede la berata giouane per moglie, ch'egli non volle hauerne altro premio, & c grandissima festa, & allegrezza fece celebrare, le liete nozze.

FORTVNA.

Questa è colei che tanto è posta in croce,

[XII]

フォルトゥナ

Tacer non posso, e temo, &c.

fa, che ella così gli dice di se stessa:

Io son d'altro poter, che tu non credi,
E sò far lieti, e tristi in vn momento
Più leggiera che vento:
E reggo, e voluo quanti al mondo ve

Et quindi nascono gli infiniti biasmi, ch'ella di se ode poi tutto il dì; percio che pare, che queste cose, le quali dimandiamo beni di Fortuna, vadino per più a chi n'è men degno, & che ne resti miseramente priuato chi più gli mer terebbe. Il che se sia bene, ò male, lascio considerare a chi può vedere quan ti noiosi pensieri, quanti trauagli, e quanti pericoli portino seco i beni di ques mondo: imperoche pochi sono, che mettano mente a questo; ma ricerchiam quasi tutti sempre di hauerne; e perche non potiamo satiare il disordinato no stro desiderio, ci lamentiamo poi della Fortuna, la quale secondo la opinion di molti non è; onde Giuuenale così ne disse;

Oue prudenza sia, non ha potere
Alcuno la Fortuna, & il suo nume
E tutto vano: ma noi sciocchi, e stolt
Pur vogliã far la Dea, e habiti in Ciel

E Lattantio parimente dice, che la Fortuna, non è altro, che vn nome van che dimostra il poco sapere de gli huomini, accordandosi con Marco Tull ilquale prima di lui haueua scritto, che fu introdotto il nome della Fortuna p coprire la ignoranza humana, la quale dà colpa a costei di tutto ciò, ch'ella n sà renderne ragione. Ma non meno si ingannarono gli antichi in questa, c ne

フォルトゥナが責められる訳／フォルトゥナなどいない／二様のフォルトゥナ／人にかかわることの司／善きフォルトゥナと悪しきフォルトゥナ／ネメシス／ラムヌシア／アドラステイア／翼のないネメシス／イウスティティア／すべてをみているイウスティティア／裁判官たちの務め／アペレスの絵／インヴィディア／ペニテンツァ／詐欺師たちの本性／詐欺師たちの松の木／善き運《フォルトゥナ》／オッカシオ／スキタイ人たちのフォルトゥナ／硝子のフォルトゥナ／フォルトゥナの神像と皇帝たち／アモルを歓ぶフォルトゥナ／ご婦人がたへ／忠言／貪欲な女たちを駁して／ルナとしてのフォルトゥナ／善きエヴェントゥス《できごと》／内気なファヴォール／マカリアー

Tav. 75

［豊穣の角と舵をもつフォルトゥナ／善きフォルトゥナと悪しきフォルトゥナ］

▶ p.546-549

Tav. 76
［ネメシス二態］
▶p.550-551

Tav. 77

［イウスティティア（正義）／不正を懲らしめるイウスティティア］

▶ p.551-552

Tav. 78

［フォルトゥナのしるし／オッカシオ（機会）］

▶ p.560-561

Tav. 79

［スキタイ人たちのフォルトゥナ／フォルトゥナを追うファト（宿命）］

▶ p.566-567

Tav. 80

［フェリチタス（幸福）／インヴィディア（嫉妬）／ファヴォール（好意）
／アドゥラティオ（阿諛）／エヴェントゥス（できごと）］

▶ p.568-569

これが十字路に置かれたもの
それを讃えるべき者たちが
誤って責めたり悪口を吐いたりする。

ダンテ(1)はフォルトゥナについてこのように言う。その姿について明らかにせねばならぬのに、わたしがこれをもってはじめようと思ったのは、たいへん善いことと判じられねばならぬことに対しても悪いことと思い込む死すべき者たちが、自分たちの考えの外からやってくることのすべての罪を彼女になすりつけてみせるから。どうやら彼らは名誉や富の獲得も喪失も、この世のことがらすべての転変がフォルトゥナからもたらされるものだと思いたいようだ。ペトラルカ(2)はそのカンツォーネ「黙すわけにもいかず震え云々」で、彼に向かってこう彼女に語らせている。

わたしはあなたが信じもしないような力、
一瞬のうちにあなたを喜ばせも悲しませもできる、
風のように軽々と。
あなたが目にする俗世を統べ、旋転させて。

[フォルトゥナが責められる訳] そこで日々彼女は数限りない譴責を耳にすることになる。彼女に願上する幸運《フォルトゥナ》の善財はどうやらかえってそれにふさわしからざる者へと行き、それにふさわしい者は憐れにもそれなしのまま放置されているように見えるから。ここからすると、この世の善財というものはいったいどれほど煩わしい考え、苦しみ、災いをもたらすものだろうかと感慨に耽らされる。これをこころに銘記する者は僅かで、ほとんど誰もがそれを得ようと執心するのであってみれば。

[フォルトゥナなどいない] われわれは【この混乱した】欲望を満たすことができないからこそフォルトゥナに向かって不平をこぼすのだが、多くの者たちはそんなものはないと言い、これについてユヴェナリウス(3)は次のように言っている。

賢慮《プルデンティア》あるところ
フォルトゥナなどに力なく、そのような神性は
まったく役にもたたぬが、われわれ無分別で愚かな者
たちは
それでもそれを天上に住む女神に見立てようとする。

人の善財の施与者、分配の女主にして、現世のことがらの司であるフォルトゥナの姿。あたかも定まることない海の波に翻弄される船のように、そこにはいかなる安定も堅固さもない。
［▶Tav.75］

またラクタンティウス[4]も、フォルトゥナとは虚名であり人々の知の乏しさをあらわしたものに他ならない、と彼より前にフォルトゥナという名は人の無知を包み隠し、その無知が納得できないことのすべてを彼女のせいにするために採用された名であると書いたキケロ[5]に賛同している。

【二様のフォルトゥナ】だが古人たちは他の神々に劣らず、これに惑わされた。そこで彼女を現世の善財のすべてを施与する女神として崇め、また彼女から損害がやってくるものと思いなしたのだった。ここからフォルトゥナはふたりいるものと信じられた。ひとりは善良、もうひとりは悪辣、前者から善財と幸福が、後者からすべての災難その他の損害がやってくる、と[6]。そこでフォルトゥナを双面に造りなすものもあった。一方を善良さをあらわす白とし、もう一方は邪さを意味する黒となして。プレネステ《パレストリーナ》には確かなご利益でたいへん有名なこの女神の神殿があり、アレクサンデル・ナポリタヌス[7]が伝えるところによれば、女神は二人姉妹の姿であらわされていたという。【おそらく同

じ理由から、ピンダロスもその手に二本の舵をもたせた、とプルタルコス[8]は言っている。】

　またそれを一本だけもったフォルトゥナもよくあるが、これについて彫刻家たちが残したさまざまな形姿を追って述べることにしよう。まずパウサニアス[9]は、古人たちの記録類にあってフォルトゥナの像としてはギリシャのスミルナの卓越した建築家にして彫刻家であったブパロスが造ったものより古いものは見出せない、と記している。これは頭に髪留め《ポーロ》[10]を載せ、片手に豊穣の角をもった女性像であった。この彫像は豊穣の角によってあらわされた富を与えまた取り去るというフォルトゥナの務めをあらわしていた。富が不断に巡りつづけるのは、まさに天が二つの極の周りを巡りつづけるようなもの。この後フォルトゥナを描いた者たちはみなこれを描きこみ、このように彫像をなした者たちは彼女こそが現世のものごとを司り、その富を欲するままに分配するものであることをあらわしてみせたのだった。

【人にかかわることの司】またラクタンティウス[11]も、古人たちがフォルトゥナに豊穣の角をもたせてその傍らに船の舵を置いたのは、彼女こそが自ら富を与えるものであること、人にかかわることがらおよび現世の財は彼女の意のままであるということを示したものであった、と記している。現世の財は停まることをしらず、また道理をもって分け与えられるものでもなく、かえって善人たちはおおきな災難を耐え、悪辣な者たちは富栄えるものであるゆえに。

　それゆえフォルトゥナは、移り気で盲目、見境もなく、善人よりもかえって悪人の友である、と言われてきた。ヴィルギリウス[12]の詩節とみなされてきた一節にもそれを読みとることができる。それを俗語に移してみよう。

おお権能溢れるフォルトゥナよ、汝は
なんと変わりやすく、なんと残酷な力で
奪い取ってみせるのか。汝は善人たちを追い払い
悪人たちを呼び寄せるが、これらの者たちにも
いつも汝が忠実だという訳でもない。汝は汝の
贈物にふさわしからざる者により多く与え、
それにふさわしい者に与えず、
彼らには憐れな貧困をしか授けず
義しき者たちを酷い災難で逼迫させ
悪人たちは汝の富の
すべてを享受する。汝はいまだ年若くして
人々に早すぎる死を与え、また
歳を経ることで彼らを人生に倦ませる
(なぜといって汝は義ならざる思いから時を
分配するから)汝が見守ろうとする者たちをすら。

悪辣な者たちには汝の分け前が与えられ
より善き者たちをこれらと一緒に
宿らせず、弱々しく不確かに、不実で儚く、
汝はあっという間に変じてみせる。
それゆえ人はいてもたってもいられない。

ここからテーバイ人たちはフォルトゥナの掌にプルートを置いた、ということについてはプルートの像に関連して述べたが(13)、これはこの神がその富のすべてを掌中にしており、思いのままに彼女に授けまた取り去るものと信じられていたからであった。これについてマルティアヌス(14)は『フィロロギアの結婚』で次のように記している。彼女は誰よりもお喋りな美しい娘で、一時たりともじっとしていることができなかった。軽妙俊敏で、いつも後ろから吹く風に膨らんだ衣を靡かせていた。ある者は彼女をソルテと呼び、またフォルトゥナと呼ぶ者もネメシスと呼ぶ者もあった。その広く膨らんだ腹にこの世のあらゆる飾りを載せ、ある者はそこに彼女のすばやくうごく手を添え、またいたずら娘のように髪から薄紗を剝がせたり、枝杖で奇妙なぐあいに頭を叩かせる者もあった。最初は楽しげに親しく頭の上に掲げていたこれらの飾りを、彼女は後にはからかうように手にとってみせるのだった。

フォルトゥナがわれわれから財を取り上げて失望させるのもまさにこんな具合、と考えられたという訳である。われわれ自身のものよりも彼女のものに十分な注意を払うことを怠るならばそれを得ることなどできないだろう、と。ここで富こそがフォルトゥナのものであり、われわれのものとは美徳であって、われわれは後者を前者の後に置く、とホラティウス(15)は憤りとともに叫んでいる。

悦ばしいフォルトゥナとうち沈んだフォルトゥナ、あるいは過去、現在、将来のフォルトゥナの姿。古人たちはこの唯一の名によって、嘘偽りの神々のうちでも最大のもの、現世のことがらの女主を名指すとともに、この神性を自分たちの軽率さの言い逃れにしたものだった。［▶Tav.75］

おお、市民よ、愚かな市民よ、
汝らは真っ先に富を求め
美徳などは放ったらかしだ。

［善きフォルトゥナと悪しきフォルトゥナ］また古人たちは、彼女がわれわれに善財をさし出すところを善良で愉快なフォルトゥナとしてあらわし、それを取り上げられたところをわれわれ同様憐れで意気沮喪した様子にして、両者一緒にするとともに、善きフォルトゥナへ、とだけ銘を記した。これはギリシャの古い大理石彫刻によくみられるところである。女主人の衣装を慎ましく纏い悲しみに沈んだ婦人。そしてその前に立つ美しい容貌の娘が彼女に右手をさしだしている。またその背後には片手を女主人の座に凭せかけた女の子。この女主人は過去のフォルトゥナ（過ぎ去った幸運）をあらわしており、それゆえうちひしがれている。彼女に片手をさしだし楽しそうにしている若い娘は現在のフォルトゥナ（今ある幸運）であり、背後で座に凭れている女の子は到来するあるいは来たるべきフォルトゥナである。[16]

［ネメシス］しかしフォルトゥナについて話を進める前に、ネメシスとは誰かということについて一言しておきたい。なぜならこれらふたりはお互いにたいへんよく似ており、先にマルティアヌスに触れたとおりそれらが同一と信じた者もあったほどであるから。とはいえそれぞれ別に崇められもし、その姿の間にも相違があることは以下の描写から明らかとなるだろう。

要するにネメシスは女神であり、各人になすべき善を明かすものと信じられたのだった。アムミアヌス・マルケリヌス[17]はこう言っている。これは悪辣な者たちを罰し善良な者たちに報いる女神で、あらゆることがらを知り尽くしたものであるところから古代神学者たちはこれを、永遠性の側からする玄秘を死すべき者たちのおこないにまで拡張してみせるイウスティティア《正義》の娘に擬したのだった、と。

マクロビウス[18]は彼女が傲慢さに対する報復者として崇められ、その力を太陽から引き出したものだった、と言っている。太陽というものはどこであれ暗いところを明るく輝かせるもので、はじめ隠され晦渋と思われたところを顕し輝かせるという自然本性であるから。ネメシスも同じで、傲慢な者たちを制し、謙遜な者たちを慰め、善き生を助けるものである。つまりこの女神は、自らの善をあまりに誇る者たちすべてを罰するもの、とみなされたのだった。

［ラムヌシア］【また詩人たちはこれをアテネのある土地の名からラムヌシアと呼んだ。その地には彼女のたいへん美しい大理石像があったという。[19]】

［▶Tav.76］

［アドラスティア］また時に彼女はアドラスティアとも呼ばれた。これは王アドラストスに由来する名で、彼こそその神殿を最初に設けた者であった[20]。古人たちが彼女に翼を与えたのは、彼女が驚くべき素早さで各人に手を貸すものと信じられていたからで、その傍らには船の舵が、また足元には車輪が置かれたものだった[21]。

ネメシスはまた片手に馬具の銜《はみ》を、もう一方の手に木製の測尺をもたされたが、これは人々が口舌を制するとともに節度をもってすべてをなすようにということをあらわしたもので、この彫像の上に掲げられていたというギリシャ語の二つの詩句[22]に謳われているとおりである。俗語にしてその意味を採ってみるならば次のようになろう。

この銜とこの尺で
わたしネメシスは各人が舌を御して、
節度をもってでなくてはなにもなさないように

ということをあらわしているのである。

パウサニアス[23]は、ネメシスとは横柄【で尊大な】人々を極端に敵視する女神であると言い、次のように記している。昔、蛮族の者たちは彼女の怒りによって罰された。彼らはアテネ人たちを蔑して征服者のようにその土地にやって来ると、傲慢壮麗な戦勝記念碑《トロフェオ》を造ろうと、たいへん美しい

善きおこないの数々をあらわす女神ネメシスの姿。傲岸邪悪を厳しく罰し、さまざまな善きおこないを親しく寛大に褒賞する女神。すべてを知るものとみなされたところから、節度と思慮をもっておこなうべくわれわれを教導する正義（イウスティティア）の娘とされる。
［▶Tav.76］

大理石を運ばせた。しかし逆にアテネ人たちが勝利をおさめることとなり、フィディアスは蛮族の者たちが運んできたこの大理石で女神ネメシスの神像を造った。これにアウソニウス[24]が、ギリシャ人たちの勝利のしるしとして、またペルシャ人たちの虚勢を罰せずにはおかないことを明らかにするために、という碑銘をこの女神自身のことばに擬して付したのだった。この神像は頭に鹿とヴィクトリア《勝利》の箇潔な像を彫りだした冠を戴き、左手にトネリコの枝、右手にうつわをもっていた。その内側にエチオピア人たちが刻まれていたが、パウサニアス[25]はそれがどんな理由によるものか一向に分からないといっている。【これはわたしにも分からない。】

[翼のないネメシス] またパウサニアス[26]は、ネメシスの彫像には本来、翼はなかった、と付言している。翼をつけたのはスミルナ人たちが初めてで、これはクピドに似せて造ったものだった。なぜならオウィディウス[27]がナルキッソスの寓話にしるしているように、自らの美しさに自惚れすぎ横柄になった者たちを罰するものとして、この女神が恋人たちと深い関係にあると信じていたからだった。カトゥルス[28]もたいへん美しい若者リキニウスに、自分のもとへ来たまえと懇願した後、最後にこう言っている。君がわたしの願いを気にかけず、わたしを蔑するようなことのないように、さもなければ怖ろしい女神ネメシスが君を罰しに来るやもしれぬから、と。

[イウスティティア《正義》] この女神は死すべき者たちの傲慢で不正なおこないを罰するものであったから、これをイウスティ《正》ティ《義》アと同じと考える者もあった[29]。クリュシッポスが記したイウスティティアの姿としてアウルス・ゲリウス[30]が伝えるところによれば、それは怖ろしい表情をした美しい処女で横柄でも謙遜でもないが、その鋭い視線には誰にも敬われるような端正な厳粛さをみせていたという。

[すべてをみているイウスティティア] なるほどプラトン[31]は、イウスティティア《正義》はすべてをみており、古の祭司たちからはあらゆるものごとに対する報復者と呼ばれた、と言っている。またアプレイウス[32]は太陽の目とイウスティティア《正義》のどちらともまみえることのないように、と両者に一緒に誓っている。

[裁判官たちの務め] ここからわれわれは正義の司たち(裁判官たち)とはどのようなものであらねばならぬかを知ることができる。彼らは秘された真実をまで見通す鋭い目をもち、貞潔で純潔な処女たちのように高価な贈物にも偽りの甘言にも何にも堕落せしめられることなく、断固たる厳格さをもって道理によって裁き、悪辣で邪な者たちには怖気をふるうほどに恐いものとして、善良で無垢な者た

諸善の守護者にして諸悪の懲罰者イウスティティアの姿、および不正を踏みつけ懲らしめるイウスティティアの姿。そして正義（イウスティティア）の本義をあらわす神聖文字。［▶Tav.77］

ちにはここちよく善意あるものとして振舞わねばならない。またイウスティティアの手には時に秤、時にローマの執政官たちの前を行く警士《リクトル》たちがもつような斧とともに結わえられた枝束が置かれる。古人たちはまた、イウスティティアを矩形の石の上に坐る裸の処女が片手に秤をもち、もう一方の手に抜き身の剣をもつ姿に造りなしもした[33]。

ディオドロス[34]は、エジプトのある土地に真実《ヴェリタス》の扉があり、そこにイウスティティアの彫像があったがこれには頭がなかった、と記しているがその理由を挙げてはいない。エジプトではイウスティティアはまた左手を広げて伸ばした姿で描かれたともいうが、わたしにはこの理由も分からない。ひょっとすると左手は右手より本性的に冷たく鈍いので、他人を毀損することがより少ないとでもいうことだろうか[35]。

またパウサニアス[36]によれば、キュプセロスの櫃には美しい婦人がもうひとりの醜い女を後ろに引き摺り、左手でその首を絞めつつ右手にもった木の棒で打つ様子が彫り出されていたという。この美しい婦人がイウスティティアで、醜い方がイニウリア《誹毀・不法》であった。義なる裁判官たちはつねに誹毀を制し、けっして過つことのないようこころがけ、真実がけっして隠されてあることのないようによくみなければならないし、各人が弁護のために言うことをみな聞き届け、被告たちを告発者たちのことばだけで裁いてはならない。さもなければルキアノス(37)が伝えるアペレスの絵の裁判官のようになってしまうだろう。アペレスはアンティフィロスの妬みによってある謀反に内通していると告発され、愚かにもこれを信じたエジプト王プトレマイオスから死刑とされるところだったが、謀反人の一人から真実が暴かれ、王は詭計と知ってアペレスを解放すると百ターレルを与え、偽って告訴したアンティフィロスを彼の奴隷としたのだった。

[アペレスの絵] アペレスは彼が蒙った危難を証するため、たいへん美しい板絵を描いた。これは後にアペレスの誣告《カルンニア》と呼ばれることになったもので、次のような絵だった。ミダス王の耳がそうであったという驢馬のような長い耳をもつひとりの男が裁判官のように坐している。その両側から二人の女がひそひそと耳打ちをするようになにごとか囁いている。ひとりはイグノランティア《無知》で、もうひとりはソス《疑》ピキオーネ《惑》。男は美しく着飾った婦人の姿で彼の方へとやって来るカルンニア《誣告》に向かって手をあげている。しかしこの女の表情には怒りと憎しみが溢れており、その左手には火のついた松明をもち、右手で憐れに呟きながら天に向かって両手を合わせる裸の若者の髪を引き摺っていた。

[インヴィディア《嫉妬》] 彼女の前にリヴォールつまり嫉妬《インヴィディア》が進み出る。彼は長いあいだ病に罹っていた人のように痩せた蒼

アペレスが描いたカルンニアの絵図。無知をあらわす驢馬の耳をもつ審判者とその耳に囁きかける二人の女。一方は無知（イグノランティア）、他方は疑惑（ソスピキオーネ）。カルンニアの前を行く老人はインヴィディア（嫉妬）で、彼女の前髪を引くのがカルンニアート（誣告者）。カルンニアに連れ添う二人の女はフラウディス（欺瞞）とインシディアエ（姦策）。頭を下げる女はヴェリタス（真実）を前にその侮告を恥じ入るペニテンツァ（後悔）。

白な老人。また彼女の後ろからは二人の女が付き従い、どうやら彼女の美しさにおべっかをつかい思いきり褒め称えている様子。その名をフラウディス《欺瞞》とインシディアエ《姦策》といった。

「ペニテンツァ《後悔》」これらの後ろから従うのがペニテンツァと呼ばれるもうひとりの女。ぼろぼろに引き裂かれた僅かばかりの布を身に纏い、ひどく嘆き悲しみつつ泣いているところは、ヴェリタス《真実》がやって来るのをまのあたりにして、恥じて死にたいと思っているかのよう。

　アペレスが描いたカルンニア《誣告》をルキアノスはこのように詳しく記し、これは自分のことばを語る者に耳傾けずして裁判官が信じ込むことになった偽りの告発、おおむねインヴィディア《嫉妬》に発する告発のことであり、それゆえアペレスはみなの一番前にインヴィディアを置いたのだと言っている。これこそ人のこころを蝕むもの、他人を傷つけるばかりか妬む者たちは深く自らを害うものであって、考えうる限り最悪のものである、と。シリウス・イタリクス(38)も、地獄の悪疫と怪物たちの間に両手で自らの咽を絞めるインヴィディアを置いている。それをホラティウス(39)は次のようにうまく表現している。

　シチリアの僭主たちはインヴィディアの
　最悪の拷問にあわされることをも知らずにいた。

またヴィルギリウスの詩句とみなされてきた次の一節(40)もなるほどうまく言っている。俗語にしてみよう。

　髄を貪り血を啜る
　インヴィディアはたいへんな毒。
　妬みにはそれ相応の懊悩があり
　他人が運命を深く悲しみ
　嘆息し、震えるうち、獅子吠えして
　残酷な憎しみでいっぱいの
　凄惨なこころもあらわに他人を
　歪んだ目で眺めさせる。
　内は氷のごとく、外は
　汗まみれ
　他人ですらその痛みに気づくほど、
　そしてその毒を塗った舌で
　嚙み、睨めつけるところのものを誹謗する。
　その顔を蒼白に染めているのは
　内面の懊悩のしるし、
　その憐れなからだはおのずと
　崩れ壊れていくかのよう。

目にするものすべてが憎しみと怒りを起こさせる、
光を避けるうち、すべて悪しく
もとどおり、不快が
食物を厭わせ、飲物に倦ませ、
眠ることもままならず、まったく憩うこともできずし
て、
際限もなく
妬みの怒りにこころ苛まれて
この深刻な害いには
どんな医者の薬も効きはしない。

アペレスの絵について上に述べたとおり、ギリシャ人たちはこれを男としたのだった[41]が、オウィディウス[42]はこれを女の姿に描き出している。

顔面蒼白でからだは痩せ細り、
目はやぶ睨みで歯は錆色、
その胸には苦い胆汁を燃やし、その舌
には
悪しき毒をいっぱいに盛り、他人の喪
より
他にはどんな喜びも感じることがない。
その折にはインヴィディアも笑ってみせるが、
それ以外はいつも悲しく寂しい様子をみせ、
つねに他人を僻目でみてばかりいる。

彼は先にその侘しく寒く薄暗い家について述べつつ、そこで彼女は蛇を食べていると記していた[43]。プルタルコス[44]は長々とインヴィディアについて書いてお

自ら損なうインヴィディア（嫉妬）の姿。嫉妬深い者は他者の僥倖をみて煩悶し、他者への称賛に耳を塞ぎ、自ら喉を絞める。他者が褒められるのをみて湧きおこる最低の悪徳。

り、また大バシレイオス[45]もある説教で嫉妬深い者たちはハゲタカか蠅のようなものであると言っている。なぜといってこれらは空を飛びつつ、心地よい畑や花咲く野は通り過ぎ、何か臭い肉でも見つけぬ限り下りて来ないばかりか、無傷な部分はそのままに放置して腐ったものを探すところは、妬み深い者たちが誉められるべき他人の長所を見ず、また見ない振りをして、なんらか責められるべきことばかりを気にするのによく似ているから。

中傷あるいは悪口雑言の神モモスの姿。ソムヌス（眠り）とノクス（夜）の息子。誹謗中傷する者は無為無策にして、ただ他人のおこないを咎めだてするばかり。責めるばかりで決して褒めようとしないところは、日中の太陽を見ずして暗がりやら闇ばかりに拘るモグラのようなものである。

これは神々のあいだにあっては、モ《皮》モ《肉》スがすると信じられたところだった。古人たちのもとではモモスもまた神であり、【ヘシオドス[46]によればソムヌス《眠り》とノクス《夜》から生まれた彼はけっして何もせず、】他の神々がすることを眺めて勝手な解釈をほどこし、あることないこと身勝手に責めたてた。【アリストテレス[47]はアエソポスが書いたものに言及して、モモスは牡牛を造りなしたものが角を頭につけたのは気が利かない、相手を力いっぱい傷つけるためにはそれを肩につけてやるべきだったと譴責した、と語っている。またルキアノス[48]がものがたるところによれば、人を造ったものはその胸にこころの中を都合よく覗けるような小窓をつけないという大間違いをしたと言った。またフィロストラトス[49]が記すところによれば、ヴェヌスに対して言うにこと欠いて、歩く時のスリッパの音が騒々しいと責めたという。

ギリシャの碑銘の幾つか[50]には、彼は痩せ細った老人の姿で、蒼白な顔に口を開け、地面に向かって背を曲げて、手にした棍棒で大地を打つ者として録されている。これはおそらく、古人たちの神々はすべてテッラ《大地》の子供たち、と呼ばれていたからだろう(51)。非難譴責の神モモスはその中にあって、われわれの中のある者たちがするような務めを果たしていた。それゆえ気ままに理由もなく、なにも責めるところとてない人の悪口を言う者たちのことをもまた、モモスたちと呼ぶのである。それは先述したようにおおむね妬みに発したものであり〕 エウリピデスが言ったところをエリアノス(52)も伝えるように、極端に陰惨、悪辣にして恥ずべきことである。古人たちはまたこれを鰻に擬してみせたとも書かれている。エリアノスが言うところによれば、鰻というものは孤立して棲み、他のどんな魚とも一緒にいないからであった(53)。

アペレスが女の姿に描いたフラウディス《欺瞞》だが、ダンテ(54)によるとそれは顔だけが善良で義なる男で、からだはさまざまな色の斑のある蛇、それに蠍の尾がついていた。彼のことばを引いておこう。

フローダ《欺瞞》の穢れた姿が
その頭と胸をあらわした、
だが岸にまで尾を引き摺ってはいない。
その顔は義しい男の顔で、
善意をおもてにあらわしていたが、
その顔の皮も胴も蛇。

両腕は脇の下まで毛に覆われ、
背、胸それに両脇腹には
渦や丸の斑が浮かぶ。

さまざまな色が重なった様は
タタールやトルコの衣装にも
アラクネが織った布地にも見たことのないものだった。

〔詐欺師たちの本性〕 ここに描写されたペテン師詐欺師たちの本性からすると、彼らは善良で人好きのする温和な顔つきとことば遣いをみせるものの、結局のところ彼らのおこないのすべてには致命的な毒があるということになる(55)。

〔詐欺師たちの松の木〕 そこで古人たちはフラウディス《詐欺》を描くにあたり時々松の木を添えた。この樹木は高くまっすぐ伸び、また常緑で見るからに美しいが、その蔭に憩う者あるいはその下をなにげなく通りかかる者にとっては時として熟して他の枝よりもずっと固い松笠が落ちてきて危険だから。もしもそんなものが落ちてきて頭にでもあたれば死んでしまうし、からだのどこかに落ちてくれば怪我をさせ酷い痛みを与えることとなるだろう。[56]

それはさて、フォルトゥナの姿に戻ることにしよう。ネメシスからあちこちに脱線してなかなか彼女に帰ってこられなくなってしまった。とはいえ残されているのはアペレスの絵について述べることだけだが。彼はフォルトゥナを描くに彼女を座らせ、なぜそうしたのかと問われて、彼女がじっとしているところを見たことがないし、ラテン人たちのもとでじっとしているというのは、停まっていることをだけでなくじっと立っていることを意味するが、フォルトゥナは移り気でじっとしていないからそうしたのだと答えた。[57] 古人たちはこれを彼女の姿にあらわそうとして、おおきな玉の上に坐らせるとともに、たちまちあちらへこちらへと運ぶ翼を彼女につけたのだった、とエウセビオス[58]は書いている。彼女のことをホラティウス[59]も次のように謳っている。それをわれわれのことばに移してみようか。

移り気なフォルトゥナは
つれない戯れに夢中で
死すべき者たちを傷つける冗談ばかり、
なんの決まりもなしに
ものごとを変え、酷いことをする
者たちをあれこれ褒め称え、
はじめ彼女の好意を
得たと思って喜び

ダンテによるフラウディス（欺瞞）の姿。本来的に悪徳、欺瞞、虚偽に毒されたものゆえ、その好ましく温和で人好きのする容貌の下に邪な企ての数々を画策するペテン師詐欺師をあらわしている。

浮かれた者たちを
憐れ、後には失望させ、
ほとんどいつも変心ばかり
良く思い好意を寄せる者でも
ある者には与え別の者からは取り去ったり。

でも彼女に感謝しよう
わたしのもとに留まってくれる時には、
喜んで彼女の善財を享けもしよう
でもわたしのものでなく
わたしを忘れ、わたしに留まらぬなら
わたしの想いのうちには希望もない。
彼女は軽やかな衣を
大きく膨らませて翔けゆくが、
彼女がわたしに授けるものを
わたしは拒む、どうかわたしに
確固とした気持を得させておくれ、
この美徳だけでわたしは満足。
大いなる富など望みはしない。

ケベス[60]は人生のすべてを描いたその絵の中で、フォルトゥナを丸い石の上に立つ盲目で狂気の女としている。また

アルテミドロス[61]は彼女を長い円柱の上に坐らせ、時に美しく着飾った様子で、また時に襤褸を身に纏った様子にし、その手には船の舵をもたせている。このような姿の彼女は古のメダルや大理石彫刻にもしばしばみられるものである。[62]ガレノス[63]もまた若者たちに文芸の研鑽を奨めるところで、彼女について次のように言っている。古人たちはその絵画や彫刻でフォルトゥナのさまざまな邪さをわれわれの眼前に暴き出そうとして、彼女が狂気で悪辣であるばかりか翻意してばかりいる女の姿であらわすだけでは足りず、摂理なしに盲目ではこの世のことがらを司ることなどできないとでもいうように、その足元に丸い玉を置き、目を与えず、手には舵をもたせた、と。

またフォルトゥナをたいへんうまく説明し、その姿を描き出してみせたものとしてパクウィウスの詩節がある。これは【キケロの】『修辞学』に載せられたもので[64]、俗語にするなら以下のようになろうか。

狂気、盲目、愚劣こそがフォルトゥナ、
こう賢者たちは言っている、
転がりまわる石の上に
彼女はいて、それがどこに転がっても
彼女はたちまち身を立て直すが、どこにいるのかすら

ほとんど常にエロクエンティア（雄弁）、ドクトリーナ（理説）とともにある善きフォルトゥナをあらわす神聖文字。そしてギリシャ人たちが時宜を意味するケロスと称したオッカシオ（機会）の姿。それがあらわれる時に捕えなければ、後々探しても無駄で後悔することとなる。［▶Tav.78］

知らず、それゆえ盲目と言われた。
それにあまりの変わり身の早さに
彼女は狂気また愚劣と呼ばれたが
それは何が敬われるべきで何がそうでないか、
何が善で何が悪か、まるで知らぬからである。

［善き運《フォルトゥナ》］また時に両側に二つの小さな翼がある帽子を頂に置いたカドゥケウスが造られた。そしてこのカドゥケウスを抱くように二本の豊穣の角。この絵は、善きフォルトゥナがほとんどいつもエロクエンティア《雄弁》とドクトリーナ《理説》[65]とともにあることを意味している、と説く者もあった[66]。要するにこれにはたいへんな力があると信じられたのであり、これなしには美徳になんの価値もない、と言う者すらあった。たとえ偉業の数々、誉れ高い名の数々をここに認めようとも、厄介なことに、これが備わっていなければわれわれはそこに到達することなど決してできないのであり、古人たちが信じたように、フォルトゥナは現世のことがらにもたいへんな力を及ぼすことのできる神性なのだった。これがおおむね正しいことは見てのとおりであり、わたしもまた長くにわたりそれを論じてきたのではあるが、そのようなことは信じるに足りず、かえってわれわれ自身こそがわれわれにとって善あるいは悪のフォルトゥナであると言

うべきである。われわれは善か悪かによって、われわれがなすべき善いことを選択するか、あるいは捨て置くべきかを知るのだから。【なるほどセネカ[67]はルクルスにこう書き送っている。フォルトゥナから善あるいは悪がやってくると判じる者たちは間違っている。なぜといって、たとえ彼女があれこれの材料を提供したり、善悪をなすこととなるものごとの諸端緒を与えるものであるにせよ、われわれの気構えというものは彼女以上にそれを可能とし、自らの気構えそのものが幸福あるいは悲惨な生の原因であるかのように欲するままにそうしたものごとを引き寄せるのであるから。】

それゆえわれわれが悪を選ぶことで遭遇することになる災難のすべてはわれわれの非力と不見識として悔やまれるべきものであり、なにもフォルトゥナによるものではない。これは古人たちがオッカシオ《機会》の姿をもってあらわしてみせたところでもあり、これをフォルトゥナと同じ姿になす者もあった。たとえこのふたりが同一でなかったとしても、古人たちが造りなした女神オッカシオの姿をみてみるならそれらの間にはたいへんよく似たところがある[68]。その姿は敬われるとともに、それを眺めつつ誰もがものごとには時宜のあることを学んだのだった。ものごとは時とともに移り変わりまた過ぎ去り、それを知らぬ者は悲しみと後悔の念に満たされることとなるのだから。

[オッカシオ《機会》] オッカシオの像は以下のように造りなされた。裸の女が輪もしくは丸い玉の上に立ち、長い髪を額の上に靡かせ、剃り上げたような項《うなじ》をみせている。そして脚にはメルクリウスのような翼があり、もうひとり悲しみに暮れ後悔に満ちた表情をした別の女が傍らにいる。フィディアスがこうした神像を造ったことはアウソニウス[69]の寸鉄詩《エピグランマ》にも記されており、オッカシオはまさに上述したように描かれ、その傍らにペニテンツァ《後悔》が配されている。それがなんであれ好機《オッカシオ》を逃した者は、後で自ら悔やみ嘆く他ないのだから。

ラテン人たちがオッカシオあるいはオッポルトゥニタスと呼び、女神として崇めたものは、ギリシャ人たちによって時もしくは時宜と呼ばれ、女神でなく男神とされ、ケロスという名で呼ばれた。ギリシャ人たちのことばでこれは時宜を意味していた、【とはパウサニアス[70]が書いているとおりで、エリス人たちはこれの祭壇も祀り、古の詩人にはこれに讃歌を捧げた者もあり、そこでサトゥルヌスの子供たちの中で最も若い息子と呼んでいる。つまり】ギリシャ人たちのケロスはラテン人たちのオッカシオと同一で、これについてポセイディッポス[71]は寸鉄詩をつくりその姿を描いているが、おそらくアウソニウスはオッカシオについて論じる際にこれを利したものでもあろう。なぜといって、ポセイディッポスがその手に剃刀をもたせ、アウソニウスがペニテンツァを同伴させているところ以外はまったく同じだから。また高貴な彫刻家カリストラトス(72)も、男神ケロスを若々しく美しく優雅な若者が髪を風に靡かせ等々、まさにポセイディッポスが記しているとおりの姿に造った。オッカシオがものごとの好機を示す時すぐにそれを摑むことができるように目を瞠き、両手の準備を整えておかねばならない。まさにその時、額の上の長い髪を摑むことができぬ者には背を向け、剃り上げた項《うなじ》をみせて、彼女はたちまち立ち去ってしまうから。

［スキタイ人たちのフォルトゥナ］スキタイ人たちもこれとほぼ同じ姿で彼らのフォルトゥナをあらわしてみせた。クィントゥス・クルティウス(73)が伝えるところによると、彼らはそれを脚なしにしたが、両手には翼をつけたという。つまりこの手をもって善財を与え置くとはいえ、他人がそれを取ろうと手を伸ばすとたちまち飛び去ってしまうから。

またフォルトゥナがわれわれに手をさしのべることもあるが、気の向くままにふたたび飛び去ることができるようにと、腕周りの羽根に触れさせることはない。それはとどまるということを知らず、それから来たる幸福は長つづきしないので、逡巡することもなくたちまち翔け去る。

［硝子のフォルトゥナ］そこでそれを硝子でつくった者もあった、とアレクサンデル・ナポリタヌス(74)は記している。硝子が軽くぶつけるだけで壊れてしまうところは、まるでフォルトゥナの好意がたちまち失墜してしまうのにそっくりだから。

［フォルトゥナの神像と皇帝たち］だからといって古人たちがそれを信じなかった訳ではなく、かえってたいへん信頼し、つねに自分たちとともにあってくれるようにと恃んだものだった。特に君主たち皇帝たちは自らの奥の間にフォルトゥナの金塗り神像を祀り神聖なものとして崇めるとともに、公衆の面前に出るときにはいつもそれを携えていこうとしたものだった。スパルティアヌス(75)が記すところによると、皇帝セヴェルスは自らの死期が迫ったのを察知して、二人いた息子のそれぞれが各々のフォルトゥナの彫像に見守られてあるようにと、この神聖な彫像を二つ造らせようとした。しかし病が重くなりそれを待つことができず、死の床で奥の間のフォルトゥナの神聖な神像を息子たちが日を定めて交互に祀るようにと命じたのだった。息子たち二人が同等の帝権をもって統治するしるしとして。これまたスパルティアヌスの言うところによると、皇帝アントニヌス・ピウスは死が近いのを感じて、フォルトゥナの金塗り彫像をマルクス・アントニヌスの部屋に運ぶよう命じたという。

つまり皇帝が亡くなった時、なにも言わずして後継者を彼と名指すことのしるしとして[76]。

【また大樹の上で長い杖棒を手に、果物を叩いて落とすフォルトゥナを描いた者もあった。この果実というのは王笏、冠、財袋、船、犂その他、人の特権と業のすべてをあらわすもの。またその下ではあらゆる階層の人々が上から降ってくる果実を手にしようと待ち受けている。そこでは王族のある者が君主たるべくかえって犂に触れて貧しい農夫となり、また農夫の上に王笏や財袋が落ちてきて富裕な君主となっている。このようによい場所に構え、フォルトゥナの恵みを受けるべく用意することで、なんらかの僥倖に巡りあうこともできるだろう[77]。】

スキタイ人たちのもとでのフォルトゥナの姿。現世のものごとのすばやい変転をあらわしている。それはすばやく翔けるので追いかけても無駄、オッカシオ（好機）の援けが必要であり、失ったり見逃したりした好機を悔やんでも無駄である。　［▶Tav.79］

パウサニアス[78]は、ギリシャのエリス人たちのもとではフォルトゥナには神殿が捧げられ、その中に手と足だけは大理石であとは木製金塗りのたいそう大きな神像が祀られていた、と書いている。また他のさまざまな土地のギリシャ人たちもフォルトゥナの彫像を造ったと彼は書いているが、上述したところを出るものはないので、ここではそれらには触れない。

［アモルを歓ぶフォルトゥナ］　アカイアの町エギラ《アイゲイラ》にあったフォルトゥナ像についてはすでにアモルの像のところで語ったが[79]、それがどのようなものであったかより詳しく述べることにしよう。その一方には豊穣の角を手に抱え、もう一方には神クピドがいた。これはパウサニアス[80]が説いているように、愛す

エギラのフォルトゥナの姿。アモル（愛）には善きフォルトゥナと富とが必要であり、それなくしては熱烈な欲望も満たされるものではない。しかしどんなおこないにも善きフォルトゥナのなす美徳（力能）の数々が必要である、ということであろうとわたしは信じる。フォルトゥナなどおらず、それは想像上の名に過ぎないにせよ。

る者たちが美しく淑やかで優雅であっても、フォルトゥナが一緒にいなければそれもほとんど役に立たないことを意味している。つまり愛にはなによりも僥倖と良運が必要である、と。残念ながら。それにまた、フォルトゥナは豊穣の角をもっていなくてはならない。貪欲な女心は美でも徳でも優しさでもなく、ただ高価な贈物にだけ折れるもの、それなしでは愛の喜びが満たされることはないだろうから。

つまり、愛において金、銀、貴石といった豊穣の角であらわされたフォルトゥナの贈物を得る者は誰でも幸運であり幸福であることだろう、と言っても間違いはあるまい。

〔ご婦人がたへ〕ご婦人方よ、お赦しあれ。貴女がたの名誉のために、なんとしても申し開きしておこう。なんといっても貴女がたの貪欲な欲望がもたらす災いについては何度も耳にしてきたことだから。

〔忠言〕なにも貴女がたが恥じることはない。わたしが言うのは獣たちを売るかのように自らを対価をもって与える女たちのことなのだから。そのように買う者の力から自由になれない女たちでなくても、貴女がたでもひょっと、貴女がたにもっとも高価なものを与える男を選んで身を任せるというようなことがあるやもしれない。しかし汚名と誹謗と恥辱を懼れ、貴女がたの慎みと貴女がたの善き家名を守るがよろしかろう。

〔貪欲な女たちを駁して〕貴女がたは仰るかもしれない。「愛だけでなくその対価に慎みをしらぬからといって、いったい何の問題がありますの。いずれ対価にばかりか愛にだってわたしたちは慎みを失うのですもの。殿方は簡単に言っておのけになります。これら二つのあいだでわたしたちが選ぶのはきっと愛じゃない、って。あなたがたのお好みのとおりにしているのに、いったい愛をもちだしてどうしようと仰るんですの」。どうお答えしようか。ある種の行為は、それがたいへん善いとは言えないにしても、その結末がそれをなす人物が自ら満足するような美徳をもって飾られることで、おおむね賞讃される。逆に背徳の行為は秘められているからとてそれに自ら満足することはできず、ましてや暴かれれば誰もそれを誉めたりはしない。愛は美徳であり、貪欲は悪徳である。さて愛によって貴女がたがなすところのことは、貴女がたばかりか徳高くおこなわれたと自覚するこころをも乱さないし、ひょっと誰かそれを知る者にも誉められるであろう。だが貪欲な欲望が貴女がたを魅きつけ刺激してやまないところは、けっして貴女がたに憩いを与えず、「ああ、なんてことをするの」という呵責の声を聞きつづけることとなる。それに他人がそれを知ったなら、貞淑の誉れも卑しい汚名に変じ、慎ましい貴婦人の名も淫らな娼婦に転落することになる。彼女を愛する者の愛にとってそんなことが好ましい筈がない。報酬《メルチェーデ》のためにする者だけが娼婦《メレトリーチェ》と呼ばれるのだから。ひょっと貴女がたのどなたかは、わたしたちには愛など禁物、わたしたちは男なしでは何の価値もなく、まさにわたしたち自身をさしだしているのではないのかしらと詮索なさるやもしれぬが、別に貴女がたのような真面目な方々のことを言っているのではない。愛が貴女がたを繋いでいるのでないとしたら、貴女がたはお互い好きでいる男にどうやって近づかれるのだろう。愛を取り去ることなどできはしない。だが貴女がたはそれを取り去ることができると仰るのか。愛を毀損することなく多くの者たちがなすように、ただなすべきことをなすための取引ででもあるかのように。愛のためでなく、まして人の弱さにうち負かされて肉欲に抗することができないからという訳でもなく、われわれの数多の過ちを覆い隠し庇うように、愛していることをあらわし抱擁するのではなく、あまりの貪欲さ強欲さゆえに、欲望を貪婪に満たそうと、多くのものを得るために多くの者に与えることによって。それゆえこうした者たちは与えるところによってよりも得るところのものをより安易に愉しむこととなる。それゆえにこそ、アモルは豊穣の角をもつフォルトゥナと一緒になるも、毅然たるところをみせない。なぜといって愛にあって貪欲な女たちつまりフォルトゥナはたいへん移り気だから。ここにフォルトゥナの姿にたち戻った訳だが、貴女がた女性たちの恥ずべき過誤のうちに、貴女がたにお任せすることとしよう。一方、それから隔たる女性たちには、そうした者たちの善財のすべてまたそのありようについてきっとなにか得心される日が来るであろうと言っておこう。

さてここまで述べてきたフォルトゥナについての描写に加え、海の荒波を征く帆船を描いた者もあり、僅かばかりの風に旋転するようにそれを高い岩山の鋭い頂上に置いた者もある。だがこれらは最近の図柄であるように思われる。なぜといって古人たちがこれらに言及した事例がみあたらないから。[81] ジラルディ[82]もまた異邦人たちの神々について記しつつ、次のように言っている。現在ではなかなかみごとな創案として、フォルトゥナを俊敏に駆け去る馬となしたり、どうやらファトあるいはデスティン《宿命》と思われるものに彼女を追わせ、手にした弓に矢を番え彼女を傷つけようとしている様子に仕立てたりする者もある、と。これらの絵柄は、けっして休息することを知らず、ファトに追われて駆けつづけるフォルトゥナの俊敏さをあらわしたものである。宿命のあるところにフォルトゥナのいる場所はないから。

アプレイウス[83]は彼女をイシスと同じものとしている。まさに彼が驢馬から人に戻ったところ、この女神の祭司はこう言う。「いまや汝はフォルトゥナの庇護のもとにある。盲目の方ではなく、目が利くばかりかその光輝によって他の神々にも光を与える方の」。

[ルナ《月》としてのフォルトゥナ] つまり彼はここで善きフォルトゥナを意図していたということができるだろう。その名のもとにマクロビウス[84]はイシスによって示されたルナ《月》を観た。これについては、その姿についてすでに述べたとおり、下界でさまざまな運気にさらされ、変じつづけるものどもにたいへん関わりがあるものだから。

それゆえルナ《月》とフォルトゥナをあたかもさまざまなものに誕生と死を与える同じ女神であるかのように一緒にしてみるなら、ピンダロスはフォルトゥナはパルカたちの姉妹というよりもかえってまさにそのひとりであったとわれわれに得心させてくれるとパウサニアス[85]が語ったところには、なにも過ちはなかったと言ってもいいだろう。わたしが観るところ、パルカたちはフォルトゥナというよりも、ファトあるいはデスティンにより近く思われるにしても。なぜといってファト《宿命》は確かに定まっており、パルカたちも不動のまま、死すべき者たち一人一人に定められた死の時をふりあてるべく生命の糸を紡ぎつづけるのだから。しかしこれはその姿を描写するにあたっては役立たない。

[善きエヴェントゥス《できごと》] では宿命についてはこれくらいにして、善きエヴェントゥス《できごと》[86]【つまり幸先のよい成功と幸福な

早駆けする馬に跨るフォルトゥナの姿とそれを追うファトあるいは宿命。宿命のもとにあってすら止めることのできないフォルトゥナのすばやさをあらわしている。［▶Tav.79］

結末】について語ることとしよう。【なぜならプリニウス(87)が記しているように、ローマ人たちはこれの神像を善きフォルトゥナの神像とともにカンピドリオに祀ったのだったから。それは上品に着こなした陽気な若者の姿で、右手に杯を、左手に麦穂と芥子を一本づつもっていた。

またフォルトゥナにはこれまた古人たちから崇められたファヴォール《好意》も添えられた。】ファヴォールは美からあるいはまた時には美徳から生まれるとはいえ、おおむねフォルトゥナに由来するものと思われたからだった。要するに他の者たちがわれわれを喜ばせてくれるところのすべてはわれわれに好意をもって迎えられるが、好意はわれわれを思い上がらせる。人々に幸いなことがらがつづけばいよいよのぼせあがり、好意の翼に寄り添って他人の上によじ登るも、車輪の回転によって墜落し、最初に敬われた以上に蔑まれることになる。

〔内気なファヴォール《好意》〕それにもかかわらず、その姿が明らかにしているようにそれはたちまち過ぎ去るものであるのに、どうやら人々はこの儚く軽いファヴォールに信を置き過ぎる。それが翼のある若者であったのは、喜ばしく幸あることどもによって、【もはや低きを眺めやる必要もないほど】高みにもちあげられるからであり、そこから盲目に描かれたが、これは人というものは大いなる誉れへと挙げられる

善きエヴェントゥス（できごと）の姿とその幸福な結末。そして儚く軽いファヴォール（好意）と、これの供連れとなって後押しするアドゥラティオ（阿諛）とインヴィディア（嫉妬）の姿。ファヴォールが乗っているフォルトゥナの輪が回ることでそこから落ちてしまうのは宮廷やらこの世によくある帰結。 ［▶Tav.80］

ともはや【その人格というものに】頓着しなくなるからであったろうか。またそれがわれわれとともにとどまらず、たちまち過ぎ去るところから、それは車輪の上に立っていた。彼はフォルトゥナを真似て、これの回転に連れて彼も廻り、フォルトゥナがその善財をもたらすところにいつも付き添うのだった。しかし彼は内気で、もっと上へ登ろうとするたびに【いつも連れ添う】アド《阿》ゥラティ《諛》オに小突かれ、またその後ろから歩みは遅々としていたがインヴィ《嫉》ディア《妬》も追ってきた。このインヴィディアはいつも他人のフ《幸》ェリ《福》チタスを歪んだ目つきで眺めていたが、フェリチタスはたいへん幸福で、インヴィディアを怖れたりしなかった[88]。

【マカリアー】古人たちはフェリチタスをもまた崇め、ギリシャ人たちはこれをマカリアーと呼んだ。エウリピデスが蒐集したところをパウサニアス[89]が伝えているように、マカリアーはヘラクレスの娘で神の誉れを得ることとなった。つまり、ラケダイモン人たちがヘラクレスの子供たちに対して起こしたある戦いにあたりアテネ人たちが勝者となるかどうかと問うたところ、神託は、その子供たちの誰かが自ら死んで【冥界の神々に】自らを捧げるならば、と答えた。【すぐさまこれを了解したこの】娘は自ら喉を裂き、憐れ自身を生贄とすることでアテネ人たちに勝利をもたらしたのだった。そこでアテネ人たちは彼女のおかげで勝利と幸福を得たものと、彼女を崇めることとなったという。

ラテン語でフェリチタス、上述したようにギリシャ語でマカリアーと呼ばれた彼女が古人たちによってどのような姿に想像されたかは、ユリア・マンメアのメダルの幾つかから知ることができる。美しい椅子に坐り、右手にカドゥケウスをもち、左手に豊穣の角をもった婦人。前者は美徳、後者は富裕をあらわしていると言えよう[90]。美徳あるいは富裕だけではなく両者が一緒になってこそ人は幸せになれる、というのがアリストテレス[91]の見解であった。【安逸をもたらす多くのものを犠牲にするばかりか、日々の必要すら満たせないような】赤貧に喘ぐ高徳なる人がいったいどうして幸福であり得るというのだろうか。また逆に、どんな徳もない人がこの世の富のすべてを手にしようと、まさに人たる徳なくしては幸福とは呼べないどころか、たいへん不幸であろう。アリストテレスの見解あるいはここに描きだされたフェリチタスの姿からすると、徳高く富裕である者たち、つまり災厄やら便宜やらに対処することができるようなフォルトゥナの善財を享受できる人たちだけが幸福な人と呼ばれるに値するのだろう。

ケベス[92]の図によれば、フェリチタスは城砦の入口の美しい椅子に坐る婦人である。美しく装ってはいるが、技巧を尽くしている訳ではない。その頭にはたいへん美しい花々の冠を載せている。みなが彼女のもとへ行きたがっているようにみえるが、美徳が介添えになり、その他はすべて置

女神マカリアーあるいはフェリチタスの姿。彼女はヘラクレスの娘で、徳能をあらわすカドゥケウスと富のしるしである豊穣の角を手にしている。どちらも人の幸福（フェリチタス）には欠かせない。
［▶Tav.80］

き捨てて歩む者たち以外はそこに到達できない。美徳だけが人を幸福にすることができる、というのが彼また彼に先立つ者たちの見解であったのだから。

キリスト教的に付言しておくなら、この世にあって各人が盲目的に切望するものは実は幸福なのではなく、それが幸福であるようにみえようとも、浄福、真、不動にして永遠なる魂たちが享受する天上の座こそが幸福なのである。各人が神の善性の輝く光に守られ、確としてこれに到達するべく期待しよう。フィデス《信仰》を伴として、カリタス《慈悲》の脚をもってこの枯渇して不毛な大地を歩みつつ(93)。

註

（1） Dante, *Inf.* 7.91-93.「彼を讃むべきもの却つて彼を十字架につけ、故なきに難じ、汚名を負はしむ」（山川丙三郎訳岩波文庫版）

（2） Petrarca, *Rer. vulg. fragm.*, 325.55.58.

（3） Giuvenale, *Sat.*, 10.365-366.

（4） Lattanzio, *Div. inst.*, 3.29.17 : «fortunae sibi vocabulum inane finxerunt».

（5） Cicerone, *Acad.*, 1.29.

（6） cfr. Giraldi, *De deis gent.*, 16, p.388, 11-12 ; Cicerone, *De nat. deor.*, 3.63 ; Servio, *Aen.*, 12.436 ; Agostino, *De civ. Dei*, 4.18.

（7） Alessandri, *Genial. dier.*, 1.13 ; cfr. Giraldi, *De deis gent.*, 16, p.389, 44-53. [Fortuna Prenestina : Ovidio, *Fast.*, 6.62 ; Lucano, *Phars.*, 2.193-194.]

（8） Plutarco, *De Fort. Rom.*, 4.

（9） Pausania, *Perieg.*, 4.30.6. この女神の頭には ‹polon›（冠）があったとされ、これを Amaseo は «polum» と訳している。カルターリはこれから天の両極 polo celeste を引き出している。次註参照。

（10） polo は「蝶番」の類として前出。次節の「二つの極」への連想で繋がっている。「蝶番」とあわせて［I］章註46、［V］章［結婚式で招請されるタラシオ］項、［X］章註54参照。

（11） Lattanzio, *Div. inst.*, 3.29.7.

（12） Virgilio, *Poetae latini minores*, 4, p.148 Baehrens. これの真正性に対する疑義は一五三四年アルドゥス版に表明されている。cfr. *Diversorum veterum poetarum in Priapum lusus*, Venezia 1534, pp.69r-v.

（13） cfr. Pausania, *Perieg.*, 9.16.2 ;［VIII］章［富の神としてのプルート］項参照。

（14） Marziano, *De nuptiis*, 1.88.

（15） Orazio, *Epist.*, 1.1.53-54.

（16） cfr. Giraldi, *De deis gent.*, 16, p.389, 17-26.; Pietro Apiano, *Inscriptiones sacrosanctae vetustatis*, tav. 503（左図）.

（17） Ammiano Marcellino, *Hist.*, 14.11.26.

（18） Macrobio, *Saturn.*, 1.22.1.

（19） cfr. Pausania, *Perieg.*, 1.33.2-3.

（20） cfr. Strabone, *Geogr.*, 13.1.13 ; Giraldi, *De deis gent.*, 16, p.395, 14-39.

（21） cfr. Ammiano Marcellino, *Hist.*, 14.11.26.

（22） *Antologia Graeca*, 16.233.; Giraldi, *De deis gent.*, 16, p.394, 22-27.

（23） Pausania, *Perieg.*, 1.33.2-3.

（24） Ausonio, *Epigr.*, 42.

（25） Pausania, *Perieg.*, 1.33.3.

（26） Pausania, *Perieg.*, 1.33.7.

（27） Ovidio, *Met.*, 3.339-510. [Ramnusia, v.406]

(28) Catullo, *Carm.*, 50.18-21.
(29) cfr. Giraldi, *De deis gent.*, 16, pp.394, 53 – 395, 13,
(30) Aulo Gellio, *Noct. Att.*, 14.4.1.
(31) Platone, *Leg.*, 672e ; cfr. Pietro Valeriano, *Hierogl.*, 33 [Oculi : Iustitia].
(32) Apuleio, *Met.*, 3.7.
(33) cfr. Giraldi, *De deis gent.*, 1, pp.30, 50 – 31, 3.
(34) Diodoro, *Bibl. hist.*, 1.96.9.
(35) cfr. Giraldi, *De deis gent.*, 1, p.30, 50-53.; F. Beroaldo, *Symbola Pythagorae*, in *Opuscula*, Basilea 1517, c.10v.
(36) Pausania, *Perieg.*, 5.18.2.［Ⅲ］章註46参照。
(37) Luciano, *Calumn.*, 2-5.
(38) Silio Italico, *Pun.*, 13.584.
(39) Orazio, *Epist.*, 1.2.58-59.
(40) *Poetae latini minores*, 4, pp.153-154 Baehrens.
(41) ‹Phthonos› (Livor) は男性名詞だった。先の［インヴィディア］項参照。
(42) Ovidio, *Met.*, 2.775-782.
(43) Ovidio, *Met.*, 2.769.
(44) Plutarco, *De invidia et odio* を指して言ったもの。
(45) Basilio, *Homil.*, 11, De invidia. tr. lat. Rufino, PG 31, col.1758.
(46) Esiodo, *Theog.*, 213-214.; cfr. Conti, *Mythol.*, 9.20 : «ipse Noctis filius at Somno patre natus fuisse dicitur, ut tradidit Hesiodus in Theogonia … Fabulati sunt hunc deum nihil quidem ipsum facere solitum, ac caeterorum deorum et hominum opera reprehendere».
(47) Aristotele, *De part. Anim.*, 663a-b.
(48) Luciano, *Hermot.*, 20.
(49) Filostrato, *Epist.*, 37.
(50) cfr. *Antologia Graeca*, 16.265 ; 266.
(51)［Ⅵ］章劈頭参照。
(52) Eliano, *De nat. anim.*, 3.17.
(53) エリアノスはこれを galeotis（ヤモリ）とも言っている。cfr. Alessandri, *Genial. dier.*, 2.19 : «Aegyptii … si invidum anguillam, quod cu piscibus esset insociabilis» ; Giraldi, *De deis gent.*, 1, p.40, 2-3.
(54) Dante, *Inf.*, 17.7-18 :「この時汚きたばかりの像浮び上りて頭と体を地にもたせり、されど尾を岸に曳くことなかりき／その顔は義しき人の顔にて一重の皮に仁慈をみせ、身はすべて蛇なりき／二の足には毛ありて腋下に及び、背胸また左右の脇には蹄係と小盾と描かれぬ／タルタ一ロ人またはトルコ人の作れる布の浮織の裏文表文にだにかく多くの色あるはなく、アラーニエの機にだに／かかる織物かけられしことなし」（山川丙三郎訳岩波文庫版）
(55) cfr. Boccacio, *Gen. deor.*, 1.21 : «vultu et eloquio mites … adeo ut omnis eorum operum conclusio pernicioso sit plena veleno».
(56) cfr. Plinio, *Nat. hist.*, 17.91.
(57) cfr. Stobeo, *Floril.*, 105.60 ; Giraldi, *De deis gent.*, 16, p.387, 44-45.
(58) Giraldi, *De deis gent.*, 16, p.387, 21-22 はエウセビオスが出典としているが、じつのところこれは Plutarco, *De Fort. Rom.*, 3 による。
(59) Orazio, *Carm.*, 3.29.49-56.
(60) *Cebetis Tabula*, 7.
(61) Artemidoro, *Onirocr.*, 2.37.
(62) cfr. Giraldi, *De deis gent.*, 16, p.387, 36-37.
(63) Galeno, *Protrept.*, 2 (*Scripta minora*, 1, p.104 Marquardt)
(64) cfr. Cicerone, *Rhet. Ad Her.*, 2.36.
(65) あるいは Doceo.
(66) cfr. Giraldi, *De deis gent.*, 16, p.389, 26-28.
(67) Seneca, *Epist.*, 98.2.
(68) ＊初版には上の加筆に類同な次の一節があった。「これについては後述する。古人たちにも現今同様、愚かな者、狂った者、賢い者、明敏な者がいた。たとえ彼らが真の神を知らなかったとしても、知的な人々が彼らの神々について書かれた愚かなことどもを信じたなどと考える必要はない。信心をしるし以上のものとはみなさず、ただ、それらにも真なることどもが描き出されているとして愚かな俗人たちに与えることを善しとしたのだった。またこのようにして多くのことがらが統御されねばならぬことを示したのだった。〔それゆえまたオッカシオは女神となされた……〕」

（69） Ausonio, *Epigr.*, 33.; cfr. Giraldi, *De deis gent.*, 1, pp.37-38.

（70） Cero と名指されているがカイロスのことか。ピニョリア版ではCheto（あるいは図版解説ではChero）に改められている。cfr. Pausania, *Perieg.*, 5.14.9 ではキオスのイオンという古の詩人がカイロスをゼウスの最後の息子としているとあるが、Amaseno によるラテン語訳では«Saturni filiorum natu minimum» となっている。

（71） *Antologia Graeca*, 16.275 ; cfr. Giraldi, *De deis gent.*, 1, p.37, 17-36.

（72） Callistrato, *Descr.*, 6C ; Poliziano, *Miscelan. Cent.*, 1.49 ; Giraldi, *De deis gent.*, 1, p.38, 2-5.

（73） Curzio Rufo, *Hist. Alex.*, 7.8.25.

（74） Alessandri, *Genial. dier.*, 1.13.

（75） Sparziano, *Historia Augusta, Severus*, 23.5-6.

（76） cfr. Giulio Capitolino, *Historia Augusta, Anton. Pius*, 12.5.

（77） cfr. A. F. Doni, *Pitture del Doni Academico Pellegrino*, Padova 1564, c.10r.

（78） Pausania, *Perieg.*, 6.25.4.

（79） 後出［XIII］章参照。

（80） Pausania, *Perieg.*, 7.26.8.

（81） cfr. Giraldi, *De deis gent.*, 16, p.387, 42-43 : «Alii inter maris undas velificantem finxere Fortunam, alii in saxi vertice montisve cacumine ventis omnibus expositam».

（82） Giraldi, *De deis gent.*, 16, p.388, 7-9. おそらく Giovanni Frobenio の印刷所印に言及したもの。cfr. Pictor, *Theol.*, c.43r : «Ioannes Frobenius qui typographorum fuit celebrrimus hanc in equo velocissimi cursus equitantem formavit, quam fati tenso arcu sequeretur dira necessitas».

（83） Apuleio, *Met.*, 11.15.

（84） Macrobio, *Saturn.*, 1.19.17. ［III］章［イシス］項参照。

（85） Pausania, *Perieg.*, 7.26.8.

（86） ＊初版では Buono Evento ではなく、以下に語られる Favore になっていた。

（87） Plinio, *Nat. hist.*, 34.77 ; 36.23.

（88） cfr. Giraldi, *De deis gent.*, 1, pp.52.47-53.9.

（89） Pausania, *Perieg.*, 1.32.6.

（90） cfr. Giraldi, *De deis gent.*, 1, p.38, 42-44.

（91） cfr. Aristotele, *Eth. Nicom.*, 1179a.

（92） *Cebetis Tabula*, 21.

（93） ＊本書の結語のようにもみえる。なるほど次の章以降は別立ての三章となっている。おそらく最後の三章が最初に著されたものであろう。

高名なるサンティアゴの騎士
フェラーラの貴人
カミッロ・グァレンギ殿に[1]

カミッロ殿、貴殿が情愛深き方であることは重々承知しておりますが、貴殿にアモルの姿を描いてさしあげるのはきっとそこに貴殿のさまざまな情熱が認められることと愚考するからです。貴殿がそれらをお感じになって満足されましたであろうように、ここではそれをご照覧いただき、そのはじめのご記憶をまさぐり、うち興じていただけますればと。はたしてそんなことがあったかなどと仰る要もありますまい。ひとたびたいへん美しいものを見るとたちまちそれを愛してしまうもの。そして他になにか見てももうはや目にも映らないものです。これと同じように、こころというものはこれを想うこと以上の喜びを感じないものです。その記憶の総体をこころにとどめ、いつでも思いのままにそれを観ることができるなら、これ以上の喜びはありますまい。それを讃えたのが白鳥の声なのではないでしょうか。ユピテルが白鳥に変じ、レダの胎に不死であれとの願いとともにギリシャのヘレネーを遺すことで、それは人々の記憶のうちに不滅となったのです。

　こころが萎えたとき、アモルの姿を思い浮かべてください。あるいはそれをもたない者には貴殿自らそれとなられるがよいでしょう。わたしたちは彼によって、人の美しさからわれわれに至高の幸福を与えてくれる神の美しさへと誘われるものなのですから。とはいえわたしたちは、わたしたちから隔てられているものごと[2]にいつも考え耽ってばかりはいられません。この世にある限り、それらにかたち（からだ）を与えずにはいられないのです。そこでクピドとヴェヌスの姿を一緒に描き出してみることにしましょう。なぜといって古人たちはヴェヌスから愛の抱擁がやってくるものだと考えたのですから。それにグラティアたち（三美神）を添えましょう。愛情にかかわることがらに彼女らはいつも欠かせません。それにまた、貴殿から受けました数々の恩義をわたしが忘れておらぬことをヴェヌスが示してくれることでしょうから。

　わたしのこの作品のすべてとは言わぬまでも、すくなくともこの部分は誰よりも貴殿、高貴なるわれらが殿に献げさせていただくべきものと存じます。貴殿が他人を誹謗されず、友を賞讃されつねに擁護されるばかりか、明らかに責められるべき者をも咎められぬ方であることをわたしは知っているからです。

　それゆえ貴殿に献げるこの部分ばかりでなく、この書のすべてを擁護していただければ幸甚に存じます。これを悪く言う者はなにもわたしを中傷するだけでなく、古の高名な著作家たちをも誹謗することになるのですから。わたしは彼らが書いたところを伝えただけ、各人が軽率な譴責者となることなく、義しい批判者となってくださるようにと祈ります。わたしについてはきっと、これらの姿をあれこれ配するにあたり順序が宜しくない、と責められるかもしれません。あるいはわたしがあれこれごったにして、古人たちの言うところのすべてを蒐めていない、と。すべてを知らぬというのは誰にも責められぬことだと思っております。かえってそのような思い上がりこそ責められるべきことでしょう。各々が自らの分を知ることが必要です。これら採りあげた姿の数々が今のところわたしの分限です。おそらく誰かが他のことをつけ加える日も来るでしょう。あるいはそうした欠如についてわたしがなにか補うこととなるかもしれません。配列についてはさまざまな姿がそれぞれ別々に置かれているので、各人のお好きなように変えることもできることでしょう。わたしとしてはこれが最良だと思ったまでのこと。まず時を、そして諸要素（元素）を、その後に美徳の数々を、そしてさまざまなものごとの誕生を司るもの（これらすべてを古人たちは神々とみなしたのでした）、最後にフォルトゥナを。なぜならこの世のものごとはすべて彼女の掌中にあり、彼女こそがそれらを思いのままに廻らせているのですから。

　これにご同意いただけますなら、他人の言うことなどわたしは心配しておりません。貴殿のご厚情に感謝して。お手に接吻を。

貴殿の　下僕

ヴィンチェンツォ・カルターリ

（1）一五五六年の初版以降、何度も改稿の余地はあった筈だが、後版でもカルターリはこの不思議な献辞を削除していない。［XV］章註34参照。

（2）分離諸実体、とアリストテレス‐スコラ学的に読みたくなる一節。神々に可感的な形象を与える心理機構を説いたものとして。

[XIII]

クピド

ma di quelle ancora, che gli sono necessarie? Et allo incontro chi si troua p
no di ogni virtù, se bene hauesse tutte le ricchezze del mondo, non si potrà m
chiamare felice, anzi sarà infelicissimo, non hauendo punto di quello, che
proprio dell'huomo. Potransi dunque chiamare felici quì frà noi secódo il pa
re d'Aristotele, & come ci mostra la imagine della Felicità, pur mò disegna
solo quelli che sono virtuosi, e ricchi, cioè che hanno tanto de' beni della Fo
tuna, che ponno prouedere a' suoi disaggi, & alle sue commodità. Cebete ne
sua tauola fa la Felicità vna donna, che siede all'entrare di certa rocca in bel

ra, immutabile, & eterna. Alla quale hà da sperare di giugnere fermamen
ogniuno, che scorto da' lucidissimi raggi della diuina bontà camini tutto il vi
gio di questo mondo in compagnia della Fede, calcando l'arido, & sterile te
reno co' piedi della Carità.

CVPIDO

DI tutti gli affetti de gli animi nostri non vi è il più commune, il più bell
ne che habbia maggior forza di quello, che non solo in noi si vede ess
re, ma nello eterno Iddio ancora (benche in lui sia pura sostanza solamente, nò
affetto, ne passione) ne gli Angeli, & in tutti gli ordini de' Beati, in ciasched
no de gli elementi, & nelle cose tutte, che di quelli sono create. Si dimand
questo communemente Amore, il quale leua ogni bruttura da gli animi h
mani, & così gli fa diuenire belli, che hanno poi ardire di andarsi à porre daua
alla bellezza eterna, oue ripieni tutti di gioia, e d'infinito piacere godono i d
siderati frutti de' loro amori. Questo fa diuentare humili gli superbi, gli adira
riduce a pace, rallegra, & riconforta gli afflitti, e sconsolati, porge ardire à c
teme, & apre le chiuse mani all'ingorda auaritia. Questo ha forza sopra tutti
più potenti Rè, supera i grandi Imperadori, & in somma si fa vbbidire a tutte
persone. Per le quali cose non è marauiglia se fra i loro Dei lo posero gli an
chi, li quali non hauendo vista ancora la luce della verità, quel che si doue
dare al Creatore del tutto, dauano alle creature, & come che non sapesse
onde le virtù venissero in noi, molte ne adorarono come Dei; & posero lo
diuerse statoe, & in varie imagini la dipinsero, secondo operano ne gli an
mi humani, come in altro luoco hò mostrato già, per non replicare il mede

アモルはひとりではない／天上のクピド／アモルの翼／アモルの矢／太陽にも似たアモル／メリトスとティマゴラスのものがたり／メルクリウスとヘラクレスとクピド／レーテのアモル／アモルたちは数多いる／アモルたち／アモルたちの絵画／ヴェヌスに似つかわしい兎／アモルたちの罠／神々の中でもっとも若いアモル／しなやかで柔らかなアモル／花々の中のアモル／逃亡するアモル／問題集／愛する者たちの紅潮／アモルの変容／アモルの力／フォルトゥナの供をするクピド／パンに勝利したクピド／煩悶するアモル

Tav. 81

［アモルとアンテロス／愛した人を忘れさせるレーテのアモル］

▶ p.586-587

Tav.82

[愛のさまざまな帰結と可能性をあらわしたアモルの姿]

▶ p.597

われわれのこころのさまざまな情緒にあってもっとも共通しており、もっとも美しくこれ以上に力あるものは他にない。これはわれわれのうちにあるばかりか、永遠の神のうちにも（神のうちには純粋実体しかなく、愛情や受苦はないにしても）、天使たちのうちにも、至福なる者たちすべての位階にも、一々の諸元素のうちにも、創造されたあらゆるものごとのうちにもある。一般にこれを愛《アモル》と呼ぶ。これは人々のこころからあらゆる醜悪さを取り去り、こころを美しくするとともに、永遠の美の前へと歩み出るべく渇望させる。そこではみなが喜びと限りない愉しみに満たされ、彼らの愛の欲する果実を味わうこととなる。これは横柄な者たちを謙遜な者となし、怒った者たちを平静にし愉快にし、懊悩する者たち絶望した者たちを慰め励まし、怖れる者を勇敢にし、貪欲さの閉じた掌を開かせる。これはもっとも権力ある王たちよりも力あり、偉大な皇帝たちをも凌駕し、要するにあらゆる人を従わせる。

古人たちがこれを彼らの神々のひとりとして祀ったとしても、なにも驚くことはない。彼らはいまだ、被造物たちにすべてを与えたまうた創造者をみるべき真実の光をまのあたりにしたことがなく、われわれのうちに美徳《ヴィルトゥス》（権能）がどのように到来するものかを知らぬのであったから、さまざまなものを神々として崇めたのだった(1)。そして(2)人のこころへのはたらきに従い、それらに対してさまざまな彫像を彫り絵を描いたのだった。すでに他の箇所で述べたところ(3)を繰り返さぬため、ここではアモルについてのみ、古人たちが描いたところを語ってみることにしよう。今日ではなにもわざわざ教えるために書き記すまでもないほどはっきりしているのかもしれない。目隠しをした子供が手に弓をもち、矢をいっぱい詰めた箙を脇にしていれば、誰でも言うだろう。アモルだ、と(4)。しかしなぜそれがそのような姿をしているのかと問うなら、何と答えたものか誰も知らぬのかもしれない。ではここで古人たちがどうしてそれをそのように造りなしたかのみならず、信頼にたる著作家たちの記しているところに従って、わたしが見つけ得た理由の数々をも説いてみることにしよう。彼らはアモルをいろいろに想いなし、さまざまな道理づけを行なっている。なるほど彼らがそれの美徳として観たところは多様であった。

[アモルはひとりではない] それゆえ、アモルはひとりならずたくさんいる、と言われている。プラトン(5)はヴェヌスをふたりとして観たように、アモルについても主要なものとしてふたりを置いた。その一方は天上のヴェヌスから生まれた天上のクピド、つまり人のこころを神の観照にまで引き揚げる神のアモル《愛》、われわれが天使たちと呼ぶ分離した霊たち、天上のものども。

[天上のクピド] フィロストラトス(6)が記すところによれば、これは諸天界に住み、ひとり天上にあって、天上のさまざまなものごとに配慮を凝らしている。

[アモルの翼] またこれは純粋、清浄、真率であり、それゆえ美しく輝かしい若者の姿となされ、数多の人のこころがその情緒的な欲望によって天と天にあるさまざまなものごとへとうごかされるべく転換することを示すために、翼が与えられている(7)。まさに諸天界にあって諸霊のすべてが位階のもとに秩序づけられてあるところへと、人のこころをもちあげるべく。

[アモルの矢] あらゆる美の永遠の泉であるその美しい顔は天の最も高いところからさまざまにその光を送り、あらゆるものを刺戟してそちらを向かせる(8)。その光こそまさにアモルが放つ鋭い矢なのである。

　つまりクピドの姿に神の愛を見る者は、クピドの輝くからだのうちに神愛の純粋さを観ているのである。そして翼(これの務めは、自分では大地から離れることのできないものたちのからだを高みに揚げ、気中にもたらすことである)によって、われわれのこころが神的美の数々を愛するべく揚起されるところを観ているのである。また矢が神の光であることは容易に了解されるにしても、それがわれわれを傷つける様相はさまざまである。われわれがそちらに向き直り、その美しさに魅了されると、もはや下位なる(地上の)ものどもをわれわれは尊重しなくなってしまう。それらこそは天へと昇る階段であるにもかかわらず。ペトラルカ(9)がその詩《カンツォーネ》の一編で審判者としてアモルを呼びだして言うように。

> また、これこそ前へ出るためのもの(10)、
> 天へと翔けるためにこそ死すべきものどもに
> 翼が与えられたのであり、
> これこそ創造者への階段であり、創造者はそれを大い
> 　に尊重しているのに。

[太陽にも似たアモル] 神愛について深入りしすぎるとここで

目的としているところからは逸脱しすぎることとなろうから、ただそれは宇宙にその光線をまき散らし、また滑らかで純粋なものに触れると反射する太陽のごときものである、と付言するにとどめよう。触れるものはなんでも温める太陽のように、愛もそれが触れるこころに火を点し、欲望に燃え上がった魂たちを天のものごとに向かわせるから。[11][12]
　そこからアモルの像には燃え盛る松明が添えられ、それは愛されるものごとを追いつづける熱烈な情緒をあらわすこととなった。ただし持続的に喜びを引き出すとはいえ、これは神愛に限ったことである。つまりアモルの松明というのは見るからに嬉しく楽しい輝きとしての光だけを考えており、燃え上がり燃やすことで害《そこな》う煩わしいもののことではない。[13]これはかえって地上のものごとに対する愛にふさわしい。なぜといってこれは煩わしいものではないとしても完全な喜びも楽しみももたらさず、ひとつひとつが合わさることで松明を合わせるように喜びとしての光輝が増すにせよ、燃え盛る炎がその煩わしさを増すから。
　これがプルタルコス[14]の見解でもあった。彼は、詩人たち文筆家たちもまた画家たちはクピドが手に松明をもっているように擬したが、それは光を与える火はたいへん喜ばしいけれども、それが燃やすところはたいへん厄介であるから、と記している。【これは彼が他の者たち、おそらくプラトン[15]が『ティマイオス』に、われわれの内なる愛とは喜びと苦痛の綯い交ぜになったものである、と書いているところから採ったものだろう。】
　このアモルはヴルカヌスとヴェヌスから生まれた。これをプラトン[16]は世俗の地上の俗愛と呼んでおり、寓話の数々によればこれまた世俗の地上の人の情欲にまみれたものとされる。これをセネカ[17]はオクタヴィアの悲劇において、次のように記している。

盲目で憐れな死すべき者たちの過誤は
自らの過ちを隠し、欲望のままに赴くため
アモルを神に擬す
あたかもその欺きを喜ぶように。
見た目は好ましいが、ひとり
他人の過ちを愉しむ邪悪なもの、
両肩に翼を生やし、
両手には弓と矢をもち、
短い松明を握り、
その炎で宇宙を照らし
その燃え盛る熱をまき散らしつつ
みなのこころに火を点しつづける、
人の慣いとさほど違わず

ヴルカヌスとヴェヌスから生まれ
天にあってはもっとも高いところにある。

アモルとは不健全なこころの悪徳である、
自らの場所から蠢きだす時
そのここちよい火は
こころを温め、若き歳月のうちに生まれ
歳を積んでもそれは可能だが、稀となる。
悪辣なフォルトゥナがその陰惨な翼を広げつつ
酷い損害を与えるところから
離れているうちに、
閑暇と人の色情がそれを育て、
また善と幸福があるところでは
豊かな胸に秘めたものをさし出してもみせる。
だがそれも不足してくると、
盲目な欲望から過ち、
最前燃え盛っていた火も消え果て、
たちまちアモルはその力を失ってしまう。

またオウィディウス[18]も二人のアモルを想定して、次のように言っている。

両方のアモルの母よ、どうかわたしを助けたまえ。

それゆえわれわれは二つの仕方で愛する。こころが善きことに専念する時には善く。悪辣なることに追従する時には悪しく。後者を不実で醜い愛と呼び、前者を美しく誠実な愛と言う。

これらヴェヌスから生まれた二人のうち一方だけがアモルだと言う者もある。これはなにごとかを追うためにわれわれのこころに火をつけ燃え上がらせるもので、もう一方はアンテロスつまりコントロ《抗》アモル《愛》とも呼び得るもので、これはものごとを愛させず憎しみをもたせることで離反させ、まったくアモルに反することばかりするという。[19] だがこのようなことを信じるのはたいへんな過ちであり、アンテロスというのは愛させないの[20]ではなく、愛されているにもかかわらず愛さないものを罰するものとして崇められたのである。これはスイダ[21]に記されたところであるが、そこには次のようなものがたりも載せられている。

［メリトスとティマゴラスのものがたり］ アテネにメリトスと呼ばれる青年がいた。彼は高貴で富裕でたいへん美しい若者を熱烈に愛していた。その青年はティマゴラスといった。

ティマゴラスは美しかったが尊大で、メリトスを顧みもせずかえってたいへん危険なことばかり命じた。憐れなメリトスは、命じられたことを果たせば愛する若者の歓心を買うことができるものと信じて、すべてをなし遂げた。しかし事態はまったく逆で、ティマゴラスは彼に愛され、尽くされていると感じれば感じるほど、いよいよ彼を蔑するのだった。不幸なメリトスはこの愛の罰に耐えられず、絶望して高い岩山の上から身を投げ、死んでしまった。それを知ったティマゴラスはたいへん哀れみ、きっとメリトスの死の報いという愛の裁きを望まずして、彼もメリトスが身を投げた場所へ駆けつけると身を投げ、無残にも死んでしまったのだった。[22]【その後この場所に、二羽の鶏を手に頭から身を投げようとする美しい若者の全裸像が祀られた。】

　つまりこれはアンテロスによってもたらされた罰であったとも言えよう。なるほどパウサニアス[23]はほぼ同じものがたりを語りつつ、以下のように明言している。アテネには異邦人たちが祀ったアンテロスの祭壇があったという。その縁起。アテネ人メレスは彼を愛する異邦人ティマゴラスを一顧だにせず、ある日侮蔑するように彼に向かって、あっちへ行って首でも吊っちまえ、と言った。ティマゴラスはもう生きているここちもせず、彼が愛する者の望むとおりにしようと、高台の頂から飛び降りて憐れにも死んでしまった。[24]【それを知り、自らの思い上がりを後悔したメレスは、それからしばらくして慚愧の念とともに彼を愛した者がなしたのと同じことをしてしまった。】このことを指して、アンテロスがティマゴラスに復讐をしたのだと言われ、【先述したような祭壇が祀られたという訳である。】

　つまりアンテロスは愛されているのに愛さぬ者を罰する神性であって、愛させないものではなかった。これは、愛とは相互的なものである、と言おうとしたものに他ならない。ポルフィリオス[25]もこれについて次のように記している。ヴェヌスはクピドを出産したが、数日経ってもまったく成長していないのに気がついた。クピドは産まれた時の小さいまま、どうしたものか分からずヴェヌスはこれを神託に問うた。その返答は、クピドはひとりでは大きくならず、愛は互恵的なものだから兄弟をつくってやらねばならない、そうすればクピドは十分成長するだろう、というものだった。ヴェヌスは神託のことばを信頼し、それからしばらくしてアンテロスを産んだ。アンテロスが生まれるとたちまちクピドも一緒に成長しはじめ、翼を生やし、たくましく歩みはじめた。それ以降このふたりはめったに、あるいはけっしてお互いに離れることなく、アンテロスが大きくなるとクピドも負けじと大きくなり、意趣返しに小さくなると同じように小さくなってみせるのだった。要するに、愛は愛する人のうちに置かれると育ち、愛される者もまた愛する。古人たちはこれをクピドとアンテロスにあら

エロスたちとその兄弟アンテロスたちの姿。みなヴェヌスの息子たちで、前者は愛することを、後者は愛に応えること、あるいは相愛をあらわしている。また愛さなくさせ、愛した人を忘れさせるレーテのアモルの姿。 [▶Tav.81]

わしてみせたのだった。

ギリシャのエリス人たちはその学舎に両者をともに祀ったという。若者たちが愛してくれる者たちに不実であってはならず、【お互い愛を交し合うべきこと、】他人を愛するとともに他人から愛されていることを感じられるように、と銘記すべく。つまり二人の子供の姿あるいは彫像が置かれていたのであり、その一方がクピドで、棕櫚の枝を手にしていた。他方のアンテロスはなんとかそれを取りあげようと苦心していたが、どうしてもそれができない様子。まさに愛に応える者は先に愛してくれた者の愛に劣らず愛すべく努めるものであることをあらわすかのように、アンテロスはアモルの手から棕櫚を取りあげようと努めるのである[26]。

ところで、キケロがアッティクスに阿るように語るところを、ラクタンティウス[27]はまるで冷やかすかのように伝えている。ギリシャの人々は徳高きことどもをなさねばならぬ若者たちの目の前に、クピドの姿を示してみせるというたいへん大胆な忠告をしたものだったが、あたかも若者たちのこころに好色で破廉恥な欲望を起こさせるようなものをもって、美徳に目覚めさせるすべてはクピドに由来する、と古人たち同様に彼が信じていたかのように、と。

【メルクリウスとヘラクレスとクピド】 ローマ人たちはおそらく

これを埋め合わせようとして、学舎《アカデミア》やら若者たちが修練する場所には、アモルだけでなくメルクリウスとヘラクレスをも置いた。それが[28]道理と美徳を併せもったものであるべきと考え、クピドの彫像を美徳をあらわすヘラクレスと理拠をあらわすメルクリウスのふたりの間に配したのだった[29]。【アテネオス[30]は、古の哲学者たちはアモルをたいへん厳かで一切醜悪とは関係のない神として尊重した、と記している。その彫像がメルクリウスとヘラクレスの像とともに置かれたことからそれは十分に窺える、つまり前者は雄弁、後者は剛毅であり、これらとともに友情と融和が生まれる、と。】

［レーテ《忘却》のアモル］ また古人たちは、アモルが愛させず、他人から欲する善財のすべてを忘却させるものともみなし、レーテのアモルとも呼んだのだった。これの彫像はヴェヌス・エリキーナの神殿にあり、燃え盛る松明を川につけて火を消している姿だった。オウィディウス[31]はこれに触れて、恋する女たちのことを忘れたいと思う若者たち、また愛の不実に気づいた若い娘たちはみなそこに敬虔な祈りを捧げに行ったものだ、と言っている。【これに関して、ギリシャ人たちにはもっと効き目ある方策があった。他のものに祈るのではなく、アカイアのパトラスの町からすこし離れたセレーノ川に沐浴するだけで、もう憶えていたくない男や女の愛のすべてを忘却することができるものと信じられていた。しかしこれを語るパウサニアス[32]はそれはつくり話であって、もしそれが本当ならこの川の水はきっとこの世のあらゆる富よりも珍重されたに違いない、と言っている。またプリニウス[33]は、キュージコス人たちのもとにクピドと呼ばれる泉があり、その水を飲むとたちまちあらゆる愛の情緒を忘れ去る、と記している。】

［アモルたちは数多いる］ だがクピドがさまざまなものごとに対するわれわれの情緒的欲望であるとしたなら、アモルはひとりでもふたりでもなく、詩人たちがしばしばわれわれのこころのさまざまな力、情熱、情緒を寓話化して表現してみせるようにそれは数多いるに違いない。アレクサンデル[34]もまたその『問題集《プロブレーミ》』で、われわれはなにもみな同じ一つのものごとを愛するのではないし、同じように愛するのでもなく、各々がそれぞれさまざまに異なったものを愛するのであるから、アモルがひとりだけであったらきっとそんなことはできぬ筈でありアモルは数多いる、と言ったのだった。

［アモルたち］ 要するに古人たちはそれが数多いるものとみなしたのであり、それをみな翼をつけた愛らしい子供たちとなし、あるものの手には燃え盛る松明を、他のものの手には鋭利な矢を、また頑丈な罠をもたせたのだった。プロ

ペルティウス[35]はこれを親しいチンチア《キュンティア》に宛てて、たいへんみごとに書き送っている。われわれのことばにしてみようか。

先日の夜のことです、愛しいあなた、
晩餐をお暇《いとま》して、お伴もなしに
そぞろ歩いておりました、

なんの因果か、たまたま
生まれたばかりと見紛うような
子供たちの群れに出会ったのです。

いったい何人いたことやら、
こころ怯えて算えることもままならず
どうやら自分のことばかり考えていたもので。

なんだかとっても怖かった、
子供たちはずいぶん小さかったけれど、
他人を煩悶させるには十分なほど大きくて。

みな真っ裸でとても
みやびに美しく、姿もよくて、
こんなにきれいな子供たちを見たこともない、

そのうちのある者たちは
炎をあげる小さな松明を手に、
日々、数多燃やして来たものでしょう。

またある者たちはしなやかに素早く
その両腕で弓に矢を番え、
すでに何度もわたしのこころを傷つけて、

また他の者たちは罠を手に、ただ
わたしを繋ごうと示し合わせているのです、
そのひとりがこう言ったのですから、間違いありません。

「早くそいつを捕まえろ、なにしてるんだ、
そいつを知らない訳じゃないだろう」。子供たちは
たちまちわたしを取り囲み、もう逃げられません。

そう、彼らに繋がれて、あなたから。

［アモルたちの絵画］ フィロストラトス[36]もまたその図像につい

ての書の中で、アモルたちは沢山いると言い、それらをニンフたちの子供たちとしている。クラウディアヌス[37]もまたホノリウスとマリアの婚姻について記すところで、それらが死すべき者たちを司っており、これらの者たちが愛するものもまた多いとしつつ、それを美しく描き出している。そこからわたしが知り得たことを纏めてみよう。到るところ整然と植えられた灌木が美しく繁り、広々とした道は青々と柔らかく繊い草に覆われて、そこに横たわるならきっとどこより気持ちよさそうな庭があった。美しい木の枝からは黄色で滑々のまるで金でできたかのようなたくさんの林檎の実がたわわに垂れて、その周りを全裸のアモルたちが軽やかに飛び回っている。鋭い矢でいっぱいの金色の箙は木に吊るし、多色の衣布は花をいっぱいつけた草の上に投げ出したまま。アモルたちの金色の髪には花冠が被せられ、翼の羽根の色は赤、黄、また青と、みな違っている。そのうちの最も美しい四人は他の者たちからすこし離れ、ふたりはお互いに果実を投げあって戯れ、他のふたりは矢を射あっている。とはいえ怒ったようなそぶりもみせず、矢が無駄にならないように、狙ったところを射当てるようにと、かえってお互いにはだけた胸をさしだすようにしている。これは愛のはじまりと愛のたしかめ合いをあらわしたもの。林檎の実で戯れるふたりは愛にはじまりを与えるもの。一方は林檎の実に接吻して投げ、他方は両手をもちあげてそれを受けとろうとしており、林檎を手に取ったなら彼もまたそれに接吻をして投げ返すことだろう。

【スイダ[38]もおそらくここから採ったものだろう、他人に林檎の実を投げることは相手を愛へと誘うことを意味する、と記している。ヴィルギリウス[39]も田園詩でダメタにこう言わせている。

美しいガラテアよ、わたしに林檎を投げておくれ
逃げないで、緑の柳の木陰に
隠れる前に、わたしにその姿をみせておくれ。】

また矢を射あうふたりはすでにはじまった愛がこころを貫くようにと、それを確かめているところ。つまり先の二人は愛しはじめるために戯れ、後のふたりは愛を確かめ保ちつづけるために矢を射る。また一樹の下で兎が落ちた林檎の実を食べている。アモルたちはこれを追い払おうと、手を打ったり、叫んだり、土の上に脱ぎ去られてある衣装を振ったりして威かしている。あるものはその上を翔けつつ叱りつけ、他のものは静かにその後を追い、また襲いかかろうとして身を投げるものもある。だがこの動物はアモルたちのひとりがその脚を掴んで捕えてやろうと待ち伏せ

する方へと身を転じる。また別のものはやっと兎を捕まえたところだが、それが手から滑り抜けようとするのをみて笑っている。それを見たみなは爆笑して立っていられず、地に横になり、うつ伏せになり、また空を仰いでいる。

［ヴェヌスに似つかわしい兎］ 彼らは鋭い矢を使おうとはせず、ヴェヌスにたいへん喜ばれる供物にしようとして誰もがこの元気な動物を捕えようとする。それがヴェヌスにたいへん似つかわしいのは、兎というものは交接してばかりいて、自分の子供ばかりか他の子たちにも乳をやり、妊娠しては出産してばかりいるからで、【プリニウス[40]が記すところによれば、】雌雄の区別がつかず、どれもが雄でも雌でもあると信じられていたという。

【それにまたプリニウス[41]は、兎肉を七日食べつづけるとたいへん美しく愛らしくなると信じる者もあった、と言っている。これは根も葉もないことであると言いつつも彼は、どこでもそう信じられているからには、そこにはなにか道理があるのかもしれないと付言している。マルティアレス[42]はゲリアという女友達にふざけて次のような寸鉄詩を書き送っている。

> わたしのゲリアよ、わたしに兎を
> 贈ってくれるなら、それを食べつづけて
> 七日後にはみるみる美しく
> なっていることでしょうと言っておくれ。
> 愛しいおまえ、これが本当なら
> 誓って言うが、おまえは兎の肉を
> 喰ったことがないに違いない
> おまえはそれから生まれたのだから。

アレクサンデル・セヴェルスはよく兎を食べたので、いろいろと詩でからかわれた、とランプリディオス[43]は記している。シリア人だったにせよ、彼が美しくて優しかったのに不思議はない、なぜといって彼が好物だった兎の肉が彼をそうしたのだから、と。】

それどころか、いったいどのようにするのかは知らぬが兎には愛の魔術をなす力があると言う者もあった。これを伝えるフィロストラトス[44]が言い出したことではないのだろうが、いずれそんなことをする者は地獄堕ち、そのような方法で無理矢理愛させようとする者は愛されるにふさわしからぬ者と判ずべきである。そしてここに彼の記述は終わっている。

そこからわたしはアモルたちをうまく描き出したと思われるところだけを取り出してみた。アモルたちは数多く、みな縮れた金髪の裸の子供たちで、さまざまな色の翼をも

ち、手には火のついた松明をもっていたりいなかったり、また弓をもち矢でいっぱいの箙を提げていたりいなかったりするということを観るために。シリウス・イタリクス[45]は、パラスとユーノーとともにパリスの審判に赴いたヴェヌスにアモルたちが同道するところ、そのうちのひとりにだけ弓と矢を与え、他のものたちをヴェヌスの周囲を飾るように立たせている。その詩句を俗語にしてみるなら次のようになろう。

そこで美しいクピドは
母の山車とともにやって来た
白鳥たちを右手に抱え、
大騒ぎをずっと耐えていた。
彼は肩から弓と
小さな箙を垂らし
ただ彼女のためにだけ矢を射かけようと、
彼女に勝利を請合うように
心配するなと合図して。
他のアモルたちは愛嬌を振りまきつつ
彼女の周囲にいて、その白い額に垂れた
金髪をかきあげて美しい
結び目をつくったり、薄衣を
ととのえたり結んだり。

アプレイウス[46]はアモルたちに付き添われたヴェヌスを登場させるにあたり、アモルたちは真っ白な子供たちで、天から下り来たかそれとも海から出てきたものか、両肩に翼を生やし、脇に箙を着け、松明を手にしていた、と言っている。それらが沢山いたことを言うために他の箇所[47]では、人の欲望には限りがなく、欲するままに愛するもの、善悪など省みることもなく、われわれの欲望が無秩序で道理に反するものであっても一々それを満たそうとするものゆえ、アモルたちの大群がヴェヌスに付き従っていた、と言っている。

［アモルたちの罠］みなが放恣な喜びに向かうことをアモルはこころよく思わないので、われわれはその力を享けつづけることができるようにそれを繋がねばならない。これがアモルに与えられた罠の意味である[48]。

［神々の中でもっとも若いアモル］ではここで多数いるアモルではなく、唯一のアモルについて古人たちが遺した記述をみてみることにしよう。プラトン[49]は『饗宴』でアガトンにアモルを讃えさせ、その姿を次のように語っている。アモルは神々の中でもっとも若いので、たいへん美しく永遠に老醜から免れている。たとえ必要もないのにたちまちやって

来るのが老醜であり、類は友を呼ぶとやらいう諺のように、若者たちの間にあっては憎まれる本性のものであるにしても。

【しなやかで柔らかなアモル】 またアモルがしなやかで柔らかなことは、ホメロスがアーテーの脚をしなやかで柔らかにしたところからも証される。アーテーとはギリシャ語で、われわれのことばにすればカラミタス《災厄》だが、ホメロスはこれをユピテルの娘の女神に擬している。これは死すべき者たちのこころを掻き乱し、気持ちを折れさせ、人々の頭の上を歩むだけで、決して足で地を踏まないので柔らかくしなやかな脚をもっているのだという。であればアモルもしなやかで柔らかな筈。なぜといってアモルは決して大地をも小石の上をも、堅くて険しい場所など決して歩かず、この世でもっとも柔らかで繊細なもののうちに潜り込むのだから。それこそ人のこころである。しかしアモルは誰のうちにでも棲むという訳ではない。ただここちよく優しい者たちのうちにだけ住むのであって、粗忽で固陋なものからは逃げる。頑迷固陋さから遠く隔たっているというのは、あたかも水のような流体であることである。さもなければ、それはあらゆるこころを探りに赴くこともできず、密かに思いのままにそこに入り込んだり出たりすることもできないだろう。

【花々の中のアモル】 そのうえアモルは肢体がたいへん美しく、その四肢は誰よりも優れた美を成している。それゆえアモルは醜悪とはたいへん不和で、これ以上はないほど美しくみやびな容色を人にあらわし、それを見ると花々の間にいるかのような気持ちにさせる。それどころか花のないところに決してアモルは棲まないと思わせるほど。それゆえ若さと美という花のないこころやからだにアモルはとどまらない。アモルは美しく生気に満ち、香り高く悦ばしいところより他にいようとは思わない。アモルの美しさについては他にもいろいろ言い得るだろうが、ここでプラトンは、アモルとは若く、しなやかで柔らかく繊細、容色良く姿も良い、ということ以上を語っていない。

アプレイウス[50]はプシケのものがたりで、より微細にアモルを描きだしている。アモルの命じるところに反して、彼を見ようと燈火を手にした彼女はそこに、アンブロシアを散らした柔らかな金色の髪を、真っ白な首を、緋色に染まった頬を、さまざまに捩れ縮れて真っ白な肩に垂れ、またその美しい顔に散る髪を、それらが燈火の光にあらわれるままに輝くのをまのあたりにしたのだった。その両肩の翼は鮮らかな朝露を肩に滴らせ、その軽い羽は停まっているにもかかわらず柔らかな風が触れているかのように微かに動いて。またそのからだは清々しく滑らかで、彼を産んだヴェヌスとて悔やむところなどない。そして弓、箙、矢が寝台の前に投げ出されていた。アプレイウスは彼に目隠しをしていない。まだ眠っていたからその必要がなかったものか、それをしても彼を盲目とすることなどできないと考えたからだろうか。ペトラルカ[51]が彼の女の眼の中にそれを見たとき、こう書いているように。

盲目ならず、箙を着けて、
裸で、ただ恥部だけを薄紗で被う、
絵ではなく生きている翼ある若者を。

またギリシャの詩人モスコスも、ヴェヌスが彼を探しに行くところ、彼の目を燃えるようにきらきら輝かせ、それを見つけたものは誰も違わず彼と知り、彼をとりあげ、彼を連れ帰ることができるように微細に描写し、ヴェヌスは接吻ばかりかもっとおおきな褒賞をも与える、と約束している。これはポリツィアーノ[52]によってラテン語に訳され、その後多くの者が俗語訳を試みているが[53]、わたしのみるところそのうちでも最良なのがそれを二行連句に写したルイジ・アラマンニ[54]氏の訳である。わたしはこれに屋上屋を加える心算もないし、かえって改悪することとなっても仕方がないので、氏の訳を借用する。これはモスコスの「逃亡するアモル」と題された詩のアラマンニ訳である。

[逃亡するアモル] ヴェヌスは息子のアモルを探し回り
丘という丘でこう呼んだ。
「わたしのもとから居なくなったアモルの居場所を教
　えてくれる者には
お礼に接吻してあげましょう、それにもしも彼をわた
　しのもとへ
連れ帰ってくれる者があるなら、接吻だけでなくもっ
　と褒美をあげましょう。
その子の特徴と服装は
一目見るならそれと識られることでしょう。
その子は色白ではなく、火のようで、
燃えるような目はいたずらっ子のように動き回り、
甘い声でお喋りしますが、そのこころは冷淡。
内なるものをけっして外にはあらわさぬ、
不実な嘘つき、怒りに燃えると
炎、毒、それに怒りをぶちまける、
裏切者の、あてにならない若者で、戯れてばかり
罠やら鞭やらでいつも他人を傷つける。
額の上にはふさふさ髪、自慢げな顔をして、
腕は細いけれども俊敏でしなやか、

鋭い投げ槍を遠くまで投げつけられる、
アケロンの底のプルトーンの腕まででも。
その子は考えを包み隠すが、からだは裸、
勇猛残酷な鳥のように翼をもち
あちらこちらへと向けて飛び、
数多のこころのうち、ただ一つに棲む。
小さな弓を手に、それにいつも
愛を鍛える鋭い矢を番えて。
矢は短いが、天をも脅かす。
黄金の箙を肩から垂らし、
矢をいっぱいに満たして、わたしも昔
射られた傷がまだ痛む。
誰にでもとげとげしく冷淡だが、どうやら
その不実はいよいよ酷くなるようで。
手にした短い矢が水中でネプトゥーヌスを
赤くするのをわたしは何度も見た。
おまえがその子を力づくで引き連れてくるのなら、
その子が苦しんでいるように見えても情けは無用
涙に騙されず、断固たるこころで
その子が逃げないように、もし笑いかけられても、
しっかり摑まえて離さないように。でも接吻しようと
したら

フィロストラトス、ペトラルカその他、古今の著作家たちが記した
アモルの凱旋。愛の力をあらわして。

お逃げなさい。その子の唇には
毒がいっぱいだから。もしもその子が
「僕の武具をあげるから、あっちへ行って」と言ったと
しても、
けっして触れてはなりません。そんな贈物は拒みなさ
い。
それは炎、悪疫、不安そして死に他ならないのだから」。

この描写はアモルの力と影響の大半に触れており、そのからだをまるで紅潮したように赤くなしているが、次のようにペトラルカ[55]がこれを勝ち誇るように燃える山車の上に乗せたのもこの範に則ったものであったろう。

炎の山車の上、裸の若者[56]が
弓を手に、矢を脇にして、

これは恋する者たちの燃えるような欲望をあらわしており、希望がそれに連れ添うことでいよいよそれは燃え上がる、とはアレクサンデル[57]がその『問題集』の中で解くとおりである。

【問題集】 恋する者たちのからだの末端部は時に冷たく、時に熱いが、これこそ不安と希望の原因である、と彼は言う。心臓は生命の在り処であり泉であり、これがからだ中に力と元気を与える精気群《スピリトゥス》を送り出す。それがなんらかの痛みに苦しめられると、活力を遠くにまで送り届けられないだけでなく、圧迫する苦しみに抗するためにすでに送り出したものをまでも回収してしまう。切望するところをなし遂げられないのではないかと危ぶむ者ほど大きな苦しみを感じるのであってみれば、そこに喜びなどないだろう。それゆえ、時としてからだの末端部が冷たくなるのも驚くにたらない。そして、欲するところのものが得られると待望する時、それは熱くなる。心臓がその時に感じる歓喜によってそれは開き膨らみ、遠くまでその喜びのしるしを送り届ける。この元気な精気群《スピリトゥス》が全身を温め、最前アモルについて言ったように紅潮させる。

【愛する者たちの紅潮】 愛する者たちが紅潮するのは羞恥のせいだと言う者がある。こころはからだが待望する歓びに謙虚さを失い、それを欲望するだけになることをよく知っているので、それを隠そうとして色鮮やかな薄紗で覆うかのように顔を紅潮させるのだ[58]、と。

【次に挙げる詩人[59]に限ったことではないが、この詩人はあるソネットでアモルとは何であるのか、その力と本性をたいへんうまく暴いているようにみえる。いずれ最後にはそれに真の解釈をほどこすことなど不可能だと言うのだが。

その巧みで美しいソネットをどうしても引いておきたい。

アモルが何で、どこから来るのかわたしは知らない、
誰が遣わすのか、どのように遣わすのかも知らない、
どこで生まれたのかも、どんな詭計をもってなされた
　のかも知らない、
それ自体混乱しているばかりか諸他と混同しているの
　だから。

ここで食み、またあちらで糧を摂り、
何をもって生きているのか、誉められたものではない。
苦痛の中にあることを誇るとはいったいどういうこと
出てきたり隠れてみたり、いったい何のこと。

どうやってこころの中心を傷つけるものか、
傷口も傷跡もなく、血も出さずに、
彼に傷つけられて、生きた屍。

舌先が話させるのではなく、こころから、
だがそれは内に喋み、外に黙す。
いったいこの狂気の沙汰をどう説明すればいいのだろ
　う。】

【アモルの変容】 またクピドの装具のすべてについては、セルヴィウス[60]が解説している。それはヴィルギリウスが、ヴェヌスがディドーのもとへ赴くにあたりクピドがアスカニオスに身を変じるよう、彼女に頼ませるところ。アモルを子供に仕立てているのは、それが色欲だけに従った狂った欲望であり、恋する者たちの道理は子供たちのように理路が途切れて不完全なものだから。これをヴィルギリウス[61]はディドーにこう言わせている。

思い直してみようとはするのだけれど
そうした途端、なにも考えられなくなって。

またその翼は愛する者たちがたちまち思いを転じる軽さをあらわしており、ヴィルギリウス[62]によればディドーもまたたいへん愛していた者をさっそく殺してしまおうと考えたりする。テレンティウス[63]は恋する者たちの移り気をたいへんうまくあらわして言う。「これらの邪ごとはみな愛の中にある。悪口、疑惑、憎悪、和解、戦争、平和等々」。それゆえペトラルカ[64]はさまざまな愛の情調についてものがたった後、こう結語している。

要するにそれがどんなに適当でいいかげんなものか、

愛のさまざまな帰結と可能性をあらわしたアモルの姿。これらは高貴で優雅なこころの中にはすぐさまところを得、頑迷固陋なこころを切り裂いてみせる。また若者たちに放恣で好色な諸効果を招き寄せるものである。[▶Tav.82]

内気かと思えば大胆な愛人たちの遣り口、
甘いどころかたいへん苦い思いをさせられる。

アモルは何本も矢をもっている。矢は素早く飛ぶが、かならずしも狙ったところに当たるわけではない。すでに述べたように、これは恋する者たちがたちまち思いを転じ、いつも切望するところに到達する訳ではないということをあらわしたものだろうか。それとも、矢というものは鋭く突き刺すが、なにか悪いことをした後には慚愧の念にこころ引き裂かれ、良心が痛むからであろうか。あるいは、アモルの矢はアモルが死すべき者たちのこころのうちに下るすばやさをあらわしたものだろうか。ほとんどそうと気づかぬほどの一瞥だけで、時に人は他人の美しさに撃たれ、たちまち炎と燃やされるものだから(65)。

どうやらクピドの手に雷霆をもたせた者たちは、まさにこれを意図したのであったように思われる(66)。いったい誰の創案であったかは知らぬが、プリニウス(67)も記しているようにアルキビアデスはそれを盾につけていたというし、ローマのオクタヴィアの宮廷にもそうした盾があったという。これはアルキビアデスのために造られたものだったと言う者もあり、彼が盾にそれをつけたのは、神々のうちで最大の神ユピテルつまりまさに雷霆であるものと同じくらい美しいクピドの誰にもまして美しい美をあらわしてのことであったという。

[アモルの力] おそらくそれよりもきっと、燃え上がる情調の力をあらわすに松明ではいささか足らぬと考えた者が、クピドの手に雷霆をもたせたのだろう。これは容易くものを燃やし尽くすばかりでなく、他の火であったらこれほど簡単に燃えないであろうものをも燃え上がらせ、それに抗するものはどんなに堅固なものでも破壊し尽くし、驚くべき速さであらゆる場所に入り込んでいくのだから。これは思い遣るこころにたちまち纏わりつき[68]、頑なに閉ざされたこころを引き開け、驚異的な速さでどこにでも侵入するアモルの力とたいへんよく似ている。プロペルティウス[69]はアモルを描いた哀歌の一編でこれをたいへんうまく謳っている。それをジロラモ・ベニヴェーニ[70]は以下のような俗語三行詩に直している。

なんともすばらしいとは思わないかい
この若者の姿したアモルの手に
描き置かれたものどもときたら。

盲目の愛人たちの本性が知られよう
というもの、道理も忘れ
元の慎みはいったいどこへ行ったことか。

その肩に翼があるのもなるほど理あり、
あちらこちらのこころに翔け行くため、
なんといってもそうしたこころこそ彼の宿り、

この嵐の海の打ち寄せる
波また波を駆け巡り
やっとのことでそこに停まったのだから。

撓んだ弓と肩から吊るし
垂らした矢で、彼はいつも
両手を武装して、

どこにも尊大な様子はみえない、
神経(弓)のふるえがこころの中に
下りくるのに気づかぬうちは。

また時にクピドは弓ではなく、別のものをもたされもした。パウサニアス[71]はコリント人たちについて記しつつ、その地のエスクラピウス《アスクレピオス》の神殿の上には白大理石の丸い小房が載り、その中には画家パウシアスが描いた弓と矢を投げ出して竪琴を手にしたクピドが祀られていた、と伝えている。

［フォルトゥナの供をするクピド］ また彼[72]は、アカイアのエギ《アイゲイ》ラ《ラ》の町にあった小祠について語りつつ、そこにはクピドがフォルトゥナの傍らに配されていたが、これはフォルトゥナがアモル《愛》のことがらにもかなり関わっていることを示そうとしたものである、と道理づけている。アモルは独りでもっとも頑迷な思いをも打ち負かし、かたく閉じこもったこころを破り、もっとも横柄で冷淡なこころをすら喜んで情愛の罠に手をかけさせるほど謙遜で温和にするものであるにしても。

アルケシラオスはおそらくこれを表現しようとしたのだろう。それゆえウァロはそれを褒め称えたのだ、とプリニウス[73]は記している。ウァロがアルケシラオスを讃えたのはこの故ではなく、唯一つの大理石から牝獅子と戯れる幼いアモルたちを彫りだしてみせた、その卓越した業と彼が彫刻にみせた偉大な審美眼の故であると言う者もあるにしても。そのアモルたちのある者は牝獅子を縛ろうとし、また他の者はそれに角杯をさし出してその中味を飲ませようと無理強いし、またそれを蹴ろうとしている者まであったという。あらゆる動物の中で獅子はもっとも獰猛であるが、雌獅子は雄よりもずっと気性が激しくたいそう残酷だとも言われ、アルケシラオスは情愛のもたらす力をよりよく表現するためにこれを彫ったのだった、と。

マルスが興じつつヴェヌスを腕に抱いているところに、彼らとつねに一緒にいるグラティアたちとホーラーたちの姿を添えた詩人たち[74]もまた、これをたいへんうまくあらわしてみせたものだったが、わたしはヴェヌスにクピドをも添わせたい。母なしに息子はないし、古人たちが想いなしたところとしてここまでみてきた神々の像においても母はまさに子に連れ添っているものであるから。

［パンに勝利したクピド］【アモルはさまざまなことをなすことができるので、なにものにも勝利する、と言われた[75]。それゆえ寓話の数々[76]では、アモルは最初に彼を唆した神パンをすらも打ち負かした、とされたのだった。それが自然本性的なさまざまなものごとに魅了されたというのは、神パンによってあらわされたすべてを造りなす万有自然が原初にはたらきはじめたとき、すでにつくりなしたところのものどもを愉しんでいたということを意味している。その後、ほとんどこうしたものどもの虜になって、可能な限り自らを飾ることに努めつづけることとなった。こうした自然本性から造られたものどもが自ずともつ喜びは、まさにアモルを挑発するもののごとくにやってくる。彼《アモル》は彼女《自然本性》よりも多くをなすことができる。もしも彼女がただ彼の気に召す

ままになすように彼女を従わせるならば。】

　ものどもの生成においてお互いに異なる諸元素（要素）の間の調和符合がここに生まれる。(77)【プラトン主義者たちが言うように、魂たちもまた天上の愛によってこの下界の死すべき者たちのからだの中に降下する。それらは彼《アモル》との交渉によって死すべき者たちのからだにある種の親近と欲望をもつゆえに。またそれらは地上の愛をすべて脱ぎ捨て、天上のことどもをだけ愛するべく向き直り、ふたたび天上に昇る。(78)天上のことどもに思いを凝らした者たちは、そこには二つの門があり、人の魂たちは天から地に降りるときまた地から天へと戻るときにそこを通ると言った。(79)また一方は神々のためのものであり、他方は人々のためのものであり、オルフェウスはアモルがこれらの鍵をもっているので、彼なしにはそこを通ることができないとしたのだった。(80)それゆえ彼《アモル》を描いた者が鍵(81)をその手にもたせたのには、こうした理由があったかもしれない。】

【煩悶するアモル】アモルは時に他のものたちができないようなことすらするとはいえ、つねにたいへんな力をもっているという訳ではなかった。アウソニウス(82)が戯作しているアモルの煩悶と苦難の十字架を最後に置いてみようと思う。彼がわたしにしつづける無礼の数々に報復する手段など他にありそうもないから。人を傷つけるものの煩悶とその恥ずべき行為について語っておくことは彼に対するすくなからざる報復となるであろうし、他人を荊の生に送り込むこ

敗者パンと勝者クピドの姿。万有宇宙の自然本性に対するアモルの力能をあらわしている。パンはそのはたらきの悦びに蠱惑され、それを美しく飾ることより外には省みない。

とになった深刻な危難の数々を銘記しておくことは大いなる慰撫にもなることと思われるので。アウソニウスは、愛のために憐れこの世の生を捨てた魂たちがいるところに飛んでこないクピドが彼らに捕らえられ、ギンバイカ《ミルト》の木に十字架の磔にされるところを描いている。これら魂たちがさまざまな責め苦を与えているところにヴェヌスがあらわれる。彼女は息子に対する魂たちの怒りの心情を宥めようとはしないばかりか、彼女もまた息子に対して怒りをあらわにして不思議にも薔薇と花々の鞭で打つのだった。それをみた魂たちは慈悲の念にうごかされ、息子を赦してやってくれと女神に祈るとともに、彼の縛めを解いてやった。こんなことはまったくわたしの考え及ばぬところである。だが彼を摑んで離さない魂たちはみな女であってみれば、それより他の結末はあり得なかったのかもしれない。ラテン原詩はたいへんすばらしい。俗語にしてどうなるものかわからないが、ラテン語をご存知の方は原文でお読み頂きたい。そうでない方は誰かもっとうまく訳してくれる人が現われるまでは、以下の拙訳で我慢していたこう。

なんとも陰気なところ、緑のギンバイカ《ミルト》が
深い森影をなし、そこに恋する者たちと
不幸な者たちの霊が閉じ込められている、

あまりに他人を愛しすぎて
残忍冷酷になりすぎた心情は、先の世で
死すべきからだを脱ぎ捨てて赤裸。

過ぎた時の記憶をあらたにしつつ
なぜどうして死んでしまったのかを
各々が告白していた。

おおきな森にはほとんど光も射さず
薄暗くて、月がその白い顔を翳らしたり
隠したりしてみせるかのよう。

静まり返った湖には濁った
波すら立たず、ゆっくり静かに流れる川は
花咲く岸の間を流れゆく。

朦朧とした大気はそこに咲く
花々から鮮やかさを取り去るかのよう
どれも歓びをあらわすこともなく、

それらのものたちも生あるうちは

みな若くて美しかったのに、
いまや憐れそれらにも欠けている。
ナルキッソス《水仙》はたいへん優美で
自らを他人と信じ、美しいヒュアキントス《ヒヤシンス》は
彼をもっとも愛し賞賛してくれる者に死を与える。

クロクム《クロッカス》は金色の髪、アイアス《アイリス》は
胸に抱えた懊悩に負けて
地上にその血の跡を残した。

アドニスはアモルの母に
何度も抱かれ、その胸に
ここちよい悦びを溢れさせたが

いまや緋色に地を飾る
花となった。その他にも
ここにはたくさんの花々が咲く。

過ぎ去った災厄を想いかえしつつ、
涙、吐息、痛ましい愛、
悲痛な調子で寂しい哀歌をうたい、

死にあたり以前の情熱を置き去りに、
最後の旅立ちの前に感じた
悲しみの数々をあらたにしつつ。

これら花々と緑の草で深い森もこころに適い、
現世にあって哀れな愛を
生きた古の女たちがそこを行く。

そして昔親しかったアモルを探しつつ
いかに自ら自分に敵していたものかを
そこに見つけるのだった。(83)

セメレはかつて雷霆を響かせたとき
この世に未熟なものを産ませて
いかに厳しい試練を与えたことかと涙し、

往昔ユーノーに欺かれ
ユピテルに頼んだことが
好ましいことではなかったと悔い、

波打つ衣装をその手で打ち

風を立てて、雷の炎をあらためて
熾そうとしてみせる。
イーラ《憤怒》は蔑みとともに女であるというだけで
カエニスを大いなる悲嘆に遭わせ、
あらためて顔を紅潮させる。

死期の迫ったプロクリスは大地に座り込むと、
傷をも癒し乾かし、彼女を傷つけた
セルヴァをすら情愛深く恩頼する。

悲しみに打ち負かされ、灯を手に
海に身を投げたセストスの娘は、
溺れつつその愛する者を見た。

サッフォもまたその足の速いことを
みせつけるかのように、堅い岩の上に登り
波に身を投げた。その破廉恥な

アモルはクレタの遅い歩みを誹謗して
不幸のうちに悲しませ
そのこころを深く沈ませ、

また白い牡牛となり、その過ち
を強いることとなった後、その
アモルにより娘たちを産み、

その娘たちのために兄を死なせたが
彼はこの娘たちにまた別の娘を遺し、
またもうひとりの娘は美しい

ヒッポリュトスにこころ奪われたが、
自らの思いに彼を引き込むことができず、
思いが募るほどに憎しみもいや増すのだった。

ラオダメイアも偽りの夢に悲喜
こもごも、夫のプロテシラオスの死後
もはや生きる望みもなく過ごした。

他にもまだ不幸なこころに
刺さった硬い矢を握り締めつつ
死んだ者たちが数多いた。

ティスベーは夫との情愛に

酔ったが、そのさだめはあまりに残酷
夫を失い自ら命を絶つ羽目となった。

カナケーにはすでに愛する兄があった、そして
ディドーの愛人の客となったとき、
彼女は無理強いされるのを拒んで死んだ。

それにまた周知のように、
ルナはよく愛するエンデュミオンの
もとに降ったものだったという。

他にも幾つでもつけ加えることができるが、
どれもこれもアモルのせいで
自らに反して冒したところを告げている。

誰もが古の傷を甘やかに
悔やむうち、あらたに悲しみが
こみあげてくるかのよう、

それははっとさせるように
暗い森で翼をそよがせるアモル、
この悲しみに暮れる人々の間で。

その燃える松明も黄金の箙も
弓も矢も深い霧の中に
隠し秘している、

にもかかわらずそれはたちまち
それと分かり、女たちをみな
お互いに敵対させてしまい、

その翼が送る湿った重苦しい空気を
憐れな女たちは逃れようとするのだが
敵する女たちの間で震えるばかり、

喘いでももがいてもしかたない
女の業とはそうしたもの
ある者の傷心が他の者に力を与える。

おおきな森の中にギンバイカ《ミルト》の木が一本
これは他人を不正に傷つけた者
のための拷問の道具、

すでにプロセルピーナはそこに

アドニスを繋いで、彼女が蔑する
愛をヴェヌスに捧げたことを罰した。

打ちひしがれた女たちはみな
ここにアモルを引き摺って来て、
彼を幹の高みに宙吊りにする。

その手と足を縛り、一切慈悲など
かけることもなく、なんとか
自分たちの激情を満たそうと努める。

みな彼を責めるのだが、彼を罰する
正当な理由を見つけられないまま、
自らの思いのたけをぶちまける。

それだけで凍りつくような冷たい懼れも
どこかへ去り、悲しみに惑乱した
表情にも平静さを取り戻すのだ。

自らの過ちを彼のせいにした
残虐な群集はまた、その手であらゆる
法と秩序を壊乱してみせる。

みな過ぎし日の死の悲しみを
責めるように、彼に言い募る。
「かつてのわたしのように、今おまえはここに死ぬがいい」。

そしてみな喜び勇んで
彼がなしたところに趣意返しをしようと
するのだった。道理をわきまえるでもなく。

彼女らに命を絶たせたのと
まったく同じようにアモルを
苦しませてやろうと急ききって。

ある女は小刀を手に叫ぶ、「わたしは
こいつでアモルを苦しめ殺してやる」、
また別の女は罠の固い結び目を見せつけて、

また他の女は自らを慰めるように
曲がった川を指さしている。そこに
他人の無残な宿命をみてやろうとするように。

断崖絶壁を、猛り狂う海の波を、
静まり返った海を指さす者もある、
アモルよそこに斃れよ、と切望するように。

ある女は言う、「では、こころから
歓んでこの無慈悲なものに死を授けよう、
わたしに復讐が禁じられていませんように。

この炎が残虐な死を与えてくれますように」。
そして燃え盛る炎を振りかざす、
彼女のアモルがみせしめに死ぬことを願って。

ミュラーはすでに大きくなった子供を
丸々とした胎を裂いて手で引き出し
悲痛な涙をながし、

遠くから彼に向かって激しく
涙の飛沫をふりかけるさまは
なんとも異様な光景。

女たちの中には彼を嘲るだけで満足する者もあり、
すでに彼に対する怒りも鎮まって

彼を赦すしぐさをする者もある、

しかしその嘲弄も単なる嘆息にとどまらず
まさにアモルの死を待望するかのよう。
その深刻な苦悩はまさに

引き抜かれた鋭利な短剣のように
柔らかなからだから
さだめのままに血を吹き出させるか、

あるいは人が生まれるところに
点された明かりとともに
炎を上げるかのよう。

離れていたキュテレイアだが、
息子に気づくと、彼女もまた
その子の煩悶を喜んでいるようす。

いつもの楽しげなお喋りな
彼ではなく、困惑した表情に
苦悩をまし、彼を一々の陰惨な

ファーマの原因と呼ぶそのことばに
震える。「ああ残虐なものよ。おまえは
おまえがただ咎められるべき者であることを知ってい
るのか」。

そしてかつてないほどに彼を責めたててみせる。
マルスの不義の子たちよ、天に
ポイボスの公明なる光を見よ。

たくましいプリアポスよ、
破廉恥な姿で胎を開けしものよ、
すくなからざる恥辱を忍べ。

ヘルマフロディトス、この名は
真に男でも女でもない
男女のしるし。

不敬なるエリチェに彼女は憤る
酷薄にも、何度も
死すべき者たる男のもとへと通うのを。
なにもそれを言うことに満足してではなく、
すでに犯した過ちをまた犯そうと
する者を懲らしめるために、

あれこれの花を摘み集め
赤い薔薇とあわせて、これで
憐れで慰めないアモルを撃った。

彼女が彼に酷くあたればあたるほど
女たちは哀れを催しはじめた、
最初は死ねとまで脅していたのに。

美しいその母が息子に向けた
その怒りと深い憎しみを
鎮めるようにと祈りつつ。

みなが言う。そんなにアモルを
罰してはならない、と。もう誰も彼に
死ねなどと酷いことを言う者もなく、
憐れな最後の原因を撒いたのは
ファトたち、「わたしたちは
そうしたさだめだった」と言いだす始末。

ヴェヌスも鎮まり、臆病な女たちは
その慈悲深いおこないに感謝すると、
神の手により息子は解かれ、

彼に準備されていた残虐な結末から
救われ、それは翔け去る。
こうして彼は失墜し

もはや誰も彼のことばに耳傾ける者とてない。

註

（1） cfr. Boccacio, *Gen. deor.*, 1, Prohemium : «Visumque michi ... eos [gentiles] decipi dum creature creatoris attribuunt dignitatem, nec omnes uni sed diversi diversis conantur impendere».

（2） 初版には、「彼らはそれのありようがひきおこすところをまさにそれらの姿と想像する」つまり神々が諸動因となってひきおこすさまざまな力能をその存在と観じて、という一節があった。

（3） ［序］章［数多の神々］項、［X］章［美徳《ヴィルトゥス》］項参照。

（4） cfr. Properzio, *Eleg.*, 2.12 ; Servio, *Aen.*, 1.663 ; Isidoro, *Etym.*, 8.11.80. etc. ただし盲目のアモルはエロティックな詩には多用されているものの、目隠しをした神は Boccacio, *Gen. deor.*, 9.4. に出るもので、古代に遡らない。

（5） Platone, *Symp.*, 180c-181a.

（6） Filostrato, *Imag.*, 1.6.1 :「エロテス：エロテたちが林檎を摘んでいる。そこにエロテがたくさんいるにしてもなにも不思議はない。それらはニンフたちの子供たちで、死すべき者たちのすべてを司っているのだから。それらが数多くいるのは人々が愛するものごとが数多いから。しかし一方、天上にあって神々のさまざまなできごとを司るのは天上のそれである。あなたはなにかその庭の香りを嗅ぎとることができただろうか、それともあなたにはそれも届かないだろうか。いずれにせよ、注意を払ってくださるなら、わたしの話すところからあなたにも林檎の香りを感じ取ることができるだろう。……」以下は多数のエロテたちについて語られ、天上と地上の区別をしているのであって、特に天上のエロテが唯一であることを謂っている訳ではない。

（7） cfr. Platone, *Phaedr.*, 249d.

（8） cfr. Marsilio Ficino, *In Conv. Plat. De Amore Comm.*, 5.4 (Opera II, pp. 1336-7).

（9） Petrarca, *Rer. vulg. fragm.*, Canzoniere CCCLX, 360, 136-139.

（10） ＊Ancor, e questo e quel che tutto avanzo, 初版では Ancor, se questo ... となっており、ここで「前へ出るための」とした avanza は、残り物という意味ともなり、「まったく余計なものではあるけれども」と、逆の意味の皮肉ともとれる。

（11） ＊ここでは quelle anime（魂たち）となっているが、初版は quelli animi（こころたち）だった。

（12） cfr. Plutarco, *Erot.*, 19.

（13） cfr. Giraldi, *De deis gent.*, 13, p.346, 5-8.

（14） Plutarco, *Erot.*, 20.

（15） Platone, *Tim.*, 42a.

（16） Platone, *Symp.*, 180e.

（17） Seneca, *Oct.*, 557-565.

（18） Ovidio, *Fast.*, 4.1.

（19） cfr. Servio, *Aen.*, 4.520.; Giraldi, *De deis gent.*, 13, pp.348-349.

（20） cfr. Celio Calcagnini, *Anteros sive de mutuo Amore*, in *Opera aliquot*, 1544, pp.437ss. ; Giraldi, *De deis gent.*, 13, p.348, 50. アンテロスはアンチ・エロス。

（21） Suida, *Lex.* M, 497 Adler.

（22） ＊この一節は初版では、「これを知ってティマゴラスは哀れと感じたものか、あるいは裁き（正義）がメリトスの死に対する復讐を望んだものであったか、彼もメリトスが身を投げた場所へ駆けつけると身を投げ、死んでしまったのだった」となっていた。

（23） Pausania, *Perieg.*, 1.30.1.

(24) ＊初版では簡潔に、「自ら命じたところを悔いたメレスは、そのすぐ後に同じことをした」。
(25) cfr. Temistio, *Orat.*, 24.305a-e Dindorf.
(26) cfr. Pausania, *Perieg.*, 6.23.5.
(27) Lattanzio, *Div. inst.*, 1.20.14-15.
(28) ＊初版には「好色で不誠実な愛を追うことであってはならず」の一句があった。アテネオスの記事の追加により削られたものだろう。
(29) cfr. Giraldi, *De deis gent.*, 13, p. 346, 43-45.
(30) Ateneo, *Deipnos.*, 13.561d.
(31) Ovidio, *Rem. am.*, 549-554.
(32) Pausania, *Perieg.*, 7.23.3.
(33) Plinio, *Nat. hist.*, 31.19.
(34) Alessandro di Afrodisia, *Probl.*, 88 ポリツィアーノ訳による。
(35) Properzio, *Eleg.*, 2.29.1-10.
(36) Filostrato, *Imag.*, 1.6. 本章前註6参照。そのつづきを挙げておくなら、「エロテス：(承前) ここには並木がまっすぐに連なり、気ままに通り抜けることができる。やわらかな草が絨毯のように道を覆い、横になって寛ぐこともできる。枝の頂には金色の林檎が太陽に炎のような色に映え、エロテたちの群れを誘っている。彼らの箙は黄金で被われ、その中の矢も黄金。みな全裸で、武具を木に吊り下げ、軽やかに翔けている。エロテたちの多色の衣装は草の上に投げ出され、さまざまな色調に光っている。彼らは髪だけで十分とばかり、頭に花冠など乗せてはいない。青、緋、それにわずかに金色の翼もつものもいる。みな調和ある旋律のように羽ばたいている。林檎を盛った籠は数多の縞瑪《サードニ》瑙《クス》、エメラルド、真珠で飾られている。まさにヘパイストスの手になるものとも言うべき業。しかし彼らは木に昇るための階段をつくってくれるように頼みはしない。なぜといって彼らは林檎のある高みまで飛べるのだから。

踊り、駆け回り、眠るものたち、また林檎を齧るものは置いておくとして、この四人は何をしているのだろう。他の者たちから離れているもっとも美しい四人。そのうちのふたりは林檎を投げ合っている。別のものはもうひとりに向かって弓を引いている。この四人目も弓を手にそれに応えているが、しかしその表情には威嚇的なところはなく、かえって矢よ突き刺されとばかりに脇腹をさし出している。なかなかの謎《エニグマ》。この画家の意図をわたしが十分に理解できたかどうか。こちらはアモルで、相互的な欲望の謂いである。先の林檎を投げ合う方は愛のはじまり。それゆえその一方は林檎を投げる前にそれに接吻し、もう一方はそれを捕えようと手を挙げている。それをうまく捕ったなら、それに接吻して投げ返すことだろう。弓をもつふたりは、すでに生まれた愛の確認である。という訳で、わたしは一対が愛のはじまりを告げ、もう一対は愛することをやめることのないようにと矢を射っているのだと考える。

ではその周囲に数々の観衆を集めているものたちを見てみることにしよう。彼らは親しげに手を取り合って格闘のようなことをしているところ。あなたの頼みゆえ、それをも詳述してみよう。ひとりは敵手をもち上げるように後ろから摑みかかり、手で喉を絞め、両脚で押さえ込んでいる。もち上げられた方も譲らず、なんとか指を捻じ曲げて喉を絞める手を振り払おうともがくので、相手もなかなか獲物をがっちり摑めない。首を絞められた方は食い込む指に苦しみながら敵手の耳を嚙むと、それを見たエロテたちは格闘の規則違反だと言って怒り、彼に林檎を投げつける。

兎ですら逃げられない。エロテたちと一緒に追いかけてみよう。林檎の木の下に坐った兎は地面に落ちた果実を半分齧っては捨て置いている。この小動物がエロテたちの狩りの獲物。ひとりは手を打ち、またひとりは大声で叫び、金槌を振り回すものもいる。叫びながらその上を飛ぶもの、またその足跡を追いかけていくものたち。ひとりが兎に飛びかかるが、兎は方向を変えて逃げる。またひとりが兎の脚を捕えようと踊りかかり、この小動物を捕えたものの手をすり抜けていく。みな笑い転げながら、獲物を逃がしては横転し、頭からつんのめり、後ろ向きに倒れるものもいる。誰も弓を射らない。アフロディテに親しい贈物とするため、生け捕りにしようとしているのだ。兎がアフロディテに近しいものであることをあなたはご存知だろう。子供に乳をやっているうちに母兎はもう孕んでまた出産すると言われる。妊娠中に再度孕み、出産に暇ないともいう。雄が孕ませるのは雄の自然本性であり、次々に子供を増やす。暴力的な巧みを凝らして子供たちを狩る奇妙な愛人たち。彼らはこの小動物にたしかに誘惑の力を観じているのだ。

しかしそんなことは愛されるにふさわしくない不正な人々に任せておいて、あなたはわたしとアフロディテを見に行くことにしよう。彼女はどこにいるのだろう。林檎の木の下だろうか。洞穴の開いた岩場をご覧。その下に真っ青で透明な泉が溢れている。林檎の木々に水をやるかのように。わたしの観るところ、そこにこそアフロディテを想像してみねばならない。ニンフたちが彼女の像を造ったところ、と。エロテたちの母たちは彼女から生まれたのだから、彼女は自分の子孫を喜んでいるに違いない。銀の鏡、金色のサンダル、黄金の留めピン、これらが吊り下がっているのも偶然ではなく、みなアフロディテのものだという。またこれらはニンフたちの贈物だとも言われてきたし、記されてもいる。エロテたちも初生りの林檎を抱え彼女の周りに集めて、この庭が美しくありつづけますようにと祈っている。」

（37） Claudiano, *Epith. Hon. et Mar.*, 69-74.

（38） Suida, *Lex.* M, 938 Adler.; cfr. Pierio Valeriano, *Hierogl.*, 54 De malo : amor mutuus. ＊この加筆により、フィロストラトスの記述引用が途切れることになっているのが分かる。

（39） Virgilio, *Buc.*, 3.64-65.

（40） Plinio, *Nat. hist.*, 8.219 ; 10.179.

（41） Plinio, *Nat. hist.*, 28.260 : in VIIII dies（九日のうちに）. しかし十六世紀、E. Barbaro 編の刊本では VII になっていた。

（42） Marziale, *Epigr.*, 5.29.

（43） Lampridio, *Historia Augusta, Alex. Sev.*, 38.4.

（44） Filostrato, *Imag.*, 1.6. 前註36参照

（45） Silio Italico, *Pun.*, 7.441-447.

（46） Apuleio, *Met.*, 10.32.

（47） Apuleio, *Met.*, 2.8.

（48） cfr. Petrarca, *Tr. Cupid.*, 3.113 ; *Rer. vulg. fragm.*, 55.15 ; 59.4-5 ; 89.10-11 ; 134.5-7 ecc.

（49） Platone, *Symp.*, 195-196b. ここには Omero, *Il.*, 19.91-94 の引用もある。

（50） Apuleio, *Met.*, 5.22.

（51） Petrarca, *Rer. vulg. fragm.*, 151.9-11.

（52） Poliziano, *Amor fugitivus*, in *Opera*, pp.93 ; 622. (Id., *Prose volgari inedite e poesie latine e greche edite e inedite*, a cura di I. Del Lungo, Firenze 1867, pp.525-527.]

（53） cfr. Girolamo Benivieni, *Opere*, Venezia 1524, cc.126v-127v.

（54） Luigi Alamanni, *Versi e prose*, a cura di P. Raffaelli, Firenze 1859, II, pp.137-138. カルターリは手稿本から採ったものか。当時印行本が存したかどうかは不詳。

（55） Petrarca, *Tr. Cupid.*, 1.23-24.

（56） ＊初版では crudo「残酷な」だったが、ここは nudo になっている。

（57） Alessandro di Afrodisia, *Probl.*, 88.

（58） cfr. Alessandro di Afrodisia, *Probl.*, 15.

（59） おそらくカルターリ自身のこと。

（60） Servio, *Aen.*, 1.663.

（61） Virgilio, *Aen.*, 4.76.

（62） Virgilio, *Aen.*, 4.600.

(63) Terenzio, *Eun.*, 61.

(64) Petrarca, *Tr. Cupid.*, 3.184-186.

(65) cfr. Servio ; Boccacio, *Gen. deor.*, 9.4.

(66) cfr. *Anthologia Graeca,* 16.250.

(67) Plinio, *Nat. hist.*, 36.28 ; cfr. Plutarco, *Alcib.*, 16 ; Giraldi, *De deis gent.*, 13, p.346, 35-37.

(68) cfr. Dante, *Inf.*, 5.100 :「いちはやく雅心をとらふる恋は」(山川丙三郎訳岩波文庫版)

(69) Properzio, *Eleg.*, 2.12.

(70) G. Benivieni, *Opere,* cc.127v-128r.

(71) Pausania, *Perieg.*, 2.27.3.

(72) Pausania, *Perieg.*, 7.26.8.［XII］章［アモルを歓ぶフォルトゥナ］項参照。

(73) Plinio, *Nat. hist.*, 36.41.

(74) cfr. Lucrezio, *De rer. nat.*, 1.31-40.

(75) cfr. Virgilio, *Buc.*, 10.69 : «Omnia vincit Amor».

(76) cfr. Servio, *Buc.*, 2.31 ; Boccacio, *Gen. deor.*, 1.4. 以下の解釈はこれによっている。

(77) cfr. Conti, *Mythol.*, 4.14 : «Id significare visi sunt, quod sensit Empedocles, quod res prius inter se confusas amicitia et odium inter se discreverint … Quid ergo? Nihil aliud … esse Cupidinem antiqui senserunt, nisi illud quod Empedocles, vim similium divinam coire et coalescere cupidentium, vel, ut melius dicam, mentem divinam quae has ipsas motiones ipsi naturae inducat».

(78) cfr. Macrobio, *Somn. Scip.*, 1.11-12.

(79) cfr. Macrobio, *Somn. Scip.*, 1.12.2.

(80) *Hymn. Orph.*, 58.4.

(81) cfr. Conti, *Mythol.*, 4.14.

(82) Ausonio, *Opusc.*, 14 Cupido cruciatus.

(83) ＊この一聯は初版では「そして昔親しかったアモルを探しつつ／いかに各々自分に敵していたかを／ものがたってみせる」だった。

[XIV]
ヴェヌス

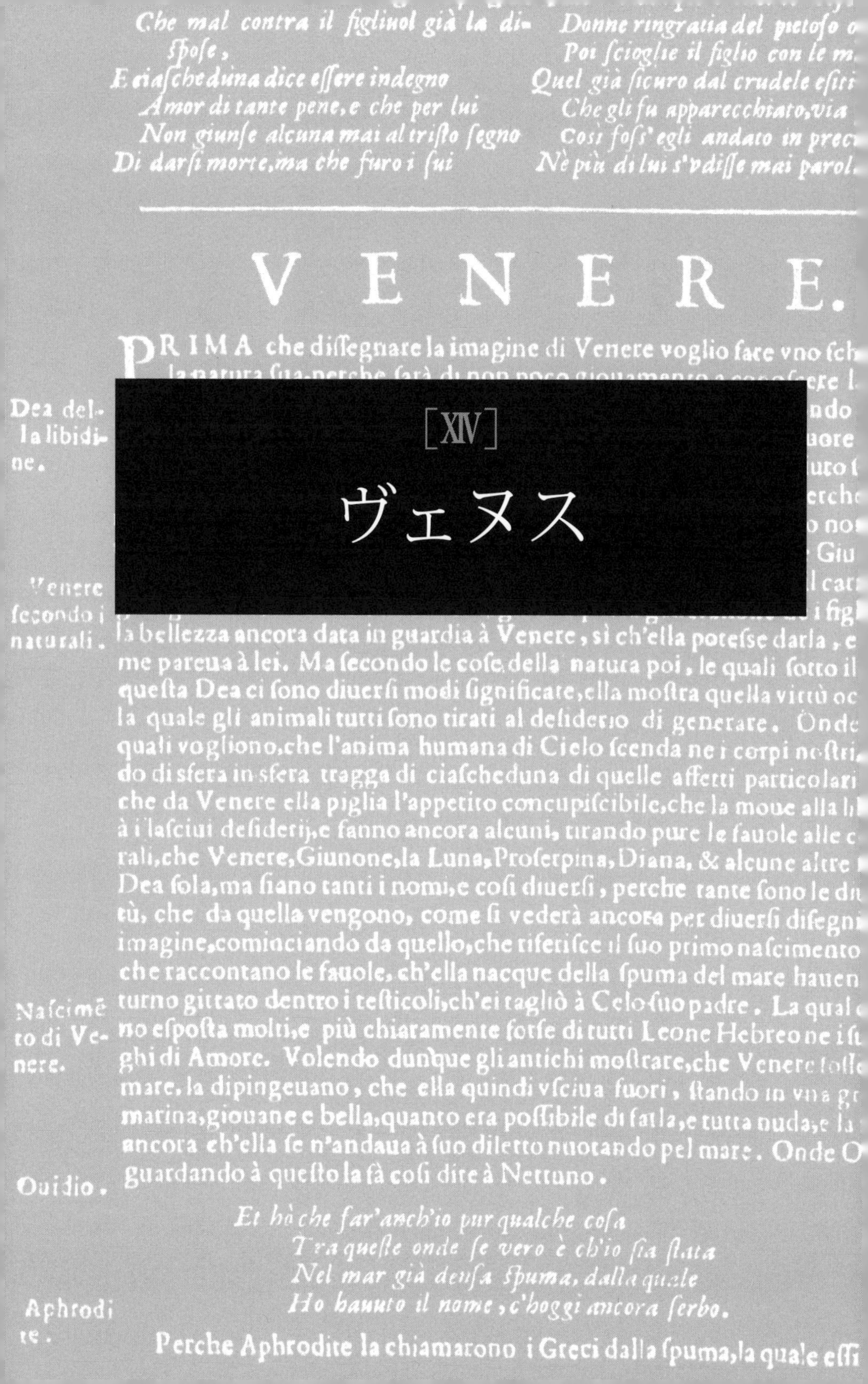

Che mal contra il figliuol già la diſpoſe,
E ciaſcheduna dice eſſere indegno
Amor di tante pene, e che per lui
Non giunſe alcuna mai al triſto ſegno
Di darſi morte, ma che furo i ſui

Donne ringratia del pietoſo o
Poi ſcioglie il figlio con le m
Quel già ſicuro dal crudele eſit
Che gli fu apparecchiato, via
Coſi foſs' egli andato in prec
Nè più di lui s'udiſſe mai parol

VENERE.

PRIMA che diſſegnare la imagine di Venere voglio fare vno ſch
la natura ſua, perche ſarà di non poco giouamento à conoſcere l

Dea della libidine.

Venere ſecondo i naturali.

la bellezza ancora data in guardia à Venere, sì ch'ella poteſſe darla, e me pareua à lei. Ma ſecondo le coſe della natura poi, le quali ſotto il queſta Dea ci ſono diuerſi modi ſignificate, ella moſtra quella virtù o la quale gli animali tutti ſono tirati al deſiderio di generare. Onde quali vogliono, che l'anima humana di Cielo ſcenda ne i corpi noſtri do di ſfera in ſfera tragga di ciaſcheduna di quelle affetti particolari che da Venere ella piglia l'appetito concupiſcibile, che la moue alla li à i laſciui deſiderij, e fanno ancora alcuni, tirando pure le fauole alle rali, che Venere, Giunone, la Luna, Proſerpina, Diana, & alcune altre Dea ſola, ma ſiano tanti i nomi, e coſi diuerſi, perche tante ſono le di tù, che da quella vengono, come ſi vederà ancora per diuerſi diſegni imagine, cominciando da quello, che riferiſce il ſuo primo naſcimento che raccontano le fauole, ch'ella nacque della ſpuma del mare hauen turno gittato dentro i teſticoli, ch'ei tagliò à Celo ſuo padre. La qual no eſpoſta molti, e più chiaramente forſe di tutti Leone Hebreo ne i ſ ghi di Amore. Volendo dunque gli antichi moſtrare, che Venere foſſe mare, la dipingeuano, che ella quindi vſciua fuori, ſtando in vna g marina, giouane e bella, quanto era poſſibile di farla, e tutta nuda, e la ancora ch'ella ſe n'andaua à ſuo diletto nuotando pel mare. Onde O guardando à queſto la fà coſi dire à Nettuno.

Naſcimēto di Venere.

Ouidio.

Et hò che far'anch'io pur qualche coſa
Tra queſte onde ſe vero è ch'io ſia ſtata
Nel mar già denſa ſpuma, dalla quale
Ho hauuto il nome, c'hoggi ancora ſerbo.

Aphrodite.

Perche Aphrodite la chiamarono i Greci dalla ſpuma, la quale eſſi

情欲の女神／ヴェヌスの諸本性／ヴェヌスの誕生／アフロディテ／ヴェヌスに授けられた貝殻／神々たちの山車／ヴェヌスの鳥としての鳩／ヴェヌスに捧げられた白鳥／ヴェヌスが裸でいる訳／驚くべき彫像／ヴェヌスに捧げられたギンバイカ／ヴェヌスに捧げられた薔薇／色づく薔薇／愉しいものがたり／ヴェヌス・カリピーガ／亀の自然本性／ヴェヌスとメルクリウス／勝利者ヴェヌス／モルフォ、足を縛られたヴェヌス／髭あるヴェヌス／男でも女でもある神々／特記しておくべきその用例／男神としての月《ルノ》／アドニス祭／土の半分を司るヴェヌス／太陽としてのアドニス／猪に殺されたアドニス／ヴェヌスの変容

Tav. 83
［キプロス島パポスのヴェヌス神像（左奥）／サクソン人たちのヴェヌス神像］
▶ p.621/623

Tav. 84
［琴を弾くヴェヌスとイオクス像を掲げるクピド／牡山羊に坐し亀を踏みつけるヴェヌス］
▶ p.626-627

Tav. 85

［勝利者ヴェヌス／モルフォ（足を縛られたヴェヌス）／武装したヴェヌス］

▶ p.630-631

Tav. 86
［アドニスの死を悼むヴェヌス／髭あるヴェヌス］
▶ p.633-635

ヴェヌスの姿を描き出す前に、彼女の本性について簡潔にみてみたい。きっと後述することになることの道理づけを知るにすくなからざる援けとなることだろうから。

［情欲の女神］ 寓話の数々によれば、ヴェヌスは情欲と好色の女神で、死すべき者たちのこころに色情的な欲望と放恣な性向を与えるとともに、これらを援けて欲望を満たしてくれるものということになる。そこで古人たちは彼女をアモルの母としたのだった。それはアモルがやって来なければ男と女が結びあうことなどあり得ないようにみえたからであり、ヴェヌスはまたヒュメナイオスとユーノーとともに婚姻を司るものともみなされ[1]、肉体の交渉につづいて子供たちの誕生をも見守るものとされた。

美もまたヴェヌスの守備範囲にあり、彼女はそれを望みのままに与えることも取り去ることもできた[2]。

［ヴェヌスの諸本性］ この女神の名によって自然諸本性のさまざまな意味が示される。彼女はあらゆる動物が子供を産もうとする欲望に駆られるところの隠秘な力能をあらわしている[3]。人の魂が天界からわれわれのからだの中に降るにあたり、諸天球を通過しつつその各々から個別の情緒を取り込むと考える者たちは、魂はヴェヌスから情欲に放恣にうごく色情的性向を取り入れるという。また寓話から自然諸本性を引き出しつつ、ヴェヌス、ユーノー、ルナ、プロセルピーナ、ディアーナその他は唯一の女神で名が違うだけであるが、その違いはこの女神に由来するさまざまな力能の故であり[4]、その姿の描写にみることになるような相違が出来したのである、という者もある。まずその誕生に関する記述からみてみよう。

［ヴェヌスの誕生］ 寓話の数々によれば、サトゥルヌスが父ケ《カイ》ロス《ロス》から切り取った睾丸を投げ込んだ海の泡から彼女は生まれた[5]。これについては多くの者たちが書いているが、レオーネ・エブレオ[6]が『愛の対話』に記したところがもっとも明快であろう。

つまり古人たちはヴェヌスが海から生まれたことをあらわすために、おおきな貝殻に乗って海から出てくる彼女を若く美しく全裸に描いた。また海を泳ぎ渡って愛するもののもとへ赴く彼女を。(7)そこでオウィディウス(8)は、ネプトゥーヌスに向かって彼女にこう言わせている。

　わたしもまたこの波と幾分の
　かかわりがあり、わたしは
　この海の濃い泡であったので、今日
　　もまだ
　その名を使わせていただいているの
　　ですから、

[アフロディテ]　ギリシャ人たちは泡のことをアフロディテと称していたから、彼女もまたこれと変わらぬ名で呼ばれることとなったのだった。(9) ヴィルギリウス(10)もまた、彼女がネプトゥーヌスに海の嵐を沈めたまえ、息子のアエネアスはすでに疲労困憊しているからと祈るところで、ネプトゥーヌスにこう答えさせている。

　もちろん、おまえはここで生まれたのだから、
　わたしの領土にあって心配するには及ばない。(11)

海の泡から生まれたヴェヌスの姿。美の女神にして色情の女神、アモルの母。情欲のしるしであるとともに、婚姻の女神ともみなされた。惑星としてのヴェヌス（金星）は、諸物に生成の力能を授けるものとしてルキフェロあるいはヘスペローとも呼ばれる。

【パウサニアス(12)が記しているように、ギリシャのエリス人たちのユピテル神殿にはさまざまな神像が祀られていたが、そこには海から姿をあらわしクピドに迎えられるヴェヌスの像もあった。】

[ヴェヌスに授けられた貝殻]　時にヴェヌスは手に貝殻をもち、薔薇の花冠を頭に載せた美しい女性として造りなされた。この女神に薔薇が捧げられた理由については後述すること

として、貝殻は手にされていても、その中にヴェヌスが立っているのであっても、つねに彼女が海から生まれたことをあらわしている。海の貝は交接にあたり完全に開いてすべてをみせるので、これは性交および官能的な悦びをあらわすものとしてヴェヌスに与えられていると言う者もあるけれども[13]。

こうしたことどもは天のこの部分に従属するものであるとも言われるが、住民たちの性向がそうしたものであったからかどうか、キプロス島ではヴェヌスがたいへん崇められることとなった。それゆえこの島のパポスの人々は、海から出たヴェヌスはまず彼らのもとにあらわれたと言い伝え、この女神をたいへん敬い彼女のための神殿を建てたのだった。そこに祀られた女神の彫像は他にみられるような人の姿をしておらず、底は広く徐々に上へ向かうほど狭くなる円柱のようなかたちをしていた。コルネリウス・タキトゥスが言うように[14]、これにどんな道理があったものか分からない。こうしたかたちのものが人の臍をあらわすものであり、女性の情欲というものはこの部分にありここからはじまると考えられていたのでこれがヴェヌスに捧げられることとなった[15]、と読んだ記憶がわたしにはあるが、さてどうだろう。

これが本当かどうか、ユピテル・アムモーンの神像について触れておこう。これはエジプトのある土地でそれと同じようなかたちに造られたが、いったい何を意味していたのだろう。このかたちにはなんらかの玄義が秘められていたものとわたしは信じたい。最初にそれを造りなした者たちはそれを説明しようとは欲せず、かえって後の者たちに考えさせるべく遺したのであったか、あるいは信心のことがらというものは秘すべきものであり、それは修練を積んだ者でなければ知ることのできないもの、ただ守るべきものであって、別の箇所で述べた[16]ように皆から尊重されるべきものと古人たちが見做しつづけてきたものであったろうか。

[神々たちの山車] 他の神々同様ヴェヌスにも山車が与えられ、彼女は貝殻ばかりでなくこれに乗って空を海を思いのままに征った[17]。またクラウディアヌス[18]はホノリウスとマリアの婚姻にあたり、トリトンがその滑らかな背にヴェヌスを乗せ、尾をもちあげて影をつくりながら運ぶ様子を描写している[19]。

[ヴェヌスの鳥としての鳩] どの神もその山車を引く自分専用の動物をもっており、アプレイウス[20]が言うようにヴェヌスの山車は純白の鳩に曳かれている。この鳥は他のどの鳥よりもこの女神にふさわしいものとされ、ヴェヌスの鳥とすら呼ばれる。なぜならそれらはたいへん好色で、年中一緒

にいない時とてないから。それに雄鳩は恋する者たちがするように接吻してからでないと雌鳩と交尾しないともいう。[21]【また寓話の数々によれば、鳩がヴェヌスにたいへん親しいのは、女神にたいへん愛されたニンフの】ペリステラがこの鳥に変じたからだともいう。[22]

またエリアノス[23]は鳩がヴェヌスに捧げられた理由を以下のように説いている。シチリアの山エリチェではシチリア人たちが遠征の日々と称する祭りが何日にもわたって祝われた。この日々、ヴェヌスはリビアを通過するので、鳩たちは自分たちの女神に連れ添うためにこの邑から一羽もいなくなったという。それから九日すると、リビアの海から一羽が戻ってくるのが見られた。それはたいへん美しく真っ赤で、アナクレオンの言うところによればそれは緋色のヴェヌスであった。それにつづいて他の鳩たちの大群がやって来るのだった。【そこでエリチェ山の人々は鳩たちの帰還の日々を祝って豪勢な宴会を催した、とアテネオス[24]は伝えている。】

[ヴェヌスに捧げられた白鳥] ヴェヌスの山車はまた白鳥たちも曳いた、とホラティウス[25]、オウィディウス[26]、スタティウス[27]は言うが、これはこの鳥がたいへん無垢で誰にも危害を与えなかったからか、それともその歌声の甘美さのためであったろう。色欲と情愛の歓びは歌がこころたのしませてくれるのによく似ているから。[28]

[ヴェヌスが裸でいる訳] この女神が裸でいるのは、彼女がいつも放恣な抱擁に身を任せる用意がととのっていることをあらわしたものである、と言う者もある。抱擁にあたっては衣装を着ているより裸でいるほうがより愉しいから、あるいは情愛の歓びを追いかける者は財産をなげうち、おおむね貧することとなるから。そして富を好色な女たちに貪られ、もうどんな美も残っていない女たちの醜さにからだは衰弱し、魂は穢されることとなる。それともヴェヌスが裸なのは、愛の詐術が隠されつづけることはあり得ない、ということを知らしめるためかもしれない。ほんの僅かその秘密が露見することで、その時には考えも疑ってみもしなかったようなことがその後起こることになるから。[29]

[驚くべき彫像] こうしたことを考えていたのかそれとも別の考えがあったものか、高貴な彫刻家プラクシテレスはクニドスの人々のために真っ白な大理石で全裸のヴェヌス像を彫った。それはたいへん美しく、一目この彫像を見ようと多くの者たちが船に乗ってキプロスへ赴いた。そんな中にまさにこの彫像に懸想してしまった者があったとやらいう。どうやら危険もなさそうだしなんらかの災難が降りかかることもなさそうだと観てとったこの男は、ある夜この彫像のある神殿に身を潜め、優しい若者たちが愛するもの

に自らの情欲を満たさせようとするかのようにそれを抱擁し、接吻し、愛撫して、美しい彫像の脇腹にけっしてとれない斑傷をつけてしまったのだった。[30]

ヴェヌスが海を泳いでいくのは、不確かな思いという激しい荒波に不断にさらされる好色な人々の生がどれほど苦いものかを含意しているとも言われ、彼らはしばしば遭難者として描き出される。[31]

サクソン人たちの史譚には、この女神が二羽の白鳥と二羽の鳩に曳かれた山車の上に裸で立ち、頭をギンバイカで結び、胸に燃え盛る松明を、右手にこの世界をあらわす球を、左手に三つの黄金の林檎をもって、背後に腕を絡ませた三名のグラティアを従えてあらわれる。上に註したところと同様、この図像あるいは彫像の意味するところもさほど難解という訳ではないだろうが、【異教徒の神々について語るジラルディ[32]もなにも付言していないので、】その解釈は読者諸賢に任せることとしたい。

[ヴェヌスに捧げられたギンバイカ《ミルト》] ヴェヌスにギンバイカが捧げられたのは、それが人の間に愛を生まれさせ保たせる力があると信じられたからであった、と言われる。[33]【プルタルコス[34]は、これが罪科を意味する植物であったと言い、ローマ人たちのもとでは労すくなくして殺害することもなしに敵を打ち負かした者が曳く小さな凱旋車はまさにヴェヌスの植物であるギンバイカで飾られたが、それはこの女神が暴力、戦争、不和をたいへん嫌う

キプロス島の町パポスのヴェヌス神殿と、彼女の本性をしるす神聖文字。ヴェヌスの山車は彼女に捧げられた白鳥と鳩が曳いている。この山車に裸で三名のグラティアたちとともに乗る姿はサクソン人たちが描いたもので、その片手に三つの林檎、もう一方にひとつの玉をのせている。これは黄金がわれわれを淫らにすること、肉欲というものの自然本性が生成にあることをあらわしている。[▶Tav.83]

幼いアモルたちが御す白鳥たちに曳かれる山車のヴェヌス。白鳥の歌とその静穏な自然本性が愛（アモル）の悦びにたいへんふさわしいものであることをあらわして。

ものであったからである、と説いている。また】これはギンバイカというものが、先にヴェヌスが生まれたと言った海の沿岸部によく繁茂する植物であるから[35]、と言う者もある。

【ヴェヌスに捧げられた薔薇】またヴェヌスには薔薇も捧げられた。これは情愛の歓びの甘美さをあらわす上品な香が薔薇にはあるから、あるいは色づいた薔薇は鋭い棘が刺さるのを感じずに摘むことが難しいが、情欲もまたその醜悪さを思い出すたび頬を染めさせ、すでに犯した過ちの意識がひどい痛みを感じさせるほどにわれわれを刺し傷つけるからでもあろう。それにまた見る者に歓びを与える薔薇の美しさだが、それは情愛の歓びと同様に長くつづかずたちまち萎れてしまう[36]。そこでヴェヌスの頭にこの花の冠を載せたのである[37]。

【色づく薔薇】だが薔薇とてつねに色づいている訳ではなく、はじめは白かったのだが、この女神の血によって染めあげられることになった。ヴェヌスに愛されるアドニスを嫉妬して殺そうとするマルス。その手から愛する者を守ろうと駆けつけた女神は白薔薇の鋭い棘の上に立ち停まるとそれにひどく刺されて、その傷から出た血がそれ以降生え出る薔薇を赤く染めることとなったのだった[38]。

【愉しいものがたり】これからおはなししようとするところはヴェヌスを描くにあたってはなんの役にも立ちそうにない

が、それでもたいへん面白く愉快なので、アテネオス[39]がものがたるところに従って観てみることにしよう。

【ヴェヌス・カリピーガ】往昔の人々は【情欲の歓びをたいへん大切にしたもので、】ある神殿をヴェヌスに捧げるとともにこれをカリピーガと呼んだ。これは美しい尻という意味であったが、それには以下のような由来譚が伝わっている。ある農夫に二人の娘があり、どちらも若くて美しくて優しかった。それがある時どちらがよりきれいなお尻をしているかで喧嘩になってどちらも譲らず、二人の間では決着がつけられずに公道に出ると、二人とも見ず知らずの若い男をたまたま見つけた。彼を審判にしておたがいその判定に従うことを誓い合うと、彼にお尻を突き出してみせた。若者は諍いの種となった部分をよく眺め、十分に考えた末、姉の方がきれいなお尻をしていると判定すると、たちまち恋して彼女を家に連れ帰った。家には弟があり、兄は彼にことの次第をものがたった。弟はそれを確かめたくなって兄が告げた場所へと赴くと、その妹がお尻が美しくないと言われて打ちひしがれていた。彼は娘にお尻を出させ、それがたいそう美しかったのでたちまち恋におちて、こんな美しいお尻をしているのだから元気を出して、兄が判じたようにあなたのお姉さんが君より美しいお尻をしていたなんてあり得ない、と娘を慰めて言いつつ、自分と一緒に来るよう説得すると娘もこれに同意した。かくして二人の兄弟は美しいお尻をした二人の姉妹を妻とし、たちまちたいへん富裕になった。なぜだかその理由は書いてないが、それも容易くご想像していただけるだろう。そして彼らはヴェヌスの神殿を建て、それをカリピーガと呼んだのだった。これは今日なら美しい尻とでも謂うところ、なにしろ彼らの僥倖はすべてここから始まったのだったから。

　これによって娘たちが美しくまた愛されたとするなら、からだのすべてがたいへん美しいヴェヌスがどのように判じられることになるかすこしでも考えてみれば分かろうというものである。アプレイウス[40]が女神を登場させるところで、じつにうまく語っているように。彼女の容貌はたいへん美しく上品で艶やかな色をして、そのほとんど裸のからだは完璧な美をあらわしていた。からだを隠すというよりもその美しい肢体を覆う薄い紗布を身に巻きつけているだけ。それも優しい風にそよぐたびに膨らんでもちあがり花咲く若さを見せるとともに、四肢に貼りつきその輪郭を際立たせる。その美しいからだは天から降ったものか、この世のものとも思われぬほどに白く、その薄い紗布はこの女神が生まれ出た海の色、淡青であった。その前を愛くるしいアモルたちが手に燃える松明をもって進む様子は、花嫁が花婿の家にはじめて赴く時、その前を五人の子供たちが松明をもって先導したという古人たちの慣習のとおりだった。そして一方の側にグラティアたち、他方にたいへん美しいホーラーたちが従っていた。彼女らはさまざまなかたちの美しい花冠でこの逸楽の女神を飾ろうとしているかのようだった。

これがアプレイウスの記すヴェヌスの姿であるが、彼がその傍らにおいたグラティアたちの後ろにまた他の者を従わせ、その片手にクピドを、もう一方の手にアンテロスを配する者もあった(41)。

【ホラティウス(42)はこの女神について謳いつつ、彼女を陽気に笑わせ、イオクス（面白い冗談で戯れることを意味し、古人たちはこれまた人のかたちに造りなした）がクピドとともに彼女の周りを翔けまわると言っている。ホメロス(43)は彼女のことをほとんどいつも、笑いを好むものと称している。なぜといって笑いは情欲とともにある陽気さのしるしだから。ペトルス・アピアヌスが蒐集した古物の中には、背に翼をつけ、ギンバイカの冠を被り、地面に坐って両脚で支えた琴を弾いている裸の子供の頭の上にVENVSと記されたものがある。その前にこれに似た子供が立ったまま琴を弾く子供を眺めている。この子供の上にはCVPIDOの文字。この子は高くもちあげた両手で美しい女の首を操っている。IOCVSと書かれたこの首から下がる二本の編毛の半分ほ

情欲の女神にしてアモルの母であるヴェヌスの姿。幼いアモルたち、ホーラーたち、三名のグラティアたちが同伴している。これらは愛の悦び、吉兆を示しており、こうした姿をもって古人たちは婚姻による和合と熱烈な愛とをあらわしたものだった。

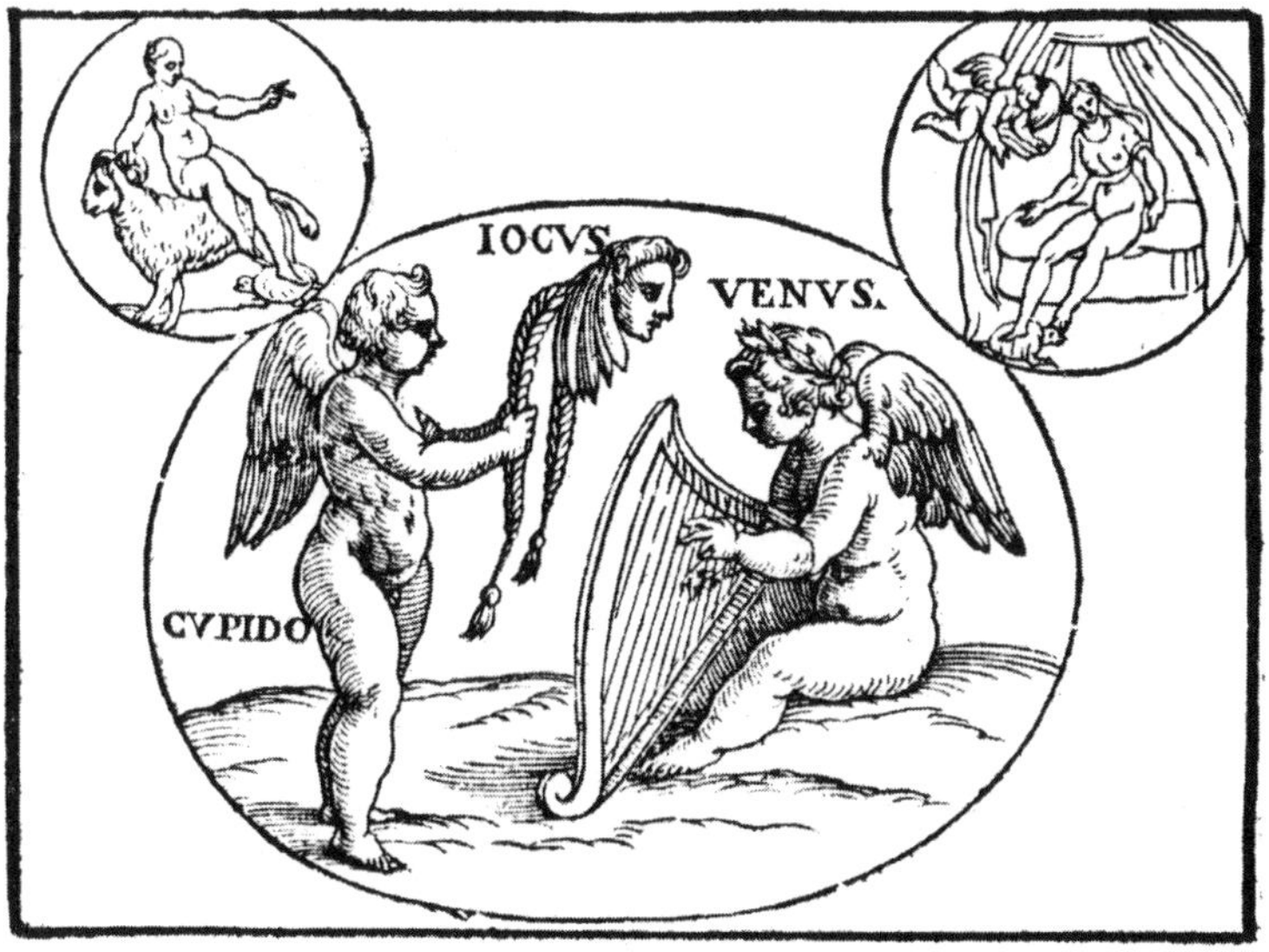

ヴェヌス、クピド、イオクスそして牡山羊の図。これらは生成誕生を、亀は神聖文字においては結婚した婦人の出産にかかわる難儀をあらわしている。また家族への配慮、子供たちの養育、沈黙といった婦女の勤めに欠かせない諸徳を。 [▶Tav.84]

どまで頭巾の布が垂れ、子供はその編毛の一方を握って支えているところ。[44]】

ヴェヌスからは【[45]放恣な欲望ばかりでなく、誠実な思いもやって来る。すでにローマ人たちは神託の書の勧めに従って、あまりに淫蕩な情欲の犠牲になっていた彼らの女たちのこころをより正直な思いに向けてくれるようにと、この女神を神殿に祀り、ウェル《転》ティコル《心》ディアと呼んで崇めている。この名はオウィディウスが記しているように、この放恣な女たちのこころをより誠実な生に向け変えてくれるようにという願いが込められていた。これはおそらくマルケルスがシチリア戦の後、ローマ壁外一マイル程のところに建てたという神殿のことだろう。】この神殿がローマの壁外遠くにあるように、あらゆる情欲がローマの女たちから遠く離されてあるように、と。娘たちは成長すると、幼女時代に遊んだ漆喰や布製の人形をそこに奉納しに行ったものだったという。[46]

【ローマ人たちのこのヴェヌスは、ギリシャ人たちがアポストロフィアと呼んだ女神によく似ていた。これは敵対者というような意味で、破廉恥な欲望に敵し、人のこころから放恣な欲望を取り除くものだった。これにこの名を与えたのはテーバイのカドモスの妻ハルモニアであった、とパウサニアス[47]は記している。

彼らのもとには、肉体的な交渉とは関係のない純粋誠実な愛をもたらす天上のヴェヌスも存したし、子孫をつくるために愛させる世俗一般のヴェヌスと称されるものもあった。】卓越した彫刻家スコパスは、これを山羊の上に座り、片足を亀の上に乗せた女神の姿に造りなした、とアレクサンデル・ナポリタヌス[48]は伝えているが、プルタルコスはこれを彼女が夫たちに与える訓育であったと記しており、またフィディアスはすでにエリスの人々のために片足を亀の上に乗せたヴェヌス像を造ったが、これは女たちに家事に専念し口答えなどしてはならないと教えるものであったと言っている。なぜといって女が黙すことは美徳と考えられていたから。プルタルコス[49]は別の箇所で、パウサニアス[50]も触れているこの像の意味について説明を試み、若い娘は処女のうちは他人の監督のもとにあるべきだが、ひとたび結婚したなら家人に語るのは夫の務めと弁えて寡黙に家を守ることに努めねばならないのだと言っている。なるほどプリニウス[51]は亀には舌がないと記している。

【亀の自然本性】 同じプリニウス[52]およびエリアノス[53]にはこの動物の自然本性が論じられており、古の彫刻家たちは女たちへの貴重で尊い訓戒として、ヴェヌスの足元に亀を配したものであるらしい。なぜなら雌亀は雄と交尾する時には腹を上に向けなければならず、雄は交尾が済むと雌をそのまま置き去りにしてしまうので、他の動物たち特に鷲の犠牲にならないように自分でからだを立て直さねばならず、ことの危険を知っていたから。それゆえ雌亀は頑なに交尾を禁欲し、情欲のままにふるまう雄から逃れるのだが、結局それに応じるべく強要され、ある種の草に触れると情欲に火がつき、もうなにも恐れなくなる。つまり女たちも慎ましさを失うとどんな危険が待っているか考慮しておかねばならず、結婚の務めとして後継者としての子供をつくるためでなければ、情欲の歓びと放恣な嗜好からは逃れねばならない。

【ヴェヌスとメルクリウス】 プルタルコス[54]によれば、古人たちはヴェヌスの彫像にグラティアたちアモルたちばかりでなく、メルクリウスをも添えたという。愛情のこもった性交には人のあいだに愛を生まれさせ育ませるような甘く優しい愛撫や嬉しいことばが欠かせない、ということがここに仄めかされている。ヴェヌスに付き従うグラティアたちのあいだに、ギリシャ人たちがピュトーと【呼び、ラテン人たちがスアデラと】呼ぶ説得の女神が添えられたのはこうした訳である。[55]

【先述した[56]ギリシャのエリス人たちのもとにあったユピテル神殿では、これは海から現われクピドに迎えられるヴェヌスの冠としてあらわされていた。メガラ人たちもスアデラの神像をヴェヌスの神殿に祀ったが、アテネ人たちのもとでこれら両者を最初に崇めさせたのは野に散っていた人々を一つの町に集めたテセウスであった、とパウサニアス[57]は伝えている。ギリシャのまた別の土地にもスアデラの神殿があったといい、この女神が古人たちから崇められたことが知られる。またよくヴェヌスの伴連れとされたことについてはオウィディウス[58]が言うところ。

ヴェヌスこそが粗野であった者たちを
はじめて上品な人々となしたのだった。

つまり最初の雄弁とは恋する者たちのものだった。恋する者たちは愛する娘たちをわがものにしようと口説き、また娘たちもそれまで知らなかった素敵なことをそうした説得のうちに数多見出して歓んだのだった。ここからアルカディア人たちはヴェヌスを企む者《マキナトリーチェ》、着想する者《インヴェントリーチェ》と呼んで崇めた、とはパウサニアス[59]の伝えるところである。つまりヴェヌスによってもたらされる歓びのため、男たちは美しい娘たちを自分の想いに引き寄せようとさまざまな手法を編み出し、娘たちを悦ばしい生に引き入れたのだった。ヴェヌスはただ嬉しく愉しいことがらにのみ配慮するものと考えられたのだった。】それゆえホメロス[60]によれば、往時ディオメデスと戦っていたアエネアスを助けようとして手を傷つけられたヴェヌスに、ユピテルが陰惨な戦争からは離れているようにと警告したのである。戦争というものはマルスとミネルヴァのもの、情愛の歓びを司るおまえの出る幕ではない、と。

しかし古人たちが【[61]ヴェヌスを武装するに任せたのは】、なにもこのせいではなかった。ラクタンティウス[62]が記しているように、その原因となったのはラケダイモン人たちがメッセネを攻略しようとしていた時、メッセネ人たちが密かに町を出て逆に周囲のラケダイモン人たちの邑々を奇襲し略奪しようと謀ったことにあった。ラケダイモンの戦士たちがすべて包囲戦に出ているならそれも容易に果たされることだろう、とメッセネ人たちは考えたのだった。しかしこの企ても思ったように運ばなかった。ラケダイモンの女たちはこの謀に気づくとみな武装して敵に向かい、町や邑を略奪から守ったばかりか、敵を追い散らして遂には退却させてしまったから。そうこうするうち、ラケダイモンの男たちは敵の奇策を察して彼らを迎え撃つべく兵を進めたが、敵どもは他の道を逃げたものか見つからず、かえって完全武装に身を固めた女たちに出会うこととなった。それを敵兵と信じ込んだラケダイモンの男たちは戦闘命令を発したが、女たちは武具を脱ぎ捨てて男たちに自分たちの

武装したヴェヌス、勝利者ヴェヌス、足枷されたヴェヌスの姿。これらは婚姻者たち愛する者たちがそうあらねばならぬ毅然とした態度をあらわしている。またこれらの姿は、略奪にやってきたメッセネ人たちと勇敢に対峙したラケダイモンの女たちの勲をしるしたものでもある。［▶Tav.85］

正体を明かした。男たちは彼女たちが自分の町の者であることを認めると、感極まってみな抱擁しあった。各々が自分の伴侶を見つける暇もなく、みな一緒に愛で武装したもののようにお互い偶々出合ったもの同士慰みあった。それが勇敢に戦った女戦士たちに与えることのできる最も高価な報いの褒賞でもあるかのように。

女たちがなし遂げたこのすばらしい事跡を記念して、ヴェヌスの神殿に武装した女神の彫像が祀られることとなったのだった。これについてアウソニウス[63]は美しい寸鉄詩《エピグランマ》をつくり、ヴェヌスが自分のように武装しているのを見たパラスがあらためて競争心を起こし、またパリスに審かせようとするのをヴェヌスは厚かましいと一蹴し、わたしが裸でいる時にあなたはすでに負けたのに、武装したわたしに勝てるおつもりか、と嘲笑わせている。この寸鉄詩を俗語にしてみるならこのようになろうか。

スパルタでパラスは美しきヴェヌスが
女戦士のように武装しているのを見て、
「なんて自惚れ屋さんでしょう、
いまこそ諍いに決着をつけましょう。審き手には
またパリスを呼んで」と言った。それにヴェヌスは
応じた。「ああなんて厚かましい方。鎧を纏った

わたしに勝てると思ってらっしゃるの、わたしが裸の時にさえあなたは降伏なさったのに」。

【これに起因するのかどうか、ヴェヌスはまたしばしば勝利者《ヴィットリーチェ》とも呼ばれた。コリントのある地には手にヴィク《勝》トリ《利》アを載せた彫像があり、そこからニコポラスと称されていた。これはギリシャ語で、われわれのことばにするなら勝利をもたらすものとなる。パウサニアス[64]が記すところによれば、これはヒュペルメストラが父ダナオスの命に反して他の姉妹たちのように夫を殺さなかったことを責められたものの、その裁きで無罪をかちえた彼女が献じたものであったという。】

【勝利者ヴェヌス】　皇帝ヌメリアヌスのあるメダルから、ローマ人たちが勝利者ヴェヌスを次のような風にあらわしたことが知られる。つまり彼らは地に着きそうなほど長い衣装を纏った美しい女の像を描きあるいは彫り、その右手にヴィクトリアの小像を載せ、左手にこのようなかたちのもの。△をもたせたのだった[65]。これがヴェヌスの名のもとにパポスの民が崇めたものであったことについては先述したが、これはどちらかといえば鏡のことであったと言う者もある[66]。フィロストラトス[67]がアモルたちの描写について書いているように、ヴェヌスの彫像にニンフたちが配されたのは、彼女らをこの女神がかくも美しいアモルたちのような子供の母たちとしたからであり、彼女らは女神に銀の鏡と金塗りの飾り脚を捧げたのだった。

また別に、これまた古いファウスティーナ・アウグスタのメダルに見られるヴェヌスは中央には二つの小さな像を刻んだ盾を地面に凭せて左手に握り、右手にヴィクトリア像を捧げもっており、その周囲にVENERE VITTORICE（勝利者ヴェヌス）の文字が刻まれている。

これまたファウスティーナの別のメダルをみた記憶もある。そこにはVENEREと文字が刻まれ、着衣で立ち姿の女性が左手で衣装の裾をたくしあげ、もう一方の手にはなにやら林檎のようなものをもっていた[68]。彼女のことをパリスがユーノーよりもパラスよりも美しいと審判した時に彼女に与えたものでもあっただろうか。パウサニアス[69]もまたあるヴェヌスの彫像について語った折、その手に林檎をもたせている。これはギリシャのシキュオン人たちのもとにあった彫像で、その地にはこの女神に捧げられた神殿があり、その中に入ることができるのはただ二人の女に限られていたことを伝えている。その一方は監視役でこの役職に就いているあいだは夫と関係をもたず貞潔を守り、もう一方は生贄に関わる勤めを果たさねばならなかったので処女でなければならず、一年以上この勤めに就くことはなかっ

[▶Tav.85]

た。この女神に祈りを捧げるために神殿にやって来た他の者たちはみな、扉の前にいた。彫像は黄金製の坐像で、片手に何本かの芥子の花を、もう一方の手に林檎をもって、頭頂にはピン留め[70]というか蝶番のようなものを着けていた。これはテュンダレオスがつくらせたもので、往時の女たちが薄紗をするにあたっての装身具としてもちいたものだった。

［モルフォ、足を縛られたヴェヌス］ これについてパウサニアス[71]は、ラケダイモン人たちのもとにあった武装したヴェヌスの神殿の上にわれわれなら小房とでも呼ぶであろうようなものがあり、ここに座す女神がモルフォと呼ばれていたと伝えている。先述したようにその頭には薄紗のようなものを被り、足には罠もしくは足枷がかかっていた。それは女たちが婚姻の結び目にすでに繋がれたものたちに対する確たる信頼をもつようにと訓告したものであり、彼女がそれで繋がれていれば十分だったと言う者もある。だが、ヴェヌスに足枷をかけたのは、娘たちが犯した姦通があたかも女神のせいであったかのように、彼女に報復するためにテュンダレオスがしたことであった、と言った者もある。しかしパウサニアスはそんなことは信じられない、そんなことのためにヴェヌスの彫像を杉の木で造り、その像を懲らしめようとして足枷をしてみせるような者がいたなどと考えるのはあまりに愚かである、と冷笑している。どうやら彼の言うことに理がありそうである。古人たちは侮蔑するために神々の像を造った訳ではないし、神々に報復しようとしてそれを造った訳でもなかった。それは彼らの尊崇の気持ちから、神々からもたらされる助けと好意を願って、また時には神々の像によって神々のさまざまな徳能をそれと知らぬ者たちに知らしめるために造ったのである。他の神々の像にも認めることができるように、古人たちはヴェヌスばかりか他の神々にも足枷をつけたものだった。これが侮蔑や報復のためではなく、他の理由によるものだったことについてはすでに他の箇所で述べたので、ここで繰り返さない。[72]

【ただヴェヌス[73]は娼婦たちの主なる神性であるようにみえ、彼女らの手練のうちにすでにこの女神が見出されるとともに、その祭にあたっては彼女らに上品さ、美しさ、淑やかさが授かりますように、彼女らの利益と儲けによって誰もが愛されますようにと祈り、厳かに祝ったものだった[74]にせよ、この女神はまともな娘たちからもそれに負けぬ愛着をもって崇められたのだったことを強調しておこう。こうした娘たちは、この女神が彼女らの結婚につながる優美さや美しい姿を与えてくれるものと信じたのだったから。ヴェヌスが婚姻に対する配慮をも凝らしてくれるものと古人たちが考えたことについては、すでに述べた。[75]

パウサニアス[76]が記しているように、ギリシャ人たちのもとではある洞窟でヴェヌスの聖性が崇められ、そこに人々がさまざまな請願を立てに集まったものだったという。特にそこに赴いたのはどうやら未亡人たちで、第二の婚姻の幸せを授けられますようにと女神に祈ったものらしい。もちろん既婚婦人たちもここで祈ったばかりか、他のヴェヌス神殿にも赴き、この世での夫との愛が永劫つづきますように、あらたに子供を授かり後継者に恵まれますようにと祈ったものだった。

ヴェヌスは女たちにかかわりのあることすべての神性であったからであろう、女たちは彼女らの幸せの到来のすべてを他の神々でなくなによりこの女神のおかげと考え、また男たちもこの女神に由来するものとみなされた一々の幸せを彼女に感謝した。】

ローマ人たちがカンピドリオをガリア人たちに攻囲されたとき、戦闘用の大型兵器の牽綱をつくるためになによりも必要に迫られて女たちがみな髪を切り、そのおかげで攻囲から解放されたという。ラクタンティウス[77]が伝えるところによると、その後、ローマ人たちはヴェヌスに神殿を捧げ、この女神の剃髪像を祀り、女たちがなした公益を讃えて女神を勧請したという。さもなければヴェヌスがそのようになされることはなく、女神はいつも美しい髪をしていた、とはクラウディアヌス[78]が次のように言うとおりである。

その折ヴェヌスは美しい金塗りの椅子に掛け
美しい金髪を調えていた。
その周囲ではグラティアたちのひとりが
甘美なネクタルをその
金色の髪に振り撒き、
もうひとりは象牙の櫛で髪を梳き、
三人目はその白い手で上品に
それを編み上げ、美しく纏めていた。

【髭あるヴェヌス】古人たちはこの女神に髪ばかりか髭までつけたものだった。そのようなヴェヌスの彫像がキプロスで崇められていたとはアレクサンデル・ナポリタヌス[79]が伝えるところで、女物の着衣を纏ってはいたもののその顔も姿も男のようであったという。またスイダ[80]には、櫛を手にもち顔には髭のあるヴェヌスの彫像が造られたという記載がある。どうやらローマの婦人たちのあいだに髪がみな抜け落ちてしまう病が流行ったものらしい。これは今でもしばしばみられるところであるが、彼女らにはもう櫛も必要なくなってしまった。このように酷い病に苦しんだ女たちが

[▶Tav.86]

この惨状をどうかしてくれるようにと熱心にヴェヌスに祈ると、なるほどご利益があり、女神はこうした熱心な祈りを受納して女たちの髪がもう抜け落ちないようにするとともに、抜け落ちてしまった者たちにはあらたに生えさせた。そこで女たちはお礼のしるしに、櫛を手にした彫像を奉納することとなった。それと同時に、この女神は性別を問わず動物たちの誕生一般を司るものでもあったので彫像には髭をもつけ、胸から上は男のように、それより下は女のように造りなしたのだと言う。

[男でも女でもある神々] 古人たちにとってこれは別にヴェヌスに限ったことではなく、他の神々もそれぞれ男名と女名をもっていた。死すべき者たちとは違って、神々には性差がなかったから[81]。

[特記しておくべきその用例] アラビアのカレ[82]では、月《ルナ》を女性神と信じこれを女性名で呼ぶ男たちには、女たちに対する従属と妻への服従が義務とされたが、逆にそれを男神と信じ男性名で呼ぶ男たちは女に欺かれることなく、妻を服従させるとともにそれを義務として受け入れさせたものであった[83]。

[男神としての月《ルノ》] エジプト人たちは通常、月を女性名で呼んだにもかかわらず、彼らの宗教秘儀にあってはそれを女神ではなく男神と称した[84]。それゆえエジプト人たちはこの神に代えて、たいそう牡牛を崇めたのだった。またパルタイ人たちも月を男神として崇めた[85]。フィロコロスはヴェヌスをルナ《月》と同一と考えたし、エジプト人たちの中にもその彫像に角をつけて（その図像に認められるように月には角がつけられたものだった）男神と信じる者があり[86]、往昔この神に生贄を捧げるにあたっては男たちは女装し、女たちは男装したものであったともいう。

【ここからすると、エジプト人たちは彼らが謂う四元素をそれぞれ男と女に両分してみせるとセネカ[87]が『自然について』に記しているところにもさほど違和感はない。つまり彼らは、気において風は男、流動せず霧のようにとどまっているものは女であり、水にあって海は男で淡水は女、燃やす火は男で明るく照らす光あるいは燃やさない火は女、土としては石や岩のような堅いものは男、柔らかくて耕すことができるものは女、と称したのだった。】

それにとどまらず、レバノン山のヴェヌスの神像のように悲しげに慰めもなく頭からすっぽりと外套を被り、顔から滑り落ちそうになるそれを手で押さえているものすらあり、マクロビウス[88]が言うところによれば、それを見る者は誰も目から涙が零れているように思ったものだという。これは猪に殺されたアドニスの死を悼むヴェヌスをあらわしたものであった。

万有宇宙の諸物の生成を含意した気として、男でも女でもあるヴェヌスの姿。死すべき者たちとは違い、神々にとっては性差というものはない。また猪に殺されたアドニスの死を悼むヴェヌスの姿。これは冬という季節の寒さをあらわしている。　［▶Tav. 86］

【アドニス祭】 このため幾日か聖なる日が定められ、アドニス祭が修された。この日々、町中の女たちは死者の遺体のような像を幾つも造り、それらをあたかも死んだばかりの人のように担架に載せて、泣きながら墓地へと運んだ。プルタルコス[89]が言うところによれば、これはヴェヌスが愛したアドニスの死を悼んで流した涙を記念して、アテネで行なわれたものであった。【パウサニアス[90]によれば、アルゴス人たちもまた、ユピテル・セルヴァトール[91]の神殿からさほど遠くない祠へ、アドニスのために涙を流しに行ったものだという。】

【土の半分を司るヴェヌス】 マクロビウス[92]はこれを自然のことがらに転じて解釈を施している。つまり大地《土》の総体の上半分、つまりわれわれの住むところを、古人たちはヴェヌスの名によって含意し、下半分をプロセルピーナと呼んだ、と。そればかりか獣帯十二宮のうちの夏の六宮が上位と呼ばれ、他の冬の六宮が下位と呼ばれたのだった。

【太陽としてのアドニス】 そして太陽をアドニスの意味においてみるとき、これが上位六宮を往く夏の期間、ヴェヌスは愛する者と一緒にあって歓ぶが、冬の期間に下位の六宮を往く間は涙を流し悲しむもの、あたかもその時アドニスが死に、プロセルピーナが彼を連れ去ってしまうかのように信じられていた。

［猪に殺されたアドニス］ 寓話の数々では、猪が彼を殺したのはこの動物が冬には剛毛で被われ、泥濘につかっても平気、冬の実である団栗を食べて元気旺盛である一方、冬には日が射す時間が短く、われわれをほとんど温めてくれないので太陽は致命傷を負ったようにみえるからだという。光と熱が不足すると死がやって来る。それゆえ、外套にくるまれて涙するヴェヌスの姿は、雲に覆われて太陽が見えないのに挫ける冬期の大地（土）をあらわしており、その時、大地の目である泉は水を溢れさせ、なにも飾りのない田野は悲しみに沈んで見える。

［ヴェヌスの変容］ もちろんエウセビオス[93]もヴェヌスについて語っており、生成の力能は彼女によってもたらされ、彼女が種子に力を付与する、と言っている。ヴェヌスが女性の姿であらわされるのは、産生が彼女によって起こるから。彼女が美しいとされるのは、天空のあらゆる星辰の中で最も美しく見える星、キケロ[94]が言うとおり、夕べにはエスペロー《ヘスペロス》と、明方にはルチフェロ《ルキフェル》と呼ばれる星であるから。彼女の傍らにクピドが寄り添っているのは、彼女から放恣な欲望のすべて、貪婪な情欲のすべてが生まれるから。乳房と性器を隠しているのは、後者のうちに種子が、前者のうちには受胎した種子から生まれた者のための滋養が蓄えられているから。また彼女が海から生まれたと言われるのは、海水というものは熱湿であり、それが波打ち激しく揺れることで泡をなすところが、自然本性湿にして熱である白く泡立った種子と同じとみなされたからだった。

ヴェヌスに関しては他にも数多語ることができるだろう。彼女を惑星として、第三天を飾る星からやって来るさまざまな影響について道理づけようと考える者[95]なら、怖ろしくも獰猛な神マルスがなぜ彼女とともに愉快に一緒にいることができると古人たちが考えたのか、その理由についても知ることができるかもしれない。しかしわたしは神々の姿について思い巡らしてきたのであって、彼らの本性についてではないのだから、古人たちがヴェヌスを思い描いた記述の数々から逸脱しないことにしたい。彼らがこれ以外にも造りなしたものであったかもしれないが、それはわたしの知るところではない。総体を記述しようと努めるにしても、つねになにごとか遺漏するものである。当然なにごとか付言なさりたい方もあろう。だが僅かばかりわたしが記したところを読めば、古人たちの神々の描画や彫刻の範例を得るに十分であろうし、それを造ろうとする者、その道理づけを知ろうとする者に資することであろう。

では先にお約束したように、ヴェヌスの伴連れたちつまりグラティアたちホーラーたちに移ることにしよう。だがその前に、この女神を腕に抱きつつ愛を交わすマルスが、ユピテルにテーバイのエテオクレスとポリュネイケスに戦争を嗾《けしか》けに行くように命じられて言うところを観ておこう。スタティウス(96)はこう記している。そこからしてどれほどヴェヌスの力が強いかよく分かる。だからもっとも堅固なこころ、断固たる決意も時として彼女に打ち負かされるのをまのあたりにすることになっても、なにも驚くことはない。情愛の歓びというものは犠牲に変じるのが常であるから。そのマルスのことばを俗語にするなら次のようになろう。ヴェヌスの描写のおわりに。

おお、わが甘き憩い、よい気分、
惑乱した気持ちにもたらされる真の平穏、
恐れることもなしにわたしに抗うことができるのは
おまえだけ、わたしが憤っても、
この駿馬たちの猪突猛進を
抑え止められるのはおまえだけ
残酷な戦にあっても、この手から武器を
取り去ることができるのはおまえだけ。

註

（1）cfr. Macrobio, *Saturn.*, 1.12.11.

（2）cfr. Cornuto, *Theol. Gr. comp.*, 24, pp.44-45 Lang. ところで Cicerone, *De nat. deor.*, 3.59 はヴェヌスの系譜を四つ挙げ、Boccacio, *Gen. deor.*, 3.22 ; 3.23 ; 11.4 はそれを一々とりあげているが、カルターリはヴェヌスとアフロディテの区別もなく折衷的に語っている。

（3）Lucrezio, *De rer. nat.*, 1.1-2 ; 1.4-5.

（4）cfr. Servio, *Georg.*, 1.5 ; Dante, *Conv.*, 2.5.14 ; *Par.*, 8.1-3.

（5）Celo : Esiodo, *Theog.*, 192-197.; Boccacio, *Gen. deor.*, 3.18. ここでは性器を切り取られたウラノスもしくは天《カイロス》が中世ラテン語形 Celus, Celius（天）に変じている。［XII］章註70参照。

（6）Leone Ebreo, *Dialoghi d'amore*, a cura di S. Caramella, Bari 1929, p.131.

（7）cfr. Furgenzio, *Mythol.*, 2.1 ; Boccacio, *Gen. deor.*, 3.18.

（8）Ovidio, *Met.*, 4.536-538.

（9）cfr. Esiodo, *Theog.*, 190-200 ; Macrobio, *Saturn.*, 1.8.6 : «a spuma unde coaluit Aphrodite nomen accepit» ; Fulgenzio, *Mythol.*, 2.1 : «afros enim Grece spuma dicitur».

（10）Virgilio, *Aen.*, 1.800-801.

（11）＊あまり変わらないが初版では別訳が載せられていた。「わたしの領野にあっておまえが自らを恃むのは義しい、／なぜといっておまえはここで生まれたのだから。」

（12）Pausania, *Perieg.*, 5.11.8.

（13）cfr. Fulgenzio, *Mythol.*, 2.1.

（14）Tacito, *Hist.*, 2.2-3. ; cfr. Boccacio, *Gen. deor.*, 3.18.

（15）cfr. Curzio Rufo, *Hist. Alex.*, 4.7.22-24 : 臍 umbilicus ;［IV］章［ユピテル・アムモーン］項参照。

（16）＊初版では「ユピテルの姿に関連して述べたように」。［IV］章［秘された諸玄義］項、同［パンに授けられた松笠］項。また他に［VI］章［エレウシスの秘儀］項、［X］章［スフィンクスとミネルヴァ］項等参照。

（17）cfr. Giraldi, *De deis gent.*, 13, p.329.

（18）Claudiano, *Epith. Hon. et Mar.*, 128-154.

（19）＊初版では次の一節がつづいていた。「神々に山車が与えられたのはなにより彼らの偉大さのためで、かくも偉大なるものたちが自らの足で歩くなどということがあってはならないと言うかのごとくであった。後には諸天界の旋転とともに、神々の乗り物がその軌道を速く廻る様子をあらわすものとなった。」

（20）Apuleio, *Met.*, 6.6.

（21）cfr. Fulgenzio, *Mythol.*, 2.1 ; Boccacio, *Gen. deor.*, 3.22.

（22）cfr. Lattanzio Placido, *Theb.*, 4.226 ; Boccacio, *Gen. deor.*, 3.22. ＊初版では「これについてはすでに『フラヴィオ』で述べたし、『ファスティ』の俗語訳にも記したので、ここでは略す。それに代えてここではエリアノスの説を挙げておこう。」

（23）Eliano, *De nat. anim.*, 4.2

（24）Ateneo, *Deipnos.*, 9.394f-395a.

（25）Orazio, *Carm.*, 3.28.13-15 ; 4.1.9-11.

（26）Ovidio, *Met.*, 10.717-718.

（27）Stazio, *Silv.*, 1.2.141-144.

（28）cfr. Giraldi, *De deis gent.*, 13, p.329, 20-23. 上掲ホラティウス以下の引

用もあり。
(29) cfr. Fulgenzio, *Mythol.*, 2.1 ; Boccacio, *Gen. deor.*, 3.23.
(30) cfr. Plinio, *Nat. hist.*, 36.20-21.
(31) cfr. Fulgenzio, *Mythol.*, 2.1 ; Boccacio, *Gen. deor.*, 3.23.
(32) Giraldi, *De deis gent.*, 13, p.329, 47-52.
(33) cfr. Boccacio, *Gen. deor.*, 3.22. ギンバイカには媚薬としての効能があるという記述。
(34) Plutarco, *Marc.*, 22.1-6 ; cfr. Gellio, *Noct. Att.*, 5.6.21-23.
(35) cfr. Boccacio, *Gen. deor.*, 3.22.
(36) cfr. Fulgenzio, *Mythol.*, 2.1.
(37) cfr. Claudiano, *De raptu Pros.*, 2.122-123.
(38) cfr. Poliziano, *Miscellan. Cent.*, 1.11 ; Aftonio, *Progymn. rhet.*, 2, p.3 Rabe.
(39) Ateneo, *Deipnos.*, 12.554c-e. ; cfr. Giraldi, *De deis gent.*, 13, p.335, 7-19. ＊初版では「ギリシャの著作家ムソニオスがものがたるところをアテネオスが伝えるところに従って」となっていた。
(40) Apuleio, *Met.*, 10.31-32.
(41) cfr. Giraldi. *De deis gent.*, 13, p.329, 15-16.
(42) Orazio, *Carm.*, 1.2.33-34.
(43) Omero, *Il.*, 3.424 ; 4.10 ; 5.375 etc. : ‹philommeides›（笑いを好むもの）
(44) Pietro Apiano, *Inscriptiones sacrosanctae vetustatis*, tav. 451.（下図）本文中挿図解説ではIOCVSをGiogo（軛）としているが、これはどちらかといえばGioco（児戯、嬌態）であろうから、ラテン語音綴に戻しておいた。
(45) ＊初版では逆の意で記されていた。いずれ両義的だが、初版の方が意が通じているか。「この女神からは愛することよりもかえって心変わりがもたらされるとでもいうことだろう、マルケルスはシチリア戦の後、ローマの女たちの放恣なこころを彼女が清めてくれるようにとローマ壁外一マイル程のところにこの女神の神殿を建てた。」
(46) Ovidio, *Fast.*, 4.155-160. ; cfr. Alessandri, *Genial. dier.*, 2.4. ＊初版では次の一節がつづいていた。「わたしがここに述べたような理由からマルケルスがヴェヌス神殿を献じたとしてもなにも驚くことはない。パウサニアスは、テーバイ人たちのもとにはカドモスの妻ハルモニアが名づけた三人のヴェヌスがいた、と記しているのだから。ひとりは肉体的交渉とは関係のない誠実な純愛をあらわす天上の（ヴェヌス）、もうひとりは放恣な色欲の愛をなす世俗の（ヴェヌス）、三人目がアポストロフィア。これはわれわれのことばにすれば敵対者、破廉恥な欲望に敵し、人のこころから放恣で邪な欲望を取り除くものだった。この最後のものこそマルケルスが神殿を捧げた女神に近しいものだったろう。一方、世俗の（ヴェヌス）は卓越した彫刻家スコパスが造ったもの、これも世俗一般の（ヴェヌス）と呼ばれていた。」三女神を順に論じた初版の記述が加筆により整序されている。
(47) Pausania, *Perieg.*, 9.16.3-4.

(48) Alessandri, *Genial. dier.*, 4.12.
(49) Plutarco, *De Is. et Os.*, 75 ; *Coniug. praec.*, 32.
(50) Pausania, *Perieg.*, 9.16.3-4 ; 6.25.1.
(51) Plinio, *Nat. hist.*, 11.180.
(52) Plinio, *Nat. hist.*, 9.37.
(53) Eliano, *De nat. anim.*, 15.19.
(54) Plutarco, *Coniug. praec.*, 2.
(55) cfr. Giraldi, *De deis gent.*, 1, p.45, 21-22. ＊初版には次の一節があった。「これ（説得）は優しいことばをもってなされるものであり、それ（愛）は道理づけされることによって寛ぐものであるから。† つまり情愛のこもった対話にあって、ことばはつねに愛するように誘い、愛するもののこころを確かめ、みな愉しく喜ぶこととなる。なんといっても陽気さは放恣さの伴連れであるから。そこでホメロスはヴェヌスをほとんどいつも笑いを愛するものと呼んだのである。‡ なるほど彼女は嬉しく愉しいことがらにのみ配慮するものゆえ、［ホメロスによれば……］」
†この一文の指示代名詞がなにを指すのか分かりにくいので改稿されたのかもしれない。

‡この一文は前項に挿入された。上註43参照。
(56) 本章［アフロディテ］項参照。
(57) Pausania, *Perieg.*, 1.22.3 ; 1.43.6 ; 2.7.8 : 2.8.1 ; 2.21.1.
(58) Ovidio, *Fast.*, 4.107-108.
(59) Pausania, *Perieg.*, 8.31.6.
(60) Omero, *Il.*, 5.426-430.
(61) ＊初版では「武装したヴェヌスを崇め、また女勝利者《ヴィットリーチェ》とも呼んだのは」。これは次節に加えられた。
(62) Lattanzio, *Diu. inst.*, 1.20 ; cfr. Giralidi, *De deis gent.*, 13, p.335, 20-30.
(63) Ausonio, *Epigr.*, 52 ; cfr. Giraldi, *De deis gent.*, 13, p.335, 34-43.
(64) Pausania, *Perieg.*, 2.19.6 ; cfr. Giraldi, *De deis gent.*, 13, p.337, 41-47.
(65) 一五八七年版の Tav.83（章頭）あるいは一六七四年版（本文中挿図）では三角形は立体化され先の途切れた円錐になっており、その上に玉を載せられそうである。一六七四年版本文では△でなくΛの上に○が乗っており（下図）、これは鏡を脚の上に置いたかのようにもみえる。

(66) Giraldi, *De deis gent.*, 13, p.339, 26-32.
(67) Filostrato, *Imag.*, 1.6.［XIII］章註58参照。
(68) cfr. G. Du Choul, *Della religione antica de' Romani*, p.173. ファウスティーナのメダル（左下図）。

(69) Pausania, *Perieg.*, 2.10.4-5.
(70) polo : 極子、円柱。一六四七年版（本文中挿図）に描かれたメダル中に女神が円柱に肘をかけているのは、この記述と関係したものか。あるいはその手に乗せる鋏のようなもの。一五八七年版（章頭 tav.85）中央ではヘアバンドのようなものになっている。いずれにしてもカルターリはこのよく分からない装身具から次項の罠や足枷に思いを馳せることになる。蝶番については［I］章註46、［V］章［結婚式で招請されるタラシオ］項を、polon については［XII］章註9参照。
(71) Pausania, *Perieg.*, 3.15.10-11.
(72) ［X］章［縛められた神々］項参照。
(73) ＊初版ではこの加筆部分に代えて以下のような一文が付されていた。「ヴェヌスに戻ろう。この女神はなにも放恣な歓びのためにだけ崇められたものではなく、女たちがなした賞讃すべき事跡を讃えたものでもあった。女たちは他のどの神々よりもこの女神に繋がるものであるから、女たちがなした一々の功績についてはこの女神に報謝するべきである、と。」

(74) cfr. Ovidio, *Fast.*, 4.865-870.
(75) 本章［情欲の女神］項参照。
(76) Pausania, *Perieg.*, 2.34.12.
(77) Lattanzio, *Div. inst.*, 1.20 ; cfr. Giraldi, *De deis gent.*, 13. p.342, 9-11.
(78) Claudiano, *Epith. Hon. et Mar.*, 99-106.
(79) Alessandri, *Genial. dier.*, 4.12 ; cfr. Macrobio, *Saturn.*, 3.8.2.
(80) Suida, *Lex.* A, 4653 Adler.
(81) cfr. Servio, *Aen.*, 2.632,
(82) Carreni
(83) cfr. Elio Sparziano, *Historia Augusta*, *Ant. Carac.*, 7.3-5.
(84) cfr. Eusebio, *Praep. Ev.*, 3.12.5-13.2 ; Diodoro, *Bibl. hist.*, 1.11.4.
(85) cfr. Elio Sparziano, *Historia Augusta*, *Ant. Carac.*, 7.3-5.
(86) cfr. Macrobio, *Saturn.*, 3.8.3.
(87) Seneca, *Nat. quaest.*, 3.14.2.
(88) Macrobio, *Saturn.*, 1.21.5.
(89) Plutarco, *Alcib.*, 18.5.
(90) Pausania, *Perieg.*, 2.20.6.
(91) Giove Servatore
(92) Macrobio, *Saturn.*, 1.21.1-6.
(93) Eusebio, *Praep. Ev.*, 3.11.40.
(94) Cicerone, *De nat. deor.*, 2.53.
(95) cfr. Macrobio, *Somn. Scip.*, 1.19.20-25 ; Dante, *Par.*, 8.1-3.
(96) Stazio, *Theb.*, 3.295-299.

[XV]

グラティアたち

グラティアたちは誰の娘か／女神ホーラーたち／ホーラーは何人いるのか／四人のグラティア／なぜグラティアたちはヴェヌスの供をするのか／ふたりのグラティア／三人のグラティア／グラティアたちの名、エウプロシュネー、アグライアー、タレイア、パシテア

Tav. 87
［太陽に導かれるホーラーたち］
▶ p.647-648

Tav. 88
［メルクリウスに導かれるグラティアたち］
▶ p.652-653

アモルとその母ヴェヌスを説いた後、これらにいつも付き添っているグラティアたちホーラーたちについて語るのは的を射ているであろう。ヴェヌスとアモルが新たな子を儲けさせる要因であり、人の誕生を継起させるものであるように、グラティアたちは死すべき者たちを一緒に集める。人々がお互いにもたらしあう恩恵というものこそがお互いに親密になり歓迎しあう理由であり、そこでみなが友情という美しい絆で結ばれるのであって[1]、これなしには人というものも他の動物にたいそう劣るものと成り果て、町も単なる巣窟と化すどころか存在すらしなくなることだろう。これは、死すべき者たちにとってグラティアたちがいないならば生きることに意味もない、と言うに等しいだろう。だが、万有に配慮を凝らす神の摂理は、ありがたくも彼女らの存在をも欲したまうたのだった。

[グラティアたちは誰の娘か] 彼女らはヴェヌスとバッカスから生まれ[2]、死すべき者たちの間に棲んでいる、と言う者もある。寓話の数々がこのように擬していているのは、これらの神々に由来するものほど人々に歓迎されるものはないからであろう。しかしこれについては、すでに彼らの姿に関連して観たところなので繰り返さない。また彼女らの出自は別様であると言う者もあるが[3]、ここではそれには触れず、古人たちがどのようにその彫像を造りまた描いたかについて見るだけにとどめよう。

グラティアたちとホーラーたちは名が違い、その役回りにも違うところがあるとはいえ、同じものたちと信じられてきた[4]。クリュシッポスは、グラティアたちの方がホーラーたちより僅かばかり若かったし美しかったゆえに、古人たちはグラティアたちをヴェヌスの伴連れにしたのだった、と言っている[5]。

[女神ホーラーたち] ホメロス[6]によれば、ホーラーたちは天の扉にいてそこを見張る女神たちで、死すべき者たちに濃い霧を送り届けたり取り去ったりするものであった。スタティウス[7]は日没を描きつつ、早駆けの駿馬たちの手綱を解くために彼女たちを登場させている。それを俗語にしてみよ

う。

ポイボスが西に降ると
赫々たる駿馬たちも歩みを緩め
オケアノスの下に身を隠すと、
深い海の底に棲む
美しく優しいネーレイスの娘たちが
すばやい足どりでその周りに集まり
たちまちホーラーたちは彼のもとに来て
息を荒げる馬たちの泡を吹く
口から銜《はみ》を解き、早駆けの
疲れを癒してやろうと、緑の草を
食べさせてやる。すると
その馬たちは鬣を振り、
この世に美しい光を鏤めて
光の冠で飾ってみせるのだった。

[ホーラーは何人いるのか] ホーラーたちというのは季節のことに他ならず、一年は四つの季節に分けられるので彼女たちも四名とされる。【これは太陽によって区分され、また太陽から名づけられたものである。なぜといって、エジプト人たちのもとでは太陽はいろいろな名で呼ばれたが、ホーロスとも称されるものであったから。[8]】そこでエウセビオス[9]は彼女たちについて次のように記している。ホーラーたちは一年の四つの時期のことであり、天の扉を開けたり閉めたりするものとされる。それらは時に太陽に、また時にケレスに捧げられるので、二つの籠をもっている。ひとつは花籠で春をあらわし、もう一つは麦穂で満たされており夏をあらわしている、と。またオウィディウス[10]も『祭暦《ファスティ》』で、彼女らはヤヌスの供をして天の扉を見張っている、と言う。そして野に花を咲かせる力をもつフロラについて語りつつ、そこに薄紗を纏ったホーラーたちがやって来て美しい花輪をつくるためにさまざまな花を摘む、と言っている。またパウサニアス[11]は、古人たちがホーラーたちをパルカたちとともにユピテルの頭の上に置いたのは、おそらくファト《運命》というものが神の意志に他ならず、時の変化もまたそこに由来するものであることをあらわすためであったのだろう、と記している。

ホーラーたちをどのように描くべきかを語らねばならないのに、その本性について長広舌になった。わたしはフィロストラトス[12]が美しい絵について描写してみせたところをだけ紹介することとしよう。ホーラーは大地に降り、手で年（円いかたち）を回している。これの回転により、毎年大地に生育するあらゆるものが生まれることとなる。彼女らは金髪で、薄い紗布を纏い、乾いた麦穂の上を軽々と歩んでいるというか、それを踏みしだくこともなく触れもしないで優しく嬉しげな表情をして、甘い歌声で謳っている。この球あるいは玉というか輪を回しつつ、彼女たちは眺めるものたちにすばらしい歓びをもたらしてくれる。飛び跳ねては時々その美しい腕をもちあげて、金髪を肩に散らし、駆けまわって上気したかのように頬を染め、艶やかな瞳をすばやく動かしながら。

［四名のグラティア］ なぜそんなことをしているかといえば、蒔かれた小麦その他の実から大地が大きな利益をわれわれにもたらしてくれるように。われわれが大地に授けるものがこうして報いてくれるように。グラティアたちが四名いると言われるのはそれが季節の数と同じだから。これがホーラーと呼ばれたものであったこと、これらとグラティアたちが同一視されたことについてはすでに述べた。それゆえ彼女らには花冠が載せられた。ひとりには花の、もうひとりには麦穂の、三番目には葡萄の枝と房の、最後のものにはオリーヴの冠が[13]。

また古人たちはアポロンが彼女らに右手をさしだすと言った。なぜといって季節の違いは太陽に由来するものであるから[14]。

［なぜグラティアたちはヴェヌスの供をするのか］ ディオドロス[15]が言うように、彼女らが古人たちから崇められたのは、彼女らが見る者たちに大いなる歓びを与えてくれる優雅さとともに、顔やからだの美しさを授けてくれるものと考えた

グラティアたちまたアポリーナたちとも称されたホーラーたちの姿。これらは太陽によって季節を変じる一年の四季をあらわしている。また友情、美、優雅、愛らしさの女神たち、快活さ、戯れ、歓びの女神たちでもあり、罪ある者たちに対する慈悲をもあらわしている。
［▶Tav.87］

美と恵みの女神グラティアたちの姿。またエウプロシュネーあるいは陽気さ、アグライアーあるいは優美さ、タレイアあるいはここちよさと名づけられた厚情と施しの女神たちでもあり、人々がそうありたいと望む陽気な会話、交際、友情の女神たちでもある。

からだった。そこから彼女らはヴェヌスの伴連れとされたのだった。

［ふたりのグラティア］ また彼女らは自分たちよりも劣る恩知らずの者たちに触れることはなく、恩恵をもたらす者たちには陽気なこころで接した。ここからグラティアはふたりいると言う者もあったし、ラケダイモン人たちもふたりだけを崇めたとはパウサニアス(16)が記しているところである。どうやら彼らはグラティアたちに由来するものとして、他人に恵みをもたらすことと受けとった恵みにお返しをすることの二つをだけ認めたものであったらしい。

［三名のグラティア］【しかしパウサニアス(17)はまた、デロス島にメルクリウスとバッカスとアポロンの彫像を設けた者たちはグラティアを三体造ったと言い、アテネの市壁の入口にもそれは三体あったと言っている。つまり】グラティアはわれわれに報いるために恵み返してくれるだけでなく、それをずっと多く、時には倍にして返してくれるものであるから、後には一般にグラティアを三名と考えるようになったのだった。そのうちのひとりがわれわれに背を向け、ふたりがこちらを向いているのはその故である。つまりわれわれは善財を交換することにおいて、他人に善行をほどこすばかりであった時よりもずっと鷹揚になる（惜しみなく情愛をほどこす）ことができるということである。しかし報いを期待してなすのであってはならない。なぜといってそれではまるで高利貸しであって、鷹揚な善行者とは言えないから。(18)

グラティアたちが陽気に笑う処女たちであるというのは、恵みをもたらす者はけっして欺かず、誠実でおおらかな気持ちでそれをなすということを示すためであったと言われる。これはまたホラティウス[19]が謳ったように、彼女らを裸に造りなし、一々の結び目を解いてみせた者たちのことを想い返してみれば、よりはっきりと知られるだろう。なぜといって彼女らは人々をお互いに拘りのない気持ちで、どんな姦策もなしに裸でおおらかに向き合わせるものであるから[20]。

パウサニアス[21]はグラティアたちを最初に裸に造りなした者が誰であったか分からないと記している。元々、彼女たちには衣装が纏わされていたが、いつからかその着衣は剝がされ、画家や彫刻家たちによって裸にされた。最初にグラティアたちを崇めるように命じ、それが三名であるとしたのはボイオティアのエテオクレスであったようであるが、その折彼女らがどのような名で呼ばれたものかについては知られていない。

[グラティアたちの名、エウプロシュネー、アグライアー、タレイア、パシテア] ここではヘシオドス[22]が名づけたところに従って彼女らを呼ぶことにしよう。まずひとり目はエウプロシュネー。これは陽気で快活という意味。もうひとりはアグライアーで、気高さ、優美を意味する。三番目はタレイア、つまりここちよさのことである。ホメロス[23]はそのひとり、ソムヌス(眠り)がユピテルのもとに行き、そこで眠ってしまった折、ユーノーがその妻に与えると約束した娘をパシテア[24]と呼んでいる。彼はまたもうひとり、ヴルカヌスの妻でつねに彼と一緒にいた者をもまさにグラティアという名[25]で呼んでいる。テティスが息子のアキレウスのために武器をつくってくれるようにとヴルカヌスに頼みに行った折、この妻は美しい薄紗を頭に被っていた[26]。

ギリシャのエリス人たちのもとにはグラティアたちに捧げられた神殿があり、そこに祀られた彼女らの木造彫像群の着衣は金塗りで、顔と手と足は白い象牙でできていた。そのうちのひとりは手に薔薇をもち、もうひとりは賽のようなものを、三番目はギンバイカの枝をもっていた。これらのものについては次のように道理づけされている。薔薇とギンバイカはヴェヌスのものであるから、彼女にいちばん近く付き従っていた者たちに与えられたのだ、と。そして立方体のようなものは彼女たち、素朴な処女たちが自らの楽しみのためになし、またそれを見る者たちがこころ愉しんだ遊戯を意味している。歳を重ねた女たちがそれをすると、ことは深刻になりもはや遊びではなくなってしまうから。以上はみなパウサニアス[27]が言うところである。しかしグラティアたちのこれら三つのしるしについては他に道理を説く者もあり、薔薇は彼女らの見るからに人好きのするところを、賽はそれで遊ぶ時にあちこち行ったり来たりすることを、ギンバイカはこの植物が常緑であるように、つねに若くけっして老い枯れないことを意味している、とも言われる。[28]

【アリストテレス[29]が『倫理学』に記し、】アレクサンデル・ナポリタヌス[30]が伝えているところによれば、古人たちは他人のために喜んで仕え、自らが受けた恩恵には報いるべきことを各人がいつもこころに留めることができるように、とグラティアたちの神殿を広場の中央に設けたという。【なるほどこれこそグラティアたちの務めであったから。】しかしそれも善き思慮分別なしにできることではない。なぜといってそれにふさわしくない者あるいはそれを必要としない者に与えることは、必要な者あるいは与えられるにふさわしい者に僅かにしか与えず吝嗇であること同様にまずいことであるから。これまた古人たちがグラティアたちを守り導く者としてメルクリウスを添えることで教えたことだった。メルクリウスはグラティアたちの後を追いつつ、われわれに善をなさしめるべくつねに援けたまう神の善性を模して、恵みを与え善行をなすべき時と処を人々に教える道理と健全な論議をあらわしている。[31]

マクロビウス[32]が言うところによれば、古人たちはグラティアたちがアポロンの右手をとり、弓と矢筒を彼の左手にもたせたのは、神の手はわれわれに悪をなさせるよりも善をなさしめるべくいつもさしだされており、また（われわれは邪なおこないに強要されてはならない、さもなければ罰するために左手にもつものをその手は使うだろう）その恩恵（グラティアたち）を死すべき者たちに鷹揚に与えるものとなるだろう、ということを意味していた。これはまた人々もそれを学びつつなさねばならぬところであり、グラティアたちの姿からそれを学ばぬ者は、他人に善行をほどこすべきことについてセネカ[33]がたいへんうまく言っているところから学ぶべきであろう。それは三つ、ひとつは恩恵を施すこと、もうひとつはそれを受けとること、そして三つ目はそれにお返しをすること、と。つまりひとりは為し、もうひとりは報恩し、三番目は為すとともに報いることにおいて、三者で善行が保たれつづけるのである。

彼女らが一緒に手や腕をつないでいるのは、他者に恵みをなすことが順々に手から手へと移されるとともに、最初にそれをなした者に利するべく戻ってくるからであり、このように友情の嬉しい絆が人々をつなぐからである。彼女らの表情が陽気で快活であるのは、他人に恵みをほどこす者も、またおおむねそれを受ける者もそうした表情を見せるからである。彼女らが若いのは、恵みを受けた者の記憶

メルクリウスに導かれるグラティアたちの姿。歓びと施しは真率に報いを期待することもなしに、それを気遣う者またそれにふさわしい者たちに道理をもってなされねばならず、恵みを受けた者は時宜をみてお返しを、あるいはすくなくともことばをもって返礼せねばならない、ということをあらわしている。

[▶Tav.88]

が衰弱することはないから。彼女らが処女であるのは、他人に対する恵みは純粋で誠実なこころをもってなされねばならず、いかなる責務に繋がれることもあってはならないからである。これはその衣装の帯が解かれていることにもあらわされている。またこの衣装がつやつやと透き通っているのは、善行を外になす者のこころの内もそのようでなければならないからであり、また恵みを受けた者もそれを隠すことなく、みなに見せるものだからである。

これが感謝の気持ちというものである。受けとった恵みにおこないで報いられぬ時には、なんと鷹揚な施与者であることかとすくなくともことばを尽くして伝えたいもの。カミッロ殿[34]、このことだけがわたしに希望を与えてくれるのです。どうかわたしが貴殿にとって恩知らずと映りませぬように。わたしが享けたさまざまな恩顧を貴殿がおとりあげになりましたにせよ、いずれそれは貴殿から頂戴したもの。とはいえわたしの全力を尽くしまして道理を書き連ねることが禁じられた訳ではなく、貴殿の鷹揚さと貴殿の高貴なこころがつねにお友達方をお歓ばせになりますように、皆様にもわたしの感謝の念をお伝えください。人々がお互いに思いやるように、わたしとて貴殿にも他の方々にも歓迎されたいものと、そのためにグラティアたちの絵を他の方々にもお見せしようと愚考した次第です。

さてグラティアたちの姿について、最後にローマのコロンナ家にある彫像[35]に添えられたラテン詩を俗語にして引いておきましょう。

【なめらかで美しい】[36]白大理石で
つくられた裸のグラティアたち。
三名ともよく似た顔をして、
どうやら姉妹のように思われ、
三名とも同い年で、また
三名ともに美しい。
タレイアはその顔を姉妹たちに向け
その腕をさしだして
われわれから見て左と
右にいる姉妹たちに絡めている。
右がエウプロシュネー、左がアグライアー、
その美しい腕を嬉しそうにつなぎ
一緒に三番目の姉妹を抱擁している。
彼女らの父はユピテル、その天上の種子により
母エウノミアーは懐胎し、
後、この世に彼女らを産みおとし
キュテレイア[37]のこころにかなう
遣いたちをもうけた。なんといっても
いつも美しいクピドとともにいる
キュテレイアこそ、彼女らをもって
どんな品よいこころをも打ち負かす
情愛の歓びをかき立てるもの。

註

(1) cfr. Orazio, *Carm.*, 3.21-22 ; Servio, *Aen.*, 1.720.

(2) cfr. Servio, *Aen.*, 1.720.

(3) cfr. Esiodo, *Theog.*, 907-909 ; Igino, *Fab.*, *Praef.* ; Giraldi, *De deis gent.*, 13, p.354, 41-46 ; Conti, *Mythol.*, 4.15.

(4) cfr. Giraldi, *De deis gent.*, 13, p.355, 19-28.

(5) cfr. Seneca, *De benef.*, 1.3.9.

(6) Omero, *Il.*, 5.749-751.

(7) Stazio, *Theb.*, 3.407-414.

(8) cfr. Macrobio, *Saturn.*, 1.21.13.

(9) Eusebio, *Praep. Eu.*, 3.11.38.

(10) Ovidio, *Fast.*, 1.125 ; 5.215-220.

(11) Pausania, *Perieg.*, 2.40.4.

(12) Filostrato, *Imag.*, 2.34 : 「ホーラーたち《ホーライ》：天の扉はホーラーたちに委ねられているというがご存知かどうか、ホメロスはそう信じている。彼のさだめが果たされ、帰天したとき、きっと彼は彼女らに遭ったことだろう。それはさて、この絵に入念に描かれたところからは、それらが人としてあらわされていることが容易にわかる。ホーラーたちはこの姿で地上に降り立ち、手を繋いで年の円陣をなしている。そして叡智の大地（土）はこころから彼女らに季節の果実のすべてを供している。春のホーラーの足元でもっとも美しく香り高く咲くからといって、彼女に、ヒュアキントスと薔薇を踏まないで、などとは言わないことにしよう。冬のホーラーに、きれいに耕した畦を踏まないで、とはいわない事にしよう。彼女が踏むところから小麦は芽吹くのだから。麦穂の上を歩みつつもそれらを折ったり踏みつけたりしない金髪の女たち。彼女たちはあまりに軽やかで、からだの重みで麦茎を曲げすらしない。葡萄樹たちよ、秋のホーラーをひきとめ愛したまえ。甘い葡萄酒をいっぱいもたらすために。これがこの絵からひき出（収穫）されるところ。ホーラーたちはたいへん優美に神々しい業をもって描き出されている。まるで魅入られるよう。輪になって廻りつづけ、誰も背を見せたりしない。みな前へ進み出るかのよう。腕をもちあげ、解いた髪を風に嬲らせ、頬は上気し、その視線は踊りを追って……」

(13) cfr. Macrobio, *Saturn.*, 1.21.13.

(14) cfr. Macrobio, *Saturn.*, 1.17.13 : ［II］章［アポロンはなぜ中央にいるのか］項参照。

(15) Diodoro, *Bibl. hist.*, 5.73.3.

(16) Pausania, *Perieg.*, 9.35.1.

(17) Pausania, *Perieg.*, 9.35.3.

(18) cfr. Fulgenzio, *Mythol.*, 2.1 ; Giraldi, *De deis gent.*, 13, p.355, 13-17. これと違った解釈として Conti, *Mythol.*, 4.15 : «Duae illarum nos respiciunt, cum una avertatur, quia multiplex est messis et terrae liberalitas quae tantum frugum acerbum pro exiguo seminum cumulo reddiderit si coeli clementia patiatur. Neque placet illorum sententia qui dicunt pro acceptis beneficiis duplicem gratiam referri convenire, quoniam viri boni multiplicem referunt at mali non modo nullum sed iniurias plerumque pro acceptis beneficiis facessunt».

(19) Orazio, *Carm.*, 1.30.5-6 ; 3.30.15-17 ; 4.7.5-6.

(20) cfr. Giraldi, *De deis gent.*, 13, p.356, 25-30. 上註のホラティウスも引かれている。

(21) Pausania, *Perieg.*, 9.35.1 ; 9.35.5-7

（22）Esiodo, *Theog.*, 907-909.

（23）Omero, *Il.*, 14.263-269 ; 18.382-383.

（24）パシテアはヘシオドスが二人目とするアグライアーのこととされる。

（25）もちろんギリシャ語で、カリスと。

（26）cfr. Pausania, *Perieg.*, 9.35.4-5.

（27）Pausania, *Perieg.*, 6.24.6-7. ちなみにここでは彫像の四肢は白大理石になっている。Amaseo の羅訳でも «candido marmore».

（28）cfr. Giraldi, *De deis gent.*, 13, p.356, 13-15. ＊初版には次の一節がつづいていた。「またパウサニアスはボイオティアについて記すところ、この地の人々はグラティアたちとともにバッカスとアポロンを描いたと言い、デロスの人々は彼女たちが手をつないでいる像を造り、アテネでも市壁の入口に同様の像が置かれていたと言う。」

（29）Aristotele, *Eth. Nicom.*, 1133a.

（30）Alessandri, *Genial. dier.*, 5.1.

（31）cfr. Giraldi, *De deis gent.*, 13, p.356, 31-33 ; Cornuto, *Theol. Gr. comp.*, 16, p.20 Lang.

（32）Macrobio, *Saturn.*, 1.17.13.

（33）Seneca, *De benef.*, 1.3.2-5.

（34）Camillo Gualenghi の生年は不詳だが、一五五八年にフェラーラのエステ家ルイジに仕えた。サンティアゴ（聖ヤコポ）騎士の称号を得たのは一五五九年で、当然ながらカルターリの本書一五五六年初版ではこの称号はまだ記されていない。各章巻頭に付した銅版画を添えた一五七一年改訂版でこの称号が付加された。本書巻頭の献呈辞に名指されたルイジ・デステは一五六一年に枢機卿に挙げられている。つまり初版では公《ドン》と、改訂版ではエステ家枢機卿と呼ばれている。カミッロはアルフォンソ二世の遣いとして一五七八年ローマに赴いているが、その時同道したトルクァト・タッソは彼のことを「堂々たる貴顕valoroso gentiluomo」と記している。またアンニバーレ・ロメイはその『ディスコルシ』に彼を対話者の一人として登場させている（Annibale Romei, *Discorsi*, Venezia 1594）。書誌注記参照。

（35）十五世紀最後の四半世紀まで、ローマのコロンナ宮にたいへん有名なグラティアたちの群像があった。その後この彫像はピッコローミニ家の所有となり、一五〇二年シエナに移された。現在シエナ大聖堂のピッコローミニ図書館に蔵められている。ところが Giraldi, *De deis gent.*, 13, p.355, 17-19 ; p.357, 27-39 にはいまだコロンナ家に蔵されていると記されている。

またこの匿名のラテン詩もジラルディの記述にあるものだが、その出自を明確にしていない。カルターリは古いモニュメントの銘記と考えているようだが、実は今では十五世紀の人文主義者ポルチェリオ・パンドーニ Porcellio Pandoni こと Giannantonio Pandoni (1409-1485) に帰属されている詩文。彼は忘却された人文主義者で、わずかに Matteo Bandello, *Le Novelle*, pt.1, nov.6（この書はシェークスピア劇にさまざまな主題を提供することになったことで有名）や Francesco Filelfo の著作に男色家として名を残すばかり。その詩作は十八世紀の詩歌選抄 *Carmina illustrium poetarum italorum, Tartini e Franchi*, Firenze 1719-26, 11vol., vol.7, pp.497-519 に僅かばかり集められているが、本書で引かれているものの原詩と思われるものはこの中にはみあたらない。

（36）＊この最初の二行が初版では三行になっていた。「白大理石でつくられた／裸のグラティアたちだが、それはコロンナ家の／大きな館に覆われ閉ざされている。」

（37）キュテーラ（シテール）島に来たったアフロディテに添えられた名。

解題

ヴィンチェンツォ・カルターリ(1)

本書の著者ヴィンチェンツォ・カルターリは一五三一年ごろ、イタリアのレッジョ・エミリア・ダ・チェザーレに生まれた。代々エステ家に仕える家系。彼もまた一五五一年、後にフェラーラ公となるアルフォンソ二世に仕えることとなる。一五六一年から六三年には、教皇ピウス四世の使節としてエステ家の枢機卿イッポリート二世に同道してフランスに赴いている。しかし彼の生涯についてはほとんど何も分かっておらず、没年も不明。一五七一年のヴェネチア版『古人たちの神々の姿について』に載せられたエステ家のルイジへの献辞の年記一五六九年九月十日が記録された最後の署名となっている。

青年カルターリは既に二十代のうちに、オウィディウスの『祭暦《ファスティ》』俗語訳、その註解書、それに後に増補され、本書となる『古人たちの神々の姿の変容』を出版、三十代前半には『パオロ・ジョーヴィオ伝』を公刊している(2)。

オウィディウスの著作の中でもあまり広く読まれていたとは言えない『祭暦』。これをカルターリは典雅を求めてではなく、解釈をほどこすための俗語訳に努めた。そしてその二年後、この書の註解『フラヴィオ』が出版される。オウィディウスの挽歌体二行詩を俗語三行詩にでなく、通俗無韻詩に訳したことを咎められたカルターリは、挽歌体二行詩というものこそ往時は通俗的なものであって、三行詩はダンテが言うようにもっと重厚なテーマをとりあつかうためにとり置かれねばならないと反論した(3)。その訳業は今日言うところの文献学的書誌学的なものではないにせよ、ローマの古代儀礼、伝説、慣習に関する深い造詣を盛り込んだものとなっており、神話や伝説に新たな興味を掻き立ててくれる。「わたしはなにも素朴に俗訳に努めた訳ではない。必要とあらば説明をも加え、結果としてもとのラテン詩からは想像もつかぬほど卑俗なものとなった。オウィディウスが僅かのことばを以て簡潔緊密に謳ったところを、わたしは長々と語ることとなった」[4]。

『古人たちの神々の姿について』

そしてカルターリの名を高からしめた『古人たちの神々の姿について』。この書は、初刊以降百年にわたり、伊語原著から羅、英、仏、独とさまざまな言語に訳され二十五回も版をあらためることになる。著者はこれを具象芸術家たちの神話−図像に関する知見に資するために著したという。文学にあらわれた神々の描写を追いつつ、古代の彫像やメダルについても『紀行』類や『図像類集』から蒐集するブッキッシュな造作で、活版印刷登場から一世紀、俗語需要の拡大と読者層の広がりを想わせる。あるいは活版印刷という技術が成熟し、その販路拡大を目指して一握りの知識階層の写本文化から脱皮しようともがいていた時代だった、と言った方が正確だろうか。この書には古代後期の著作家たち、クラウディアヌス、マルティアヌス・カペッラ、そして中世、ボッカチオの手になる『異教の神々の系譜』[5]が引証されるが、これらもおおむねカルターリに僅かに先行して出版された神話学に関するラテン語著作、特にゲオルグ・ピクトルの『神話神学』[6](フライブルク、一五三二年)、リリオ・グレゴリオ・ジラルディの『異教の神々』[7](バーゼル、一五四八年)からの孫引きを連ねたものとなっている。また頻用されるパウサニアスの『旅行記』は、ロモロ・アマセオによって公刊された羅訳(一五五一年、以降版を重ねる)によっている[8]。

本書の成功はなんといってもそこに挿入されたおびただしい図版の奇抜さ珍奇さ(本訳書各章扉につづく全頁大の図版群。二十世紀のマックス・エルンストのコラージュを既に地でいったような)によるところ大であったのだろうが、初版は挿図なしだった。一五七一年のヴェネチア版に刷られたボロニーノ・ザルティエーリの銅版画群は、著者序にある意図通り、十六世紀末から十七世紀の西欧絵画に多大な影響力を揮ったものと想像される。なんといってもジラルディやコンティの著作には挿図がなかった。

そしてこの書は図像マニュアルとして、ひょっとするとカルターリの本文はかえって顧みられなくなっていったのかもしれない。解釈を削ったチェザーレ・リパの『図像学《イコノロジア》』が公刊されるのは一五九三年。
一方、カルターリの『古人たちの神々の姿について』は一六一五年にはピニョリアにより、フィリッポ・フェロヴェルデの下図による木版画新シリーズを付して刊行される（本書本文中の図版群）(9)。

本書の出版経過

つまり本書は初版刊行以降、加筆修正および版画挿入を経て、大幅にその形態を変えつつ何度も再刊されたもの。二十世紀、ワールブルク派による神話解釈においてこの書への新たな興味が掻き立てられ、そのなかでもセズネックの『神々は死なず』(10)は、十六世紀ヨーロッパでの古代の神々の跳梁跋扈の諸相をそこに到る人文主義的な思潮とともに説いて、対抗宗教改革期の神学的リゴリズムとは対極にあるかのような神話的世界観が当時の博物学を駆動していく様を跡づけてくれた。イタリアでもエウジェニオ・バッティスティの『反ルネサンス《アンチリナッシメント》』(11)（一九六〇年初版）やフランチェスコ・ガンドルフォの『甘美な時』(12)（一九七八年）といった十六世紀文化誌をものがたる著作で紹介されて来たが、やっと二十世紀も末になって新たに三種の刊本を手にすることができるようになった(13)。

本訳書は諸版あるこの『神々の姿』のカルターリ自身による校丁を経た最終形態と想定される一五七一年版テキストの復元を念頭に、初版との異同を見つつ訳出したもの。図版は一五七一年版の銅版画を各章巻頭に収め、ピニョリア版の木版画新図版を本文中に組み込むかたちとなった。そこで本書では、原著にある献辞その他、巻頭に置かれた一連の序を飛ばして、直接本文となっている。原著刊行の順序を追って、ここにその経過をみておくことにしよう。

I　『古人たちの神々の姿とその変容』図版なしの初版と再版

○ 1556　LE IMAGINI / CON LA SPOSITIONE DE I DEI / DE GLI ANTICHI / RACCOLTE PER VINCENZO CARTARI/ IN VENETIA PER FRANCESCO MARCOLINI. MDLVI. / CON GRATIA ET PREVILEGIO. // IN VENETIA PER

FRANCESCO / MARCOLINI, IL MESE DI / OTTOBRE. MDLVI.
[4°, cc.4 + CXXIII][14]

○1566 LE / IMAGINI / CON LA SPOSITIONE DE I DEI / DE GLI ANTICHI. / RACCOLTE PER VINCENZO / CARTARI. / CON PRIVILEGIO. // IN VENETIA / Appresso Francesco Rampazetto. / MDLXVI. // IN VENETIA / Appresso Francesco Rampazetto.
[8°, cc.184.]

両版とも以下のような枢機卿ルイジ・デステへの著者による献辞と、フランチェスコ・マルコリーニによる読者への序言がついている。

献辞

「令名高きわが主ルイジ・デステ殿に

貴殿、かくも令名高きわが主に、数多の著作家たちからわたしが蒐集したこの古人たちの神々の像についての書を献呈させていただきます。わたしの恭敬の念とともに。貴殿の下に生まれた者はわたしだけでなく誰もが貴殿を愛し敬うことを務めとしますが、それにとどまらず貴殿となんらかの知己を得たあるいはお名前を拝聴した者すべてがそうなのです。なんといっても貴殿とともにある美徳は愛し敬わせる力であり、かくも令名高く、キリスト教徒の家門においてもっとも高貴な家柄、フェラーラ公エルコレ殿を父にお生まれになった貴殿のような方こそ、このような高き徳目をあらわされ今日の義と善の不屈の体現者となられることでしょう。われわれの信仰が禁じることがなければ、貴殿は愛され敬われるばかりか崇められもしたことでしょう。貴殿が若き時代におしめしになった賢慮、青年期の無軌道な嗜欲を抑制された謙遜、つねに輝かしき事跡をこころがけたまう心胆の偉大、誰もが驚嘆し瞠目する寛大なる鷹揚さ。貴殿こそ、その偉大な高祖たちの栄光の事跡を革めるにもっともふさわしき方とこの世は待望しております。さて、わたしはこの小さな贈物を携え、ペルシャ人たちのように慎ましく表敬の念をあらわさせていただきたいと存じます。彼らは王に接見する折、大いなる臣従の確かなしるしとして王になんらかの贈物をさしだしました。なにもさしだすものとてもたず、思いがけず王に出遭った者も、すぐさま川に走ると両手で水を掬って王にさしだしたものです。こうしてものをさしだす者たちの献身的な気持ちを尊重し、王はたいへん歓んだものでした。令名高きわが主たる貴殿もまた、わたしの拙い敬意としてこのわたしの著作をご受納くださいますように。わたしの臣従の誓いとともに、貴殿の高貴なお手に接吻を。

貴殿の

忠実にして慎ましき僕

ヴィンチェンツォ・カルターリ」

「フランチェスコ・マルコリーニの読者への序言

古人たちの神々については数多著されてきた。その手法もさまざまで、ある者はその系譜を、またある者はその本性を、また他の者は神々のさまざまな名を録しつつ道理づけをしてみせた。しかしその彫像やら形姿について語ってみせたのはヴィンチェンツォ・カルターリ殿を嚆矢とする。彼は本書にそれらをすべて蒐集するとともに、古代の権威ある著作家たちから一々の理由づけをとりだし、その肖像を描いてみせた。各人はここから読書の楽しみをひきだすであろうばかりか、古代文化を知りたいと思う者にとってもたいへん有益であろうし、画家や彫刻家にもすくなからず裨益するものであろう。なんといってもここには彫像やら絵画やらを飾るための数知れぬすばらしい創案が溢れているのだから。それにまた詩人や散文詩家にとっても有益だろう。古人たちの神々とその装身具の数々を描写するにあたって、なんらかの図像をまのあたりにすることはたいへん役に立つことであるから。それゆえ、カルターリはこの書物において多くの者たちに歓びをもたらした、今日の印刷術により彼の骨折りもすくなからず役立てられることとなった、と言う者があってもおかしくない。彼がオウィディウスの『祭《ファス》暦《ティ》』を俗語訳し、ひきつづきこの『祭暦』について彼が古人たちの祭儀について註釈し、われわれの眼前に古人たちの信心を遺漏なくものがたってみせた『フラヴィオ』に健全なる評価をくだすことのできる人なら、古の詩人たち著作家たちが意図したところを知らせてくれる読書は、有益であるばかりかすくなからず愉しいものとなるだろう。それにまた、古のメダルの数々があらわすところの意味を知ることもできる。だが、今日よくみられるように文句をつけてやろうという邪心からそうした労を貶し、悪口を言ってあなた方の役に立つもののために尽力した著者の恩を忘れてはならない。もちろん、義しき意図をもって誉めるべきところは誉め、誉めるに足らぬところは気持ちよく戒めてくれる人もいるだろう。どうか皆さん、カルターリも義しき訓告ならば聞き届けるであろうし、あなた方の賞讃に鼻高々になったりはせず、きっと慶んであなた方に役立つため、あなた方の愉しみのため尽力しつづけるものとわたしがお約束しておこう。讒言を吐く人のことはあなた方におまかせして。」

II 『古人たちの神々の姿』挿図版

○1571a LE / IMAGINI DE I DEI / DE GLI ANTICHI / NELLE QVALI SI CONTENGONO / gl Idoli, Riti, ceremonie, & altre cose / appartenenti alla Religione de / gli Antichi, / Raccolte dal Sig. VINCENZO CARTARI. / con la loro espositione, & con bellissime et ac- / comodate figure nuouamente / stampate. / CON PRIVILEGIO. // In Venetia, appresso Vincentio Valgrisi. / MDLXXI.

[4°, pp.36n.n. + 566;[15] ill.88 Bolognino Zaltieri]

＊本文は初版を大幅増補改稿したものとなっている。これが1577, 1580, 1581年版まで基本的に守られる。

○1571b LE / IMAGINI DE I DEI / DE GLI ANTICHI, / NELLE QVALI SI CONTENGONO / gl Idoli, Riti, ceremonie, & altre cose / appartenenti alla Religione de / gli Antichi, / Raccolte dal Sig. VINCENZO CARTARI, / con la loro espositione, & con bellissime et ac- / comodate figure nuouamente / stampate. / CON PRIVILEGIO. / in Venetia, appresso Giordano Ziletti, e compagni. / M.D.LXXI.

＊1571aと内容は同一版、扉の刊行者タイポグラフと名だけが違う。

序言
「いとも令名高く表敬おくあたわざる枢機卿エステ殿へ

古人たちの神々の図像についてのこの書物はすでに貴殿、令名高く表敬おくあたわざるわが主の名のもとに公刊したものでありますが、多くの皆さんに温かく迎えられ、印行者は初版の後に再版をも刷るにいたり、わたしもあらためてそれを手にすることを得ました。数ヶ月来私事でヴェネチアにおりますが、嬉しいことにわたしはそれに手を加え、さまざまな像について増補しましたばかりかそれらに関連する古の装飾の幾つかも加えることができました。きっと以前の版よりも読むに愉しいものとなったことと存じます。また見るからに美しくまたうまく配列された図版をもって、印刷術に卓れどこの印刷所よりも忠実なボロニーノ・ザルティエーリ殿が飾ってくれることになりました。令名高く表敬おくあたわざる貴殿が、初版時同様あらためてこれをご受納くださいますよう希望します。貴殿の擁護のおかげをもちまして、これも邪事を言う者たちから守られ、浅学非才を顧みず著しましたこの僅かばかりの成果を献呈させていただきますことを厭われず、かえってお歓びいただければ幸いです。神に幸を祈りつつ、慎ましくお手に接吻を。

ヴェネチア　一五六九年九月十日

令名高く表敬おくあたわざる主へ。

敬虔なる僕

ヴィンチェンツォ・カルターリ」

これに前掲読者への序言がつづき、その後にソネットが添えられている。

「シエナの貴顕ファビオ・マレットから読者に

偽りであるばかりかすでに消滅した
異邦の神々の真の表象を
このようなふうに描き記してみせた
驚異に撃たれる者がいるかもしれない。

もはや神ですらない、古の偽りの
神像たちのあるものは、崩壊した
低き世界から天球に手を挙げ
慈悲の目を歓びに染める。

そして無限の善にふさわしく
自ら遍く明るい光を与える
真の唯一の神を讃え、

善をなすものは永遠の援けをなす。
われわれのおこないは天に翼を与えないが、
詩人や画家はそれを飾り援ける。」

○ 1577　LE / IMAGINI DE I DEI / DE GLI ANTICHI / NELLE QVALI SI CONTENGONO GL'IDOLI, RITI, / Ceremonie, & altre cose appartenenti alla Religione de gli Antichi. / Raccolte dal Sig. VINCENZO CARTARI, con la loro espositione, & con bellissime / & accommodate figure nuouamente stampate. / Et con molta diligenza riuiste, e ricorrette. / CON PRIVILEIO.// IN VINEGIA APPRESSO GABRIEL / GIOLITO DE FERRARI. / MDLXXVII.

[4°, pp.36n.n. + 566[16]; ill.]

1580 LE / IMAGINI DE I DEI / DE GLI ANTICHI / NELLE QVALI SI CONTENGONO / gl'Idoli, Riti, ceremonie, & altre cose / appartenenti alla Religione / de gli Antichi, / Raccolte dal Sig. VINCENZO CARTARI, / con la loro espositione, & con bellissime & ac- / commodate figure nuouamente / stampate. / Et con molta diligenza riuiste e ricorrette. / CON PRIVILEGIO. // IN VENETIA, Presso Francesco Ziletti. 1580.
[4°, pp.36n.n. + 566 ; ill.]

○ 1581a LE / IMAGINI DE / I DEI DE GLI / ANTICHI, / NELLE QVALI SI CONTENGONO / gl'Idoli, Riti, Ceremonie, & altre cose appar- / tenenti alla Religione de gli Antichi, / Raccolte dal Sig. VINCENZO CARTARI, / con la loro espositione, & con bellissime & accommodate / figure nuouamente ristampate. / Et con esserui citati i luoci de gli auttori stessi di donde molte cose / sono cauate con molta diligenza riuiste e ricorrette. // IN LIONE / Appresso STEFANO MICHELE, Con / priuilegio di sua Maesta' Christianissima. / 1581.
[8°, pp.56n.n. [bianche le pp.54-56] + 474[17]; ill.]

○ 1581b LE / IMAGINI DE / I DEI DE GLI / ANTICHI, / NELLE QVALI SI CONTENGONO / gl'Idoli, Riti, Ceremonie, & altre cose appar- / tenenti alla Religione de gli Antichi, / Raccolte dal Sig. VINCENZO CARTARI, / con la loro espositione, & con bellissime & accommodate / figure nuouamente ristampate. / Et con esserui citati i luoci de gli auttori stessi di donde molte cose / sono cauate con molta diligenza riuiste e ricorrette. // IN LIONE / Appresso BARTHOLOMEO HONORATI, Con / priuilegio di sua Maesta' Christianissima. / 1581.
[8°, pp.56n.n. [bianche le pp.54-56] + 474[18]; ill.]
＊ 1581a と扉だけ違う同一版。

○ 1581 仏訳版 Les Images des dieux des anciens, contenans les idoles, coustumes, ceremonies et autres choses appartenans a' la religion des payens. Recuillies premierement et exposees en italien par Vincent Cartari et maintenant traduites en francois et augmentees par Antoine du Verdier, Lyon, B. Honorat.

○ 1581 羅訳版 Imagines deorum, qui ab antiquis colebantur: in quibus simulachra, ritus, caerimoniae, magnaque ex parte veterum religio explicatur: olim a Vincentio Chartario Rhegiensi ex variis auctoribus in unum collectae, atque italica lingua expositae: nunc vero ad communem omnium utilitatem latino sermone ad Antonio Verderio, domino vallisprivatae expressae, atque in meliorem ordinem digestae. Quibus accesserunt duo indices: prior imagimnum, posterior rerum atque verborum, quae toto libro continentur. Lugduni, apud Bartolomaeum Honoratum.

＊ 1687年羅版再版では版画は左右逆版になっているものが多い。

○ 1587 LE / IMAGINI / DE I DEI DE GLI / ANTICHI, / NELLE QVALI SI CONTENGONO / gl'Idoli, i Riti, le Cerimonie, & altre cose appar- / tenenti alla Religione de gli Antichi. / RACCOLTE DAL SIG. VINCENZO CARTARI, / con la loro espositione, & con bellissime & accommo- / date figure nuouamente ristampate. / Et con molta diligenza riuiste e ricorrette, & / in molti luochi ampliate. / ALL'ILLVSTRISS. SIGNOR FEDERIGO / CONTARINI, DIGNISS. PROCVRATOR / DI SAN MARCO. / CON PRI- / VILEGIO / IN VENETIA, Presso Francesco Ziletti. 1587 // REGISTRO. / IN VENETIA, / Appresso Francesco Ziletti, / M.D.LXXXVII.

[4°, pp. 40n.n. + 460 + 1 n.n.; ill.]

＊ 1571年版に較べ、本文は大幅増補されている。本文に大幅加筆された挿入があるばかりか、文法的に不整合な嵌入があったりするところは、かえって元版へのカルターリ自身の書き込みを尊重したものとも考えられる、というパストーレ・ストッキの解釈には含蓄がある。おそらくこの版公刊以前にカルターリは没していたものであろう。

献辞

「尊きサン・マルコ総代にして令名高きフェデリゴ・コンタリーニ殿に

古人たちは巷の発案とは違う尋常ならざること、（ほとんど已んでしまったけれども）この世になんらかの新たな改変をもたらし、なにより喜ばれたことの数々を彼らの神々の員数のうちに算えたものでした。そしてこうしたことをとりあげ語るにあたり、まずその神を宥めるために召喚し、それに機縁するはたらきを彼に帰したことについては、本書に広く語られるとおりです。

これを慣行に則り、巻頭に令名高き貴殿の名を挙げさせていただくとともに、貴殿に献呈させていただきます（ここにとりだされた神性は他の誰彼にではなく、ただおひとりに捧げられるものでしょう）。本書には古代のことがら、石や青銅の彫像、金や銀その他の金属のメダルの知見が盛りだくさんに語られております。これらは貴殿が大量に所蔵されておるもので、それにつけ加えることとてさほどありますまいが（これまた他のことどもにも況して、いずれの君主その他私人の興趣においても格別讃えられる専門知識でありますから）、それゆえにこそ他の誰彼でなくまさに貴殿に献呈されるにふさわしいものでしょう。

コンタリーニ家の古代に関するご関心に鑑みるに、すでに何百年にもわたりいとも著名なるライン伯であられるご尊父様たちとともに、このかくも静穏なるヴェネチアの君公たち高邁なる元老院議員たちに関する著作家喧伝者として、この奇蹟の町にして共和国の重責重役を勤められたばかりかまさに義しく治められ、後世の者たちも永劫不滅に栄光を讃えること必定と存じます。わたしはご尊父様たちのいずれかの方々について、わたしの手元にある卓抜した賞賛や周知の功績を挙げようと思えばその卓越した事跡を記念することもできるでしょう（亡くなった方々はさて措き）が、なにはさておきその生涯に誰もが享けたいものと願う威厳とその首位（君主の地位に次ぐ）の栄誉に飾られた令名高き貴殿の人となりについて説かねばなりますまい。しかし貴殿への賞讃は、わたしのような卑賤な小船が入り込むにはあまりに広く深い海のよう、わたしは岸辺にとどまり、この書を献呈させていただく方こそ、サン・マルコ総代、令名高きフェデリゴ・コンタリーニ殿であると言わせていただくにとどめましょう。このことばのみで大多数の著作家たちが何日もかかって羽ペンで書くでもあろうところ以上の敬意を表したいと存じます。
ここに改訂増補補綴され美しく印刷されたわたしの小さな贈物を、令名高き貴殿がご受納くださいますように。この件を別としましても、わたしがいつも貴殿のお気に召すよう使えます者であることを嬉しく表白させていただくとともに、われらが主のおこないのすべてがこころよく望みの目的を果たされますべくわたしをもっとも親しい傍仕えの一人としてくださいますように。お手に接吻を。

一五八六年十二月二十二日　ヴェネチアにて

令名高き貴殿の
かわることなき親愛なる傍仕え
フランチェスコ・ジレッティ

（以下 1571 年版同様、読者への序言とソネットがつづく。）

○1592　LE / IMAGINI DE I DEI / DE GLI ANTICHI, / NELLE QVALI SI CONTENGONO / gl'Idoli, i Riti, le Cerimonie, & altre cose / appartenenti alla Religione de gli Antichi. / RACCOLTE / DAL SIG. VINCENZO CARTARI, / REGGIANO. / CON LA LORO ESPOSITIONE, & / Con bellissime & accommodate figure in rame ristampate. / & con molta diligenza riuiste, corrette, & / in molti luochi ampliate. / CON PRIVILEGIO. / ALL'ILL.MO SIG. FEDERIGO CONTARINI, / DIGNISS. PROCVRATOR / DI S. MARCO. // IN VENETIA, Presso Marc'Antonio Zaltieri. 1592 // REGISTRO / IN VENETIA, / Appresso Marc'Antonio Zaltieri. / M.D.XCII.
[4°, pp. 40n.n. + 460 + 1 n.n.; ill.]

○1603　LE / IMAGINI DE I DEI / DEGLI ANTICHI / Nelle quali si contengono glIdoli, i riti, le cerimonie, / et altre cose appartenenti alla religione / degli antichi, con la loro / ESPOSITIONE; / Raccolte dal Sig.r Vincenzo Cartari Reggiano; / Et in questa ultima impressione no solamente ridotte in forma piu / Commoda; ma arricchite ancora di molte postille, et di / un numero di piu di quaranta figure in rame, / ACCRESCIVTE / le quali, et altre, che erano mal messe, / Si sono accommodate

tutte a' / loro propri luoghi: // In Padua Appresso Pietro Paulo Tozzi / All'Insegna del Gesu' // IN PADOVA, / nella Stamparia di Lorenzo Pas / quati. L'Anno M.DC.III. // Ad instantia di Pietro Paullo Toz / zi, libraro in Pa- / doua, all'insegna / del GIESV. / Con Licenza de Superiori.
[8°, pp. 40n.n. +512; ill.]

○ 1608 LE / IMAGINI / Degli Dei degli Antichi / Del Signor Vincenzo Cartari Regiano, / Nouamente ristampate e ricorette. / Nelle quali sono descritte la Religione / degli 'Antichi, li Idoli, riti, & Ceremonie loro, / Con l'agiunta di molte principali Imagini, / che nell'altre mancauano, / Et con la espositione in epilogo di ciasceduna / & suo significato. / Estratta dall'istesso Cartari per Cesare Mal- / fatti Padoano, / Con vn Cathalogo del Medesimo de 100. / e' piu famosi Dei loro natura e' proprieta' / estrato da questo & altri Autori, / Opera vtilissima a' historici, Poeti, / Pittori, Scultori, & professori / di belle lettere. // Jn Padoa. appresso Pietro Paulo Tozzi libraro 1608 // IN PADOVA, / Nella Stamparia de Lorenzo Pasquati. / M.DC.VII. Ad instantia di PIETRO PAOLO TOZZI / Libraro in PADOVA, // All'insegna del GIESV'.
[4°, pp. 40n.n. + 512 [520] + 8n.n. ; ill.]

○ 1609 LE / IMAGINI / Degli Dei degli Antichi / DEL SIGNOR VINCENZO / Cartari Reggiano, / Nelle quali sono descritte la Religione de gli Antichi, / li Idoli, riti, & Ceremonie loro, / Con l'aggiunta di molte principali Imagini, che nell'altre / mancauano, / Et con l'espositione in epilogo di ciascheduna & suo significato. / Estratta dall'istesso Cartari per Cesare Malfatti Padoano, / Con vn Cathalogo del Medesimo di cento e' piu famosi Dei, loro natura / e proprieta' estrato da questo & altri Autori: / Opera vtilissima a' Historici, Poeti, Pittori, Scultori, & professori / di belle lettere. / CON LICENZA DE' SVPERIORI, ET PRIVILEGIO. // IN VENETIA MDCIX. / Appresso Euangelista Deuchino, & Gio. Battista Pulciani.
[4°, pp. 32n.n. [bianche le pp.31-32] + 418; ill.]
＊エヴァンジェリスタ・デウキーノのロレンツォ・ジュスティニアーノ殿宛て序文つき。

III　ロレンツォ・ピニョリアによる増補版（新図版）

○ 1615 LE VERE E NOVE / IMAGINI / DE GLI DEI DELLI ANTICHI / Di Vicenzo Cartari Reggiano. / Ridotte da capo a piedi in questa nouissima impressione alle loro reali, & / non piu per l'adietro osseruate simiglianze. / Cauate da' Marmi, Bronzi, Medaglie, Gioie, & altre memorie antiche; / con esquisito studio, e particolare diligenza / DA LORENZO PIGNORIA PADOVANO. / Aggionteui le Annotationi del medesimo sopra tutta l'opera, & vn Discorso intorno le Deita' dell'Indie Orientali, & Occidentali, con le loro Figure tratte da gl'originali, / che si conseruano nelle Gallerie de' Principi, & ne' Musei delle persone priuate. / Con le Allegorie sopra le Imagini di CESARE MALFATTI Padoua- / no, migliorate, & accresciute nouamente. / Et vn Catalogo del medesimo di cento piu famosi Dei della gentilita'. / Il tutto ridotto a somma perfettione, come si puo' facilmente vedere / nella prefatione al Lettore. // In Padoua Appresso Pietro Paolo Tozzi. 1615 / Nella stampa del Pasquati.
[4°, pp.32n.n. +576 + 4n.n. +LXIII; ill.]

○ 1624 LE IMAGINI / De gli Dei de gli Antichi / DEL SIGNOR VINCENZO / Cartari Reggiano, / Nelle quali sono descritte la Religione de gli Antichi, / li Idoli, riti, & Ceremonie loro, / Con l'aggiunta di molte principali Imagini, che nell' altre / mancauano, / Et con l'espositione in epilogo di ciascheduna, & suo significato. / Estratta dall'istesso Cartari per Cesare Malfatti Padoano, Con un Cathalogo del Medesimo di cento, e più famosi Dei, lor natura / e proprietà, estratto da questo & altri Autori: / Opera vtilissima à Historici, Poeti, Pittori, Scultori, & Professori / di belle lettere. / CON LICENZA DE' SVPERIORI, ET PRIVILEGIO. // IN VENETIA, MDCXXIV. / Apresso Euangelista Deuchino.
[4°, pp.32 n.n. [bianche le pp.31-32] + pp.418 ; ill.]

○ 1625 同上再版（はじめの & が et になっている）

○ 1626 SECONDA NOVISSIMA EDITIONE / DELLE / IMAGINI / DE GLI DEI DELLI ANTICHI / DI VICENZO CARTARI REGGIANO. / Ridotte da capo a piedi alle loro reali, & non più per l'- / adietro osseuate simiglianze. / Cauate da' Marmi, Bronzi, Medaglie, Gioie, & altre memorie antiche; con / esquisito studio, & particolare diligenza / DA LORENZO PIGNORIA PADOVANO. / Aggionteui le Annotationi del medesimo sopra tutta l'opera, & un Discorso intorno / le Deità dell' Indie Orientali, & Occidentali, con le loro Figure tratte / da gl'Originali, che si conseruano nelle Gallerie de' Principi, / & ne' Musei delle persone priuate. / Con le Allegorie sopra le Imagini di Cesare Malfatti Padouano, / migliorate, & accresciute nouamente, / Et un Catalogo di cento più famosi Dei della gentilità. / Con l'aggiunta d'vn'altro Catalogo de gl'Autori Antichi, & Moderni, che hanno / trattato questa materia, ordinato & raccolto dal medesimo Pignoria. / che ha accresciute le Annotationi, & aggiunte molte Imagini. // IN PADOVA. / Nella stamparia di Pietro Paolo Tozzi. MDC.XXVI.
[4°, pp. 30 n.n. + 589[19]; ill.]

○ 1647 IMAGINI / DELLI DEI DE GL'ANTICHI / DI VICENZO CARTARI REGGIANO. / Ridotte da capo à piedi alle loro reali, & non più per l'adietro / osseruate simiglianze. / Cauate da' Marmi, Bronzi, Medaglie, Gioie, & altre memorie antiche; con / esquisito studio, & particolare diligenza / DA LORENZO PIGNORIA PADOANO. / Aggionteui le Annotationi del medesimo sopra tutta l'opera, & un Discorso intorno / le Deità dell'Indie Orientali, & Occidentali, con le loro Figure tratte / da gl'originali, che si conseruano nelle Galerie de' Principi, / & ne' Musei delle persone priuate. / Con le Allegorie sopra le Imagini di CESARE MALFATTI Padoano / migliorate, & accresciute nouamente. / Et un Catalogo di cento più famosi Dei della Gentilità. / Con l' aggionta d'vn'altro Catalogo de gl'Autori Antichi, & Moderni, che hanno / trattato questa materia, ordinato, & raccolto dal medesimo Pignoria, che / hà accresciute le Annotationi, & aggiunte molte Imagini. / Consecrate al Molto Illustre, & Eccellentissimo Signore / GIVSEPPE DE GLI AROMATARII. / In questa ultima Impressione reuista, e corretta da molti errori. // IN VENETIA, Presso il Tomasini. MDCXLVII.
[4°, pp. 24 n.n. + 400[20]; ill.]

○ 1674 IMAGINI / DELLI DEI DE GL'ANTICHI / DI VICENZO CARTARI REGGIANO. / Ridotte da capo à piedi alle loro reali, & non più per l'adietro / osseruate simiglianze. / Cauate da' Marmi, Bronzi, Medaglie, Gioie, & altre memorie antiche; con / esquisito studio, & particolare diligenza / DA LORENZO PIGNORIA PADOANO. / Aggionteui le Annotationi del medesimo sopra tutta l'opera, & un Discorso intorno / le Deità dell Indie Orientali, & Occidentali, con le loro Figure tratte / da gl' originali, che si conseruano nelle Galerie de' Principi, / & ne' Musei delle persone priuate. / Con le Allegorie sopra le Imagini di CESARE MALFATTI Padoano / migliorate, & accresciute nouamente. / Et un Catalogo di cento più famosi Dei della Gentilità. / Con l'aggiunta d'vn'altro Catalogo de gl'Autori Antichi, & Moderni, che hanno / trattato questa materia, ordinato, & raccolto dal medesimo Pignoria, che / hà accresciute le Annotationi, & aggiunte molte Imagini. / In questa ultima Impressione reuista, e corretta da molti errori. // IN VENETIA, M.DC.LXXIV. Appresso Nicolò Pezzana.

[4°, pp.20 n.n. + 368 ; ill.]

表題からも分かるようにピニョリア版ではペルーやインドの神々が付加されているが、それにつづいて日本の神々の像（観音、薬師等々）も幾つか載せられている。航路が拡大され、世界が地中海を中心とした旧世界から大西洋あるいはインド洋を越えて日本にまで広がった時代、本来非ユダヤ人を指すgentileということばがヘレニズム世界のキリスト教徒によってギリシャ系異教徒を名指すのに用いられたところから、さらに意味が拡張され文化変容をきたす様子がみてとれる。ちなみにピニョリアが仕入れた日本情報は、一五六五年、都《メヤコ》の近くでそれを見たというロドヴィコ・フォレス神父《パテレン》の報告によっている。Padre Lodouico Fores とはどうやら一五六三年に日本にやってきたルイス・フロイスのことであるらしい。また日本家屋あるいは寺社の図には、日本の使者たちが教皇グレゴリウス十三世に贈った絵画、つまり天正少年使節が一五八五年ローマにもたらしたもの（屏風か）からフィリッポ・ヴィンゴミオ Filippo VVinghomio が写したものを元としていると記されている。この画家については調べがつかなかった。

またピニョリアはローマのイエズス会に保存される日本の神々の図像（あるいは小仏像であったか）をジロラモ・アレアンドロの伝手で実見したうえで版画に起こして載せている。

カルターリの最初の銅版挿画本が出た頃、あるいは彼が没したと想定される頃といえば、一五七七年の彗星事件から天界と月下界の峻別が崩れていく時代でもあった。天正少年使節を迎えるとすぐに逝去した教皇グレゴリウスが導入した新暦は思いもかけず、カトリックとプロテスタントの軋轢を測る試金石となり、北の新教諸国は教皇庁への反発から旧暦に固執した。若き日のピニョリアはアレアンドロとともにパドヴァのジョヴァン・ヴィンチェンツォ・ピネッリの館でガリレオとも会っている。[21] ガリレオの庇護者でもあったピネッリは、彼に当時天体観測で勇名を馳せていたティコ・ブラーエとの仲介役をも務め……

しかしカルターリの謂う古人とは古代ギリシャ－ローマ世界の住人たちのことであり、十七世紀、ペルー、インド、日本の神々が追加されたのにはまた別の動機や意図があった訳で、ピニョリアの「追記」もさまざまな典拠を羅列するかたちになっており、そこにはカルターリの文飾の妙もなく、本訳書ではそこまで追うことはしなかった。

本書の発端と惑星圏

本書が本文加筆やら図版挿入によって増殖していく様はこれでお分かりいただけたと思うが、もうひとつ本書の誕生に関して奇妙な、というか不思議なしるしを認めることができる。［XII］章フォルトゥナの末尾の一文、そしてつづくクピドを遮るように置かれた献辞（ピニョリア版では削除されている）。どうやらこの書は最初、クピドにはじまる三章をもって一冊とするかたちでカミッロ・グァレンギ殿[22]に献呈されたもののようである。なにか不都合があって禄を失ったカルターリが、あらためてとりたてを願上するような口説。愛《アモル》をもって寵愛《グラティア》を、と。

この頃、彼の脳裏には、愛、羞恥、死、声望、時、永遠性とかたりつがれるペトラルカの『凱旋《トリオンフォ》』があったのかもしれない。そして構想が膨らむうち、ボッカチオが語る得体のしれない祖神デモゴルゴンが永遠性の別名として最初に置かれ、『凱旋』が永遠性からの流出のような形で逆倒する。

そしてそれとともに、挿図版で加筆された跡は歴然であるとはいえ、初版ですでに印刷に付すにあたり原稿を削除して縮小されたのかもしれない部分がいくつもみつかるように思えてくる。もちろんそれを厳密に跡づけることはできないけれども。遠い反響《エコー》。たとえば［XV］章最後の詩にあるアフロディテの添え名キュテレイアが、巻頭の［序］のエジプトの神々、ピタゴラスの徒の神々の出自を求めてマニリウスの長詩『アストロノミカ』を翻いているうちにあらわれたりする（序章註16参照）。

この書で語られる神々に順序あるいは序列があるのかどうか。ピクトルの『神話神学』もその配置に明確な意図があるのかどうか詳らかではないが、ヤヌスを語った後、まずサトゥルヌス、ユピテル、マルス、アポロン、ヴェヌス、メルクリウス、ディアーナと七惑星に比定される神々を連ねている。つづく九章から五十七章の神々はここでは措くとして。ジラルディの『異教の神々』全十七章はもっと錯雑した構成だが、これら惑星神だけを拾ってみるなら、ユピテル（二章）、サトゥルヌス（四章）、アポリーネ（七章）、メルクリウス（九章）、マルス（十章）、ディアーナ（十二章）、ヴェヌス（十三章）。ところでカルターリの章だてからはマルスが欠けている。もちろんそれが語られない訳ではなく、ミネルヴァに組み込まれてはいるのだが。カルターリが惑星神を語る順序もみておこう。サトゥルヌス［Ⅰ］、アポロン［Ⅱ］、ディアーナ［Ⅲ］、ユピテル［Ⅳ］、メルクリウス［Ⅸ］、（マルス）［Ⅹ］、ヴェヌス［ⅩⅣ］。

ここから観てとれるのは、ピクトルだけがなにかしら伝統的な序列で諸惑星を配している、ということ。カルターリの［序］章［十二主神］項は初版にはなかった部分だが、ここにピタゴラスの徒たちがエジプト十二神を模したものとして十二神名が挙げられている。彼が言うピタゴラスの徒たちとはいったい誰のことだろう。またここで十二は七と五からなっている。あるいは二と五と五から。ピタゴラス派といえばテトラクテュス（十の点でできた正三角形）だが、いったい彼らの完全数十と、十二という数はどこで和解するのだろう。[23]

エジプトの古伝はこの世の誕生を恒星と惑星の位置によって説明づけていたとされるが、獣帯十二宮が惑星と関連づけられたのはプトレマイオスの書に遡るという。[24] そこでは獅子座から山羊座までの半球が太陽（昼）に、水瓶座から蟹座までが月（夜）に比定され、一々の惑星にそれぞれ昼と夜の星座が宿として定められた。メルクリウスには乙女座と双子座が、ヴェヌスには天秤座と牡牛座が、マルスには蠍座と牡羊座が、ユピテルには射手座と魚座が、サトゥルヌスには山羊座と水瓶座が。[25]

この伝統と断絶するのが、先のマニリウス『アストロノミカ』で、一年の十二の月に十二神を配するギリシャ－ローマの伝統から、獣帯十二宮はそれぞれ別の神に配当された。山羊座はアテナ、牡牛座はヴェヌスに、双子座はアポロンに、蟹座はメルクリウスに、獅子座はユピテルに、乙女座はケレスに、天秤座はヴルカヌスに、蠍座はマルスに、射手座はディアーナに、牡羊座はヴェスタに、水瓶座はユーノーに、魚座はネプトゥーヌスに。[26] パラスをアテナの別称とみれば、これこそカルターリが［序］章に挙げる神々に一致する。とはいえこれも、本書でものがたられる神々の順序に符合するものではなく、その意図を説いてくれる訳ではないのだけれども。

それはかえって四大を追いつつ、土、火、水、気を変容する旅であったのかもしれない。惑星の名が金属の名でもある自然学としての錬金術の表象を尋ねてみることもできる。カルターリの書とまさに同じ頃、デモゴルゴンが錬金術師ゲーベルやライムンドゥス・ルルスを訪ねて会話するというジョヴァンニ・ブラチェスコの『錬金術対話二編』[27]も刊行されている。ピニョリア版『神々の姿』が出た頃には、神話表象から変成を説くミヒャエル・マイヤーの錬金術書群が奇跡のように刊行されつづけている。錬金術を神話表象で説いた書の嚆矢としてはだいぶ後になるが、十八世紀、フランスのペルネティ[28]によって著された神話解釈を挙げておこう。

万有宇宙の序列の変容

惑星のはなしに戻ろう。先にピクトルが「なにかしら」伝統的な序列で、と記したのは、それがキケロが『スキピオの夢』[29]に録したものと同じであったから。ピタゴラスの徒が採用したのはおそらくこのカルデア式の序列で、サトゥルヌス—ユピテル—マルス—ソル—ヴェヌス—メルクリウス—ルナ—（テッラ）。ところがプラトンの『ティマイオス』[30]では、サトゥルヌス—ユピテル—マルス—メルクリウス—ヴェヌス—ソル—ルナ—（テッラ）の順。こちらがエジプト式、と称される序列らしい。マクロビウスの『スキピオの夢註解』はこの両者の間で揺れている（あるいは矛盾をきたしている——I.12とI.19）。

ここで銘記しておかねばならないのは、わたしたちが太陽中心説という訳語で安易に太陽のまわりを地球（大地）をも含めた諸惑星が周転するという説を思い浮かべてしまうことの誤りについて。ヘリオセントリスムとは古代後期から中世はたまたカルターリの時代まで、太陽が月から土星までの諸惑星のちょうど中央にあって、大地のまわりを回っているという太陽中央説、つまり上のカルデア式惑星順序を謂ったものだった。コペルニクスの『天体の回転について』は、彼の没後一五四三年まで出版されなかった。ケプラーの奇書『宇宙の神秘《ミステリウム・コスモグラフィクム》』[31]が出るのが一五九六年、ガリレオがケプラーに手紙を書くのが翌年、一六〇一年にはティコ・ブラーエ没。この頃までは天体観測は目視でおこなわれており、やっとガリレオが天体望遠鏡を使いはじめることになる。プラハからカプチン会士たちを追いだした「異端者ティコブラ」はイエズス会からも疑惑の目で見られ、没後出版された彼の『プロギムナスマータ』は一六一四年に検閲され禁書目録にも載せられる。そして一六一六年、法王庁によってコペルニクスの地動説は禁止された。

コペルニクスの太陽中心説を批判するロバート・フラッドの奇書『両宇宙誌』が出るのが一六一七年。この書でもデモゴルゴンが活躍している。神がつくり給うたこの世は神の完全をあらわした正円をもって運動しておらねばならず、歪んだ楕円などというものはいまだなかなか認めがたい、そんな時代。水星と金星が太陽のまわりを回り、太陽は元通り地球のまわりを回るというティコ説は、ひょっとして上のカルデア式とエジプト式、あるいはピタゴラス派説とプラトン派説を巧みに合わせ解いてくれるものであったのかもしれない。ティコの『プロギムナスマータ』は地動説禁止の四年後、イエズス会のロベルト・ベラルミーノによって禁書から外された。

もうひとつ曜日の順序という謎もある。

それはさて、メルクリウスが結婚の相談にアポロンを訪ねるマルティアヌス・カペッラの『メルクリウスとフィロロギアの結婚』が三学四課の教科書として解釈される時代から、ナトゥーラという書物を読むことがそれを観察し計算することに変わろうとする時期。貴族たちも自ら神々や英雄たちに仮装して宴会を催すことに倦み、ついには歌手たちに憂鬱なマドリガーレを歌わせ慰むうち、頽廃の十六世紀はおわり、十七世紀、オペラというものが発明される。モンテヴェルディの「オルフェオ」が初演されたのは一六〇七年。カルターリの書が版を重ねていた頃、新たな装いのピニョリア版が出る前のこと。もはや神々は祀られず、さまざまな気質《フモール》の別名となって霧散していった。あるいはからだ(すがた)を脱ぎ捨てて、それらは本来の神々としてアイテール界へと帰還していったのだろうか。

本書に何度も記されてある書かれるべき、あるいは書かれたが現存しない「魂論」。それを惜しみつつも、おそらくカルターリによって書かれたとしても、それはプルタルコスの『プラトンの「ティマイオス」に著された魂の創造について』[32]のようなかたちになったのではないか、などと夢想しつつ……章だてから外され、本文中に埋没したマルスがバッカスの饗宴とフォルトゥナの微笑をうけ、クピドに助けられてヴェヌスに「再び」まみえる、という循環構造にどこか著者カルターリの姦策を嗅ぎつけたような気になったところで、解題に代える。

註

（1）cfr. *Dizionario Biografico degli Italiani* XX (1977), pp. 793-796 ; Vincenzo Cartari di Marco Palma.

（2）*I Fasti di Ovidio tratti alla lingua volgare* per Vincenzo Cartari regiano, Vinetia, F. Marcolini 1551 ; *Il Flavio intorno ai Fasti Volgari,* Vinegia, Scotto 1553 ; *Le imagini con la spositione de i dei de gliantichi* raccolte per Vincenzo Cartari, Venetia, F. Marcolini 1556 ; *Compendio dell'Historie di Monsignor Paolo Giovio da Como vescovo di Nocera,* fatto per M. Vincentio Cartari da Reggio, con le postille et con la tavola delle cose notabili, Vinegia, G. Giolito 1562.

（3）*Il Flavio intorno a i Fasti volgari,* cc. 3-4.

（4）Ibid., c. 4r.

（5）Boccacio, *Genealogia Deorum,* Parigi 1498.

（6）Georg Pictor, *Theologia mythologica,* Friburgo 1532.

（7）Lilio Gregorio Giraldi, *De deis gentium varia et multiplex historia in qua de deorum imaginibus et cognominibus agitur,* Basilea 1548.

（8）Pausania tr. lat. Romolo Amaseo, *Veteris Graeciae descriptio,* Firenze 1551.

（9）ちなみに初版 *Le immagini con la spositione dei Dei degli antichi,* 1556 は Bivio のウェブサイトに全文が打ち出されており、再版その他も Googlebooks や Gallica 等々のサイトで PDF 版を参観できる。しかしいまだ進化を続け、変身を遂げつづけるインターネット・メディアの未来は、過去十年を顧みるだけでも予測がつかないし、サイトそのものも定常的ではない現状に鑑み、一々挙げない。

（10）Jean Seznec, *La Survivance des dieux antiques. Essai sur le role de la tradition mythologique dans l'humanisme et dans l'art de la Renaissance,* London Warburg Institute 1940. 高田勇訳『神々は死なず――ルネサンス芸術における異教神』美術出版社、一九七七年。

（11）Eugenio Battisti, *L'Antirinascimento,* Milano 1962.

（12）Francesco Gandolfi, *il "Dolce Tempo". Mistica, Ermetismo e Sogno nel Cinquecento,* Roma 1978.

（13）*Vincenzo Cartari, Le imagini de i dei de gli antichi. Storie di Dei e di Eroi che hanno ispirato generationi di artisti. La prima edizione moderna di un classico dell'iconografia,* a cura di Ginetta Auzzas, Federica Martignago, Manlio Pastore Stocchi, Paola Rigo, Vicenza 1996. これは 1587 年版本文を底本に新組みし 1571 年版銅版画を付したもの。パストーレ・ストッキによる序文つき。
Caterina Volpi, *Le immagini degli dei di Vincenzo Cartari,* Roma 1996. これは 1571 年版を底本に、図版については往時の諸書また古代メダルなどに類似の図像を求めている。不思議なことにこの刊本では、［序］章註119に記したように、巻頭が欠落している。

Vincenzo Cartari, *Imagini delli Dei de gl'Antichi, Prefazione di Alessandro Grossato,* Milano 2004. これは1647年版リプリントに序を付したもの。

(14) パストーレ・ストッキの検討（上註参照）あるいはオンライン BIVIO 版によれば cc.122。

(15) 同上558。

(16) 同上558。

(17) 同上476。

(18) 同上476。

(19) 同上593。

(20) 同上404。

(21) cfr. Massimo Bucciantini, *Galileo e Keplero. Filosofia, cosmologia e teologia nell'Età della Controriforma,* Torino 2003.

(22) ［XV］章註34参照。

(23) たとえば［V］章［花嫁たちの行く手を灯す松明］、［偶数と奇数］項参照。

(24) Tolomeo, *Tetrabiblos,* 1.18.

(25) cfr. Macrobio, Somn., 1.21.23-26 etc.

(26) cfr. Manilio, *Il poema degli Astri,* a cura di E. Flores, commento a cura di Simonetta Feraboli e Riccardo Scarcia, vol. 1, Fondazione Lorenzo Valla 1996, pp.325-327.

(27) Giovanni Bracesco, *De Alchemia dialogo duo. Quorum prior, genuinam librorum Geberi sententiam, ... alter. Raimundi Lullii Maioricani, Mysteria in lucem producit....,* Lugduni 1548.

(28) Don Antoine-Josef Pernety, *Les Fables Egyptiennes et Grecques,* 1758.

(29) Cicerone, *Somnium Scipionis,* 12 (VI.20).

(30) Platone, *Tim.,* 38D. cfr. Proclo, *Comm. Tim.,* II, 17ss. p.48 Diehl はこれをプラトン派ではなくピタゴラスの徒たちに帰している。これは新ピタゴラス派のアパメアのヌメニオスあたりのことだろうか。cfr. Macrobio, *Commento al Sogno di Scipione,* a cura di Moreno Neri, Milano 2007, p.606 n.198.

(31) Kepler, *Mysterium Cosmographicum,* 1596.

(32) *Della creazione dell'anima descritta nel Timeo di Platone,* in Opuscoli di Plutarco. Volgarizzati da Marcello Adriani, Milano 1829. 戸塚七郎訳プルタルコス「ティマイオスにおける魂の生成について」、『モラリア』13、京都大学学術出版会、一九九七年。

訳者あとがき

妙ないきさつからこの街に住みはじめたのだったけれど、幾星霜。ヴィットリオ広場から離れられない。なぜだろう。この広場にある魔法の門の蠱惑だろうか。どうやらこれは現在の場所からわずかに離れたところに地所があった侯爵マッシミリアーノ・パロンバーラの館の裏門であったものだが、惑星を思わせる七つのしるしを刻み、梁部に円盤を載せた不可解なもの。その閾石にはモナドと解される愛らしいしるしがあり、その上面にSI SEDES NON ISという銘が刻まれている。「坐っていてははじまらない」。後ろから読めば逆の意味になる。「たちどまることなければ行ける」と。どこへ？

この人物は『ブジーア』と題する[1]（この題名は燭台とも嘘とも読め、ライムンドゥス・ルルスが石打ちされて死んだ町の名をも思い出させる）幻想小説のような手稿を残しており、その中で海浜を行くうち亀の甲羅をみつけ、ナトゥーラに邂逅して竪琴のようなものをつくり、その響きの諧調を得て梨のなかにホムンクルスのような賢者の石を育ててみせる。彼はオルフェウスになる。二十世紀これを公刊したミーノさんとは、この本を読んだ後に知己を得ることとなった。彼は『ポリフィロ狂恋夢《ヒプネロートマキア》』現代伊語訳、『ジョルダーノ・ブルーノ図像大全』、『錬金術と図像学』等々、次々と公にしつづける硬派の碩学だが、本人はいたって磊落な冗談好きの好人物だ。これまた偶然の導きながら本書校正中、カルターリにも引かれるポルフィリオスの『神像について《ペリ・アガルマトン》』[2]が今年、彼の序と注を付されて公刊された。現存しない書物を後代の引用から再現するための手法をめぐり、いろいろ考えさせてくれるものとなっている。

ゼーリの『ローマの遺産』を訳出していた頃、往昔この街でプロティノスの講義を並べ変えつつ『エンネアデス』を編み、新プラトン主義の礎を築き、キリスト教を駁し、カルデアの巫言やオデュッセウスの洞窟に囚われつづけたポルフィリオスに想いを馳せるうち、ヘカテの謎から古代神話に遡っていた。

とはいえ、それも古代の神々の名に架構された十六—七世紀の錬金術書の数々を介してのことで、メルクリウス《水銀》とサル《塩》がソル《黄金》に変成を遂げる世界、惑星の名が金属の名とされる世界を旅することに終始していた。するうち、カルターリの『古人たちの神々の姿について』がアウグスティヌスの『神の国』に引かれるポルフィリオスを誘い出してくれた。逆説的だが、二十世紀の神話学風に言うなら、それはさまざまな機能神が瞬間神に還る一瞬のまなざし、その不可解さへの知と信からする問いでもあった。それはアウグスティヌスの照明説を巡ってなされる illas deus offert quibus vult : & quibus vult subtrahit というガンのヘンリクスのことば[3]をも想起させ……。『ポリフィロ狂恋夢』からちょうど百年、この幻想譚を錬金術仕立てにして一五九九年に公刊されたナザーリの『錬金夢三題』にもそれに似た一節が引かれ[4]、一六〇五年のチェザーレ・ダ・リヴィエラの『英雄たちの魔術的世界』にはその俗語訳[5]らしきものが載せられているのを見つけて酔いつつ妄想を深めることになったのだった。

中世以降さまざまに解釈をほどこされてきたアリストテレスの『デ・アニマ』第三巻第五章末尾の難読個所[6]。それが過去・現在・未来を予言でつなぐオルフェウスの業と観じられ、その業《アルス》をなす者アルテフィチェ（制作者）が創造者の名から分離して、ひとりの予言者となる。そのアルテフィオの業とされる三つの壺について語るカルダーノ[7]からカルターリのアポロンの四つのうつわ[8]へ。この儀式に添えられる小刀がマルスの祭壇に刺される剣[9]にも見えてくる。すると指輪に刻まれた文字[10]その他、十七世紀以降さかんに著されることになる魔術書群の秘法を説く鑰《かぎ》が本書のいたるところに鏤められているように見えてくるのだった。

カルターリが生まれた時代は、十五世紀の揺籃本《インクナブラ》を経過し、印刷術が盛期を迎える頃にあたっていた。わたしたちの時代もインターネットという新たな媒介《メディア》を通して、急速な変容を蒙っている最中だ。世に数冊しか残らない書物を求めて所蔵図書館を訪れる旅に出る、という難儀も解消されつつある一方で、コンピュータ端末が開かない環境に出るとお手上げになる。たとえば、ほんの十年前に蒐集したデータ・メモリを開く（解読する）手段すらたちまち失われ、停電になり電池が切れると遠隔データにも手元のディスクにも近寄れない。電子化ということばで電気化を自明なものと思い込んだこの時代の陥穽を、あらためて昨年の原発事故で思い知らされることとなった。日本に帰ると窓もない、あるいは窓も開かない箱のような大規模建造物があり、不安になる。わたしの住む街は日本では考えられないほどの頻度で停電がある。そしてそういう時に限って大事が起こる。幸いわたしはジェラート屋を営む訳ではないので、致命的なことにならずに済んではいるけれども。

もちろん印刷書籍とて書庫を一日中徘徊してもなぜか見つからないこともあるし（同じ本を何度も買うことになる）、まさかの火災で焼失したり、水を冠って開かなくなったり、虫が食べてしまうこともある。とはいえなんらかの文字（あるいは文字のようなもの）で記されていないものは開けない（解読できない）。南米に縄結びで意味を伝える文化があったという。エジプトの神聖文字《ヒエログリフ》は解読できるに違いない、中国に表意文字があるように。アラビア文字やサンスクリット文字だって簡単には読めない。でもまあ、読める人がいることは確か（だという思い込みはあるの）だから、誰かに訳してもらおう。でも、文字らしきもので誰も読めない謎の書物があったりする。二十世紀に限らないけれど、いまもわたしたちは謎解きに夢中だ。謎は一義的に解かれる、という通俗映画のせいもある（文字で記された推理小説にはもうすこし余白があるが）。

一方、自然という書物、という考えも古くからあり、自然学はそれを解読する学問として成り立った。わたしたちはか《フォ》たち《ルマ》に意味を求めるようになる。そして十六世紀、南米に渡ったイエズス会士はトケイソウに十字架と使徒たちの姿を認め、随喜の涙を流したのだった。そしてその花は殉教花《パッシフィオレ》と名づけられた。[11] このことを教えてくれた書物には、薔薇と百合を描いた逸名画家の静物画の意味解読をめぐって、九名の専門家たちが戦わせた討議を再考した興味の尽きない論考もあった。[12] この討議にはフェデリコ・ゼーリも参加している。

カルターリの『古人たちの神々の姿について』が出版され改版されていった頃、日本には鉄砲とキリスト教がもたらされ、一向宗が弾圧されキリシタンが禁圧されていく、そんな時代。カステラ、テンプラ、ポント町が日本語になり、専制《ティラ》君主《ンノ》ファシバドノ（羽柴殿）の名がイエズス会士たちの年次報告印行版によってヨーロッパに伝わるグローバル化のはじまり。デウスがゼウスを借りた名であったにもかかわらず、ひとたび大日と訳されたその名はデウス、ダイウスに戻された。グラティアは三美神の名ではなく、キリスト教の恩寵のことであった。本邦ではそれはガラサと音綴され、ガラシアを名とする婦人もいた。

翻ってわたしたちの時代、古の西欧の神々はマーキュリー、ビクター、メナード、キューピー等々の名でやってきた。その一方で西洋神話学の諸著邦訳では古の神は古の呼称で、とばかりにギリシャ語ラテン語読みに戻っていく。本書でもそうした慣例に則ってギリシャ語ラテン語の神名に戻して訳出していくうち、だんだんとカルターリの本らしくなくなっていくような危惧にとらわれたものだった。もちろん原著は俗イタリア語で書かれており、そこでは神々の名もみなイタリア語読下しになっている。それを呼ばないと答えてはくれない本当の名を探るすべもないし、カルターリが記した通りのイタリア語音を綴りなおしてもかえってその名らしきものに届くことも難い、そんな中折れ状態のまま、神名はまた転生していくのかもしれない。そのもどかしさが本書ではグラツィアをグラティアに改めたところで途絶している。

二十世紀、外の思考が言われて久しい。しかしわたしたちの感興のなかではふたたび非知と無知はほとんど区別がつかないものとなっている。二十一世紀、ひょっとするとわたしたちはひとつの文化規範が溶解してかなり異様なものとなる場面を、いま凝視しているのかもしれない。

校正にあたるうち、ピニョリア版を超えてカルターリが現代の考古学的神話学をも掘り起こしてくれるかもしれない、そんなことを考えさせられたのが、本書に散見される狼やキツツキ《ピクス》。これらは古代ローマ草創期の神名であったのではないか、ということをカランディーニの『ローマ誕生』[13]に教えられる。また各所にあらわれる臍《ウンベリクス》らしき先の途切れた円錐形の神像あるいは○を載せた△。先に触れた魔術的祭儀の数々とともに、とぐろを巻く蛇からひょっとヨアキムの十玄琴をまで召喚するそのかたちをカルターリの記述のなかに追うだけでも、本書は別の姿をあらわすことになるだろう。

本書を再読三読してもうひとつ、イメージを喚起せしめられたのがニンフのエリチェ。それはなかなか姿をとってはくれないが、本書に頻出するスタティウスがダンテの『神曲』煉獄篇で魂の誕生について詳説した後、第二十五歌末尾に近くあらわれる、わたしにとっては謎の一節。「ディアーナ森にとどまりて、かのヴェーネレの毒を嘗めしエリーチェを逐へりといふ」(山川丙三郎訳)。この一節のエリチェは古来、なんの躊躇いもなく、カリストのことである、と註されて終わりである。誰もなぜエリチェを語ってくれないのか、というのが積年の疑問なのだが、本書〔XIII〕章〔煩悶するアモル〕項に引かれるアウソニオスの長詩はあらためてその疑問を呼び覚ましてくれた。『ポリフィロ狂恋夢』の残酷な場面とともに、これを機にもうすこしこの疑問にも拘ってみたいところである。

マニエリスムからバロックへという時代に刊行された本書。原題は、邦語にはなかなかその趣を写し難い『……デ・イ・デイ・デ・リ……』という冗長な音遊びからなっている。そこで本書総題はこの大盤振舞い感を盛り込んで『西欧古代神話図像大鑑』となった。造本における図版の効能《ヴィルトゥス》ということを鑑みつつ、あらためて本書の成長過程を顧みていただければ幸いである。ここにカルターリという名を「発見」する人もあることだろうから。わたしも一九七〇年代、建石修志兄の造本挿画になる『悪夢の骨牌』というおそろしく美しい書物に出逢うことがなければ、こうした「いま」を漂泊することもなかっただろう、などとつい偶感を記しつつ。
『イメージの裏側』という表題の本からひとめぐり、あらためてここに『古人たちの神々のイメージ群』というイメージを表題とする本に帰着したことになる。まさにその『イメージの裏側』刊行時に、グラーツで一九六三年に出版された本書のファクシミリ版を手渡してくれた八尾睦巳氏に、今回も隅から隅までお世話をかけつつ本書は成った。その間、中世に遊ばせていただいたのもスペキエスという名のイメージとの戯れであった、と今更ながらに感じている。どちらかといえば彼の遠隔力に誘われて訳了にいたった訳で、感謝深甚です。またこうしてウロボロスの円環を閉じてくださった八坂書房社主八坂立人氏にこころからお礼申し上げます。

二〇一二年八月聖アウグスティヌスの祝日に、
ローマの寓居にて

大橋喜之

(1) この手稿はミーノ・ガブリエレによって詳細な解説を付されて公刊されている。Mino Gabriele, *Il Giardino di Hermes. Massimiliano Palombara alchimista e rosacroce nella Roma del Seicento*, Roma 1986. ちなみに拙ブログ「ヘルモゲネスを探して」に訳出してある。パロンバーラ侯爵にはもう一冊まったく趣を異にする『ブジーア』という同題の詩集もあるのだが、こちらはまだ抄録刊行物が存するだけで、その全貌はヴァチカン図書館のレジネンセ写本中に埋もれている。ちなみにこのレジネンセ写本群というのはパロンバーラ侯爵とも親交のあったスウェーデン女王クリスティーナの蔵書だったもの。

(2) Porfirio, *Sui simulacri*, Introduzione e Commento di Mino Gabriele, Traduzione di Franco Maltomini, Milano 2012. この書は散逸しており、カルターリ本でエウセビオスからの引用として採られているものであることは御覧の通り。先に昨年公刊された Porfirio, *Filosofia rivelata dagli Oracoli. Con tutti i frammenti di magia, stregoneria, teosofia e teurugia*. A cura di Giuseppe Girgenti, e Giuseppe Muscolino, Milano 2011 では *Sulle immagini degli dei* という表題で、可能な限りエウセビオスから広く引くかたちで収められている一方、ミーノ版は可能

な限り縮小する方向で原書に迫ろうとする試み。

（3）Henricus de Gandavo, *Summae Quaestionum Ordinariarum,* Paris 1520, art.I q. 2. ちなみにテスケによる英訳で «He is seen if he wills it; he is not seen if he does not will it.» となっている。cfr. *Henry of Ghent's Summa of Ordinary Questions. Article One,* translated and edited by Roland J. Teske, S. J., Indiana 2008, p. 35.

（4）«Deus cui vult largitur, et subtrahit», in G. B. Nazari, *Della tramutatione metallica sogni tre,* Brescia 1599, p. 3 ; cfr. Geber, *Summae perfectionis,* in *Artis Chemicae principes Avicennae atque Geber,* Basilea 1572, p.507.

（5）「これこそ神の賜、神は望みのままにそれを与えまた取り去る」。«Che questo è dono di Dio, il quale lo dona, e toglie a chi li piace», in *Cesare della Riviera, Il Mondo magico de gli Heroi,* Milano 1605.

（6）山本光雄訳（岩波版アリストテレス全集第六巻）によれば、「理性は或る時には思惟しているが、或る時には思惟していないということはない。しかしそれは分離された時、それがまさにあるところのものだけであり、そしてただそれだけが不死で永遠である。そしてそのものがなくて、思惟するものはなにもない」。本書［Ⅸ］章［メルクリウスと鶏鳴］、［夢たちの扉］項、註113参照。

（7）Hieronymi Cardani Mediolanensis Medici. *De rerum varietate libri XVII,* Lugduni 1580, pp.786-798. *Cap. XC. Ars Magica Artefij, & Mihinij,* あるいはグイヨ・ド・ジヴリ著、林瑞枝訳『妖術師・秘術師・錬金術師の博物館』（法政大学出版局、一九八六年）pp. 376-8 参照。

（8）本書［Ⅱ］章［ポイポスのうつわ］項、あるいは Tav. 12 参照。

（9）本書［Ⅹ］章［マルスの犠牲］項、あるいは Tav. 63 参照。

（10）本書［Ⅱ］章［健康のしるし］項参照。

（11）cfr. G. Pozzi, *Tulipano e passifiore,* in *Sull'orlo del visibile parlare,* Milano 1993.

（12）cfr. Id., *Rose e gigli per Maria. Un'antifona dipinta.* 元の討議は *Forma vera. Contributi a una storia della natura morta italiana,* a cura di P. Lorenzetti e A. Veca, Bergamo 1985, pp.203-29. 討論参加者は I. Bergström, F. Bologna, E. H. Gombrich, M. Gregori, M. Marini, S. Segal, F. Zeri, G. Testori, M. Rosci。

（13）Andrea Carandini, *La nascita di Roma. Dei, Lari, Eroi e uomini all' alba di una civiltà,* Torino 1997. たとえば本書［Ⅴ］章註74、［Ⅹ］章［マルスのキツツキ］項など参照

図像索引

＊関連図版の載る頁のみを示す。

【ア】
アウステル　299, 317
アウロラ　118
アグライアー　650
アスクレピオス　→エスクラピウス
アダルガティス　79, 103
アテナ　→ミネルヴァ
アドゥラティオ（阿諛）　544, 568
アドニス　618, 635
アトロポス　336, 338, 358, 360, 362
アヌビス　382, 403, 404
アピス　404
アフロディテ　→ヴェヌス
アポロン　76, 89, 90, 95, 96, 98, 116, 385, 414
——（アッシリアの）　79, 102
——・ミトラ　78, 97
アマルテイア　197
アムピトリテー　296, 309
アモル　564, 579, 580, 594, 597, 624, 626
アルテミス　→ディアーナ
アレクトー　334, 348
アレス　→マルス
アンゲローナ　430, 449
アンテロス　579, 586
イウスティティア（正義）　541, 552
イオクス(像)　616, 627
イグノランティア（無知）　553
イゲイア（ヒュギエイア）　113
イシス　135, 151, 155
イーラ（憎悪）　465
イリス　220, 228
インヴィディア（嫉妬）　544, 553, 555, 568
インシディアエ（姦策）　553
ヴィクトリア　198, 434, 471, 472
ヴィルトゥス　429, 445, 448
ヴェスタ　255, 269
ヴェヌス　616, 617, 618, 620, 624, 626, 627, 630, 635
——（サクソン人の）　615, 623
——（パポスの）　615, 623
ヴェリタス（真実）　553
ヴェルトゥムヌス　301, 324
ヴォルピア（享楽）　448
ヴルカヌス　431, 436, 460
エヴェントゥス（できごと）　544, 568
エウプロシュネー　650
エウリュノメー　298, 315, 333, 342
エウロス　299, 317
エスクラピウス　82, 107, 108
エテルニタ　15, 32, 36
エロス　586
オッカシオ（機会）　542, 560
オプス（オペ）　253, 261
オレイテュイア　299, 317

【カ】
カストル　221, 231
カノーポス　297
ガラティア　305
カルンニア（誣告）　553
カロン　365
キマイラ　357
キュクロプス　460
キュベレ　254, 265
クピド　600, 616, 627
グラウコス　303
グラティアたち　198, 615, 623, 626, 646, 650, 653
クロトー　336, 338, 358, 360, 362
ゲニウス　498, 526
ケピソス(川)　300, 318
ケルベロス　333, 342
ケレス　256, 272
黒い——　256, 277
コーモス（宴会の神）　490, 500
コンコルディア（融和）　378, 393

【サ】
サトゥルヌス　47, 48, 53, 55, 56, 57
サルーテ　110, 112
シガレオン（→ハルポクラテス）　449
シュリア（アッシリアの女神）　219, 225
スキュラ　308
ストレーガ　335, 353
スフィンクス　320, 357
セイレーン　295, 307

ゼウス　→ユピテル
ゼフュロス　299, 317
セラピス　80, 105
ソスピキオーネ（疑惑）　553
ソムヌス（眠り）　381, 400
ソル　→太陽

【タ】
太陽（神／→アポロン，ポイボス）　76, 77, 83, 85, 114, 116, 491, 503, 645
——の船　77, 93
ダフネ　95
タラクシッポス　313
タレイア　650
月（神／→ルナ）　137, 142
——（エジプトの）　134, 149
ディアーナ　133, 137, 141, 385, 414
——・キュンティア　145
ディオニュソス　→バッカス
ティシポネー　334, 348
ディスコルディア（不和）　468
テッラ　253, 261, 265
——（アッシリアの）　79, 102
テベレ(川)　320
デメテル　→ケレス
デモゴルゴン　32
テュポン　495, 515
デルケトー　298, 315
時（→サトゥルヌス）　15, 36, 47, 53, 57
トリトンたち　305

【ナ】
ナイル(川)　80, 105, 301, 321
ナトゥーラ　15, 36, 79, 102, 150
ネチェッシタ（必然）　337, 360
ネプトゥーヌス　296, 297, 309, 313
ネメシス　540, 550
ネーレイスたち　305
ノクス（夜）　381, 400

【ハ】
パクス（平和）　377, 390
パストレラ　379, 395
ハダッド　79, 103
ハデス　→プルトーン
バッカス　197, 489, 491, 492, 493, 494, 500, 503, 506, 508, 512
パルカ　336, 338, 358, 360, 362
パルテノペー　295, 307
ハルピュイア　335, 353
ハルポクラテス　430, 449
パン　169, 179, 600
ヒュギエイア　113
ファヴォール（好意）　544, 568
ファト（宿命）　543, 567
ファーマ（声望）　432, 464
フィディオス　172, 196, 197
フィデス（信義）　378, 393
フェリチタス（幸福）　544, 569
フォルトゥナ　539, 543, 546, 548, 564, 567
——（スキタイの）　543, 563
フラウディス（欺瞞）　553, 558
フリアイ　334, 348
プリアポス　496, 521
プルトーン　333, 342
プロヴィデンティア　25
プロセルピーナ　147, 257, 283, 333, 342
フロラ　299, 317
フロール（憤怒）　465
ペガサス　118
ヘカテ　134, 147
ヘスティア　→ヴェスタ
ペニテンツァ（後悔）　553
ヘパイストス　→ヴルカヌス
ヘベ　75, 86
ヘラクレス　384, 385, 409, 414
——（ガリアの）　383, 406
ペルセポネ　→プロセルピーナ
ヘルマアテナ　427, 437
ヘルマス　176, 379, 380, 396
ヘルメス　→メルクリウス
ベレキュンティア　253, 261
ベローナ　441
ポー(川)　300, 318
ポイボス　15, 36, 76, 83, 85, 116
——のうつわ　81, 106
ポセイドン　→ネプトゥーヌス
ホーロス　495, 496, 515, 516
ボーナ　257, 283
ホノール　429, 445
ポモナ　280, 324
ホーラーたち　198, 626, 645, 649
ポルックス　221, 231
ボレアス　299, 317

【マ】
マカリアー　569
マルス　432, 464
——（アラビアの）　433, 467
——（スキタイの）　433, 467

ミネルヴァ　385, 414, 427, 428, 437, 442
ムーサたち　87, 89
メガイラ　334, 348
メルクリウス　377, 379, 382, 387, 395, 396, 403, 406, 427, 437, 646, 653
——の角柱（→ヘルマイ）　176
モモス（中傷）　556
モルス（死）　400

【ヤ】
ヤヌス　49, 50, 59, 65
ユーノー　220, 229
——（アルゴスの）　222, 236
——・ジュガーレ　222, 237
——・ソスピータ　222, 236
——・フェブルアーレ　222
——・ルキーナ　219, 225
ユピテル　169, 171, 173, 179, 192, 198, 201, 203, 457
——（アッシリアの）　85
——（エジプトの）　170
——（ピレエフスの）　170
——・アムモーン　175, 176, 205, 206
——・オルクス　171, 194
——・ラブラデオ　173, 203

【ラ】
ラケシス　336, 338, 358, 360, 362
ラートナ　385, 414
ラミア　335, 353
ラルたち　497, 522
リュキア　295, 307
ルキーナ　133, 142
ルナ（月）　137, 142, 145
レウコテア　295, 307

索引
（神名・人名）

【ア】
アイアコス　339, 340
アイアス　468, 602
アイオロス　63, 228, 316
アイギナ　209
アイスキュロス　349
アイリアノス　→エリアノス
アウエルンクス　347
アウグスティヌス　19, 32, 60, 187, 240, 259, 264, 448, 519
アウグストゥス　26
アウクセシア　30
アウステル　299, 317
アウソニウス（・ガッルス）　141, 181, 356, 551, 561, 562, 600, 630
アウロラ　117-119
アエソポス　556
アエネアス　146, 200, 226, 228, 237, 270, 276, 308, 311, 313, 344, 345, 352, 363, 388, 389, 394, 409, 414, 454, 461, 525, 620, 629
アガメムノン　137, 195, 451
アーキス（川）　320
アキレウス　461, 651
アクィローネ　317
アグディスティス　262, 263
アグライアー　650, 651, 654
アグリッパ，マルクス　26
アゲシラオス　27
アケローオス　197, 306, 316, 321
アケロン　352, 362-365, 508, 594
アシアー　339, 340
アシュタルテ　56, 57
アスクレピオス　→エスクラピウス
アステリアー　209
アストライア（正義）　35
アストライオス　400
アタマース　351
アタランタ　260
アダルガティス　79, 102, 103
アッティス　262-264
アッピアノス　27, 145, 388, 389, 527
アディマントス　24
アテナ（→ミネルヴァ）　435
アテネオス（アテナイオス）　158, 409, 415, 454, 472, 501, 504, 506, 507, 511, 587, 622, 625
アドゥラティオ（阿諛）　544, 568
アドニス　602, 605, 618, 624, 634, 635
アドラステイア　550
アトロポス　336, 338, 351, 358-362
アナクレオン　622
アヌビス　152, 382, 403-405
アピアヌス，ペトルス　108, 361, 386, 626
アピス　98, 99, 100, 152
アブラハム　522
アプレイウス　95, 152-155, 157, 230, 394, 405, 442, 449, 450, 452, 551, 566, 591-593, 621, 625
アフロディテ（→ヴェヌス）　620
アペレス　204, 553, 554, 557
アペレスの絵　553, 555, 558
アポストロフィア　627
アポロドロス　197, 344, 408, 410, 455, 457, 516, 517
アポロニウス　522
アポロン　29, 54, 76, 84, 85, 87-92, 94-98, 101-103, 106-108, 112-116, 137, 142, 146, 147, 238, 276, 385, 387, 408, 413-415, 470, 501, 507, 523, 649, 650, 652
——（アッシリアの）　79
——（スキタイの）　20
——・スミンテウス　112, 113
——・ミトラ　78, 97
アマータ　268
アマルテイア　196, 197, 453
アムピアラオス　444
アムピトリテー　296, 309, 310, 316
アムピトリュオーン　363, 394
アモル　181-185, 404, 563-565, 579-584, 586-600, 602-607, 619, 624, 626, 631, 647
アラクネ　207, 310, 436
アラトゥス　110
アラマンニ，ルイジ　593
アリアドネ　350, 499, 505
アリオスト　353, 392, 401, 468
アリスティデス　468
アリストテレス　28, 84, 101, 193, 200, 267, 307, 342, 438, 451, 463, 556, 569, 652
アリストファネス　149, 346, 389
アルカイオス　97

アルキビアデス 597
アルクメーネー 148, 209
アルケシラオス 599
アルチャーティ, A. 85, 447
アルテミス →ディアーナ
アルベルトゥス・マグヌス 355
アレイオーン 277
アレクサンデル・セヴェルス(帝) 522, 590
アレクサンデル（アフロディシアスの） 27, 156, 180, 587, 595
アレクサンデル・ナポリタヌス 96, 114, 152, 196, 207, 227, 261, 268, 270, 304, 396, 459, 462, 546, 562, 628, 633, 652
アレクサンドロス大帝 100, 111, 470, 505, 509
アレクトー 334, 347
アレクトリュオン 473
アレス →マルス
アンキセス 226, 525
アンゲローナ 430, 448, 449
アンティステネス 19
アンテヴォルタ 61
アンテロス 579, 584-586, 626
アントニヌス・ピウス帝 199, 275, 310, 562
アントロニウス 139
アンピトリュオーン 209
アンブロシウス 157
イアソン 282
イアヌス・パラシオス 117
イアンブリコス 16, 93, 176, 387, 525
イウスティティア(正義) 192, 193, 541, 549, 551-552
イオ 150, 151
イオクス(像) 616, 626, 627
イオバテス 356
イカロス 242
イグノランティア（無知） 553
イゲイア（ヒュギエイア） 110, 112, 113
イシス 98, 135, 146, 150-157, 227, 405, 438, 515, 566
イシドルス 260
イナコス(川) 152, 319
イフィゲネイア 137-139
イーラ 464-467, 603
イリス 220, 228, 229, 353, 386
インヴィディア（嫉妬） 544, 553-555, 568
インシディアエ（姦策） 467, 553, 554
インピエタス（無慈悲） 467
インペトゥス（衝動） 464
ヴァレリウス・フラックス 152
ヴァレリウス・マクシムス 28, 444
ウァロ 19, 23, 26, 187, 233-235, 239, 240, 260, 347, 359, 406, 447, 448, 519, 599
ヴィオレンティア（暴力） 464
ヴィクトリア 101, 102, 198, 199, 273, 434, 470-473, 551, 631
ヴィティサトーレ 52
ヴィテリオス 445
ヴィトゥルヴィウス 26
ウィルギネンセ 240, 241
ヴィルギリウス 31, 51, 58, 64, 88, 92, 118, 144, 146, 153, 154, 156, 177, 178, 180, 187, 200, 202, 207, 224, 226, 228, 237, 261, 270-272, 276, 302, 307, 308, 311, 313, 316, 318-320, 339, 344, 352-354, 356, 358, 362, 363, 388, 389, 391, 394, 399, 401, 409, 412, 414, 442,
ヴィルトゥス（美徳） 105, 429, 444-448, 469
ヴェイオーヴェ 196, 197
ヴェスタ 19, 255, 259, 263, 268-271, 415, 439, 469, 520
——（スキタイの） 20
ヴェスパシアヌス 312, 322, 389
ヴェヌス 19, 35, 63, 204, 225, 234, 238, 240, 313, 361, 389, 454, 461, 463, 473, 510, 519, 556, 582-587, 590-593, 596, 559, 601, 605, 608, 615-637, 647, 649-651
——（サクソンの） 615, 623
——（パポスの） 623
——・カリピーガ 625
ヴェリタス（真実） 444, 553, 554
ウェルティコルディア（転心） 627
ヴェルトゥムヌス 31, 280, 301, 322-325
ヴォルピア（快楽） 447-448
ヴォルプタス（快楽） 446
ウラニア 88, 242
ウラノス 52
ウリクセス（オデュッセウス） 242, 306-308, 340, 393, 452, 527, 528
ヴルカヌス 19, 24, 63, 99, 190, 200, 273, 315, 408, 431, 436, 454, 458-463, 583, 584, 651
エヴァンドロス 31
エヴェントゥス（できごと） 544, 566, 568
エウクリデス 527
エウスタティウス 510
エウセビオス 23, 28, 29, 56, 93, 94, 109, 116, 147, 149, 189, 191, 235, 263, 272, 274, 281, 282, 342, 459, 509, 517, 558, 636, 648
エウテルペ 88
エウドクソス 17
エウノミアー 654
エウプロシュネー 650, 651, 654
エウリピデス 353, 557, 568
エウリュアレ 455
エウリュノメー 298, 315, 333, 342, 344
エウロス 151, 299, 317
エウロパ 209, 339
エオー 115
エガ 196
エコー 180-182

エスクラピウス　25, 30, 82, 85, 95, 107-113, 267, 388, 408, 598
エテオクレス　351, 359, 464, 651
エテルニタ（永遠性）　15, 32, 36, 37
エトン　115
エピカルモス　461
エピクロス　452
エピファニウス　444
エブレオ，レオーネ　619
エラトー（ムーサ）　88
エラトー（ニンフ）　178
エリアノス（アイリアノス）　94, 151, 203, 227, 233, 310, 319, 352, 356, 393, 462, 557, 622, 628
エリチェ　196, 607
エリーニュス　277
エルシノア　110
エレボス　359, 364
エレミア（預言者）　355
エロクエンティア（雄弁）　560
エロス（→アモル, クピド）　586
エンケラドス（巨人族）　456
エンデュミオン　156, 604
エンプーサ　149
オイディプス　356, 357
オウィディウス　60,63, 64, 92, 115, 118, 137, 144, 152, 154, 157, 181, 188, 203, 206, 207, 264, 267, 268, 270-272, 280, 281, 302, 305, 306, 310, 316-318, 320, 321, 352, 354, 399, 401, 436, 463, 465, 513, 520, 523, 551, 555, 584, 587, 620, 622, 627, 629, 648
オケアノス　91, 187, 303, 314-316, 648
オシリス　92, 98, 99, 152, 154, 495, 513-515, 517
オッカシオ（機会）　542, 561-563
オッポルトゥニタス（→オッカシオ）　561
オデュッセウス →ウリクセス
オプス　54, 253, 259-261, 312
オペ（→オプス）　54
オムパレー　202
オルフェウス　146, 177, 193, 233, 273, 522, 600,
オレイテュイア　317
オレステス　138, 348

【カ】

カイロス →ケロス　619
カエサル, ユリウス　21, 26, 232, 281, 392, 398, 440, 509
カオス　61, 359
カスティガ（懲罰）　148
カストル　221, 230-234, 311, 312
カトー　27
カトゥルス　242, 350, 360, 504, 505, 513, 551
ガニュメデス　86, 209
カノーポス　297, 310
カムビセス王　462
ガラティア　304, 305
カリオペ　88, 238, 306
カリグラ　26, 525
カリストー　209
カリュブディス　308
カルディネア（女神）　60, 354
カルナ（→カルディネア）　60
カルンニア（誣告）　553, 554
ガレノス　396
カロン　154, 363-365
カンダウリス　202
カンディダ（純潔）　148
カンビセス王　99, 100
キケロ　20, 26, 91, 143, 146, 230, 236, 273, 274, 397, 404, 414, 435, 436, 446, 452, 522, 546, 559, 586, 636
キタイロン　235
キマイラ　356, 357, 458
キュクロプス　106, 107, 200, 305, 454, 462
キュテレイア　606, 654
キュプセロス　144
——の櫃　144, 145, 317, 359, 399, 461, 468, 507, 552
キュベレ　153, 254, 259, 265-267
キュラロス　230
キュロス　267
キルケー　309
キロン　58
クィンティリアヌス　204, 341
クサントス　230
クセノファネス　19
クセノフォン　19, 27, 141, 307, 446, 472
クピド　563, 582, 585-587, 596-601, 616, 626-628, 636, 654
グラウカ　54
グラウコス　109, 302, 303, 309
クラウディア（ヴェスタの処女）　263, 264
クラウディアヌス　33, 116, 117, 136, 137, 141, 243, 273, 341, 346, 347, 390, 437, 441, 452, 465, 472, 508, 509, 589, 621, 633
クラウディウス　389
グラティア（たち）　90, 198, 199, 229, 349, 389, 599, 623, 626, 628, 633, 636, 646,647, 649-654
グラネ　60
グラブリオネス　27
クリオ　88
グリフィン　438, 452
クリュシッポス　551, 647
クルシオ　63
クルティウス・ルフス　205, 470, 562
クレアンテス　91
クレオメネス　100, 101
グレゴリオス・ナジアンゾス　522

クロクム　602
クロトー　336, 338, 358-362
クロノス（→サトゥルヌス／時）　52
ケクロプス　443
ゲニウス　498, 524-528
ケパロス　118
ケピソス(川)　300, 318, 319
ゲラノール　91
ゲリウス，アウルス　268, 358, 551
ケルベロス　148, 333, 342, 343-345, 411
ケレス　19, 63, 141, 146, 153, 256, 259, 271-279, 282-284, 346, 389, 390, 517, 648
　黒い——　256, 277, 278
ケロス（→オッカシオ）　56, 561, 619
ゲロン　470
ケンソリヌス　524, 527
ケンタウロス　58
コキュートス　352, 363
コーモス　490, 500, 501
コモドゥス帝　26, 457
コリドン　31
コリュバス　260, 261
ゴルゴーン　440, 453, 454
ゴルディアヌス帝　199, 445
コルヌートゥス　268, 302, 314, 347
コンコルディア（融和）　238, 378, 390, 391, 393
コントロアモル（→アンテロス）　584

【サ】

サッフォ　603
サテュロス　182, 187-189, 502, 503, 505, 507
サトゥルヌス　35, 37, 47, 48, 51-58, 143, 176, 196, 198, 204, 268, 312, 339, 444, 504, 561, 619
サルスティウス　27
サルーテ（健康）　111, 112
シガレオン　449
シュリア　219, 224, 225
シュリンクス　137
シュンマコス　140, 148
ジラルディ, G. G.　566, 623
シリウス・イタリクス　179, 391, 399, 440, 554, 591
シルヴァヌス　187, 505
シレノス　19, 189, 502, 503, 505, 520
スアデラ　234, 628
スイダ（『スーダ辞典』）　20, 21, 23, 27, 61, 94, 103, 104, 145, 146, 149, 155, 158, 189, 193, 208, 226, 233, 234, 237, 306, 310, 349, 350, 355, 396, 397, 401, 402, 409, 410, 456, 457, 461, 462, 467, 505, 507, 517-519, 527, 584, 589, 633
スウェトニウス　26, 65, 232, 509, 525
スキピオ　27, 232, 388
スキュラ　302, 308, 309
スタティウス　96, 302, 303, 319, 351, 354, 388, 399, 401, 440, 441, 450, 456, 464, 467, 469, 622, 647
スタピュロス　510
スティムラ（刺戟）　448
スティリコー　472
ステネボイア　356
ステュクス　352
ステンノー　455
ストベウス　346
ストラボン　204, 316, 349, 350, 505
ストレーガ　335, 353, 354
スパルティアヌス　562
スフィンクス　355-357, 438, 452
スムマヌス　199
セイレーン　295, 306, 307, 359
セヴェリアヌス　117
セヴェルス帝　562
ゼウス　→ユピテル
セストス　603
セトン（エジプト王）　459, 460
セネカ　19, 32, 155, 177, 201, 233, 243, 345, 349, 363, 391, 399, 465, 505, 561, 583, 634
ゼフュロス　151, 280, 299, 305, 318
セミラミス　23, 267, 315
セメレ　602
セラピス　56, 80, 100, 104
セルヴィウス　31, 90, 146, 150, 180, 187, 202, 207, 226, 276, 302, 306, 311, 313, 319, 342, 364, 389, 392, 401, 414, 453, 462, 469, 506, 507, 596
セルヴィウス・トゥリウス（ローマ王）　240, 522
セルーク　23
ソクラテス　19, 24, 307
ソシポリス　195, 525, 526
ソスピキオーネ（疑惑）　553
ソムヌス（眠り）　381, 398-401, 556, 651
ソリヌス　21, 260, 449
ソル（太陽）　84, 147, 149, 150, 157, 204, 268

【タ】

ダイダロス　103, 505
タイタン　117
太陽(神／→アポロン，ソル，ポイボス)　76, 84, 85, 96, 97, 114
　エジプトの——神　83
　——の船　77, 93
タウマース　228
タキタ（沈黙）　449
タキトゥス　20, 21, 265, 621
ダナエ　209
ダナオス　30, 91

タナトス　→モルス
ダフネ　94, 95
ダミア　30
タラクシッポス　297, 312, 313
タラシオ　239
タリア　88
タルクィヌス・プリスクス（ローマ王）22, 28, 60, 240, 462, 522
タレイア　650, 651, 654
タレス　314
ダンテ　341, 344, 349, 354, 358, 362, 446, 545, 557
月 →ルナ
ディアーナ　19, 31, 91, 133, 136-144, 147, 148, 153, 155, 157, 209, 225, 234, 315, 414, 468
——・キュンティア　145
——・ファッシェリーナ　138
デイアネイラ　197, 321
ディオクレティアヌス帝　199
ディオドロス・シクロス　93, 266, 267, 311, 314, 315, 321, 405, 453, 455, 503, 504, 509, 510, 552, 649
ディオニシウス（シラクサの僭主）　85, 108
ディオニュソス（→バッカス）　499, 502
デーイオペイア　228
ディオン　355
ティシポネー　334, 347, 351, 441
ディスコルディア（不和）　366, 467, 468
ディドー　146, 237, 394, 596, 604
ティフォン　98
ティブルス　30, 85, 389, 390, 399, 513, 519, 522, 527
ティベリアヌス　342
ティベリウス帝　20, 95, 304
ティマイオス（タウロミニタヌスの）　511, 524
ティマゴラス　584, 585
ティモール（焦慮）　450-452, 467
ティルシ　31
テオドレト（キュレネ司教）　19, 149, 522
テオドレトス　274, 519
テオフラストス　29
テオポンポス　504
デスティン　566
テセウス　98, 321, 350, 363, 505
テッラ（大地）102, 148, 258-261, 265, 268, 270, 516, 557
——（アッシリアの）　79
テティス　117, 304, 314-316, 461, 467, 651
テベレ(川)　319, 320
テーマ（畏怖）　464
デメテル　→ケレス
デモクリトス　17, 444, 452
デモゴルゴン　32
デモステネス　453
テュポン　92, 154, 157, 495, 513-517, 521
テュルス　311
デルケトー　298, 315
テルトゥリアヌス　22, 236
テルプシコーレ　88
テルミヌス　54
テレトゥーサ　152
テレポス　267
テレマコス　92, 452
テレンティウス　225, 523, 596
テロール（恐怖）　450, 451, 464
トゥリウス・オスティリウス（ローマ王）　452
ドクトリーナ（理説）　560
ドミティアヌス帝　65
トリスメギストス　20, 33
ドリダ　316
トリトニア（→ミネルヴァ）　439
トリトン(たち)　53, 178, 303-305, 309, 314, 621
トリプトレマス　275
トロポニオス　110, 111

【ナ】

ナイアス　197, 276
ナイル(川)　80, 104, 146, 150, 152, 155, 204, 301, 321, 322, 515
ナトゥーラ（自然）　15, 34, 35, 36, 150, 151, 177
ナルキッソス　181, 602
ニノ（アッシリア王）　23
ヌマ（ローマ王）　20, 22, 28, 61, 63, 64, 268, 270, 391, 449
ヌメリアヌス帝　445, 631
ネチェッシタ（必然）　337, 359, 360, 404
ネプトゥーヌス　19, 54, 55, 97, 193, 195, 230, 233, 276-278, 296, 297, 302-304, 308-314, 316, 339, 342, 436, 442, 455, 458, 523, 594, 620
——・エクエストレ　311, 312
ネメシス　225, 540, 548-551
ネルヴァ帝　237
ネーレイス　304, 306, 309, 648
ネロ帝　26, 199, 232, 275, 391
ノア　23
ノクス（夜）　381, 399, 556
ノトス　317

【ハ】

パイドラ　350
パヴォール（恐怖）　450, 452
パウサニアス　19, 21, 24, 28, 30, 31, 54, 86-88, 91, 92, 96-98, 103, 107, 108, 110-113, 118, 138-140, 143, 148, 156, 178, 181, 187-190, 192, 193, 195, 198, 199, 203, 204, 207, 208, 227, 229-231, 233, 235, 242, 259, 262, 274, 275, 277, 278, 283, 305, 309, 311, 312, 315,

317, 319, 321, 343-349, 359-361, 364, 389, 396, 397, 398, 401, 402, 403, 406, 408, 410, 413, 415, 436, 438, 439, 443, 451, 454-456, 458, 461, 468, 470, 472, 547, 550-552, 561, 563, 566, 568, 585, 587, 598, 620, 627-629, 631-633, 635, 648, 650, 651
パオリヌス　141
パクス（平和）　377, 389, 390
バシレイオス（大）　556
パストレラ　379
ハダッド　79, 102, 103
バッカス　63, 85, 145, 189, 197, 198, 203, 236, 325, 415, 461, 472, 489, 491-494, 496, 499-513, 517-521, 647, 650
バッケー　506-508, 510-513, 517
パテシア　651
ハデス　→プルトーン
パトゥルキオ　63
ハドリアヌス帝　151, 227, 312, 527
パライモーン　310
パラス（→アテナ／ミネルヴァ）　19, 200, 207, 225, 310, 439, 454, 456, 591, 630, 631
パラディオン（パラス神像）　439
パリス　136, 227, 230, 630
パルカ（たち）　143, 278, 336, 338, 341, 356-362, 566, 648
パルテニア　233
パルテノペー　115, 295, 307
ハルピュイア　335, 353, 354
ハルポクラテス　100, 430, 449, 450
パレース　272, 279
パレストラ　395
パレンス（蒼白）　452
パン　156, 169, 178-180, 186, 188, 189, 278, 599, 600
ピエリス　88, 89
ピエロス　87
ヒエロニムス　188, 413
ピタゴラス　17, 279, 446, 447
ヒッポメネス　260
ヒッポリュテー　202
ヒッポリュトス　603
ヒポクラテス　444
ヒュアキントス　602
ヒュギエイア　107, 110, 112, 113
ヒュグニス（ヒュギヌス）　109, 117, 304, 310, 343, 453
ヒュドラ　31, 349, 351, 411
ピュトン　90
ヒュメナイオス　233, 238, 239, 241-243, 393, 619
ピロー　115
ピンダロス　343, 461, 547, 566
ファヴォリヌス　355
ファヴォール（好意）　544, 567, 568
ファウスティーナ・アウグスタ　33, 225, 266, 631
ファウナ　281, 282
ファウヌス　154, 187, 188, 282, 325
ファト（運命／宿命）　36, 54, 177, 359, 543, 566, 567, 607, 648
ファーマ（声望）　432, 464, 465, 607
フィディアス　19, 199, 551, 561, 628
フィディオス（信頼）　172, 195-197
フィデス（信義）　378, 391, 392
フィリラ　58
フィロクセノス（エレトリアの）　189
フィロストラトス　109, 187, 302, 303, 305, 312, 313, 318, 319, 347, 355, 395, 444, 499, 500, 504, 505, 511, 512, 556, 582, 588, 590, 594, 631, 648
フィロロギア　56, 94, 153, 404
ブーバスティス　152
フェストゥス・ポンペイウス　107, 108, 140, 143, 231, 236, 239, 266, 269, 270, 312, 319, 389, 397, 504, 509, 523
フェリチタス（幸福）　544, 568, 569
フェローニア　232
フォルクルス　60
フォルティトゥード（剛毅）　451
フォルトゥナ（運命）　197, 237, 240, 346, 404, 445, 447, 539, 542, 543, 545-549, 558-569, 599
——（スキタイの）　543, 562
フォーレス　60
プドーレ　242
プトレマイオス（エジプト王）　553
フラウディス（欺瞞）　553, 554, 557, 558
プラウトゥス　232, 276, 386, 394
プラクシテレス　112, 622
プラトン　17, 24, 25, 29, 30, 33, 108, 186, 267, 309, 339, 341, 343, 359, 396, 516, 551, 582, 583, 591, 592
フリアイ　277, 334, 347-353, 357
プリアポス　31, 240, 496, 514-516, 518-521, 607
プリニウス　19, 21, 26, 27, 29-31, 60, 105, 109, 112, 141, 148, 156, 187, 189, 203, 204, 208, 233, 241, 258, 268, 304, 306, 315, 322, 354-356, 387, 389, 409, 412, 437, 438, 449, 460, 474, 502, 507, 509, 567, 587, 590, 597, 599, 628
フルゲンティウス　227, 343, 358, 361, 398
プルタルコス　20, 22, 28, 29, 61, 64, 98, 187, 192, 193, 202, 232, 234, 235, 239, 281, 311, 346, 361, 392, 397, 407, 412, 444, 449, 451, 460, 502, 506, 507, 509, 513, 514, 523, 527, 547, 555, 583, 623, 628
プルデンティウス　140, 146, 148, 264, 473
プルート（プルートス, 富の神）　346, 347, 389, 548
プルトーン　54, 55, 147-149, 193, 273, 274, 277, 283, 306, 333, 339-343, 344-346, 352, 357, 358, 594
フレグトン　115
プレゲトン　352

プロイトス　356
プロヴィデンティア（摂理）　25, 177
プローブス　319
プロセルピーナ　110, 116, 145-148, 257, 259, 271, 273-275, 282-284, 306, 333, 342, 343, 351, 390, 404, 504, 508, 517, 604, 619, 635
プロディコス　446
プロテウス　314
プロテシラオス　603
プロペルティウス　31, 140, 156, 322, 587
プロメテウス　16, 24, 25, 340, 398, 458
フロラ　102, 272, 280, 281, 317, 318, 463, 648
フロール（憤怒）　464-466, 469
フロルス　527
ペーレウス　467
ペガサス　118, 458
ヘカテ　134, 144-149
ヘクトル　270, 393, 468
ヘクバ　456
ヘシオドス　22, 229, 273, 304, 305, 344, 346, 398, 556
ヘスティア　→ヴェスタ
ベーダ（尊者）　61
ベッロ（アッシリア王）　23
ペトラルカ　545, 582, 593, 594, 596
ペトロニウス　468
ペナーテス　523-524
ベニヴェーニ, ジロラモ　598
ペニテンツァ（後悔）　553, 554, 561, 562
ペネロペ　242
ヘパイストス　→ヴルカヌス
ヘベ　75, 85, 86
ヘーラー（→ユーノー）　276-277
ヘーラー（ケレスの娘）　276-277
ヘラクレス　31, 146, 197, 202, 206, 236, 240, 276, 280, 281, 308, 321, 345, 349, 353, 384, 385, 391, 405-414, 446, 457, 461, 470, 568, 586, 587
——（ガリアの）　383, 406
ヘリオドロス　470
ペリステラ　622
ヘルキュナ　283, 284
ペルシウス　504
ペルセウス　343, 455, 458
ベルゼブル　413
ペルセポネ　→プロセルピーナ
ヘルマアテナ　427, 435
ヘルマス（メルクリウスの角柱）　175, 207, 380, 397
ヘルマフロディトス　607
ヘルメス（→メルクリウス）　397, 435
ペレキュンティア　253, 261
ベレロポーン　356, 357, 458
ヘロディアヌス　264
ヘロデ　20
ヘロドトス　17, 20, 24, 28, 30, 96, 99, 100, 101, 145, 150, 188, 206, 274, 313, 322, 404, 407, 453, 459, 462, 466, 474, 475, 517, 518
ベローナ　439-441, 459
ペンテウス　509, 513
ポー（川）　300, 318, 319
ポイボス　15, 19, 35, 36, 63, 76, 81, 83, 85, 97, 106, 115, 118, 136, 325, 390, 607, 648
——のうつわ　81, 105, 106
ボエティウス　33
ポストヴォルタ　61
ポセイディッポス　561, 562
ポセイドン　→ネプトゥーヌス
ボッカチオ　32, 35, 36, 140, 180, 227, 259, 306, 314, 346, 364, 399, 474, 506, 511
ボーナ（善）　257, 271, 281, 282, 413
ホノール（栄誉）　429, 444-447
ホメロス　19, 22, 59, 86, 91, 92, 95, 97, 118, 119, 190, 193, 195, 204, 224, 226, 259, 302, 307, 308, 311, 315, 319, 340, 343, 345, 356, 361, 387, 394, 398, 402, 405, 414, 415, 435, 437, 452, 455, 456, 592, 626, 629, 647,651
ポモナ　86, 280, 324
ホーラー（たち）　198, 199, 229, 276, 502, 516, 599, 626, 636, 645, 647-649
ホラティウス　200, 392, 395, 397, 520, 524, 548, 554, 558, 622, 626, 651
ポリクレートス　19
ポリュネイケース　351, 359, 464
ポリュペーモス　305, 320
ポリンニア　88
ホルタ（推奨）　448
ポルックス　221, 230-234, 311, 312
ポルトゥヌス　60, 195, 310
ポルフィリオ　504
ポルフィリオス　24, 28, 29, 90, 93, 103, 149, 154, 189, 191, 272, 281, 342, 401, 517, 585
ボレアス　299, 316, 317
ホーロス　495, 496, 515-518, 648
ポンポニウス・メーラ　21, 205

【マ】

マイナデス　506, 507
マカリアー（→フェリチタス）　568, 569
マクロビウス　52, 53, 57-59, 61, 84, 87, 102, 104, 109, 150, 180, 186, 264, 275, 392, 401, 403, 404, 409, 412, 448, 463, 503, 510, 515, 549, 566, 634, 635, 652
マリウス　27
マルクス・アントニウス帝　26, 562
マルケリヌス　27, 151, 549
マルケルス　22, 444, 627

マルシュアス　507
マルス　19, 34, 102-104, 310, 343, 390, 432, 437, 440-442, 450, 454, 459, 462, 463, 465-467, 469, 471, 473-475, 599, 607, 624, 629, 636, 637
——（アラビアの）　433, 467
——（スキタイの）　20, 433, 466, 467
マルティアヌス　55, 92, 94, 105, 115, 153, 191, 193, 207, 228, 240, 259, 310, 342, 395, 402, 404, 437, 449, 452, 504, 548, 549
マルティアレス　115, 590
ミダス　502
ミトリダテス　145, 146, 187
ミネルヴァ　24, 103, 104,192, 200, 226, 313, 343, 347, 406, 408, 414, 427, 428, 435-440, 442-444, 450, 452-459, 462, 463, 475, 507, 523, 629
ミノス　109, 339-341
ミノタウロス　471
ムーサ(たち)　87-89, 119, 238, 306, 501, 502
ムソニウス　504
ムトゥヌス　519
ムンドゥス　177
メガイラ　334, 347
メデア　154, 155, 282, 451
メドゥーサ　101, 103, 343, 453-456
メニッポス　349, 350
メネラオス　311
メノン　105
メモリア（記憶）　88
メラゲテス　361
メリッサ　196
メリトス　584, 585
メルクリウス　19, 100, 105, 111, 151, 207, 274, 341, 361, 377, 379, 382, 386, 387, 393-398, 401-406, 408, 415, 427, 435, 437, 455, 521, 561, 586, 587, 646, 650, 652, 653
——の柱　→ヘルマス
メルポメーネー　88
モスコス　593
モモス（中傷）　556, 557
モルス（死）　399, 400
モルフォ（足を縛られたヴェヌス）　617, 632

【ヤ】

ヤヌス　49, 50, 51-53, 58-65, 271, 354, 441, 442, 648
ヤペテ　23
ユヴェナリウス　156, 545
ユスティヌス　178, 226, 230, 444, 471
ユーノー　19, 30, 54, 55, 64, 91, 142, 150, 200, 219, 220, 222-230, 233-238, 241, 258, 267, 277, 282, 312, 313, 316, 349, 351-353, 355, 386, 437, 461, 463, 519, 521, 523, 591, 602, 619, 631, 651
——・ジュガーレ　223, 237, 238
——・ソスピータ（救いのユーノー）　222, 236
——・フェブルアーレ　222, 236
——・ルキーナ　219, 225
ユピテル　19, 26, 27, 30, 34, 51, 54, 55, 84, 86, 88, 91, 104, 118, 140, 145, 150, 151, 169-171, 173-179, 188-209, 224, 229-231, 233-235, 241, 262, 263, 267, 271, 276, 278, 279, 282, 283, 308, 339-341, 346, 347, 352, 355, 357, 361, 386, 393, 394,397, 398, 412, 413, 436, 437, 445, 450, 453, 454, 457, 458, 463, 464, 467, 471, 504, 517, 519, 521, 523, 597, 602, 629, 637, 648, 651, 653
——（エジプトの）　170
——（スキタイの）　20
——（ピレエフスの）　170
——・アムモーン　174, 175, 205-207, 621
——・オルクス（懲罰者ユピテル）　171, 194, 195
——・セルヴァトール　635
——・ラブラデオ　173, 202, 203
ヨセフス, フラウィウス　20, 100, 392, 471

【ラ】

ラウレンティア　281
ラオコーン　453
ラオダメイア　603
ラオメドン　97
ラクタンティウス　20, 23, 24, 29, 96, 151, 198, 203, 233, 350, 410, 452, 456, 519, 520, 546, 547, 586, 629, 633
ラケシス　336, 338, 358-362
ラダマンテュス　339, 340
ラートナ　91, 148, 414
ラブラデオ（→ユピテル・ラブラデオ）　202, 203
ラミア　335, 353, 355
ラムヌシア　549
ラムプリディウス　522
ラーリ（→ラル）　30, 522
ラル(たち)　271, 497, 522, 523
ランプリディウス　26, 590
リヴィウス　22, 26, 28, 30, 86, 232, 236, 239, 268, 311, 391, 470
リヴォール（嫉妬）　553
リクサ　353
リクルゴス　20
リケオン（アポロン）　91
リサンドロス　472
リビティーナ　361
リーベル　499, 507
リメンティウス　60
リュカオン　178
リュキア　295, 307, 308
リュクルゴス　509
リュシマコス王　504

ルカヌス　154, 515
ルキアノス　84, 101, 149, 151, 187, 199, 224, 225, 302, 322, 346, 395, 402, 405, 445, 473, 554, 556
ルキーナ　133, 142, 143, 224, 225, 526
ルクレティウス　181, 266, 356
ルナ（月）　34, 139-142, 145-147, 149-151, 153-158, 283, 566, 604, 619, 634
レア　54, 259, 268
レヴァンテ　317
レウコテア　295, 307
レオ10世（教皇）　151
レダ　209, 231
レーテ　352
レムス　280
ロムルス　267, 280, 311

［著者］
ヴィンチェンツォ・カルターリ Vincenzo Cartari
16 世紀イタリアの文人。
1531 年頃、レッジョ・エミリアに生まれる。
1569 年以降没。
フェラーラ公の庇護のもとに活動、本書のほかにオウィディウス『祭暦』の俗語訳、その註解『フラヴィオ』などを遺すも、その生涯についてはほとんど何も知られていない。

［訳者］
大橋喜之（おおはし・よしゆき）
1955 年岐阜生まれ。1989 年以降ローマ在。
訳書に C. H. フィオレ『最新ガイド・ボルゲーゼ美術館』（Gebhart s.r.l., Roma, 1988）、F. ゼーリ『イメージの裏側』（八坂書房、2000）、R. マンセッリ『西欧中世の民衆信仰』（八坂書房、2002）、『踊るサテュロス』（Leonardo International s.r.l., Roma, 2005）、M. リーヴス『中世の預言とその影響―ヨアキム主義の研究』（八坂書房、2006）、F. ゼーリ『ローマの遺産』（八坂書房、2010）などがある。錬金術書を読む Blog「ヘルモゲネスを探して」更新中。

西欧古代神話図像大鑑

2012年 9月25日 初版第1刷発行
2012年12月25日 初版第2刷発行

訳 者 大 橋 喜 之
発行者 八 坂 立 人
印刷・製本 モリモト印刷(株)

発行所 (株)八 坂 書 房
〒101-0064 東京都千代田区猿楽町1-4-11
TEL.03-3293-7975 FAX.03-3293-7977
URL.：http://www.yasakashobo.co.jp

ISBN 978-4-89694-141-8

関連書籍のごあんない

表示価格は税別価格です

ローマの遺産

F・ゼーリ著／大橋喜之訳　3800円

イタリア美術界の鬼才ゼーリが、ローマ屈指の観光スポットにして、パリの凱旋門のモデルとしてもおなじみの、「コンスタンティヌスの凱旋門」の謎に挑む！　この記念碑に秘められた、古代から中世への文化のうねりを的確に読み解いた、西洋美術・ローマ史・中世史好き必読の書。

中世の預言とその影響 ―ヨアキム主義の研究

M・リーヴス著／大橋喜之訳　9800円

中世後期、終末論的な預言とともにその名を囁かれたフィオレのヨアキム――精妙なその歴史神学を読み解く一方、そこから紡ぎ出されたアンチキリスト、世界最終皇帝、天使的教皇をめぐる奇想の数々に人々の情念の歴史をたどる名著。『形象の書』等の貴重な図版を多数収載。

世界シンボル事典

H・ビーダーマン著／藤代幸一監訳　7800円

世界各地の神話・宗教・民間伝承から魔術・錬金術・秘密結社に至る幅広い領域を対象に、繰り返し現れる重要なシンボルを紹介、解説する。検索機能も充実した、シンボル図像の一大データベース。項目数530、図版700点余。

西欧中世の民衆信仰 ―神秘の感受と異端

R・マンセッリ著／大橋喜之訳　2800円

聖人、聖母、奇蹟、巡礼、魔術……そして異端。中世の民衆の心を捉えた数々の宗教的「逸脱」をキリスト教会との持続的な緊張関係のうちに捉え、その本質を明晰かつ周到な語り口で説き明かす、ローマの碩学マンセッリ教授の講義録。